HISTORIA DE LA MARINA DE CHILE

Segunda edición corregida y actualizada

Primera Edición: Editorial Andrés Bello, 1968

© Carlos López Urrutia, 2007-08-13

ISBN 978-0-6151-8574-3

Derechos reservados

Impresor Lulu

El Ciprés Editores
Santiago de Chile

Ninguna parte de esta publicación puede ser reproducida, almacenada o transmitida en manera alguna por ningún medio, sin permiso del editor.

Portada:

DLG Cochrane. Foto Armada

HISTORIA DE LA MARINA DE CHILE
Segunda Edición Corregida y Actualizada

Carlos López Urrutia

El Ciprés Editores
2007

INDICE

Capítulo I	1
Capítulo II	14
Capítulo III	21
Capítulo IV	35
Capítulo V	50
Capítulo VI	68
Capítulo VII	94
Capítulo VIII	111
Capítulo IX	135
Capítulo X	170
Capítulo XI	208
Capítulo XII	235
Capítulo XIII	271
Capítulo XIV	289
Capítulo XV	323
Capítulo XVI	357
Capítulo XVII	385
Capítulo XVIII	427
Capítulo XIX	454
Capítulo XX	499
Capítulo XXI	526
Capítulo XXII	569
Capítulo XXIII	593
Bibliografía	639

Yack

Nació junto con la Patria
En el mar que la rodea;
Pero, su historia no está
Escrita sobre la arena.
Con letras de vida y muerte
Se grabó sobre la piedra
Nunca una nave enemiga
Quebró su firme entereza.
¡Sólo el mar tomó sus barcos
Y sepultó sus banderas!
El mar que diseña costas
Y las rocas desintegra
De su invasor hace aliado
Y mansamente se entrega.
Que abran camino las olas
Y refulgan las estrellas:
¡Por los caminos de sal
Viene la escuadra chilena!

Myla Urrutia

Yack es una bandera cuadrada de color azul y estrella blanca que se coloca en un asta en la proa de los buques de guerra chilenos.

Un Hermoso Libro

La marina de guerra de Chile tiene una larga y severísima historiografía. Sus hazañas fueron narradas después de veintiún años de ocurridas, y cuando aún vivían sus héroes máximos, los Almirantes Manuel Blanco Encalada y Lord Tomás Alejandro Cochrane. Correspondió a la elegante pluma del historiador universitario Antonio García Reyes, abogado, orador, diplomático y estadista, relatar las proezas de la marina militar en un libro famoso, viejo ya, es cierto, por cuanto la investigación lo ha dejado atrás, pero vivo, palpitante, lleno de emoción por su factura literaria. Intitúlase esa obra **Memoria sobre la Primera Escuadra Nacional,** *publicada en Santiago en 1846. Traza, con los pocos elementos de que García Reyes pudo disponer, los ensayos de organización de la marina desde 1810 hasta 1814, y desde 1817 hasta 1825. En este cuadro animadísimo, el historiador universitario narra los hechos y los sucesos de ese agitado período; pinta a sus hombres con sus grandezas y miserias; detalla la vida de esos marinos y marineros embarcados en frágiles barquichuelos, a los que sostiene el espíritu de aventura y la esperanza de hacer una rápida fortuna. Están movidos todos por un temple de acero para lograr el propósito común de vencer el dominio marítimo español en el Pacífico. La nota más característica de esas tripulaciones, es la diversidad de lenguas que a bordo habíase congregado. Era una verdadera Torre de Babel. La descripción de todas estas circunstancias, la pluma de García Reyes las recogió con mucha viveza, en un estilo que siempre será leído con agrado.*

Habían corrido dieciocho años de la publicación de la **Memoria** *de García Reyes, cuando el historiador copiapino Carlos María Sayago, dio a luz en 1864, en esa ciudad, la* **Crónica de la Marina Militar de Chile.** *Sayago dispuso de una documentación que no conoció su predecesor y, buen compulsador de papeles viejos, dio a su obra una gran novedad. Pudo aprovechar las investigaciones ya hechas por Diego Barros Arana en su* **Historia General de la Independencia de Chile,** *publicada en 1856, las de Miguel Luis*

Amunátegui en su precioso libro **La Dictadura de O'Higgins** *y tuvo a la vista, también, algunos de los papeles de Zenteno. Sayago hizo la historia de la marina desde 1810 hasta 1816 y desde 1817 hasta 1860.*

Corresponderá a Benjamín Vicuña Mackenna narrar en varios estudios, hechos culminantes de la marina de guerra. Llegó a ser el cantor popular de sus hazañas, mayormente cuando en la Guerra del Pacífico en 1879 se convirtió en el director popular del conflicto. Antes en 1877, da a luz el ensayo lleno de noticias curiosas, **El crucero de la "Rosa de los Andes", o el paso del istmo de Panamá por los chilenos en 1818**; *ese mismo año* **publica** *El primer corsario chileno "La muerte o la gloria" y la "Minerva", 1817*; *el estudio sobre* **El Almirante don Manuel Blanco Encalada. Rasgos biográficos,** *escrito con ocasión de su fallecimiento y, finalmente, en 1878,* **Los pañales de la Marina Nacional. Ensayo sobre el nacimiento de nuestra marina de guerra,** *escrito sobre documentos enteramente inéditos, y especialmente sobre la correspondencia del Almirante don Manuel Blanco Encalada. Estos escritos dados a luz en la prensa diaria, Vicuña Mackenna los reunió en las dos series de sus* **Relaciones Históricas,** *editadas en Santiago por Rafael Jover en 1877 y 1878. Pero la producción del historiador no habría de detenerse en estos recuerdos navales. Había de seguirlos en los días febriles y agitados, convulsos y amenazantes de la Guerra del Pacífico. En mayo de 1879, apenas ocurrido el memorable combate naval de Iquique, el 21 de mayo, Vicuña Mackenna, muy poco después, entregaba al viento de la publicidad, siendo recibida con ansiosa curiosidad, su hermoso libro, fresco, liviano, apasionante en la lectura, un relato suyo para héroes o para una raza de titanes, que intituló* **Episodios Marítimos. Las dos Esmeraldas,** *dado a luz. - como ya dijimos- en ese mismo año de 1879, editado en Santiago por Rafael Jover en un grueso volumen. La marina contaba con una historia fidedigna de los dos barcos que en la historia naval habían realizado proezas memorables, tales como la acción del 21 de mayo. En realidad,* **Las dos Esmeraldas** *contienen, en general, la crónica viva y palpitante de las acciones navales de la guerra contra el Perú. Pero Vicuña Mackenna se propuso ser el historiador de ese conflicto, y así como dio a la publicidad el libro que hemos recordado, casi* *inmediatamente después del combate de Iquique, llenando parte de la historia de la campaña marítima, hizo igual con la terrestre, con el título* **Guerra del Pacífico.** *A medida que los hechos iban sucediéndose, fue entregando esas crónicas que constituyeron y son el poema épico de la guerra, la glorificación de las hazañas de un pueblo, de sus soldados y marinos, de sus hombres de Estado y de sus mujeres heroicas. Así fueron saliendo en volúmenes de más de 600 páginas cada uno, la* **Historia de la Campaña de Tarapacá. Desde la ocupación de Antofagasta hasta la proclamación de la Dictadura en el Perú,** *2 vols., Santiago,* 1880; *la* **Historia de la Campaña de Tacna y Arica. 1879-1880,** *Santiago,* 1881; *la* **Historia de la Campaña de Lima,** *Santiago,* 1881, *y, finalmente,* **El Album de la Gloria de Chile. Homenaje al Ejército y Armada de Chile en la memoria de sus más ilustres marinos y soldados muertos por la patria en la Guerra del Pacífico,** 1879-1883, 2 vols., *Santiago,* 1883. *En estas obras el autor ha contado casi siempre con una gran amplitud los movimientos de los barcos chilenos, sus cruceros, bloqueos, escaramuzas, combates, etc., hasta el aniquilamiento del poder naval del Perú con la captura del Huáscar el 8 de octubre de* 1879, *que despejó para Chile la vía marítima hacia el antiguo virreinato. Parte de la fecundísima labor de periodista de Vicuña Mackenna, relativa al conflicto perú-boliviano, ha sido recogida con posterioridad a su fallecimiento ocurrido en* 1888, *imprimiéndose con sus artículos algunos folletos, como, por ejemplo,* **El combate de Sangra.** *Fueron esos escritos los que reunió en un volumen el General Pedro A. Muñoz Feliú, los relativos al combate de Iquique con el título* **El veintiuno de mayo de 1879. Compilación de artículos, biografías, discursos que con tal motivo escribiera don Benjamín Vicuña Mackenna, tomados de la prensa y revistas ya agotadas,** *Santiago,* 1930.

Entre las campañas navales contra la Confederación perú-boliviana de 1837 a 1839, y las de Guerra del Pacífico, 1879-1883, quedó a Vicuña Mackenna una etapa sin narrar. Brevemente la primera de esas acciones navales las refirió en su célebre libro **Don Diego Portales,** *dado a luz en 2 volúmenes en Santiago en el año 1863, y más tarde aprovechando la obra del marino español Pedro*

Novo y Colson **Historia de la Guerra de España en el Pacífico,** *Madrid 1882, compuso el escritor el libro* **Historia de la Guerra con España (de** *1863* **a** *1866).* **Cuadros y episodios comentados, arreglados y extraídos de la Historia de la Guerra de España en el Pacífico publicada por el Teniente de Navío de la Marina Española don Pedro Novo y Colson,** *Santiago, 1883. Las campañas navales de la escuadra chilena juntamente con la peruana, las refirió Vicuña Mackenna con abundancia de información.*

En el orden cronológico de los historiadores navales, sigue a Vicuña Mackenna Gonzalo Bulnes que, en 1878, da a luz en Santiago ese mismo año la **Historia de la Campaña del Perú en** *1839. Bulnes tenía cuando escribió este libro veintisiete años y puede decirse que un poco antes habíase dado a conocer como escritor. El libro que hemos recordado era el primero que daba a la estampa. Para componerlo dispuso ampliamente de los papeles de su padre, el General Manuel Bulnes, a quien le correspondió, como Comandante en Jefe, dirigir esa campaña, coronada por los más brillantes triunfos y en que la Armada, con muy poca antelación a la victoria de la batalla de Yungay (20 de enero de 1839), abatió definitivamente, en el Combate naval de Casma, el poder marítimo de la Confederación perú-boliviana, echándola a tierra la batalla ya nombrada. Dentro del libro de Bulnes el combate naval de Casma es un episodio muy importante y decisivo; pero la acción de Yungay destruyó completamente los planes y realizaciones del caudillo Andrés de Santa Cruz. En la obra del historiador, "Casma' tiene una significación episódica. Contornos superiores, de gran dramaticidad, de choque de pasiones, de sacrificios constantes, de voluntad heroica y sin desmayos, de lucha ardiente contra los hombres y los obstáculos, adquiere otro hecho de los días en que luchábase por consolidar la independencia. Nueve años después de haber publicado su primer libro en 1878, aparecía en 1887 otro debido a su pluma, esta vez especialmente dedicado a la marina de guerra. En 2 vols., lanzaba en Santiago la* **Historia de la Expedición Libertadora del Perú.** *1817- 1822, en el curso de los años 1887 y 1888. Como en el caso de su primera obra, Bulnes tuvo a su disposición para ésta, el archivo de su abuelo el General Francisco Antonio Pinto, Presidente de la*

República, que se encontró en el Ejército chileno en el Perú en un alto cargo, disponiendo, además, de la correspondencia de O'Higgins, Zenteno, Lord Cochrane y otros altos personajes. Con el auxilio de esa documentación, escribió una obra que ha dado prestigio a la historiografía chilena en la americana, y que fue, para la marina nacional, la revelación de una hazaña portentosa que aseguró la independencia del continente hispano. Bulnes puede ser considerado como un historiador naval con este libro, pero también lo es con otro suyo, ya clásico, modelo de composición histórica, resultado de la experiencia del escritor, del conocedor profundo del corazón humano y sus pasiones. En una edad serena, a los sesenta años, comenzó Bulnes a redactar la obra en 3 volúmenes **Guerra del Pacífico.** *El tomo I apareció en 1911 y comprende la acción de las armas chilenas desde Antofagasta hasta Tarapacá; el II, desde Tarapacá hasta Lima, es de 1914, y el III relata los sucesos que llevaron a la paz. La escuadra, cada uno de los hechos militares que ocurrieron, tuvo una participación destacada que el historiador ha narrado en sobrio y elegante estilo, con excelente documentación correspondiente a los tres países envueltos en el conflicto. La independencia de criterio de Bulnes para apreciar los hechos, juzgarlos, interpretarlos en otras ocasiones, es admirable por la serenidad de espíritu con que son presentados. La Marina encontró en Bulnes un brillante cuanto severo historiador.*

Sigue a Bulnes en el orden cronológico en que estamos revisando a los historiadores navales, tomando en cuenta para la ordenación la primera obra publicada, la gran figura del historiador de Chile, Diego Barros Arana. En una rigurosa confrontación de fechas, después de García Reyes (1846) y de Sayago (1864), Barros Arana ocupa el segundo, ya que en 1856 sale a luz su **Historia General de la Independencia de Chile,** *en 4 volúmenes, impresos en Santiago. Pero esta obra Barros Arana la vació en los tomos correspondientes a la* **Historia General de Chile,** *16 volúmenes, Santiago, 1884-1902, donde se encuentra la más menuda crónica de la marina militar chilena a partir de los primeros pasos de su organización, desde el tomo VII adelante. La investigación de Barros Arana es ordinariamente completa, y en algunos casos, como en la de la* *expedición libertadora supera a Bulnes, pues escribía sobre esos sucesos en 1892. Las informaciones sobre la marina alcanzan en la* **Historia General** *hasta 1833, año en que Barros Arana puso término a su obra. En cierto modo, la completó al dar a luz la que intituló* **Un decenio de la Historia de Chile.** *1841-1851, que corresponde al gobierno del General Manuel Bulnes. Para anudar el relato de los sucesos de 1833 a 1841, es decir durante ocho años, escribió una introducción muy bien hecha, para entrar enseguida en el tema que habíase propuesto historiar. Encuéntranse aquí infinidades de datos sobre la marina expuestos con método y rigurosa claridad. Es ésta una admirable fuente de consulta y utilísima lectura.* **Un decenio de la Historia de Chile** *fue publicado en Santiago en 2 volúmenes, en los años 1905 y 1906. Es anterior en veintisiete años a esta última obra, la que escribió Barros Arana en 1879 por encargo del Gobierno de Chile para difundirla en el extranjero, en francés, con el título* **Histoire de la Guerre du Pacifique,** *editada en París en 2 volúmenes por J. Dumaine en 1881 y que tradujo a ese idioma Enrique Ballacey. La edición castellana apareció en Santiago también en 2 volúmenes en 1880. Lo menos que un lector puede imaginar es que el historiador narró hechos que acababan de ocurrir y que quien los escribía era uno de los individuos pertenecientes a los tres países que figuran en el drama; que tal es, a la verdad, la altísima imparcialidad en que sitúase el autor y el espíritu de independencia con que se refiere al acontecer de la guerra. Por otra parte, a nuestro juicio, la* **Historia de la Guerra del Pacífico** *de Barros Arana es una de sus mejores obras, la mejor escrita, la más animada y la que mejor establece sus condiciones de escritor cuyo poder narrativo, evidente en otros libros suyos, aquí se evidencia en su más acabada forma. Por otra parte, desde el ángulo que nos ocupa, cuanto se refiere a la acción de la marina en el conflicto, Barros Arana lo ha expuesto con la abundancia de datos como él sabía ilustrar su relato, con gran sobriedad, basándose en fuentes de primera mano.*

El Almirante Luis Uribe Orrego, el segundo de Prat en la Esmeralda *el día del combate naval, es el verdadero historiador general de la marina de guerra y de la mercante. Inició su labor histórica en 1886. Entonces publicó, por la Imprenta de la Patria, de*

Valparaíso, **Los combates navales en la Guerra del Pacífico,** *1879-1881.* En 1891, lanzó en Santiago, impreso por la Imprenta Nacional, el libro **Las operaciones navales durante la Guerra entre Chile y la Confederación perú-boliviana.** *1836-1837 y 1838. Ese mismo año, también en Santiago, la Imprenta Nacional, a la vez, publica* **Los orígenes de nuestra Marina Militar. Primera parte.** *1817-1819.* **Operaciones navales después de la batalla de Chacabuco y organización de la Primera Escuadra Nacional.** *Al año siguiente, 1892, siempre en la capital santiaguina y por la misma imprenta, la segunda parte de la anterior obra, correspondiente a los años 1819-1823 y que comprende las campañas de Lord Cochrane. La tercera parte, vio la luz en Santiago y en la Imprenta Nacional y abarca - como dice en la portada los años 1823-1838-1840 y 1850. Hasta aquí narró Uribe la historia de la marina militar. En 1910, con motivo del centenario de la Independencia Nacional, publicó en Valparaíso, en los Talleres Tipográficos de la Armada, un grueso volumen con el título* **Nuestra Marina Militar. Su organización y campañas durante la guerra de la Independencia.** *Nos advierte Uribe que se trata de una reproducción de la primera y segunda parte de la obra* **Nuestra Marina Militar,** *impresas en 1891 y 1894, ampliada con nuevos datos y cuidadosamente corregidos. Uribe completó el ciclo de sus investigaciones históricas con un estudio que editó en Valparaíso en 1904, en los Talleres Tipográficos de la Armada con el título* **Nuestra Marina Mercante.** *1810-1904.* **Reseña histórica.** *Comprende desde el decreto de libertad de comercio de 21 de febrero de 1811, hasta el año que señala la obra. Este ensayo de Uribe ha sido completado posteriormente por el valioso estudio de Claudio Véliz* **Historia de la Marina Mercante de Chile,** *editado por la Universidad de Chile en el año 1961.*

Bajo el engañoso título **Influencia del Poder Naval en la Historia de Chile,** *el Capitán de fragata Luis Langlois, escribió prácticamente la naval, desde 1810 hasta 1910. La obra fue impresa en Valparaíso. Comienza el relato en 1812 propiamente. Son del mayor interés los capítulos consagrados a la acción naval chilena desde 1829 hasta 1839, y, en especial, a los temas originalísimos acerca de los que le cupo llevar a cabo durante las guerras civiles de 1857, 1859 y 1891.*

Deben señalarse también, los capítulos sobre la guerra con España y guerra del Pacífico y todo cuanto relaciónase con los movimientos de la marina después de la Guerra del Pacífico, o sea, desde 1884 hasta 1910. Es ésta una excelente obra. No conocemos el trabajo de García Castelblanco intitulado **Estudio crítico de las operaciones navales de Chile.** *Pero en su tiempo leímos, cuando apareció en 1944, el libro* **Historia naval de Chile con un compendio de la Historia de Chile desde la independencia hasta la revolución de 1891**, *por Luis Novoa de la Fuente y Eduardo Zapata Bahamonde, obra especialmente escrita para las Escuelas de la Marina, e impresa en Valparaíso en la Imprenta de la Armada. Se trata de un texto algo más que escolar, distribuido con método y claridad.*

Naturalmente en esta rapidísima enunciación de autores y libros relativos a la marina de guerra nacional, no es posible dejar de nombrar las páginas que a la institución consagraron Ramón Sotomayor Valdés en su **Historia de Chile bajo el Gobierno del General D. Joaquín Prieto**, *cuya segunda edición es la más completa. Se publicó en Santiago en 4 volúmenes en los años 1900 a 1903. Igualmente, Francisco Antonio Encina en su* **Historia de Chile desde la Prehistoria hasta la Revolución de 1891**, *aporta informaciones de valía.*

Tal es en sus líneas generales, la historiografía de la marina de guerra de Chile.

Ha venido a remozarla y completarla Carlos López Urrutia, descendiente de marinos y vinculados a ellos, y cuya educación la ha obtenido en los Estados Unidos. La historia de la marina de Chile que ha escrito, se desenvuelve en dieciocho capítulos. Comienza por el principio, es decir, con los intentos navales de 1813 y llega hasta 1965. Son 152 años de historia naval los que Carlos López Urrutia ha recorrido con vivo entusiasmo, en un estilo ordinariamente ágil y sin exageraciones. La parte correspondiente al período de 1813 a 1879 es la más conocida de esta historia, como ya ha podido verse. Sin embargo, en muchos capítulos de esta parte, el autor ha podido dar vivacidad al relato por el carácter de las nuevas fuentes consultadas. Ha escrito desde un país extranjero, Estados Unidos, y ha podido mirar el panorama naval chileno desde una apreciable lejanía e informarse con criterio amplio de los juicios y opiniones de otros escritores que, desconocidos para la mayor parte de los chilenos, dan a su libro verdadera novedad. El relato asume un carácter particularmente singular, al estudiar la vida naval nacional después de la Guerra del Pacífico. A nuestro juicio, la forma cómo ha tratado la participación de la Escuadra en la Revolución de 1891, es digna de elogio. Es un cuadro general bastante completo que llamará mucho la atención. Igual concepto nos merece el capítulo intitulado Cuarenta Años de Paz. *(1891-1931). Y es dramático, doloroso, vergonzoso, el consagrado a la* Sublevación de la Escuadra, *ocurrida ese mismo año fatídico de 1931.*

El lector tiene en sus manos un libro bien investigado, bien pensado, escrito en forma agradable, y que dejará en la mente un buen recuerdo: bueno para los creadores de nuestra marina de guerra; bueno para el sentimiento nacional, y bueno para el autor que nos proporciona un grato pasar espiritual.

Guillermo Feliú Cruz
21 de mayo de 1968.

Dos Palabras

El deseo de escribir una historia de la MARINA DE CHILE viene desde mis días universitarios cuando, tratando de completar un trabajo de historia latino americana, me fue imposible encontrar un libro sobre el tema. En los últimos diez años he buscado documentos, coleccionado libros, fotografías, revistas y folletos y a juzgar por el material acumulado, la completa historia queda por escribirse. Lo que hoy presentamos es sólo un resumen de una obra que llenaría varios volúmenes.

El tema no era nuevo para mí. Mi padre, mi abuelo y cuatro de mis tíos habían servido en la Armada. Nueve años de mi vida los pasé viviendo en bases navales. No era raro que en la conversación de sobremesa de mi casa y en la de mi abuelo se terminara hablando sobre la Armada. Mi abuelo había coleccionado algunos libros y documentos sobre la historia marítima de Chile y cada vez que pude me encerré en su biblioteca. Mi abuelo tenía la buena costumbre de hacer anotaciones en los márgenes y de allí salían nuevos e interesantes comentarios sobre ciertos puntos que siempre se prestaron a controversias. Por lo demás, creo que la primera lección de historia marítima que recibí, la oí de los cocineros, de los "mestre cuques" Parra y López y de los "mayores" sargento Trujillo y Marinero Cabrales, que sobre la mesa de la cocina discutían las maniobras del combate de Angamos. Me doy cuenta ahora de que trataban de impresionar a las niñeras, pero sea como fuere, la descripción del combate era básicamente la misma que se da en estas páginas. Los hombres de la Armada sin distinción de sus ocupaciones tienen buenos conocimientos de su historia.

Mi primera intención fue escribir una historia basada en la tradición, esto es, de lo que había oído en mis conversaciones con parientes, marineros, chóferes, centinelas, "mayores", cocineros, etc. Desgraciadamente la memoria es corta y algunos sucesos los había oído sólo de nombre. Tuve pues que recurrir a los pocos libros que ahondan sobre el tema: la "reseña" de Vio, la "memoria" de Langlois, las "crónicas" de Silva Palma, etc. Usé las HISTORIAS de Barros

Arana y de Encina como guía cronológica y me encontré con libros magníficos que nunca supe que existieran. Bien pronto me di cuenta que existían autores que habían dicho lo que yo quería decir y en forma tan brillante que no era necesario repetirlo. De ahí las citas y las notas. El lector no tiene la necesidad de leerlas, pero al anotar el texto le dejo la oportunidad de buscar en mis fuentes nuevos conocimientos. He tratado de citar documentos oficiales sólo cuando era imperioso hacerlo, o cuando éstos tenían gran importancia histórica. No se trata aquí de reproducir documentos, sino de buscar y decir la verdad. Esta es la tarea del historiador. Para conseguirlo he tenido que tomar a veces una actitud casi antipatriótica, pero era la única manera de mantenerse como observador imparcial de los hechos.

Se me aconsejó varias veces que diera término a la obra con la Revolución del 91, pero de hacerlo habría eliminado casi la mitad y los años más productivos de la historia de la Armada. Sé que habrán faltas, errores y omisiones. Hay en Chile muchos que han vivido esa parte de la historia y a ellos me dirigí por carta tratando de obtener sus opiniones. Los resultados fueron magros. Ojalá que mis críticos me hagan llegar sus quejas para poder escribir algún día una historia revisada y completa.

No sé cómo expresar mi agradecimiento a las personas que me ayudaron. Sé que si trato de nombrarlos a todos me olvidaré de algunos. Si al contar las tarjetas de mi bibliografía aparecieron más de 500 títulos, de haber llevado la cuenta exacta de mis colaboradores, creo que habría llegado a un número igual.

No puedo dejar de mencionar a mi tío don Rafael Urrutia de la Sotta, quien leyó parte del manuscrito, investigó, contestó y me facilitó la biblioteca de mi abuelo. También al Almirante Víctor Bunster del Solar, quien corrigió el último capítulo, contribuyó con muchas fotografías y comprobó ciertos datos en el Archivo de la Armada. A mi profesor y amigo Edwin Beilharz, quien corrigió los capítulos originales en inglés y me dio valiosos consejos. A los oficiales en retiro Enrique Errázuriz, Horacio Vío y Raúl Spoerer, y al personal de bibliotecas de las Universidades de California y Santa Clara, que me abrieron` sus puertas A todos ellos doy sinceramente las gracias.

Menlo College, Atherton, California. Diciembre 31, 1966.

La Segunda Edición

En 1968 se publicó la primer edición de esta obra que abarcaba el período comprendido desde la Independencia hasta fines del gobierno de la Democracia Cristiana. Era una obra basada en los conocimientos del autor y las fuentes secundarias disponibles en las bibliotecas norteamericanas que el autor frecuentaba. Era un libro necesario. No se había publicado una historia de la Armada Nacional disponible al público en más de 60 años.

Vino después una verdadera avalancha de libros de Historia Naval empezando por el monumental trabajo de Rodrigo Fuenzalida Bade y numerosas obras de menor envergadura que cubrían aspectos, episodios o resúmenes de nuestra historia naval y marítima. Más tarde, bajo el amparo de los Almirantes Merino y Martínez se dio un gran impulso a la Historia Naval en la que descolló el Capitán de Navío Carlos Tromben Corvalán.

El autor quisiera creer que fue la publicación de su obra la que impulsó este renacimiento de la disciplina, pero fue una mera coincidencia. Pero ahora, armado con nuevos conocimientos había que intentar una segunda edición corregida, aumentada y puesta la día. Para esto contaba no sólo con las publicaciones ya mencionadas sino también con prolongadas investigaciones en los archivos chilenos, ingleses, norteamericanos, españoles, mexicanos, argentinos y peruanos. Contó también con la colaboración de numerosos amigos que contribuyeron a sus conocimientos. Entre ellos debe destacar a Carlos Tromben, David Mahan, Isidoro Vasquez de Acuña, Germán Bravo Valdivieso, Patricio Villalobos, Jorge Ortiz Sotelo y muchos otros que sería largo enumerar. A todos ellos el autor les agradece su ayuda. No fue tarea fácil sintetizar en un sólo volumen lo sucedido en casi 200 años de historia.

La obra que aquí se presenta al lector es el resultado de más de cuarenta años de investigación y estudio. Sin duda que no tendrá aceptación en algunos sectores políticos e historiadores serios e imparciales encontrarán omisiones y defectos, pero representa el mejor

y el más sincero esfuerzo por relatar la historia de nuestra marina de guerra.
Menlo College, Atherton, California. Mayo de 2007.

Capítulo I
La Patria Vieja

El comercio marítimo de Chile antes de la Independencia era llevado a cabo por buques españoles y algunos barcos chilenos o peruanos que hacían la carrera de Talcahuano a Valparaíso y El Callao. Entre estos se distinguía la flotilla de Concepción. Florecía el comercio ilegal de los contrabandistas ingleses y norteamericanos que, como lo indica un estudio de Eugenio Pereira Salas, debe haber sido muy numeroso. No es de extrañarse, entonces, que al desconocerse por completo la importancia del mar como vía de comunicaciones, al proclamarse la primera Junta de Gobierno, ésta tomara planes absurdos para la defensa del país. Planes que iban a llevar a la época conocida como la Patria Vieja a una cortísima duración.

La Junta de Gobierno, que funcionaba en Santiago, dirigida entonces por Juan Egaña, impartió un plan de defensa que revelaba su ignorancia sobre materias estratégicas. Puede que haya influido en sus ideas la exitosa defensa de Buenos Aires por los criollos contra los ingleses en 1806, pero en realidad el plan de Egaña se basaba en la errónea teoría que Chile sería invadido por tropas francesas enviadas por Napoleón y que bastarían unas pocas tropas veteranas para defenderlo. No se le ocurrió a Egaña que lo mejor habría sido crear una escuadra que impidiera al enemigo el uso de la única vía de comunicación posible: el mar. No tuvo mejor suerte el país con el plan de Juan Mackenna, un ingeniero militar irlandés, que concentró la defensa en la organización de milicias y en la mejora de las fortificaciones de Coquimbo, Valparaíso y Talcahuano. Pero las fortificaciones portuarias, defensas pasivas por definición, dejaban el mar libre a la marina del Virrey en Lima, que si bien pequeña y mal organizada, no tenía enemigos en el Pacífico Sur.

La cabeza indiscutible de esa primera Junta era Don Juan Martínez de Rozas a quien correspondió organizar la defensa nacional. Resulta incomprensible que este insigne patricio no hiciera esfuerzo alguno por crear una marina de guerra o, por lo menos, armar algunos buques en corso. Para esto tenía a su disposición la flotilla de Concepción que tenía como núcleo las naves que habían pertenecido a su suegro, el armador vasco José Urrutia Mendiburu que hacía el tráfico entre San Sebastián y Talcahuano y continuaba al Callao. Su suegra había ofrecido la fragata *Nuestra Señora de la Begoña* recién terminada en los astilleros del Guayas para el servicio de la patria, ofrecimiento que fue ignorado.

Los historiadores de la Patria Vieja parecen estar de acuerdo en que los obstáculos que se oponían a la organización militar eran la falta de oficiales y jefes, la resistencia del bajo pueblo a enrolarse en el ejército y la falta de fondos. Una fuerza naval habría hecho innecesaria la confrontación de estos problemas. El fracaso de la Patria Vieja se debió a la falta de visión de sus gobernantes con respecto a una marina militar.

La Junta declaró la libertad de comercio con un optimismo olímpico que desafiaba toda lógica, pues no tenía manera alguna de protegerla. Se decretaron abiertos los puertos de Valdivia, Talcahuano, Valparaíso y Coquimbo. Esta medida no dio crecimiento ni a una insignificante marina mercante. Ni aumentó de manera alguna el comercio ya que el Virrey del Perú. Don Fernando de Abascal y Sozua, ignoró tales declaraciones sobre la libertad de comercio y ofreció patentes de corso a cuanto particular quiso efectuar cruceros corsarios por la costa chilena. Muchos de los contrabandistas de habla inglesa, tomaron residencia en El Callao y aliándose al mismo gobierno que antes los perseguía, obtuvieron una patente de corso para capturar y saquear buques mercantes que navegaban a lo largo de la costa chilena. La interrupción al comercio causada por estos corsarios en naves chilenas y extranjeras, fue tan seria, que se pensó en cerrar los puertos a toda nave. No hubo necesidad de declararlo así, ya que las naves corsarias del virrey bloquearon con gran efectividad los cuatro puertos chilenos que se pretendía abrir al comercio extranjero. La fragata *Vulture* tomó estación frente a Valparaíso, alternándose con la *Warren*. Ambas naves bloqueaban alternativamente Coquimbo.

Bajo estas circunstancias fue muy fácil para el Virrey Abascal organizar una flotilla de mercantes compuesta por la fragata *Trinidad*, los bergantines *Machete* y *Nieves* y dos goletas. Esta flotilla pasó sin ser reconocida por las costas de Chile central y se dirigió a Chiloé donde Don Antonio Pareja, comandante en jefe de la expedición, hizo fondear a sus naves en Ancud, el 28 de enero de 1813. Pareja era en realidad un marino español cuyo valor había quedado ampliamente demostrado en la batalla de Trafalgar en la cual participó como comandante del *Argonauta*. En Ancud, Pareja, asesorado por Juan Tomás Vergara y por Ignacio Justis pudo reclutar y organizar un cuerpo de 1.400 hombres. Con las cajas reales que contaban con 160 mil pesos, pudo el brigadier vestir regularmente a su tropa, entrenarla por un mes e inculcarles un verdadero espíritu de servicio al soberano. Completado su cuerpo con 8 cañones de campaña, Pareja se hizo al mar con rumbo norte el 17 de marzo con la intención de recalar en Valdivia.

En ese mismo mes llegaba a Valparaíso la fragata norteamericana *Essex* de 32 cañones y tripulada por 319 hombres que venía al Pacifico con la misión de terminar con los corsarios ingleses que hostilizaban a los buques mercantes y balleneros de su bandera y de destruir la flota ballenera inglesa que operaba en aguas del Pacifico. Estados Unidos estaba en guerra contra Inglaterra en lo que se llamó "La Guerra de 1812." En Chile no se esperaba el desembarco de tropas realistas enviadas desde el Perú ya que el Agente Consular norteamericano, Joel Poinsett, había sido enfático en declarar que el comandante David Porter de la *Essex* se opondría a todo desembarco de tropas por parte de buques realistas. Poinsett opinaba sin autoridad alguna. La *Essex* debía observar una actitud neutral con España y aunque la fragata pudo haber desbaratado la expedición de Pareja con un par de andanadas, Porter tuvo que ignorar a los beligerantes.

Pareja llegó a Valdivia ciudad que estaba de parte del virrey y embarcó allí un batallón de infantería y varias piezas de artillería. Este jefe reorganizó sus fuerzas dividiéndolas en tres cuerpos, cada una con seis cañones. El 23 de enero ya con las anclas fuera del agua, anunció Pareja a las tropas que su intención era dirigirse a Talcahuano. Un viento del sur empopó las naves y tres días más tarde aparecía la flotilla en la bahía de San Vicente. La primera sangre patriota y los primeros disparos por la causa de la Independencia iban a derramarse y dispararse en Talcahuano.

Gobernaba la plaza el teniente coronel de milicias don Rafael de la Sotta, cuñado de Martínez de Rozas, un jefe cuyo patriotismo se iba a ver malogrado por la falta de recursos. De la Sotta, apenas fue notificado de la aproximación de Pareja, hizo formar la tropa y llevando los dos cañones con que contaba se dirigió a la desembocadura del rió Lenga esperando atacar al enemigo apenas éste echara pie a tierra. Se levantaba el viento y el jefe patriota pensó que el desembarco sería difícil. Dura sería su sorpresa cuando al llegar a la playa encontró que el primer cuerpo realista ya había desembarcado. Luego de una ligera escaramuza las tropas patriotas se retiraron del campo y más tarde, desde las alturas de Talcahuano, trataron de detener a los realistas con fuegos de fusil y seis cañones. Pero la tropa venida de Concepción al mando de Jiménez Navia, no los apoyó y de la Sotta tuvo que retirarse dejando muertos y heridos y abandonando sus cañones. A pesar de la marejada, el resto de las tropas realistas desembarcó con éxito durante la noche. Esta operación que hoy llamaríamos anfibia, había sido realizada a la perfección por las tropas de Pareja y con un número mínimo de bajas. La mejor oportunidad de ataque en el momento de desembarcar, se había perdido. "Una sola fragata, nos dice García Reyes, habría bastado para dispersar aquella miserable flotilla o para paralizar en su origen las operaciones del invasor interponiéndose entre las dos provincias marítimas que había escogido por pie de su empresa. La guerra entonces habría ido a cernirse sobre un teatro menos aparente para dar pábulos a sus horribles devastaciones y la causa de la libertad no habría sido herida en el corazón mismo de sus dominios. La falta empero de todo recurso marítimo obligó a aceptar las hostilidades en el propio suelo."[1] Dos días después, Pareja gracias a la traición y deserción de la tropa patriota, entraba en Concepción y moviéndose rápidamente al norte, ocupaba Chillán el 27 de abril.

La noticia del desembarco de Pareja cayó como un balde de agua fría sobre los ánimos patriotas en Santiago. Al recibir la noticia, Don José Miguel Carrera, a la sazón a la cabeza del gobierno, hizo pregonar una proclama en la que decía: "Invaden nuestras costas cinco

---

[1] García Reyes, *Primera Escuadra Nacional*, p.29

miserables embarcaciones..." Mientras el jefe del gobierno se dirigía al sur para hacerse cargo de la campaña terrestre contra el invasor, el Cabildo de Santiago daba orden al gobernador de Valparaíso de organizar una escuadra. Fue éste el primer intento chileno para la creación de una marina de guerra. Era entonces gobernador de Valparaíso don Francisco de la Lastra, ex guardiamarina de la armada española, quien no sólo aprobó al punto el proyecto, sino que lo puso inmediatamente en ejecución. Se arrendó la fragata *Pearl* y se compró el bergantín *Colt* en 14.000 pesos, ambos de bandera mercante norteamericana. De la Lastra se vio en apuros para proveer de armamentos a las naves, ahora conocidas como *Perla* y *Potrillo,* pero providencialmente llegó a Valparaíso un mercante armado portugués, el *San José de la Fama*. El gobernador se apoderó inmediatamente de su armamento y equipó lo mejor que pudo la fragata y el bergantín. Para justificar el arrebato de armamentos a un neutral fue necesario emitir un "Manifiesto del govierno de Chile a las naciones de America i Europa", interesantísimo documento en el que encontramos, por fin, una política naval de mérito.[2] Declara este manifiesto que el objetivo de esta requisición ha sido el de equipar una escuadra que pase a resguardar los mares chilenos de los refuerzos que el virrey pretende enviar a Pareja, proteger el comercio al mantener los puertos chilenos abiertos a neutrales, cortar las comunicaciones realistas del sur de Chile con Lima y por fin impedir la retirada de Pareja una vez que éste haya sido derrotado. Fue entonces cuando Infante concibió la idea de una agresión marítima chileno-argentina contra el virrey. El agente chileno en Buenos Aires propuso la idea al gobierno argentino, pero aunque éste aceptó el plan, no pudo llevarse a cabo pues una inesperada desgracia iba a malograr los destinos de la naciente escuadra.

El 2 de mayo de 1813, estando listas las tripulaciones y las naves, el gobernador dio la orden de levar anclas y levantar el bloqueo de Valparaíso atacando al corsario *Warren* que se encontraba frente al puerto. El propio comandante del *Potrillo*, don Eduardo Barnauell, (probablemente Barnwell), ha dejado en las declaraciones de su

---

[2] El texto completo de este manifiesto se halla en el volumen XXIV de la *Coleccion de documentos inéditos para la Historia de Chile*, p. 319.

proceso un interesante relato de los hechos. Según este capitán, se había convenido que la *Perla* saldría primero del puerto y se habían arreglado las señales y un plan de batalla en el que se contemplaba un ataque coordinado por las dos naves contra el corsario. Sin embargo, la *Perla* se adelantó y pasó muy cerca del corsario sin disparar un tiro, lo que extrañó mucho a los oficiales del *Potrillo* que eran en su mayoría norteamericanos. Sin comprender lo que sucedía, Barnauell hizo pasar también su buque frente a la *Warren* y dirigiéndose a ella con la bocina le indagó que qué buque era. Se le contestó que la *Warren* de Lima y se le ordenó que se pusiera al pairo y enviase un bote. Barnauell, todavía confundido, trató de comunicarse con la *Perla* haciendo las señales convenidas pero no obtuvo respuesta. La fragata mientras tanto había virado y colocando al *Potrillo* entre sí y la *Warren*, procedió a cañonearlo. Barnauell ignoraba todavía si los disparos se le hacían al *Potrillo* o a la *Warren*. Corriendo a la proa se le apersonó a su compañero con la bocina preguntándole qué hacia y por qué no había contestado a sus señales. Se le contestó con una salva del costado y con tres gritos de "¡Viva Fernando VII!" Se le ordenó también que pasara a bordo de la *Perla* y que el *Potrillo* siguiera sus aguas. En ese momento se oyeron iguales exclamaciones a bordo del bergantín. Era su tripulación que se había amotinado y tratando de capturar a los oficiales pedían que se les llevara a Lima. El comandante fue inmediatamente apresado y llevado a popa, pero logró levantarse sobre el gallinero y desde allí arengó a la tripulación. Fue una apelación sin resultado, ya que el contramaestre con cinco o seis marineros lo atacaron hiriéndolo en la sien derecha. Los amotinados habían cortado las escotas y apagapenoles de las gavias y el buque ya sin gobierno fue fácilmente presa de los amotinados, quienes encabezados por un marinero inglés, Gordon, y el contramaestre Juan de Dios Álvarez, pusieron la proa con rumbo a El Callao. Entretanto, ¿qué había pasado en la *Perla*? El tercer piloto, Guillermo Chase, declaró que aún cuando todavía no se había fijado el velamen, apareció el condestable italiano Carlos Antonio Maggi armado de dos pistolas y al grito de "¡Viva Fernando Vll!" descargó ambas pistolas sobre el contador Francisco Solano Lastarria y el teniente de la tropa Vicente Guzmán. Pero cuando estos dos oficiales trataron de ordenar a los marineros, éstos contestaron que no los reconocían y se declararon en sublevación general. El propio Maggi puso una pistola al pecho del comandante Barba atándole las manos por la espalda. Todo esto se llevó a cabo con la mayor prontitud, cuando la *Perla* no salía todavía de la bahía, "frente al castillo de San Antonio aunque bastante asotaventada."[3] Los detalles de la conspiración no fueron conocidos en Valparaíso sino hasta meses después cuando regresaron algunos de los prisioneros a bordo de la fragata yanqui, *Hope*. El Virrey los había liberado por ser extranjeros. Se llevó a cabo entonces un prolongado proceso en el que quedó en claro que las tripulaciones estaban compradas de antemano. Se demostró también que el segundo comandante de la *Warren* estuvo escondido en Valparaíso varias noches arreglando los detalles de la conspiración, incluso las señales que llevaría la *Perla* en el trinquete una vez capturada por la tripulación. Regresó a su propio buque en el bote de resguardo que hacía la ronda de la bahía de Valparaíso. Por lo visto, no existía entonces el concepto de seguridad militar. A Gordon se le habían ofrecido 40.000 pesos en Lima siempre que llevara el *Potrillo* hasta El Callao. Igual recompensa se había prometido a Maggi, quien había desertado del mercante portugués *Fama* para unirse a la escuadrilla chilena. El proyectado plan realista incluía nada menos que el secuestro del gobernador de Valparaíso, pero esta fase del plan falló pues el día del zarpe el gobernador no subió a bordo y lo representó su esposa, sin que sepamos hasta hoy día la razón de porqué se quedó en tierra. Con esta traición se vinieron abajo los proyectos de Infante y de la Junta de Gobierno. La primera tentativa marina moría al nacer y la visión de las naves batiéndose frente a Valparaíso se iba a mantener por mucho tiempo clara y precisa en la mente de los gobernantes chilenos. La traicionera *Perla* y el traicionado *Potrillo*, protagonistas de un triste episodio, hicieron creer a muchos que Chile no tenía porvenir en el mar.

---

[3] Las declaraciones de estos oficiales norteamericanos de la *Perla* y el *Potrillo* se encuentran en la *Colección* ya mencionada, Vol IX, p. 209.

Bergantín de la época de la Independencia, (c. 1812)

El ejercito patriota había logrado recuperar Concepción y Talcahuano, quedando en la bahía cinco naves que habían reemplazado a aquellas que Carrera llamara "miserables embarcaciones" pero que por poco habían destruido a la naciente nación. Eran éstas las fragatas *Miantimono*, *Palafox*, *Los Cuatro Amigos*, la almiranta *Bretaña* y el buque prisión *San José*. Los patriotas trataron de atacarlos cañoneándolos desde el puerto, pero sin resultado ya que la mayoría de los cañones habían sido desmontados por los realistas. Cuando se organizaron como último recurso algunas lanchas cañoneras, la *Bretaña*, que era el buque al que se dirigía el ataque, se hizo mar afuera y la siguieron las tres fragatas mercantes. Sólo el *San José*, falto de marineros expertos, no alcanzó a salir mar afuera y fue capturado dentro de la bahía. Dirigió el abordaje el teniente Nicolás García y este jefe recibió el agradecimiento de 150 soldados y 7 oficiales patriotas que se hallaban prisioneros desde el combate de Yerbas Buenas.

Diez días más tarde, el 7 de junio, Freire observó una fragata que cruzaba frente al puerto, recelosa, a pesar de ver desplegada sobre los fuertes la bandera española que Carrera había ordenado mantener flameando. Cuando un oficial intentó desembarcar en un bote, Freire lo capturó y así se supo que la fragata era la *Santo Domingo de Guzmán*, más bien conocida como *Thomas*, y que venía con pertrechos y dinero para reforzar al ejército de Pareja. Esa misma noche entró la *Thomas* a la bahía de Concepción y fondeó frente a Tomé. Se organizó rápidamente una expedición en dos lanchas cañoneras, las mismas que habían intentado el ataque contra la *Bretaña* y tomó el mando de una don Nicolás García y don Ramón Freire el de la otra. Cien hombres distribuidos entre las dos lanchas y algunas falúas completaban la expedición. A las cinco de la mañana se hallaban atracadas a ambos costados de la fragata. De lo que sucedió entonces tenemos dos versiones distintas y lo único que queda en claro es que el asunto se resolvió en pocos minutos. La versión del propio Freire, recogida por todos los historiadores chilenos, es que él y García treparon por los costados de la fragata seguidos de sus hombres. Freire cayó frente a un cañón a tiempo que éste disparaba, salvándose milagrosamente. Luego de este primer disparo la tripulación se rindió sin oponer resistencia. Un oficial español trató de tirar la correspondencia al mar, pero Freire que trató de impedírselo se lanzó al agua y recuperó el paquete. Resulta un tanto incomprensible la actitud realista, que sospechando de la bandera española, envió un bote que no volvió. Luego fue a anclar frente a Tomé sin tomar precaución alguna contra abordajes y sin enviar otro bote a tierra.

Don Ramón Freire

El brigadier don Simón Díaz de Rábago, ha dejado en sus memorias una relación que, si bien distinta de la de Freire, no deja más luz sobre las razones de la imprudencia española. Según Rábago, se había enviado un bote a la Quiriquina y no a Tumbes, pero el comandante de la *Thomas*, capitán de fragata Pedro Ignacio Colmenares, cambió de parecer y sin informar al brigadier, envió el bote a tierra firme a cargo del teniente Felipe Villavicencio. Con el poco viento que tenía, la nave se acercó lentamente a la Quiriquina y entró al puerto por la Boca Chica. Estando frente a la isla quiso el brigadier echar el ancla y esperar que se les reincorporara el bote. A esto se opuso el comandante Colmenares, cambiando el rumbo hacia Tomé. Alegó para esto que tenía orden del dueño de la nave de echar ancla "a la oración, en cualquier paraje que hubiera fondeadero" y al poco rato la fragata fondeó en el ángulo norte de la bahía. Continúa su relato el brigadier diciendo que oyó varios cañonazos durante la noche, desconfiando de ellos, por lo que consultó con Colmenares la posibilidad de volverse inmediatamente a Lima. Colmenares contestó que era imposible que las cosas hubieran cambiado en tan poco tiempo y que la estación reinante, "esponian aquel mal pertrechado buque a un naufrajio i que no había otro partido que tomar sino esperar el día y ver lo que podía adelantar."[4]

A las cuatro de la mañana vio Colmenares aproximarse dos lanchas cañoneras y habiendo calmado enteramente el viento era imposible dar la vela. Notificado Navago de la emergencia, convocó a una reunión de oficiales y sin mucha discusión decidieron rendirse, tirando la correspondencia al mar pero guardando el dinero. Al poco rato atracó una chalupa la que pidió rendición, a lo que contestó Colmenares que su buque estaba rendido, pues su nave no tenía ni el viento para huir ni las armas con qué defenderse. Nada nos dice Navago sobre la posible hazaña de Freire con la correspondencia, por el contrario, cuenta que al preguntarle Carrera qué había hecho con ella, le contestó simplemente que cumpliendo con su deber la había arrojado al mar.

---

[4] El parte oficial de Navago fue redactado mientras era prisionero de Carrera en Chile. Se incluye en Vol. IX de la *Colección*, pp.392 y siguientes.

Freire sin embargo, había alcanzado a recuperar parte de ella pues una letra de cambio de alto valor, le significó una recompensa en dinero.

La *Thomas*, a pesar de sus pocos pertrechos y su escaso velamen, era para los chilenos una excelente presa. No sólo viajaba en ella el brigadier Rábago, sino también el coronel Manuel Olaguer Feliú y treinta y tres oficiales. Traía 50 mil pesos para el ejército realista y la venta de sus especies dió 35 mil pesos más. ¿Qué fue de estas naves? La *Thomas* había sido adquirida en 1805 en remate público después de su captura como contrabandista, por Don Javier Manzano, armador de Concepción. El *San José*, que era sin duda un buque viejo, estaba en malas condiciones y probablemente se pudrió en Talcahuano. Más difícil es comprender lo que fue de la *Thomas*, pero la verdad es que no se hizo ningún esfuerzo para ponerla al servicio de la patria. Sin duda, la traición de la *Perla* y el *Potrillo* pesaba entonces en la memoria de Carrera.

Tal era la falta de informaciones sobre lo que ocurría en el mar y lo que es peor, la falta absoluta de una fuerza naval, que bastaba un sólo buque español para producir el pánico en las poblaciones costeras. En el puerto de Huasco, por ejemplo, apareció el 15 de junio un buque realista y envió un mensaje a tierra ordenando del gobernador de Vallenar que entregara 300 mulas y 200 caballos para llevar el bagaje del ejercito, amenazando con pasar a cuchillo a los habitantes si no se cumplían estas exigencias. Era una amenaza sin fundamento. Se trataba de la fragata *Bretaña* que llevando un grupo de soldados y oficiales que huían de Talcahuano a Lima, había recalado en Huasco. A pesar de que en Santiago se creyó al país atacado por el norte y el sur, la *Bretaña* continuó su viaje a El Callao a los pocos días. El otro movimiento ya no fue broma. El *Potrillo*, ahora en servicio del virrey, desembarcó en agosto al padre Juan de Dios Bulnes en Arauco, con armas y dinero, quien fomentó y llevó a cabo una rebelión con los mapuches que resultó en la pérdida de todo el territorio al sur del Bío-Bío para la causa patriota.

Entretanto, la fragata norteamericana *Essex* cumplía con éxito la misión encomendada, atacando y capturando balleneros ingleses y castigando a los corsarios del virrey que atacaban a buques norteamericanos. Este buque había abierto por sí solo los puertos chilenos al comercio y su comandante David Porter había llegado a amenazar al virrey diciéndole que dejara en paz a los mercantes yanquis. Las presas de la *Essex* fueron vendidas en Valparaíso. Conocedor el gobierno británico del destructor crucero de la fragata norteamericana envió cinco barcos de guerra a la costa chilena con el fin de destruirla o capturarla. Dos de ellos encontraron en Valparaíso a la *Essex* y al *Essex Junior,* un bergantín que Porter había capturado y puesto a su servicio. Los buques británicos estaban al mando del comodoro James Hillyar y eran las fragatas *Phoebe* y *Cherub*. El comandante Porter, aprovechando un día de buen viento trató de forzar el bloqueo, pero en su esfuerzo para obtener mayor velocidad, había recargado las velas con todo trapo disponible y una racha de viento trajo el inesperado resultado que el mastelero del mayor se vino abajo con gran estrépito y confusión. La *Essex* así averiada trató de volver al puerto pero el enemigo le cortó el paso y tuvo que refugiarse en la caleta de Cabriteria, cuya neutralidad el comodoro inglés no respetó. La *Phoebe* mantuvo la distancia y con sus cañones de mayor alcance cañoneó a la *Essex* hasta rendirla.

Capturada la *Essex* ya no quedó protección ninguna para el comercio patriota y los realistas siguieron navegando sin dificultad por mares chilenos. A fines de enero, el general Gabino Gainza desembarcaba en Arauco, trayendo desde El Callao la corbeta *Sebastiana* y el *Potrillo*, mientras los transportes *Mercedes* y *Trinidad* habían traído desde Chiloé un batallón de infantería. Un poco más tarde, en los primeros días de agosto, fondeaba en Talcahuano una flotilla compuesta de la *Sebastiana, Potrillo* y el navío *Asia*, recién llegado de España, con el general Osorio, trayendo el regimiento Talavera con refuerzos de la milicia colonial. Las tropas venían a aumentar las fuerzas realistas de tierra, mientras el *Asia* constituía un notable aumento para las fuerzas navales del virrey.

Osorio ordenó al *Asia* de regreso a El Callao y a los otros buques a cruzar frente a puertos chilenos pretendiendo prepararse para desembarcar tropas. Ya no había necesidad de bloquear, se trataba simplemente de confundir a los patriotas y de aterrorizar a los pobladores de los puertos más pequeños. A principios de septiembre, el *Potrillo* se presenta frente a Valparaíso y los porteños no dudaron un momento, que las tropas realistas iban a desembarcar. Un mes más tarde, Osorio derrotaba a O'Higgins en el sitio de Rancagua y Chile caía una vez más bajo el dominio del rey de España.

Bergantín norteamericano de la época similar al Potrillo

Fragata norteamericana similar a la Perla

Capítulo II
Los Corsarios Argentinos

El desastre de Rancagua marcó el comienzo de una época que los historiadores chilenos han llamado la Reconquista. No fue sino hasta 1817 cuando volvió a aparecer el pabellón chileno sobre el Pacifico. Sin embargo, los dos años de dominación española no pasaron sin actividad en el mar. Los refugiados chilenos en Buenos Aires trataban de convencer al gobierno argentino de la necesidad de enviar una escuadrilla a Chile con el objeto de ayudar a los patriotas. La escuadrilla argentina había producido tan buenos resultados que pronto el almirante Brown se halló sin adversarios en el Río de la Plata. Era el deseo de los chilenos de llevar la guerra marítima a la costa del Pacifico. El gobierno de Buenos Aires comprendía bien que una excursión a esas costas podía prestar grandes servicios a la causa patriota. En primer lugar, sería un aliciente para los patriotas chilenos. Podía también investigar la situación del país y con su sola presencia desorganizar los movimientos de las tropas realistas. Con un poco de audacia, bien podía cortar por lo menos temporalmente, las comunicaciones del enemigo. Por lo demás, se sabía de los patriotas prisioneros en Juan Fernández y se pensó que éstos podían ser liberados.

Pero el gobierno de Buenos Aires suspendió los aprestos y decidió no incurrir en más gastos para preparar la escuadrilla de cinco buques que se planeaba. Sin embargo, la gran cantidad de aventureros europeos que se hallaban sin empleo en el puerto decidieron comprar una fragata y emprender una expedición de corso. El propio Brown se entusiasmó con la idea y se dio por entero a la organización de una expedición con la ayuda de los patriotas chilenos y el visto bueno del gobierno de Buenos Aires.[5]

---

[5] El mejor estudio que se ha publicado sobre esta expedición se encuentra en el TOMO IV de *Estudios Históricos Biográficos y Bibliográficos sobre la independencia de Chile*, de la Colección José Toribio Medina compilados y

El proyecto parecía absurdo, pero Brown no desmayó y consiguió equipar cuatro buques para la expedición. Brown poseía la corbeta *Hércules* de 20 cañones y 200 hombres de tripulación que el gobierno argentino le había dado en reconocimiento de sus servicios cuando destruyó la escuadra española del comandante Michelena. Era esta nave una antigua fragata mercante rusa de 350 toneladas comprada en 1814. El gobierno argentino dio en préstamo a Brown el bergantín *Trinidad* de 16 cañones y 130 hombres de tripulación y completaban la escuadrilla el *Halcón* al mando de Hipólito Bouchard y el queche *Uribe* o *Constitución*, propiedad del presbítero chileno Julián Uribe. Este sacerdote había sido uno de los grandes colaboradores de Carrera en Chile y había hecho toda clase de sacrificios para partir con Brown antes que asociarse con O'Higgins quien se preparaba junto con San Martín para volver a Chile cruzando la cordillera con el Ejército de los Andes.

La escuadrilla quedó formada así:

Nombre	Tipo	Cañones	Tripulación	Comandante
Hércules	corbeta	20	200	Walter Chitty
Trinidad	Bergantín	16	130	Michael Brown
Halcón	bergantín	18	160	Hipólito Bouchard
Constitución	queche	?	?	Oliver Russell

El comodoro izaba su insignia en el *Hércules* que iba al mando de su cuñado.

A fines de octubre de 1815 zarparon de Buenos Aires el *Halcón* y el *Uribe*. Los buques llevaban la bandera azul y blanca de Buenos Aires menos el *Constitución* que izaba una bandera negra. El queche llevaba una carga excesiva, y se supone que la artillería era también en exceso de lo que el buque podía cargar.* Entre los tripulantes de los cuatro buques había un gran número de chilenos. El *Uribe* estaba

---

ordenados por Guillermo Feliú Cruz. Contiene copias de 50 documentos. Publicada en 1965 en Santiago de Chile.
* Iba como oficial un italiano llamado Barri que puede haber sido el bisabuelo de Arturo Prat.

tripulado completamente por chilenos y en el *Halcón* la gran mayoría de los marineros eran también chilenos. En este buque iba el grueso de las tropas de desembarco que estaban al mando de don Ramón Freire, a quien ya hemos visto actuando en la captura de la *Thomas*. La tropa era en su totalidad formada por dragones chilenos. Aunque cada comandante obraría en forma más a menos independiente, todos reconocían a Brown como el jefe de la empresa. Como la travesía por el Cabo de Hornos no es una empresa fácil, los buques se dieron como punto de reunión la isla Mocha donde quedaron de encontrarse en los primeros días de diciembre.

El tiempo y el viento fueron favorables al pequeño convoy hasta llegar a Tierra del Fuego, pero al aproximarse al Cabo se desató una terrible tempestad que fue a dar con los proyectos del padre Uribe al fondo del mar. En efecto, al amanecer del 17 de noviembre, el *Uribe* naufragó con toda su tripulación. Es interesante anotar que la buena estrella de Freire le salvó la vida. Una vez que la corbeta *Hércules* en que viajaba hubo sobrevivido el primer temporal, se desató una segunda tempestad casi tan recia como la primera. Freire estaba en cubierta cuando una ola inmensa cubrió todo el buque llevándose a Freire al mar. Cuando ya todos lo daban por perdido, una segunda ola, esta vez desde el lado opuesto, llevó a Freire a la cubierta del *Halcón*, donde fue depositado sin un rasguño, pero sin duda con mucho susto.

Llegado el *Halcón* a la Mocha tuvieron los marinos que esperar la llegada de las otras naves. Los buques de Brown habían tenido un viaje lleno de dificultades teniendo que recalar en puertos del Estrecho para reparar sus averías. No se tenían noticias del *Uribe* y la última vez que fue avistado estaba en muy malas condiciones por lo que se asumió que se había perdido al amanecer del día siguiente. Reunidos los comandantes de los tres buques, Brown impartió órdenes de dirigirse directamente al Callao. Brown sabía que el agente español en Buenos Aires había enviado un mensaje a bordo de la fragata norteamericana *Indus* participando al gobernador de Chile, Casimiro Marcó del Pont, de la expedición corsaria. Mientras estaban anclados en la isla Mocha se avistó a la *Indus* y el comodoro sabiendo que había perdido el elemento de sorpresa, decidió atacar directamente El Callao. Fue una decisión afortunada, porque el gobernador de Chile no pudo enviar la noticia al virrey. La *Indus* se negó a continuar el viaje y los mercantes extranjeros rehusaron hacerse a la mar, ante el peligro de la escuadra corsaria. Brown tomó el mando de la *Trinidad* y se dio a la vela con destino a la isla de Juan Fernández con el objeto de rescatar a los prisioneros chilenos que allí mantenía el general Osorio, esperando reunirse con el resto del convoy frente a El Callao.

La escuadrilla de Brown saliendo de Buenos Aires

El 10 de enero de 1816 las fuerzas corsarias se reunieron frente a El Callao. Contaban ahora con dos presas, las fragatas *Candelaria* y *Consecuencia*. Al día siguiente, el *Halcón* capturaba frente al puerto a la *Gobernadora*, buque que procedió Brown a armar en guerra y unirlo a la flotilla. La *Gobernadora* llevaba una importante carga de cacao, pero la *Consecuencia* llevaba un pasajero que a la postre iba a probar ser de mucha importancia. Se trataba del gobernador de Guayaquil, don Juan Manuel de Mendiburu, que viajaba a hacerse cargo de su puesto. La *Trinidad* había recalado en Juan Fernández, pero no había liberado a los prisioneros. El propio comodoro y su piloto Chitty dieron como excusa que el mal tiempo reinante lo había obligado a salir del puerto antes que pudiera fondear con el bauprés roto; pero en realidad, el proyecto de rescate de los prisioneros era idea exclusive de Uribe y al perderse éste con su buque, la liberación de éstos pasó a ser objetivo muy secundarlo. Debemos agregar que las empresas corsarias existen sólo para las presas y la rapiña y que Juan Fernández no ofrecía ninguna de las dos cosas. Todavía más, estaba defendida por una guarnición, que si bien pequeña hacía el desembarco de soldados un asunto peligroso. No sin razón se alegró pues el comandante de la *Trinidad* de que el tiempo le fuese adverso.

Al saberse en El Callao que una escuadrilla patriota se encontraba frente al puerto, se produjo la alarma. Un pánico parecido al que infundían los piratas holandeses en el siglo anterior se apoderó de los comerciantes. Esta gente veía en los corsarios su propia ruina y por esta razón se presentaron ante el virrey a quien cedieron 200 mil pesos para la organización de una escuadrilla con que repeler a los atacantes. Brown no les dio mucho tiempo para prepararse ya que el 21 de enero entraba sorpresivamente en El Callao y procedía al bombardeo del puerto. Días después, los corsarios entraban resueltamente en el puerto en lanchas y botes. Trataron de abordar una cañonera que se defendió resueltamente causándoles 24 muertos y graves heridas al capitán Chitty, cuñado de Brown. Después de bloquear el puerto por tres semanas, la escuadrilla despareció con rumbo al sur, pero en realidad con destino a Guayaquil.

El virrey hizo armar a seis buques mercantes, para lo que utilizó algunos de los cañones de las fortalezas. Esta escuadrilla la componían, entre otras, las fragatas *Palafox*, *Tagle*, *Reina de los Angeles* y *Minerva*, que junto con dos bergantines, sumaban 126 cañones. Creyendo que Brown había vuelto sobre la costa de Chile, esta expedición que contaba con 980 hombres zarpó con destino al sur.

El resto de la expedición de Brown no cabe dentro de las proyecciones de la obra presente, pero bastará decir que al atacar Guayaquil su buque insignia encalló y el comodoro fue tomado prisionero después de haber visto en serio peligro su vida cuando los realistas abordaron su corbeta. Su hermano Michael, con la ayuda de Freire, lo rescató, canjeándolo por el gobernador Mendiburu. Luego de este ataque, la escuadrilla con su tripulación desmoralizada y con serias desavenencias entre Bouchard y Brown se dio a la vela hacia las Galápagos. Los corsarios habían recibido dineros por rescate de algunas presas que eran propiedad de comerciantes de Guayaquil. Bouchard en vista de las malas condiciones en que se encontraba el

Halcón, subió a bordo del *Hércules* y exigió que se le diese la *Consecuencia* como parte de sus presas. Brown accedió a pesar de las malas intenciones del francés. Brown aliviado de deshacerse de tan molesto socio, zarpó rumbo al sur con el *Halcón* y *Hércules* dejando a Bouchard con la fragata y una goleta. Brown intentaba regresar cuanto antes a Buenos Aires para lo que necesitaba víveres, agua y pertrechos. Con este objeto se dirigió a las costas de Colombia. Allí perdió al *Halcón* que se fue a pique cuando trataban de repararlo. Perdió por enfermedad a su hermano Michael o Miguel y al cirujano Handford fallecido a consecuencia de una fiebre.

En su viaje de retorno es inexplicable que Brown no haya tocado en Buenos Aires. En efecto, después de conferenciar con el capitán de un mercante inglés frente a Montevideo, quien le dio la falsa noticia que 15 mil hombres marchaban ya en el Uruguay—dice un escrito, probablemente del propio Brown,—"se resolvió en consulta de oficiales dirigirse a algún puerto amigo más que arriesgar la libertad y la perdida de la propiedad y del buque." Fue así como después de obtener provisiones y hacer aguada en Pernambuco ocultando su nacionalidad, llegaron hasta Barbados, que creían "el puerto amigo más cercano a Buenos Aires." Pero se le obligo salir del puerto y cuando se dirigía a Antigua fue capturado por el buque inglés *Brazen* alegando que había roto prácticamente todas las leyes de navegación. Aunque Brown, a la larga, ganó su caso en las cortes inglesas, el *Hércules* fue rematado en pública subasta. Cuando, después de muchas vicisitudes pudo regresar después de dos años a Buenos Aires, Brown fue encarcelado, sometido a juicio y acusado de perder las ganancias del corsario. Su brillante carrera naval continuaría al servicio de su patria adoptiva.

No existe documentación ni relato alguno del viaje de regreso al Río de la Plata de la *Consecuencia* a pesar de viajar en ella Ramón Freire. ¿Dónde hizo aguada? ¿Cómo se proveyó de víveres? Sólo sabemos que arribó a Buenos Aires a mediados de 1816. La *Consecuencia*, remozada y con un nuevo nombre, *Argentina*, daría la vuelta al mundo al mando del controvertido Hipólito Bouchard.

Guillermo Brown

Esta expedición fue la única actividad marítima que desplegaron los argentinos en la costa sudamericana del Pacífico, y a decir verdad, fue de magníficos resultados para la causa patriota, a pesar de las vicisitudes de los principales participantes. Desde la sorpresiva aparición de Brown en las costas del Perú, el comercio marítimo español se vio detenido. El daño causado a los comerciantes de Lima fue enorme. En Chile, el gobernador realista, Marcó del Pont ya no sólo temía el ataque a través de la cordillera sino que estaba convencido que otra expedición patriota lo atacaría por el mar. San Martín, por su parte, hizo circular rumores de que se preparaba una expedición en Buenos Aires que atacaría Concepción y San Vicente con el objeto de invadir luego a Chile. A pesar de que esta expedición ayudó mucho a los ánimos patriotas en Chile, causó también al virrey y al gobierno peninsular a tomar ciertas precauciones en el mar. En diciembre de 1816 llegaban a Valparaíso la fragata *Venganza* y el *Potrillo*. La primera venía de Cádiz y era una excelente nave de 44 cañones. Así pues, a principios de 1817 una escuadra bastante bien equipada estaba a la espera de buques patriotas que pudieran aparecer frente a la costa Chilena. Fueron éstos los buques que más tarde atacaría la Marina Chilena en su época de mayor esplendor.

Capítulo III
Los Primeros Buques de la Escuadra

Si el lector consultara uno de los muchos manuales que a bajo precio se venden bajo el titulo de "Historia de América" encontrará, sin duda, que no hay historiador que no proclame las hazañas de Bolívar como el Libertador de América. Se dice también que en el sur luchó el general San Martín y que este jefe, después de libertar a Chile ganando las batallas de Chacabuco y Maipú, organizó una expedición al Perú con la que llevó sus tropas a ayudar a Bolívar. Entre estas líneas se oculta la gran hazaña del pueblo chileno: la organización de una escuadra que barrió con el poder naval español en el Pacifico. Fue el pueblo chileno, el que con sus propios medios, con empuje, coraje y sacrificios, creó una escuadra a la que le corresponde el mismo honor y la misma gloria que a San Martín, Bolívar y sus ejércitos. Gracias a la escuadra de Chile, se aseguró el mar para la causa patriota, gracias a ella no llegaron refuerzos españoles al Pacifico y al frente de su organización estaba O'Higgins.

Don Bernardo O'Higgins

O'Higgins había comprendido que sin una fuerza naval suficiente, el país era vulnerable a ataques por mar e invasiones realistas que como las de Pareja y Osorio podían desembarcar a su voluntad en el territorio chileno. Su primera preocupación después del triunfo de Chacabuco fue enviar una tropa de lanceros a Valparaíso con el objeto de tratar de capturar a los buques realistas que estaban en el puerto. Pero esta tropa llegó cuando los bajeles habían huido. Su frase: "Este triunfo, ni cien mas serán de valor, si no dominamos el mar", pronunciada después de la batalla de Chacabuco, probó ser profética.

La Marina chilena tuvo un nacimiento humilde que comenzó con un buque viejo y pequeño. Fue un nacimiento rápido pues sólo dos semanas después de la victoria de Chacabuco, anclaba en Valparaíso el bergantín español *Águila, ex Eagle*, norteamericano, que los realistas habían capturado como contrabandista. Se ha dicho que confiado en la bandera española, que los patriotas mantenían flameando sobre el fuerte de San Antonio, el *Águila* largó el ancla, sólo para verse abordado al instante por los patriotas. Pero su comandante don Anacleto Goñi era muy afecto a la causa patriota y en vez de dirigirse a Panamá como le había ordenado el Virrey, navegó a Valparaíso.* Pero hay que reconocer que Morris con sólo un bote cargado de soldados, lo abordó y tomó posesión del bergantín. Fue premiado por sus esfuerzos y se le empleó inmediatamente después para que alistara al bergantín de 220 toneladas para hacerse a la mar.

Era don Raymond Morris, (aunque también aparece como Harvey Morris), marino irlandés que servía como oficial de artillería en el Ejército de los Andes. Se nos ha dicho que Morris era de "carácter vividor" pero en su biografía encontramos que era tan entusiasta y valiente, que se justifica hasta cierto punto su apodo de "el loco". Se le agregaron tres oficiales: Pedro de la Cruz como segundo, Santiago Hurell y Juan Yung como pilotos. La tripulación se componía de 43 individuos, de los cuales 18 eran chilenos. No tenía el gobierno armamento alguno con que equipar a la flamante nave, y fue necesario

---

- Don Anacleto Goñi se casó en Valparaíso con doña Dominga Prieto y fue el padre del almirante José Anacleto Goñi y abuelo de varios almirantes y comandantes, todos distinguidos marinos.

que el gobernador de Valparaíso lo requisara a prorrata entre las naves mercantes que se encontraban en el puerto. Se juntaron así 16 carronadas, al parecer sin protesta alguna de los capitanes mercantes afectados. Antes del zarpe fue necesario pagar a la tripulación y se dieron 50 pesos a los oficiales, 20 y 15 a la tripulación, dependiendo en su experiencia para determinar el pago, y Morris recibió, a cuenta, 25 pesos mientras el gobierno determinaba su sueldo definitivo.

Lista la nave, se ordenó el zarpe, más bien para mostrar la bandera que no era todavía la de la estrella, pues el buque llegó hasta San Antonio regresando al puerto de su partida sin novedad alguna. Al volver a Valparaíso, se notificó a Morris que el gobierno había decidido enviar al *Águila* a Juan Fernández a liberar y traer al país a los prisioneros patriotas que allí mantenía Marcó del Pont. Con este objeto se hizo el buque a la mar el 17 de marzo de 1816. Se guardaba aún el mayor respeto a la memoria del *Potrillo* y la *Perla*, pues el propio O'Higgins decía en sus instrucciones: "Deberán ir a bordo 25 cazadores armados y municionados al mando directo de Morris o de otro que sea de plena satisfacción". [6] A fines del mismo mes de marzo volvía el *Águila* trayendo a bordo, entre otros, a don Manuel Blanco Encalada que más tarde iba a ser el primer almirante de la escuadra.

Mientras el *Águila* navegaba a Juan Fernández, el bergantín español *Araucano* cayó apresado en San Antonio en circunstancias muy similares a las del *Águila*, engañado también por la bandera española. Pero el asunto fue conducido en tan mala manera que el gobernador del puerto hizo bajar al capitán y dejó la tripulación a bordo, pidiendo por tierra refuerzos a Valparaíso para tripularlo. La tripulación realista, apenas se vio libre de sus visitantes, izó simplemente las velas y zarpó sin su comandante, de manera que cuando llegó el *Águila* a San Antonio, quedaban en tierra el capitán, el piloto y cuatro marineros que Morris llevó a Valparaíso.

Algo de loco y atrevido tenía Morris cuando consideramos el tremendo poder que tenía en el mar el virrey del Perú contra su buque. Es fácil de comprender por qué el *Águila* no incursionaba más allá de

---

[6] Luis Uribe Orrego, **Los Orígenes de Nuestra Marina Militar**, 2 volúmenes, Santiago, 1892. Vol. I, p.9. Todas las citas del almirante Uribe fueron extraídas del Archivo Nacional.

San Antonio. El viaje a Juan Fernández, era desde ya una temeridad. En 1817 contaba el virrey con dos fragatas de 44 cañones, la *Esmeralda* y la *Venganza*, tres corbetas, *Sebastiana, Resolución y Veloz* con un total de 130 cañones y con dos bergantines de 18 cañones *Pezuela* y *Potrillo,* este último capturado de los patriotas durante la Patria Vieja. Eran un total de 254 cañones y siete velas contra las seis carronadas de la naciente marina chilena.

Los buques españoles se ocupaban entonces de abastecer Talcahuano, sitiado entonces por el ejército chileno, y entre sus viajes o de paso ante el puerto, aprovechaban el tiempo manteniendo un bloqueo inconstante pero efectivo sobre Valparaíso. El 19 de julio, *la Sebastiana* se presenta ante el fuerte, dispara un sólo tiro de cañón y luego amolla en popa hasta perderse de vista. El gobernador de Valparaíso, don Rudecindo Alvarado, hombre de grandes cualidades y gran empuje, ordenó al punto que se aprestara el *Águila* que se hallaba sin tripulación, por haberse licenciado la que fue a Juan Fernández. Fletó además el mercante *Rambler* afianzando ochenta toneladas de cobre que se hallaban a bordo y completó el armamento con algunas carronadas que sacó de la fragata *María* y embarcando algunas piezas de los fuertes. El enganche de la tripulación no presentó problemas, ya que el gobernador prometió 8 mil pesos de gratificación si la corbeta era apresada y 2 mil si era batida. Se puso al capitán del puerto, don Juan José Tortel, al mando del *Rambler*. Era éste un marino francés que había desempeñado algunos cargos en la revolución. Morris comandaba el *Águila*. Al anochecer de ese mismo día, las dos naves se hacían a la mar, prueba del empeño y buenas cualidades del gobernador Alvarado. Los buques siguieron al sur llegando hasta la altura de Talcahuano, pero como no divisaron ni la *Sebastiana* ni otros buques enemigos regresaron a Valparaíso. El *Rambler* fondeó en el puerto el 7 de julio y su comandante culpó a Morris de desobediencia, pero al entrar al puerto el *Águila* al día siguiente sin novedad alguna, todo fue olvidado. El gobernador hizo gratificar a la tripulación con 1.200 pesos, por la "brillante disposición."

El 13 de julio se presentaron ante Valparaíso la fragata Ven*ganza* y el bergantín *Pezuela*. Mientras el gobernador solicitaba los fondos para organizar un ataque, los bloqueadores se mantuvieron frente al puerto por tres días y luego se alejaron mar afuera. Pero ante la presencia del enemigo la autorización había sido concedida y se aprestaron la fragata *Maria*, *el Águila* y el *Rambler* con soldados y marineros, víveres y municiones, listos para hacerse a la mar al primer anuncio del enemigo.

No fue sino hasta el 10 de agosto cuando aparecieron frente a Valparaíso las naves españolas. Tortel dio inmediatamente la orden de zarpe y la flotilla con fresca brisa del sur salió del surgidero. El enemigo que se mantenía en facha, al ver salir tres buques amolló en popa. En su deseo de darles caza, el comandante Tortel había hecho forzar la vela del *Rambler*, pero el velamen así recargado no aguantó y se rompió la verga del trinquete, obligando al comandante de la expedición a volver al puerto. Se había conseguido sin embargo, ahuyentar a los buques enemigos.

Los españoles se mantuvieron alejados de Valparaíso por espacio de un mes, tiempo que aprovechó Morris para hacerse a la mar en cortas expediciones. En una de éstas apresó al transporte *Perla* que venía en un convoy resguardado por la *Esmeralda* desde Cádiz. Azotadas las naves por fuertes temporales, la *Perla* se había separado del resto y fue así como cayó en manos de los patriotas. Desgraciadamente, no nos han llegado detalles de la captura, pues tal como años antes la *Perla* había sido la primera nave chilena, se convertía ahora en la primera presa capturada por la Armada. Morris se vio en duros aprietos para conducir su presa a Valparaíso, pues la tripulación del *Águila* no estaba completa y los prisioneros capturados sumaban más que los patriotas. Así, en esta cómoda e insegura situación, se dirigió con los buques en conserva hacia Valparaíso.

Bergantín Aguila

Días más tarde, mientras el *Águila* se mantenía al ancla en Valparaíso, se presentó ante el puerto la *Venganza* y el gobernador ordenó a Morris que se hiciera a la mar. El comandante, ayudado esta vez por una lancha cañonera que había sido capturada un poco antes, se acercó a la fragata enemiga y le hizo un disparo por la mira de proa. Respondiendo al reto la *Venganza* viró sobre el *Águila* pero muy desganada y sin resolución. Morris pretendía atraer al enemigo hacia la costa en persecución de su bergantín de manera que la fragata quedara bajo los fuegos del fuerte y la cañonera, pero el español no se dejó engañar y luego de disparar un par de cañonazos se alejó. Reapareció a la mañana siguiente acompañada de dos buques más que no fueron reconocidos y esta vez el *Águila* permaneció en el puerto. Se trató de habilitar a la *Perla* pero estaba el casco en tan malas condiciones que no fue posible armarla. Como la flotilla bloqueadora aumento a cuatro velas, sólo se trató de proteger al puerto con el *Águila*, la cañonera y una lancha maulina aparejada de goleta y armada de dos cañones a la que se dio el nombre de *Fortunata*.

Con estos elementos se libraron algunos cambios de cañonazos sin mayores consecuencias. Estos encuentros ocurrían cada vez que buques neutrales pretendían entrar al puerto burlando el bloqueo. En una ocasión lograron las cañoneras agujerear el velamen de la *Venganza*, avería que no trajo consecuencia.

Como Chile no dominaba el mar, los españoles pudieron enviar sin peligro alguno nueve buques mercantes convoyados por un solo buque de guerra, la fragata *Esmeralda*. Esta escuadra pudo desembarcar con toda felicidad en Talcahuano al general Osorio y una división fuerte de 3.300 hombres. Era éste el mismo general que en circunstancias similares había desembarcado en 1814 y reconquistado Chile en Rancagua. El 10 de enero de 1818, Osorio se hallaba listo para emprender la marcha al norte. El plan original era juntar sus tropas con las de Talcahuano y embarcar su ejército en la escuadra llevándolas al norte donde esperaba desembarcar y marchar sorpresivamente sobre Santiago. La primera inteligencia que recibió el gobierno fue que una escuadrilla de buques de guerra pertenecientes al enemigo estaba frente a Valparaíso y era el rumor general que estaban acompañados de transportes con tropas con la intención de desembarcar y marchar hacia la capital. San Martín, con una visión que desgraciadamente no iba a demostrar ya más, ordenó el repliegue del ejército patriota al norte. El general argentino comprendió que era preferible defender la capital, ya que como no se dominaba el mar, el enemigo podía desembarcar en cualquier punto de la costa.

El bloqueo de Valparaíso era mantenido con cierta regularidad por las naves del virrey. El 3 de marzo, la *Venganza* con su tripulación contagiada por el escorbuto, fue reemplazada en el puesto por la fragata *Esmeralda* de 44 cañones, probablemente la mejor unidad española en el Pacífico. La comandaba don Luis Coig y Sansón, marino valiente y capaz que tenía un alto prestigio entre sus subordinados.

Los bloqueadores se hallaban ahora limitados a dos buques, la ya citada *Esmeralda* y el bergantín *Pezuela*. Estos tenían que salir mar afuera en persecución o reconocimiento de velas lejanas, ocasión que aprovechaban los neutrales para entrar al puerto. En una de estas salidas, entró sin ser avistada, la fragata mercante inglesa *Windham*, de

800 toneladas, enviada a Chile por el agente del gobierno en Londres, Alvarez Condarco. Se trataba de un antiguo buque de la Compañía de la India, un "inchimán" de larga historia que había sido capturado por los franceses y rescatado dos veces. La compañía lo había retirado del servicio. Venía armada con 34 cañones de 18 y 24 libras, con troneras para 58 y perfectamente apertrechada. El gobierno aportó 105 mil pesos y el resto lo pagaron los comerciantes de Valparaíso que querían hacerse parte de las presas que capturara el buque. El *Windham* fue adquirido y armado como buque de guerra con un inmenso costo en un momento en el que, con cálculos sinceros y fríos, no habría sido posible invertir ni un solo peso.

Se izó en ella la bandera chilena y se le dio el nombre de *Lautaro*, en honor más bien a la Logia Lautarina, a la que pertenecían los jefes patriotas, antes que al héroe araucano. Por oficio del 20 de abril, O'Higgins ordenaba al gobernador de Valparaíso que habilitara a la *Lautaro* para que se hiciese a la mar y levantara el bloqueo de Valparaíso, atacando y si fuera posible, capturando a la *Esmeralda* y al *Pezuela*.

En Valparaíso se efectuó una reunión entre capitanes mercantes y pilotos con el objeto de seleccionar un jefe con experiencia naval. El mando fue dado a un joven marino irlandés, de pasado turbulento, expulsado de la marina inglesa por indisciplina y cuyo nombre era George O'Brien. El capitán de ejército don William Miller, fue nombrado comandante de la guarnición de infantería de marina. A pesar de que la falta de fondos aconsejaba dedicar a la *Lautaro* al corso, no tuvo otro remedio el gobierno, en vista del bloqueo, que organizar el buque como Marina Nacional. Para la tripulación se reclutaron cien extranjeros, se echaron mano a las tripulaciones de la *Perla* y el *Águila* y se reclutaron toda clase de personas en los bajos fondos santiaguinos con lo que se logró sumar 250 chilenos. Este enganche que vino a completarse cuando sólo faltaban cuatro horas para el zarpe, dejaba exhausta la oferta de marineros y quedaron inhabilitadas las otras naves y las cañoneras. Se echó mano a cuanto cañón se encontró disponible y la corbeta de guerra norteamericana *Ontario* que se hallaba en Valparaíso aportó sus carpinteros y calafates para ayudar a preparar el buque. Este sólo hecho era, una violación flagrante de la neutralidad estadounidense, pero el comandante James Biddle fue todavía más allá, facilitando a los patriotas material bélico. Fue así como gracias a un esfuerzo colectivo zarpaba la *Lautaro* el 26 de abril, con su dotación completa y armada de 44 cañones.

O'Higgins confiaba plenamente en Jorge O'Brien y destacaba su brillante conducta en la captura de la Essex donde voluntariamente se había presentado en la fragata inglesa. Al confirmarle el mando, le dirigió la siguiente nota:

> *Capitán O'Brien: Convencido que no hay nada que la capacidad y el valor no puedan vencer. Yo estoy lo suficientemente confiado para calcular que un triunfo señalado hará que vuestro nombre sea generalmente conocido en el futuro como el Lautaro naval y es por esa razón que doy a vuestra nave el nombre del héroe más grande que ha nacido en nuestro país.*[7]

A cargo de la expedición estaba don Tomás Guido, quien entregó a O'Brien un pliego con instrucciones específicas, en las que se le señalaba con claridad los siguientes puntos:

1. La tripulación será dividida en tres partidas de abordaje, al mando del teniente Turner, capitán Miller y la tercera, de reserva, al mando del comandante.
2. Deberá observar el movimiento del enemigo y zarpar sin ser visto alejándose de la costa hasta completar el entrenamiento de la tripulación.
3. Se preocupará de entrenar la tripulación.
4. Se pintará a la *Lautaro* como navío inglés y se desfigurará, en forma que aparezca como nave extranjera.
5. Una vez terminados estos trabajos tratará, de abordar a la *Esmeralda* acercándose a ella con bandera inglesa.

---

[7] El manuscrito de John Thomas "A Historical Sketch of the Chilean Navy" se encuentra en el Archivo Nacional de Santiago, Archivo Vicuña Mackenna, Vol. XXI. P. 21

O'Brien no hizo caso a estas instrucciones, especialmente en lo que se refería a dilatar el ataque. Por el contrario, a la mañana siguiente se dirigió hacia el enemigo que se hallaba a unas tres millas de tierra entre Piedra Blanca y Curaumilla. El comandante español, Coig y Sansón, a pesar de la cerrazón de la madrugada, reconoció a la embarcación como una fragata y sin poder distinguir la bandera ordenó cargar la mayor y los juanetes, tratando de arribar al *Pezuela* que se hallaba a cuatro millas, llamando a zafarrancho de combate y haciendo señales al bergantín para que siguiera la orden. Al acercarse la fragata, el comandante creyó reconocer la bandera inglesa, ordenando fachear para ponerse al habla. La *Lautaro* se acercaba por barlovento, con "siniestras intenciones", como diría más tarde el propio Coig, y estando a tiro de pistola cambió la bandera inglesa por la chilena. La

Fragata Lautaro

Esmeralda contestó con una descarga cerrada de la batería de sotavento, a la que contestó O'Brien con los cañones proeles de la *Lautaro* y luego, en la orzada, embistió a su enemigo con tanta fuerza que el bauprés de la *Lautaro* rompió el aparejo de mesana de su antagonista. Sin embargo, al embestir a su enemigo, el comandante patriota no había logrado dar en el centro del buque. Quedaron pues las dos fragatas enganchadas, la *Lautaro* por la proa y la *Esmeralda* por la mesa de guarnición de mesana a estribor, posición que no se prestaba para el abordaje, por lo que sólo O'Brien y una treintena de hombres lograron pasar a la cubierta del enemigo. Peor aún, a nadie se le ocurrió pasar una espía ni usar arpeos de abordar, de manera que al primer golpe del mar, las naves se separaron.

Entre tanto Miller y sus hombres barrían la cubierta enemiga desde las cofas y el aparejo de la *Lautaro*, con tanta precisión y nutridez que la tripulación realista se refugió en el entrepuente. O'Brien se encontró dueño del buque, pero al separarse la *Lautaro*, lo dejaba en una posición bastante incómoda. Se le hacia fuego desde las bocas de escotilla de pistola y de trabuco. La bandera española fue arriada por los marineros chilenos, hecho que no iba a traer ninguna ventaja; por el contrario, Turner, sobre quien había recaído el mando, creyó a la *Esmeralda* rendida y se dirigió contra el *Pezuela*, dando a O'Brien por seguro. Los españoles, entre tanto, arengados por su jefe salieron de su escondite y obligaron a los chilenos a refugiarse en el alcázar. En una sangrienta lucha que duró tres cuartos de hora lograron recuperar el buque. O'Brien herido de muerte fue arrastrado por la cubierta a lugar seguro, donde moría diciendo a sus compañeros en inglés: "Do not abandon her lads, the frigate is ours". (No la abandonéis, muchachos, la fragata es nuestra.)

Turner había enviado un bote con refuerzos, el que no logró acercarse a la *Esmeralda* pues fue blanco de la fusilería española sufriendo graves pérdidas. Al darse cuenta que los asaltantes estaban en aprietos, trató de abordar al enemigo por segunda vez, pero esta vez en forma todavía peor que la primera pues sólo el bauprés quedó sobre la popa enemiga y los pocos chilenos que quedaban con vida trataron de salvarse saltando a la *Lautaro* o lanzándose al agua. Otros cayeron accidentalmente al mar, al romperse la botavara de la *Esmeralda* donde se habían encaramado con la esperanza de pasar a la *Lautaro*.

Nuevos intentos de abordar al enemigo fracasaron y Turner en vista del fracaso, ordenó disparar contra la *Esmeralda* todas las baterías, lo que causó un enorme daño al enemigo. La amura de babor se incendió, la cámara, el "jardín" y el alcázar quedaron en ruinas y los españoles se apresuraron a dar toda la vela posible con el fin de apartarse del enemigo. Dice su comandante que trató de virar en redondo pero que no pudo continuar la bordada por hallarse muy cerca de tierra, debiendo hacerlo por avante, maniobra dificilísima si se considera el número de jarcias rotas y el hecho de hallarse bajo el fuego de la *Lautaro*. Dejaron los patriotas veinte muertos en la cubierta del enemigo, estimando Coig y Sansón que unos 60 hombres la abordaron. Según Miller sólo 25 hombres siguieron a O'Brien, número sin duda equivocado, pues se nos cuenta de varios que se lanzaron al agua y otros que lograron saltar de vuelta a la *Lautaro* en el segundo intento de abordaje.

Una vez que Turner recogió el bote, se dio a la caza de la fragata pero ésta ya le había tomado la delantera y tuvo que desistir. A las cinco de la tarde de ese mismo día avistó la *Lautaro* al bergantín español *San Miguel* que viajaba de Talcahuano a El Callao llevando a bordo a varios pasajeros que huían de Concepción con sus caudales. Entre ellos se encontraban los estanqueros Chopitea y Beltrán, criollos comprometidos por la causa española que pagaron tan buen precio por su rescate que con éste se pudo cubrir la totalidad de las acciones que sobre la *Lautaro* tenía el comercio de Valparaíso. El buque pasó a ser propiedad exclusiva del Estado pagándose por el la suma de $180.000 cuando el vendedor lo había adquirido en Londres por $20.000.

Este primer combate de la Armada nacional, si ser una derrota, no fue tampoco una victoria. Se había cumplido sin embargo el primer objetivo: levantar el bloqueo de Valparaíso. No se obtuvo la victoria porque la tripulación no estaba debidamente entrenada y porque el comandante O'Brien cometió imprudencias y desobedeció ordenes que de haber sido observadas habrían dado otro resultado al ataque. Se llegó a dudar de la conducta de Turner, el segundo comandante, pero los oficiales presentaron voluntariamente las siguientes conclusiones que fueron publicadas en la *Gaceta* Ministerial del 5 de agosto de 1818:

1. Que solo pocas horas antes se habían embarcado 140 hombres que no sabían nada del mar, los que sin entender las órdenes de los oficiales sólo causaron desorden y confusión en vez de auxiliar a sus jefes como lo habrían hecho si hubieran tenido tiempo de ejercitarlos.
2. Que sólo 15 horas después del zarpe de la fragata, se vio empeñada en un combate sin dar tiempo ninguno para establecer el orden y disciplina con que atacar una fuerza superior.
3. La desgracia de haber perdido al comandante.

Eran, pues, los propios oficiales los que, sin acusar, señalaban la imprudencia de O'Brien. O'Higgins, según su secretario Thomas, consideraba este combate como un hecho de gran trascendencia para la causa patriota. Para él, O'Brien no sólo mandó en el primer combate entre un buque de guerra chileno y uno español sino que también había ganado el dominio del mar de un tercio del globo, un hecho que no había sido reconocido de ningún otro modo. Las habilidades, coraje y sacrificios de O'Brien obtuvieron para Chile el control del Pacífico. Lo reconocía el comandante Coig y Sansón de la *Esmeralda*. Según Thomas, la consecuencia inevitable del control del océano así obtenido fue la desaparición de la escuadra española de la costa de Chile. El combate de Valparaíso liberó la larga costa de Chile de un bloqueo que habría destruido el comercio del país y sin el cual no habría existido una marina. Tal vez exagera un poco Thomas, influenciado por O'Higgins, pero la verdad es que nunca, después del combate de Valparaíso, los buques españoles se atrevieron a presentar combate a los buques chilenos.[8]

O'Higgins planeaba honrar la memoria de O'Brien con la construcción de un gran faro en el extremo sur de la bahía Valparaíso. El faro llevaría el nombre del héroe y la punta se llamaría "Lautaro." En cuanto a premios pecuniarios, O'Brien recibió el "pago de Chile".

---

[8] John Thomas, obra citada.

Según Thomas, "la viuda no recibió jamás ni un dólar del gobierno de Chile, ni siquiera un detalle de las sumas avanzadas por él a los marineros. Mucho menos recibió una pensión del país por el cual su esposo se había sacrificado."[9]

El general Osorio protestó ante el comandante del buque de Su Majestad Británica *Blossom* el uso del pabellón y del uniforme británico por parte de la marina chilena. Este hizo llegar el reclamo a través del comandante Shirreff de la fragata *Andromache*, al gobernador de Valparaíso. A esto contestó el gobernador que los uniformes, que pertenecían al regimiento 66° de Su Majestad, habían sido comprados a un buque de la India y que el uso de otra bandera era una treta de guerra que usaban con frecuencia los españoles y también los ingleses. Dejaba muy en claro el coronel don Francisco Calderón que "al afirmar la bandera de la patria con un cañonazo, bajó en el acto la inglesa."[10]

El inchimán Windham saliendo de la ciudad de El Cabo

---

[9] Véase "Las memorias de John Thomas y el Bosquejo de la historia de la Armada de Chile", en **Derroteros de la Mar del Sur,** Año 10, Núm. 10, p. 105.
[10] Uribe, Obra citada, I, 47

Capítulo IV
Los Corsarios Chilenos

Paralelamente al desarrollo y organización por parte del gobierno de una fuerza naval, algunos particulares, alentados por las posibilidades de fabulosas ganancias, iniciaron la armazón de corsarios. Dice Encina que fue O'Higgins quien impulsó la idea de armar corsarios, y según Véliz, éstos se organizaron debido a que la situación bélica presentaba "una tentación demasiado poderosa para que la pudieran resistir los espíritus aventureros de la época". A esto añade con acierto Subercaseaux: "Faltaba el pretexto para despertar ansias aventureras."[11] No tardó en aparecer. En efecto, en octubre de 1817 llegó a Valparaíso un buque neutral que, viniendo desde el norte, trajo la noticia de que en el puerto de Arica se hallaba descargando el transporte español *Minerva*. Era éste otro de los transportes que componían el convoy custodiado por la *Esmeralda* y del que ya hemos visto se había desprendido la *Perla*.

El capitán inglés James, que se hallaba cesante en Valparaíso, fue el primero en pensar en la captura del transporte y uniéndose a dos de sus compatriotas que se hallaban como él sin trabajo, decidieron poner sus últimos recursos en armar una nave para destinarla al corso. Eran éstos Mr. Mackay y Mr. Budge, un antiguo guardiamarina inglés. Poco era el dinero que tenían los tres socios y sólo alcanzó para comprar un lanchón al que llamaron *Death or Glory* (Gloria o Muerte) pero que fue mejor conocido como *La Fortuna*. La embarcación no tenía más armas que las que llevaba la tripulación, pero tal era la voluntad de sus propietarios que envergada con vela latina, con una tripulación de ingleses y chilenos e impulsada por diez remos, se hizo a la mar el 11 de noviembre de 1817 con rumbo al norte.

El 23 del mismo mes llegaban a la vista de Arica. A lo lejos alcanzaban a divisarse los mástiles del mercante que se mantenía

---

[11] Claudio Véliz, **Historia de la marina mercante de Chile**, p. 25 y Benjamín Subercaseaux, **Tierra de Océano,** p. 172

anclado dentro del puerto. Manteniéndose en las afueras el resto del día, decidieron los tres socios dar el ataque esa misma noche. A las tres de la mañana atracaban el lanchón al costado de la *Minerva.* La sorpresa fue completa y en la oscuridad de la noche la confusión fue enorme; a pesar de ello, pusieron los españoles una tenaz resistencia que prolongó la lucha causando seis muertos y diez heridos entre los defensores. Finalmente tuvieron que rendirse creyendo que el número de atacantes era muy superior. Estos habían tenido suerte, pues sólo tres corsarios resultaron heridos. Como buenos "gentlemen" decidieron los ingleses, en un gesto de inusitada caballerosidad, entregar su propia lancha a los vencidos después de desvergar la vela. Los nuevos dueños del buque se entregaron inmediatamente a la pesada y larga maniobra de virar el ancla. Con el cansancio y la poca tripulación disponible tardaron más de lo necesario y antes de que pudieran darse a la vela se vieron atacados por varios botes armados. Los españoles del buque, apenas llegaron a la playa, dieron la voz de alarma y volvían ahora con refuerzos a recuperar lo que habían perdido. El capitán James se encontraba herido, pero afortunadamente Budge y Mackay no se habían dormido y organizando a la tripulación las emprendieron a cañonazos con los nuevos asaltantes. La madrugada trajo una ligera brisa y completada ya la maniobra de izar velas y levar anclas, la fragata salió fuera del puerto sin que los españoles se diesen cuenta del reducido número de asaltantes. Una vez en las afueras, lejos del peligro de la costa hostil, convinieron los tres socios en dedicarse al corso con su nueva nave. Esta fragata estaba regularmente armada y a pesar de haber estado casi un mes descargando tenía todavía un valioso cargamento a bordo. Al amanecer del 29 de noviembre avistaron y capturaron sin mucho apremio al bergantín *Santa Maria,* procedente de El Callao. Trasbordaron la carga y la tripulación y procedieron a quemarlo, pues no tenían suficientes marineros para tripularlo. Interrogando a los marineros capturados, supo James que se aprestaba en El Callao un cuerpo de ejército para invadir a Chile y que el convoy se hallaba listo para zarpar. James se dio cuenta inmediatamente de la importancia de la noticia para el gobierno de Chile y abandonando sus propios planes, se apresuró a cambiar rumbo hacia el sur llegando a Valparaíso sin otros incidentes el 8 de diciembre.

El viaje de *La Fortuna* sirvió de ejemplo y señaló el camino a otros corsarios. Si antes hubo timidez para armar buques en corso, ahora había pruebas suficientes de las enormes ganancias que podían obtenerse a corto plazo. Por su parte, el gobierno decretó un "Reglamento Provisional de Corso" con fecha 20 de noviembre de 1817. Este reglamento, muy similar al que anteriormente se había adoptado en el Plata, establecía una detallada definición de las presas legítimas e ilegítimas y creaba un tribunal de presas cuyas decisiones eran sólo apelables al Director Supremo. La Marina de Guerra distribuiría la presa de acuerdo con el reglamento español: tres quintos para la tripulación y guarnición y dos quintos para los oficiales. Este reglamento fue modificado por el Senado el 2 de junio de 1821 y se publicó un **Reglamento para la causa de presas** que pasó a ser la ley definitiva.

En menos de un mes: zarpaba de Valparaíso y también con rumbo al norte un segundo corsario. Se trataba de *El Chileno*. Este buque era propiedad de don Felipe Santiago del Solar, rico comerciante que era también proveedor de la Escuadra. Su comandante era don Enrique Santiago, probablemente Henry James. Había sido un antiguo bergantín norteamericano que se prestaba bien para el servicio a que se le destinaba, era muy velero. Montaba 12 cañones y llevaba una tripulación de 90 hombres. Seis meses tardó *El Chileno* en volver a Valparaíso. Frente a la costa peruana apresó sin disparar un tiro al bergantín *Zaeta* del que trasbordaron el cargamento incendiando luego el buque por no poder marinearlo. Más tarde avistaron a la goleta *Diamante* que cayó victima del corsario. Lograron aproximársele y luego de un rápido cañoneo la abordaron sujetándola con arpeos de abordar, mientras los 90 hombres de su tripulación participaban en el abordaje. Se repitió el procedimiento anterior y la carga y los tripulantes pasaron a *El Chileno*. Casi un mes más tarde divisaron a la fragata *Inspectora* que fue también capturada. Como ya terminaba el crucero, la llevaron a Valparaíso, puerto donde entraron el 26 de julio de 1818. La *Inspectora*, al igual como había sucedido con la *Minerva*, fue vendida al gobierno. En septiembre salió de nuevo *El Chileno* en un segundo crucero mejor armado y con tripulación de reserva, de modo que pudo remitir a Chile dos bergantines: el *Bolero* y el *San Antonio*, que capturó a la altura de El Callao. El *Chileno* incursionó al norte, llegando probablemente a las costas de la Alta California. Un autor francés que navegó en el Golfo de California, cuenta de un buque mexicano capturado por un "corsario ingles" a la altura de San Francisco. Otro "bergantín inglés" había capturado goletas españolas en el Mar de Cortés e incluso una posible recalada en el puerto de Monterrey. Ampliamente documentada está la captura de la fragata *Cazadora* y la aparición del bergantín chileno frente a varios puertos mejicanos. Más tarde, se batió dos veces con el corsario argentino *La Argentina* al mando de Bouchard. La primera, frente a San Blas y más tarde en mares centroamericanos cuando Bouchard intentaba capturar *La Cazadora*. El *Chileno* puede haber estado envergado como bergantín-goleta y fuentes mejicanas hablan de "los oficiales, todos ingleses."[12] Fue probablemente el más exitoso de los corsarios con patente chilena.

---

[12] Audiencia de Guadalajara-Archivo General de Indias- legajo 33- México 14- documentos anexos. Se muestra un mapa de la costa con las anotaciones respectivas. Documentos 2 y 4, páginas 33 y 34. Esta **Cazadora** era uno de los "buques de Lima" que al cerrarse el comercio con Chile viajaban a California llevando mercaderías peruanas y volvían con cargas de sebo y cueros. La actividad corsaria en el Pacifico duró por lo menos tres años ya que el último informe lo tenemos el 19 de marzo de 1820 cuando "un buque grande" observaba el puerto de San Francisco, sin acercarse a la costa. Las páginas 37-41 del legajo 33, contienen los informes de los vigías que son muy numerosos y mencionan hasta siete buques bloqueando la costa.

Bergantín típico de la época de la Independencia

Vino con esto una verdadera fiebre corsaria. Don Manuel Antonio Bosa, armó una pequeña goleta que llamó *Nuestra Señora del Carmen*. Pidió al gobierno que, junto con la patente de corso, se le concedieran un cañón de seis, quince fusiles y mil cartuchos, y una vez que todo le fue concedido, se hizo a la mar a fines de febrero de 1818 tomando el alias de *El Furioso*. Tres meses más tarde regresaba a Valparaíso después de haber apresado a la fragata *Nuestra Señora de Dolores* y al bergantín *Machete*. Mucha suerte tuvo esta expedición, pues al día siguiente del encuentro y captura del *Machete* avistó un convoy custodiado por la fragata *Begoña* y dos bergantines armados. El bergantín *Veloz* trató de darle caza pero el corsario largando todo trapo, se las arregló para escapar.

No será, posible relatar las hazañas de todos los corsarios, pero bastará con la mención de los más representativos. El puerto de Coquimbo había tomado gran auge durante la época de corsarios, pues allí recalaban éstos en sus viajes al norte. No es de extrañarse entonces que en ese puerto se despertaran también ansias aventureras. Don Gregorio Cordovez compró un bergantín mercante inglés llamado *Lancaster* y lo armó en corso dándole el nombre de *Santiago Bueras*, en memoria del legendario huaso de Maipú. Armado con sólo 12 cañones el *Bueras* desplegó un valor y una audacia increíbles. Frente a Punta Elena atacó a un corsario español, la goleta *Los Angeles*, a la que rindió después de un rudo combate. Trasbordados los cañones y prisioneros, la goleta fue incendiada según la costumbre corsaria cuando no había interés en enviar el buque capturado a puertos chilenos. El virrey estaba tan preocupado por la destrucción que en el comercio español causaban los corsarios chilenos, que no sólo había dado patente a corsarios peruanos, sino que había sido necesario enviar buques de guerra en su persecución. Uno de estos últimos era el bergantín *Resolución*. No tuvo mucha suerte, pues el *Bueras* lo capturó también y lo envió como simple presa a Valparaíso. Después de un exitoso crucero llegaba el *Bueras* a Valparaíso el 3 de marzo de 1819. Es posible que este bergantín *Bueras* sea uno de los muchos corsarios que incursionaron hasta las costas de México. La investigación histórica es difícil si consideramos que hay pocos documentos que den información de primera mano y aun las fuentes secundarias, generalmente neutrales, tratan las operaciones de corsarios como acciones de piratería.

A pesar del enorme servicio que prestaban a la causa patriota, estos corsarios iban a tomar su efecto en la demanda de las tripulaciones para los barcos de la Armada. Las ganancias de los marineros a bordo de un corsario dependían del número de presas y éstas no habían escaseado; por el contrario, la interrupción de las líneas de comunicaciones realistas hacía que el servicio de comercio español estuviera todavía peor organizado, lo que facilitaba la labor de los corsarios chilenos. Cuanto individuo de experiencia marinera pudo, se enroló en corsarios, con lo que el enganche de la escuadra se hizo difícil. Iguales dificultades se presentaban a los buques de guerra extranjeros, cuyos marineros desertaban prefiriendo "correr los albures de una guerra propicia al botín que esperar las expectativas comerciales de un viaje de regreso." La noche del 6 de enero de 1818 seis marineros de la corbeta de guerra norteamericana *Ontario* se fugaron siendo recogidos por una lancha del gobierno chileno. La negativa del gobernador del puerto de entregar a los fugitivos fue la razón por la que se enturbiaron las relaciones con el comandante

Biddle, que tanto había ayudado a la causa patriota durante el apertrechamiento de la *Lautaro*. Blanco Encalada se quejaba a O'Higgins que habían desaparecido 300 marineros de Valparaíso, los que sin duda se iban a embarcar en barcos corsarios. En vista de que la falta de marineros había asumido caracteres de gravedad, O'Higgins decretó, muy a su pesar, el embargo de todos los corsarios surtos en Valparaíso.

Por otra parte, las depravaciones de algunos corsarios chilenos y ciertos actos ilegales cometidos por el argentino Bouchard, iban a causar a O'Higgins y a San Martín serios problemas con los neutrales. El agente norteamericano Bland se quejó a O'Higgins de que "corsarios no chilenos" habían actuado ilícitamente contra mercantes norteamericanos y que esperaba que ello no ocurriera con buques chilenos. O'Higgins contestó: "...se ha resuelto poner abordo de cada buque un oficial y con él un número de infantes de marina suficientes para controlar y refrenar las malas inclinaciones de la marinería". Resolución que no pudo llevarse a cabo por falta de personal e impráctica ante el embargo de corsarios. La buena intención de O'Higgins provenía, sin duda alguna, de las acciones de Bouchard, pero esto no exime de manera alguna a los corsarios chilenos de iguales o peores actividades. [13]

Un mes antes del decreto de O'Higgins, Mackay con el dinero que había ganado en la primera *Fortuna* había equipado una segunda. Se trataba de la goleta *Catalina*, la que había comprado al comerciante inglés Samuel High en 18 mil pesos. Rebautizada como *Fortuna II* y al mando de don Santiago Hurel zarpó en crucero corsario antes de la fecha de embargo. Esta nave no encontró presas hasta llegar a Panamá. Allí atacó los castillos sin resultado y capturó al bergantín *San Miguel* que fue abandonado por los realistas. Como tenía poco valor se le incendió. Siguió viaje al sur y desembarcó su gente en un pueblo de unas doscientas casas al que destruyó e incendió. No sabemos a punto fijo con que objeto, ya que el pueblo debe haber sido habitado por criollos. Lejos estaba este nuevo capitán del nivel de Mackay que tan caballerosamente diera su propio lanchón en su

---

[13] La cita de O'Higgins aparece en Pereira Salas, "La misión Bland en Chile", **Revista Chilena de Historia y Geografía** Tomo LXXVIII, p. 96

primera aventura. Los mares de Panamá habían probado estar casi abandonados y sólo dirigiéndose al sur logró encontrar presas. Frente a Guayaquil capturó al bergantín *Gran Poder* cargado de cacao y azúcar. Siguió recorriendo la costa ecuatoriana hasta Paita y capturó y quemó numerosas embarcaciones menores, incluyendo dos goletas que remitió a Valparaíso. Al volver a Valparaíso, la *Fortuna II* traía en metálico solamente, 22 mil pesos. Mackay pudo pagar el valor total de la *Catalina*.

Un mes antes del decreto se había concedido también permiso a don José María Manterola para que armase un buque en corso. Fue este un veloz bergantín al que se llamó *Maipú Lanzafuego*. El Comandante de Marina, que era don Manuel Blanco Encalada, le impidió el zarpe alegando que tenía derecho a hacerlo por el decreto de O'Higgins. Luego de muchas discusiones, Blanco Encalada lo autorizó a salir ya que todos sus papeles se habían tramitado antes del decreto de embargo, pero le impuso algunas limitaciones, por lo que el *Maipú* zarpó con sólo treinta hombres. Con esta reducida tripulación, el *Maipú* entró resueltamente en el río Guayas y encontrando dentro del estuario a la goleta española *San Antonio*, la sometió sin mayor esfuerzo. Frente a Pascamayo capturó al bergantín *Providencia* y frente a El Callao a una fragata, la *Buena Esperanza*. No nos explicamos cómo se las arreglaron los 30 hombres del corsario, pero sin duda se detuvieron en el norte para enganchar más marineros, pues estas tres presas fueron remitidas a Valparaíso. La suerte del corsario no podía prolongarse y el bergantín *Resolución*, el mismo que más tarde capturara el *Bueras*, lo capturó a fines de octubre de 1818. Los tripulantes fueron llevados prisioneros a El Callao donde el virrey los hizo encerrar en el castillo amenazándolos con enjuiciarlos como piratas. El virrey no cumplió con sus amenazas, tal vez temía a represalias, las que bien podían producirse, ya que el propio *Resolución* cayó en poder de los chilenos dos meses más tarde.

El capitán Turner fue el comandante de la goleta corsaria *Congreso* que con una tripulación de ingleses logró capturar en dos cruceros seis buques españoles. No nos han llegado detalles de los combates, pero si sabemos que los "gringos" tomaron en una de sus presas varios oficiales y soldados españoles y que remitieron a Valparaíso el bergantín *Empecinado* y las goletas *Golondrina* y *San Pedro Regalado*.

Uno de los últimos corsarios en zarpar, fue uno de los más exitosos. A pesar de que no capturó grandes presas el coraje y atrevimiento de su tripulación lo iba a llevar a la fama. Admirablemente construida para este fin, la corbeta *Rose* había traído a Lord Cochrane desde Inglaterra. Era una antigua corbeta en la armada inglesa y estaba armada con dos baterías, un armamento fabuloso para su tamaño: la batería baja contaba con 22 cañones de 18 libras y la alta 14 cañones de a 12. Tenía además en la proa cuatro cañones largos de a 18 libras. El corsario era propiedad en parte del Ejército Unido y sus oficiales también habían aportado para su adquisición. La idea había nacido del propio O'Higgins y como era de esperarse el gobierno de Chile le dio toda la cooperación posible. Fue rebautizada como *Los Andes* y se embarcaron en ella 80 soldados y dos oficiales al mando del capitán Desseniers. El capitán de la corbeta tomó el grado de capitán de corbeta de la Armada e iguales privilegios correspondieron a los demás oficiales. Para todos los efectos, era *La Rosa de los Andes* un buque de guerra chileno. Si bien el buque se prestaba admirablemente para corsario, no le quedaba en menos su comandante, el capitán de corbeta John Illingsworth. Era este un ex oficial de la Armada británica, donde había servido por 17 años y tomado parte en varias acciones de guerra. Tenía Illingsworth un alto concepto del deber y se comportó siempre bajo la bandera tricolor como un soldado y un caballero. No era este el hombre que cegado por la codicia corsaria asaltara pueblos indefensos e incendiara poblaciones. Como segundo iba el ya conocido "Loco" Morris, quien no había podido obtener un empleo en la Armada.

Corbeta de 1819

El 25 de abril de 1819 la corbeta se hacia a la mar ondeando sobre sus mástiles la recién nacida "porotera". Impulsada por buenos vientos apresaba días más tarde la fragata mercante *Los Tres Hermanos* que venia desde Santander para El Callao. La presa fue enviada a Valparaíso mientras la corbeta continuaba rumbo al norte.

El 24 de Julio avistó frente a la isla de Santa Elena a una nave que creyó mercante y que resultó ser la fragata armada en guerra *Piedad*. Logró acercarse a ella enarbolando bandera española pero al cambiar la enseña, fue sujeto a un fuerte cañoneo que al ser contestado se prolongó por el resto del día. Illingsworth trató de mantenerse a corta distancia del enemigo con la esperanza de abordarlo, pero los cañones españoles lo mantuvieron a raya. Al atardecer las naves se separaron sin que los corsarios pudieran estimar el daño infligido a la fragata. Los patriotas tuvieron que contar sus muertos y recoger a sus heridos. Los daños del largo combate habían sido cuantiosos y el estrago de la artillería enemiga en la marinería, terrible. Según un testigo presencial, cien hombres habían perdido la vida. Este dato le parece al almirante Uribe un tanto exagerado, ya que la *Los Andes* era sólo de 400 toneladas y no podía haber cargado más de 270 hombres. Cien bajas habrían sido el equivalente a la mitad de la tripulación si consideramos el número de heridos y los tripulantes destacados a Valparaíso a bordo del mercante *Los Tres Hermanos*. No le quedó otro camino al atrevido comandante que dirigirse a las Islas Galápagos donde permaneció un mes curando a su gente y reparando como pudo sus averías.

Según dice Vicuña Mackenna que Illingsworth decidió ejecutar un golpe de mano que aterrase a los españoles y con este objeto puso rumbo a Panamá, El 17 de septiembre se presentó Illingsworth con su corbeta frente a la isla de Taboga y silenció con sus cañones las baterías del morro, haciendo huir a los defensores. Desembarcó a la tropa que en una valiente carga a la bayoneta se apoderó del pueblo. El comandante hizo clavar los cañones, destruir toda embarcación que encontró en la isla y se retiró con tres heridos leves por toda baja. Decidió entonces ayudar a Bolívar y con este objeto se apoderó de Guapi, desalojando con su tropa de desembarco a la guarnición enemiga que era nada menos que una compañía del regimiento de línea Cantabria. Tomó luego la ciudad de Izcuandé y se dirigió después a la de Junaco que estaba defendida por 200 hombres y una batería de seis cañones. Prevenidos los españoles del posible ataque chileno se mantenían listos para repeler el ataque. Esta vez Illingsworth hizo embarcar 60 hombres en tres botes y en medio de la tarde tropical los hace desembarcar cargando a la bayoneta al poner pie en tierra, con lo que el enemigo huye abandonándolo todo a las armas patriotas. Al parecer, el soldado chileno era ya conocido en esas latitudes por su agilidad con el arma blanca. Vuelto a Panamá y sabedor que los españoles preparaban una expedición por el Atlántico para remontar el río Atrato, Illingsworth hace aprontar cien hombres y con ellos atraviesa a pie el istmo de Panamá, llevando en hombros uno de sus botes. Esta expedición por tierra no dio el resultado esperado ya que no se encontraron con ningún español. A su regreso a la corbeta volvió al sur para encontrarse con que el enemigo había recuperado el valle del Cauca. El comandante corsario hizo desembarcar a toda la tripulación, atacó y venció a los realistas y restauró a las autoridades patriotas. Asegurada en esta forma la costa, se dirige hacia las costas del Ecuador y el 12 de mayo avista a la fragata *Prueba* de 52 cañones que había sido despachada en un crucero contra el corsario. El combate no dio resultado. La *Prueba* que le aventajaba en artillería trató de mantener la distancia y batir a la corbeta con sus cañones. Los chilenos que querían abordarla y ganar su presa en un combate cuerpo a cuerpo trata de acercársele. Por dos largas y sangrientas horas el combate se prolonga sin definirse, al cabo de las cuales decide Illingsworth retirarse ya que es inútil continuar el ataque en esas condiciones.

Al día siguiente la *Prueba* se presenta nuevamente en el horizonte. A las seis de la tarde la *Prueba* intentando la misma maniobra que el día anterior abre el fuego. Pero esta vez con tan mala fortuna que la *Rosa de los Andes* logró acercársele y trabar combate en mejores condiciones para los corsarios. Al cabo de dos horas en que ambas naves se castigan con la artillería consigue por fin el comandante corsario ganarle el barlovento con lo cual queda en condiciones de efectuar un abordaje. La tripulación había sufrido bastante el duelo de artillería y el propio Illingsworth resultó herido en el preciso momento en que se preparaba para iniciar la maniobra de abordaje. Herido el comandante, pierden los corsarios la maniobra y tienen que contentarse con dispararle dos descargas que barrieron la cubierta. Puesta a sotavento la fragata *Prueba* logró retirarse. El combate había durado varias horas, era ya el anochecer y los corsarios no pudieron perseguirla.

La gloriosa corbeta había participado en su último combate: poco tiempo después se varó en la barra del rió Izcuandé, siendo imposible zafarla y ponerla a flote. Illingsworth, sus oficiales y la tropa se incorporaron al ejército de Colombia.

Illingsworth fue el único caso de un corsario que atravesando el istmo de Panamá, incursionara en ambos lados del continente americano. El historiador colombiano Restrepo dice al respecto:

Al benemérito capitán Illingsworth, a sus conocimientos náuticos i a su distinguido valor se debió en gran parte la liberación de las costas del Pacífico de la Nueva Granada que tan útil fue como base de operaciones para arrojar a los españoles del vasto departamento de Quito.[14]

Una actividad corsaria poco conocida ya que se relaciona muy poco con el desarrollo marítimo de Chile, fue la desplegada por corsarios chileno-argentinos en el Caribe. Es de dudar que entre ellos hubiese habido un solo chileno, pero peleaban bajo el pabellón nacional y con patente chilena por lo que no pueden ignorarse.

Uno de los fundadores de la Logia Lautaro en Cádiz había sido el clérigo chileno José Cortés de Madariaga quien se había dirigido a Venezuela. Librado de ser apresada ante el fracaso de la primera revolución en ese país, se escapó a Jamaica. Allí se contactó con sus hermanos de Logia, O'Higgins y Pueyrredón, a la sazón Director Supremo del Plata, quienes lo nombraron Embajador Plenipotenciario de ambos países. Este Madariaga es un personaje que no ha recibido por la historia los estudios que se merece. Revolucionario a tal punto que tuvo que marginarse de las actividades religiosas, se comprometió en pactos secretos para liberar la América toda. Encabezó el primer gobierno patriota de Venezuela, intrigó por toda Europa y volvió a hacerse cargo de esa primera embajada chileno-argentina donde se obsesionó con atacar las costas españolas y posesionarse de Panamá.

O'Higgins estaba tan satisfecho con los corsarios que pretendía poner corsarios en todos los mares del mundo. Ya al salir Don Manuel Aguirre, primer enviado de Chile a Estados Unidos, llevaba veinte patentes corsarias en blanco, debidamente selladas y firmadas por el Director Supremo, con el fin de concederlas en el gran país del norte. No sabemos que resultado haya tenido esta gestión. Sin duda alguna que Cortés de Madariaga recibió iguales instrucciones.

Cortés de Madariaga estaba también en contacto con un grupo de oficiales europeos que se habían establecido en Texas con el propósito conocido de instalar un reino en que coronarían a José Bonaparte y que substituiría la Nueva España por la Nueva Francia. Cortés de Madariaga se empeñó en buscar corsarios que levantaran la causa revolucionaria en el Caribe. Su mejor elemento fue el francés Luis

---

[14] Restrepo, *Historia de Colombia*, Vol. III, p. 14.

Aury quien recibió instrucciones de agitar, promover y estimular la total emancipación de los pueblos americanos. Los primeros objetivos debían ser los puertos de Chagres y Portobello.

Y para evitar equivocaciones declaró que es mi voluntad ciñéndome a la de mis comitentes, que estas letras no tengan efecto fuera de los límites y objetos determinados del istmo de Panamá y sus dependencias que por ahora contraen.[15]

Por lo visto, era la voluntad de Cortés de Madariaga de limitar a sus corsarios a las costas centroamericanas. En efecto, Aury desembarcó y ocupó Providencia, pueblecito que sirve de capital al archipiélago de Santa Catalina y lanzó enseguida la siguiente proclama:

Compatriotas:
Los poderosos Estados Unidos de Buenos Aires y Chile deseando cooperar en cuanto les sea posible, a la emancipación de sus oprimidos hermanos, me ha comisionado para cumplir esta noble empresa en la Nueva Granada. Gracias al cielo que les ha inspirado tan magnánimos sentimientos, sea su unión y su sabia conducta nuestra guía en nuestras futuras operaciones. Amigos errantes y sin patria: es a vosotros a quien me dirijo haciendo un deber avisar a los liberales y filantrópicos esfuerzos de aquellas dos Repúblicas que nos ofrecen todo el crédito que ellas han adquirido por sus brillantes acciones pasadas y presentes.[16]

Los corsarios de Aury portaban la declaración de la Independencia Argentina que O'Higgins copiaría para redactar la Declaración de Independencia de Chile. Aury se iba a mantener en guerra con una escuadrilla que alcanzó a contar con catorce naves tripuladas por diferentes nacionalidades, incluso cuatro italianas. Su capital era el pueblo de Providencia y sus territorios incluían las tres islas principales del archipiélago de Santa Catalina. Fue tan nutrida esta

---

[15] Carlos A. Ferro "Los Corsarios de Buenos Aires en la Emancipación Centroamericana. **"Pen Club de Honduras,** (Sumario de la Revista para 1968) p. 18
[16] Ibid.

actividad que se llegó a establecer una república con el nombre de "Estados Unidos de Buenos Aires y Chile" y cuyo senado lo constituían todos los comandantes de buques que operaban bajo Aury.

Es fácil imaginar que tenemos muy pocos datos de las capturas de Aury y su gente bajo los pabellones sudamericanos y mejor conocidas son sus acciones con fuerzas terrestres como las que ejecutó en Centro América y su posterior actuación en Texas. En septiembre de 1816 la flotilla de Aury estaba formada por verdaderos piratas que no reconocían bandera neutral o aliada y que incluso se dedicaron al tráfico de esclavos. Sus barcos incursionaron desde Nueva Orleans a Panamá hasta 1821 cuando el gobierno de Buenos Aires le retiró las patentes de corso. Aury ofreció sus servicios a la Gran Colombia pero antes de recibir respuesta tuvo un accidente al caer de un caballo que le costó la vida. [17]

Los corsarios chilenos en el Pacífico, como los rioplatenses en el Atlántico, jugaron un rol decisivo en la independencia de América y lo que es más importante, sin costo alguno para el Estado que en esos días no podía pagar los marineros de sus propios buques. Los buques españoles llegaban a sus puertos, sólo después de accidentados viajes, cuando llegaban. Muchos no llegaron jamás. Fue necesario que el virrey destacara dos de sus mejores fragatas a la caza de una corbeta que estaba dejando su huella por mar y tierra. Fueron además estos corsarios, excelente escuela para oficiales y marineros. Las presas, vendidas en Valparaíso, hicieron de este puerto un centro importante por el estímulo que pusieron al comercio.

---

[17] Carlos A. Ferro, *Vida de Luis Aury*, Publicaciones del Departamento de Relaciones Públicas de la Jefatura de Estado, Tegucigalpa, Honduras, 1973.

Capítulo V
La primera escuadra chilena al mando de Blanco Encalada

La organización de la escuadra, era impulsada por el propio Director Supremo, General don Bernardo O'Higgins. Nos dice Thomas que para O'Higgins *"el dominio del mar era un principio indiscutible. Quién dominaba el mar, dominaba también la tierra. Tal vez ninguna persona sintió más intensamente la fuerza de esa opinión que el General O'Higgins. Fue por esa razón que actuó con la mayor intensidad utilizando los limitados recursos que su patria ofrecía."*[18] No es posible imaginarnos hoy día, lo que debe haber sido la recolección de armas, cañones, municiones, equipo marinero, y otros materiales necesarios para una escuadra. La tarea de O'Higgins fue gigantesca. La sola organización de la escuadra bastaría para consagrarlo en un puesto de honor en la historia de la independencia de América.

Existía en esos días una muy natural oposición a la idea de crear una marina respetable en un país pobre, con el comercio destruido y con un gobierno inestable, sin crédito alguno y con un ejército formidable de invasores en su territorio. O'Higgins tenía que ser optimista. Tenía que proceder con una mente entusiasta, ignorando la falta de recursos del país y las extraordinarias dificultades de formar una escuadra. Había pesimismo en el país. Muchos creían que volvería Osorio y que el ejército patriota no podría triunfar sobre el ejército realista que ocupaba Talcahuano y que en cualquier momento podía romper el cerco y avanzar por el valle de Chile hacia Santiago. La escuadra era indispensable para liberar a Chile.

Los corsarios, a pesar de sus brillantes hazañas, no habían logrado eliminar a la marina de guerra del virrey y fue así como fue posible la invasión del general Osorio que tuvo por término la batalla de Maipú. El combate de Valparaíso, que como tal es conocido, el encuentro

---
[18] Thomas. obra citada, p. 1

entre la *Lautaro* de O'Brien y la *Esmerada* de Coig, había por lo menos levantado el bloqueo del puerto y la captura del *San Miguel* había dejado al gobierno chileno como dueño absoluto de la fragata. No sólo era necesaria la adquisición de nuevas unidades, se necesitaba también entrenar oficiales y marineros que pudieran tripularlos. Esta segunda dificultad había privado a O'Brien del concurso del *Aguila*, que al mando de Morris habría sido de decisiva consecuencia en el resultado final del combate.

En cuanto a la solución del primero de estos problemas, la falta de naves, trabajaban activamente tres civiles que merecen tanta gloria y recuerdo corno los capitanes de las naves que adquirieron. La llegada de la *Windham*, ahora convertida en flamante *Lautaro*, había sido posible gracias a las gestiones de don José Álvarez Condarco, quien se había establecido en Inglaterra, y aunque sin reconocimiento oficial del gobierno de Su Majestad, desplegaba asombrosa actividad reclutando oficiales y marineros y, a la vez que no podía comprar buques directamente, pues carecía de dinero para hacerlo, incitaba a los particulares para que los llevasen a Chile, para la posible adquisición por parte del gobierno.

A mediados de mayo, llegaban a Valparaíso dos buques que iban a cambiar la fisonomía de la guerra marítima en el Pacifico y dar a Chile, por fin, la oportunidad de desafiar equiparadamente a las fuerzas navales del virrey del Perú. El primero era el navío *Cumberland* de 1.350 toneladas, de la compañía inglesa de las Indias Orientales que habla enviado a Chile Álvarez Condarco. Era su capitán don Guillermo (o William) Wilkinson y montaba 64 cañones. Después de mucho regateo, O'Higgins logró adquirirlo, pagando 70 mil pesos al contado e igual cantidad en plazos de 4 y 8 meses. Pasó a formar parte de la escuadra con el nombre de *San Martín*, en honor del general argentino a quien se consideraba entonces el salvador de Chile.

Gracias a los esfuerzos del agente de Chile en Estados Unidos llegó a Valparaíso el 14 de abril de 1818 el bergantín *Colombo* de 16 cañones. Al mando de este buque venía el capitán William Wooster, (en realidad Worcester) marino que en la guerra de 1812 entre Estados Unidos e Inglaterra había tenido el mando de un bergantín corsario a los 21 años. El 6 de agosto pasaba el bergantín, su capitán y sus 16 cañones a servir a la escuadra de Chile con el nombre de *Araucano*.

No obstante este primer éxito, el agente chileno en Estados Unidos, don Manuel Aguirre, había tenido mala suerte. A pesar de todos sus esfuerzos el Presidente de esa nación se negó a recibirlo. Cuando después de muchos sacrificios pudo equipar dos naves, el *Horacio* y el *Curacio*, éstas fueron embargadas por la policía de Nueva York y el agente puesto en la cárcel pública. Se le acusó de violar la neutralidad de los Estados Unidos por la compra y el alistamiento de naves de guerra. Empezaban ya los intereses norteamericanos a influir peligrosamente en el desarrollo de las naciones americanas. La verdadera razón no tenía nada que ver con neutralidad y era que el gobierno norteamericano se empeñaba entonces en la cesión de Florida por parte del gobierno español y para lograrlo debía mantener su "neutralidad."

Poco después, se adquirió en 30 mil pesos la *Chacabuco* a los comerciantes de Coquimbo que habían comprado esta corbeta a norteamericanos para dedicarla al corso. Este buque era un antiguo contrabandista de Baltimore que conservó su tripulación mercante a la que se incorporó a la Armada. Se nombró como comandante a Manuel Blanco Encalada. O'Higgins tenía esperanzas de que el buque capturara algunas presas con que devengar el gasto de su compra. Pero no fue así. Los mercantes realistas habían desaparecido de las costas de Chile y la *Chacabuco* no incursionó en aguas peruanas.

El agente en Buenos Aires también contribuyó con sus esfuerzos y a mediados de 1818, se las arregló para afianzar, a pesar de no tener un peso, el bergantín *Lucy* que antes había servido bajo la bandera británica con el nombre de *Hecate*. El buque había sido ofrecido al gobierno argentino, pero éste no se interesó. Eran los tiempos en que el gobierno del Río de la Plata negaba a San Martín toda ayuda haciendo necesario que el Senado de Chile hiciera suya la organización de la escuadra. Cuando el agente portugués en Buenos Aires mostró interés por el buque, el agente chileno, don Manuel Zañartu, aseguró al comandante Martín Guise, que tanto él como su buque podían pasar a la Marina de Chile. Zañartu comisionó al bergantín con el nombre de *Galvarino* y lo envió a Chile bajo el mando del teniente Spry, mientras Guise seguía camino a Chile a través de la pampa y la cordillera. El *Galvarino* llegó a Valparaíso cuatro días después del zarpe de la primera escuadra.

Todos estos buques, como la mayoría de los actuales, eran de segunda mano. No existían en Valparaíso los elementos necesarios para equiparlos. Los problemas de la ordenanza eran casi insuperables, ya que cada buque traía cañones de diferente calibre. La situación del velamen no era mejor, faltaban jarcias, lonas, garruchas y cabos de todos los tamaños y todos los diámetros. Para los buques menores hubieron de comprarse estos materiales, pagando un alto precio a los mercantes y balleneros que, sabiendo del predicamento chileno, los traían en abundancia. El navío *San Martín* y la fragata *Lautaro* habían sido equipados en Europa antes de zarpar y no necesitaban otras modificaciones o equipo adicional, salvo el desgaste y averías causadas en la travesía a Chile.

Ya hemos visto el problema de las tripulaciones para la primera salida de la *Lautaro*. Añádase a esto el hecho de que el *San Martín* requería, sólo para la maniobra, cien hombres. Se ofrecían dos pesos por el enganche de cada marinero experimentado. El propio O'Higgins entrevistaba y negociaba los contratos con los postulantes de habla inglesa. Poco a poco fueron allegándose algunos de los "rotitos" del puerto. Pero como éstos no fueran suficientes O'Higgins, cuya herida ya estaba mejorada y le permitía tomar parte personal en algunos asuntos, decidió que todos los jóvenes vagos que infestaban las calles de la capital, serían arrestados y juntándolos, se les enviaría a la escuadra. Hizo que soldados de caballería circularan por la Chimba y otros barrios de la ciudad y un atardecer cuando los vagos se habían acostumbrado a ellos y no les pusieron atención, los soldados los arrestaron a todos y los llevaron a una gran jaula que se había preparado de antemano. Se habían juntado casi 1500 hombres y el Director Supremo fue personalmente a seleccionarlos. Se eligieron los de mejor apariencia. Se les cortó el pelo. Se les proveyó de alguna ropa y de un gorro rojo de lana que los hacía aparecer tan orgullosos como un pavo real. El capitán a cargo los hizo formar y desfilaron ante la autoridad. Don Bernardo les habló ponderando su suerte de ser chilenos. Les dijo que por 300 años los chilenos habían combatido a los españoles en tierra y ahora lo iban a hacer por mar. Añadió que los pesos fuertes que iban de Lima a España iban ahora a ser de ellos y que pronto se llenarían los bolsillos. Por lo pronto, les iba a adelantar a cada uno dos pesos para mate y cigarrillos. El discurso fue recibido con "Vivas a Chile", vivas a la Patria, vivas a la marina y vivas a O'Higgins y muchos estaban ya dispuestos a marchar inmediatamente a Valparaíso. Pero, el Director que ya conocía la naturaleza humana, dispuso que marcharan al día siguiente escoltados por un escuadrón de cazadores. Unos 500 hombres de edades entre 15 y 25 subieron a bordo del *San Martín, Lautaro* y *Chacabuco*. En los dos años siguientes se añadirían 1500 hombres a ese número y O'Higgins recordaría en su exilio en el Perú que:

> "*Chile estará siempre orgulloso de esos jóvenes sin fortuna que formaron el Cuerpo de Infantería de Marina y que el general Miller llevó tantas veces a la victoria y que fueron los primeros en presentarse de voluntarios para dar a su patria, al mando del intrépido Lord Cochrane la gloriosa segunda victoria en la Esmeralda. La propia Gran Bretaña no puede enorgullecerse de contar con un cuerpo de marineros más valientes y más disciplinadas que esos jóvenes chilenos que fueron entrenados bajo mis direcciones y bajo mis deseos.*"[19]

Mientras tanto se daba a la Marina una organización más sólida. Antes de la incorporación del *San Martín*, y en reemplazo del desaparecido O'Brien se nombró comandante de la *Lautaro* a John Higginson y más tarde se le nombraba Jefe de Flotilla, la que estaba compuesta de la fragata y el bergantín *Aguila*. A medida que fue creciendo la escuadra, crecieron los problemas y fue necesario buscar una colaboración más estrecha entre la marina y el gobierno. Con el fin de atender el aprovisionamiento y organización de la escuadra O'Higgins creó el puesto de Jefe del Departamento de Marina y nombró a don Manuel Blanco Encalada para el cargo.

---

[19] Ibid. p. 39

Blanco, había sido repatriado por el *Aguila* desde la isla de Juan Fernández. Había nacido en Buenos Aires en 1790 y era hijo de un oidor de la Audiencia de Santiago. A los doce años fue enviado a España y se educó en el Seminario de Nobles de Madrid. Desde allí pasó directamente a la Escuela de Marinos de la Isla de León en 1805 y luego a la marina española como guardiamarina. Le tocó servir primero en una antigua carraca y luego tomó parte como segundo comandante de una lancha cañonera, en el combate y defensa de Cádiz contra los franceses. Después de este bautismo de fuego, en que fue ascendido a alférez de fragata, fue enviado a El Callao donde sirvió hasta 1811. Ese año, el virrey que sospechaba de las ideas patriotas del joven marino lo envió a Cádiz. Blanco se las arregló para desembarcar en Montevideo amenazado entonces por el gobierno de Buenos Aires. Allí se le ordenó atacar las balizas de los argentinos, orden que no cumplió por lo que las autoridades españolas decidieron enviarlo de vuelta a España. Como no se le tenía bajo arresto una noche salió tranquilamente de la ciudad y en 1813 aparecía en Santiago ofreciendo sus servicios al gobierno chileno. Un año más tarde y al mando de una división de reclutas fue batido por los españoles en Talca. Después del combate de Rancagua fue tomado prisionero y condenado a muerte, pena que se le conmutó en vista de los servicios al rey que había prestado su padre, confinándosele a Juan Fernández. Incorporado al Ejercito Unido de la Patria Nueva, salvó milagrosamente la artillería patriota en el desastre de Cancha Rayada y participó como oficial de artillería en la derrota final de los realistas de Maipú.

Ahora, como jefe supremo de la Armada se veía en dificultades no sólo en el equipo y abastecimiento de los buques, sino también con el personal y los mandos. Chile tuvo la buena fortuna de que junto con los buques que llegaban para el país, vinieran también marinos ingleses y norteamericanos deseosos de incorporarse a la Armada. Sin su ayuda nuestra historia tal vez hubiera sido diferente, pues el talento marítimo era entonces nulo, oficiales y marineros extranjeros eran esenciales. A Blanco se le nombró como ayudante a don Francisco Díaz, sargento mayor de artillería para que ayudase al Jefe de Marina, que tenía entonces el grado de capitán de primera clase. Un nombramiento de esta especie no podía ser bien recibido por todos y el propio Jefe de Flotilla, capitán Higginson, se apersonó a O'Higgins y a través de una carta le hacía saber que, conociendo el carácter de Blanco, estaba seguro que los comandantes y oficiales de los buques rechazarían sus órdenes. Se quejaba también de que no se habían delineado tampoco sus funciones, ni siquiera las atribuciones del Jefe del Departamento de la Marina, por lo que su posición de Jefe de Flotilla era incompatible con la de Blanco.

Se equivocaba sin embargo Higginson. Si había un hombre capaz de franquear el hondo sismo entre chilenos y extranjeros, este era don Manuel Blanco Encalada. Sus aptitudes de comandante, sus finos modales atrajeron poderosamente a ingleses y chilenos, a argentinos y yanquis. Era, según descripción de sus contemporáneos, un hombre sobrio, medido y hasta cierto punto delicado en sus modales. Pero al mismo tiempo tenía un carácter de hierro y una voluntad de la que nos da prueba la organización de la escuadra. Era su patriotismo tal, que no conocía su voluntad limites cuando se trataba de defender a la patria.

Los buques se fueron renovando poco a poco. Se juntaron las barricas necesarias para la carne salada y la aguada. Se montaron los cañones en afustes provenientes del Maule. Se completaron poco a poco las tripulaciones. Fue así como el 24 de julio Blanco podía enviar un oficio al gobierno en el que declaraba: "Las embarcaciones del Estado pueden estar prontas si se quiere para dar vela en ocho días con tal que no falten víveres. Marineros hay suficientes y los del país estarán sin duda prontos en cualquiera hora que se les llame a servir a la patria." [20]

Se había nombrado Ministro de Marina al coronel Ignacio Zenteno, hombre que puso todas sus fuerzas y energías a la organización de la Marina. O'Higgins emitió un decreto por el que se creaba una Academia de Guardiamarinas. Fue el hombre que obtuvo los dineros que Blanco necesitaba para pagar el aprovisionamiento, las balas de la artillería, la pólvora, los cuchillos y enseres, los mil artículos que una marina de guerra necesitaba.

---

[20] Uribe, Obra citada, I, 97

Mientras todo era febril actividad en Valparaíso, en España no se daban por perdidas las colonias. Por el contrario, se organizaba una expedición en Cádiz para llevar refuerzos al virrey del Perú, con el fin de que éste pudiera tomar la ofensiva contra los chilenos y argentinos. El zar de Rusia había vendido al gobierno español cinco navíos de línea y seis fragatas, todos, según los rusos, en perfecto estado de flotación, de reciente construcción con pertrechos y provisiones para entrar inmediatamente en acción. Al llegar estas naves a Cádiz, en febrero de 1818, se encontraron los españoles con que los buques no estaban en el estado prometido y que lejos de estar listos para zarpar, los navíos estaban en peligro de irse a pique y sólo una fragata se hallaba en condiciones de hacerse a la mar. A pesar de todo, las noticias que llegaban a la metrópoli hacían necesario el envío inmediato de refuerzos, por lo que se decidió el zarpe a la brevedad posible. Así, el 21 de mayo de 1818, un convoy de once transportes con 2.000 hombres salía de Cádiz con rumbo a América, escoltado por una sola fragata, la *Reina María Isabel*.

No se ignoraba en Chile el alistamiento de este poderoso convoy, pero un golpe de suerte iba a dar a los patriotas una magnífica oportunidad para batirse con posibilidades de éxito. Noticias más concretas llegaron a Chile, cuando parte del regimiento Cantabria que viajaba a bordo del transporte *Trinidad* se amotinó y apresando al comandante, fue con el buque a Buenos Aires. No sólo trajo noticias, entregó también las señales, los puntos de reunión y las órdenes secretas del convoy.

Al saber O'Higgins los detalles de la expedición enemiga, tuvo que cambiar sus planes. La idea del Director Supremo era que lo antes posible se emplearía la joven escuadra con un grupo seleccionado de tropas en hacerse al viento y desembarcar en los diferentes puertos de la costa peruana desde Tarapacá a Guayaquil, donde el enemigo era más vulnerable y donde causaría la mayor alarma. Con este sistema de ataque calculaba que obligaría a las tropas de Pezuela a dispersarse en una amplia extensión a lo largo de la costa para la defensa de estos ataques y así prevenir de que fueran a reforzar a sus aliados en Chile y del Río de la Plata. Si Pezuela pudiera deshacerse o desentenderse del conflicto que tenía en el Alto Perú contra las tropas de Buenos Aires, tendría los elementos con que enviar otra expedición a Chile, desembarcar sus tropas en Chiloé o Valdivia y repetir la invasión del valle central por tropas realistas. La anarquía que reinaba en el Plata donde Rondeau había reemplazado a Pueyrredón hacían perfectamente factible esta posibilidad. La amenaza del convoy realista era seria e inmediata y había que encarar ese peligro cuanto antes. Con este fin elaboró un simple plan de campaña pero necesitaba fondos.

Se dirigió primero al Cabildo de Santiago y este cuerpo dictaba a sugerencia del Director Supremo, la siguiente proclama fechada el 25 de agosto de 1818:

> *Es llegado el caso, ciudadanos, de que hagamos los más activos esfuerzos para satisfacer el objeto más urgente que se ha presentado en la América del sur. Hay buques, marina y marciales aprestos. Sólo falta dinero para poner en movimiento nuestras fuerzas. Una cantidad de poca consideración nos liberta de ingentes gastos y de males que el tiempo puede hacer irremediables. No neguéis auxilio a los que han de proteger vuestras vidas, vuestros hogares y vuestras fortunas. Si la armada enemiga queda sepultada en esa tumba salobre, nuestro triunfo es cierto, y en estos momentos pende de vuestra generosidad. Dos mil quinientos combatientes nos amenazan, rechacémoslos cuando lánguidos en una penosa expedición aún no han puesto la planta en nuestras costas; ya después, se presentan promontorios de dificultades.*[21]

Se suponía que por esos días el convoy doblaba el Cabo de Hornos y O'Higgins se trasladó a Valparaíso para ofrecer su ayuda personal al apresto de los defensores de la patria.

Faltaba todavía atraer a los marinos extranjeros "de que era fuerza valerse como únicos inteligentes en la maniobra." O'Higgins dirigió en Valparaíso una proclama en la que hablaba de un riquísimo convoy y ofrecía doce pesos a cada marinero extranjero que se enganchara y

---

[21] Uribe, obra citada, I, 113

ocho a los nacionales. Además de raciones diarias de víveres, preparadas al gusto de cada nación. Proporcionalmente se ofrecían otras gratificaciones menores a los marineros de segunda y tercera clase. Pero lo más atrayente era la promesa de la mitad del valor de las presas que se repartiría entre las tripulaciones. Esta proclama surtió el efecto esperado y a mediados de septiembre se completaban las tripulaciones. Vino entonces la crisis de los mandos. El 17 de septiembre se nombraba jefe de la escuadra al capitán de navío, don Manuel Blanco Encalada. Juan José Tortel lo reemplazó como comandante de la Comandancia General de Marina. Estos nombramientos trajeron como consecuencia la renuncia absoluta del capitán Higginson. Blanco Encalada, que como declara Miller en sus memorias, tenía "afortunadamente las cualidades necesarias para establecer la unión, la armonía y el buen orden", arregló los mandos de la manera siguiente:

Buque	Comandante	Cañones	Tripulación
Navío San Martín	W. Wilkinson	60	492
Fragata Lautaro	Charles Wooster	50	353
Corbeta Chacabuco	Francisco Díaz	20	151
Bergantín Araucano	Raymond Morris	16	110

Quedaba en el puerto el bergantín *Águila* que renovado llevaba ahora el nombre de *Pueyrredón* en honor del Director argentino. El zarpe de esta primera escuadra fue todo un acontecimiento en Valparaíso. Fue un día glorioso ese 9 de octubre de 1818. Desde temprano los puntos más elevados de la costa fueron ocupados por los habitantes de la ciudad que querían decir adiós, por lo menos con su presencia, a sus parientes y amigos embarcados en la escuadra. No todas eran esperanzas felices. Muchos recordaban todavía los castillos en el aire levantados en ocasión de la salida de la *Perla* y el *Potrillo* y hasta se pensaba que una sola fragata española podía dispersar ahora a los buques de la naciente armada. En realidad, no escaseaban los motivos para preocuparse. Faltaba disciplina, ya que algunos oficiales desdeñaban la experiencia y conocimiento marinos de Blanco. La marinería carecía de la más elemental de las comunicaciones con sus oficiales, pues debido a su heterogénea composición se hablaba en inglés o en castellano, según fuera la nacionalidad del comandante y siempre quedaban algunos oficiales y marineros que no entendían el idioma. Les sobraba sin embargo valentía y espíritu de superación y animados por el patriotismo habrían navegado hasta el mismo infierno si la necesidad de la patria así se los indicase.

Se hizo pues la escuadra a la vela. Desde los altos de Valparaíso O'Higgins contemplaba las cuatro embarcaciones con sus blancas velas llenas de viento. Allí pronunció una de sus frases más célebres: "Cuatro barquichuelos despachados por la reina Isabel dieron a España el continente americano y esos cuatro que acabamos de preparar le arrancarán su importante presa."[22]

Apenas la costa hubo desaparecido bajo el horizonte, bajó Blanco a la cámara y abrió sus instrucciones selladas. Contaban éstas con 24 artículos en los que se le ordenaba dirigirse a la isla de La Mocha, primer punto de reunión del convoy. Se le señalaba también la necesidad de enviar uno de sus buques más veleros a reconocer la costa a la altura de Talcahuano, manteniéndose sobre aviso de la posible llegada de los bergantines *Maipú* y *Galvarino* que venían desde Buenos Aires a unirse a la escuadra. Las órdenes, en líneas generales, eran de apresar el convoy y todo barco que navegara con bandera española. Se le dejaba bien esclarecido, que debía defender su bandera hasta el fin, haciendo volar los buques antes que éstos cayeran en poder del enemigo. Eran estas direcciones precisas y completas y dejaban a Blanco muy poco margen sobre cual sería su objetivo.

A los pocos días de navegación se encontró la escuadra con mal tiempo y se separó de ella la corbeta *Chacabuco* durante un fuerte viento que duró dos días. La noche del 26 de octubre se hallaban los tres buques frente a la Quiriquina y se destacó inmediatamente al *Araucano* al mando de Morris a reconocer la costa, para que se uniera luego a la escuadra en la isla Santa Maria. Esa misma noche anclaban frente a la isla el *San Martín* y la *Lautaro*, divisando en el fondo del surgidero una fragata que no pudieron reconocer. Al amanecer resultó

---

[22] Antonio García Reyes, **Primera Escuadra Nacional**, Historia de Chile, Volumen IV, Santiago, 1868. p. 47

ser la ballenera *Shakespeare* de bandera inglesa, que dio al comandante de la escuadra gratas nuevas. Dos días antes había pasado con rumbo a Talcahuano la *Maria Isabel*, dejando en la isla un grupo de marineros con instrucciones. Al clarear el día vinieron cinco individuos en una chalupa y atracaron al costado del *San Martín* que flameaba bandera española. Traían un pliego sellado que fue llevado inmediatamente al comandante Blanco. Eran las órdenes a los comandantes de los transportes para que se dirigieran directamente a Talcahuano. Se le comunicó también que cuatro transportes habían pasado ya por la isla o tocando en Talcahuano habían seguido con rumbo a El Callao.

Blanco no perdió un segundo. Lamentando no tener consigo la *Chacabuco* y el *Araucano* puso rumbo a Talcahuano con sus dos buques. Falló el viento y las naves se encontraron encalmadas frente a la Quiriquina, donde tuvieron que pasar la noche del 27. Al amanecer del 28 se levantó una ventolina del norte pero había mucha cerrazón para entrar al puerto. Más tarde clareó y despejada la entrada, viraron los buques en demanda del puerto. Entrando por la Boca Grande divisaron en el fondo del surgidero a la *Maria Isabel*. Al ver aproximarse dos naves desconocidas afianzó su bandera con un cañonazo. Contestó el *San Martín* con otro disparo manteniendo la bandera inglesa que ahora flameaba. Sospechando un ardid, la fragata española dispara un segundo tiro, esta vez con bala. Sin contestar el desafío, las naves chilenas cargan el trinquete y aferran sus juanetes. Al ver la maniobra los españoles disparan sobre el *San Martín* alcanzándolo en el velamen pero sin producir daños de importancia. Los chilenos izan ahora su bandera y todavía sin abrir el fuego se dirigen a la fragata enemiga con intenciones de abordarla. Comprendiendo el comandante español la superioridad de los patriotas, ordenó una descarga final sobre el *San Martín* y picando sus cables fue a encallar a la playa, quedando tan cerca de las naves chilenas que los españoles descargaban sus fusiles desde la popa. La *Lautaro* y el *San Martín* se ciñeron al viento descargando sus baterías en la orzada, echaron el ancla a tiro de pistola del enemigo. Los españoles creyendo el buque firmemente varado y no queriendo exponerse a fuego chileno, arrían la bandera y abandonan el buque, en botes, o a nado si lo primero no fue posible.

Blanco que lo tenía todo previsto ordenó al punto que los tenientes Bell y Compton la abordaran con 50 marineros en dos botes, operación que se llevó a efecto con feliz éxito y en poco tiempo, apresando unos 60 españoles que no habían abandonado todavía la fragata, tal fue la rapidez de la maniobra. Se hizo desembarcar inmediatamente a Miller con 150 infantes de marina para que cortaran el camino a Concepción y así evitara el envío de refuerzos. Miller se encontró pronto en situación difícil, pues llegaron refuerzos del general Sánchez que con fuerzas muy superiores a las suyas y ayudado por cuatro cañones, lo obligaron a retirarse a la playa. Tuvo Miller que reembarcar a sus tropas, pues la posición de los buques era tal que la *Maria Isabel* estaba de por medio, entre sus soldados y el *San Martín* y la *Lautaro* y sólo podía sostenérsele con el fuego desde las mirillas de proa de la fragata capturada. Blanco ordenó a Miller que bajara a tierra con bandera de parlamento intimando al comandante realista Sánchez pero éste jefe rehusó recibirlo como parlamentario y estaba punto de fusilarlo cuando un segundo parlamentario, el teniente Martín Werner, logró convencer a los jefes realistas de la investidura del parlamentario y logró su libertad.

El fuego entre los españoles en la playa y los buques continuó hasta el anochecer. Durante la noche llovió y sopló viento norte apretando todavía más a la fragata contra la arena. Al amanecer, cuando escampó y se calmó el viento, tres lanchas enemigas se acercaron a la *Maria Isabel* con ánimo de abordarla, pero a pesar de que lograron acercarse, no llegaron a poner pie en la cubierta, siendo enérgicamente rechazados por la nueva tripulación. Entretanto el *San Martín* fue corrido por medio de anclotes hasta ponerlo a la aleta de la fragata con el objeto de defenderla durante el día de los ataques que desde la costa podía lanzar el enemigo. Al salir el sol se descargó un activo cañoneo, buscando los españoles por blanco a los botes que trabajaban en los costados de la *Maria Isabel*. Esta y la *Lautaro* se unieron al *San Martín* en descargar sus cañones sobre el fuerte de San Agustín y la infantería, que refugiada entre las casas del pueblo, descargaba tiros de fusil sobre los buques. Hacia el mediodía las cosas no mejoraban. La *Maria Isabel* había recibido numerosos impactos y el *San Martín* contaba trece. Sin embargo, se levantó providencialmente una brisa del sur. Dejaron los marineros el servicio de los cañones y fueron todos a la maniobra. Los esfuerzos de los patriotas por reflotar la nave eran ayudados por el viento y se concentraban en un anclote que Blanco había hecho colocar durante la noche hacia la popa. Ante la sorpresa, de los chilenos y el estupor de los españoles, la fragata se puso a flote con el primer esfuerzo. Los españoles cesaron el fuego por completo; la estupefacción ante el inesperado resultado de la maniobra patriota, los había dejado inmóviles y no atinaron ya a disparar. El navío *San Martín* picó su propio anclote y acercándose a la presa recién capturada la marineó lo mejor que pudo. Quedó a su mando el capitán Wllkinson. Un par de horas más tarde los tres buques se hacían a la vela. La escuadra tenía que lamentar 27 muertos y una veintena de heridos.

Ni el *San Martín* ni la *Lautaro* habían sufrido averías de consideración y cuando menos se esperaba, el navío que llevaba a bordo al comandante Blanco, se detuvo sobre un banco de arena, tomando "un pequeño movimiento giratorio", según palabras del propio Blanco. Fue necesario arriar inmediatamente las velas, echar el bote al agua y enviar en el al primer teniente para que éste estudiara la situación. Sondeando a proa encontró mayor fondo e inmediatamente se dio la orden de vaciar las pipas de agua con el objeto de aligerar el buque. En esos momentos se presenta a bordo en forma providencial, el capitán Wooster de la *Lautaro* que seguía las aguas del navío almirante y al verlo detenido, ancló y se dirigió en un bote hacia el. En el momento que se presentó ante Blanco, se le ordenó que tomara el mando del buque, pues la mayoría de los marineros sólo entendían inglés. Todos los oficiales ingleses estaban a bordo de la *Maria Isabel*. El único que quedó a bordo del navío era el teniente Ramsay que parecía estar sordo y afónico, pues había tomado parte activa en el reflotamiento de la fragata. Como Blanco no lograba hacerse entender de los marineros extranjeros, no había órdenes posibles. Wooster siguiendo los consejos del comandante hizo cazar las gavias, descargar el trinquete y el navío salió de su varadero.

A poco de reiniciada la navegación, cayó desvanecido el timonel y debido al poco viento se tardó mucho en advertir la falta de gobierno, de manera que la deriva llevó al navío cerca de los rompientes. Sin viento para maniobrar no quedó sino largar un anclote y el buque aguantó apenas con la proa hacia las olas. Al retornar el viento, Blanco ordenó picar el anclote, pues se trataba de llegar lo más pronto posible a la Isla Santa Maria donde esperarían el resto del convoy. Fue una maniobra prematura, pues apenas se largó el anclote, amainó el viento y el navío se veía nuevamente en peligro con rápido movimiento hacia la playa. Miller en sus memorias nos relata cómo salieron del percance: "En tal conflicto botaron la última ancla que les quedaba y quedó el navío colgando de ella, dando grandes balances con la popa hacia tierra y a muy pocas varas de las rocas donde las olas reventaban con furia." Su situación empeoró y llegó a ser desesperada por el cansancio de la tripulación y la falta de destreza marítima; la idea de perder el mayor buque de la república ocupaba los espíritus y aumentaba los padecimientos. Al fin, a las nueve de la mañana se levantó una brisa bienhechora que arrancó al navío de la costa sin haber experimentado ninguna avería.

El 31 de octubre daba fondo la escuadra en la Isla de Santa Maria en espera de los transportes españoles. A los diez días arribó el *Galvarino* con 18 cañones y 101 hombres de tripulación. Quedó al mando del teniente J.B. Beley. Mientras los buques esperaban la llegada de los transportes, se decidió enviar a Valparaíso las gratas nuevas del apresamiento de la *Maria Isabel*. El teniente Martín Warner al mando del *Araucano* fue enviado al norte, llegando a Valparaíso en sólo dos días y trayendo una carta de Blanco para O'Higgins y el parte oficial de la victoria de Talcahuano. En la carta, Blanco felicita a O'Higgins por la idea de organizar la escuadra y declara que zarpará apenas capture los transportes, pues teme que el virrey del Perú envíe una fuerza a atacarle. El parte del combate es un interesantísimo documento en que detalla minuciosamente los acontecimientos dando el crédito de la victoria a sus oficiales más bien que a si mismo. En el declara:

Pero ambicioso de que la marina de Chile señalara la época de su nacimiento por la de su gloria, resolví sacrificarme con ella ese día o ponerla de un golpe a un grado de elevación que los ojos de Europa alcanzaran a distinguir. [23]

El gobierno trató de enviar al *Pueyrredón* (ex *Águila*) que no había alcanzado a unirse a la escuadra, con la esperanza de que llevara tripulaciones frescas con que marinear las presas, pero la escuadra en su alistamiento, había agotado los recursos de Valparaíso y no se juntaron las tripulaciones necesarias para que zarpara a tiempo.

Al día siguiente de la llegada del *Galvarino*, apareció el primer transporte, la fragata *Dolores*. Engañada por la bandera española y las señales que se le hicieron, fondeó al costado del *San Martín*. El navío disparó entonces un cañonazo y todos los buques izaron a un tiempo bandera chilena, no quedando al transporte otra alternativa que arriar la suya. Esta presa fue tripulada con marineros del *Galvarino*. Al día siguiente se repetía el procedimiento y caía en poder de los chilenos la fragata *Magdalena*. Ese mismo día se incorporó a la escuadra el bergantín *Maipú*, ex -*Intrépido* de las Provincias Unidas argentinas, cuya tripulación fue encargada de marinear la segunda presa. El 14 fondeaba la fragata *Elena*, que hubo de ser tripulada por marineros del *San Martín*. Esa misma noche dio Blanco por terminada su misión, dejando a la corbeta *Chacabuco* para que cruzara frente a la Quiriquina en espera de los tres transportes que faltaban.

Como bien se imaginará el lector, el regreso de la escuadra a Valparaíso, fue uno de los acontecimientos de mayor significación en la historia del puerto. La población entera se volcó a la playa para dar la bienvenida a los buques. Eran ahora nueve velas las que entraban en la bahía y el magnifico espectáculo fue vitoreado por los habitantes del puerto.

---

[23] El texto completo del parte del combate de Talcahuano se encuentra en la obra de Uribe, ya citada, pp. 194-199.

Don Manuel Blanco Encalada

El pueblo a través de sus gobernantes premió a los vencedores. Por orden del Senado la *Maria Isabel* pasaba a llamarse *O'Higgins*, en honor del Director Supremo que había concebido la empresa. Las tripulaciones llevarían un brazalete de paño verde en la que se veía un tridente bordado de laurel y el lema: "Su primer ensayo dio a Chile el dominio del Pacifico." Blanco fue llamado a Santiago, entrando en la ciudad en la carroza del Director Supremo en medio de las aclamaciones del pueblo que veía en él la causa de justo y noble júbilo.

La *Chacabuco* mientras tanto apresó a dos transportes y el 22 de noviembre anclaba en Valparaíso con las fragatas *Rosalía* y *Carlota* y 140 prisioneros, la tropa que éstas conducían. De la escuadra española que había zarpado desde Cádiz el 21 de mayo, sólo dos transportes habían llegado al Callao sin dificultad. No se pudo impedir que el *Atocha* y el *San Fernando* desembarcaron tropas en Talcahuano y siguieran a El Callao. La *Trinidad* se había entregado en Buenos Aires y el resto había sido capturado por la escuadra de Blanco. De los 1.100 soldados españoles que traía el convoy, la cuarta parte murió en la travesía, 570 eran prisioneros y el resto había desembarcado en

Talcahuano o El Callao, enfermo y cansado a resultas del prolongado viaje.

Don Manuel Blanco Encalada según Mauricio Rugendas

La captura de este convoy es, sin duda alguna, la más importante acción naval de las guerras de la Independencia americana. De un sólo golpe los chilenos habían desbaratado los planes españoles destruyendo un convoy que traía dos mil soldaos y marineros veteranos. Con su captura se prevenía la llegada de refuerzos desde España. A la vez que la fuerza naval patriota ganaba en confianza, las fuerzas españolas, la perdían. La marina del virrey asumió desde ese momento una actitud totalmente defensiva, cuidándose mucho de no arriesgarse a ser capturados por las fuerzas patriotas.

Capítulo VI
Lord Cochrane toma el mando de la escuadra

Entre las instrucciones entregadas a Blanco Encalada al hacerse cargo de la primera escuadra, figuraba el siguiente artículo:

14.- Se le previene asimismo, que no teniendo el Lord Cochrane una noticia de la existencia de nuestra escuadra debe estar siempre con la mayor precaución en los reconocimientos de buques de guerra, para evitar toda clase de choques con aquellos. En caso de llamada que venga bien, hará uso el plan de señales que trae dicho Lord Cochrane que se incluye en copia bajo número 4 con las comunicaciones ilustrativas de su viaje, porte y clase de armamentos de la fragata a vapor que monta y que viene con dirección a nuestros puertos, para que le franquee los auxilios que exige la amistad en caso que necesitare y pida ayuda.

Era "el" Lord Cochrane un marino inglés de alta reputación en aquellos días. Había nacido en Armfield, pueblo del condado de Lanark en la tierras bajas de Escocia, el 14 de diciembre de 1775. Su padre, inventor aficionado, no hizo sino malos negocios e inventos que no resultaron, pasión que iba a heredar su hijo. A Thomas Cochrane, le legó sólo el titulo de "earl" o conde de Dundonald y "el humo de sus ensayos químicos" como dijera más tarde el propio Cochrane. Muchacho díscolo de carácter alegre e infantil, el futuro almirante chileno parecía destinado al fracaso. Todos los esfuerzos de su padre por hacerlo seguir una carrera militar fueron vanos. Pero había mostrado desde niño su deseo por el mar. Su padre había sido teniente y se había retirado con gran disgusto del servicio. Su abuelo materno había llegado a capitán de navío. A los 18 años, su padre consintió por fin y su tío, Alexander Cochrane, capitán de la Armada inglesa, lo embarcó como guardiamarina en la fragata *Hind*. Fue éste el comienzo de una de las más brillantes carreras navales que registra la historia.

A los veinticinco años, después de pasar una temporada en los mares de Norte América y rendir con éxito el examen para ascender a teniente, se le dio el mando del bergantín *Speedy* (Veloz) con 84 hombres y 6 oficiales. Se le ordenó hacer un crucero independiente por el Mediterráneo. Antes de su primer crucero, tuvo oportunidad en Nápoles de conversar con Nelson. El gran almirante le dijo que no se preocupara de las tácticas, sino que fuera directamente contra el enemigo. Su audacia como comandante del bergantín se demostró aquí ilimitada, capturando cuanta vela enemiga se le ponía a la vista. Llegó hasta abordar naves que estaban ancladas bajo fuertes, capturar corsarios españoles y franceses, además de hundir lanchas cañoneras y otras embarcaciones menores usadas en las defensas de los puertos enemigos. En una de estas ocasiones se acercó inadvertidamente a una fragata española que por su armamento no convenía hostilizar. Cochrane ordenó izar bandera danesa y cuando los españoles enviaron un bote a investigar, izó la señal amarilla de cuarentena, evitando así una visita que habría sido fatal. El 6 de mayo de 1801 atacó a la fragata española *El Gamo*, armada con 32 cañones a la que capturó después de una sangrienta refriega. Meses más tarde, cuando creía perseguir un galeón español, el *Speedy* fue capturado al quedar encajonado por tres navíos franceses y su valeroso comandante quedó prisionero. Su crucero de un año, dejaba un saldo de 50 buques apresados, hundidos o incendiados, un total de 122 cañones y 534 prisioneros.

Lord Cochrane

Fue canjeado por un capitán español y se le confirmó en el grado de "post-captain" equivalente a nuestro capitán de fragata. Pero la Paz de Amiens entre Bonaparte e Inglaterra, firmada en 1801, lo dejó sin mando. Se radicó en Edimburgo, y siguió cursos de ética y moral en la famosa universidad local. Pero la ruptura del tratado lo devolvió pronto al mar y enriquecido por las presas que capturó como comandante de la fragata *Pallas* se presentó como candidato al Parlamento. Fue elegido miembro de la Cámara de los Comunes por Honiton en 1806 y por Westminster en 1807. En esa corporación se identificó inmediatamente como el crítico más violento contra los abusos en el servicio naval. Debido a sus actividades radicales, el propio partido gobernante decidió sacárselo de encima, dándole el mando de la fragata *Imperieuse*.

Su primer crucero en el Mediterráneo fue, como con el *Speedy*, de un éxito extraordinario. Entre otras acciones navales, defendió el castillo de Rosas contra los franceses. En las costas de Francia sembró el terror en la bahía de Vizcaya. En 1809 y por orden del almirantazgo, tomó parte con su buque en la batalla naval de Basque Roads contra la escuadra francesa. Después de abrir una brecha con un buque explosión que el mismo mandó, atacó Cochrane en su fragata con la usual energía, pero el almirante Gambier, comandante de la escuadra, se negó a seguirlo por considerar el ataque una locura de demasiado riesgo. Se perdió así una buena oportunidad de aniquilar a la flota francesa. La conducta de Cochrane fue brillante en lo que al aspecto militar de la acción se refiere y al regresar a Inglaterra acusó indirectamente a Lord Gambier de incompetencia, culpándolo del fracaso del ataque. El almirante pidió ser juzgado por una corte marcial. Cochrane sólo pudo aparecer como testigo y la corte no sólo absolvió a Gambier sino que lo felicitó. Cuando el gobierno pidió al parlamento un voto de gracias y felicitaciones para el almirante, el diputado Cochrane votó en contra.

La batalla de Waterloo lo dejó sin empleo y a medio sueldo hasta 1813. Preocupado el almirantazgo por las derrotas de sus fuerzas contra las fragatas norteamericanas, decidió llamar a Cochrane al servicio activo y se le dio el mando del navío *Tonant*. En el ínter tanto, ganaba algún dinero especulando en la Bolsa de Londres. En ese tiempo se produjo en la Bolsa un notorio fraude del que fueron partícipes su tío y otras personas con las que frecuentaba. Los pruebas contra Cochrane eran presunciones y convencido de su inocencia, decidió no presentarse al juicio. Fue un grave error. Cochrane fue juzgado junto con los otros acusados por su enemigo político, Lord Ellenborough y el 8 de junio de 1814 eran todos condenados. Su condena incluía mil libras de multa, una hora expuesto a la humillación pública en la picota y a un año de cárcel. Se le conmutó la pena de la picota, fue expulsado del Parlamento y de la Armada, se le quitó la Orden del Baño y fue encarcelado en la prisión de King's Bench de donde escapó aunque tuvo que volver hasta completar su condena.

El 12 de enero de 1812, José Antonio Álvarez Condarco, agente chileno en Londres, comunicaba a O'Higgins por carta, que había ofrecido el empleo de almirante general de toda la fuerza naval de Chile a Lord Cochrane. Estaba en la grada de construcción un buque a vapor de 410 toneladas y 60 caballos de fuerza. Cochrane se había entusiasmado con la idea, contribuyendo con 16 mil pesos de su propio bolsillo. Se le denominó *Estrella Naciente* y se esperaba que en el viajara a Chile el almirante y el buque sería adquirido por el gobierno. Desgraciadamente al hacerse las primeras pruebas, la caldera resultó insuficiente y en vista de que el mal no seria tan fácilmente remediado, Álvarez le pidió a Cochrane que se trasladara cuanto antes a Chile para hacerse cargo de la Escuadra.

Pero como hemos visto, no llegó la fragata a vapor y Lord Cochrane arribó a Valparaíso en la corbeta *Rose* después de un viaje de tres meses en el que no hubo novedades que mencionar, pues su hijo sólo recuerda la pasada por el Cabo de Hornos.[24]

Si hemos de juzgar por la documentación existente, la llegada de Cochrane a Valparaíso provocó no pocos problemas al gobernador local. La preparación de una casa adecuada necesitó de altos desembolsos. "Se nos ha venido encima el Lord Cochrane y no sabemos donde meterlo" –escribía a O'Higgins. Al saber de su llegado el Director Supremo se trasladó con el gobierno al puerto a recibirlo. Se celebraron diversas fiestas en honor de su llegada tanto en Santiago como Valparaíso. En una de ellas asistió con la vestimenta de su clan escocés. "Tan frecuentes y prolongadas eran las manifestaciones en su honor – espléndidos banquetes, seguidos de bailes todavía más espléndidos donde bellas mujeres le mostraban su gratitud con sonrisas y buscaban ansiosamente que el las sacara a bailar que era su delicia, que tuvo que recordar a su anfitrión que el había venido a Chile a guerrear y no a bailar." [25] El 11 de diciembre de 1818, recibía la nacionalidad chilena y prestaba juramento sin que esto le privara de su nacionalidad original. Y ese mismo día O'Higgins

---

[24] Thomas, Eleventh Earl of Dundonald, **Life of Lord Cochrane**, London, 1869, Vol. I p. 149
[25] Ibid. p. 150

firmaba el decreto que de acuerdo con el Excelentísimo Senado lo nombraba Jefe de la Escuadra.[26]

Para esos días regresó el general San Martín de su viaje a Buenos Aires. La escuadra era obra casi exclusiva de Don Bernardo O'Higgins. No es difícil imaginarse la alegría y el orgullo que sentía al mostrar a su amigo San Martín el fruto de sus labores. Nos dice Thomas que llevó a San Martín a Valparaíso para mostrarle la escuadra y distraerlo mostrándole el navío con su nombre y todas las otras naves que estaban al ancla en una bahía en la que seis meses antes no se veía un buque. El general se deslumbró atónito y con placer de los cambios que habían ocurrido en Chile durante su ausencia en Buenos Aires. No pudo contener una exclamación diciendo y preguntándose si sería posible que aquello fuera realidad o era todo una ilusión. San Martín no desconocía los pesados gastos y formidables dificultades que involucraban la creación de una marina de guerra y estaba en pleno conocimiento de la extrema pobreza y disturbio con que había dejado al país después de la batalla de Maipú. No tenía por lo tanto, nada de extraordinario que mostrara doblemente sus sentimientos cuando vio por primera vez la escuadra de Chile. Su estado de ánimo estaba decaído. Las autoridades de Buenos Aires le comunicaron que no podían darle ayuda alguna. En otras palabras que no se aventurara a liberar el Perú pues había problemas internos en las provincias y el ejército debía traspasar la cordillera. Su salud estaba quebrantada. El cruce los Andes era para él muy difícil y doloroso. Se apunaba con facilidad. A su llegada a Santiago quienes lo conocían se dieron cuenta que el mal era algo más que la puna. Esta enfermedad, estaba agravada por un temperando excesivamente irritable y el peso incontrolable de una intensa ansiedad. Después de la batalla de Maipú, su mente incansable de energía y poderosa de comprensión necesitaba de un profundo descanso para ejecutar con honor la incalculable ventaja para Sud América que era la gloriosa empresa de la liberación del Perú. El efecto que tuvo la visión de la escuadra en su mente correspondió a todas sus expectativas. San Martín aprobó

---

[26] Archivo Nacional, Fondo Ministerio de Marina, Volumen 2, Folio 69. Reproducido en **Archivo Histórico Naval**, Valparaíso, 1993. Vol. 1, Tomo 1, pp. 58-59.

completamente todas las atrevidas ideas de invadir el Perú tan pronto como fuera posible con el ejército de Chile y vio con clara luz el enorme sacrificio a la amistad que Chile le brindaba al darle el mando del ejército. Se redactó e imprimió una proclama con el propósito de que fuera distribuida a los habitantes del Perú.

Entre las numerosas dificultades que la organización de la escuadra presentaba a O'Higgins era el puesto de Blanco Encalada. Victorioso de la primera campaña naval y captor de una valiosa fragata, era absurdo quitarle el mando para dárselo a un extranjero. "El gobierno, dice Blanco, se hallaba vacilante sobre la actitud y conducta que debía observar, luchando contra los compromisos contraídos con éste, y la injusticia que creía cometer, separándome del mando en jefe de una escuadra a cuya creación había yo contribuido y con la cual, en su primer ensayo, había asegurado el dominio del Pacifico; arrastrado sin duda por sentimientos a mi favor, me ordenó dar la vela para las costas del Perú en el término de ocho días, salvando de este modo los compromisos del momento."[27]

Pero había algo más que salvar los compromisos del momento. Alarmantes noticias habían llegado al gobierno. A pedido del virrey otra expedición se aprestaba en España para viajar al Pacífico. Esta vez, la escolta no sería una sola fragata, la *Prueba*, similar a la *Esmeralda*, sino que vendría acompañada de dos navíos el *Alejandro I* y el *San Telmo*. Se daba como un hecho que las fragatas *Esmeralda* y *Venganza*, navegaban en demanda de Talcahuano con refuerzos para socorrer a las tropas realistas allí sitiadas. La orden a Blanco era necesaria, pero como el gobierno se hallaba, sin dinero en las cajas fiscales, era imposible pagar a las tripulaciones antes de emprender el crucero.

Afortunadamente, el zarpe de las dos fragatas desde el Callao resultó ser noticia falsa y en el ínterin, se resolvieron algunos de los otros problemas. Blanco Encalada mostró un desprendimiento y patriotismo tal, que solucionó el problema del mando. Actuando sin egoísmo alguno y en desmedro de su propia persona, pidió a O'Higgins que se le diera el mando a Cochrane. Pero actuaba en la

---

[27] Benjamín Vicuña Mackenna, **El Almirante Blanco Encalada,** Madrid, 1918, p. 91

escuadra el capitán Martín Guise, ex-oficial de la marina inglesa que había venido a Chile con su bergantín, el ex-HMS *Hecate* incorporándose, el y su buque, ahora llamado *Galvarino*, en la Armada de Chile. Este comandante y su compañero Spry, creían poder manejar a Blanco, pero sabían que no podrían influir sobre Cochrane.* Pretendían romper uno de los más elementales principios de la guerra: la unidad del mando. Lograron convencer al norteamericano Charles Wooster y los tres esparcieron rumores y comentarios sugiriendo que Chile necesitaba dos comodoros y ningún almirante. Blanco les hizo saber que su decisión estaba tomada y con la venia de O'Higgins anunció a las tripulaciones el cambio de Comandante en Jefe.

Resuelto este primer problema y con el mando absoluto de la escuadra, tuvo que encarar Cochrane problemas que habrían sido imposibles para cualquier otro. No lo fueron para el nuevo almirante. En Chile, iba a demostrar que no era sólo valiente y audaz, era también un excelente organizador y administrador. Se le ha acusado de exigir más de lo que podía pagar entonces el erario chileno y de pedir lo que no había. Pero era su propósito levantar los niveles de la Armada hasta alcanzar los mismos de la marina inglesa. Si demandó más fue para que nuestra Armada lograra la misma eficiencia que la de Inglaterra. Se le asignó un sueldo de seis mil pesos anuales y Blanco quedó como su segundo con el grado de contralmirante con un sueldo de $ 4.500. Cochrane izó su bandera, una bandera azul con estrella blanca y la palabra "Libertad" en la fragata *O'Higgins*.

Tal era el estado de agitación y descontento en que se hallaban las tripulaciones y los oficiales, que una de sus primeras medidas fue la de separar a Morris del mando del *Araucano* y distribuir su tripulación entre los otros buques de la escuadra por no levar anclas cuando le fue ordenado. En realidad se trataba de algo más que simple indisciplina; no sólo no se habían distribuido las presas de la campaña anterior como lo había prometido O'Higgins, sino que tampoco se pagaban a las tripulaciones los sueldos que reglamentariamente les correspondían. Un segundo problema lo presentaban los antiguos

---

* Guise decía que por haber sido expulsado de la Armada inglesa, Cochrane no era digno de comandar la escuadra de Chile. Véase, Ortiz, Jorge, **El Vicealmirante Martín Guise Wright**, Lima; 1993, p. 26

capitanes, que como ya hemos visto, instigados por Guise y Spry, temían ser suplantados en cualquier momento por oficiales que Cochrane había traído y que eran de la entera y ciega confianza del almirante. Estos hombres, en la más completa falta de lealtad hacia su Comandante en Jefe, trataron de minar la popularidad de Cochrane entre los oficiales, hombres de gobierno y aún entre los marineros de los buques.

Ya se ha mencionado, al tratar la carrera naval de Cochrane en la marina inglesa, como los oficiales debían pasar por un riguroso sistema de selección, incluyendo un examen ante una comisión para poder ascender de guardiamarina a teniente. En la naciente marina de Chile, los nombramientos los hacía el gobierno a través del Ministerio de Marina, probablemente en base a recomendaciones de los comandantes o por contrato directo. Al tomar Cochrane el mando supremo de la escuadra, el nombramiento de oficiales, incluso de comandantes, fue de su exclusiva responsabilidad.[28] El almirante recomendaba y el Ministro confirmaba los nombramientos. Desde un comienzo Cochrane actuó con energía para dar los cargos de mayor responsabilidad a gente idónea y con los conocimientos necesarios para desempeñarse como comandantes. De los cuatro comandantes que finalmente zarparon con el almirante en la primera expedición al Perú, sólo Martín Guise del *Lautaro* tenía experiencia como comandante en la marina de guerra inglesa. Tomás Foster de la *O'Higgins* antiguo teniente, no había comandando un buque de guerra, sólo mercantes. William Wilkinson había hecho su carrera en la East India Company aunque no figura como comandante hasta asumir la responsabilidad de traer el *San Martín* a Chile. Thomas Carter de la *Chacabuco* venía del servicio mercante. La escasez de tenientes con la preparación necesaria era notoria y aunque García Reyes nos dice que incorporó "un buen número de cadetes de la escuela militar que tomaron plazas de guardiamarinas," el número de michimanes, como se les llamó, aparece muy reducido en las listas de los archivos.

---

[28] Ya Alvarez Condarco en Londres le comunicaba "todos los nombramientos de oficiales que haga usted serán confirmados por el gobierno de Chile." Archivo Nacional, RREE Vol. 4 Folio 1. En **Archivo Histórico Naval**, Vol. I, p. 10.

La necesidad absoluta de emplear marineros ingleses y norteamericanos y las ofertas que estos recibían de los corsarios, hacían que los extranjeros exigieran sueldos y condiciones especiales. Nos dice el historiador Sayago que la necesidad de contratar marineros ingleses era tan apremiante, que el propio O'Higgins los entrevistaba tratando de convencerlos que entraran al servicio de Chile. En esos momentos las tripulaciones se hallaban divididas entre los chilenos "en su mayor parte gente violenta e ignorante del servicio del mar" y los extranjeros que gozaban de mejor paga y de ciertos privilegios como "raciones de aguardiente y cacao y otras especies que la tripulación nacional carecía." La escuadra se hallaba en "estado de agitación y descontento que presagiaba una disolución completa."[29] Gran parte de la tripulación chilena se había incorporado a la escuadra por medio de una "leva" impuesta por O'Higgins lo que mezclaba a pescadores, boteros y voluntarios con gente de la peor calaña: los vagabundos, borrachines y ociosos capturados en Santiago.

Se sumaban a éstos la falta completa de recursos. La mayoría de los buques no habían renovado su aparejo y el propio almirante declaraba que la *Lautaro* y la *O'Higgins* tenían sólo un bote y que les faltaban perchas de repuesto, pues no tenían ni un palo disponible con que hacer un mastelero de juanete. En medio de todas estas dificultades trataba Cochrane de preparar la escuadra para una campaña contra El Callao. Bastó su sola presencia para que las tripulaciones se calmaran. Sin duda que los marineros ingleses sabían de sus hazañas en las *Pallas* y la *Imperieuse* y creían que Cochrane los haría correr una milla con un saco de oro al hombro, como se decía que lo habían hecho los marineros de la *Pallas*. El almirante insistió con energía para que el gobierno diera los dineros necesarios para el equipo de los buques y por sobre todo, hizo cuanto le fue posible para que se pagara a las tripulaciones. Comprendía muy bien que había que mantener a los marineros extranjeros bien allegados al cumplimiento de su deber. A pesar de que había muchos que por pura simpatía se habían incorporado a la causa de la Independencia, la mayoría lo hacía por razones pecuniarias. "Sus sentimientos eran bien comprendidos

---

[29] García Reyes, obra citada, p. 55

por Cochrane, pues el también esperaba reparar su fortuna a costa de España. El gobierno de Chile sufría sin embargo, constantemente la falta de dinero y tiempos hubo, en que el pago de las tripulaciones estaba atrasadísimo." [30]

El 27 de diciembre de 1818 fondeaba en Valparaíso la fragata de guerra norteamericana *Ontario* al mando de James Biddle. En sus visitas anteriores Biddle se había mostrado como partidario decidido de la causa patriota. Incluso hay evidencias de que participó activamente en la compra del *Windham*.[31] Esta visita sin embargo, se iba a ver enturbiada cuando el carácter firme del comandante chocó con la personalidad del nuevo almirante chileno que iba a demostrar su temperamento violento y como ya se ha visto, la intromisión de sus deseos personales en los asuntos navales, era a veces, contraproducente. En sus visitas anteriores, Biddle había preguntado si se le contestarían los saludos de cañón. El gobernador local, falto de medios y con sólo el bergantín *Aguila* en la bahía, había contestado cortésmente que por favor, se abstuviera del saludo. Esta vez, apenas fondeó el buque, Biddle subió a aborodo del *San Martín* a saludar a Cochrane que se preparaba para zarpar en su primera expedición, pero se abstuvo de disparar una salva. Cochrane le envió una nota sugiriendo que si no saludaba su insignia debería abandonar el puerto. Siguió un desagradable cambio de notas en la que intervino hasta el propio Director Supremo. Biddle, que tenía abordo dineros realistas y llevaba como pasajero un coronel español, decidió que era preferible no arriesgar un enfrentamiento con los patriotas y el 31 de diciembre se hizo sorpresivamente a la mar.*

El 14 de enero de 1819, Cochrane dio la orden de levar ancla y hacerse a la vela a la primera división que componían la *O'Higgins, Chacabuco, Lautaro* y *San Martín*. En el momento que el almirante

---

[30] Worcester, Donald E., **Sea Power and Chilean Independence**, Gainsville, 1966, p. 37
[31] Billingsley, Edward, **In Defence of Neutral Rights**, Annapolis, 1967, p. 34.
* Ante la protesta chilena, Biddle a su regreso a Estados Unidos, fue sometido a una investigación sumaria en la que fue exonerado pero después de aceptar que había actuado "incorrectamente" y tuvo que devolver una espada que Pezuela le había regalado.

iniciaba la maniobra de cazar las velas de su propio buque, se presentó a bordo Wooster, comandante de la *Lautaro*, quien le comunicó que no podía hacerse a la mar porque la tripulación estaba descontenta, pues le faltaba el vestuario y el dinero y el, como comandante, no creía que en tales condiciones debía salir la fragata del puerto. Cochrane que sabía muy bien de la mala actitud del comandante Wooster, le replicó severamente que si era necesario tomase las velas de la almiranta y los masteleros, pero que su orden de zarpar debía llevarse a efecto inmediatamente. Ante la insistencia de Cochrane, Wooster renunció al mando y el almirante nombró a Guise en su reemplazo.

Debe decirse en defensa de Cochrane, que el almirante sabía muy bien de las dificultades de Wooster y que había hecho todo lo posible por evitarlas. También la tripulación de la *O'Higgins* se hallaba en estado de pobreza y descontento, pero ceder a las demandas de los marineros habría sido fatal en ese momento, A la mañana siguiente la escuadra se mantenía en facha frente al puerto, mientras la *Lautaro* estaba todavía en el fondeadero. Cochrane, que la observaba desde la cubierta de la *O'Higgins,* no sabía a ciencia cierta a que atenerse. La tripulación, al saber la renuncia de Wooster, se había declarado ahora en motín abierto. Los marineros se negaron a seguir las órdenes de Guise de levar anclas y cazar las velas y la guarnición de infantería de marina de a bordo rehusó tomar las armas para hacerlos cumplir la orden. Notificado Blanco Encalada de la emergencia, subió inmediatamente a bordo de la fragata insubordinada dispuesto a tomar medidas severas. Al encararse con los amotinados, hizo apartar, con tropas traídas de tierra, a tres soldados y un marinero, que según el mismo dice, eran "los más desobedientes." Los hizo azotar y luego echó suertes para ejecutar a uno de los cuatro.

Se hacían los preparativos para llevar a cabo la orden, cuando la tripulación reconoció que había obrado mal y suplicó a Blanco que conmutase la orden, prometiendo servir fielmente en el futuro. Termina el contralmirante diciendo: "De este modo terminó este negocio serio y la fragata va a salir; pero aseguró a V.S. (O'Higgins) que no me tiene nada satisfecho el clamor general que se oye en la escuadra: de que no se les paga, que están desnudos y que no saben cuando sus partes de presas de la campaña anterior serán entregadas y otras quejas semejantes".[32]

Este descontento, por lo demás muy justificado, iba a cuajar días más tarde en una rebelión de caracteres más violentos. A los pocos días del zarpe, Cochrane ordenó a la *Chacabuco*, comandante Carter, que volviera a Valparaíso con varios encargos. El buque volvió a puerto, recogió sus encargos, pero al dar Carter la orden de zarpar, se repitió la escena de la *Lautaro*: los marineros se negaban a izar las velas. Fue necesario que Blanco Encalada subiera abordo y ante la amenaza de tomar las mismas represalias, la corbeta zarpó. Al salir de Valparaíso, los sorprendió un violento temporal que desarboló el palo mesana y desprendió la verga del trinquete. Reparadas las averías, la marinería se amotinó y sólo la valiente actitud de los tenientes Robinson y Morgel permitió recuperar el buque. Morgel tuvo que batirse a espada con el cabecilla Manuel Gallardo, pero sin lograr calmar a los amotinados que dispararon un cañonazo sobre cubierta causando serios daños a la arboladura y armamento del buque. La corbeta entró en Coquimbo y un rápido consejo de guerra culpó a cuatro cabecillas que fueron fusilados en la plaza de Coquimbo. 17 más quedaban a disposición del gobernador local para ser remitidos a Valparaíso. Había sido un error mantener la misma tripulación en la corbeta que en sus días de contrabandistas. Pretendían entregar el buque a Pezuela cuando zarparon con Blanco Encalada pero la posibilidad de ganar dineros de presa, los había hecho postergar el motín hasta más tarde.

El propósito de este primer viaje al Perú era conocer la situación del teatro de operaciones, aquilatar el estado de la escuadra, evaluar las capacidades de sus comandantes y entrenar las tripulaciones. Desde ya, Cochrane se dio cuenta que la disciplina y el orden eran casi desconocidos. El almirante se empeñó en cambiar estas condiciones. Reincorporada la *Chacabuco* a la escuadra, Cochrane no dio descanso a los marineros manteniéndolos en constante estado de entrenamiento con ejercicios y maniobras. Hizo castigar con severidad las menores faltas. Este riguroso proceder iba a dar resultados palpables hasta años

---

[32] Uribe Orrego, Luis, *Orígenes de Nuestra Marina Militar*, Santiago, 1892, p. 194

más tarde, pues los marineros chilenos obtuvieron desde temprano las tradiciones que han hecho al país y a su bandera, asuntos de respeto por la gente de mar.

A pesar de que los buques no estaban bien equipados, Cochrane concentró todas sus energías en el entrenamiento de la tripulación. No distribuyó el vestuario hasta que cada hombre fue capaz de demostrar que era digno de usar el uniforme. De estos procedimientos, resultó una disciplina de acero y cuando llegó el momento de enfrentar al enemigo se olvidaron los descontentos y las rivalidades, se suplió lo que no había con coraje y valentía y Chile navegó, firme y seguro, hacia la realización de sus destinos.

Cochrane llevó a la escuadra por la ruta que tomaban los veleros de El Callao a Europa, derrotero que lo apartó del litoral, lo que le permitía no ser divisado y apresar al mismo tiempo cualquiera vela enemiga que pretendiera pasar lejos de la costa chilena. Se encontró la escuadra de cuando en cuando, con balleneros ingleses o norteamericanos de los que frecuentemente recalaban en El Callao y por ellos supo que se disponía la salida del transporte *San Antonio* con una fuerte cantidad de dinero que los residentes de Lima pensaban enviar a Europa. Tal había sido el pánico provocado por la pérdida del convoy custodiado por la *María Isabel*.

Un poco antes de llegar a la altura de El Callao, divisó la escuadra un convoy de ocho buques. Cochrane hizo llamar a zafarrancho y señaló por banderas formación de combate a sus capitanes. Era el 10 de febrero de 1819 El propio almirante fue el primero en reconocer a los buques que se acercaban. Eran la fragata inglesa *Andromanche*, que junto con el *Tyre* convoyaban a seis transportes mercantes de la misma nacionalidad.

El comandante inglés, sin duda, conocido de Cochrane, solicitó una entrevista, la que le fue inmediatamente concedida a bordo de la *O'Higgins*. En su entrevista con Mr. William Shirreff comandante de la *Andromanche*, declaró que llevaba dinero del virrey a bordo, pero como las cajas iban bajo custodia del pabellón británico estaba dispuesto a defenderlo a todo trance.[**] Cochrane respetó este derecho

---

[**] Shirreff tenía instrucciones precisas de no saludar a Cochrane y de no mostrar públicamente ninguna señal de respeto de manera que los oficiales y tripulaciones no

que la neutralidad daba al comandante inglés. Shirreff le proporcionó excelentes informaciones sobre El Callao. Le dijo, entre otras cosas, que se esperaba en El Callao la visita de dos buques norteamericanos, noticias sobre los cuales habían sido llevadas por los balleneros. Le dio también buenas informaciones con respecto al fondeadero de las fragatas y confirmó la pronta salida del *San Antonio* que sería casi con seguridad el 22 de febrero. Cochrane decidió mantenerse a la espera del buque enemigo y capturarlo cuando saliera de El Callao. Ideó también un audaz plan que consistía en entrar con dos buques a El Callao durante el día de carnaval, pintados a la usanza americana; pedir instrucciones sobre el fondeadero y cuando largaran un bote para pedir los documentos, lanzarse sobre las dos fragatas españolas a las que cortarían y sacarían del puerto.

Se dio la orden inmediata de alterar el velamen lo mejor posible y pintar el casco poniendo en el espejo los nombres "Macedonia "y "John Adams." El plan era perfectamente factible y el almirante hizo llamar a Guise, comandante de la *Lautaro*, para completar las instrucciones. Sin embargo el clima del Perú le iba a jugar al Lord una mala pasada. El día del carnaval era el 23, fecha fijada por Cochrane para el ataque y esa misma mañana se levantó una niebla tan impenetrable que ni el propio comandante Guise pudo volver a su buque. La *Lautaro* se había perdido en la cerrazón y era imposible distinguirla. Pasaron así seis días, al cabo de los cuales se pudieron reconocer a la distancia algunas, velas, distinguiendo al navío *San Martín*, con lo que parecía una presa y a la *Chacabuco*.

La niebla, que se había disuelto al amanecer volvió a encerrarlo todo hacia media mañana, hora en que se oyó desde la dirección del puerto un fuerte cañoneo. Creyendo el almirante que uno de los buques había derivado hacia las baterías ordenó inmediatamente la entrada al puerto. Afortunadamente, igual idea tuvieron los otros comandantes que a pesar de la escasa brisa se dirigieron hacia el origen de las explosiones. Fue así como se encontraron de improviso la *O'Higgins* y *Lautaro* en rumbo paralelo y de pronto apareció entre las dos fragatas una vela extraña. La *O'Higgins* tomándole el

---

admiraran la desobediencia a las leyes de la nación. Véase Graham y Humphreys, *The Navy and South America, 1807-1823,* Londres, 1952, p.287

barlovento la abordó, sin que la balandra contestara con un solo tiro. Un alférez de fragata y 20 marineros fueron tomados prisioneros. Eran los tripulantes de una de las 28 lanchas cañoneras que el virrey mantenía para la defensa del puerto. Por ellos supo el comandante que el cañoneo se debía a un ejercicio de tiro en honor del virrey que visitaba ese día las baterías y pasaba revistas a los buques surtos en la bahía. El virrey, que estaba a bordo del bergantín *Maipo* quiso acercarse a una nave desconocida, que apareció entre la bruma y que los vigías habían identificado como un bergantín español, pero el comandante del *Maipo* se negó a acercarse. El virrey desembarcó y regresó a Lima cerca del mediodía, sin sospechar que la escuadra chilena estaba frente al puerto. El "bergantín español" era nada menos que el *San Martín* que había aparecido a través de la niebla. Entretanto la *O'Higgins* y la *Lautaro* seguían avanzando lentamente hacia el interior del puerto y cuando estuvieron a tiro de los fuertes se encontraron en una situación critica, pues el viento cesó casi por completo. Quedaron las naves chilenas frente al enemigo que contaba con mas de 400 cañones. Por suerte, lo favorecía la disposición de los buques enemigos con respecto a los fuertes, y la situación no era para desesperar. Los buques españoles eran dos fragatas, una corbeta, cuatro bergantines, seis mercantes armados y una goleta. Estas naves estaban ancladas en dos líneas de frente como media luna. Detrás de la primera línea, una segunda línea de buques llenaba los boquetes de la primera. Más atrás estaban los mercantes y por encima de todo, los fuertes. Estaban anclados también en el puerto, varios mercantes neutrales. En esas condiciones, el enemigo presentaba un blanco excelente, pues los tiros que iban altos y pasaban por encima de los buques iban a caer al fuerte y por último, a la población. Los españoles concentraron todos sus fuegos sobre las dos fragatas. Estas que trataban todavía de mantener su disfraz de norteamericanas, no disparaban un tiro, pero al ver que el engaño no surtía efecto izaron la bandera de Chile y procedieron a contestar el fuego. El fuego de los buques españoles demostraba pésima puntería y el de los fuertes que disparaban elevados para no dar contra sus propias embarcaciones, si es que tocaban algo, era el velamen de las fragatas chilenas que desarbolaban y aportillaban pero sin causar mucho daño. Guise que había retornado a la *Lautaro* fue alcanzado por la explosión de una de estas granadas y un casco lo hirió de cierta gravedad. El segundo comandante malogró en tal forma la maniobra, que optó por retirarse dejando sola a la *O'Higgins* frente a los fuegos de El Callao. En esas condiciones, se habría justificado plenamente que Cochrane se retirara también. Pero el almirante pensó que ésta no era mala ocasión para probar el valor de sus marinos y demostrar al virrey como se batían los "insurgentes." Amarró pues una codera y así fondeado contestó por espacio de dos horas el fuego de los españoles. Se sentó el Lord tranquilamente sobre la borda del alcázar y desde allí contempló los tiros de su fragata que lograron apagar el del ala derecha de uno de los castillos. Stevenson que se uniría más tarde a la escuadra y que se encontraba en tierra, dice que estos tiros demolieron la esquina izquierda del Real Felipe causando trece muertos. Durante esta acción, el hijo de Cochrane, Tommy, se escapó de la cámara donde su padre lo había dejado encerrado y subió a cubierta. El padre trató de obligarlo a bajar, pero viendo que era imposible, lo dejó quedarse. Miller dice en sus Memorias que la calma del almirante era tal, que de pronto se volvió hacia el y le dijo:

Viene un tiro hacia nosotros, pero no se mueva que viene bajo.[33]

La explosión fue bajo la porta en que ellos se encontraban. Tomasito gritó bañado en sangre y su padre corrió hacia el, pero el niño no estaba herido, era la sangre de un artillero a quien la bala le había arrancado la cabeza. Después de limpiarlo, le ordenó el padre que bajara a la cámara, pero el hijo volvió a negarse. Estaba vestido con el uniforme de guardiamarina que le habían hecho los marineros y creía su deber ayudar a distribuir la pólvora. Cochrane lo dejó ir.[***]

A las seis de la tarde el almirante decidió dar por terminada la acción. Se venía encima la neblina y el viento había vuelto con lo que

---

[33] Miller, John, (editor), *Memoirs of General Miller*, Londres, 1829, 2 vols. Vol. I p. 215

[***] Este niño que más tarde escribiría la primera biografía de su padre, no menciona estos incidentes limitándose a repetir lo dicho por su padre.

se dio orden de levar anclas y la nave almiranta se hizo mar afuera. Como la neblina era espesa, pero baja, hizo, que los vigías subieran hasta el tope de los mastelerillos de manera que, quedando por encima de la niebla, dieran aviso de los peligros de la costa. Según la versión de un historiador español Cochrane "se había batido con arrojo admirable."[34]

Fue así como pudo retirarse detrás de la isla de San Lorenzo donde estaba anclado el resto de la escuadra. El *San Martín* y la *Chacabuco* no habían participado en la acción debido a la falta de viento y a encontrarse alejados por instrucciones del almirante.

Cochrane había infundido en las tripulaciones y oficiales de la escuadra un nuevo espíritu. Había demostrado su valor personal y había dado la oportunidad a los tripulantes de mostrar el suyo y por sobre todo, inspirado confianza y despertado la audacia necesaria para realizar futuras hazañas. El entusiasmo de Cochrane era contagioso. Una sola fragata había enfrentado más de 200 cañones y se retiraba con daños menores. La escuadra había capturado 21 prisioneros y silenciado una batería. Dice Pezuela que los insurgentes fueron rechazados después "de un fuego horroroso de una y otra parte, quedando las armas del Rey bien puestas." Confiesa haber tenido 15 muertos, dos heridos y desaparecidos los tripulantes de una cañonera.[35]

El 2 de marzo con una fuerza embarcada en botes y lanchas de la escuadra y escoltada por la balandra cañonera capturada, al mando del comandante Foster, desembarcó y se apoderó de la isla de San Lorenzo. Liberaron a 29 prisioneros patriotas que los realistas ocupaban en una cantera. Cuatro guardias de los 12 que custodiaban a los prisioneros y cuatro presidiarios (!), lograron escapar a nado. Los prisioneros liberados normalmente pernoctaban en El Callao e iban a la isla a trabajar durante el día, pero no habían podido regresar debido a la presencia de la escuadra. Comunicaron al almirante las pésimas condiciones en que se encontraban los prisioneros patriotas en los calabozos de las fortificaciones del puerto. Cochrane decidió tratar de

---

[34] Fernández Duro, Cesareo, *Armada Española desde la unión de los reinos de Castilla y Aragón*. Siete Volúmenes. Madrid, 1972, Vol. VII p. 196
[35] Pezuela, Joaquín, *Memoria de gobierno*, Sevilla 1947, p. 411

entablar negociaciones con Pezuela y le envío un pliego sugiriendo el cambio de prisioneros. Pezuela escribiría en su memoria:

> *Me envió el aventurero Cochrane un parlamentario pidiendo cange de prisioneros y el buen trato de los del bergantín Maipú. La contestación fue que los de dicho bergantín eran todos piratas y accedía al cambio de los demás, sin embargo de que no lo merecía la conducta que el caudillo San Martín había observado en la materia, ni tampoco el que se titulara Lord Cochrane y yo no le reconocía por tal dictado, sirviendo a tales insurgentes. Yo suponía que este paso era un pretesto y como tal lo escuché.*[36]

Nos dice Cochrane que consideró necesario replicar:

> *Un noble inglés es un hombre libre y tiene por lo tanto, el derecho de adoptar cualquier país que está tratando de reestablecer los derechos de su sufriente humanidad y por eso he adoptado la causa de Chile con la misma libertad y juicio con que ejercí mi derecho de rechazar la oferta del grado de almirante en España que me hizo no hace mucho el embajador español en Londres.*[37]

Esta es la única referencia que Cochrane hace a una supuesta oferta del gobierno español.[38] Por su parte, el Duque de San Carlos, embajador español ante la corte inglesa, sólo dice lo siguiente con respecto a Cochrane:

---

[36] Ibid. p.143
[37] Cochrane. *Narrative*, p. 13
[38] Es tal el odio hacia Cochrane de algunos historiadores, que se ha afirmado que el Lord ofreció sus servicios al Rey de España, afirmación completamente falsa. Véase, Eros Nicola Siri, *Cochrane, El Lord aventurero*, Buenos Aires, 1979, p. 13. Dice existir un documento en el Foreign Office. Tal documento no existe. El mismo autor confunde a Alvarez Condarco, entonces enemigo de San Martín, con Alvarez Jonte.

Lord Cochrane está para salir con dos buques armados también con 30 o 40 cañones y el mejor de ellos tiene una máquina de vapor que además de otras ventajas aumenta la velocidad. Doblará el Cabo de Hornos para unirse con Brown... y atacar a Lima con las tropas de San Martín y O'Higgins, Cochrane y Brown se dividirán para obrar el uno sobre Acapulco y el otro sobre Lima.[39]

La *Chacabuco*, comandante Carter, apareció de improviso ante Chancay, cargó provisiones y capturó cuatro mercantes, la fragata B*árbara,* el bergantín *Lucero* y otros dos buques menores que varó e incendió. Desde este primer crucero, Cochrane iba a tener dificultades con los mercantes ingleses. Estas se suscitaron cuando los buques ingleses y norteamericanos se negaban a reconocer el bloqueo. Una misión importante de la Armada Británica era la de proteger el comercio de su nación en todos los mares del mundo. Para eso mantenía una escuadrilla en prácticamente todos los mares donde la bandera inglesa cubriera sus comerciantes. Fue así como en el caso del Pacífico los comandantes ingleses usaban toda clase de excusas para proteger a sus mercantes. Las cortes del Almirantazgo inglés exigían tres condiciones para reconocer un bloqueo:

1. Las autoridades afectadas debían ser notificadas del bloqueo.
2. El bloqueo era debidamente ejercido por la fuerza bloqueadora.
3. Se había intentado forzar el bloqueo.

La fuerza naval inglesa estaba al tanto de estas exigencias pues desde comienzos del siglo se enviaban periódicamente órdenes a todos los comandantes sobre estos asuntos. Pero el Pacífico estaba demasiado distante de las cortes inglesas y se usaba todo tipo de

---

[39] "Del Duque de San Carlos al Virrey de Nueva España", Londres, 6 de Julio de 1818. Archivo General de la Nación, Historia, tomo 294, folios 319-320. Citado por Heredia. Igual comunicación se encuentra en un oficio de San Carlos al Rey, 27 de Junio de 1818. Archivo de Simancas, Estado 8.293.

excusas para proteger a los mercantes. La más socorrida era que la escuadra chilena no podía hacer cumplir el bloqueo que había declarado y por lo tanto, el bloqueo no era legal. Al desaparecer el comercio español por acción de la escuadra y los corsarios, las autoridades realistas tuvieron que depender de los mercantes extranjeros, y cuando se trataba de ingleses o norteamericanos, a los que protegían buques de su bandera, se iban a producir incidentes con los buques chilenos. Ambos bandos debieron controlar a estos mercantes con sumo cuidado, de manera de no ofender a las autoridades neutrales. Cochrane, por estrictas instrucciones de O'Higgins tuvo que limitar su control sobre estos neutrales muchas veces en desmedro de su propia escuadra. Pero prevaleció la buena voluntad, el entendimiento y el compromiso entre patriotas y neutrales y no hubo que lamentar incidentes violentos. Cochrane, sin embargo, padecería más tarde en Inglaterra ante los constantes juicios de neutrales—comerciantes ingleses—que exigían que se les reembolsara de sus pérdidas, haciendo personalmente responsable al vicealmirante, de un bloqueo decretado por el gobierno chileno que cumplía con todas las prácticas establecidas, precisamente por el gobierno inglés.

Convencido Lord Cochrane que el enemigo no saldría de su fondeadero decidió hacer uso del arma con que con tanto éxito había atacado en la isla de Aix, los brulotes. Con este fin instaló en la isla de San Lorenzo una fábrica de explosivos y puso al mayor Miller a cargo de los experimentos. Por una imprudencia de un artillero se produjo una explosión en la fábrica que hirió de cierta gravedad al mayor Miller y delató las intenciones patriotas. Así y todo, el 21 de marzo todo estaba pronto para el ataque con brulotes. Se habían preparado tres presas, *Barbara, Lucero* y *Victoria* y en el bergantín *Veloz* se instaló el lanzabombas. La falta de viento y la mala maniobra malograron el ataque, haciendo que sólo uno de los brulotes, el *Lucero*, saliera con la dirección esperada, pero empujado tan sólo por las olas. En estas condiciones el teniente Lawson, que estaba a cargo, trató de echarlo a pique, a fin de que no cayera en manos enemigas, pero una bala rasa vino a hundirlo cuando Lawson desesperaba tratando de destruirlo.

Con el fin de evitar nuevos ataques de esta especie, los realistas construyeron con maderos, mástiles usados, vergas y masteleros de los buques, cadenas y espías, una barrera que protegiera sus buques en el fondeadero. El día 25 salieron al mar las lanchas cañoneras acompañadas del pailebot *Aranzazu* que llevaba un cañón giratorio de a 24. Reconocida la flotilla a tiempo y en vista de la absoluta calma reinante, fue imposible a los buques chilenos acercarse. Sus cañones dispersaron pronto las lanchas sin que la escuadra sufriera ni el más ligero percance, pero sin poder asegurarse tampoco del daño causado al enemigo. Según los marineros, sólo 27 lanchas regresaron al puerto y por varios días se avistaron maderos flotantes que indicaban un buque destruido o echado a pique.[40]

Gracias a la neblina que día a día cubre la región, algunos neutrales se las arreglaron para burlar el bloqueo y entrar en el puerto. La *Chacabuco* logró apresar a la goleta *Moctezuma,* comandante Carlos García del Postigo, que bajo bandera norte-americana, pretendía entregar armas a los realistas. Con anterioridad la escuadra había apresado la fragata *Victoria* que venía desde Chiloé con maderas y jamones. Como el bloqueo se prolongaba, empezaron a escasear los víveres y la aguada. Las barricas de carne resultaron estar llenas en su tercera parte de huesos, cueros y hasta piedras y el aguardiente, escaseó. Decidió el almirante que tendría que aprovisionarse en algún puerto del Perú y dando cuantos víveres pudo a la *Chacabuco*, la dejó cruzando frente al puerto. La *Moctezuma* había sido puesta al servicio de la escuadra y se la envió a Supe, a establecer un bloqueo y vigilar los alrededores del pueblo, tratando de sacar la mayor información posible con el fin de ver las posibilidades de operar allí en el futuro.

El resto de la escuadra fue a Huacho. El viaje tenía por objeto hacer la aguada y Cochrane envió una nota al comandante español de la vecina guarnición de Huara informándole de lo que pensaba hacer. En ella, pedía que no se tomaran represalias contra el pueblo. No hubo dificultades con la pipería y el agua fue embarcada sin dificultad. Al desembarcar los marineros se encontraron con que los vecinos traían a vender a la playa sus productos con lo que a los primeros días el puerto

---

[40] Dice Pezuela que no sufrieron daño alguno. Pezuela, obra, citada, p. 421

parecía estar de feria. El entusiasmo de los vendedores pareció disminuir de pronto, por lo que Cochrane hizo averiguaciones sobre lo que sucedía. Se le contestó que la causa del cambio era que el comandante Ceballos de Huara, había hecho fusilar a dos vecinos de la localidad por la ayuda que habían prestado a la escuadra. Esto lo consideró Cochrane ya no sólo un acto de guerra, sino un acto de barbarie y un insulto personal, ya que el comandante había contestado positivamente su carta. Ordenó que se alistara el comandante Foster de la almiranta y lo hizo desembarcar con 150 marineros. El comandante Ceballos no pudo resistir el ataque y huyó dejando Huara en manos de Foster. El capitán chileno, hizo recolectar algunos vacunos y otras provisiones y saqueando los fondos españoles se volvió al puerto al oír un cañoneo que temió fuera un ataque del enemigo. Los cañones sin embargo, disparaban salvas saludando al contralmirante Blanco, que llegaba ese día con los bergantines *Galvarino* y *Pueyrredón*.[**]

Con estos refuerzos se propuso Cochrane cambiar los planes de ataque. Supo, por lo pronto, que en el río Barrancas había una embarcación con un tesoro perteneciente a la compañía de Filipinas. Se apoderó de el y lo hizo traer a bordo. Alentado por el éxito obtenido con la expedición de Foster decidió hacer una campaña al norte para atemorizar a los realistas, dividir sus fuerzas y apoderarse de dinero que tanta falta hacia en la escuadra. Para esto dividió la escuadra en dos divisiones, la primera al mando de Blanco se componía del navío *San Martín*, almirante, y la fragata *Lautaro*, la corbeta *Chacabuco* y el bergantín *Pueyrredón*. La segunda división quedó bajo el mando del propio almirante, la componían la *O'Higgins* su buque insignia, los bergantines *Veloz* y *Galvarino* y la presa *Victoria*. Esperaba encontrar a la *Moctezuma* frente a Supe.

El almirante zarpó al norte con su división y a medida que avanzaba hacia el Ecuador, iba sabiendo de nuevas posiciones realistas, pues era su costumbre la de mantener un sistema de espías,

---

[**] En este ataque desertaron el oficial Nicomedes Martínez del *Lautaro* y dos hombres de tropa que se presentaron al virrey con informaciones sobre la escuadra. Dice Pezuela que hubo más de 20 desertores patriotas, en su mayoría, hombres capturados en Maypú y que habían sido forzados a integrar las fuerzas patriotas.

que pagaba de su propio bolsillo, pues el gobierno de Chile no le proveía para estos gastos. Así supo que en Patavilca estaba el dinero para pagar a las tropas realistas de la región. Un rápido desembarco y los caudales de la escuadra aumentaron en 70 mil pesos.

En Supe, prevenidos los españoles por el bloqueo de la *Moctezuma* se le opuso alguna resistencia. Bastó el desembarco de la marinería para que los realistas huyeran abandonando la batería después de clavar los cañones. Habían quedado atrás unos preciosos cañones de bronce que fueron embarcados en la *O'Higgins*.

De Supe pasó a Huarmey. El tesoro de la compañía de Filipinas que esperaba encontrar en Supe se había esfumado, pero sus informantes le participaron que estaba en un buque francés, el *Gazelle*. No estaba tampoco en Huarmey pero de allí había pasado a Huancacho. Avistada en ese puerto la nave sospechada, se procedió a su registro y se encontraron en ella, 60 mil pesos. Cochrane decidió que el dinero le correspondía por ser propiedad española, pero decidió también que el buque no podía considerarse presa por ser neutral, por lo que lo dejó continuar su navegación una vez que los caudales fueron transbordados a la *O'Higgins*.

Tenía el almirante informes sobre un rico convoy que venía desde Guayaquil a Payta y se dirigió con sus buques a este último puerto para apoderarse del dinero. Llegado a Payta el 13 de abril se encontró en el puerto con la goleta *Sacramento* a la que apresó sin dificultad, pero la población no fue atacada ya que los realistas estaban bien preparados para su defensa. Cochrane estudió la situación y decidió atacar al enemigo por un frente inesperado. Hizo desembarcar a Foster con 120 hombres y éste y sus hombres atacaron los fuertes por la retaguardia. Los realistas al ver a los chilenos cargar la bayoneta huyeron hacía los cerros vecinos. Dueño del fuerte, Foster envió un parlamentario al pueblo pidiendo la rendición. El mensajero volvió diciendo que los realistas habían huido. La tropa entró en Payta y saqueó las propiedades españolas. Incluso algunos marineros entraron en la iglesia y se robaron los objetos sagrados y las vestiduras de los sacerdotes. Cochrane vio en esto una violación de sus órdenes y ordenó que se buscaran los objetos en las naves y en el pueblo. Durante el registro se recuperaron los objetos y resultaron culpables cuatro marineros ingleses de la *O'Higgins*. El almirante los hizo azotar frente a la iglesia en presencia de los vecinos del pueblo.

De su propio bolsillo hizo una donación de mil pesos para reparar en parte la ofensa. Esta cantidad fue entregada a un vecino importante, quien se comprometió a hacer la entrega al sacerdote, quien había huido al oír de la llegada de Cochrane y sus marineros. Imposible era ganarse la iglesia a la causa de la Independencia americana, pero el pueblo de Payta quedó sorprendido de la justicia y la magnificencia del almirante. Los marineros, por otra parte, no podían comprender que se les castigara. Al respecto dice Cochrane en sus memorias: "Al ver abstenernos así del pillaje, era casi incomprensible para un pueblo que tenía dura experiencia de la rapacidad española, en tanto que los indisciplinados chilenos, quienes formaban la mayor parte de los marineros de la escuadra, podían apenas concebir que se les coartasen sus propensiones al robo."[41] Como el convoy que venía de Guayaquil se había devuelto sin alcanzar su punto de destino, Cochrane se hizo a la vela en dirección a El Callao, donde arribó el 5 de mayo. No encontrando la escuadra de Blanco, se internó solo en la bahía con la almiranta "habiendo sabido que las fragatas españolas hicieron huir cerca del puerto a la *Chacabuco* y al *Pueyrredón*."[42] A pesar de esta información encontró que las fragatas seguían amarradas como cuando las dejó y convencido de que su ataque anterior había disuadido a los españoles de salir de su fondeadero, volvió a Supe. Envió su ya bien adiestrada fuerza de desembarco al mando de Foster, con la misión de apoderarse de una hacienda que pertenecía a un rico español de apellido García. Los marineros encontraron el lugar desierto a excepción de los esclavos negros que fueron liberados y embarcados en la escuadra como infantería de marina y marineros.

Cochrane tocó en varios puntos de la costa y distribuyó en ellos una proclama que había lanzado y de la que se le informaba había sido bien recibida en Lima. Rezaba así:

---

[41] Cochrane, *Narrative,* p. 17
[42] Ibid

Compatriotas:

Los ecos de libertad que resonaron en la América del sur fueron oídos por doquier en la esclarecida Europa y muy especialmente en la Gran Bretaña en donde no pudiendo yo resistir el deseo de unirme a esa causa, determiné tomar parte en ella. La República de Chile me ha confiado el mando de sus fuerzas navales.

A ellas corresponde cimentar la soberanía del Pacífico. Con su cooperación serán rotas vuestras cadenas. No lo dudéis, próximo está día en que derrocado el despotismo y la condición degradante en que yacéis sumidos, seréis elevados al rango de una nación libre, al cual naturalmente os llama vuestra posición geográfica y el curso de los acontecimientos. Pero debéis coadyuvar a la realización de este objeto arrostrando todo peligro en la firme inteligencia que tendréis el mas efectivo apoyo del gobierno de Chile y de vuestro amigo,
Cochrane.[43]

Luego de recorrer la costa por quince días y sin encontrar señas de la primera división, volvió con la suya el 1° de junio a Valparaíso. Terminaba así el primer crucero de la escuadra bajo Cochrane. El objetivo principal, la destrucción de la marina del virrey del Perú, quedaba por delante, pero el objetivo secundario se había cumplido con creces. No sólo había inspirado a los patriotas peruanos con sus repentinas apariciones en la costa, había también reconocido El Callao, probado sus defensas, atemorizado los buques enemigos que ya no saldrían de la protección de sus fuertes. Aún en tierra, los desembarcos en Payta, Huara, Supe y Huarmey por infantería de marina, habían derrotado a fuerzas del virrey muy superiores.

El apodo de "El Diablo" con que lo nombraron los realistas peruanos, se justificaba plenamente.

---

[43] Ibid., p. 18

Capítulo VII
Segunda Campaña al Perú

Como ya se ha visto, a la llegada de Cochrane Chile contaba con una escuadra de siete naves, con capacidad probada de comandantes, oficiales y tripulaciones. Su comandante, Don Manuel Blanco Encalada, entregó gustoso el mando a Cochrane y pasó a servir como segundo. Gracias a sus excelentes cualidades ambos cultivaron una amistad y respeto mutuo que duraría el resto de sus días. La escuadra necesitaba ahora de una organización, de disciplina y de un mando único ejecutivo que le permitiera llevar a cabo la gran empresa: la conquista del Perú. Esta fue la tarea para la que se contrató a Lord Cochrane y el nuevo almirante iba a cumplir con su compromiso. Pero, antes deben examinarse los elementos físicos y humanos que contaba para hacerlo.

Los buques: El núcleo de la escuadra lo constituían los "inchimanes" (Corrupción de Eastindiaman) *Cumberland* y *Windham*, ahora *San Martín* y *Lautaro*. El primero de 1200 toneladas (OBM) y 64 cañones había sido clasificado como "navío.[*] La *Lautaro* más pequeña, clasificada de fragata de 830 toneladas, contaba con 46 cañones. Estos dos buques habían sido negociados en Inglaterra por Antonio Alvarez Condarco, el mismo personaje que contrató a Cochrane. Eran barcos viejos, con varios viajes a la India y China a su haber y la *Lautaro* había sido capturada por los franceses y recuperada dos veces por los ingleses. Ya en 1812 hay referencias a ella como "hulk" (casco viejo o patache.)

La fragata *O'Higgins*, ex *María Isabel*, ex-*Patricii*, era una de las pocas sobrevivientes de una escuadra rusa que el Zar Alejandro vendió al Rey de España en un negocio turbio y secreto del que no se guardan documentos en los archivos españoles. De cinco navíos y cinco fragatas entregadas en Cádiz, cuatro se "deshicieron," probablemente

---

[*] Enterado el Virrey Pezuela que el buque estaba en venta solicitó a un comerciante norteamericano, Mr. Cleveland, que tratara de comprarlo.

pudrieron en el apostadero; dos nunca pudieron salir del fondeadero, dos llegaron a Cuba donde se hundieron y sólo dos, una de ellas, la *María Isabel* pudo prestar algún servicio. Y sin embargo, autores españoles la califican como "el mejor buque de la escuadra, velero y fuerte." Con un porte de 950 toneladas, cargaba 44 cañones. Más tarde se uniría a la escuadra la fragata *Valdivia, ex-Esmeralda*, capturada por Cochrane en El Callao de 44 cañones y 600 toneladas, excelente buque construido en Mahón en las Islas Baleares.

Cochrane tuvo bajo su control dos corbetas. La primera conocida como *Chacabuco, ex-Coquimbo, ex-Avon*, era una corbeta o "sloop" norteamericana construida para el comercio de 450 toneladas y 20 cañones. Había sido comprado por particulares para dedicarla al corso. No era exactamente un buque de guerra pero sirvió durante toda la campaña marítima. La *Independencia*, construida en los Estados Unidos como *Curacio* especialmente para corsario, se incorporó más tarde. La corbeta de 380 toneladas cargaba 28 cañones.

Cochrane disponía de una flotilla de excelentes bergantines entre los que se destacaban el *Galvarino, ex-Lucy* de la Real Armada Inglesa y que Guise y Spry habían traído de Inglaterra y el *Araucano*, construido en Baltimore como *Colombus* y propiedad de Charles Worcester quien lo había vendido al gobierno. Otros bergantines incluían el *Pueyrredón, ex-Aguila* un contrabandista norteamericano apresado por las autoridades españolas con un cargamento de lencería en Coquimbo y más tarde entregado al gobierno de Chile en Valparaíso por su comandante José Anacleto Goñi; el bergantín *Intrépido*, contribución de las Provincias Unidas pero en mal estado. Más tarde se incorporarían varias goletas que apresó su escuadra, como la *Mercedes, Montezuma* y *Aranzazu*.

Según los historiadores españoles estas fuerzas eran superiores a las del Virrey y sin duda lo fueron más tarde. Dice Pérez Turrado: "España en lo referente a la marina, no estuvo a la altura de las circunstancias. Careció de buques y los gobernantes de turno no quisieron o no pudieron reparar los existentes, construir otros nuevos o comprarlos en el extranjero. Los patriotas por lo contrario, con muchos menos medios... se hicieron de una u otra forma con barcos suficientes para enfrentar con ventaja a los realistas."⁴⁴ Pero no debe culparse en esto a los "realistas" americanos. La marina española atravesaba entonces un período de hambre y miseria. En las bases navales "reinaba el caos y la confusión" a tal punto que los jefes designados para comandarlas se negaban a hacerse cargo de ellas. Y Fernández Duro, el historiador naval más reputado, escribía que en esa época "los buques no navegaban al no poder el Erario sostener semejante gasto."

Jefes y Oficiales. Se equivoca Fernández Duro cuando afirma que "los oficiales (chilenos) eran, por lo general, hombres de baja extracción que habían ascendido pacientemente en el servicio."⁴⁵ Sin duda que no conoció quienes fueron. La facultad de nombrar oficiales residía en el gobierno, ya fuera a través del Ministro de Marina o por el propio Director Supremo Bernardo O´Higgins. Pero en la práctica, fue Lord Cochrane quién determinó los mandos. Bajo Cochrane, los comandantes eran en su mayoría ingleses. Sólo dos norteamericanos figuran en la nómina, Charles W. Worcester o Wooster que a los 21 años había mandado el bergantín corsario *Saratoga* en la Guerra contra Inglaterra de 1812 y Pablo Délano, probablemente contratado por Aguirre en Nueva York y que trajo a la *Independencia*, comenzó su carrera en la Armada de Chile como capitán de transportes. Worcester renunció al poco tiempo de la llegada de Lord Cochrane y se reincorporó después de su partida. Los demás, con la excepción de Wilkinson, eran todos ex-oficiales de la Marina Real. William Foster había pasado el exámen a teniente en 1802 y en 1815 fue ascendido a commander equivalente a Capitán de Corbeta; Thomas Crosbie, de origen irlandés, ascendió a teniente en 1815. Richard Carter, teniente en 1806 y *commander* en 1815. Martin Guise, teniente en 1802, había ascendido a *commander* en marzo de 1815 lo que lo hacía más antiguo que los otros capitanes. Spry había pasado el exámen a teniente en 1813. El caso de Wilkinson es especial. Carpintero en la East India Company, pasa a tercer oficial en 1807, primer oficial en 1813 y al retirarse el *Cumberland,* era su comandante. Había hecho cuatro viajes al Oriente. Hombre de gran experiencia marinera que Cochrane

---

⁴⁴ Pérez Turrado, obra citada, p. xx
⁴⁵ Fernández Duro.obra citada, p.

admiraba, sin duda estaba emparentado con el propietario del buque, Mr. Thomas Hutton Wilkinson. Dos comandantes de ascendencia hispánica, Francisco Díaz, de la *Chacabuco* y Fernando Vázquez del *Pueyrredón,* fueron reemplazados por Cochrane. Interinamente comandó la *Chacabuco,* Jean Francois Tortel, francés de nacimiento y avecindado en Chile.

Un caso curioso es el de Illingsworth que venía como comandante de la corbeta *Rose* y que al llegar a Chile no solicitó su empleo en la Escuadra. Según Thomas, O'Higgins que le tenía gran aprecio, solicitó su incorporación al vice-almirante. Cochrane contestó que sin duda era un excelente comandante pero que debido a un desacuerdo que habían tenido durante el viaje a Chile, no podía emplearlo para que sirviera bajo su mando. O'Higgins arregló las cosas de tal manera, que Illingsworth recibió los despachos de capitán de fragata pero tomó el mando del buque como corsario.

El resto de los tenientes recibió contratos por parte del gobierno de acuerdo con las recomendaciones de Cochrane. Hombres como Greenfell, Ramsay, Cobett, Esmond, Oxley, Campbell, Lawson, George, Prunier, Compton, Young, Armstrong y otros, recibieron sus despachos por recomendaciones del almirante, generalmente basadas en el grado que tenían en la marina inglesa o por su experiencia como oficiales mercantes. No sabemos de ningún caso en que se haya llamado a exámenes para el ascenso a teniente. Son pocos los chilenos que figuran en las planillas de oficiales: dos capitanes de corbeta sin mando, Díaz y Vasquéz ya mencionados, y un teniente José Joaquín Bascuñán. Después de la partida de Cochrane, se incorporarán otros, incluyendo al ex-comandante de la *Montezuma* Carlos García del Postigo. Los contadores son casi todos nacionales: Ruiz, Naranjo, Del Río, Montaneda, Picarte, Monroy. Los cirujanos: Crisp, Guthrie, Welsh, Michael, Logan, White y otros, eran todos ingleses.

Algunos cadetes de la Escuela Militar a pedido de O'Higgins, como Hipólito Orella, Manuel Herrera, Manuel Martínez y Manuel Claro, sentaron plaza de guardiamarinas. Otros muchachos jóvenes se incorporaron también con el mismo grado, probablemente siguiendo el sistema inglés de solicitar ingreso al comandante del buque: Geff, Délano, Grelen.

No pueden dejar de incluirse varios oficiales que por alguna razón u otra dejaron el servicio al tomar Cochrane el mando de la escuadra. Entre ellos debe mencionarse a John Higginson, Jean F. Tortel, Raimundo Morris y J. Argent Turner. Estos dos últimos pasaron a servir en los corsarios.

Tripulaciones. La mayoría de los contemporáneos dicen que era imprescindible emplear marineros ingleses y norteamericanos, los únicos que entendían de maniobra. Estos abundaban. Habían llegado a Valparaíso en los buques adquiridos—el *San Martín* hasta traía una banda de músicos—en los balleneros, mercantes o eran desertores de los buques de guerra. El problema era atraerlos a la escuadra. Desde la llegada de Cochrane, no fue necesario emplear el reclutamiento forzado. Una vez que disminuyeron las plazas en los corsarios, se ofreció una buena paga y dada la personalidad del almirante, no hubo problemas de reclutamiento, mientras se pagó lo que justamente se les debía. Hubo otros contratados directamente en el extranjero, como 150 supernumerarios que trajo el *Galvarino* desde Buenos Aires. Había en la escuadra un grupo de kanakas, probablemente de las islas Hawaii que habían llegado en los balleneros o corsarios. Uno de ellos era el patrón del bote del almirante. Se usó el mismo sistema que la marina inglesa de clasificación por "petty officers" o "masters," marineros de primera y segunda, grumetes y pajes. Los "mestres," cuyos tres cargos más importantes eran el contramaestre, carpintero y condestable, no fueron siempre ingleses. Los hubo chilenos, italianos y de otras nacionalidades. Como Cochrane descubriría frente a la Quiriquina, no todos estaban calificados en el oficio del cargo que ostentaban.

Originalmente, los marineros nacionales eran en un alto porcentaje de reclutamiento forzado, gente cesante, vagos y pendencieros que como ya se ha descrito, O'Higgins había hecho recolectar en Santiago, sin duda recordando sus días en Inglaterra. Poco a poco, aquellos que no se adaptaron por las buenas o bajo el látigo de los mestres, desaparecieron de las filas. Vino gente del campo a llenar voluntariamente esas vacantes y tanto sus oficiales y enemigos reconocen que eran gente valiente y que aprendía rápidamente.

Muchos adolescentes de Valparaíso se enrolaron como grumetes o pajes.

El historiador Cubbit en un interesante estudio sobre Lord Cochrane y la Marina de Chile, nos dice que entre 1106 hombres que llevaba embarcada la primera división de la escuadra, 828 eran chilenos, a saber:

7 oficiales
331 marineros
137 grumetes
128 artilleros
225 soldados de infantería de marina

Los extranjeros eran 254 marineros y 24 oficiales.[46] En la escuadra que fue a México quedaban muy pocos marineros extranjeros y es de notable interés que en el alzamiento del *Araucano* en California, no había entre los amotinados, ni un sólo chileno.

En todo el trato con las tripulaciones, raciones, reglamentos, ron, (substituido por pisco o aguardiente), vestuario, reparto de presas y otros, Cochrane implantó el sistema inglés. Se estableció un Hospital Naval de Valparaíso que se financiaría con un pequeño descuento de los sueldos de la tripulación. El hospital era pobrísimo y no es de extrañarse ya que a las tripulaciones se les pagó siempre tarde y mal.

Presas. Desde un comienzo el reparto de las utilidades de presas se prestó a controversias. El gobierno trató de aplicar el sistema español que repartía 3 quintos para la tripulación y dos quintos para los oficiales. Así lo establecía un "Reglamento Provisional de Corso" emitido el 20 de noviembre de 1817. Pero ya desde la captura de la *María Isabel* se aplicó el sistema inglés que dividía en octavos las utilidades y que O'Higgins confirmara por medio de un decreto el 16 de enero de 1819. El Senado decidió que a Cochrane le corresponderían dos octavos, ganancias que nunca se le pagaron.

La Infantería de marina. Esta poderosa arma que había nacido con la Armada y que estuvo por muchos años ausente de nuestras

---

[46] Cubbit, Op.Cit. p.189

fuerzas armadas, estaba formada por tropa del ejército. Se destacaron oficiales de la misma arma como William Miller para servir abordo de los buques de guerra. Otros, como Charles, Campbell y Vowell llegaron directamente desde ejércitos europeos. A la llegada de Cochrane era tropa reducida que servía de guarnición para vigilar la propia tripulación, como fue el caso que en el combate de Valparaíso cuando se dio orden a Miller que colocara sus fusileros en los topes de la *Lautaro* de manera que pudieran hacer fuego sobre su propia cubierta si la tripulación se amotinaba. Cochrane le daría una misión diferente, la expandiría y bajo su mando adquirió un nuevo espíritu.

Organización en tierra. Si en algo no estuvo nuestra armada a la altura que Cochrane esperaba, fue en el sistema de finanzas, aprovisionamiento y pertrechos. Se recordará que éste había sido tema de problemas en su país natal y lo perseguiría en Brasil y en Grecia, como se verá más adelante. El almirante no comprendió nunca los problemas financieros del gobierno. Veía al ejército de San Martín bien pagado y bien apertrechado mientras a la Armada se le daba apenas lo suficiente. Los arsenales no existían y a los proveedores se les pagaba mal y tardíamente. El estado no tenía dinero para adquirir las presas ni pagar por lo que no podía venderse, como era el caso de los pertrechos capturados en las fortificaciones de Valdivia. El almirante culpó al Ministro de Marina, Don Ignacio Zenteno y a su contador, Rafael Correa del Saá, y aunque ambos hicieron lo posible por satisfacer las necesidades de la escuadra, incubaron una antipatía por Cochrane, posiblemente como resultado de sus demandas.

Vuelto Cochrane a Valparaíso, se iba a encontrar, como era de esperarlo, con los mismos problemas que había dejado en el puerto. En primer lugar, faltaban cañones, afustes y aparejos. En el viaje de regreso la *Lautaro* amenazada por un temporal había tenido que echar parte de sus cañones al agua. Las arboladuras que habían sufrido los efectos de la artillería del Virrey necesitaban repararse y a pesar de la riqueza forestal del país, faltaba la madera. La más seria dificultad seguía siendo la falta de pago para las tripulaciones y a ésta se iba a unir una nueva: el socavamiento del prestigio de Cochrane por parte de ciertos elementos del gobierno, notablemente los oficiales argentinos. Según algunos historiadores la vanidad y arrogancia de Cochrane le había creado ciertas enemistades dentro de la escuadra, pero la verdad era que Guise seguía con sus quejas y acusaciones. Cochrane tenía motivos para removerlo de su cargo y llevarlo a un consejo de guerra, pero el Ministro de Marina, José I. Zenteno, lejos de apoyar al almirante, respaldó a Guise y hasta le prometió el mando de una nueva nave. Al almirante se le había asignado como secretario a Don Antonio Alvarez Jonte, miembro de la Logia, que lo había acompañado desde Londres, pero Cochrane lo sorprendió abriendo la caja sellada que contenía su correspondencia personal con el Ministro de Marina. Cochrane lo puso bajo arresto. Pero nunca se le sometió a sumario. Si bien no volvió a embarcarse, continuó como comisario de la escuadra hasta el día de su muerte, ocurrido poco después del zarpe de la Expedición Libertadora.

En Valparaíso se encontró con Blanco Encalada que falto de provisiones, se había visto obligado a abandonar el bloqueo del Callao, hecho que recibió la desaprobación del gobierno. Blanco fue sometido a sumario y fue absuelto. Si alguien tenía la culpa del abandono del bloqueo era el gobierno que no había abastecido a sus buques en el Perú. Hay que recordar que "esas naves distantes, golpeadas por las tempestades" que Mahan considera como la verdadera fuerza que defiende al país, tienen que tener un apoyo logístico que les permita permanecer en sus puestos.

Se incorporó a la escuadra una magnífica corbeta construida en Estados Unidos especialmente para corsaria. Se trataba de la *Independencia* de 380 toneladas y 28 cañones. Guise pretendía tomar el mando como se lo había prometido Zenteno pero Cochrane se lo dio a Robert Foster. Cree Ortiz, el biógrafo de Guise, que O'Higgins incitó a Guise para "que minara la autoridad de Cochrane desde le interior de la escuadra."[47] No es posible que O'Higgins hubiera actuado así, ya que la mutua lealtad que se tenían perduró toda la vida pero es indiscutible que había dentro del gobierno elementos como Zenteno que habrían deseado reemplazar a Cochrane por Guise.

El éxito alcanzado por la tropa de desembarco era indiscutible. Cochrane esperaba que el gobierno al ver las ventajas que ofrecía este

---

[47] Jorge Ortiz Sotelo, *El Vicealmirante Jorge Guise Wright*, Lima 1993, p. 26

tipo de operaciones, consentiría en la creación de un batallón debidamente organizado que pudiera ejecutar ataques de mayor envergadura. Hasta ese momento se habían embarcado simples soldados del ejército a los que se reforzaba con marineros. Ahora Cochrane quería un batallón definitivo que le permitiera fomentar levantamientos aislados en todos los puertos peruanos. Este plan no podía ser bien recibido por la Logia Lautaro que veía a la escuadra sólo como el medio de transporte marítimo de la expedición. Cuando Cochrane insistió en que se le dieran tropas, armas y municiones para la infantería de marina, ya no se pensó más que en sacárselo de encima y la Logia Lautaro no lo miró con buenos ojos. En Santiago se levantó un ambiente de verdadera desconfianza contra el valiente marino. En algo prevaleció la opinión de Cochrane, pues se le permitió organizar debidamente el batallón de infantería de marina, reclutando gente del campo. Se nombró comandante al teniente coronel James Charles, oficial veterano de las campañas europeas que contaba con distinciones de varios países y que había servido con el general Wilson en Egipto.[48] El almirante insistió en que se le dieran mil hombres para sus desembarcos y se le prometió que el resto de la gente se reclutaría en provincias. Se ha dicho que Cochrane pretendía suplantar a San Martín, a quien entonces admiraba hasta llegar a llamarlo "el Napoleón de América". No era éste el caso, el Lord sugería un cambio de estrategia, tal como lo había sugerido en España, en Basque Roads, en la expedición Walcheren, y sugeriría más tarde en el ataque a Krondstad. Ni al más simplista de los historiadores ingleses se le ocurrió jamás que la propuesta de una nueva estrategia en España, por ejemplo, era un intento de reemplazar a Wellington.

Para los fondos de la escuadra se habían juntado en colecta pública, 4 mil pesos. Con esa ínfima cantidad, no era posible

---

[48] Por lo menos dos biógrafos de Cochrane mencionan a Charles como agente secreto de Cochrane para dirigirse a Santa Helena en agosto de 1820 con el fin de interesar a Napoleón en las campañas de la Independencia americana. Un hermano de Charles que no figuró en la Armada viajó a Europa en ese año. Estos historiadores que no han hecho uso de documentos chilenos, ignoran que el teniente coronel Charles fue muerto en acción de guerra en Pisco el 16 de noviembre de 1819. Véase Thomas, op. Cit. P.263 y Tute, Warren, *Cochrane*, Londres 1965, p. 176. Varios escritores chilenos han perpetuado este mito que carece de toda prueba histórica.

satisfacer los justos reclamos que sobre el pago de los sueldos regulares hacía la tripulación. Sin el dinero suficiente no había solución posible. Pero la fama de Cochrane paliaba todo malestar. Había gran interés entre los extranjeros por servir en Chile. La corbeta *Macedonia*, se vio en la necesidad de mantener a toda su gente abordo durante su estadía en Valparaíso ante el peligro de perderla por completo. Se había prohibido el zarpe a todo corsario con el fin de evitar que los marineros desertores se embarcaran en ellos.

El entusiasmo popular por las acciones del almirante era evidente y hubo también homenajes oficiales como una velada en el Instituto Nacional de Santiago. Si bien el poder naval del virrey no había sido destruido, por lo menos, se le había encerrado en El Callao y Cochrane estaba convencido que este sistema de defensa pasivo sólo podría atacarse con éxito con armas de largo alcance como brulote y cohetes. Ofreció al gobierno su parte en el dinero de las presas para financiar la fabricación de cohetes, oferta que O'Higgins no aceptó. El Director Supremo escribió agradeciéndoles por su ofrecimiento y por haber obligado a la escuadra enemiga a encerrarse vergonzosamente a pesar de su superioridad numérica.

Para solucionar el pago de las tripulaciones, propuso el almirante que se vendiera al comercio el bergantín *Intrépido* que se hallaba en mal estado; ya veremos cuán cierta era esta opinión. Se daba por descontado que los tres navíos con refuerzos habían zarpado por fin de España y ante la ingrata nueva se obtuvo el dinero, se pagaron los sueldos atrasados y la escuadra quedó por lo menos con sus tripulaciones dispuestas para hacerse al mar.

Pero Cochrane que tenía en mente misteriosos planes, no quería zarpar hasta que no se le dieran los mil hombres prometidos. Se embarcó el cuadro de oficiales suficientes y se le prometió que el resto de la tropa se embarcaría en Coquimbo.

La escuadra llevaba una nueva arma. Se trataba de los cohetes a la Congreve que venían precedidos de fama tal, como para hacer creer que las fortificaciones del Callao quedarían reducidas a escombros. Si los buques del virrey no presentaban combate y como era imposible ir a sacarlos, se les destruiría por otros medios. En las órdenes dadas a Cochrane se especificaba que su misión era la destrucción de la marina del Virrey con el fin de allanar el camino para San Martín. Se le instruía también que destruyera a la escuadra española que venía de Cádiz y que tratase de inclinar a favor de la revolución a las poblaciones peruanas. En caso de revolución en Lima, debía prestar todo el apoyo posible. ¡Vanas esperanzas! El Perú no estaba entonces listo para su Independencia, como no iba a estarlo tampoco en el futuro, cosa que ya veremos más adelante.

El 12 de septiembre de 1819 levaba anclas la escuadra llevando en sus entrepuentes 443 hombres del batallón de infantería de marina. Lejos estaban entonces de pensar que la gran hazaña sería en el propio territorio patrio y no en el dorado Perú.

Llegados a Coquimbo empezaron las desilusiones. Los 500 hombres que debían completar las plazas del batallón, resultaron ser unos noventa "patipelados" sin ropa ni equipo ninguno y en el peor estado de salud posible. Cochrane puso a Miller a cargo de ellos. Este oficial hizo separar a los enfermos y recogió en Coquimbo y La Serena en colecta pública 400 pesos con que auxiliarlos antes de que se embarcaran. Fácil es de imaginar el descontento del almirante. Si bien O'Higgins obraba de buena fe, el engaño en Coquimbo no tenía excusa ninguna. Bien pudieron haberse sacado los mil hombres del Ejército Unido pero la Logia quería apoderarse del Perú, la gran fuente de recursos del Imperio español, con San Martín a la cabeza. Ayudar a Cochrane iba contra estos planes. El almirante quería renunciar y volverse a Valparaíso. Con las tropas disponibles se le limitaban sus planes secundarios. Sus oficiales lo persuadieron alentándolo con las posibilidades de los cohetes. El almirante estaba convencido que al menos la escuadra del virrey quedaría en cenizas, aunque se mantuviera al abrigo de los fuertes que la protegían.

Llegado al Callao, el almirante ordenó que los bergantines atacaran la plaza con el objeto de medir y reconocer sus fuegos. Efectuado el reconocimiento, se procedió a la construcción de balsas con bastidores para lanzar cohetes. Mientras éstas se armaban, el Teniente Coronel Charles entró en la bahía en un bote y disparó varios cohetes que fracasaron por completo.

Antes de atacar con los cohetes decidió Cochrane apelar a los sentimientos humanitarios del Virrey, instándolo en una nota, a que hiciera salir de sus fondeaderos a la escuadra para medirse con la chilena y haciéndole ver los terribles resultados que traería el ataque con los cohetes Congreve. El Virrey contestó que un desafío como ese carecía de ejemplar y que las consecuencias de tan criminal agresión serían de la responsabilidad del autor. Pezuela escribía en sus notas privadas:

> *Este aventurero (Cochrane) no perdona astucia alguna, sea o no admitida en la guerra, que no emplea para conseguir sus sanguinarios e inicuos proyectos, cuando por otra parte anuncia en sus proclamas que no es su intento hacer la menor estorsión a los vecinos pacíficos. Sin duda, los buques mercantes que trata de incendiar al mismo tiempo que los de guerra pertenecen al Gran Turco.*[49]

Decidido Cochrane a destruir el Callao, ordenó el ataque para la noche del primero de octubre de 1819. Se ha dicho que pretendía demasiado con los cohetes y que éstos no eran más que un producto de su imaginación. La verdad es que el almirante estaba plenamente justificado en esperar grandes resultados. El ingeniero William Congreve había estudiado cuidadosamente los cohetes de la India y perfeccionado un proyectil de fácil construcción y de gran poder destructivo. Su inventor creía que el arma terminaría con los ataques de caballería en el campo de batalla, pero el primer ataque fue contra el puerto francés de Boulogne-sur-mer en 1805. El resultado no fue sensacional debido al viento y a la lluvia, condiciones que no son del todo óptimas para este tipo de ataques. En 1807 el ataque inglés a Copenhagen en el que se emplearon los Congreve, casi aniquiló la ciudad. Igual cosa sucedió en Algeciras y si en la guerra contra Estados Unidos, el fuerte Mc Henry de Baltimore se salvó, fue por el bombardeo de las lanchas que se hundieron antes de lanzar el suficiente número de proyectiles. En la batalla de Blandesburg el lanzamiento de los Congreve fue suficiente para provocar el pánico entre las fuerzas yanquis que huyeron dejando el campo a los

---

[49] Pezuela, obra citada, p.. 419

británicos. El propio virrey Pezuela escribiría más tarde: "Se observó que los tales cohetes no son tan despreciables como se creyó, y que cuando los enemigos hagan un ataque general despidiendo muchos y empleando los buques mayores, debe haber muchas desgracias."[50]

Era el tal cohete a la Congreve un proyectil de latón que llevaba adentro la carga propulsora. Un elemento incendiario o explosivo se le enganchaba en la punta pero esto reducía su radio de acción. Una larga varilla le servía de guía y el aparato parecía en realidad un enorme "volador", de los que se lanzan en las fiestas dieciocheras.

Lautaro   Independencia   San Martín   Galvarino

La escuadra chilena bombardea el Callao con cohetes a la Congreve

Contra todas las expectativas de los marinos chilenos, los Congreve fallaron miserablemente. Los tres buques mas veleros de la escuadra entraron al puerto durante la noche llevando a remolque las balsas. El *Galvarino* remolcaba una balsa tripulada por Miller con un mortero. El *Araucano* arrastraba la balsa con el teniente Hind. La *Independencia* traía a la saga la del mayor Charles. Más atrás seguía el *Pueyrredón* con una balsa más. El fuego de tierra fue mucho más efectivo de lo que se esperaba. Las balsas no se acercaron lo suficiente y los cohetes no llegaron a su destino. Los proyectiles habían sido construidos de latón ordinario que se rompía en el aire y las varillas de

---

[50] Ibid. p. 535

guía por no ser del grosor necesario, fallaron también. La mala calidad del combustible no contribuía en nada, peor todavía cuando se descubrió más tarde que parte de la pólvora propulsora estaba mezclada con limaduras de hierro y otros desperdicios. A todo esto, los cañones enemigos hacían estragos terribles entre los tripulantes de las balsas. Especialmente afectada fue la balsa comandada por el teniente Hind. Se ha dicho que recibió un impacto directo, pero según Stevenson, a Hind se le apagó la mecha y el marinero encargado de pasarle otra, tropezó dejando caer la mecha encendida sobre los cohetes que se incendiaron.[51] Según Miers, los cohetes explotaban inmediatamente al salir de los bastidores, o explotaban en el aire y por último, salían en todas direcciones. Esto se debía a que no había bórax en Chile para hacer las soldaduras necesarias y al usarse el metal de campanas, probablemente una aleación de bronce, los cilindros se partían con la expansión del combustible. Los bergantines también sirvieron de blanco a numerosos proyectiles y el *Galvarino* contaba con 40 balazos en la obra muerta. El único éxito lo obtuvo Miller que con su mortero logró hundir una cañonera. Pronto los afustes del mortero fallaron y a duras penas pudieron mantener unidos los maderos de la balsa.

Cochrane creyendo que el fracaso se debía a los medios utilizados, hizo reforzar las balsas, construir nuevos bastidores y tres días más tarde, ordenaba reanudar el ataque añadiendo el uso de dos brulotes. Por segunda vez volvieron a fallar los cohetes y los brulotes, faltos de viento, tampoco dieron resultados, a pesar de que la explosión del buque bomba fue espectacular e iluminó por algunos segundos toda la bahía, aunque muy lejos de su objetivo. Se ha dicho que los cohetes habían sido fabricados en la maestranza de Santiago y para ahorrar, se había empleado en su manufactura a prisioneros españoles que habían saboteado el producto. Pero bastaba echar al garete un barril de alquitrán ardiendo para que los realistas creyeran que se les atacaba con una nueva arma ofensiva y gastaran tiros y pólvora tratando de hundirlo. Según un historiador español "los cohetes no produjeron

---

[51] Stevenson, Obra citada, Vol. III, p. 202

otro efecto que el de acreditar más la conocida intrepidez con que (los chilenos) sabían afrontar al enemigo"[52]

Los soldados embarcados en Coquimbo resultaron contagiados por el tifus, con lo que se propagó en la escuadra una epidemia de "chavalongo" que empeoró al faltar las provisiones frescas y el aguardiente. Con el fin de proveerse de estos elementos, Cochrane envió su reducido batallón de infantería de marina a Pisco al mando de Martín Guise, comandante de la *Lautaro*. El primer combate de esta arma casi termina en desastre: las calmas dilataron la entrada al puerto y la tropa desembarcó no durante la noche, como Cochrane había planeado, sino en pleno día. Una vez en tierra, los chilenos avanzaron resueltamente entre el fuerte y la ciudad. Charles y Miller encabezaron sus respectivos destacamentos cuando una fuerza de caballería de casi 300 jinetes los atacó por el frente. La infantería maniobró ordenadamente para hacer frente a este ataque pero una nueva fuerza los atacó de emboscada por el flanco derecho desde las casas de la ciudad apoyada por dos cañones de campaña. Charles avanzó resueltamente a desalojar a la caballería. Cogido este oficial entre tres fuegos cayó mortalmente herido y Miller con una bala que le atravesó el cuerpo, cayó también herido de gravedad. El capitán Guticke continuó el ataque poniendo en fuga a la infantería enemiga a la que pronto siguió la caballería. Los chilenos, ahora con empuje irresistible, tornaron su atención hacia el fuerte, cuyos defensores huyeron también. El entusiasmo y el empuje de los patriotas habían puesto en fuga a más de mil realistas.

Cargado el botín, destruido el fuerte, se procedió a reembarcar a la tropa y los heridos. Este solo ataque habría bastado para justificar plenamente la expedición pero Cochrane no estaba satisfecho. No era sólo el fracaso de los cohetes. La enfermedad se propagaba también por el resto de los buques y comprendía muy bien que el regreso a Valparaíso en esas condiciones iba a destruir todas las esperanzas que sobre él se habían puesto en Chile. Decidido a dar un golpe mortal al enemigo, se aligeró lo mejor que pudo de los enfermos, enviando a Chile al grueso de la escuadra.

---

[52] Fernández Duro, Obra citada, P. 199

Fue en esos días cuando supo el almirante que la escuadra de Cádiz había terminado en el desastre, destrozada por los elementos del Cabo de Hornos. Libre de esta preocupación, decidió salir en busca de la única nave española que había escapado con vida y que no había podido entrar en el Callao, la fragata *Prueba*.

Con este objetivo salieron rumbo al norte las fragatas *Lautaro* y *O'Higgins* acompañadas de dos bergantines. Estos buques arribaron a la boca del Guayas el 26 de diciembre de 1819. Como faltara el viento, los buques anclaron y durante la espera supo el almirante que ya la *Prueba* había entrado en el río y aligerada de sus cañones había ido a refugiarse en Guayaquil. La boca del Guayas es de poco fondo y sin un piloto que tenga conocimientos del puerto la navegación es difícil y peligrosa. Como además había poco viento para maniobrar, el almirante decidió internarse solo por el río no arriesgando los otros buques. Detrás de la isla encontró a dos mercantes armados las fragatas *Aguila* y *Begoña*. Por espacio de veinte minutos se cambiaron cañonazos, creyendo los españoles que debido a la calma reinante Cochrane desistiría del ataque. Por fin, los realistas se dieron cuenta que el almirante los hundiría a cañonazos, por lo que tomaron sus botes y abandonaron los buques que estaban cargados con maderas.[53]

Marinadas las naves capturadas, volvió el almirante a la entrada del río y se encontró con el resto de la escuadra. No bien habían fondeado, cuando el mayor Miller que estaba en la *Lautaro*, le comunicó que durante su ausencia los capitanes Guise y Spry habían esparcido rumores entre los marineros diciendo que Cochrane había entrado solo a Puná con el objeto de no tener que compartir las presas con nadie. El almirante los hizo llamar y presentándoles la acusación, les pidió explicaciones. Estos sujetos, como era de esperarse, negaron toda participación en el asunto y dieron su palabra de honor de no haber fomentado indisciplina abordo. Cochrane decidió olvidar el asunto, pero por lo pronto ordenó que ambos se dirigieran a Valparaíso

---

[53] La *Begoña* era una fragata chilena que había sido puesta al servicio del virrey. Sus propietarios, la familia Urrutia Manzano, la reclamaron dando origen a un pleito con Cochrane. Véase Sergio Fernández Larraín, *La fragata Begoña*, Santiago, s.f. Otros documentos sobre este asunto en Minutments, documentos 1542 y 1543.

con la *Lautaro* y las presas. Envió a O'Higgins una carta privada en la que presentaba su renuncia.

Los bergantines deberían quedarse voltejeando frente a Guayaquil para espiar los movimientos de la fragata enemiga. Sabía muy bien que estos buques eran demasiado veleros para ponerse al alcance de los cañones españoles.

Capítulo VIII
Valdivia

El almirante sabía que a pesar de los éxitos obtenidos en Pisco y Puná, en su regreso al puerto se le criticaría por el fracaso de los cohetes y su fallido intento de destruir la escuadra del virrey. En realidad, la destrucción de los buques realistas había dejado de ser un objetivo indispensable para la invasión del Perú. Estaba probado que la escuadra enemiga no presentaba ya amenaza alguna para la expedición libertadora pues no saldría de sus fondeaderos bajo la protección de los fuertes. Pero el almirante necesitaba satisfacer sus propios anhelos. Tenía que demostrar su capacidad y arrojo. Fue en ese momento cuando decidió que sería necesario ejecutar una hazaña digna de satisfacer los imposibles que esperaba el pueblo chileno y que satisfaciese también su amor propio herido. Para empezar, hizo trasladar a la *O'Higgins* al mayor Miller con el pretexto de que allí podría curarlo mejor el médico de la almiranta pero en realidad, con la intención de valerse de su concurso en la futura empresa que planeaba.

General Guillermo Miller

Era Don Guillermo Miller natural del condado de Kent en Inglaterra donde había nacido en diciembre de 1795. Descendiente de una familia distinguida había sido educado como correspondía a su posición social. Incorporado al ejército inglés hizo con el general Wellington las campañas contra Napoleón participando incluso en Waterloo. Terminadas las guerras europeas con la paz continental de 1815 se trasladó a América llegando a Buenos Aires en 1817 donde se le dio el empleo de capitán de artillería. Se le destinó al regimiento de artillería de Buenos Aires acantonado entonces en Las Tablas. Su paso por la cordillera le sirvió para levantar un interesante estudio que incluyó más tarde en sus memorias. Llegado a Chile, quedó como oficial en la división de infantería que mandaba Blanco Encalada que se batió en Cancha Rayada con gran éxito y fue ascendido a sargento mayor de artillería. De edecán de San Martín, pasó a la fragata *Lautaro*. Ya se ha visto como comandante de la guarnición que en el combate de Valparaíso de distinguió por el fuego de sus soldados sobre la cubierta enemiga. Se recordará que en Talcahuano desembarcó como parlamentario y los realistas lo pusieron en prisión amenazando fusilarlo pero a última hora se le permitió abordar la *María Isabel*. Ya se ha visto que bajo Cochrane se había comportado con igual celo y valentía. Fue éste el hombre genial entre los muchos oficiales europeos que lucharon en Chile. Dejó además dos tomos de interesantísimas e imparciales memorias, probablemente las mejores de cuantos extranjeros escribieron sobre nuestra Independencia. Es el héroe que la Patria parece haber olvidado y que sin embargo, iba a labrar su nombre con cinceladas heroicas en la historia de Chile.

Cochrane necesitaba madurar su idea y con el fin de ganar tiempo y mejorar la salud de su gente, puso rumbo a sotavento internándose en el Pacífico. Esta decisión de separarse del resto de la escuadra, sólo con la *O'Higgins* iba a llenar de curiosidad y sospecha a Guise y a Spry, pero Cochrane no deseaba divulgar sus planes a oficiales tan opuestos a él.

Mientras la O'Higgins cabeceaba perezosamente con rumbo SW, impulsada por los suaves vientos sub-tropicales, el Lord y Miller compartían amigablemente. El militar se había repuesto algo de sus heridas y Cochrane le propuso el ataque a Valdivia con un sólo buque. Cochrane nos dice:

> *Estaba seguro si había que pelear, de contar con la aprobación del mayor Miller, a pesar de una bala en un brazo, otra en el pecho que había salido por la espalda y la mano izquierda mutilada para toda la vida, no eran incentivos para la lucha, y sin embargo, el valor moral de mi huésped estaba intacto y su capacidad para llevar a cabo mis planes era mejor que antes, templada como estaba por la aguda experiencia.* [54]

¿Qué poderosas razones habían inducido a Cochrane a tomar esta decisión descabellada? En primer lugar su deseo ya declarado de impedir el mal efecto que causaría en Chile el no haber salido bien con su empresa en el Callao. Luego, la necesidad de neutralizar esas dos bases que los realistas mantenían en la costa chilena: Valdivia y Ancud. Valdivia era una amenaza doble. El gobierno no contaba con los medios para atacarla por tierra y mientras se mantuviera por el rey, serviría de bases a guerrillas y mantenían a los araucanos en un constante estado de agitación contra los patriotas. Aislarla por mar mediante un bloqueo habría significado destacar parte considerable de la escuadra a esta operación. Podía servir de base, como ocurrió con Chiloé, para dar patente de corso a naves neutrales que pusieran en peligro las frágiles comunicaciones marítimas de los patriotas. Más que nada, no se podía ignorar el problema vivo y sangrante que presentaban las guerrillas realistas en la frontera que se retiraban a Valdivia para reaprovisionarse cuando era necesario.

Si bien la temeridad era parte importante en la personalidad de Cochrane, no lo era la imprudencia. La temeridad, cuando no se calculan las consecuencias, se convierte en imprudencia y como se ha visto, no era ésta la manera de actuar del Lord. La primera medida era reconocer el objetivo y decidió hacerlo en persona. Después de 3400 millas de navegación se encontraba a la altura de Valdivia. Ordenó poner proa al E y al atardecer del 17 de enero de 1820 avistaba Punta

---

1 Cochrane, *Narrative of Services*, p.35

Galera en cuya cumbre flameaba la bandera del rey. Había que asegurarse de que no estaba en la bahía el navío que se daba por perdido en el cabo de Hornos. Antes del amanecer ordenó arriar el chinchorro y se acercó personalmente a hacer una inspección del puerto. Era una clara noche de verano y el mar estaba agitado de manera que no pudo acercarse mucho pero pudo observar que el navío no estaba pero que había una fragata mercante en el puerto. Era la *Dolores*.[55] Satisfecho con lo que había visto, decidió volver al buque y a las seis de la mañana del 18 de enero se dio orden de izar en el pico de mesana la bandera real. Sin duda alguna que la fragata había sido avistada la noche anterior y los realistas comprendían que el comandante recelara de acercarse pues todas las naves españolas venían con orden de desconfiar de las banderas. Fue así como a muy temprana hora, cuando la *O'Higgins* derivaba lentamente hacia la costa, se le acercó un bote con cinco personas. El bote atracó al lado de la fragata y los cinco tripulantes fueron tomados prisioneros. Se trataba del oficial Monasterio, del piloto del puerto y de una guardia de honor de tres soldados que el comandante enviaba para recibir a la *Prueba*. Cochrane los trató con cortesía pero con firmeza. Los prisioneros comprendieron que las posibilidades de escapar eran nulas y como la situación de los realistas en Chile iba de mal en peor, decidieron cooperar con los patriotas. Sólo el piloto se mostró un poco reacio, pero Cochrane lo convenció con una pistola a la cabeza. Monasterio le dio importantes informaciones sobre las defensas. El número de cañones era 110 y los servía el segundo batallón del regimiento Cantabria, fuerte de 700 hombres. En Valdivia había fuerzas de caballería e infantería que sumaban más de mil hombres.

Guiado por el práctico y con el bote a remolque, la fragata entró tranquilamente a Corral. Cochrane marcaba en un plano los bancos de arena, las rocas ahogadas y hacía sondar el canalizo mientras marcaba también la posición de las baterías y sus campos de fuego. Al pasar frente al castillo donde se encontraba el coronel Don Fausto del Hoyo, ordenó que se disparara un cañonazo de saludo que fue prontamente contestado por el fuerte. Cuando estuvo satisfecho de que tenía datos

---

[55] Stevenson, William B., Vol. III, p. 20

suficientes, ordenó virar para salir mar afuera. Sólo entonces sospecharon los realistas que la visita no era lo que pretendía y le dispararon algunas salvas que Cochrane no contestó. Ya sabía lo que necesitaba y en ese momento no le interesaba batirse. De gran ayuda fue también Mr. Stevenson, secretario del almirante que había visitado Valdivia y tenía una descripción escrita de sus defensas. Un historiador español califica la entrada a Valdivia bajo la bandera española, como "insigne felonía", pero como apunta Alamiro de Avila, "En Chile, siguiendo la tradición española, se practicaba el izar el pabellón nacional antes de entrar en combate anunciándolo con un cañonazo sin bala"[56]

Sus prisioneros le informaron que se esperaba en esos días la recalada del bergantín *Potrillo* que traía desde Chiloé las pagas para la guarnición. El almirante decidió esperarlo y al día siguiente apareció una vela que trató de escapar largando todo trapo. Con el mar picado la caza se veía difícil hasta que el bergantín tratando de forzar la vela, tronchó el mastelero de juanete. Puesto a tiro, bastó una andanada de la fragata para que su comandante, el teniente Jerónimo Romero, se rindiera. Cochrane obtuvo el dinero y unos despachos muy importantes, además de un excelente plano de Valdivia con el que completaría sus conocimientos del puerto.

Por alguna razón desconocida, Cochrane decidió desprenderse del *Potrillo*. Aunque se le habían retirado los cañones para llevar más carga, el buque le habría servido como transporte para las tropas que necesitaba y le iba a costar oficiales y marineros. Envió al teniente Enrique Cobbett con un oficio a Valparaíso en el que decía "este buque está perfectamente calculado para estos mares". Pero no menciona una palabra del reconocimiento de Valdivia limitándose a decir que lo examinó y que no encontró buques de guerra. No estaba dispuesto a comunicar sus planes a las autoridades pues temía que se la considerara una empresa demasiado arriesgada y se le prohibiera llevarla a cabo.

Con las informaciones que tenía, calculó que los 65 hombres que tenía como tropa de desembarco no eran suficientes y necesitaba por lo

---

[56] Avila, Alamiro de, *Lord Cochrane y la Independencia del Pacífico*, Santiago, 1968, p. 133

menos 300. Se dirigió entonces a Concepción donde Freire mantenía una guarnición considerable para defender la línea de la frontera. En la noche del 20 de enero la *O'Higgins* fondeaba en Talcahuano y al día siguiente se reunía con Freire que se preparaba para iniciar una gran ofensiva, Cochrane le informó de sus planes y Freire entusiasmado le ofreció toda su colaboración. Hizo llamar a Jorge Beaucheff, oficial veterano de las guerras europeas y de las campañas de la Independencia. Beaucheff dice haber quedado impresionado con la personalidad de Cochrane.[57] El coronel escogió 250 hombres de los batallones de infantería que se embarcaron en la *O'Higgins* sin que se les dijera el objetivo del viaje. Entre esta gente se encontraban dos desertores que Freire iba a fusilar el día de la llegada de Cochrane. En honor al almirante, los perdonó y ambos se enrolaron en la infantería de marina. El resto de la tropa se distribuyó entre la *Moctezuma*, comandante Robert Casey, que se hallaba en el puerto y el *Intrépido* al mando de Carter. Freire que había decidido posponer su ofensiva, envió un correo secreto al general O'Higgins y Cochrane hizo lo mismo en una carta privada en inglés. Fue el único indicio que tuvo el gobierno de lo que intentaba Cochrane y el Director Supremo guardó el más absoluto secreto de estas informaciones hasta la llegada de noticias concretas sobre el resultado.

Las escuadrilla de tres naves zarpó de Talcahuano el 28 de enero. Esa noche Cochrane se retiró a descansar y el teniente de guardia, Nicholas Lawson al encontrarse el buque encalmado, se retiró también dejando el buque a cargo del pilotín James George. En las primeras horas de la noche, Cochrane fue despertado por un gran desorden en cubierta y el chillido de miles de choroyes que revoleteaban sobre el buque. Al subir a cubierta se dio cuenta que el buque se había varado. La fragata estaba suspendida por la quilla y se golpeaba suavemente ya que afortunadamente la mar era lisa. La tropa embarcada y hasta algunos marineros creían que el buque se hundiría sin remedio. La mayoría quería abandonar el buque. Cochrane se hizo cargo de la situación. Calmó los ánimos haciéndoles ver que 600 hombre no podían abandonar el buque cuando los botes sólo podían llevar 150,

---

[57] Beaucheff, Jorge, *Memorias Militares*, editadas por Guillermo Feliú Cruz, Santiago, 1964, p.126

que la costa estaba a 40 millas y que de lograrla, tendrían que combatir con los araucanos. No se divisaban los otros dos buques. Había que salvar la fragata para salvarse a sí mismos. Como había tenido que enviar tres presas a Valparaíso, estaba limitado a los tenientes Lawson y Young, los dos más inexpertos, prácticamente estaba sin oficiales. El agua subía en el sollado y partes de la zapata y varios trozos de madera flotaban junto a la fragata. Las bombas no funcionaban El carpintero no tenía conocimiento ni experiencia. La situación era desesperada. Pero el Lord aparentaba calma. Hizo formar una línea de baldes que empezó a sacar el agua de la bodega. Fondeó una ancla de popa y empezó a hacer girar la fragata. Fue aquí cuando la experiencia adquirida como guardiamarina fue puesta en práctica. Bajó a la bodega, con el agua helada hasta la cintura, desarmó las bombas y pronto las tenía funcionando. Al poco rato el agua dejó de subir y dio orden de cazar las velas. Mientras el bombeo mantuviera sacando el agua que entraba, podían flotar hasta Valdivia. En Cochrane, todo era optimismo. Se le dijo que la santabárbara estaba inundada y sólo tenían las municiones que llevaban los soldados en las cartucheras. Muy bien; atacarían a la bayoneta, el arma favorita de los chilenos y la más temida por los realistas. Hasta Miller pensó que la avería podría agravarse en el mar abierto y sugirió que tal vez deberían volver a Talcahuano. Cochrane, comprendiendo muy bien la sicología del soldado, contestó:

__Bien pues, mayor. Es preciso tomar Valdivia. Antes que volver a atrás, sería mejor que nos ahogásemos todos. [58]

A duras penas y sin dejar de achicar un sólo minuto, la *O'Higgins* flotó pesadamente hasta Corral. Cochrane hizo trasladar la tropa a las otras dos embarcaciones que quedaron atestadas de gente. La *O'Higgins* ya era conocida en el puerto y pensaba usar el mismo truco anterior, aparentar ser buque español. El transbordo no fue fácil; había mar gruesa y hasta Miller cayó al agua, siendo rescatado por el propio almirante que se descolgó de una mesa de guarnición. Cochrane se

---

[58] Miller, John, (editor), *Memoirs of General Miller*, Londres, 1829, 2 vols. Vol. 1. P. 234

transbordó a la *Moctezuma* y dejó a la almiranta con sólo hombres necesarios para mantenerla a flote.

Zenteno diría más tarde que el ataque a Valdivia fue el afortunado resultado de los planes de un loco. Las defensas del puerto eran formidables. Baterías, fortalezas y castillos en ambos lados de la ribera y al fondo, Mancera, una isla fortificada. Provocar un duelo entre los fuertes y los buques habría sido fatal para las embarcaciones. Es regla aceptada que con equiparidad de fuerzas, una fortificación costera no puede ser batida desde el mar. Sólo un desembarco y un ataque por la retaguardia podrían tener éxito. Al considerar los principios de la guerra con respecto a Valdivia, el optimismo de Cochrane se justificaba apenas. El objetivo, la captura de los fuertes, era simple y directo. Cochrane había decidido atacar una ribera a la vez, de manera que la meta se simplificaba todavía más. El segundo principio, la ofensiva, era innato para Cochrane. Al tomar la ofensiva se tomaba la iniciativa, se tenía libertad de acción y se podían escoger los puntos más convenientes para arrancarlos del enemigo. El principio de ofensiva, le pertenecía En la guerra anfibia, la ofensiva puede dar una ventaja enorme al agresor puesto que la defensa tiene que ser pasiva y el defensor no puede salir en escaramuzas o reconocimientos y, hasta que el enemigo ponga pié en tierra es imposible iniciar contraataques, única vía para la victoria en este tipo de batallas. La posición defensiva debe tomarse como último recurso y sólo con el propósito de ganar tiempo para atacar más tarde al agresor. Las tropas de Valdivia, encajonadas como estaban, sin fuerza naval que las protegiera, violaban este principio.

El ataque anfibio necesita de embarcaciones menores que lleven las tropas desde los buques a la playa y éstas escaseaban. Tampoco era posible engañar al enemigo con simulaciones de ataques en otros puntos, aunque accidentalmente esto ocurriría más tarde.

La unidad de mando era una gran ventaja para las fuerzas patriotas. Cochrane, jefe reconocido por la tropa como hombre exitoso cuyo genio y experiencia en esta clase de operaciones era inmejorable. Los dos destacamentos a cargo de oficiales igualmente de prestigio reconocido y admirados y respetados por sus hombres, como eran

Miller y Beaucheff. Cochrane coordinaría el fuego de la artillería en los buques para apoyarlos.

Si bien los principios ya citados daban ligera ventaja a los patriotas, el concepto de masa, les era negativo: 900 hombres en los fuertes y mil más podrían oponérseles. Los caminos de acceso a las posiciones defensivas eran fáciles y bien protegidos. En cuanto al poder de fuego, 150 cañones emplazados contra las 16 carronadas de la goleta y el bergantín, dejaban en clara ventaja al enemigo.

Estas dos enormes diferencias deberían compensarse con la maniobra rápida, la economía de la fuerza en las operaciones simples y limitadas y por sobre todo, con la sorpresa. "las operaciones que menos espera el enemigo, son las de más éxito" había dicho Cochrane y Valdivia quedaría en la historia como una prueba más de que la audacia es el gran aliciente para la victoria. [59]

Pero nada sería posible si no se contaba con la voluntad de la tropa. Napoléon consideraba el estado moral de los soldados, como el más importante de los principios de la guerra; para el, valía por tres. Las tropas que sin inspiración son guiadas al combate sin que sepan el propósito de la maniobra y sin consideraciones mínimas para su bienestar no pueden acceder a grandes empresas. La gente de Cochrane sabía muy bien que luchaba por la libertad de la Patria. Llevaban absoluta confianza en sus jefes y si bien el viaje a Valdivia había sido en malas condiciones, llegaba a la playa del combate con la moral tan alta que generarían por sí solas, disciplina y agresividad.

El plan era simple. La seguridad militar, absoluta. Los jefes, idolatrados por la tropa. ¿era éste el sueño de un loco? Los grandes genios militares violaron sabiéndolo, los principios de la guerra. Cochrane lo hacía después de una bien meditada consideración de todos los factores. Ya lo había dicho Napoleón: "No es el espíritu desconocido el que de pronto me indica lo que debo hacer en un caso inesperado por los demás; es la reflexión, la meditación."[60]

El 3 de enero a las dos y media de la tarde, se dejó ver el morro Gonzalo, extremo norte de la península de Corral que cierra el puerto al oeste. El río Valdivia y el Tornagaleones se juntan frente a la isla

---

[59] Cochrane, *Narrative,* Vol. I p. 34
[60] *Encyclopedia Americana,* 1958, Vol. 25, p. 713

Mancera para desembocar en la ensenada de San Juan cuya prolongación, de sur a norte, forma el puerto propiamente dicho. La *Moctezuma* se había adelantado al *Intrépido* y se acercó a la playa de la Aguada del Inglés hasta donde se lo permitía el calado, flameando bandera española, práctica que un historiador español considera "ardid poco noble" olvidando que Cochrane lo había usado muchas veces en sus campañas del Mediterráneo cuando luchaba junto a los españoles contra Napoleón.[61] Tan cerca era la distancia que se comunicaron con los de la playa por medio de la bocina. Don Fernando Vasquéz, español de nacimiento, hablaba por los patriotas y dijo que venía de Cádiz con un convoy. Habían perdido sus botes al doblar el cabo. Se había juntado un grupo de gente en la playa y la estratagema parecía dar resultados pues se alistaba ya un bote cuando se largó un esquife que estaba al socaire del buque. Con esto quedó al descubierto el engaño y el fuerte Inglés, abrió fuego. No quedaba otra alternativa que desembarcar inmediatamente. Se embarcó la tropa en las dos lanchas disponibles, la del *Intrépido* y la de la *Moctezuma*. El mar estaba picado lo que empeoró la puntería de los de la playa, pero Miller, gracias a que iba sentado en el fondo de la lancha, recibió un balazo en el sombrero que alcanzó a dejarle una huella sanguinolenta. Un cañonazo atravesó al *Intrépido* de parte en parte dejando dos muertes y seis heridos, pero la gente ya estaba en camino a la playa. La primera lanchada desalojó a los defensores de la playa que huyeron a refugiarse en el fuerte y en menos de una hora, ya había en la playa 300 hombres. La *Moctezuma* descargaba sus cañones contra el acantilado dejando caer una lluvia de piedra sobre los defensores que siguiendo el camino labrado en la roca, subían al fuerte. Beaucheff se hizo cargo de la primera columna y Miller quedó de seguirlo. El cabo Vicente Rojas se encargaría de llevarlo en sus hombros si el mayor no podía escalar el sendero. Beaucheff ordenó al alférez Vidal que con un piquete de 8 soldados avanzara explorando el terreno pero sin apartarse mucho. El marchaba a la cabeza de su gente con uno de los prisioneros tomados en el viaje anterior al que, además de habérsele prometido una buena recompensa, lo llevaba amenazado con su

---

[61] Cervera Perey, José, *Marina y Política en España en el Siglo XIX,* Madrid, 1979. P.203

pistola. La marcha cerro arriba era tan difícil que Beaucheff nos dice que marchaban "de dos en fondo, atravesando a nuestro paso los peñascos de un camino el más infernal."[62] Tardaron dos horas en llegar a la pequeña explanada frente al fuerte. Era ya oscuridad casi completa y Beaucheff hizo arrastrarse a su gente de manera que los cañonazos pasaron por encima. Cuando los realistas los descubrieron, abrieron fuego contra la oscuridad de manera que los fogonazos identificaban los blancos y orientaban a los soldados. Mientras tanto, Vidal con su gente había dado un rodeo, llegado a la empalizada, de la que sacó maderos suficientes para que sirvieran de puente sobre el foso y cuando tuvo a sus ocho tiradores listos, hizo una descarga cerrada a espaldas del enemigo. En medio de una atronadora gritería y cogidos entre dos fuegos, los realistas sólo atinaron a escapar de aquella ratonera. Dos oficiales españoles se enfrentaron en la oscuridad con Vidal y al reconocerlo, se rindieron bajo palabra de que se les respetarían sus vidas. Algunos de los soldados huyeron hacia la playa, pero la mayoría trató de escapar al fuerte siguiente que era el San Carlos. Desde allí marchaban 300 hombres a reforzar la batería amagada cuando se vieron enfrentados por una turba que escapaba a la carrera. Volvieron caras y emprendieron el regreso apresurado al fuerte. Estas fortificaciones, tenían el defecto de no tener murallas en las golas de tal manera, que la formidable defensa que oponían hacia la playa era inexistente en la retaguardia. Para suplir este defecto se habían construido empalizadas de estacas. En San Carlos, se abrió el portón para recibir a los que escapaban y por ella entraron los atacantes confundidos con los realistas. Se produjo una enorme confusión en la oscuridad. Era imposible distinguir a amigos de enemigos y San Carlos quedó en poder de los patriotas donde Beaucheff estableció un depósito de heridos y prisioneros. Al llegar Miller que venía más atrás, ayudado por su fiel asistente Rojas, se comunicaron, no sabemos si por luces o con mensajeros con Cochrane que seguía por el río los movimientos en un esquife. El almirante había pasado su susto también pues soldados patriotas sin reconocerlo, le habían disparado. Ordenó el almirante continuar el ataque.

---

[62] Parte del combate de Valdivia por Jorge Beaucheff. En **Gazeta Ministerial de Chile**, No. 32, Tomo 2, 19 de febrero de 1820, pp. 304-306

Beaucheff salió al frente de las columnas hacia la batería siguiente que era la del Barro. Al llegar Beaucheff ya había sido abandonada y los pocos defensores que no habían alcanzado a huir habían sido pasados a cuchillo por la tropa enardecida que iba a la vanguardia, sin que los oficiales que naturalmente, venían más atrás, pudieran impedirlo. En el Barro no hubo prisioneros.** Desde esa posición a Chorocamayo Alto y a Amargos hay un trecho considerable. El sendero estaba cortado de hacha por la montaña austral y pasaba además por un arroyo cenagoso. Pero no fue obstáculo para la tropa chilena. Por allí pasaron a la carrera con sus ensangrentadas bayonetas y dando gritos salvajes. Poseídos ya de un empuje irresistible cargaron contra los defensores de ambas baterías sin órdenes ni planes de ataque de ninguna especie. Los realistas presas del pánico huyeron hacia la ensenada de Amargos tratando de ganar unos botes que allí había buscando su salvación en el río. Beaucheff no detuvo allí a su gente. Sabía que el punto fuerte de la defensa al sur del río era el fuerte de Corral, fortaleza defendida por sus cuatro costados donde residía el jefe de la plaza. Beaucheff llegó frente al castillo cerca de la medianoche. Concentró sus fuerzas. Reestableció la disciplina y preparó un ataque coordinado contra las tres puertas de madera.

Ruinas del Fuerte San Carlos

** Y sin embargo el número oficial de bajas es relativamente bajo: 44 y Stevenson habla de 13 muertos.

Dentro del fuerte, Don Fausto del Hoyo logró establecer una calma relativa entre su gente que incluía los refugiados de los otros fuertes. Preparó sus defensas lo mejor que pudo, pero calculó que lo atacaban dos mil hombres y la mayoría de los defensores habían llegado cansados, heridos muchos y en un estado moral deplorable. No podía ser de otra manera, después de la desastrosa retirada y abandono de cinco posiciones fuertes. Pero todo fue en vano. A los pocos minutos se oyó la ya conocida gritería del soldado chileno que carga con el arma blanca. Las tres partidas de Beaucheff atacaron simultáneamente. Cedieron las puertas y los atacantes irrumpieron en el castillo. Fue el momento preciso en que llegaba Miller y junto con Beaucheff lograron imponer su autoridad y terminar con la horrible carnicería que ya había comenzado. Esta oportuna intervención, salvó la vida del comandante, de cuatro oficiales y de una treintena de soldados.

Consolidada la captura, se hicieron las señales a Cochrane quien volvió a su buque. Miller y Beaucheff se sentaron con del Hoyo a beber amigablemente una botella de ron. El jefe realista no podía creer que una fuerza de 300 hombres hubiera no sólo derrotado sus tropas sino también las defensas naturales y militares del puerto. [63]

Al día siguiente, apenas aclaró, el almirante que se hallaba con sus dos buques frente a la Aguada del Ingles, ordenó levar anclas e internarse en el río. Los realistas que controlaban los fuertes de la ribera norte, abrieron fuego contra las naves. La noticia de la pérdida de los fuertes de la ribera sur se había comunicado ya al castillo de Niebla, y sus defensores, lejos de sobreponerse al desastre, se habían desmoralizado totalmente. Apenas si se hicieron algunos disparos y éstos con tan mala puntería, que el *Intrépido* a pesar de estar a corta distancia, recibió tres balazos en la obra muerta sin que sus hombres sufrieran baja ninguna. En su parte al diputado de Buenos Aires, Don Tomás Guido, el comandante Carter del *Intrépido* dice: "Al amanecer del día 5 del corriente tuvimos el placer de ver la bandera de Buenos Aires tremolando en la batería de San Carlos, que habiendo sido

---

[63] Beaucheff, op. Cit. P. 131

tomada por asalto, estaba ocupada por el capitán Erézcano y los soldados marinos del *Intrépido*."[64] Este documento confirma que el bergantín se unió a la escuadra de Chile, pero hasta el día de su destrucción, que fue precisamente ése, mantuvo el pabellón de Buenos Aires.

La *Montezuma* por su parte, contestó el fuego con gran efectividad, como que estaba Cochrane abordo, desmontando uno de los cañones del fuerte del Piojo. A las ocho de la mañana fondeaban los dos buques frente al castillo de Corral y Beaucheff daba órdenes de formar los dos batallones para rendir honores al almirante que bajaba a tierra. No fue posible mantener la formación marcial. Cada soldado se sentía con el deber y el derecho de felicitar personalmente al almirante que había gestado tan grande empresa. Cochrane bajó a tierra entre dos columnas de hombres que lo vitorearon hasta que entró en el castillo de Corral donde iba a conferenciar con sus oficiales y a conocer a los comandantes del fuerte y del regimiento Cantabria, ahora sus prisioneros. Tiene que haber sido un momento de gran alegría y de justo orgullo para el gran almirante. En menos de 12 horas se habían capturado los fuertes, la fragata *Dolores,* causado 44 bajas al enemigo y capturado más de cien prisioneros. Era la justa recompensa del destino a su heroica defensa de Rosas en la costa catalana.

Jorge Beaucheff

---

[64] Guido y Spano, Carlos, *Vindicación Histórica, Papeles del Brigadier General Guido 1817-1820*. Buenos Aires, 1882, p. 322.

En cuanto al comportamiento de la tropa, dice Miller: "Me es imposible expresar a usted una idea cabal del valor desplegado por la pequeña pero entusiasta fuerza armada en esta ocasión. Soldados veteranos no habrían demostrado mayor determinación." [65] Agrega Stevenson que las bajas fueron siete muertos patriotas y 13 realistas, 19 y 21 heridos respectivamente y que contó 82 prisioneros.

Se decidió no perder tiempo. Había que mantener la iniciativa haciendo uso del entusiasmo de los soldados que había llegado a límites increíbles. En ese estado de ánimo nada podía oponérseles. Se dieron ordenes para embarcar a la tropa y asaltar a los fuertes del Piojo, Carbonero y Niebla en la ribera norte y a sus baterías menores.

Ya se ha visto como el estado de desmoralización de los pocos fugitivos que habían logrado escapar en lanchas se había comunicado a los restos de las tropas realistas. La exageración de los vencidos hizo subir como era lógico el número de atacantes a más de dos mil.

En los mismos momentos en que se ponían en movimiento los dos buques patriotas, se dio aviso de que la *O'Higgins* venía entrando en el puerto. El buque se veía muy bajo, como que estaba lleno de agua, con su tripulación extenuada de trabajar las bombas, pero sin un sólo soldado bordo. Verla venir así, y los realistas ya no atinaron a dispararle un sólo cañonazo. La *O'Higgins* pasó frente a la batería del Molino sin obtener reacción alguna del enemigo. El efecto se hacía por atrás, donde toda la guarnición corría por los senderos del bosque a refugiarse en los otros fuertes tratando de ganar tiempo para embarcarse en botes hacia Valdivia. Se produjo un 'sálvese-quien-pueda' pero esta vez sin que nadie los persiguiera como en la noche anterior. Soldados y oficiales abandonaron sus posiciones, a pié, a caballo o en botes y se encaminaron hacia la ciudad de Valdivia.

A mediodía llegaba la *O'Higgins* frente a Corral sin haber obtenido la más mínima reacción de la ribera opuesta. Ante esta señal de abandono, Cochrane ordenó embarcar la tropa en la *Moctezuma* y en el *Intrépido* para que tomaran posesión de los fuertes en la ribera norte y en la isla Mancera. Esta operación se efectuó con entera facilidad ya

---

[65] Parte del combate de Valdivia por William Miller. En **Gazeta Ministerial de Chile**, No. 32, tomo 2, 19 de febrero de 1820, pp. 308-310.

que los recintos militares estaban completamente desiertos. Pero el *Intrépido* guiado más bien por el entusiasmo que por la prudencia, encalló en el bajo Tres Hermanas, se tumbó y se llenó de agua. La mala condición del casco hizo inútil todo intento de salvamento.

Asegurado Corral y todas sus defensas, se alistaban los botes para llevar las tropas a Valdivia cuando divisaron un bote con bandera blanca que traía noticias del abandono de la ciudad por los realistas y el saqueo de las casas particulares y de los almacenes públicos. Cochrane envió tropas al mando de Beaucheff a poner orden y emitió una proclama que garantizaba la seguridad personal y los bienes de todos los ciudadanos. Al día siguiente ordenó a Mr. Stevenson que como civil, llamara a un cabildo abierto para elegir autoridades. Así se hizo y Don Vicente Gómez fue elegido gobernador civil.

El fuerte de Niebla en la actualidad

El botín obtenido en la captura era valioso. Además de los edificios y las fortificaciones, había mil quintales de pólvora; 10 mil balas de cañón, incluyendo 2500 de bronce; 170 mil cartuchos de fusil; 128 cañones, incluyendo 53 de bronce; una gran cantidad de armas menores y la ya mencionada fragata *Dolores*, que se vendería más tarde en 20 mil pesos. Según Stevenson los cañones eran los siguientes:

Cañones de Valdivia

Libras	26	16	14	12	8	4	2	1	Total
Bronce	17	4	12	4	3	1	1	1	53
Hierro	57	4			1	11		2	75
Total	74	8	12	4	14	12	1	3	128

Los fuertes de Niebla, Amargos, San Carlos y Chorocamayo Bajo tenían hornillos para balas rojas. Lamenta el secretario del almirante que dos preciosos cañones de bronce de 18 libras que se capturaron en al isla Mancera, fueron enviados a Valparaíso donde el gobernador Cruz los hizo derretir para fabricar municiones.

Fuerte Amargos en la actualidad

En la gobernación de Valdivia se encontraron documentos importantes y 20 cajones de plata labrada que se avaluaron en 16 mil pesos. Cochrane envió una goleta a Valparaíso con su parte oficial y los partes de Beaucheff y Miller. Su parte termina diciendo:

> *Al principio fue mi intención haber hecho volar las fortificaciones, embarcando los cañones y pertrechos, pero mi corazón se resiste a destruir las defensas del puerto más hermoso y seguro que hasta ahora he visto en el Océano Pacífico, fortificaciones que sin duda, han costado más de un millón de pesos.*[66]

La toma de Valdivia iba a tener enormes repercusiones. El historiador norteamericano Worcester dice:

> *La toma de Valdivia en tan atrevida manera, es sin duda alguna, uno de los más extraordinarios hechos de las Guerras de la Independencia de América... de un sólo golpe, se privaba a España de la mejor bahía y del más poderoso puerto del Pacífico. Aún de mayor importancia, es el hecho de que O'Higgins y San Martín podrían poner ahora todos sus esfuerzos en la crucial expedición al Perú.*[67]

Los escritores españoles reconocen que la pérdida de Valdivia fue un golpe duro para el poder realista, pero para Fernández Duro que no le reconoce a Cochrane mérito alguno, Valdivia fue capturada por "La inepcia y apocamiento de la guarnición que sin apenas resistencia huyeron en desbandada." Por su parte, Pérez Turrado nos dice que Cochrane actuaba con "ribetes de felonía."[68]

---

[66] Oficio de Cochrane, citado por Uribe Orrego, Luis, *Los Orijenes de Nuestra Marina Militar*, Santiago, 1892. Vol. 2, p. 181. Dice Beaucheff que lo convenció de no abandonar las fortificaciones. Beaucheff, p. 137.
[67] Worcester, op. Cit. P.53
[68] Fernández Duro, Cesareo, *Armada Española desde la unión de los reinos de Castilla y Aragón*. Siete Volumenes. Madrid, 1972 y Pérez Turrado, Gaspar, *Las marinas realista y patriota en la Independencia de Chile y Perú*, Madrid, 1996. P. 15

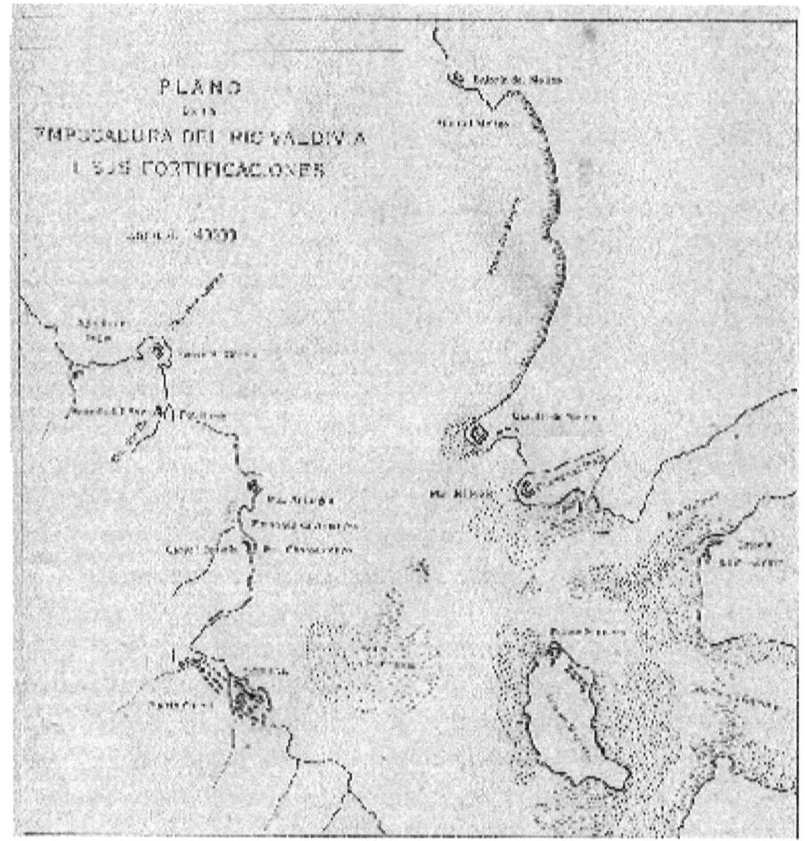
Plano de Corral en la obra de Langlois

Mientras tanto, Cochrane estaba dispuesto a continuar la exitosa marcha de sus hombres. Como hubiera leído varios despachos del general Quintanilla en los que declaraba que había peligro de revolución en Chiloé decidió dar un golpe de mano contra aquella isla convencido que nada ni nadie podía ya oponérsele. El proyecto era descabellado y sólo el entusiasmo de la enorme victoria en Valdivia puede explicarnos tan temeraria expedición. Para empezar no había buques suficientes. Hundido el *Intrépido* se salvaron los cañones y la tripulación, todo lo cual pasó abordo de la fragata *Dolores*, que no se prestaba como buque de guerra. La *O'Higgins* amenazaba con irse a pique en cualquier momento, por lo que fue necesario vararla en la playa frente a Corral mientras se esperaban elementos con que tumbarla debidamente y proceder a la reparación de sus averías. Quedaba pues sólo la *Montezuma*. En ella y en la *Dolores* se embarcaron todos los soldados posibles, que no pasaron de 160 y con ellos partió el almirante a Ancud creyendo repetir la hazaña de Valdivia.

El ataque comenzó el 17 de febrero contra la Corona, un fuerte provisional en la península de Lacui. Los cañones de los buques y algunos cohetes a la Congreve hicieron creer a los patriotas que los realistas habían evacuado el reducto, pero el enemigo lo había abandonado yendo a reforzar el castillo de Agüi. Esta fortaleza era más formidable que ninguna de las de Valdivia. Defendida por casi 300 hombres se halla situada en un promontorio que sale al mar y es accesible por tierra sólo por un camino que después de pasar a través del bosque, bordea la orilla del mar donde es perfectamente defendible desde el fuerte.

Desembarcaron dos destacamentos de 60 hombres cada uno y dirigiéndose por distintos caminos pretendieron amagar por la retaguardia al fuerte. La marcha hasta el punto de comenzar el ataque era larga, tres leguas (16.5 kilómetros.) Durante cinco horas marcharon los soldados bajo la lluvia y en la oscuridad de manera que el ataque no se efectuó durante la noche como se había planeado. El segundo destacamento se extravió y el chilote que lo guiaba desapareció, probablemente para entregarse a los defensores.

Miller optó por ocupar el reducto de la Corona que como se ha visto, había sido abandonado por los realistas. Después de apenas una hora de descanso, los patriotas emprendieron la marcha hacia el fuerte de Agüi, distante todavía 10 kilómetros. Llegados a tiro de fusil de las defensas, el destacamento de Miller, con Vidal a la cabeza, recibió una descarga de fusil y de metralla cayendo bajo el intenso fuego 38 de los 60 hombres. Miller sufrió tres nuevas y graves heridas. El fiel cabo Rojas lo arrastró hasta la playa. El capitán Erézcano y el alférez Vidal derrocharon valentía tratando de insistir en el asalto. Pero su gente no pudo apoyar el ataque y apenas si proteger la retirada. Los realistas, bisoños reclutas chilotes exhortados por sus oficiales, hicieron todavía una salida de manera que la tropa patriota pudo escapar a duras penas. Nos dice Stevenson que cuando Vidal ordenó al tambor de su destacamento que tocara retirada, el niño no pudo cumplir la orden porque el tambor había sido destruido por las balas. Quedaban todavía 11 kilómetros que recorrer hasta el lugar donde los esperaban las lanchas de los buques. Es fácil imaginar la escena: llovizna, barro, cansancio, una noche sin dormir ni comer, con apenas 50 hombres sanos que ayudan a unos 60 heridos. En la playa, Rojas y otros dos soldados subieron a Miller a un bote. Cuando el mayor le sugirió a Rojas que subiera al bote, éste contestó: "No señor, yo fui el primero en desembarcar y seré el ultimo retirarme" Y Cochrane agregaría 40 años más tarde: "Así eran los chilenos." El almirante dio por fracasada la expedición y volvió a Valdivia, puerto donde ancló el 20 de febrero.

Nuestros historiadores no se han interesado mucho por el fracasado ataque a Ancud. Tampoco lo hace Cochrane en sus memorias, y la mayoría de los otros participantes de ambos lados no entran en detalles. Pero ¿a que se debió el fracaso? Ya se ha mencionado que la falta de naves no permitió atacar con la tropa adecuada. Cochrane había perdido además el elemento de la sorpresa. Quintanilla que defendía la plaza, estaba al tanto de que sería atacado, como puede verse en el oficio que envió a sus lugartenientes el 8 de febrero, previniéndoles que tres buques insurgentes "estaban en la boca de Valdivia y pueden acercarse a sus posiciones."[69] Al comienzo del ataque se pasó un desertor que le informó sobre la fuerza y el lugar de desembarco. Cochrane no tenía las informaciones necesarias, ni había reconocido el objetivo. Fue así como el punto elegido para el ataque, el castillo de Agüi, era un reducto muy difícil de conquistar. Su camino de acceso no ofrecía ni protección ni ocultamiento y estaba bajo el fuego de los defensores. La falta de seguridad en las golas había sido remediada por Quintanilla "poniendo prontamente, cuanto se pudiese para obstruirla ya que ésta, como las demás de las grandes fortalezas de Valdivia, tenían el defecto de no tener murallas en la golas, y solo sí en los frentes al mar."[70] Finalmente, el jefe de la plaza, Don Antonio Quintanilla era un jefe capaz y con grandes dotes de liderazgo y estrategia. Mantenía una reserva de 600 hombres que

---

[69] Archivo Nacional. Archivo Vicuña Mackenna, Vol. XII, documento 16
[70] Quintanilla, Antonio, *Para la Biografía de D. Antonio Quintanilla*, Santiago, 1926, p. 239

podía movilizar en lanchas y reforzó con dos compañías el punto amagado. Fueron suficientes para poner al enemigo en "derrota y fuga" y dice Quintanilla que colectó 40 ó 50 fusiles que apetecía. Cuando llegaron los derrotados de Valdivia, les puso como ejemplo "lo que habían hecho los chilotes bisoños en defensa de su país."[71] Quintanilla fue uno, sino el mejor, de los jefes realistas de América y llegó a ser Mariscal de Campo en 1830 sirviendo siete años en ese cargo.

Dice Beaucheff que cuando Cochrane regresó a Valdivia, en el momento de darle la mano, le dijo:

> __Mi bravo mayor, usted tenía toda la razón. Las cosas han andado muy mal en Chiloé. Sin embargo, destruí la fortaleza de La Corona, pero al presentarnos a Agüi, fui enérgicamente rechazado. El enemigo estaba prevenido y la resistencia fue vigorosa. He perdido sesenta de sus bravos soldados y está herido el mayor Miller.[72]

El valiente francés le había dado su opinión: el proyecto era impracticable por la falta de tropa, pues tenía 30 heridos y porque Quintanilla estaría sobre aviso. El almirante le contestó que no pretendía tomar el archipiélago sino sólo tomar un buque español que sabía estaba en ese puerto.

Beaucheff tampoco permaneció en Valdivia. Cuando supo que 400 realistas, la mayoría escapados de Corral, pretendían recuperar la ciudad, salió a dispersarlos. Con menos de 200 hombres marchó al sur, dispuesto a apoderarse de Osorno, comisión que cumplió sin mayores dificultades. Más tarde el 6 de marzo, cayó sobre las tropas realistas de casi 500 hombres que se habían concentrado cerca del Toro. Este combate duró sólo una hora y en el puso en fuga a los oficiales españoles que huyeron hacia Chiloé. Beaucheff capturó casi 300 prisioneros, las armas y bagajes de los realistas y volviendo en triunfo a Valdivia afianzó para siempre la conquista de la provincia.

---

[71] Ibid. p. 240
[72] Beaucheff, Op.Cit. p. 137

La única noticia desagradable que recibió el almirante a su regreso a Valdivia se la dio su secretario Mr. Stevenson. El capitán Francisco Erézcano haciendo gala de extrema crueldad, había hecho pasar a cuchillo a dos oficiales realistas que se habían rendido bajo palabra, al valiente subteniente Vidal.[73] Otro infame, el teniente Francisco Latapiat, que por desgracia había quedado a cargo del castillo de Corral, hizo fusilar a dos oficiales más. Mr. Stevenson, que por suerte ostentaba el grado efectivo de capitán del ejército, hizo que los cuatro oficiales prisioneros restantes fueran transferidos abordo de la *O'Higgins* que estaba varada en la playa.

La reacción de Cochrane fue violenta. Una cosa había sido olvidar la crueldad del soldado patriota que en el fragor del combate y endurecido en las crueles campañas de Arauco, tenía por lo menos explicación, sin llegar a justificarse. Otra cosa era el crimen militar, decidido y premeditado, sin justificación alguna ante la magnitud de la victoria. Su primera reacción fue convocar un consejo de guerra que administrara ejemplar castigo a los culpables, pero ante la falta de oficiales tuvo que ordenar el arresto y remisión a Valparaíso. Para vergüenza de nuestra historia, las autoridades de Santiago ni siquiera les siguieron un sumario. Ante la imperiosa necesidad de preparar, la expedición libertadora el almirante tendría que olvidar el incidente.

El 27 de febrero daba fondo el ancla de la *Montezuma* en Valparaíso y Cochrane procedió a desembarcar en medio de la más grata demostración del pueblo. El entusiasmo popular era enorme. El Lord era el hombre del momento. Las aclamaciones y vivas lo seguían a dondequiera que fuese.

Es el único caso de nuestra historia en que un extranjero se había convertido en el símbolo de la chilenidad. "Hasta el último infeliz - dice Encina- sentía que en el genio de Cochrane había algo de su propia alma. Lo que había hecho en Valdivia era lo que el pueblo chileno ansiaba hacer. Cochrane con un golpe de genio, había

---

[73] Erézcano debe haber cometido este crimen antes de embarcarse para la expedición a Chiloé. Cochrane lo menciona en su parte oficial, como " de la partida de Buenos Aires". Parte de Cochrane a Zenteno, 19 de febrero de 1820. Citado por Alejandro García Castelblanco, *Estudio Crítico de las Operaciones Navales Chilenas*, Santiago, 1929, pp. 29-30.

despertado las sangres dormidas de Juan Gómez de Almagro y los Catorce de la Fama, Lautaro y sus 669 compañeros muertos en Peteroa."[74]

Los honores oficiales no escaseaban tampoco. Aún cuando privadamente Zenteno había declarado que la hazaña de Valdivia: "es el acto de un loco. Merece haber perdido la vida en el atentado y debería perder la cabeza por acometer semejante empresa sin instrucciones y haber expuesto a las tropas Patriotas a semejante riesgo"[75]

Sin embargo, el propio ministro firmó un decreto en el que comenzaba:

> *Si las acciones sublimes deben ser transmitidas a la posteridad para que el tiempo no deslumbre o silencie todo su esplendor e importancia, la restauración de la interesante plaza de Valdivia acaecida el 3 de febrero del presente año, merece un lugar distinguido en nuestros anales y en el conocimiento del público. Ella ha sido el feliz resultado de la meditación, del plan mas bien coordinado y de la ejecución más audaz y valerosa.*[76]

Sería el acto de un loco, pero era lo que se requería para obtener la Independencia. Por decreto supremo se declaró que los jefes que habían participado en Valdivia llevaran una medalla de oro en la casaca y los oficiales una de plata, que prendería de una cinta tricolor. La medalla llevaba la figura de una fortaleza con la bandera chilena al tope, estaba rodeada de laureles y decía en su lema: "La Patria a los heroicos restauradores de Valdivia" y en el reverso la gloriosa fecha:

"El día tres de febrero de 1820"

---

[74] Encina, Francisco Antonio, *Historia de Chile*, Santiago, 1950, 20 vols. Vol. 8, p. 107
[75] Cochrane, *Narrative,* p. 53
[76] Uribe, op. Cit. Vol. 2, P. 191

Capítulo IX
La expedición libertadora al Perú

Ya se han visto las reacciones populares a la toma de Valdivia. El gobierno quiso premiarlo todavía más y se le otorgaron 67.000 pesos al contado y la hacienda Río Claro de 4 mil cuadras, en el departamento de Rere, provincia de Concepción. Cochrane no quiso en un comienzo aceptar el obsequio y pidió en vez, que les dieran dos mil hombres al mando de Freire para conquistar el Perú. En cuanto al pago de las partes de presas, éstas quedaron en promesas. La Logia, por intermedio de Monteagudo, protestó que Valdivia y sus pertrechos eran propiedad de la nación y que los realistas sólo las habían usurpado. Cochrane las había recuperado. El vicealmirante con su experiencia ganada en Inglaterra y sospechando que se le trataría de engañar también en Chile, había retenido parte del botín en los buques de la Armada. Zenteno, Monteagudo y Guido trataron de acusarlo de retención ilegal de esos bienes.

En un oficio reservado Zenteno acusa a Cochrane de arbitrariedades y de insubordinación sin especificar los cargos. "Cuesta creer que O'Higgins haya intervenido en esto" dice Yrarrázabal que trata de adivinar de qué se acusaba a Cochrane, a sus espaldas. ¿Insubordinación? ¿El ataque a Pisco? ¿Enviar a los enfermos de vuelta el Perú? ¿Arbitrariedades? ¿Separar a Alvarez Jonte? ¿Arrestar a Bouchard? ¿No soportar las intrigas de Guise? Y concluye: "Es penoso hacer constar que suspicacias y mezquindades tales fueron armas contra quién había paseado el pabellón de Chile desde Guayaquil a Chiloé sin que osase salirle al encuentro en momento alguno ningún barco enemigo y que con sólo su voluntad y arrojo al apoderarse de Valdivia y su región había dilatado acaso un tercio el territorio de Chile independiente."[77]

Cochrane contestó el 14 de mayo ofreciendo a O'Higgins su renuncia a la comandancia en jefe. Se trataba de un momento crucial

---
[77] Yrarrázabal, Op.Cit. pp.403-406

en que todas las energías del gobierno se volcaban a la campaña decisiva, la invasión del Perú. No vaciló entonces el Director Supremo en satisfacer todas las ansiedades del vicealmirante.

Fue en esos días cuando Cochrane compró una propiedad en Quintero y convencido que esa bahía se prestaba mejor para fondeadero de una escuadra, trató de convencer al gobierno de construir allí un puerto militar ofreciendo incluso en pagar parte de los gastos con lo que correspondía por cuenta de presas. El gobierno no se interesó y era obvio, que como se comprobó más tarde, no se pagaría nunca las partes de presas, ni a él, ni a Miller, ni a Beaucheff ni a ninguno de los oficiales ni soldados.[78] Pero a pesar de todos estos contratiempos, Cochrane se preocupó de construir una casa en Quintero con vista al mar, de invertir en la fundición de cobre de John Miers, de plantar nuevas semillas y de atraer a parientes y amigos europeos a Chile.

Lady Cochrane mientras tanto, alternaba su residencia entre Valparaíso, Quillota y Santiago y continuaba siendo el centro de la vida social. Se decía de ella que era "la belle de Valparaíso" y sus admiradores fueron muchos. Las malas lenguas le crearon amantes en el comodoro John Downes de la fragata *Macedonian*, en el comandante Shireff y en Bernardo O'Higgins(!), todos por supuesto infundados. Incluso en Lima se presentó un drama al que asistió el virrey, en que aparecían en escena, San Martín, Cochrane, O'Higgins, Lady Cochrane y Asmodeo, un demonio. El drama concluye con el fracaso de los planes amorosos de O'Higgins que había pactado con Asmodeo.[79]

Fue por esos días cuando llegó a Valparaíso el corsario argentino Hipólito Bouchard con su patente vencida y habiendo capturado varias presas ilegales. Había pruebas suficientes para juzgarlo como pirata aunque existían circunstancias atenuantes como lo era su deseo de servir a la causa emancipadora. Cochrane, presionado por el

---

[78.]Miller, Op.Cit. Vo.I p.254. No se habían pagado las partes de presa de las naves: *Montezuma, Potrillo, Dolores, Begoña, Aguila, Jerezana y Peruana*.

[79.]Esta obra teatral se publicó en Chile en 1899 como apéndice la obra de Nicolás Anrique Reyes, *Ensayo de una bibliografía dramática chilena*, Santiago, 1899, pp. 121-152.

comandante Shireff de la estación naval inglesa en el Pacífico, ordenó al capitán Spry que acompañara al capitán O'Brien de la Armada británica para interrogar a Bouchard. El corsario los recibió con altiva arrogancia y los insultó. Dispuesto a establecer su autoridad, Cochrane ordenó al teniente William Cuny que tomara posesión del buque y arrestara a Bouchard mientras se investigaba el asunto. Guido y Zenteno intercedieron por él ante O'Higgins y el vicealmirante ordenó suspender el juicio hasta después de la expedición. Pero el tribunal chileno lo exoneró, sin eximirlo de las responsabilidades financieras, considerando que un corsario debería ser juzgado por tribunales de su propio país. Bouchard no volvió nunca a Buenos Aires. Como capitán de transporte mercante formó parte de la expedición al Perú y más tarde, pasaría a integrar la marina del Perú y no volvió a Chile.[80]

Nada sorprende más al historiador chileno contemporáneo que el estudio de la organización y empresa de la expedición libertadora al Perú. Chile era entonces un país pobrísimo que apenas exportaba cueros y trigo a otros países de América, comercio entonces totalmente paralizado por la guerra, pues el principal comprador era el Perú. Las finanzas públicas eran inexistentes y, desde el punto de vista económico, fácil sería el reprochar a los padres de la patria por haber liberado al país antes de que fuera capaz de soportar sus propios gastos internos. Ante este pavoroso espectáculo de las finanzas públicas, contra todas las opiniones del gobierno argentino que debía ser su aliado económico, el gobierno de Chile adiestró sus cuadros, proveyó las armas y municiones necesarias para los soldados y creó y mantuvo la escuadra que debía transportarlos.

Los historiadores argentinos evocan como un hecho definitivo el cruce de los Andes por San Martín, pero el transporte de sus tropas en una escuadra hecha de la nada y al mando de Cochrane al Perú, es de

---

[80.] Los panegíristas de San Martín y Bouchard pretenden ignorar los excesos cometidos por este corsario cuya patente había vencido cuando atacó las costas de California sin motivo alguno, se batió dos veces contra corsarios chilenos y apresó ilegalmente buques neutrales. De no haber tomado Cochrane acción alguna, es posible que Shireff lo hubiera arrestado y enviado a Inglaterra para ser juzgado como pirata. La detención por parte del estado de Chile lo libró de la horca.

semejante valor en la Guerra de la Independencia y no se le asigna el debido relieve. Algunos autores argentinos han llamado la atención por esta deformación de la interpretación, pero no ha tenido eco todavía.[81]

Fácil es comprender que la falta de fondos y los enormes sacrificios personales de los hombres de gobierno iban a causar más de una desavenencia en los altos mandos. "O'Higgins, que había entrado en la empresa revolucionaria comprometiéndolo todo, su fortuna i su fortuna patrimonial, no acertaba a comprender que todos los chilenos no hiciesen lo mismo."[82] En efecto, el Director Supremo que había heredado de su padre, el ex-Virrey del Perú, cuantiosa fortuna, empleaba toda la renta que recibía no sólo en el sostenimiento de su casa y gastos de representación, sino en el socorro de diversas familias y personas que habían sufrido en el servicio de la patria. En casi todas las erogaciones para socorrer desvalidos, gastos del ejército, etc. su nombre aparece encabezando la lista con donativos de mil pesos, suma considerable en aquella época. Es de conocimiento común que O'Higgins no cobró su sueldo como Director Supremo por 17 meses consecutivos. Y no faltó un personero de gobierno que escribiera a un ministro de O'Higgins: "Echen ustedes, por Dios, el ejército fuera, para que viva a costa de otro país. ¿Cómo puede el pobre Chile pagar ejército y escuadra?"[83]

Cochrane, después de la gran victoria en Valdivia, pidió que se aumentara el batallón de infantería de marina en 800 hombres. Sin duda, sus operaciones de desembarco habrían cambiado la faz de la guerra en el Perú. Ya hemos visto como actuaba el Lord inglés: buscar en la audacia lo que no daban los recursos. O'Higgins llevado por el sentimiento popular y por el enorme gasto que representaba el ejército, parecía decidido a apoyar su plan. Pero triunfó, una vez mas, la Logia Lautaro cuyos miembros, a pesar de la simpatía que sentían por el vicealmirante, tuvieron que inclinarse por el hermano San Martín. El

---

[81] Edmundo A. Heredia, Presidente de la Junta Histórica de Mendoza en carta al autor.
[82] Barros Arana, op. Cit. Tomo XII, p. 353
[83] Zañartu a Echeverría Buenos Aires, 4 de abril 1820. Citado por Encina, op. Cit. Vol. 8, p. 98

plan del victorioso general de los Andes era diametralmente opuesto al del vicealmirante: contemplaba la invasión del Perú con fuerzas numerosas: amagar, sin combatir. San Martín creía que sólo una fuerza poderosa provocaría una reacción favorable hacia la causa de la independencia en el Perú. Nada debía arriesgarse sin tener la certeza del triunfo. Pero el plan necesitaba de dos elementos fundamentales: el genio de San Martín y el apoyo financiero del estado. Para esto consideraba indispensable el apoyo de Buenos Aires. Pero, la situación en el Plata había cambiado. Pueyrredón que había apoyado a San Martín en su plan libertador en 1817, ya no estaba en el gobierno. Rondeau que lo había reemplazado, se vio pronto amenazado con la guerra civil que derivó en la anarquía. El 1 de febrero de 1820 en la batalla de Cepeda, caía Rondeau. Con la disolución del gobierno platense se perdió el interés por los planes de San Martín. A largo plazo, sería el pueblo de Chile quien financiaría la expedición.

San Martín, dibujo de Rugendas

San Martín, agobiado por enfermedades y remedios, había perdido su carácter firme, severo, organizador y constante que había creado el

Ejército de los Andes. [84] La negativa de Buenos Aires de apoyar sus planes, el ambiente hostil en que le recibió, el hecho que se le acusaba de no haber regresado con el ejército a combatir la anarquía, pesaban sobre su ánimo, ya decaído por la enfermedad. Cochrane fue uno de los primeros en darse cuenta del estado mental y físico del general. El vicealmirante comprendiendo el sentir popular después de la captura de Valdivia, creyó poder presionar al gobierno a que se le dieran dos mil hombres al mando de Freire para conquistar el Perú. En una reunión secreta a la que asistieron San Martín, O'Higgins, Zenteno y Cochrane, el vicealmirante propuso equipar cuatro presas, *Aguila, Dolores, Begoña* y *Jerezana*. En esas cuatro naves podrían embarcarse 2000 hombres escogidos bajo el mando del vicealmirante. Dice Cochrane que el plan fue aprobado, pero a los pocos días, Zenteno daba contraorden volviendo al plan original de 4000 hombres bajo San Martín.[85]

La preparación de los buques de la escuadra no fue tampoco tarea fácil. Se había dejado a la *O'Higgins* varada en Valdivia y para repararla se enviaron la *Independencia* y el *Araucano* con materiales y gente. El 9 de marzo los buques encontraron un fuerte temporal que los separó. La *Independencia* llegó dos días antes que el *Araucano*. La primera labor de la gente fue reparar el *Araucano* que en el temporal había perdido el mastelero de gavia, parte del velamen y tenía los botes en muy mal estado. Fue posible recuperar algunos elementos del naufragado *Intrépido* y con ellos se hicieron las reparaciones del bergantín. Las averías de la fragata eran serias. Dice el capitán Foster en su informe que "al ser tumbada y descubrir su quilla, se vio que la extensión de sus averías es como sigue: veinte pies de la roda metido en la tablazón, una parte de las cuales parece ser

---

[84.]La enfermedad de San Martín no merece el oprobio de sus críticos. Todo lo contrario, debería ser objeto de admiración que a pesar de ella, pudiera llevar a cabo la gran empresa. Por esta razón, exige la caridad y comprensión de todo historiador, especialmente cuando había adquirido estos males en la liberación de América. Después de retornar a Europa, libre ya de las presiones de la guerra y la política, vivió en tranquilidad casi 30 años. Véase J.M Yrarrazabal, *San Martín y sus enigmas*. Sobre el uso de opio, véase Guido, ya citado.

[85.]Lord Cochrane a O'Higgins, mayo 20, 1820; Zenteno a Cochrane, abril 14, 1820 y abril 16, 1820. Dundonald Minutments, documentos 3, 191 y 192.

avería antigua, cincuenta pies de la quilla en su medianía hecha pedazos, sesenta pies de la sobrequilla desaparecidos y el cobre se encontraba dañado en varias partes."[86]

Mientras trataba de organizar la escuadra, obtener los pertrechos, dar impulso a las tripulaciones, tenía que contender con la falta de recursos y con la insubordinación de Guise y Spry que no cesaban en sus esfuerzos por socavar el prestigio y la autoridad del comandante en jefe. En un mal momento, Zenteno trató de poner un nuevo control sobre Cochrane nombrando a Spry como capitán de bandera. El vicealmirante hizo arrestar a Guise por insubordinación y esperaba someterlo a un consejo de guerra que terminaría con su expulsión definitiva del servicio y al que sin duda seguiría Spry. Cuando Zenteno se negó a permitir el consejo de guerra, Cochrane renunció a su cargo.[87] Ya tenía suficientes razones con el no pago de los derechos de presas, de los atrasos de los sueldos y de la negativa del gobierno de darle más hombres y recursos a la infantería de marina. La renuncia incluía los nombres de cinco comandantes y 23 oficiales cuya lealtad era sólo a Cochrane y no era transferible a ningún otro comandante en jefe. De hacerse efectivos estos retiros, la expedición al Perú se hundiría antes de zarpar. Habría sido el fin de la escuadra pues la marinería, impaga, habría seguido a sus oficiales. Era ésta una emergencia seria. San Martín le envió una carta privada instándolo a retirar su renuncia en nombre de la libertad. O'Higgins y Zenteno tuvieron que rogarle que reconsiderara. San Martín era el primero en reconocer que Cochrane era la persona mas necesaria de la expedición: "Cochrane es un niño grande que nos causará muchas molestias; pero cuyos servicios pueden ser inapreciables."[88]

Tres veces presentó el vicealmirante su renuncia y tres veces hubo de retirarla. Es posible que por esa época se hayan presentado las primeras desavenencias entre Cochrane y San Martín. Al parecer, la

---

[86] Citado por Uribe, obra citada p. 316
[87] Cochrane envió una larga carta a O'Higgins explicando su proceder. Esta carta se reproduce por entero en Stevenson, Op. Cit, Vol III, pp 230-241. Más adelante, p. 248, se refiere a la intervención de San Martín que resolvió el problema escribiéndole "Será como usted quiera."
[88] Encina, Op.Cit. Tomo 8, p. 116

gente allegada al Libertador argentino, entre ellos Zenteno, sentía una gran antipatía por el Lord. Cree Grimble que ningún hombre hizo tanto para minar la actitud negativa de San Martín hacia Cochrane como Paroissien. Más joven que ambos próceres, este inglés, descendiente de hugonotes franceses, tenía a Cochrane un odio mortal y fomentaría la enemistad del Lord con San Martín que iba a dar su negro fruto mas adelante. Pero por lo pronto, San Martín lo apoyó y se le permitió hacer cuanto quisiera. Los marineros extranjeros se negaban a enrolarse con justificada razón pues no se les había pagado los sueldos. Cochrane se negó a una leva forzada. A mediados de mayo se pagaba a los oficiales y marineros un total de 60 mil pesos, aunque se les adeudaban 70 mil. El gobierno esperaba que el prestigio de Cochrane los mantuviera en el servicio y el 7 de agosto de 1820 San Martín emitió un decreto bajo su propia firma en el que prometía que a las tripulaciones de la escuadra "les será abonada un año de gratificación a la toma de la capital del Perú."[89]

Tuvo Cochrane serios problemas de disciplina con algunos de sus oficiales. Como no existía un escalafón oficial, algunos tenientes se consideraban más antiguos que otros. Tuvo el vicealmirante que convenir cortes marciales y transbordar gente de manera de crear armonía entre los oficiales. Allanados ya los problemas más serios y con libertad de acción, organizó en diez días lo que no pudieron hacer en diez meses, vicealmirantes, generales y funcionarios: el 2 de agosto de 1820 la escuadra estaba lista para zarpar. Si bien la labor espléndida de Cochrane y su genio organizador había sido fundamental en la preparación de la escuadra hay que reconocer que los esfuerzos de O'Higgins y Zenteno para obtener los dineros y otros recursos había sido crucial. Negada toda ayuda desde Buenos Aires, el Senado chileno había hecho suya la expedición.

Entre las instrucciones que debía observar el Jefe del Ejército bajo el artículo 8, se encontraba la siguiente: "Pero de ningún modo admitirá ningún empleo político para sí, ni para sus oficiales," orden que el General de los Andes, iba a desobedecer. Desde Buenos Aires se le había ordenado a San Martín que llevara el ejército al otro lado de

---

[89.] Archivo de San Martín, Vol. VIII, p.220

la cordillera para que participara en las luchas internas argentinas, orden que el Libertador, con toda razón, se negó a obedecer. Incluso se pidió que la escuadra saliera al Atlántico a enfrentar la flotilla que venía con refuerzos desde Cádiz. O'Higgins se opuso terminantemente a esta sugerencia. Los primeros historiadores argentinos interpretaron mal esta desobediencia: "Exponiendo el abusivo e irregular proceder con que el General San Martín sustrajo el Ejército de los Andes a la obediencia y al apoyo de nuestro Gobierno Nacional. Arrojándonos con esa deserción en el caos de la anarquía y el desorden de 1820..."[90]

El 18 de agosto de 1820 recibió el vicealmirante sus órdenes, firmadas por Zenteno en las que se le prevenía: "El Capitán General del Ejército Don José de San Martín es el jefe a quien el gobierno y la república han conferido la exclusiva dirección de las operaciones de esta gran empresa, a fin de que las fuerzas expedicionarias de mar y tierra, para obrar combinada y simultáneamente reciban un sólo impulso, comunicados por el consejo y determinación del general en jefe."[91]

Y el día 20 se hacía a la mar la más grande expedición que saliera jamás de un puerto hispanoamericano. Los regimientos y barcos que la componían eran los siguientes:

Fragata **O'Higgins**
(buque insignia del vicealmirante
Galvarino Lautaro
(Primera línea de transportes)
Mackenna Potrillo Golondrina Peruana Jerezana
Perla Aguila Emprendedora Consecuencia Gaditana
Dolores
(Línea de bergantines)
Montezuma Araucano Pueyrredon
(Segunda línea de transportes)
Minerva Libertad Argentina Hercúleas Nancy Zaragoza
San Martín Independencia
(Estado Mayor del general en jefe)

---

[90] Citado por Guido, Op.Cit. p. III
[91] Uribe, Op. Cit. P. 330

Iban a bordo 1600 marineros, de los cuales 976 eran chilenos.

El ejército se componía de:
   Brigada de artillería de 35 cañones y 363 soldados.
   Batallones de infantería números 2, 4, 5, 7, 8, 11 con 3400 hombres.
   Regimientos de caballería Granaderos y Cazadores con 725 jinetes.
   Cuadros para organizar el batallón de infantería numero 6 y el regimiento de Dragones.
   Compañía de zapadores de 53 hombres.

De un total de 4118 soldados, 4000 eran chilenos. Además de las armas de cada cuerpo se cargaban quince mil fusiles y dos mil sables para armar a los reclutas peruanos. Las cargas de correajes, municiones, equipo, etc. pasaban de quince mil fardos, llevaban galleta, frijoles, charqui y alimentos para cinco meses. Se llevaba además una imprenta completa, paño, zapatos, monturas y correajes para las cabalgaduras de los reclutas peruanos. Jamás había visto la América española un ejército mejor armado, provisto u organizado. "La disciplina del ejército y su apariencia al embarcarse,—nos dice Basil Hall—era igual a la de cualquier país europeo."[92] El sacrificio de Chile era enorme, y todavía contaba la caja del ejército con 180 mil pesos en metálico y letras pagaderas a la vista.

Frente a Coquimbo, la *O'Higgins* avistó y dio caza al bergantín norteamericano *Warrior* que el virrey del Perú había enviado a entregar armas a los realistas en el sur de Chile y a espiar la salida de la escuadra, misión que por lo visto, cumplió con mucha imprudencia. Cochrane que a pesar de ser audaz e impulsivo era sumamente cauteloso, quedó muy preocupado de que las fragatas españolas pudieran atacar a los transportes, especialmente cuando éstos se dispersaron en un temporal. Pero felizmente, llegaron escuadra y transportes a Pisco sin percance alguno el 7 de septiembre.

---

[92] Hall, Op.Cit. Vol. p. 65

Las dificultades entre San Martín y Cochrane comenzaron cuando el convoy estaba todavía en alta mar. Las diferencias entre vicealmirantes y generales durante operaciones anfibias y combinadas tienen una larga historia. Se remontan hasta la antigüedad y en este caso, se verían agravadas por dos personalidades fuertes y muy diferentes. San Martín quería desembarcar lejos de Lima, la capital del virreinato. Cochrane favorecía un ataque directo al centro del poder militar español. Se decidió por último desembarcar en Pisco. Allí acampó el ejército mientras los buques de la escuadra no podían moverse pues debían proteger a los transportes.

El Virrey Pezuela, gracias a las informaciones que recibía de neutrales, estaba perfectamente al tanto de los preparativos y los movimientos de la expedición. Pero la escuadra virreinal que contaba con ocho buques y 174 cañones, no pudo atacar la escuadra chilena en Valparaíso, ni mientras escoltaba el convoy. Tampoco se presentaron las fuerzas del virrey ante Pisco, aunque el *Araucano*, Comandante Ramsay, tuvo un encuentro casual con el mercante armado *Cleopatra*. El buque realista en un corto cañoneo logró echar abajo el mastelero del trinquete del buque chileno y se retiró sin continuar el combate que pudo haberle sido favorable. Pezuela se queja en sus **Memorias** de la falta de decisión en la marina bajo su mando que consistía en dos fragatas de más de 40 cañones, dos corbetas y varios mercantes armados.[93]

La situación del ejército en Pisco dejaba mucho que desear, soldados y oficiales esperaban batirse con las fuerzas enemigas como lo habían hecho en Chacabuco, Maypú, Cancha Rayada y Talcahuano. Los peruanos no mostraban interés alguno en unirse al ejército y los cuadros especialmente preparados para formar los batallones peruanos estaban en un compás de espera. San Martín parecía estar mentalmente paralizado y no atinaba a tomar decisión alguna. Ante la presión de sus subordinados, decidió reembarcar al ejército. Ordenó a Cochrane dirigirse a Ancón. Desde allí se mudó a Huara y terminó más tarde, fortificándose en Supe.

---

[93] Pezuela, Joaquín de la, *Memoria de Pezuela*, pp. 367-368

El vicealmirante desembarazado ya de los transportes, pudo por lo menos, reanudar el bloqueo al Callao. Fue en esos días cuando llegó a puerto la fragata norteamericana *Macedonian* que se acercó a la *O'Higgins* en zafarrancho de combate dispuesta a entrar al puerto donde permanecían algunos neutrales de su bandera. Downes había hecho caso omiso a una petición del gobierno chileno de no zarpar de Valparaíso hasta después de la salida de la escuadra libertadora. Cochrane había amenazado con no dejarlo zarpar pero tuvo que desistir por orden del gobierno. Creía el comodoro John Downes que Cochrane no le permitiría pasar, pero por el contrario, el vicealmirante chileno envió un oficial a bordo y le deseó buena suerte.

El 29 de octubre la *O'Higgins* se acercó a la empalizada y disparó varios cohetes. Se creía en el bando patriota que esto daría esperanzas a las peruanos de que su liberación estaba próxima pero ¡cuán equivocado estaban! Ni los peruanos tenían intenciones de ser independientes, ni San Martín estaba dispuesto a atacar. La gran empresa que había empobrecido a Chile, era ¡para nada!

Al día siguiente el vicealmirante se reunía con el general en jefe y le rogaba que atacara de una vez a Lima lo que podría hacerse por mar y tierra simultáneamente. Muchos de los historiadores peruanos que alcanzaron a aquilatar la situación de ese momento, creen que en ese momento, la caída de Lima era cosa fácil y que si bien la independencia del Perú no habría quedado sellada, se habría dado un gran paso en esa dirección.[94] Es difícil, muy difícil, comprender la actitud de San Martín cuando se la compara con la que había mostrado en Cuyo y en Chile. El hombre enérgico, incansable y decidido que había creado en Mendoza un ejército de la nada, el que había propugnado la creación de una escuadra y dirigido en Maypú a las huestes que dieron la independencia definitiva a Chile y Argentina, no podía tomar decisiones frente a Lima. Ahora, su idea era capturar el Perú sin hacer un solo disparo y esperar que todo el andamiaje de la administración colonial, incluyendo la corte del virrey, quedara en sus manos.

---

[94] Paz Soldán, Mariano, *Historia del Perú Independiente*, 2 Vols. Lima, 1868, Vol. I. P. 78, dice que con mil soldados que avanzaran sobre Lima el virrey se habría rendido y la campaña terminado entonces.

Cochrane se dio cuenta de que tendría que obrar por sí sólo. No había venido al Perú a perder el tiempo. Tuvo que dejar parte de la escuadra escoltando los transportes ya que dos de las fragatas españolas no estaban en el puerto y podían aparecer en cualquier momento. Sin saberlo el vicealmirante, las fragatas *Prueba* y *Venganza* habían transportado tropas desde Arica, pero, prevenidas por un bote pesquero del bloqueo del Callao, desembarcaron las tropas en Cerro Azul y se alejaron de las costas del Perú. Con esto, la fragata *Esmeralda* buque insignia de la escuadra virreinal, quedaba aislada en el Callao. El bloqueo del Callao se mantenía con la *Independencia*, la *Lautaro* y la *O'Higgins*. El vicealmirante tenía que hacer algo para terminar con la monotonía del bloqueo. Para empezar, entró al puerto con la nave almiranta por el paso del Boquerón, estrecho que se creía imposible para buques mayores de 50 toneladas y de difícil navegación por la falta de viento que se produce al socaire de la isla. Pero la demostración de su pericia como navegante no era suficiente. Había que dar un golpe de mano que, a semejanza del de Valdivia, aterrara a los realistas en el Perú. Como no contaba con las fuerzas de desembarco suficientes, planeó atacar y cortar a uno de los buques españoles que el virrey mantenía detrás de la protección de la empalizada flotante y bajo los cañones de los fuertes. Estudió la posibilidad de lanzarse con sus tres buques contra la barrera, cortarla y tomar los buques enemigos por abordaje. Pero lo detuvo la posibilidad de que por falta de viento, no se rompiera la barrera y que se exponía a los buques al fuego de los fuertes, reforzados desde su última visita. Se decidió por un ataque nocturno con botes y lanchas que llevarían partidas de abordaje. Una vez capturado el primero, el vicealmirante pensaba saltar de buque en buque hasta terminar con la fuerza naval del virrey del Perú.

Llamó a sus tres capitanes, Guise de la *Lautaro*, Foster de la *Independencia* y Crosbie de la almiranta. Los tres se ofrecieron inmediatamente como voluntarios. Tuvo Cochrane que ordenar a Foster que se hiciera cargo de los buques durante el ataque. Ya le daría otra oportunidad para demostrar su valor. Planeaba entrar en lanchas a remo y necesitaba un oficial responsable a bordo de la escuadra. En cuanto a las tripulaciones, tuvo que seleccionar entre los voluntarios: todos querían participar aunque no se les había comunicado el propósito del llamamiento.[95] Se seleccionaron 240 hombres: 92 de la *O'Higgins*; 99 del *Lautaro*, la mitad de ellos chilenos; y 49 de la Independencia, 15 de ellos chilenos. De los 32 oficiales, sólo cinco eran chilenos. Por tres días se ejercitó a la tripulación en bogar silenciosamente y a trepar por los costados de las naves sin que se les participara del proyecto. Todo se preparó rigurosamente. Se dividieron las tripulaciones en dos grupos: uno, formado por los botes de la *O'Higgins*, fue puesta al mando del capitán Crosby. La otra formada por los botes de la *Lautaro* y la *Independencia*, quedó al mando de Guise.

En la primera columna y en el primer bote iría Cochrane. En la mañana del 5 de noviembre, el vicealmirante hizo publicara las tripulaciones la siguiente proclama:

¡Soldados de marina y marineros!
Esta noche vamos a dar un golpe mortal al enemigo y mañana os presentaréis con orgullo delante de El Callao. Todos vuestros camaradas envidiarán vuestra suerte. Una hora de coraje y resolución es cuanto se requiere de vosotros para triunfar. Acordaos que sois los vencedores de Valdivia y no os atemoricéis de aquellos que huyeron de vuestra presencia.
El valor de todos los bajeles que se capturen en El Callao os pertenecerá y se os dará la misma recompensa que ofrecieron en Lima a aquellos que se apoderasen de cualquiera de los buques de la escuadra chilena. El momento de gloria se acerca y yo espero que los chilenos se batirán

---

[95.]O'Higgins diría más tarde que se "utilizaron exclusivamente marineros chilenos ya que los marineros norteamericano y británicos de la escuadra de Chile rehusaron presentarse como voluntarios para esta expedición", citado por Patricio Estellé en **historia**, 11, 1972-73, Instituto de Historia, Universidad Católica de Chile, página 418. Pero las listas de marineros participantes que existen en el Archivo Nacional, indican lo contrario. Véase *Archivo Histórico Naval,* ya citado, Tomo IV, Vol. I. Documentos 54, 55 y 57. Páginas 84 y siguientes

como tienen costumbre y los ingleses obrarán como siempre lo han hecho en su país y fuera de él
Cochrane.[96]

Antes de ponerse el sol, Cochrane ordenó al maestro de señales que desde la isla de San Lorenzo hiciera señales a los otros buques para que se hicieran mar afuera persiguiendo una vela imaginaria. Así, quedó sólo la *O'Higgins* sosteniendo el bloqueo atestada de voluntarios y con los botes a sus costados. Cochrane había dado instrucciones para el ataque a los dos capitanes el 1° de noviembre. En ellas se nombraba a los dos jefes de las columnas de botes, Crosby y Guise. Se establecía luego el orden de navegación: dos líneas paralelas, la distancia entre ellas: dos cumplidos de bote. La tripulación vestiría de blanco e irían armados de pistolas, sables, cuchillos, hachas y chuzos. Se daban también órdenes detalladas sobre el cuidado de los botes durante el ataque, de manera que no se fueran al garete bajo ninguna circunstancia. Para engañar al enemigo, los asaltantes gritarían ¡Viva el rey! El último párrafo de la orden revela la verdadera magnitud de la hazaña que el vicealmirante se proponía:

A los dos bergantines se les hará fuego de mosquetería desde la Esmeralda (una vez capturada) debiendo tomar posesión de ellos los tenientes Esmond y Morguell con sus respectivos botes, lo que una vez hecho, serán puestos al garete y sacados para ser fondeados en la afueras del puerto. Los botes de La Independencia se ocuparán en largar al garete todos los buques mercantes españoles y los botes de la O'Higgins y del Lautaro a las órdenes de los tenientes Bell y Robertson prenderán fuego a uno o más de los pontones de la

---

[96.] Cochrane, *Narrative* I, p. 84. Por lo menos dos memorialistas, Stevenson y Miers, mencionan que Cochrane eligió esa fecha por ser el aniversario del "Complot de la Pólvora" en Inglaterra y así lo comunicó a los marineros ingleses. Analizando los hechos, ésta parece ser una mera coincidencia de fechas.

cabeza pero a éstos no se les echará al garete de manera que caigan sobre el resto.[97]

A las diez de la noche, Cochrane fue el primero en presentarse al puesto asignado en los botes. Vestía de blanco y un brazalete azul lucía en su brazo. Estaba armado de dos pistolas, de un puñal y llevaba un hacha de abordaje en la mano. Completados los botes, éstos se largaron bogando silenciosamente en medio de la oscuridad. Afuera de la empalizada flotante estaban la *Macedonia* y la *Hyperion*. Al pasar frente a la fragata yanqui el centinela del portalón los alertó, pero el oficial de guardia lo hizo callar inmediatamente. Los oficiales norteamericanos, que por un incidente, sólo la semana anterior habían esperado batirse con Cochrane, subieron a cubierta y a media voz vivaron a los patriotas deseándoles suerte en la empresa.[98] Algo diferente ocurrió frente a la *Hyperton* que aunque más distante, dieron el "quien vive" a cada uno de los botes.

Afortunadamente los gritos no fueron oídos por los españoles. A la medianoche llegaron a la entrada de la barrera en la que hacía guardia una lancha cañonera. A pesar de la oscuridad, siendo la entrada tan pequeña, la cañonera los vio y el centinela gritó el quien vive. "España" le contestaron y una vez que se hubieron acercado, el propio Cochrane se paró en la proa de su bote y apuntando al centinela con una de sus pistolas le gritó:

-¡Silencio o todos mueren!

Los de la lancha se rindieron sin chistar. El primer obstáculo estaba vencido. En medio de la más absoluta calma, los botes atracaron a ambos costados de la *Esmeralda*. La tripulación dormía confiada. Cochrane fue el primero en cubierta trepando por una espía de popa. Al verlo, el centinela español dio la voz de alarma y descargó un fuerte culatazo sobre el pecho del vicealmirante que cayó al fondo del bote, penetrándole un tolete por entre las costillas por la espalda. Ciego de ira se levantó inmediatamente, trepó otra vez por la misma espía instando a los marineros a seguirle.

---

[97].Stevenson.Op.Cit. Vol. III, p. 290. Al parecer Stevenson, había conservado una copia del original.
[98].Johnson, Robert, *Thence Round Cape Horn*, Annapolis, 1963, p. 22.

¡Arriba muchachos, ya es nuestra!,—gritó a tiempo que dispara su pistola contra el centinela y lo hace caer. El hombre de guardia en la banda contraria, hace fuego, el vicealmirante apunta y con su segunda pistola lo hiere también. Los asaltantes de la columna de Crosby que han seguido al vicealmirante toman inmediatamente posesión del alcázar y los españoles empiezan a refugiarse en el castillo de proa. Fue en esos momentos cuando la columna de Guise irrumpió sobre la amura de estribor. Guise se acercó a Cochrane y le tendió la mano. Todas las enemistades parecían olvidadas en ese momento. Refugiados en el castillo, los españoles mantenían continuo fuego de fusil. La lucha para desalojarlos iba a durar veinte minutos. Cochrane no había sacado la mejor parte en el combate. Al golpe del centinela se sumó un tiro de fusil que le atravesó un muslo. El dolor de las heridas era tan agudo que el vicealmirante tuvo que sentarse en un rollo de cable en cubierta y tratar de dirigir como pudo el abordaje. Un guardiamarina, con una pistola en cada mano, lo defendía. Mientras allí estaba, le pareció distinguir unas sombras en los mástiles. Dio pues las órdenes al trinquete con la serenidad del que manda una maniobra cualquiera y le contestaron inmediatamente. Era un grupo de gavieros que trepando por los obenques y flechastes se habían apoderado de las cofas. Fue el golpe maestro del abordaje pues los asaltantes se hicieron dueños de las velas del buque. Comentando el hecho el vicealmirante escribía más tarde: "No hay tripulación de buque inglés que pueda cumplir órdenes con mas exactitud."[99]

La lucha en la cubierta continuaba, resbalando los combatientes sobre la sangre derramada. Dice el teniente Greenfell que él y Bell treparon a la toldilla cayendo en medio de un grupo de realistas que huía desde el combés donde había atacado Lord Cochrane con su gente. Agrega "vi a Cochrane intercambiar tiros de pistola con un oficial español a distancia de brazos, luego se desplazó a sablazos a izquierda y derecha hasta tomar su posición en el centro de la cubierta desde donde dirigía el ataque."[100] La alarma en el puerto era general. Una lancha cañonera que estaba cerca de la popa de la *Esmeralda* hizo fuego rompiendo la cubierta y matando a dos marineros ingleses y a un

---
[99] Cochrane, *Narrative*, p. 98; *Life*, p. 186
[100] La versión de Greenfell se encuentra en Cochrane Minutments, documento 894.

chileno. Hirió también al comandante Coig y Sansón de la *Esmeralda* que se había rendido. Desalojados por fin del castillo, los realistas se rindieron. Era imposible luchar en la oscuridad sin poder distinguir a amigos de enemigos. Cochrane decidió entonces hacerse cargo de sus heridas, las que hasta entonces se había vendado con un pañuelo. Las ultimas instrucciones del plan no pudieron llevarse a cabo. Herido el vicealmirante y gastadas ya las fuerzas, ya que el enemigo había puesto una resistencia mayor de lo que esperaba, Cochrane dejó que Guise sacara la fragata del fondeadero. Los 300 cañones de El Callao comenzaron a disparar sobre la *Esmeralda* al comprender que ésta había sido capturada. La situación se tornaba crítica y el fuego cruzado empezó a caer también sobre las dos fragatas neutrales. La *Hyperion* y la *Macedonia* cazaron sus velas para ponerse fuera del alcance de los cañones. El cañoneo no disminuía, cuando Cochrane observó que las dos fragatas extranjeras izaron luces: una en el pico de mesana y otra en el botalón de foque. Comprendiendo que eran señales convenidas, mandó a izarlas también en la *Esmeralda*. Los fuertes, confundidos, tuvieron que repartir el fuego entre las tres fragatas, aliviando así a la *Esmeralda*. Salió pues, la presa del puerto sin mas avería que la causada por la lancha cañonera. Junto a ella venían todos los botes y dos lanchas: la de vigilancia que habían capturado al entrar y la del cañonazo que fue abandonada por su tripulación.

Las fuentes españolas no coinciden exactamente. Antonio Vacaro, Comandante de Marina en el Callao dice que al ver imposible defender a la *Esmeralda* ordenó a las lanchas proteger al *Maipu* y *Pezuela* lo que consiguió. [101] Coig fue sobreseído y no se le siguió juicio pues "había un parlamento" que Cochrane no respetó y la colaboración de los neutrales de habla inglesa había sido decisiva. No sólo le habían dado las señales de antemano sino que Downes le había dicho que podía refugiarse en su buque si fracasaba el ataque. Las fuerzas realistas, según el mismo historiador, estaban significadas por la apatía y la inmoralidad.[102]

---

[101] Pérez Turrado, Gaspar, *Las marinas realista y patriota en la Independencia de Chile y Perú*, Madrid, 1996. P 168.
[102] Fernández Duro, Op. Cit. Tomo IX p. 315.

La presa era una excelente fragata construida en Puero Mahón en 1791. Montaba 44 cañones y su tripulación excedía de los 300 hombres. El buque estaba en excelente estado con provisiones a bordo para tres meses y con equipo para dos años. Era sin duda alguna, la mejor unidad española en el Pacífico. Pero no era tampoco el buque cargado con un tesoro de un millón de pesos: "a treasure ship with a million dollars aboard," como pretende Mcgilchrist. Los patriotas tenían que lamentar 11 muertos y 31 heridos, entre los que se contaba al vicealmirante. Los realistas dijeron haber perdido 160 hombres.[103]

Un hecho poco conocido y tal vez el que mejor revela el espíritu combativo que Cochrane había despertado en los "rotos chilenos", fue el hecho de haber perdido durante el combate uno de los botes de la *O'Higgins* con toda su tripulación. Relata el guardiamarina Pablo Délano, muchacho entonces de 14 años:

El cañoneo de los castillos continuó toda la noche, ignorando nosotros cual sería el motivo, pero cuando amaneció divisamos en el horizonte en dirección al Callao, dos bultos negros, uno grande i otro más chico, los cuales cuando aclaró descubrimos ser la embarcación que nos faltaba, tirando a remolque una lancha cañonera enorme que había capturado a viva fuerza, i luego mandamos ausilio para traerla; el bravo que era jefe de esa embarcación era el pilotín Oxley, norte americano, -¡Valiente muchacho! que con doce

---

[103.] La captura de la **Esmeralda** ha sido tratada por el propio Cochrane en dos de sus libros y por prácticamente todos los memorialistas que participaron en el combate: Miller (Vol. II, Capitulo XIII); Stevenson,(Vol.III, cap.VIII); Paul Delano, etc. y por observadores extranjeros como los oficiales del *Macedonia* y el comandante del *Hyperion*, Basil Hall en *su Extract*, Vol. I, cap. III. El parte oficial de Cochrane, fechado el 14 de noviembre de 1820, se encuentra en el Archivo Nacional de Chile: Comandancia Jeneral de Marina, Expedición Libertadora al Perú. Véase también *Boletín del ejército libertador del Perú*, numero 3. Mitre lo relato con detalles en su *Historia de San Martín*, tomo II, cap. XXVII. Desde el punto de vista realista, Véase Mariano Torrente, *Historia de la revolución hispanoamericana*, Vol.III, cap. III, García Camba y Paz Soldán lo siguen textualmente. La referencia al tesoro está en Mcgilchrist, Op.Cit. p. 211. Turrado y Fernández Duro dan una versión muy simplista que no está basada en los testimonios ya enumerados.

hombres de su bote, abordó y capturó esa lancha que llevaba treinta de tripulación.[104]

Fragata Valdivia

Se creía que la pérdida de la *Esmeralda* causaría el abandono de Lima ante el menor ataque patriota, pero no fue así. San Martín se negó a tomar medida alguna para desalojar al enemigo. La verdad es que la mayoría de los peruanos eran indiferentes a la causa de la independencia y muchos consideraban al Ejército Libertador como invasores y a la escuadra como piratas. Un ejemplo de esta actitud ocurrió al día siguiente de la captura de la *Esmeralda*. La fragata norteamericana *Macedonia* había recibido varios impactos de los cañones del fuerte pero ningún daño de consideración. Cuando el comandante, en una imprudencia tan típica de los norteamericanos, envió un bote de compras al mercado, un populacho enfurecido los asaltó y los soldados del Virrey, lejos de protegerlos, dispararon sobre el bote matando a seis marineros e hiriendo a seis. Por suerte se hallaba cerca un bote de la fragata inglesa *Hyperion* que pudo rescatar a los sobrevivientes y más tarde recuperar la embarcación.

[104.]Délano, Pablo, **Relación de la toma de la Esmeralda,** manuscrito en la Colección Vicuña Mackenna, Archivo Nacional, Santiago.

Los historiadores españoles, como ya se ha visto, insisten en que hubo traición y colusión por parte de los dos buques neutrales. Incluso hablan de un supuesto fondo establecido por ingleses y norteamericanos para ayudar a financiar los gastos de la escuadra. Pero insisten en que la eficacia de la escuadra chilena se debía a "marineros bisoños, pero la oficialidad era toda foránea y con excelente preparación."[105]

¿Porqué no enfrentaron las naves españolas a la escuadra chilena? El virrey Pezuela tenía bajo su mando tres excelentes fragatas, una corbeta, dos bergantines, 14 lanchas cañoneras y por lo menos 4 mercantes armados. Si los hubiera concentrado todos en el Callao, apoyados por las legendarias fortalezas, la suerte pudo haberle sido favorable. La única explicación es que la marina no había respondido a los gastos que se habían hecho ni había cumplido las tareas confiadas. El Diario de Pezuela es bastante explícito en este asunto.

La escuadra se mantuvo bloqueando el Callao mientras sus unidades menores capturaban mercantes y bloqueaban la costa peruana. Desembarcos de infantería de marina capturaron los puertos de Huarmey, Chancay, Huacho y Mollendo. En por lo menos dos ocasiones, Cochrane desafió a los realistas poniendo a la *Esmeralda* en posiciones arriesgadas con la esperanza que saliera el enemigo a tratar de recuperarla. El 2 de diciembre, se aventuró tan cerca de las baterías que las lanchas cañoneras salieron a atacarla y por espacio de una hora mantuvieron un vivo fuego, pero cuando la *O'Higgins* salió a cortarles la retirada, exponiéndose también a un ataque enemigo, las lanchas se retiraron.

---

[105] Pérez Turrado, Op.Cit.p. 167.

Lancha cañonera

El ejército se había acantonado en Huacho donde los oficiales se hallaban descontentos por la falta de acción y las enfermedades hacían estragos en la tropa. San Martín limitaba sus actividades a publicar proclamas a realistas y patriotas y se llegó al absurdo de tratar de hacer creer que la captura de la *Esmeralda* había sido posible gracias a los esfuerzos de los soldados y que el había participado en el plan.[106] Pero algún efecto tenían entre los realistas pues el batallón *Numancia*, se pasó por entero al lado patriota y no menos de 40 oficiales desertaron. San Martín que continuaba sus intrigas tratando esta vez de que se le rindiera Guayaquil, se negaba a utilizar las tropas, incluso después de la victoriosa campaña que Arenales había conducido en la sierra peruana.

Los realistas no estaban tampoco satisfechos con la conducción de la guerra y del gobierno. "Pezuela,—dice Barros Arana,—estaba profundamente convencido que la superioridad naval que el celo infatigable de O'Higgins había dado a Chile y que la audacia de Cochrane había confirmado, ponía de parte de los independientes todas

---

[106.] La proclama distribuida al ejército se encuentra traducida en Cochrane, *Narrative*, Vol. I p. 97

las posibilidades de triunfo en aquella campaña."[107] Los militares realistas, españoles en su mayoría, convencidos que el virrey no tenía ya el deseo ni la capacidad para continuar la lucha, depusieron a Pezuela reemplazándolo por José de la Serna. Preocupado por su familia, intentó el ex-virrey enviarla a Europa pero San Martín le negó el pasaporte. Lady Cochrane intercedió ante el Protector e intervino con el capitán Shireff de manera que la señora de Pezuela pudiera salir del Perú en un buque de la Armada británica. En el mismo buque se embarcó Katherine Cochrane para volver a Europa y ocuparse de la educación de sus hijos.

Por fin, sin presión alguna del ejército patriota o de San Martín, el 5 de julio de 1821, el Virrey abandonó Lima y un escuadrón de caballería chileno ocupó la ciudad. Sin embargo, la guerra no estaba terminada y los castillos y las naves del Callao seguían en poder de los realistas. San Martín, convencido que una monarquía era lo único que podía establecerse en el Perú, pretendió hacer un arreglo parecido al Plan de Iguala que Iturbide estableciera en México y se hizo nombrar "Protector del Perú". Como tal, pasaba a ser la cabeza de un gobierno diferente al de Chile y se negaba ahora a dar el dinero necesario para pagar las tripulaciones de la escuadra y el mantenimiento de los buques que caían en un lamentable estado de deterioro.[108]

Fue así como el 28 de septiembre de 1821, el *Pueyrredón*, ex-*Aguila,* se fue a pique en Ancón y después del regreso de Arica, en una expedición que se detalla más adelante, el *San Martín* encalló en Chorrillos perdiéndose totalmente con algún dinero del gobierno y un cargamento de trigo capturado en Ilo con el que se esperaba socorrer a la población de Lima. Se había perdido el buque de mayor porte de la escuadra, pero en esos momentos era más lamentable la pérdida del trigo que cargaba. Se trataba de un buque viejo que necesitaba de una tripulación numerosa y que no tenía rival en el Pacífico. Se logró salvar gran parte de los pertrechos, cablería, motones y otros artículos

---

[107]Barros Arana, Op. Cit. Vol. XIII, p. 162.
[108]Este hecho no pasó desapercibido en el campo realista. "la declaración de independencia que hizo San Martín al proclamarse Protector, favorecía a las armas reales" dice Fernández Duro, p. 300.

náuticos que se utilizaron en los otros buques. Su comandante Wilkinson fue sometido a un consejo de guerra pero fue exonerado.

Las promesas de pago a los marineros no se habían cumplido. Tampoco la recompensa ofrecida por la captura de la *Esmeralda*. Los marineros culpaban a San Martín que había prometido 50 mil pesos a quienes capturaran un buque del enemigo.

Si San Martín se mantenía en Lima sin permitir acción alguna al vicealmirante en tierra, éste no iba a permanecer al ancla en compás de espera. Fue a Huacho y embarcó un batallón de 500 hombres al mando de William Miller. El 20 de marzo fondeaba en Pisco donde hizo desembarcar a la tropa de infantería. Dejó en ese puerto a la *O'Higgins* y *Valdivia* y volvió en el *San Martín* a El Callao. Con este navío viejo y desvencijado, se acercó a la baterías y cambió fuego de cañón contra ellas al mismo tiempo que disparaba cohetes contra los pocos buques quedaban en el puerto. Convencido que nadie saldría a batirlo y sabiendo que el desafío a los fuertes era inútil, se retiró a Pisco. Al día siguiente, cuando ya Cochrane estaba en alta mar, el virrey abandonó Lima. Pero en Pisco se encontró que la gente había sido víctima de una epidemia de fiebres y que el propio comandante Miller estaba enfermo. Tomó a bordo del navío a los 250 más sanos y envió el resto al norte en las dos fragatas. Por doce días navegó a barlovento a fin de que el buen tiempo mejorara la tropa y después de dar vuelta redonda volvía al continente entrando a Arica el 4 de mayo. Dirigió al gobernador una carta explicando que venía como amigo y libertador pero el realista contestó que lo consideraba enemigo. El vicealmirante le dirigió algunos disparos y cuantos éstos no surtieron el efecto deseado, ordenó a Miller a desembarcar detrás del morro. Este primer intento dejó a Miller en la playa con el grupo que iba en el primer bote que fue destrozado por el empuje de las olas contra las rocas. Gracias a la pericia de Wilkinson pudieron reembarcarse en una ballenera. Desgraciadamente hubo que lamentar la muerte de un soldado que se ahogó en el intento de regresar al bote. El vicealmirante hizo embarcar a los soldados en dos goletas que había capturado y las envió a Morro de Sama, una caletilla de playa difícil, diez millas al norte de Arica. Por dos días sin ni siquiera provisión de agua, lograron acercarse a la costa y sólo cuando Cochrane envió al teniente Freeman con remeros experimentados, se logró desembarcar. El mayor Soler tomó el camino de la costa y caía sobre Arica al mismo tiempo que el navío entraba resueltamente haciendo fuego graneado sobre el fuerte. Los realistas, al ver la actitud decidida de los chilenos, abandonaron el pueblo y el castillo tan precipitadamente que no se llevaron el tesoro real de cien mil pesos. Este dinero fue repartido a la tropa en el campo mismo. Se encontraron en las bodegas de Arica una cuantiosa variedad de mercaderías, muchas de las cuales fueron embarcadas en el *San Martín*. Miller avanzó al interior y ocupó Tacna y Moquegua y aventuró patrullas que alcanzaron a Arequipa, ciudad que pudo haber sido ocupada pues sus defensas eran apenas 400 hombres. El *San Martín* junto con tres bergantines y una goleta que estaban en el puerto se dirigieron a Ilo. Se reunieron allí con Miller que avanzó desde Tacna. Se embarcaron los heridos y enfermos en los bergantines capturados y la flotilla partió de regreso al Callao. Esta pequeña expedición de apenas 250 soldados había puesto fuera de combate a más de mil realistas. Había capturado cuatro poblaciones, cuatro embarcaciones, dinero para pagar la tropa, cerca de 900 soldados se habían pasado a los patriotas con armas, caballos y municiones y liberado 3 mil leguas cuadradas de terreno. Hubo que lamentar la muerte de cinco voluntarios escoceses que servían en la tropa patriota, entre ellos, el cirujano del vicealmirante, doctor Welsh, de cuya pérdida dijo Cochrane que habría preferido perder el brazo derecho ante que ese noble amigo. Hoy no se encuentra más recuerdo de esta hazaña que en los libros de historia especializados.

Ante la inoperancia de San Martín, Cochrane hizo lo posible por mantenerse en guerra también frente al Callao. La mitad de la fuerza naval española estaba encerrada en el Callao y no saldría sino a la fuerza. La otra mitad, la constituían las fragatas *Prueba* y *Venganza* que andaban huyendo de los bergantines chilenos. Cochrane planeaba otro audaz golpe de mano sobre las naves que quedaban en El Callao. Guise se negó a participar. Crosby al mando de los botes, entró al puerto la noche del 25 de julio y abordó los bergantines mercantes *Milagro* y *San Fernando*, el de guerra *Resolución*, y varias lanchas cañoneras. Incendió otras dos naves que no pudo sacar y tuvo que contentarse con ver hundirse a la *Sebastiana* que los españoles hundieron al no poder defenderla. Una nueva disputa con Guise, esta vez por no estar de acuerdo con el nombre de *Valdivia*, que se había dado a la *Esmeralda*, terminó con la expulsión de la Armada de Chile por insubordinación de los tenientes Bell y Freeman, de Spry, comandante del *Galvarino*, que se había negado a cumplir órdenes de zarpe y finalmente, con una orden que debió haberse tomado años antes en Valparaíso: la separación definitiva del servicio de Martín Guise. Debe recalcarse que tanto Guise como Spry eran excelentes marinos y valientes capitanes,—algo que Cochrane nunca puso en duda—pero se habían malogrado por su envidia y odio hacia el vicealmirante.

Cochrane no podía permitir que su escuadra desapareciera pero si no se pagaba a las tripulaciones, éstas descontentas, desertarían. En sus memorias cita cartas del comandante Paul Délano de la *Lautaro;* de Esmond del *Galvarino;* de Crosby, comandante de su propio buque vicealmirante y por lo menos tres cartas de las tripulaciones Los buques tenían que carenarse, renovarse los velámenes y cabullería. Lo peor era que el prestigio de San Martín con respecto al ejército y la escuadra había decaído verticalmente desde su llegada al Perú. Su inacción militar, su falta a las promesas hechas a los marineros, no será necesario insistir que se había prometido pagar las tripulaciones cuando cayera Lima y no se había pagado tampoco por la presa en la captura de la *Esmeralda,* todo se sumaba a un malestar sordo que dejaba sentir en las cubiertas y entrepuentes de la escuadra. El vicealmirante exigía:

Pagos atrasados a las tripulaciones	150.000 pesos
Premio por captura de la *Esmeralda*	110.000 pesos
Auxiliares de la escuadra	50.000 pesos
Valor de la *Esmeralda*	110.000 pesos

San Martín reconocía en una carta a O'Higgins que debía el dinero pero que no podía pagar la escuadra. Cuando San Martín se negó a remitir dinero, Cochrane solicitó una entrevista y se presentó sólo ante el General en Jefe el 10 de septiembre de 1821. Esta entrevista, bien documentada, nos muestra un hombre muy distinto del gran organizador del ejército y del victorioso general de Chacabuco y Maypú. Este cambio radical en la personalidad del Libertador se demostró también en la entrevista que sostendría mas tarde con Bolívar.

Cochrane insistió desde el primer momento en que las tripulaciones debían pagarse. Esto era cuestión de honor y de justicia. San Martín contestó que sólo pagaría la escuadra si ésta pasaba al servicio del Perú. Cochrane se indignó. El era comandante de la escuadra de Chile y no podía permitir que pasara a otra nación. Sabía que sus marineros no permitirían tampoco la pérdida de los buques y así se lo hizo saber a San Martín. El general, quien debía a Chile su puesto en el Perú, respondió con gran desprecio:

__"¡Chile! ¡Chile! Yo nunca pagaré un real a Chile; y en cuanto a la escuadra puede usted llevársela adonde quiera y marcharse cuando guste, a mi con un par de bergantines me basta".[109]

Se ha dicho que San Martín tuvo todavía el descaro de ofrecer al vicealmirante el cargo de vicealmirante en jefe de la escuadra del Perú. Cochrane se retiró a su nave insignia y contestó por escrito reiterando sus necesidades. Como encontrara abordo una comunicación oficial de que San Martín era ahora Protector del Perú, ordenó que se dispararan las salvas de ordenanza. Fue posiblemente en eso días que Cochrane tratara de inspirarse pulsando su lira poética. Escribió un poema satírico conmemorando el suceso: "A letter to the dove which is sung in praise of Our Protector of Perú on Monday 8 October,

---

[109.] Dos ministros de San Martín, Monteagudo y García del Río, estaban presentes. Las versiones difieren en puntos capitales. Barros Arana (Vol. XII, p. 288), sostiene que vio el original entre los papeles de San Martín, original que ha sido transgiversado por Mitre hasta cambiarle la fecha y agregarle varias líneas que el original no contenía. Los agentes de San Martín negaron después que San Martín estuviera dispuesto a pagar la escuadra si los buques pasaban al servicio del Perú, pero el propio Cochrane lo comunicó así en su oficio a O'Higgins relatando el incidente. Stevenson usa la subsecuente carta de San Martín a Cochrane probando punto por punto que la entrevista fue tal como Cochrane la describe. Véase Stevenson, Vol. III, cap. XI.

1822." (Una carta a la paloma cantada en loor a Nuestro Protector del Perú.) [110]

Es interesante observar que Martín Guise que para entonces gozaba de la total confianza de San Martín, dice haber estado presente durante esta última entrevista con Cochrane. Guise pudo haber sido desleal a Cochrane, pero reconocía a tal punto la justicia de la petición del vicealmirante, que cuando se descubrieron 44 mil pesos en la fragata *Thais,* Guise reclamó que fueran empleados para pagar los sueldos prometidos a los marineros que provenían de la escuadra chilena, "más aún cuando una parte del premio le correspondía a la escuadra por dicha captura." Monteagudo se opuso, alegando que dicho tesoro había sido descubierto por Spry, en su condición de capitán del puerto de El Callao, y por consiguiente, la escuadra carecía de derechos sobre el.[111]

Cuando el 10 de septiembre, el ejército realista amenazó Lima en una maniobra muy controvertida, San Martín ordenó que se embarcara el tesoro del gobierno y el dinero de algunos particulares en un transporte en Ancón de manera que no cayera en manos del enemigo. Ordenó también que Cochrane desembarcara con toda la marinería disponible y con las armas portátiles de la escuadra. El vicealmirante llegó con su gente, apenas unos 100 hombres que era todo lo que podía desembarcarse sin poner en peligro los buques, y se dirigió inmediatamente a San Martín. Notando que el general no estaba dispuesto a dar la orden de ataque, lo tomó de la mano y le rogó que atacara. La fuerza realista, cerca de tres mil hombres desfiló a tiro de fusil de las fuerzas patriotas, sin que fuera hostilizada en forma alguna. San Martín se retiró a un montículo desde donde pudo observar la marcha del enemigo mientras todos sus oficiales le pedían que diera la orden de ataque.

Después de permanecer algunos días en las fortificaciones del puerto, esta fuerza se retiró otra vez hacia el interior, reaprovisionada y llevándose el tesoro real. San Martín, por segunda vez, se negó a atacarla diciendo que "el riesgo de una batalla no era de beneficio para

---

[110.] Original en Dundonald Minutments, documento 2099.
[111.] Ortiz, *Guise,* p. 47

la causa patriota."[112] Los jefes de la tropa reaccionaron con una verdadera tormenta de protestas y de críticas. A juicio de un observador extranjero "la pérdida de su popularidad debe decirse que comenzó en ese momento."[113] Y su popularidad no mejoró en nada cuando, más tarde, los castillos se rindieron sin que San Martín moviera un soldado de sus tropas veteranas ante los reclutas bisoños del enemigo. No fue muy diferente la reacción en el campo realista, cuyos oficiales creían que debió haberse atacado al ejército patriota. Vacaro comandante del apostadero de El Callao que se hallaba presente, nos dice que Canterac "podía haber batido fácilmente a San Martín pues el ejercito patriota estaba débil, la tropa estaba enferma y con reclutas negros bisoños y sin mucha artillería: 8 ó 10 piezas de menor calibre y dos obuses, cuando en El Callao había un tren de artillería respetable."[114]

Las tripulaciones no habían recibido pago ninguno. Escaseaban las provisiones en tal forma que hubo que repartir las pocas que había entre todos los buques. A pesar de encontrarse a vista de tierra, hacia junio de 1821, los primeros síntomas de escorbuto aparecían en las tripulaciones. Los marineros estaban al tanto de los dineros embarcados en Ancón y habían insinuado a los oficiales que se había hecho clandestinamente. Pero la falta de provisiones amenazaba con la deserción en masa de la marinería o de un motín. En el Archivo de Edimburgo son numerosas las cartas y notas escritas por los marineros a sus comandantes y al propio almirante, pidiendo, rogando y hasta amenazando que se les paguen sus sueldos. Los marineros sabían que el tesoro peruano estaba en la goleta *Sacramento* y hasta amenazaron con apoderarse de el.[115] El 23 de agosto Monteagudo ordenaba que se entregaran víveres a la escuadra y se recibieron carne, charqui y pan para unas dos semanas. Los resultados de este abandono no se hicieron esperar. El 7 de septiembre la marinería de la *O'Higgins* se negó a formar o ejecutar trabajo alguno. A ésta le siguió la tripulación

---

[112] *Navy and South America,* carta de Hardy a Croker, p. 347.
[113] Hall, Basil, *Extract of a Journal written on the coast of Chile, Peru and Mexico in the years 1820,1821,1822.* Edinburgh, 1842, Vol. 2, p. 70
[114] Pérez Turrado, p. 171
[115] Dundonald Munitments, Doc. 821

del *Galvarino*, y los marineros del *Lautaro*, hambrientos y sin pago, abandonaron el buque y bajaron a tierra en Ancón tratando de procurarse algo de comer.[116]

Cochrane tenía pocas opciones, especialmente cuando existía el peligro que los marineros se apoderaran del tesoro y se pagaran con el. El 16 de septiembre Cochrane hizo traer las cajas abordo de la *O'Higgins* y entregó un recibo que envió por carta a San Martín. En esta carta toma toda la responsabilidad de la requisición del dinero y justifica su actuación ante el peligroso estado en que se hallaba la escuadra.[117] Fue la ruptura final entre ambos próceres. Siguieron las más ácidas recriminaciones por ambas partes y más tarde se cambiarían cargos y descargos en memorias, panfletos y libros sobre este asunto.[118] El asunto recrudecería más tarde con el regreso de San Martín a Chile como se verá más adelante. Monteagudo exigió que se devolviera el dinero, Cochrane contestó en un oficio a Monteagudo el 20 de septiembre de 1821, que las tripulaciones no lo permitirían. Impotente San Martín para recuperar el dinero, lo autoriza para pagar las tripulaciones y guardar el sobrante en una carta fechada el 26 de septiembre.[119]

Con este dinero, 400 mil pesos según las fuentes allegadas a San Martín, se procedió a pagar las tripulaciones. Cochrane dice haber encontrado 205.000 pesos de los cuales 131.618 se pagaron como sueldos el 29 de septiembre. La distribución por buque fue la siguiente:

O'Higgins	29.815 pesos
San Martín	28.825 pesos
Valdivia	17.600 pesos

---

[116] Délano a Cochrane, septiembre 8, 1821. Dundonald Munitments, Doc. 807.
[117] La carta de Cochrane se reproduce en Uribe Orrego, p. 365 El original esta en el Archivo Nacional, Ministerio de Marina, Vol.33.
[118] Bastará con un ejemplo, *Manifiesto de las acusaciones que a nombre del General San Martín hicieron sus delegados ante el Gobierno de Chile contra el mismo San Martín*, Lima 1823. Las acusaciones formales de San Martín ante el gobierno de Chile y la respuesta de Cochrane se tratan en el capítulo siguiente.
[119] Los originales de estos oficios se encuentran en Dundonald Munitments, documentos 4, 821, 1195 y 1257.

Lautaro	5.385 pesos
Independencia	19.619 pesos
Galvarino	13.861 pesos
Araucano	9.804 pesos
Pueyrredón	4.166 pesos
Potrillo	1.631 pesos
Aransasú	1.301 pesos

Otros comandantes y oficiales se pagaron más tarde, con un total de 23.106 pesos y se cancelaron deudas por charqui, galleta, harina y otros gastos. Lo que sobró, se guardó para carenar y reparar los buques. Se devolvieron también los dineros tomados a particulares. Cochrane no tomó para sí ni un sólo real. Se acusó al vicealmirante de pirata y de ladrón, y San Martín exigió más tarde, por oficio a O'Higgins que se le destituyera de su cargo y se le declarara pirata. Pero el Director Supremo estaba bien informado de los hechos y conociendo la indignación chilena contra San Martín y sus ministros escribía al vicealmirante: "Yo hubiera hecho lo mismo si hubiera estado allí, por esto le digo otra vez que todo tiene mi aprobación y les doy a usted así como a los meritorios oficiales bajo sus ordenes, mis gracias más cordiales por su fidelidad y heroísmo en favor de Chile."[120] Y más tarde haciendo eco de lo que diría el propio Cochrane agregaba: "Usted no tiene porque recibir órdenes de Lima, ni directa ni indirectamente, porque desde el momento en que se declaró independiente ese país, bajo el gobierno protectoral de San Martín, cesó el poder provisional delegado que el tenía sobre la escuadrilla." [121] Y sin embargo, quedaba la sospecha que O'Higgins trataba sólo de satisfacer la opinión pública chilena. El comodoro Ridgely, de la escuadra norteamericana en el Pacífico escribía a sus superiores en

---

[120.]Valencia Avaria, Luis, *O'Higgins*, Santiago, 1980. P. 366

[121.]De la Cruz, *Epistolario,* Vol. I p. 283. No será necesario agregar que el asunto provocó a O'Higgins numerosas y penosas dificultades. Por un lado, debía a San Martín la libertad de Chile, por otro la lógica y la justicia estaban de parte de Cochrane. Véase Clissold, *O'Higgins,* p. 202 y ss. Hay quienes han negado la existencia de este documento. La carta de O'Higgins « secreta y confidencial » fechada el de noviembre de 1821, se encuentra en Dundonal Munitments, Doc. 1296

Washington, que el gobierno chileno apoyaba las acciones de su vicealmirante en público, pero que el creía que había un acuerdo secreto entre San Martín y O'Higgins. (Otra vez la Logia Lautaro). "Lord Cochrane tendrá y será *sacrificado*, cuando regrese a Chile con su escuadra, el único propósito es recuperar la flota, de hecho el propio Director Supremo me lo dijo."[122] Y sin embargo, Don Bernardo escribía: "Siempre he sentido en mi pecho una oculta indignación contra la ingratitud para Chile, la cual sólo puede atemperarse con el placer que siento al darme cuenta de la habilidad, buen juicio y conocimiento con que usted (Cochrane) ha sabido sostener sus derechos y los de esta república."

El nuevo gobierno peruano deseaba formar su propia escuadra, se trató de hacer desertar el mayor numero posible de los marineros que servían en la escuadra de Chile. La mayoría de los extranjeros que bajaron a tierra a gastar sus sueldos, no volvieron abordo. Cochrane sospechaba que el reclutamiento forzado,—el "press gang" de Inglaterra,—se había puesto en práctica en el Perú pero en realidad, las promesas de mejores sueldos habían tentado a la mayoría. Cochrane ofreció una onza de oro por un nuevo enganche, pero pocos fueron los que volvieron a los buques. La gran mayoría de los chilenos se mantuvo en los buques. Cochrane pudo haber buscado reclutas en las tropas del ejército, ya diezmado por enfermedades, en que numerosos chilenos sólo deseaban volver a la Patria y abandonar ese clima insalubre y la falta de actividad a que estaban sometidos. San Martín había dado el mando provisional de la escuadra peruana a Guise, pero aunque tenía gran confianza en el, prefería no dar el cargo a un extranjero. Con fecha 11 de junio de 1821, escribía a O´Higgins solicitando permiso para nombrar a Manuel Blanco Encalada, autorización que el Director Supremo chileno concedió.

San Martín en su autoridad de jefe supremo del Perú, al enterarse de que Cochrane entró en negociaciones para que los castillos del Callao se rindieran a la escuadra y no al Protector, ordenó que la escuadra se retirara sin tardanza de las aguas peruanas. Monteagudo, el 3 de octubre le pasó una nota tan llena de recriminaciones,

---

[122.]Ridgely al Secretario de Marina, junio 14, 1822. Citado por Billingsley. P.141

falsedades y acusaciones en que culpa a Cochrane de comprometer toda la campaña en el Perú, que Barros Arana rehusó publicarla.[123] No sabemos que rol jugó en este injusto proceder la Logia de Lautaro, pero es posible haya sido el factor determinante en deshacerse de Cochrane. Fue éste, probablemente, el momento que marcó el ocaso de la Logia Lautaro. A la ruptura con Cochrane, se sumaban las aspiraciones monárquicas de San Martín que compartían los "hermanos" que estaban en el Perú. O'Higgins, que por naturaleza era un republicano de corazón y un ardiente patriota, se habría negado a aceptar ideas monárquicas de ninguna especie. Es sabido que cuando Irrisari trató de hacerlo firmar un documento en el que lo autorizaba para buscar un príncipe europeo, O'Higgins hizo quemar el documento ante el Senado.[124]

Al recibir la notificación de que debía abandonar las aguas peruanas y sin saber de la carta de O'Higgins, Cochrane contestó que desde el momento en que San Martín se declarara Protector del Perú, no tenía ya autoridad sobre el y la escuadra, pues sus superiores y su lealtad, eran a Chile. Hubo un último esfuerzo de conciliación, tal vez instigado por San Martín. Paroissien y Spry recorrieron los buques de la escuadra tratando de convencer a los comandantes y oficiales que se pasaran al servicio del Perú. Llevaban una copia del documento de O'Higgins que autorizaba a San Martín a tomar el mando absoluto de la expedición y de separar a Cochrane del mando. No fue posible convencer a los comandantes de los seis buques de la escuadra. Cuando llegaron al buque insignia, subió a cubierta sólo Paroissien y conversó con Cochrane amigablemente por varias horas tratando de convencerlo que debía tomar el mando de la escuadra del Perú, ofrecimiento que como se ha visto, le había hecho San Martín. Le insistió en que no sólo ganaría un sueldo, el doble de lo que le pagaba Chile, si no que se le daría "la mejor finca del Perú." Cochrane lo escuchó con gran paciencia y por último le dijo que se quedara a tomar unas copas de vino mientras el oía sus lamentaciones y disculpas. De haber sido motivado el Lord por las recompensas monetarias, como lo

---

[123].Dundonald Minutments, documento 1264. Curiosamente al día siguiente, Monteagudo le anunció que es su intención visitarlo abordo.
[124].Collier. Op. Cit. P. 253

describe Paroissien "sólo ansioso de ganar dinero," Cochrane habría aceptado el ofrecimiento. Paroissien, en cambio, recibió la Orden del Sol, se le ascendió a Brigadier General, sin haber mandado jamás un cuerpo de tropa, un sueldo anual de 3 mil libras esterlinas, viajó a Inglaterra por cuenta del estado peruano, se embaucó parte de un préstamo al Perú y murió en las minas de plata de Potosí a los 43 años.

Cochrane había cumplido la misión encomendada por el gobierno de Chile pero no consideraba la tarea completa. Quedaban todavía las fragatas *Prueba* y *Venganza* que habían huido del Callao para refugiarse al norte. Como no quedaba ya nada que hacer en el Perú, le era difícil procurarse víveres y sus marineros y oficiales desertaban para engancharse en la nueva marina del Perú con un sueldo doble del de Chile, se hizo al mar después de reorganizar la escuadra con los siguientes mandos:

> *O'Higgins*, comandante Crosby
> *Valdivia* (Ex-Esmeralda), comandante Cobbet
> *Lautaro*, comandante Delano
> *Independencia*, comandante Wilkinson
> *Galvarino*, comandante Brown
> *Araucano*, comandante Simpson
> *Mercedes*, comandante Sheppard[125]

San Martín había sido persuadido por sus colaboradores que la escuadra no podría zarpar por falta de marineros, tan exitosa había sido la campaña para atraerlos a la marina del Perú. Y el 6 de Octubre de 1821, ante la estupefacción de quienes se jactaban que las deserciones promovidas en la escuadra habían quebrantado las alas de Cochrane, y ante el asombro general, salía la escuadra gallardamente del Callao compuesta de seis buques de guerra y dos presas, ostentado todas la bandera de Chile.[126] La escuadra zarpó con destino a Ancón. Allí se dividió en dos divisiones. La primera con las presas y los transportes se dirigió a Valparaíso. El vicealmirante con la segunda división

---

[125.] Cochrane a Zenteno, octubre 8, 1821, Archivo Nacional, Vol. 3, Documento 132 y otro del 12 de enero, 1822
[126.] Yrarrázabal, op.cit. Vol II p. 106

(*O'Higgins, Valdivia, Independencia, Araucano, Mercedes*), zarpó hacia Guayaquil.

Capítulo X
Guayaquil, México y la renuncia de Cochrane

Cochrane con la escuadra se dirigió a Guayaquil que no estaba bajo el control del Protector del Perú y donde esperaba recalar antes de seguir viaje a Panamá, lugar en que debería encontrar las naves enemigas. Las informaciones que tenía Cochrane eran que en ese puerto obtendría víveres, y los recursos locales le permitirían carenar a la *O'Higgins* que con una peligrosísima vía de agua, empezaba a mostrar sus seis años sin una revisada general. No será necesario recordar que se había dañado seriamente en la expedición a Valdivia.

En el puerto fluvial ecuatoriano se recibió a la escuadra de Chile con entusiasmo, se le prestaron toda clase de atenciones y el gobierno local puso todo su empeño en proporcionar a Cochrane los medios para reparar sus naves. Se varó a la *O'Higgins* desembarcando todos los pesos, la carga y los cañones. Debido a los cambios de la marea, el buque quedaba en seco dos veces al día y se le sostenía por medio de cables amarrado a los árboles de la orilla. La vía de agua no pudo ser localizada y al parecer venía de unas tablas de abeto ruso junto al timón. Como esta reparación podía tomar mucho tiempo, Cochrane dijo que no quería correr el riesgo de que se le escaparan las fragatas españolas y ordenó a sus carpinteros que taponearan la popa desde el exterior de la mejor forma posible. Los otros buques fueron reparados también ya que no había uno sólo en buenas condiciones para hacerse a la mar. En efecto, Stevenson, secretario de Cochrane, escribiría más tarde en sus memorias: "Se puede asegurar que jamás expedición alguna salió de un puerto bajo una reunión de circunstancias tan desfavorables como aquéllas en que nos encontrábamos en nuestra partida."[127] Y el propio Cochrane junto con decir que la almiranta hacía agua como un "canasto viejo", dice haber tenido que repartir los elementos de la *Valdivia*—la antigua *Esmeralda*—con el fin de

---

[127] Stevenson *Narrative,* Vol. III p.398

socorrer a los otros buques.[128] Este buque había quedado también sin anclas, pues al cortar los cables durante su captura, éstas habían quedado en el Callao y ahora el Protector se negaba a devolverlas.

Todos los gastos de las reparaciones se pagaron con el dinero capturado de las presas y como surgieron rumores de que Cochrane se había quedado con parte del dinero no repartido a las tripulaciones, el almirante puso un porcentaje de su propio bolsillo. Lista ya para zarpar la escuadra, se organizó un banquete de honor al almirante y sus marinos. Cochrane que se prestaba para esta clase de atenciones, contestó con un magnífico discurso en que exhortó a los guayaquileños a seguir el libre comercio que se practicaba en Inglaterra, poniendo algunos ejemplos de la mala política económica que había visto practicar en Chile y terminó diciendo: "Espero que seáis tan libres como sois independientes y tan independientes como merecéis ser libres,"[129] palabras que según testigos presenciales fueron acogidas con entusiasmo por todos los presentes.

Durante su estadía en Guayaquil Cochrane tomó a su servicio a varios soldados ingleses del ejército de Bolívar y a dos oficiales, los tenientes George Noyes y Richard Logevill Vowell. Se les destinó a la guarnición de infantería de marina de la corbeta *Independencia*. Se presentaron también dos ingleses que dijeron ser embajadores especiales que el gobierno de Chile enviaba a México para felicitar a ese país por el triunfo de su independencia. Sabiendo el almirante que eso era falso les rogó que mostraran sus credenciales, lo que por supuesto, no pudieron hacer. Les pidió entonces sus pasaportes y pudo comprobar que los supuestos embajadores habían salido de Chile antes de que se conociera allí la noticia de la Independencia de México.[130] Dice Cochrane que la señora del Capitán General de Guatemala que se encontraba en Guayaquil, transmitió la noticia a las autoridades mexicanas a fin de que se conociera la verdadera identificación de los

---

[128] Cochrane, *Narrative*, p. 161
[129] Ibid. p.171
[130] Cochrane a Ministro de Marina, Abril 30, 1822, Archivo Nacional, Volumen 33, documentos 172, 173 y 176 que contienen copias de los pasaportes de Wavell y O'Reilly y carta de Wavell a Cochrane. Copia del pasaporte de O'Reilly se encuentra en *Archivo Histórico Naval*, Tomo V, Vol. I, Doc. 21 p. 48

dos farsantes. Eran estos el General Arthur Wavell y el coronel Phillip O'Reilly que se habían presentado en Chile ante O'Higgins solicitando empleo con sus grados respectivos en el ejército. O'Higgins que había tenido ya mala experiencia contratando oficiales generales europeos, no les dio cabida y salieron de Chile buscando otras oportunidades. No se ha probado la autenticidad de sus grados militares pero es significativo que Cochrane los menciona como "general" y "coronel".

Estando Cochrane para abandonar el puerto, llegó a Guayaquil el coronel Diego Ibarra, edecán de Bolívar que venía a concretar el transporte del ejército de Bolívar al Perú y a convenir con San Martín los lugares de desembarco, el aprovisionamiento y las líneas generales de la campaña que debían emprender los ejércitos unidos del Perú y de Colombia. Ibarra entabló directamente con Cochrane la gestión del transporte del ejército colombiano al Perú, pero el almirante se excusó de hacerlo, probablemente para no volver a mezclarse con San Martín. Bolívar atribuyó la evasiva, probablemente sin razón alguna, a intrigas de la junta directiva de Guayaquil que estaba resuelta a no reconocer la soberanía de Colombia a la que legalmente había pertenecido durante la colonia. Las consecuencias de esta negativa por parte de Cochrane fueron enormes: Sucre pidió transportes a San Martín quien no los tenía; Bolívar al ver cerrado el paso por mar, emprendió una campaña terrestre que terminó con el desastre de Bombona, en la que perdió el 40% de su infantería, pérdida de la que sólo pudo recuperarse ante la sorprendente victoria de Sucre en Pichincha el 24 de Mayo de 1822. ¿Qué influencia tendría todo este proceder en la entrevista con San Martín en Guayaquil? El análisis y la posible respuesta a esta pregunta quedan fuera de los parámetros de este trabajo.

El 3 de diciembre de 1821 zarpaba la escuadra de Guayaquil y al salir del río, se dirigió a Salango donde hizo aguada. Sin una vacilación, Cochrane decidió ir a México. ¿Que lo inducía a dirigirse al antiguo Imperio Azteca? Probablemente su deseo de conocer esas tierras legendarias, pero también hay que recordar que en ese plan secreto discutido en Inglaterra se hablaba de "atacar Lima de concierto con las tropas de San Martín y O'Higgins, Cochrane y Brown se dividirán para obrar el uno sobre Acapulco y el otro sobre Lima."[131] Edmundo Heredia sospecha que se llegó a un acuerdo sobre las futuras acciones de Cochrane sobre las costas mexicanas del Pacífico.[132] Además, el propio O'Higgins que pretendía ayudar a toda la causa de la Independencia en América, en una carta a Zañartu, agente chileno en Buenos Aires, decía:

> *Acaba de llegar un brigadier enviado por el gobierno patrio de Méjico solicitando ausilio de armas i tropas i asegurando que toda la costa desde las inmediaciones de California a Acapulco está en revolución. Las nuevas del orden que reina en Chile, los progresos de sus armas, sus victorias marítimas, todo los ha convencido que este pueblo es el único que está en condiciones de conseguir su libertad. En efecto, después de que haya zarpado de Valparaíso la expedición sobre Chiloé, que he comenzado a preparar con el mayor sigilo, pienso auxiliar la costa de Méjico con armas, oficiales y un par de buques de guerra.*[9]

Es posible que en las conversaciones entre el almirante y el director supremo se haya tratado esta ayuda a México, como se trató y planeó el envío de armas a Colombia y una posible incursión a las Filipinas. El Libertador chileno creía que con el dominio del Pacífico que había logrado la escuadra, se podría crear un imperio económico para Chile. Había pensado en establecer algún tipo de control sobre la isla de Puná e incluso, como ya se ha dicho, sabemos que había discutido con Cochrane la posibilidad de incursionar sobre Filipinas.

---

[131] Duque de San Carlos al Virrey de la Nueva España, Londres 6 de julio de 1818.
[132] Heredia, *Plan,* p. 8 La marina inglesa, que sin duda estaba bien informada de estos arreglos, seguía los pasos del almirante. El comodoro Hardy informaba al almirante Croker el 30 de noviembre de 1821: "Los planes del almirante, se me ha informado, son de cruzar al norte, pero tal vez el tratado del que recién tenemos informes en México con una monarquía constitucional, vaya a alterarlos y es ahora dudoso que planes tome el almirante." Citado en *The Navy and South América*, p. 352. Si esta era la información que recibió Hardy en Río de Janeiro, cuando Cochrane estaba todavía en Guayaquil, es de dudar que el crucero hasta México haya sido sólo para perseguir a las fragatas.

En cuanto a México, hay que recordar que O'Higgins sentía, más que ningún otro, el sentimiento patriótico bajo el concepto de "América" que había inspirado la logia Lautaro. La ayuda prestada a Colombia fue enorme. A pesar del gasto y esfuerzo que significaba mantener el ejército en el Perú, el gobierno de Chile despachó bajo bandera inglesa la fragata *Emperador Alejandro* y los bergantines *Ana* y *Teodosio*, llevando abordo 3130 fusiles, 3000 sables, 700 pares de pistolas, 34 barriles de balas de fusil, 140 quintales de pólvora, 2700 machetones, 700 casacas, 2559 pantalones, 1559 cartucheras, etc. Estos buques armados en guerra llegaron oportunamente a Buenaventura y transportaron al mariscal Sucre a Ecuador, donde pudo encarar favorablemente a los realistas en la célebre batalla de Pinchincha que dio la libertad definitiva al Ecuador. Súmese a esta ayuda, la actividad de los corsarios, especialmente *La Rosa de los Andes*. [133] El gran cariño que sentía O'Higgins por México se deja ver en una de sus últimas cartas a San Martín en la que, ya resignado a vivir en el destierro, le dice que es su deseo, establecerse allí, "si el país es barato." Esta sería una explicación lógica del derrotero tomado por la escuadra dirigiéndose directamente a Acapulco sin pasar por Panamá, lugar en donde sabemos, se hallaban las fragatas españolas único objeto declarado de su viaje.

Por último, Cochrane era un marino que a pesar de sus grandes ideales libertarios, se ganaba el pan haciendo la guerra. La tentación de poder capturar una de aquellas fabulosas naves que hacían el tráfico de Acapulco a Manila debe haber sido muy grande.

La forzada partida de Wavell y O'Reilly desde Guayaquil iba a tener dos consecuencias. La primera fue memorable: Wavell y O'Reilly, aquellos falsos embajadores que Cochrane desenmascarara en Guayaquil habían llegado a Acapulco en diciembre de 1821. El pretendido embajador de Chile, sin poder exhibir título alguno que lo acreditara, alcanzó sin embargo, entero crédito. Al parecer, Wavell fue recibido por Iturbide, presentando a O'Reilly como su ayudante. Impresionado y halagado por el hecho que O'Higgins le hubiera hecho

---

[133] El objetivo final que se le había fijado a Illingsworth, comandante de la **Rosa**, era atacar las islas filipinas, objetivo que no pudo alcanzar al vararse la corbeta en Ecuador.

llegar sus felicitaciones, el futuro Agustín I, hizo que su ministro de relaciones escribiera al Director Supremo de Chile en los siguientes términos:

> *Nada es mas agradable al imperio y a cuantos llevan hoy la rienda del gobierno, que ver enlazadas intimas e indisolublemente y a dos grandes y nobles porciones de América. A la sana política queda reservada el perfeccionar las relaciones mutuamente benéficas.*[134]

El entusiasmo despertado en Chile por tan buena acogida, dio lugar a la publicación de un extenso articulo en el periódico oficial en que se decía de Iturbide "hombre singular, jenio bienhechor i singular, heroee i libertador &, &" y esta firmado por el propio ministro mexicano, el clérigo José Manuel de Herrera.[135]

La segunda consecuencia de la visita de Wavell a México fue desfavorable. Insultado y humillado por Cochrane, esparció en Acapulco y en México la noticia que se había levantado con sus marinos, tomado a viva fuerza el tesoro y los buques de la escuadra y era ahora un pirata. Wavell cumplió bien su papel pues según Alamán que reconoce en el un aventurero como muchos aquellos que vinieron de Europa a buscar fortuna entre las revueltas de América, "se quedó al servicio de México, en cuyas tropas, Iturbide, demasiado propenso a dar acojida a esta clase de gente, le confió el empleo de brigadier, acabando por pedir tierras en Texas de que no llegó a entrar en posesión."[136]

Al salir de la boca del Guayas, Cochrane tomó un derrotero paralelo a la costa, de manera que se inspeccionaran las caletas, radas y otros refugios del litoral donde podrían encontrarse barcos enemigos. Pero no bien salieron a alta mar, cuando la vía de agua en la *O'Higgins*, resurgió con tanta violencia como antes: "Debido a la

---

[134] Esta comunicación fue recibida en Chile con entusiasmo y publicada en la **Gaceta Ministerial** el 22 de agosto de 1822. Venía fechada en México, el día 8 de enero del mismo año.
[135] Ibid.
[136] Alamán, Lucas, *Historia de México*, Vol. 5, p. 474.

podredumbre de los mástiles no me atrevía a poner toda la vela de manera que se levantara la popa y así, el agua entraba a razón de seis pies por día.[137]

La navegación al norte era lenta y tediosa. Recaló la escuadra en la Isla del Muerto y desde allí decidió el almirante enviar a la goleta *Mercedes*, comandante Shepperd, a Panamá para que se informara de la presencia de buques y se le reuniera más tarde en Acapulco.

El 11 de diciembre de 1821 llegaba la escuadra a la poca frecuentada Isla de Cocos, refugio de piratas y filibusteros; famosa por la buena agua que baja de sus cónicos cerros para descargarse en una laguna limpia y quieta. Al parecer, la recalada se debía nada más que a la curiosidad del almirante. Durante la estadía se reconoció y capturó una lancha pirata que al mando de un tal Blair se preparaba para continuar sus correrías frente a la costa entre Panamá y Guayaquil. Cochrane hizo apresar al que mandaba y marineó la lancha con su propia gente. Al día siguiente cuando la escuadra iba a zarpar, apareció una segunda vela cuya tripulación bogaba furiosamente tratando de ocultarse entre los roqueríos de la costa. El almirante por medio de señales, dio orden al comandante Cobbet que la alcanzara con la *Valdivia*. Esta orden se ejecutó durante la noche embistiendo la fragata al falucho y quebrándole el mástil. La tripulación resultó ser un grupo de marineros ingleses que habían sido inducidos a desertar para engancharse en la escuadra peruana. Desilusionados con el trato que se les daba, se habían escapado con la falúa cuando estaban destinados como guardacostas frente a Chorrillos dejando al capitán en tierra. Re-bautizaron la embarcación con el nombre de *Retaliation* (desquite o venganza) y se hicieron a la mar con la obvia intención de dedicarse a la piratería. Dijeron al almirante que andaban en busca de la escuadra para reintegrarse a la Armada de Chile. Dice Cochrane que "como no habían cometido robos y no quería cargarme con ellos, se les permitió escapar."[16] Pero, según otras versiones, a éstos y a los tripulantes de la lancha de Blair, se les dio la opción de unirse a la escuadra.

---

[137] Cochrane, *Narrative*, Vo.I p. 167

Después de estos incidentes, decidió Cochrane desprenderse del *Araucano*, capitán Simpson, y enviarlo directamente a Acapulco con el fin de bloquear la entrada e impedir la salida de buques españoles que pretendieran refugiarse en ese puerto. Extrañará, sin duda que el almirante enviara a un bergantín de 18 cañones a investigar y bloquear un puerto donde podían hallarse dos poderosas naves españolas. Pero no era un riesgo excesivo. Había bastado un solo bergantín para bloquear el Callao, sin que buque alguno se hubiera atrevido a presentarle combate; luego, la presencia del bergantín indicaba que se encontraba por allí la escuadra y por último, el *Araucano* era el buque más velero de la escuadra, probablemente el más rápido en el Pacífico en ese momento, que bien podía mantener la distancia ante cualquier enemigo, especialmente aquellos de mayor porte.

Pocas semanas tardó el velero bergantín en singlar al norte y a fines de diciembre de 1821 daba fondo en Acapulco. Los chilenos han descrito a este puerto como una pequeña ciudad de extraordinaria limpieza. Servía de término a los galeones de Manila que hacían el comercio entre Filipinas y América. A la llegada del galeón se organizaban ferias para los numerosos comerciantes que venían desde el interior o desde Lima.

Acapulco es el mejor puerto en la costa norte de la América española. La bahía tiene bastante profundidad para permitir la entrada a lugares bien protegidos donde se encuentran seguros fondeaderos. Varias obras se habían efectuado para mejorar el puerto y se había construido un terraplén para facilitar el arribo y descarga de las naves. Panegiristas de Cochrane han escrito que las fortificaciones eran excelentes y numerosas, semejantes a las de Valdivia o Callao, pero no era así. Acapulco contaba entonces con dos fuertes. El más antiguo, y en aquel entonces de poca utilidad, era una fortificación que se encontraba en la cima del cerro que corona la ciudad hacia el norte. Se usaba sólo como mirador o atalaya. Para este propósito se prestaba admirablemente ya que desde esa altura se domina una gran extensión de mar abierto y también la estrecha entrada de la bahía. Según se dice, este fuerte se comunicaba por medio de dos túneles con el exterior. Uno, se ha dicho, directamente con el fuerte de San Diego y el otro con la playa del Pié de la Cuesta. Esta información, proporcionada a Vowell entre otros, es a todas luces, falsa. Los túneles serían larguísimos, de varios kilómetros de largo. Lo probable es que se saliera del fuerte por túneles y luego un sendero condujera hasta los dos lugares señalados.

El fuerte de San Diego, mejor conocido como la fortaleza de Acapulco, había sido construido con el objeto de repeler ataques de piratas o corsarios, que como Speilbergen en 1715, había entrado a sangre y fuego en Acapulco. Se trataba de una planta octogonal cuyas defensas principales miraban hacia el noroeste y las pruebas de artillería dicen haber demostrado que podía batir con sus cañones la entrada del puerto.[*] Esta ultima aseveración debe ponerse en seria duda ya que la distancia desde el fuerte a la boca del puerto es mas de 3 mil metros en su punta norte y casi 18 kilómetros en la punta sur, distancias ambas inalcanzables para la artillería de la época. En esos días la única parte poblada de Acapulco era el ancón norte de la bahía y éste, sí estaba dominado por las baterías del fuerte. Sin embargo, Simpson, quien como veremos, tuvo amplia oportunidad de conocer las baterías, no les concedió tal capacidad, pues aconsejó a Cochrane que anclara bajo los fuegos del fuerte con el manifiesto ánimo de desafiarlo.

Fuerte de San Diego en Acapulco en la actualidad

---

[*] Esta fortaleza, debidamente restaurada, constituye hoy un excelente museo. Desgraciadamente no hay indicio de la visita de Cochrane.

Al arribo de Simpson con el *Araucano* se encontraba la ciudad bajo el control patriota debido al Plan de Iguala aunque los buques españoles surtos en la bahía, flameaban la bandera realista. Simpson observó también que dos mercantes ingleses que hacían el comercio con la India estaban en el fondeadero, pero no estaban las esperadas fragatas realistas.

Simpson bajó imprudentemente a tierra sin identificarse y simulando ser parte de la tripulación de los mercantes ingleses. Al parecer quería enterarse de esta curiosa situación en la que estaban anclados en el puerto mercantes españoles flameando la bandera del rey mientras la enseña rojo, blanca y verde mexicana flameaba sobre las fortificaciones. El gobernador de la Gándara sin aceptar palabra ninguna, lo hizo apresar y lo puso en el calabozo de la fortaleza alegando que no venía investido de una comisión debidamente legalizada. Se reunió la Junta de la ciudad que actuaba bajo el Tratado de Iguala y ésta que para la ocasión incluía a Wavell, dictaminó que se continuara la detención del comandante chileno.[138] ¿Qué razones tenía el comandante del fuerte para actuar así? El gobernador tenía alguna justificación que más tarde explicó a Cochrane, pero por el momento, los oficiales del *Araucano* sospecharon que la razón era muy simple: dos mercantes españoles el *Luisa* y la *Espina* cargaban rápidamente mercaderías y sólo cuando los buques zarparon con destino a Filipinas se permitió a Simpson entrevistarse con el gobernador.[139]

Después de apresar a Simpson, el gobernador envió un pliego al segundo comandante prohibiendo que nadie bajara a tierra y ordenando al *Araucano* que fondeara bajo los cañones del fuerte. El segundo oficial, sin comprender lo que sucedía, cumplió con la orden y una partida de soldados fue enviada a bordo del bergantín. Anclar

---

[138] Munitments, documentos 1477-1484.
[139] Dice Fuenzalida Bade, (Op. Cit.Vol. I, p. 221), que este mercante era **El Toche**. Esta información esta equivocada pues **El Toche** estaba todavía en la bahía cuando llegó Cochrane a Acapulco. Véase Vowell *Campaigns,* p.19: "Hallamos aquí un gran galeón español llamado **El Toche**, que no se había atrevido a emprender el viaje a Manila al saber que Lord Cochrane andaba por la costa, por que en una ocasión anterior había escapado a duras penas de caer en su poder en las afueras de Arica."

bajo el fuerte era prueba de amistad y buena disposición, pero permitir que soldados armados subieran a la cubierta del buque era permitir un vejamen. No se sabe quien era este segundo comandante que sin duda, no habrá contado con la aprobación de Cochrane ni de Simpson. Este insólito acto de hostilidad a la bandera de un país que el gobierno mexicano acababa de reconocer oficialmente, no tenía excusa alguna. ¿Qué intereses puede haber tenido el gobernador en esos mercantes españoles? ¿Qué fuerte "mordida" se le había prometido? No lo sabemos, pero hay que recordar que numerosos corsarios habían amenazado la navegación costera y el *Araucano* calzaba perfectamente las descripciones: bergantín muy velero, bandera chilena y oficiales ingleses.[20]

Simpson, ignorando la causa de su prisión, creyó que por fin se les había arreglado para comunicarse con el gobernador y cuando se le concedió una entrevista, le comunicó que el *Araucano* era sólo la vanguardia de la escuadra de Cochrane y que en pocos días más llegarían a Acapulco los buques chilenos. El gobernador, sorprendido, manifestó reconocer su error, pidió excusas y disculpas y dijo haberlo confundido con un pirata que merodeaba la costa. En realidad, algo había de esto, como ya se ha visto. Vowell nos dice:

> *al saber la noticia de la próxima llegada de Lord Cochrane, cuyo solo nombre llenaba de espanto dondequiera que se presentase en el Pacífico, el gobernador puso en libertad al capitán Simpson.*[140]

Después de pasar varios días prisionero y recelando todavía del gobernador, Simpson subió abordo del *Araucano* y decidió salir a esperar la escuadra mar afuera para prevenir a Cochrane de la actitud de los mexicanos. El bergantín se dio pues a la vela, dispuesto a voltejear en las afueras hasta avistar la escuadra. Apareció primero la *Mercedes*, cuyo comandante había cumplido mal la misión que se le encomendara en Panamá. Lejos de practicar un reconocimiento a fondo de los fondeaderos de ese puerto, se limitó a reconocer desde

---

[140] Vowell, Op.Cit. p. 16

lejos los mástiles que se veían en el surgidero. Creyendo no haber avistado a las fragatas enemigas, siguió su viaje directamente a Acapulco como se le había ordenado. Durante su encierro el comandante Simpson había mantenido la esperanza de que la escuadra llegaría a rescatarlo, pero esta se había retrasado.

La demora de la escuadra se debía al mal estado de los buques. Ya en Guayaquil el estado de la *O'Higgins* había puesto seria dudas en su capacidad para salir en crucero. Según Stevenson, secretario del almirante, "no se encontraba en ella ningún perno que no estuviera suelto. El palo trinquete y el bauprés estaban carcomidos en sus bases."[141] Frente a las costas de Nicaragua los buques fueron sorprendidos por un chubasco, verdadero tifón que se desata en esas latitudes. La *O'Higgins* con seis pies de agua en el sollado, no tenía bombas que funcionaran. Como no había mecánicos abordo, el propio almirante trató de repararlas, pero tan gastadas estaban las cadenas, que el bombeo mejoró muy poco y el buque pudo mantenerse a flote gracias al constante accionar de las bombas con el sacrificio y desgaste que este agotador ejercicio representaba a la tripulación. Sólo después de dos días de permanente achique se calmó el mar lo suficiente para transbordar las bombas de la *Valdivia*. Estas resultaron todavía cortas, por lo que fue necesario abrir agujeros en la segunda cubierta por donde el agua podía escapar mientras se encontraba alguna manera de prolongar sus tuberías. Fue necesario también transbordar cuarenta marineros para ayudar en el bombeo. La pólvora estaba mojada y con el fin de salvar el charqui y la harina, hubo que depositarlo en coyes de los marineros.

Dice Cochrane que el 14 de diciembre "descubrieron la costa de Méjico". Se trataba de las costas de la América Central entonces parte de la Nueva España. El 19 fondeaba la escuadra en el golfo de Fonseca donde se repararon medianamente los buques, se compraron provisiones frescas y se aprovisionó la escuadra de carne de tortugas. Había entre la dotación numerosos canacas, probablemente parte de aquellos que había embarcado Bouchard antes de expedicionar sobre Monterey. Esta gente mostró gran habilidad para coger las tortugas.

---

[141] Stevenson, Op. Cit. Vol. III, p. 399

Sobre todo, un canaca que servía de patrón a la embarcación del almirante. Nadaba por debajo de ellas, las daba vuelta y tomándolas de las aletas las sostenía hasta que los del bote las recogieran y las llevaran a bordo para carnearlas. La carne repugnaba a los marineros chilenos que preferían el tasajo o charqui de buey, pero se aderezó el estofado con una buena porción de pisco con lo que fue pronto aceptada y hasta se llegó a hacer charqui de tortugas.

Tanto Cochrane, como Vowell y Stevenson mencionan un volcán, el Ixalco, que los alumbraba durante la noche. Cochrane da la mejor descripción: "(El volcán) ofrecía uno de los espectáculos mas imponentes que jamas he contemplado: grandes torrentes de lava fundida se precipitaban por los lados de la montaña, mientras que a intervalos, masas enormes de materia sólida inflamada eran lanzadas al espacio, las que en su caída iban rebotando en el declive hasta que encontraban un punto de descanso para sus bases."[142]

El 28 de Febrero a la altura de Acapulco la escuadra encontró a la *Mercedes* y al *Araucano* e inmediatamente subieron a bordo Sheppard y Simpson para participar al almirante del resultado de sus respectivas comisiones. Sheppard le informó de su fallido reconocimiento en Panamá, mientras Simpson le contó de su recibimiento en Acapulco y cómo había observado el alistamiento de las baterías y un batallón de infantería que había entrado al fuerte, para oponerse a un posible desembarco por parte de los chilenos.

Cochrane no necesitaba recalar en Acapulco ya que la *Prueba* y la *Venganza* no estaban en el puerto. Pero como necesitaba aprovisionarse y hacer aguada, decidió aclarar por lo menos las dudas del gobernador y establecer buenas relaciones con las autoridades mexicanas como, sin duda, se lo había sugerido O'Higgins. Despachó inmediatamente un parlamentario a tierra con pliegos y sin esperar respuesta, ordenó a sus buques alistarse para el combate y entrar en Acapulco.

En el pliego al gobernador, Cochrane indicaba que su único objeto era obtener agua y refrescos y que venía como amigo, pero que, añadía, en caso de oponérsele resistencia, tendría que obrar por la

---

[142] Cochrane, *Narrative,* p. 165, Stevenson, Op. Cit. Vol. III, p.403

fuerza. Se izaron señales de zafarrancho de combate y con el viento en contra, los buques entraron uno por uno en Acapulco con las portas de los cañones abiertas y con las mechas encendidas en las manos de los marineros. Como se notaba que el fuerte estaba igualmente preparado, los buques fondearon en línea de fila afianzando sus posiciones con coderas de manera que pudiera cada nave presentar todo las baterías de un costado, un total de 74 cañones.

Afortunadamente tantas precauciones fueron innecesarias. Al recibir al parlamentario chileno, el propio gobernador, Don Nicolás Basilio de la Gándara, en su lancha de gala salió a recibir al almirante. Se hizo formar a la guarnición de infantería de marina y se le rindieron los honores correspondientes. Los cañones dispararon una salva de honor. El gobernador respondió invitando al almirante a bajar a tierra ofreciéndole toda su hospitalidad. Cochrane, desconfiando todavía un poco, declinó la invitación y se limitó a recibir algunos obsequios de carne fresca y pan que le fueron enviados desde tierra.[143]

Poco tardó Cochrane en encontrar razones más concretas de la tirantez de relaciones con los mexicanos. El gobernador le informó de la visita de Wavell y O'Reilly quienes en persona y por carta, habían informado que Cochrane se dedicaba a la piratería. Estos dos farsantes después de fracasados sus intentos en Santiago, Lima y luego en Guayaquil, habían ido a parar a México donde Iturbide los acogió, como ya se ha visto.

Cochrane tenía una personalidad magnética que atraía a la mayoría de quienes lo conocieron. María Graham que lo trató de cerca después de su viaje a México, dice de el:

> *Si bien no es buen mozo, Lord Cochrane tiene una expresión de superioridad que, desde que se le ve, induce a mirarlo una y otra vez. Su expresión varia conforme a los sentimientos que pasan por el, pero, por lo general, su aspecto es de benevolencia. Cuando rompe su silencio habitual, su conversación es rica y variada, clara y llena de animación cuando trata de asuntos relativos a su carrera. Si alguna vez*

---

[143] Dos comunicaciones en que el gobernador le declara su amistad, se encuentran en Munitments, números 1485 y 1486.

he conocido el genio, puedo decir que en Lord Cochrane es sobresaliente.[144]

Con estas cualidades pronto se conquistó la amistad y la admiración del gobernador, e informando éste al gobierno central en México, no tardó el propio Iturbide en enviarle una comunicación en la que lo felicitaba por su arribo a México y junto con ofrecerle todos los recursos del Imperio le decía:

Quisiera que mi posición me permitiera ser yo mismo el que tuviera el honor de ofrecer a V.E. mis respetos y que tratásemos sobre lo que puede V.E. contribuir a las glorias del Imperio, aumentando las muchas y bien adquiridas por V.E. para otros estados libres; pero es imposible el verificarlo y lo hará un comisionado digno que sabrá desempeñar su comisión, a menos que Ud. quiera proporcionarnos el placer de aceptar nuestros obsequios en esta corte, trasladándose a ella por el tiempo que guste, y contando con que nada nos quedaría por hacer para dar a V.E. el hospedaje de que es acreedor.[145]

Cochrane confiesa que le tentó la invitación para visitar la capital pero no podía hacerlo pues en esos días, llegó un mercante que dio aviso de haber visto las fragatas españolas hacia el sur, por lo que el almirante ordenó alistar la escuadra para darse cuanto antes a la vela y salir en su persecución. Antes de salir, envió por conducto de buques mercantes, el siguiente informe a Chile:

A bordo de la fragata O'Higgins, en el puerto de Acapulco, febrero 2 de 1822—Permítame participar a Ud. que desde mi

---

[144] Graham, María, (Lady Calcott) *Journal of a Residence in Chile during the year 1822,* Londres,1824, p. 93
[145] Archivo Nacional, Ministerio de Marina, Volumen 33. En el reverso del documento 271, comunicación de Iturbide fechada el 12 de Febrero de 1822, aparece el nombre del Gobernador, Nicolas, Bacilio (sic.) de la Gandara. Véase también *Archivo Naval,* obra citada, documentos 30 y 31.

partida de Guayaquil hemos estado en solicitud de las fragatas Prueba y Venganza, que se decía habían salido de Acapulco hacia el. (en blanco en el original), pero habiendo examinado ese puerto, como igualmente a todos los intermedios, no las he visto ni he conseguido noticias exactas de su paradero; sin embargo, estoy ahora informado, no solamente de avisos particulares, sino por parte de una goleta muy velera que mandé a Panamá, que una de ellas estaba en la isla de Taboga, donde también podía estar la otra mas aterrada, aunque no se vio, porque el comandante de la goleta tuvo recelos en acercarse. Empero, poco importa si están ahí, o solamente una, porque he mandado a la Independencia y al Araucano a examinar el puerto de San Blas y el golfo de California y hoy saldré de este puerto con la O'Higgins y la Valdivia para Panamá y de allí a Arica, donde se me ha dicho que la Prueba está destinada, no solamente para inquirir noticias del Perú, sino para las concesiones familiares que tiene su comandante en esta costa.

Celebraré si así puedo añadir a los menos una fragata a la fuerza naval de Chile, que asegurara a la República contra las intenciones y los esfuerzos públicos y privados de cualesquiera de las potencias Sudamericanas, ya sea bajo la denominación de protectorados o imperios.

Hemos respetado la neutralidad de Méjico y la bandera Española hasta ahora enarbolada a bordo de los buques de este puerto, con la esperanza de que la presente forma de gobierno, dictada por los españoles mismos, para estar firmes aquí de donde podrán conquistarse las provincias del sur, durara solamente hasta la reunión de las cortes, que me dicen será el mes entrante.

He visitado al gobernador y pagado todo lo que he recibido; pero no he saludado la bandera, porque el gobierno obra en nombre de Fernando, con quien Chile está en guerra. Nuestra llegada a estas costas en la época presente, podrá producir consecuencias muy ventajosas a la libertad de la América del Sur, porque ha manifestado aquella fuerza que desterró a la marina española de las costas del Perú y dará confianza a los que son defensores de la verdadera independencia y libertad.

No tengo lugar para remitir a V.S. copia de mi correspondencia con S.A. Serima don Agustín de Iturvide, pero esta y todo lo demás que he tenido, será presentada a V.S. a mi llegada a Valparaíso o antes si fuera practicable; tampoco puedo remitir a V.S. ningún papel público de Méjico, por no haber podido conseguirlo del Gobernador y otras autoridades, ni aun para leerlos.

Dios guarde a V. S,—Cochrane—Señor Coronel Don José Ignacio Zenteno, Ministro de Marina de Chile.[146]

Las tripulaciones de la escuadra chilena se componían de una mezcla cosmopolita. La mayoría eran chilenos, entre lo que predominaba gente de campo. El segundo contingente, el mas valioso por su experiencia y conocimiento, era los marineros ingleses y norteamericanos, a lo que se sumaba una buena porción de peruanos, guayaquileños y gente de las islas del Pacifico que habían llegado a Valparaíso con los corsarios. Durante la estadía en Acapulco, los "rotos" chilenos, los "cholos" del Perú y los "gringos" convivían con alegría en las fondas y tabernas del puerto con los "huachinangos" locales. Llevaba la escuadra una buena cantidad de pisco peruano y en tierra se hacían trueques de este licor por las bebidas locales. Muy pronto los de tierra aprendieron a bailar la "cueca" de Chile, que adoptada también por los ingleses, era el baile popular de la escuadra. Este baile, es una de las pocas huellas que se encuentran hoy día en el estado de Guerrero de la visita de la escuadra chilena en México. Se conoció esta danza como "la chilena", nombre que no perduró y que

---

[146] Cochrane a Ministro de Marina, Febrero 3, 1822, Archivo Nacional, volumen 33, numero 135: " Unicos documentos de Méjico que conseguí"...se trata de un impreso sobre " Facultades que le corresponden, (al emperador) como Almirante General". Tal vez sea necesario volver a insistir en que la falta de documentación en Chile sobre esta recalada es notoria. Sólo un documento en el voluminoso volumen 33 y algunas copias de comunicaciones recibidas en el Archivo Nacional en Santiago. Y sin embargo, hay abundancia de documentos sobre este tema en los Minutments de Edinburgo.

hoy se le llama "Sanmarqueña". Esta canción de versos interminables tiene el golpeteo de la cueca pero usa las palabras de una "resfalosa" contemporánea en Chile.

Gracias al gobernador de Acapulco, pudo Cochrane saber los detalles de la visita de la *Prueba* y la *Venganza*. En su viaje al norte la *Prueba* había reconocido a la corbeta corsaria *Rosa de los Andes* trabándose en sangriento combate que no dio resultado por parte alguna. Pudo así la *Prueba* unirse a su consorte y seguir viaje al norte. Estas fragatas habían fondeado en Acapulco el 27 de febrero de 1821, precisamente el día en que se juró en ese puerto el Plan de Iguala proclamado por Iturbide y que declaraba, prácticamente, la Independencia de México. Este plan no contaba con grandes simpatías en la región y tres semanas más tarde una contrarrevolución restablecía el régimen colonial en medio del más placentero contento de la población. El comandante de la *Prueba*, Don José Villegas, que actuaba como comodoro, había jugado un papel importante en esta restauración y ante el peligro de un contraataque patriota, se habían embarcado los caudales españoles abordo de las naves. Pero esta victoria temporal para las armas reales no duró mucho, pues el 15 de octubre la ciudad era otra vez ocupada por fuerzas mexicanas independientes. Como la nueva organización se hacía con el fin de permitir la unión de patriotas con realistas, mexicanos con españoles, el arreglo permitía a Villegas quedarse con sus naves en Acapulco sin ser molestado. Pero el comodoro tenía dificultades internas con sus tripulaciones. Si bien los mexicanos lo toleraban, no por eso lo consideraban parte de la marina imperial, que era inexistente. No tenía fondos para pagar sus tripulaciones o comprar provisiones. Para obtenerlas, envió a la ciudad de México al comandante de la *Venganza*, el chileno Don Eugenio Cortéz de Azúa. Córtez se quedó en México y fue el primer comandante de la marina mexicana.

Cabía también la posibilidad que los fuertes atacaran a las fragatas si la política cambiaba con lo que las naves pasarían a México. Pero su principal dificultad estaba en que la tripulación bordeaba en el motín. La mayoría de la tripulación eran "rotos" o "cholos" y las perspectivas de quedarse en México no los atraía. Los pocos peninsulares que quedaban abordo, ansiaban también volver a Chile o al Perú. Hasta el propio comodoro, según se ha dicho, quería establecerse en Chile, donde había sido gobernador de Valparaíso. De hecho, terminó sus días como maestro de matemáticas en una escuela de ese puerto. Convencido de que la causa española en América estaba perdida, Villegas ordenó a sus fragatas levar anclas el 13 de noviembre de 1821 y salió en busca de la escuadra chilena para entregarse o unirse a ella.

Como se ha visto, Sheppard había cumplido mal su misión en Panamá no pudiendo asegurar que se encontraran allí las fragatas. Cochrane estaba seguro que entre los mercantes estaban sus ansiadas presas. Creyendo que Villegas ya habría salido de Panamá decidió dirigirse directamente a Guayaquil, pero para asegurarse envió otra vez la *Mercedes* a Panamá esta vez al mando del teniente Greenfell con instrucciones de inspeccionar y reconocer la costa y luego seguir a Guayaquil donde estaría la escuadra.

Acapulco no era un buen lugar para aprovisionar a una escuadra cuyo principal consumo era la harina de trigo y el charqui de buey. Después de consultar con el gobernador, Cochrane hizo llamar al comandante Wilkinson de la *Independencia* y le ordenó que junto con el *Araucano* se dirigiera al golfo de California, en cuyas misiones podría obtener lo que necesitaba. Su nuevo amigo, el gobernador de Acapulco, le indicó también que un mercante español que iba con destino a Manila debía hallarse en esa región. Esta información la traspasó a su vez Cochrane al comodoro Wilkinson para que mantuviera a sus vigías con ojos avizores a ver si lograban también capturar esa presa.[147]

En la guarnición de la *Valdivia* servía el capitán Erézcano de la infantería de marina, famoso por su crueldad y que como se recordará, había pasado a cuchillo a dos prisioneros en Valdivia, razón por la cual Cochrane había pedido en varias ocasiones que se le instituyera un sumario. Esta vez, acusando a Cochrane de haberse guardado los dineros que correspondían a la tripulación, pretendía asesinar al almirante promoviendo un motín entre los marineros chilenos para apoderarse de las cajas de la escuadra. Sabía que devolviendo los

---

[147] Orden a Wilkinson para que cruce por dos meses frente a San Blas en Munitments, documento 2125.

buques a San Martín no tendría dificultades. Pero los marineros informaron al capitán Cobbet de la *Valdivia* del complot. Cochrane que "no quería causar agitación castigando esta conspiración diabólica como merecía" decidió desentenderse de él. En efecto, a último momento y ya con las anclas afuera del agua, lo envió a tierra con un pliego sellado al gobernador en el que le relataba toda la traición. La escuadra salió sin él desde Acapulco con rumbo a Guayaquil. Si este hombre se radicó en México, o si logró volver al Perú, no lo sabemos pues el propio Cochrane nos dice; "Cuál fue su paradero, no llegué nunca a saberlo."

Dice un autor chileno que "antes de retirarse de aquella bahía, la flota capturó a un galeón que desde muchos años traficaba con valiosas mercancías y barras de plata entre Méjico y Filipinas."[148] Esta información es falsa. Mal podía haber capturado la escuadra buque alguno en Acapulco cuando se había aceptado la neutralidad de México y respetado la bandera de los buques que, en cumplimiento con el Plan de Iguala, llevaban todavía la bandera española. No hay un solo documento ni de fuentes chilenas o mexicanas que indique esta captura. Tampoco la mencionan ninguno de los tres memorialistas que estuvieron presentes en Acapulco.

Al recibir las órdenes de Lord Cochrane en Acapulco, Wilkinson izó su gallardete de comodoro en el palo mayor de la *Independencia* y con el *Araucano* en conserva se dirigió al norte. Según la información que llevaba debería dirigirse a Loreto, capital de las misiones de California, donde el padre superior podría autorizarlo a comprar y beneficiar ganado en las otras misiones.

El primer punto de recalada fue la Isla Madre del grupo Tres Marías que se proyecta frente al actual estado de Nayarit. Este archipiélago se encuentra a unas 60 millas de la costa frente al puerto de San Blas. El comodoro dice haber encontrado la isla deshabitada habitada sólo por tortugas de excelente carey pero cuya carne no era tan sabrosa como la de la América Central. Wilkinson procedió a cargar una buena provisión de madera de Guayacán que abundaba en

---

[148] Valenzuela, Ricardo, *Cochrane, marino y libertador*, Valparaíso, s. f. 1960?, p. 139

la isla, madera cuya solidez permitía usarla para construir poleas y garruchas.

Como el comodoro creía que un buque español estaba por zarpar de San Blas decidió enviar al *Araucano* directamente a Loreto a tratar la compra y beneficio de la carne. Mientras tanto, con la *Independencia*, cruzaría lentamente hasta el extremo sur de la península de California donde se hallaba la aldea y misión de San José del Cabo. La *Independencia* procedió con rumbo norte hasta avistar el Cabo San Lucas, últimos roqueríos que se proyectan hacia el sur del "brazo descarnado de México". Sin encontrar el mercante español se dirigió hacia San José. Durante la travesía costera tomaron noticias de "indios pescadores" que se encontraba en ese puerto una nave de guerra española. Wilkinson decidió atacarla haciendo retirar los cañones y cubriendo las portas con lona. Enarboló la bandera inglesa de modo que su buque pareciera un mercante inglés de aquellos que hacían el comercio de la India y que frecuentaban la región.

A media tarde del 17 de febrero de 1822, los chilenos entraron al puerto y reconocieron un bergantín de guerra cuyo comandante le ordenó fondeara a su costado y que enviara inmediatamente un bote con los papeles del buque. En cumplimiento de esta orden se embarcó rápidamente al socaire de la nave una partida de marineros armados al mando del teniente Vowell. Wilkinson que tan humildemente aparentaba cumplir la orden, iba a sustituir los papeles de la nave por cuchillos de abordaje. Se arrió la bandera inglesa y se la substituyó por la estrellada bandera de Chile. La sorpresa del capitán español fue mayúscula cuando al mismo tiempo se dejaron caer las lonas y por las portas aparecieron ocho cañones que apuntaban al bergantín servidos por marineros con mechas encendidas. El enemigo arrió su bandera y un grupo de gente que se hallaba en cubierta se lanzó al agua, tal era el terror que causaba en esos mares la bandera de Chile. Vowell relata que la estratagema fue necesaria "porque, de lo contrario, sin duda alguna, habría tratado de escapar en el acto, o varándose en la playa si hubiera sospechado quienes éramos en la realidad."[149]

---

[149] Vowell, *Campañas*, p. 21

La primera tarea del bote fue la de recoger a quienes nadaban en el agua, de lo contrario, muchos se habrían ahogado ya que la distancia a la playa era más de dos millas. Era el *San Francisco Javier* que hacía el mercado entre Mazatlán y las costas de Baja y Alta California. Mantenía la bandera española y gallardete de corsario pues las misiones no lo habrían admitido con la bandera mexicana ya que, ignorando la independencia de México, creían seguir dependiendo directamente de España.

Convencido Wilkinson de que tenía ya suficientes rehenes como para emprender operaciones de mayor envergadura, preparó esa misma noche un asalto al pueblo. A medianoche atracaba en la playa un bote cargado de marineros. Como nadie sospechaba en tierra la presencia de un buque enemigo, se les permitió desembarcar y en poco rato los chilenos eran dueños de la aldea y tomado como prisionero al ex-gobernador español de San Blas, Antonio Quartara, que fue sorprendido en la casa de la iglesia misión mientras jugaba al naipe con otro oficial español. Según el oficio oficial enviado a México, "Los pobres vecinos, que embargados de terror desampararon sus casas para librar sus personas y las de sus familias, andando errantes por los montes más de 40 días, de cuyas penosísimas fatigas, de hambres, resultaron dos personas muertas."[150]

Ha quedado en claro que se trataba de naves de guerra de la Armada de Chile y sin embargo, hasta hoy día, historiadores mexicanos hablan de "corsarios ingleses al servicio de Chile". Incluso, Pablo Herrera Carrillo escribe: "Cochrane traía, además de una misión secreta de Inglaterra para la Nueva España y muy particularmente para las Californias, de dedicarse al productivo negocio del corso."[151]

En conformidad con las instrucciones de Cochrane de que respetara el Plan de Iguala, Wilkinson no tenía mas remedio que permitir la libertad del bergantín enemigo y devolver cuanto pudo de lo que la rapiña de los marineros habían hecho embarcar en la corbeta.

---

[150] AGN, México, Oficio del Ayuntamiento de San José del Cabo, *Gobernación*, 1824, vol. 62.
[151] Pablo Herrera carrillo, "Héroes en Chile..¿Piratas en Baja California?", **Hoy**, año I, vol. iii, México, D.F. 18 de septiembre de 1937, p. 24

[152] También liberó a Don Antonio Quartara y a su ayudante. Estos dos oficiales se mostraron inmediatamente grandes partidarios de la causa de la independencia y de los chilenos y se convirtieron en agentes de Wilkinson para la compra de ganado y harina. Como Quartara por gran coincidencia, había traído un arreo de animales para vender de la campiña, se dio inmediato comienzo a la tarea de beneficiar las reses cortando la carne en tiras y poniéndola a secar para hacer charqui.[153]

En una bahía cercana se encontraba un bergantín pequeño que podía llevar a San Blas la noticia del arribo de los chilenos. Temeroso Wilkinson de las consecuencias que podría traer la noticia de su recalada en San José—por lo pronto el galeón de Manila no zarparía—ordenó al teniente Jorge Campbell que con una partida de marineros fuera por tierra hasta el lugar donde se encontraba la embarcación y la echara a pique.

Cuando llegaron donde estaba el bergantín, subieron a bordo y lo barrenaron sin ninguna dificultad y sin que los habitantes se le opusieran. Completada esta operación emprendió el regreso a su buque. La gente estaba exhausta y hambrienta y un poco más al sur se detuvo en una aldea en la que hizo arreglos para dar de comer a sus marineros. Dejando allí a su gente, decidió volver al lugar con el objeto de cerciorarse de que los californios no trataban de reflotar la embarcación. La actitud tan pasiva de esa gente cuando permitió que hundiera el bergantín se le hacía sospechosa. Se había reunido una poblada considerable en la playa y la pasividad se había transformado en beligerancia. Al ver aparecer al autor de la fechoría lo atacaron con pedradas y echándolo abajo del caballo, le dieron muerte. Un desertor de un ballenero inglés que había servido de guía, fue también muerto por la turba.

---

[152] Informe de Jerónimo Baxter, comandante del *San Francisco Xavier* al comandante de Mazatlán, Fermín de Farbe. 24 de abril de 1822. AGN, México, caja 315.
[153] Archivo de Baja California, legajo # 14, documento # 26 bis. Febrero de 1822. La captura del *San Francisco Javier* fue recibida en Alta California causando considerable alarma. Bancroft, III, p. 475. St.Papers, MS vi 45; Archivo del Estado Ms iii 233-6, xi. 173-177.

Esta gente, ante el éxito obtenido, se organizó mejor y armados de palos, armas de fuego, cuchillos y otros objetos, salieron en busca de los expedicionarios. El destacamento, mostrando falta completa de sentido común—recuérdese que habían entrado en una región en abierto son de guerra y destruido un bergantín—se hallaba comiendo huevos y pescados cuando recibieron una descarga cerrada por parte del enemigo que los había sorprendido robándoles sus propios fusiles. Seis fueron muertos, otros heridos y el resto capturados. Después de curar los heridos y enterrar lo muertos fueron llevados al interior con las manos atadas a las colas de caballos. [154]

Al saber Wilkinson lo sucedido envió al teniente Francisco Monroy, el contador. Era su misión comunicarse con el gobernador o intendente de la región que se hallaba en San Antonio y solicitar de éste la libertad de los prisioneros. El gobernador, Don José Arguello, ignoró por completo la legalidad del enviado y lo puso en el calabozo junto a los marineros que había venido a liberar.

Se hallaba Wilkinson en una situación difícil pues a los trágicos sucesos se sumaba ahora la falta absoluta de noticias del *Araucano* que se suponía estaba en el interior del golfo. Providencialmente llegó a San José el padre superior de las misiones de California, Fray José Duró, que venía en viaje del interior. El domínico que había recibido varias noticias de desembarcos, creía que toda la escuadra chilena, con el mismo diablo de Cochrane a la cabeza, se le vendría encima. Era en realidad el *Araucano* que en su búsqueda de ganado había tocado en varios puertos. El superior tomó como primera medida arreglar la liberación del oficial Monroy y los marineros prisioneros. Debe

---

[154] Archivo Baja California, legajo 16, documento 26, Febrero 21, 1822. El oficial muerto era Jorge Campbell de la dotación de la *Independencia* originario de los Estados Unidos. No debe confundirse con otros dos Campbells que figuran en las listas de la marina de Chile. Un Campbell de la dotación del *Araucano* desembarco en Perú y se unió a la escuadra del Protector. Colin Campbell, inglés de nacimiento, hizo toda la campaña con Cochrane y volvió a Chile. La lista de oficiales pasada por Cochrane al Ministro de Marina al regresar a Chile contiene el nombre de "J. Campbell" y no el de Vowell. La lista no tiene fecha y fue entregada el 4 de Junio de 1822 antes del regreso de la *Independencia* que fondeo en Valparaíso el 29 de se mismo mes. Archivo Nacional, Ministerio de Marina, Vol. 33, documentos 196 y 196 A.

haberla negociado con el gobernador aunque los chilenos creyeron que la había ordenado directamente. Luego trató de aquietar los ánimos de los habitantes de San José, convencido que la furiosa venganza de Cochrane y su escuadra podía desencadenarse en cualquier momento. Por último, comprendiendo que la causa de España en América estaba irremisiblemente perdida y con el objeto de terminar con los ataques de chilenos y quien sabe que corsarios que podían venir más adelante, decidió declarar la Independencia de California y tener a los chilenos como aliados.

Con este objeto hizo llamar a cuantos vecinos pudo y a los pocos días entraban en la ciudad mil quinientos jinetes armados, según Vowell, principalmente de lanzas y algunos con fusiles españoles. El alférez Fernando de la Toba llegó también con 200 soldados.[155] El comodoro hizo bajar unos cancos de pisco y ordenó los aprestos necesarios para que su nave rindiera los honores correspondientes.

A los oficiales ingleses el momento les pareció sagrado y solemne. En medio del silencio del pueblo, Fray Roque Varela se plantó frente a la puerta de la iglesia y desde las gradas preguntó a los concurrentes, a gritos, si deseaban ser independientes. Todos contestaron afirmativamente agitando en el aire sus lanzas y fusiles y dando vivas a México y al padre superior. En ese preciso momento y a una señal convenida desde tierra, la *Independencia* hizo una salva con toda su batería. Despertados del sobresalto los de tierra, comenzaron a contestar con tiros de fusiles con lo que aquello pareció convertirse en batalla campal pues los fusiles estaban cargados con balas. Afortunadamente el buque hizo una sola salva y la población procedió a la celebración durante la cual no demoró en despacharse el pisco.[156]

Terminada la ceremonia se invitó al comandante y sus oficiales a un banquete el que según Vowell, se les regaló "con tal variedad de platos como jamás había visto en fiesta alguna. La cocina indígena nunca se alzó a un grado superior y los guisos, especialmente los de tortuga, jamón y venado resultaron excelentes."

Como el *Araucano* no daba señales de vida y como llegaran noticias a San José de que partidas de hombres armados habían sido

---

[155] Informe de Baxter, ya citado.
[156] Vowell, obra citada, p.24

observadas a lo largo de la costa, especialmente cerca de Puerto Escondido, Wilkinson decidió enviar un parlamentario por tierra, tocando en todos los puertos hasta dar con el buque. Así supo el comodoro de que el *Araucano* se había sublevado dejando al capitán y a los marineros chilenos en tierra después de cometer toda clase de robos y depravaciones en la población. Esto hacia la situación de los chilenos difícil pues los naturales, sin comprender exactamente lo que había sucedido, se habían alzado y mantenían al comandante Simpson y su gente en constante ataque.

Mientras tanto, un bote abierto había llevado al comandante Simpson, siguiendo la costa hasta San José, una travesía de 200 millas desde Loreto sin poder acercarse a la playa. Había dejado en Loreto al teniente Noyes con el resto de los marineros. Informó a Wilkinson como había llegado sin novedad a Loreto donde ocupó el presidio y permitió saquear la casa del gobernador Arguello que consideraba autoridad española. Había respetado la propiedad privada, comprado reses e instalado un matadero en tierra para lo cual dividió a su gente en varias partidas. Dejando una parte en tierra se dirigió a Guaymas y otros lugares del golfo, donde embarcó harina que compraba a dos pesos la carga de mula y lo que llamó "raíz de biznaga", una especie de cactus que se secaba al sol y se cortaba en tajadas.

Aprovisionado el buque decidió volver a Loreto donde ya estaría listo el charqui que pensaba cargar para seguir en su comisión. Pero se encontró que la situación entre mexicanos y chilenos había empeorado considerablemente. El alférez José María Matta, ante la ausencia del bergantín y probablemente ante los abusos y la prepotencia de los marineros ingleses que habían quedado en Loreto, los había hostilizado y atacado. La llegada del bergantín fue motivo suficiente para que las autoridades huyeran a Comondú dejando a los marineros en su improvisado matadero. Simpson desembarcó con refuerzos pero bastó sólo su presencia para mantener alejados a los atacantes, Decidió entonces quedarse en tierra para apurar personalmente la preparación del charqui que se había, naturalmente, retrasado. Hizo quedarse en tierra a los chilenos, que como se ha dicho eran en su mayoría gente de campo, expertos, por lo tanto, en la preparación del charqui. Quedó el buque con algunos ingleses abordo a cargo del contramaestre. Este suboficial se sublevó y con sus compañeros salió a cruzar como pirata.

Wilkinson zarpó inmediatamente con la *Independencia* y el 4 de marzo dice haber arribado en Loreto. Allí se encontraron con el resto de la tripulación del *Araucano* prácticamente prisioneros dentro de la iglesia misión. Con la llegada de la corbeta se les permitió salir, aunque no todos se embarcaron pues varios documentos testifican la presencia de Simpson y su gente en Loreto hasta fines de abril de 1822.[157]

El alférez Matta que había defendido valientemente su territorio, ahora unido con Wilkinson y Simpson proclamó la independencia de Baja California el 7 de marzo de 1822, en términos muy similares a los que se habían seguido en San José unas semanas antes. Fernando de la Toba dice haber estado presente.

Presidio de Loreto, Baja California

---

[157] Archivo de Baja California. Loreto, legajo 14, documento # 32, Lista de los robado por piratas chilenos. Otros documentos: Loreto, legajo 14 # 30, Marzo. Armas para Loreto. Loreto, legajo 14 #33, Abril 1. Que salgan todas la mugeres. Loreto, legajo 14, # 34. Parlamento con el capitán de la armada chilena Roberto Simpson, y también, # 36. Lancha chilena ahogada en Puerto Escondido.

Vowell dice que la *Independencia* se dirigió a Guaymas para comprar más harina, de manera que pudiera reemplazar la que se había perdido en el *Araucano*. Al parecer en Guaymas no hubo dificultades de ninguna especie. Por el contrario, se compró harina a nueve pesos la carga de mula de 300 libras, incluyendo dos pesos por transporte desde los molinos. Se embarcó también gran cantidad de la raíz de biznaga ya mencionada, valioso anti-escorbútico con sabor a peras secas. Hasta tal punto llegó la amistad con las autoridades locales que estas pidieron a Wilkinson ayuda para combatir a los indios del Río Colorado, tribu "numerosa y feroz" que asolaban la costa.

Y Fermín de Favres, gobernador de Mazatlán, informaba al emperador en México:

> *Ha llegado al puerto de esta comarca, el bergtn. San José, alias el Señoreano y su Capitán Juan Cubillas, igualmente que sus pasajeros comunican haber estado en Loreto, capital de la Baja California el vergantín Araucano que es uno de los de Cokrane y que su comandante notificó al gobernador que arriase el Pabellón Español y enarbolará la Independiente a lo que contestó ntro. Gobernador que allí no se había jurado la independencia y que no tenía la bandera independiente pa. Enarbolarla. Dicen que también estuvo el mismo vergantín Araucano en ntro, Puerto de Guaymas y que dudándose por el comandante, alférez José Pesqueira de que se vendiese arinas oyó el contador hablando en inglés con el Contador de su buque que si no se la vendían el las tomaría: que por último se le vendieron109 cargas, cuyo valor pago puntualmente. Dios gude. Mazatlán 14 de Marzo de 1822, segundo de la independencia de este Imperio.=Excmno. Sr. Fermín de Favres.= Excnmo. Cptan. Grl. De la provincias Internas D. Anastasio Bustamante= es copia.= México, Abril 9 de 1822= Bustamante.*

Después de detenerse en Loreto, la *Independencia* siguió al sur en viaje directo a Guayaquil y al llegar a Puná, Wilkinson se encontró con que la escuadra ya había salido del río. Después de recalar en el norte del Perú, la corbeta dio fondo en Valparaíso en medio de un crudo invierno, el 29 de junio de 1822.

Mientras tanto, Cochrane con sus dos fragatas iba en un viaje de regreso que fue tan peligroso como el de ida, debido al mal estado de las naves. En uno de los típicos "chubascos" que se desatan en esa zona, la *O'Higgins,* con sus maderos tan sueltos que el agua entraba prácticamente a lo largo de todo el casco, parecía que iba zozobrar. El almirante se consolaba pensando que la *Valdivia* estaba cerca y que podrían salvarse embarcándose en los botes. Pero, cual no sería su asombro cuando a la mañana siguiente fue la *Valdivia,* la que izó señales de alarma. Un golpe de mar, le había destrozado la tablazón por el costado de babor y hubo que cubrir la avería con una vela. Luego tuvieron que pasar por un largo período de calma. Se acabó el agua. Creían ya morir de sed y elevaron, tripulaciones y oficiales, plegarias al cielo. Y se produjo el milagro. Una lluvia torrencial cayó sobre las dos naves y los marineros extendiendo toda vela que pudieron recogieron agua suficiente para llenar las pipas vacías.[158] A duras penas y baldeando y bombeando, llegaron los buques a Esmeraldas en la costa de Ecuador fondeando en Atacamés el 5 de marzo de 1822. Allí recibieron noticias que las fragatas que perseguían habían estado fondeadas en el puerto y se habían dirigido a Puná. Cinco días más tarde llegaba Cochrane con sus dos fragatas a la isla y se enteró que los buques habían remontado el río hasta Guayaquil. Allí se encontró sólo con la *Venganza* pues la *Prueba* había sido enviada al Callao. Un representante del gobierno peruano había negociado la rendición de los dos buques con los oficiales. Por esta razón flameaba sobre el buque, la bandera del Perú. El almirante ordenó que la bandera de Chile se izara en el mismo lugar que la peruana. Esta medida que se llevó a cabo sin oposición alguna, produjo gran confusión entre los oficiales, marineros del buque y las autoridades de Guayaquil. Convencidos de que Cochrane abordaría la fragata hicieron preparativos para defenderla colocando cañones en la ribera y reforzando los baluartes del puerto con troncos. Pero dos días

---

[158] Miller, Op.Cit. Vol I, pp. 349-50

más tarde cuando la *Valdivia*, empujada suavemente por la marea, se acercó a la orilla, soldados, marineros y curiosos huyeron como si se tratara del mismo diablo que se acercaba. Cochrane entabló relaciones con el gobierno local y se acordó firmar un acuerdo por el cual la *Venganza* quedaba bajo el pabellón de Guayaquil bajo una fianza de 40 mil pesos y no podría traspasarse a otra nación (obviamente el Perú), sin el acuerdo del gobierno de Chile. Así se hizo y al izarse la bandera de Guayaquil, la *O'Higgins* saludó la insignia con 21 cañonazos. La visita terminó en los más cordiales términos entre el almirante y las autoridades de tierra.

Las dos fragatas chilenas salieron hacia el sur y recalaron en Gumabacho donde el alcalde recibió amigablemente a Cochrane y le mostró una orden de San Martín en la que se prohibía dar asistencia alguna a todo buque chileno; incluso se le negara agua y leña. El almirante ordenó dirigirse inmediatamente al Callao donde llegaron el 25 de abril. Sobre la ciudad y los castillos flameaban cinco banderas diferentes. Al divisar a los chilenos, la *Prueba* fue anclada lo más cerca de las baterías posible y se embarcó en ella tropa adicional que según dice Stevenson llegaba a dos mil hombres. [159]

Cochrane no tomó medida ninguna y a las pocas semanas llegaba a Callao la *Venganza* bajo bandera peruana, en abierta violación del acuerdo celebrado con él en Guayaquil. La fragata fue bautizada *Protector* y pasó a integrar la armada del Perú. Bernardo de Monteagudo, aquel funesto personaje que se había convertido en el segundo de San Martín, subió abordo a visitar al almirante y le dijo que lamentaba seriamente el tono de sus comunicaciones al Protector pues sin duda, en un tono menos rudo, San Martín las habría aceptado. Le contó que San Martín le había escrito una carta privada buscando la reconciliación pero que al leer la última nota de Cochrane, se había indignado de tal manera que Monteagudo temió por su ya quebrantada

---

[159] Stevenson, Op. Cit. Vol. III p. 422. Agrega este autor que tal era la aglomeración que esa noche murieron sofocados tres hombres. Y sin embargo, hay quienes insisten que Cochrane no atacó a la *Prueba,* cuando supo que estaba al mando de Bouchard(!). Según por lo menos, dos historiadores peruanos, Guise y no Bouchard había asumido el mando de *La Prueba,* el 2 de abril de 1822. Véase Ortiz,*Guise,* ya citado, p. 51.

salud. Cochrane, le contestó que si hubiera recibido una nota de San Martín la habría devuelto sin abrirla. Y luego agregó:

__Puede usted decirle, señor Monteagudo que no es mi deseo herirlo; que no le temo, ni no le odio, pero que le desprecio.[160]

Cochrane estaba convencido que San Martín había establecido en el Perú una dictadura tan odiosa y hasta cierto punto, más despiadada que la de los virreyes. Tanto el, como Stevenson, dan amplios y numerosos ejemplos en sus memorias. El tratamiento a los realistas, después de las promesas que había dado en público y en privado, les parecía despreciable. Pero faltaba todavía un último y gratuito insulto que el Lord no iba a aceptar.

El 9 de mayo entraba al puerto la velera goleta *Moctezuma* que como se recordará la escuadra había capturado. Flameaba sobre ella la bandera rojiblanca del Perú y al pasar frente a la *O'Higgins* no hizo señal alguna de reconocimiento, aunque su comandante envió su saludo personal al almirante. Cochrane le disparó una andanada, la obligó a anclar junto a la almiranta, la abordó y envió a tierra a los oficiales, reemplazándolos con su propia gente. Durante su ausencia, el gobierno chileno, la había puesto al servicio del Perú sin notificar al almirante. Al día siguiente, se hacía a la vela con rumbo a Valparaíso donde ancló en las primeras horas de la mañana del 13 de junio.

"La mañana está lluviosa y hace frío...Mientras estaba almorzando llegó uno de mis vecinos a toda carrera gritando: ¡Señora, ya llegó, ya llegó! ¿Quién llegó hijo? ¡El almirante!, nuestro grande y querido almirante y si usted se acerca al balcón verá las banderas en el Almendral.

Al oír la noticia me asomé y vi la bandera izada en todas las puertas; en la bahía había dos nuevos buques. La O'Higgins y la Valdivia habían arribado durante la noche y todos los habitantes del puerto y de los alrededores se habían dado prisa en desplegar sus banderas y celebrar el feliz regreso de Lord Cochrane."[161]

---

[160] Ibid. p. 440
[161] Graham, *Diario*, p. 41

Así relata María Graham la llegada de Lord Cochrane a Valparaíso el 2 de Junio de 1822. Cochrane muy satisfecho de la recepción entusiasta que se le hacía, dirigió casi inmediatamente al Director Supremo una carta informe en la que da una lista de buques capturados por acción directa o indirecta de la escuadra, y de los servicios prestados a la causa de la Independencia en Chile, Perú, Colombia y México. Pero el almirante no da cuenta del costo de las operaciones navales que consistieron en la pérdida del navío *San Martín*, de los bergantines *Pueyrredón (Aguila), Intrépido* y más tarde del *Araucano*, el *Aranzazu,* y la *Mercedes*. Las pérdidas humanas eran también cuantiosas, más de mil marineros se perdieron entre acciones de guerra, enfermos, desertores y amotinados. Aunque debe agregarse que éstos dos últimos grupos, lo hicieron por la negligencia en el pago de los sueldos y partes de presas que les correspondían. Igual cosa sucedió con los oficiales y comandantes, entre los cuales se encontraba quien consideraba su cuñado, Robert Forster.[*]

La situación en Chile había cambiado. Su enemigo Zenteno que lo odiaba con más encono que a un realista, ya no era Ministro de Marina. Lo había reemplazado Joaquín de Echeverría y el ex-ministro era ahora Intendente de Valparaíso donde iba a continuar sus esfuerzos por desprestigiar al vicealmirante. Pero peor era el cambio en la situación política del país. O'Higgins combatido por los carrerinos y por gran parte de la población, que sufría los efectos de una crisis económica provocada por el financiamiento de la expedición al Perú, había perdido su popularidad.

Habían llegado también a Chile, Paroissien y García del Río con acusaciones formales por escrito y verbales contra Cochrane por parte de San Martín. Cochrane se dirigió a Santiago y después de entrevistarse con O'Higgins, solicitó seis meses de permiso para retirarse a su finca en Quintero donde esperaba terminar su casa y tenerla preparada para el regreso de Lady Cochrane.

El 4 de junio de 1822 recibía una elogiosa carta de Echeverría agradeciendo y felicitando a él y sus hombres de la escuadra, por la

---

[*] Aunque Echeverría condenada la actuación de estos oficiales, más tarde Forster volvió a Chile y se reincorporó a la Armada. Al almirante Blanco Encalada se le había ordenado servir en la marina peruana.

gran labor que habían realizado y prometiendo una vez más, que se les daría una justa recompensa. Se dio orden de acuñar una medalla en honor de la escuadra y sus logros. En menos de tres años, la Armada de Chile había logrado:

1. capturar, destruir o forzar la rendición de todos los buques españoles en el Pacífico americano.
2. limpiar la costa de los piratas y corsarios que hasta entonces abundaban en todas las latitudes.
3. capturar, sin ayuda, Valdivia, la más fuerte base del enemigo y haber forzado por el bloqueo la rendición de Lima y los castillos del primer puerto.
4. proteger el comercio marítimo chileno y neutral.
5. haber puesto a la Independencia en una base tan sólida que sólo la corrupción o la ineptitud podrían perderla.
6. haber paseado con orgullo la bandera de Chile desde Chiloé a California, los límites civilizados de la costa americana en esos días.

Y como apunta Cochrane, todo esto se había logrado con un costo ínfimo para Chile pues con la excepción de dos transportes que llevaron provisiones, la escuadra se surtió por sí misma de municiones, pertrechos y dinero para pagar las tripulaciones. Es verdad que el almirante había tomado el tesoro de San Martín para hacer los últimos pagos y había retenido las capturas de metálico y los derechos de aduana que cobraba a los mercantes neutrales. De todo esto, se dio una exacta cuenta al gobierno con entera satisfacción de los comerciantes ingleses y del comodoro inglés, Thomas Hardy, encargado de proteger los intereses comerciales de su nación.

En cuanto a los cargos que le hiciera San Martín, Cochrane exigió que el Ministerio de Marina los investigara. Echeverría se negó por escrito a hacerlo declarando que no había necesidad pues tanto él, como el Senado, y el Director Supremo estaban satisfechos con sus actos y todavía más, el 13 de noviembre de 1821, le decía "su excelencia, (O'Higgins) aprueba de todo lo que usted ha hecho en estos asuntos y me ordena que le comunique su aprobación, lo que tengo el honor de hacer." [162] Está claro que O'Higgins no estaba dispuesto a aceptar cargo alguno contra Cochrane. En primer lugar creía y sentía en el fondo, que la razón estaba de parte del almirante y en segundo lugar por el gran respeto que tenía por Cochrane y que confiaba su integridad. Pero el almirante refutó por escrito, punto por punto, los cargos que le hacía el Protector y con detallados antecedentes exponía la conducta deshonesta, anti-chilena y dictatorial de quien lo acusaba.[163] Cuando Cochrane insistió que éstas se publicaran, O'Higgins se negó cortésmente, y con cierta razón, a través de Echeverría. Habría sido funesto para el gobierno de O'Higgins publicar los cargos contra San Martín que hacía Cochrane. Ya existía en Chile un sordo malestar contra la actuación de San Martín en el Perú, malestar que no pasó más allá por el respeto y agradecimiento que se sentía por El Libertador en el país. Un detalle, anota Cochrane con acierto en sus memorias: San Martín no presentó nunca un cargo oficial contra él, sino hasta después de la negativa final de aceptar su ultima proposición que llevó Monteagudo.

Fue por esos días cuando llegó a Chile el *Estrella Naciente*, la fragata a vapor que se había ordenado en Inglaterra. Pero llegaba demasiado tarde y las pruebas en Chile no fueron satisfactorias. En cierta ocasión viajó en ella el almirante con sus amigos hasta Quintero, excursión descrita por María Graham en su Diario. El gobierno no tenía ya interés en comprarla y Cochrane no estaba satisfecho con el diseño de la máquina, ni la caldera que causaba constantes desperfectos. Curiosamente, cuando se le quitó el sistema de propulsión a vapor, el buque se convirtió en un excelente velero que terminó sus días en el Mar de Irlanda.

En la finca de Quintero, donde se radicó en septiembre de 1822, terminó de construir su casa con vista al mar. Hasta Quintero le llegó una resolución del Senado Peruano en la que se le agradecían sus servicios en la liberación del país, pero no se mencionaba una palabra sobre una compensación monetaria ni para él, ni para sus oficiales.

---

[162] Cochrane, *Narrative,* pp. 197-198.
[163] Tanto los cargos de San Martín, como la defensa punto por punto, que hace Cochrane se han publicado en *Archivo Histórico Naval,* ya citado, Tomo VI, Vol. 1.

Pero no todo iba a ser tranquilidad y honores para el almirante. En octubre recibió mensajes de los comandantes Wilkinson y Greenfeldt en el que le comunicaban que sus enemigos, probablemente Zenteno, Correa del Saá y Luis de la Cruz, habían esparcido rumores de que no se pagaba a las tripulaciones porque el almirante se había embolsicado el dinero y lo había embarcado en la *Doris* para enviarlo a Inglaterra. Tuvo el almirante que salir de Quintero, embarcarse en la *O'Higgins* e izar otra vez su bandera y gallardete de mando. Desde a bordo demandó que se registrará el buque mencionado y se comprobó que tales valores no existían. El intendente, que actuaba como almirante de puerto, no podía pagar los sueldos atrasados y había usado este infame subterfugio para vindicarse. Desgraciadamente, este mito de codicia, avaricia y rapacidad ha persistido hasta hoy en la historiografía de la Independencia. Esta calumnia fue levantada por sus enemigos chilenos ya mencionados y apoyada por Guise, Spry y finalmente el propio San Martín en palabras que pone en su boca Vicente Pérez Rosales. ¡Qué distinta es la realidad histórica! El pago de presa en Chile, se regía desde el zarpe de la Primera Escuadra por el reglamento inglés que ya conocemos. Después de la primera campaña al Perú, ofreció su octavo de presas al gobierno para la construcción de los cohetes. Después de la captura de Valdivia se le asignó la hacienda Río Claro de la que nunca pudo tomar posesión y que más tarde le fue arrebata sin razón ni explicación alguna. La había ofrecido al gobierno. La captura de Valdivia fue eximida del pago de presas, pues según el gobierno se trataba de una recuperación.[164] Se le pagaron 23 mil pesos antes de la Expedición Libertadora, *en billetes del gobierno*, cuyo cambio a metálico le significó una pérdida enorme. Cuando distribuyó el dinero peruano, pagó a las tripulaciones, pero el se negó a recibir pago alguno y al volver a Chile, Zenteno reconocía que se le debía "una alta suma". En Valparaíso se le pagaron al final, dos años y medio de su sueldo con lo que pudo viajar a Brasil. Se le adeudaban según Miers, 60 mil pesos por parte de presas que nunca se pagaron.

---

[164] Stevenson culpa a Monteagudo que escribió una larga justificación para no pagar las recompensas que correspondían. Es probable que la Logia Lautaro le ordenó que así lo hiciera pues habría significado un gran desembolso para el gobierno. Véase Stevenson, Vol. III p. 228.

Se habla "del pago de Chile". Es probable que en todas las naciones del mundo, el estado sea igualmente ingrato. El ejemplo de Cochrane en Chile, Inglaterra, Brasil, Perú y Grecia, es bastante ilustrativo. Sólo en 1845, el 25° aniversario de la Toma de Valdivia, el Presidente Don Manuel Bulnes, pedía al congreso que se pagara a Cochrane seis mil libras esterlinas, *la octava parte de lo que se le debía*. El Congreso por ley del 29 de octubre de 1845, otorgó el pedido "como testimonio de la gratitud nacional por los servicios que prestó a la República."[165] ¿Era entonces justificado llamarlo "gringo badulaque, Almirantito que cuanto no podía embolsicar lo consideraba robo..."? [166]

Ese mismo mes, y al parecer antes que pudiera regresar a Quintero, llegó sorpresivamente San Martín a Valparaíso. Cochrane quería arrestarlo para que se sometiera a juicio, pero O'Higgins lo hizo escoltar con un piquete de honor hasta Santiago. Cochrane presentó cargos contra el ex-Protector, cargos que O'Higgins, por supuesto desechó. El almirante no pudo entender que el Director Supremo, a pesar de que no aprobara de su conducta, no podía enjuiciar a su "amigo amado," José de San Martín a quién debía y deben los chilenos, la libertad de Chile.

Pero el malestar del almirante se vio sorpresivamente interrumpido por un violento terremoto que el 21 de noviembre prácticamente destruyó Valparaíso. Cochrane se encontraba a abordo de la *O'Higgins* y bajó a tierra para ver que ayuda podría prestar y encontró a O'Higgins que a duras penas se había escapado de la casa que habitaba. Valparaíso estaba destruido y mucha gente tuvo que refugiarse en los buques anclados en la bahía. El remezón parecer haber tenido un efecto salutífero en Correa del Saá y Zenteno pues a los pocos días, se pagó a la marinería de todos sus sueldos atrasados. Pero el contador y el intendente trataron de imponer algunas condiciones al almirante que éste no aceptó, insistiendo que se pagara a la gente abordo.

La popularidad de O'Higgins declinaba día a día. Hasta se le culpó del temblor. El regreso de San Martín no lo ayudó tampoco y a fines de noviembre, recibía Cochrane una carta de Freire que

---

[165] Ibid.p. 253
[166] Pérez Rosales, Vicente, *Recuerdos del pasado*, Buenos Aires 1970, p. 125

recordando su antigua amistad, le urgía que se uniera a él en un movimiento para derrocar a O'Higgins. Cochrane no le contestó, pero lo haría más delante dándole sus razones. Una segunda carta de Freire, ya Director Supremo, cuando Cochrane ya estaba en Brasil, le rogaba que volviera a Chile.

En enero de 1823, habiendo recibido una invitación del emperador del Brasil para ir a prestar sus servicios a esa nación, solicitó y obtuvo, permiso para renunciar a su cargo de Vicealmirante y Comandante en jefe de la Escuadra. Imprimió varias proclamas de despedida en su imprenta de Quintero y la dirigida a los habitantes de Chile, una de cuyas copias se conserva en la Biblioteca de la Academia Chilena de la Historia dice

> *Chilenos: compatriotas míos—El Enemigo común de America ha sucumbido en Chile. Vuestro pabellón tricolor flamea seguro a costa de vuestros sacrificios. Algunas conmociones agitan al interior de Chile; no me compete a mi investigar las causas, acelerar, ni retardar los efectos: si solo apetecer para todos el resultado mas felis: Chilenos; habeis espelido de vuestro país al enemigo de vuestra Yndependencia no mancheis el hecho glorioso con fomentar la discordia y producir una anarquia, que es el mayor de los males. Considerad la dignidad a que vuestro heroismo os ha elevado y si falta que dar algun paso para fixar vuestra Libertad nacional, jusgad por vosotros mismos y obrad con Prudencia, conforme con la Razón y la Justicia.*
>
> *La sagrada causa de vuestra Yndependencia me llamó a Chile ahora quatro años; os he ayudado para establecerla, la he visto lograda; solo resta el conservarla. Yo me separo por un tiempo de vosotros por no meterme en materias agenas a mi deber y por rasones que ahora quiero callar por no motivar un espiritu de partido.*
>
> *Chilenos; vosotros sabeis que la Yndependencia se logra a la punta de la bayoneta. Sabed que la Libertad estriba en la Buena fé y en las Leyes del Honor y que sus infractores son vuestros únicos Enemigos; entre los quales nunca se contará a*
> **Cochrane**

Después de la partida de Cochrane, el poder naval chileno que había logrado dominar el Pacifico americano, desapareció casi con la misma rapidez con que se levantó. Pero la tradición establecida en la escuadra patriota por Lord Thomas Cochrane, el coraje y resolución en las batallas, voluntad para el combate, fortaleza y aguante ante los mayores sufrimientos, perseverancia y constancia en la lucha con el mar, estas fueron cualidades que permanecieron en Chile y que le ayudarían para enfrentar con éxito su futuro marítimo. Los magníficos esfuerzos del almirante y sus marineros chilenos y extranjeros establecieron la más sólida fundación sobre la cual el poder marítimo de la República podría levantarse en cualquier momento y ante cualquiera amenaza.

Capítulo XI
Chiloé

La Primera Junta de Gobierno, que tan mal guiara los asuntos militares de la Patria Vieja, se había preocupado de la importancia estratégica de la isla de Chiloé. Estos pensamientos se habían visto plenamente justificados pues la isla había sido utilizada como base para las expediciones realistas de 1813 y 1814 de tan triste memoria en la historia chilena. La isla protegida por la naturaleza contra invasiones, gracias al tiempo inclemente y la costa desmembrada surtía no sólo maderas para las naves del virrey sino que gran parte de los hombres en edad militar entraban a las filas del ejército realista. "Pocas regiones hicieron mayores esfuerzos en favor del rey de España durante las guerras de la Independencia", nos dice Worcester.[167]

El propio O'Higgins declaraba el verdadero significado de la última posesión española en Chile cuando decía: "La conquista de Chiloé es algo necesario e indispensable para completar la independencia nacional; sin Chiloé estaremos siempre amenazados por los realistas." [168]

Estaba a cargo de Chiloé, el coronel don Antonio de Quintanilla, tal vez el mejor militar español de las guerras de la Independencia. Quintanilla, a la vez que valiente y emprendedor, era un gran organizador y demostró tener excelentes cualidades en la preparación y organización de la defensa de su isla. Ayudado por los fuertes vientos, por las terribles tempestades y por la falta de recursos del gobierno chileno, Quintanilla iba a tener el honor de ser el último capitán español en América del Sur.[169]

---

[167] Worcester, Obra citada, p. 82
[168] Barros Arana, *Las campañas de Chiloé, p.* ix,
[169] Una fuente excelente para el estudio de la defensa de Chiloé por el General Antonio de Quitanilla es "Documentos sobre Quintanilla y otros concernientes a su pesona (1814-1826)" en José Toribio Medina, *Estudios Históricos, Biográficos, Críticos y Bibliográficos sobre la Indepenbdencia de Chile.* Fondo Histórico y

En total fueron cinco las expediciones enviadas por los patriotas contra la isla. La primera, ya lo hemos visto, fue organizada muy a la ligera por Lord Cochrane y fue el más rotundo fracaso que sufrió el gran almirante durante su servicio en Chile. La segunda expedición se llevó a cabo en enero de 1821. Como se recordará la corbeta *Chacabuco* había quedado en Chile al mando de Tortel para los servicios del gobierno. O'Higgins decidió que ante la exitosa campaña peruana sería fácil apoderarse de Chiloé. Con esta idea se envió a la *Chacabuco* a Valdivia, para que desde allí incursionara sobre Ancud, bloqueara el puerto con el fin de impedir la llegada de refuerzos para Quintanilla y por último se apoderara de dos cañoneras y la fragata *Presidente* que estaba en el puerto.

El 16 de enero llegó Tortel a la vista de Chiloé y se mantuvo con su buque voltejeando frente a la costa. En eso estaba, cruzando bajo los fuertes vientos que abundan en esa región cuando se descubrió una peligrosa vía de agua. El comandante llamó a consejo de oficiales los que decidieron que se debía volver inmediatamente a Valdivia ante la imposibilidad de reparar la avería. Tortel comprendió que no había otra alternativa, pero como estaban frente al puerto y con los elementos preparados, decidió, que para no hacer del viaje un trabajo inútil, esa misma noche enviaría al puerto la lancha y el bote para dar un golpe de mano y cortar la fragata española.

Frente a la isla Sebastiana la corbeta se puso en facha y se procedió a embarcar a los 35 hombres seleccionados de la tripulación. Al mando de la lancha estaba don Santiago Jorge y el del bote lo tomó don Santiago Terim. Una vez que las dos embarcaciones estaban armadas y apertrechadas se separaron del buque con la orden de mantenerse unidas y ponerse al socaire de la isla Sebastiana mientras la *Chacabuco* se haría al mar hasta perderse en el horizonte.

Al día siguiente viró la corbeta en busca de tierra, con el objeto de recoger los botes al amanecer del tercer día. Después de la media noche y a la misma hora que los botes debían entrar al puerto, se levantó una tremenda marejada y a las primeras horas de la mañana tomaba visos de un verdadero temporal. "La mar del viento, dice

---

Bibliográfico José Toribio Medina, Santiago, 1965. pp.255-363. Se trata de una recopilación de 114 documentos tomados de fuentes diferentes.

Tortel en su informe- encontrada con otra de Corrientes, nos fatigaba mucho y estremecía demasiado el buque; era preciso forzar la vela por hallarnos muy próximos a la costa y el viento a la perpendicular de ella." [170]

Al amanecer, estaba la corbeta en serios apuros. El agua entraba a razón de 27 pulgadas por hora. Sólo se podían aguantar las velas del mayor y del trinquete. Esta agonizante situación se prolongó casi hasta el mediodía. A esa hora cambió repentinamente el viento. Esto les permitió virar de bordo y poner proa al norte pues el nuevo vendaval venía del sudoeste. Marineros y oficiales, pasaron el resto del día achicando con las bombas. La noche no fue mejor, pero al amanecer disminuyó el viento y pudo por fin el comandante poner un rumbo que le permitió que las olas tomasen la dirección de la quilla y no chocasen tanto contra los costados de la corbeta.

Al día siguiente y con la bomba achicando a razón de 36 pulgadas por hora, no quedó ya más solución que permitir a las olas empujar a la *Chacabuco* al norte sin intentar la recalada en Valdivia pues el cambio de rumbo al dar el costado a la mar, habría hecho zozobrar al buque. Así pues se continuó el rumbo con dirección a Valparaíso. Tortel no se preocupó mucho por las embarcaciones que había dejado en Chiloé. Comprendió que era imposible recogerlas y que éstas, azotadas también por el temporal, tendrían forzosamente que refugiarse en el archipiélago. Confiaba en el práctico y la carta de navegación que llevaban. Esto, unido a la pericia de sus tripulantes y el buen estado de las embarcaciones, les permitió navegar hasta Valdivia donde esperaron que se les recogiese.

El 26 de enero anclaba la *Chacabuco* en Valparaíso y su comandante fue sometido a un consejo de guerra, más bien con la intención de mantener su prestigio y respaldar su opinión. El consejo absolvió plenamente a Tortel. La *Chacabuco* fue sometida a reparaciones y como era el único buque disponible no se pudo continuar el bloqueo de Chiloé. Al fin después de reparada, nadie se atrevió a sugerir que volviera a los mares del sur. Fue así como por el resto de ese año, 1821, la corbeta hizo viajes por la costa hasta

---

[170] Uribe, obra citada, p. 397

Talcahuano y a Juan Fernández. Quintanilla no fue molestado hasta el año siguiente.

A fines de 1821 se alistó el *Galvarino* que había llegado de vuelta del Perú, con el objeto de llevar una expedición a Chiloé. Como faltaban las tripulaciones y la *Chacabuco* seguía en malas condiciones, se dio orden de transbordar la tripulación de la corbeta al bergantín. El *Galvarino* estaba al mando del teniente Brown, que según parece, tenía un carácter violento y "cuyas maneras sobraban de terquedad y aspereza", según palabras del Ministro Zenteno. Ante la perspectiva de servir bajo Brown, la tripulación de la *Chacabuco* se negó a transbordarse, alegando que preferirían dejar el servicio antes que servir bajo ese tirano. Fue necesario acceder a la petición de los marineros y a fines de año pudo por fin zarpar el bergantín con la misión de bloquear el archipiélago.

Benavides, el feroz guerrillero realista, había cambiado de táctica al darse cuenta que no recibiría refuerzos por mar desde Perú. Tomando como base de operaciones el golfo de Arauco, a unas cuantas lanchas y se dedicó con ellas a la piratería. El 24 febrero de 1821, las fuerzas de Benavides abordaron la ballenera norteamericana *Hero* y la saquearon. Gracias a la aparición de un buque en el horizonte, los marineros norteamericanos pudieron recuperar su nave y hacerse a la mar, dejando a los piratas rehenes. Luego, el 13 de mayo, caía prisionero el bergantín mercante norteamericano *Hersilia* cuyo comandante fue atrozmente asesinado. Benavides forzó a la tripulación a ingresar en su ejército y alistó el bergantín como "corsario". Cuando se dirigía con el a Chiloé, sobrevino una fuerte tempestad y el buque se fue a pique. Algunos sobrevivientes lograron escapar llegando en un bote a Talcahuano. La codicia del guerrillero había sobrepasado todos los límites. El 7 Julio tomó por asalto con tres botes balleneros al bergantín *Ocean* que llevaba armas para los realistas. La poca pericia marinera de los asaltantes y el mal tiempo reinante causaron la varada del buque en la playa, donde quedaron abandonadas las armas. Más tarde la fragata *Golconda*, también norteamericana, fue apresada por Benavides mientras hacía la aguada en la isla de Santa María. La temeridad del caudillo realista había llegado a tal punto que intentó un golpe de mano contra Talcahuano, usando las lanchas de las naves apresadas. Este ataque fracasó, pero Benavides continuó sus correrías hasta febrero de 1822, fecha en que fue capturado cuando en una lancha trataba de escapar hacia el Perú. Conducido a Santiago se le procesó y ahorcó. Así y todo, quedaba demostrado que la costa chilena era vulnerable en muchos puntos. Una insignificante flotilla de lanchas había capturado cuatro mercantes, atacado a Talcahuano y desafiado a cuanto adversario se le puso delante. El gobierno, con la escuadra en el Perú, no contaba con los medios para combatirlo. Los buques de guerra, ingleses y norteamericanos, no pudieron hacer nada contra el guerrillero y al fracasar todos los intentos de capturarlo, se limitaron a pasar la noticia de que la Santa María era lugar peligroso para buques mercantes.

    Aun cuando la causa de la independencia todavía no se había resuelto en el Perú, O'Higgins decidió que era imposible esperar. Como tuviera a su disposición la fragata *Lautaro*, ordenó alistar dos transportes, reparar lo mejor posible a la *Lautaro* y nombró a Beaucheff comandante de la expedición. Hasta aquí el espíritu organizador de O'Higgins y su empeño constante por la liberación de Chiloé. Ese mismo espíritu unido al emprendedor carácter de Zenteno y la energía de Cochrane, había preparado, como ya hemos visto, la expedición al Perú. Las campañas anteriores habían agotado los recursos chilenos y pasaron los meses de verano sin que la escuadra pudiera hacerse a la mar. Zenteno tuvo que recurrir hasta el salvataje en sus intentos de equipar las naves. Fue así como la *Lautaro* fue a Quintero esperando recobrar las anclas que había perdido en ese puerto la *Begoña*. Las anclas no aparecieron pero se encontró un buen pedazo de cadena y un tamborete. En la playa apareció un buen palo que podía servir como mastelero. La falta de anclas en la *Lautaro* era crítica. La cadena encontrada pudo unirse a otro pedazo que había en la fragata y así se obtuvo la longitud necesaria, pero no había a que amarrarla. Por fin se encontró un ancla en el arsenal, que había dejado la fragata inglesa *Andromache* en guarda. Era ésta un ancla sin arganeo, pero la necesidad no ponía condiciones. Zenteno pidió al gobierno autorización para usarla en la *Lautaro*, permiso que fue concedido, siempre que no se comunicara este uso a los ingleses propietarios del ancla.

La escuadra no llegó a Corral, último punto de reunión, sino hasta mediados de abril. Después de varios intentos de embarcar la tropa que fracasaron a causa del mal tiempo, decidió Beaucheff que sería mejor esperar la primavera, acuartelando sus tropas en Valdivia. Se envió a la *Chacabuco* a mantener el bloqueo. Vuelta por la falta de provisiones, fue despachada a Valparaíso a buscar víveres para la expedición que ya llevaba bastante tiempo sin ser aprovisionada. Al salir de Corral, la *Chacabuco* se encontró con un fuerte temporal. El teniente Kelly, que la mandaba, se vio en la imperiosa situación de echar parte de la artillería al mar, tan desesperada era la situación de la corbeta. Luego de arrojarse por la borda diez cañones, la corbeta arribó a Valparaíso. Como es de imaginarse, su estado era lamentable y no podía enviársela de vuelta y llegó el mes de octubre sin que se enviaran provisiones para Beaucheff y su gente.

Beaucheff, acuartelado como estaba en Valdivia, con un invierno crudísimo, no podía proporcionar a sus tropas los víveres necesarios. La situación era peor en los buques surtos en Corral. Wooster, que comandaba la *Lautaro*, decidió ir a Talcahuano y si fuera necesario seguir viaje a Valparaíso. En Talcahuano fue informado por Freire que dos naves mercantes llevarían directamente desde Valparaíso los pertrechos y provisiones a Valdivia. Mientras tanto se le surtió de algunos víveres, los suficientes para regresar a Corral. Wooster empezó a hacer los preparativos para zarpar, pero la tripulación tenía otros deseos. Se había ordenado limpiar el buque pues se esperaba la visita de Freire. La tripulación se reunió cubierta y pidió hablar con el comandante. Wooster se presentó y fue informado que la tripulación no sólo se negaba a zarpar hacia Valdivia sino que pedía ser llevada a Valparaíso. Wooster trató persuadirlos y como nada conseguía, prometió bajar a tierra a pedir autorización de Freire para viajar a Valparaíso con el buque. Los amotinados sospecharon una estratagema y no lo permitieron. Al ver que era imposible persuadir al comandante, los marineros tomaron las armas y cazaron las velas largándose al mar. Varias veces pidieron a Wooster que se hiciera cargo del buque, a lo que el comandante se negó mientras no se devolvieran las armas a los oficiales. Informado más tarde por el cocinero que los amotinados pensaban llevar el buque a una isla, decidió que debía tomar el mando por seguridad del buque. Una vez anclados en Valparaíso, la tripulación depuso las armas. Wooster hizo formar a la tripulación y ordenó separar a los cabecillas del motín. Como éstos vacilaron, el comandante les informó que ordenaría a los soldados que habían venido de tierra a hacer fuego sobre la compañía del buque si no se obedecían sus órdenes. Tuvo todavía el valeroso capitán que encarar pistola en mano con uno de los cabecillas logrando así embarcarlos en el bote y remitirlos a tierra para ser juzgados por un consejo de guerra. Como la *Lautaro* no estaba en condiciones de continuar con la expedición, se dio orden a la *Independencia*, recién llegada de su viaje a California, de proceder al bloqueo de Chiloé. La expedición libertadora al archipiélago debía postergarse hasta mejores condiciones pues la falta de fondos no permitía el alistamiento de buque y el pago de las tripulaciones. A todo esto había vuelto Cochrane con la escuadra del Perú y ya era imposible mantener los buques en pie de guerra. Se decretó pues el desarme y el licenciamiento a medio sueldo de las tripulaciones.

Tal era el estado de abandono a que había llegado la escuadra que en marzo de 1823 hubo que comisionar al armador Peter Oliver como capitán de corbeta y encargarle que hiciera un estudio del estado de los buques. Oliver presentó un informe detallado y completo del que se desprendía que sólo estaban en estado de servicio la *Lautaro* y la *Independencia*. Las fragatas *O'Higgins y Valdivia* estaban en tan mal estado que la primera necesitaba 95 mil pesos en reparaciones y a la ex *Esmeralda* hubiera sido más barato construirla de nuevo.

El ejército del Perú había sufrido un par de desastres, lo que peligraba la causa de la independencia en ese país. Bastó esta situación para convencer al gobierno de que se hacia necesaria la inmediata reorganización de la escuadra. Se trataba de enviar refuerzos al Perú y con este fin quedaron listas en poco tiempo la *Lautaro*, *Independencia* y las goletas *Mercedes* y *Moctezuma*. A estas unidades se agregó la fragata *Voltaire* comprada en Francia por Irisarri en 22.646 pesos. El bergantín *Galvarino* estaba destinado al servicio de los puertos chilenos y la *O'Higgins,* la *Valdivia* y la *Chacabuco* no lograron repararse a tiempo. En octubre, la escuadra estaba lista y se embarcaron en ella 2.500 soldados. Además de los buques de guerra, que estaban muy mal armados, se contaba con cuatro fragatas transportes. Eran éstas *Sesostris, Ceres, Santa Rosa y Ester.*

La expedición zarpó al Perú y volvió en tres meses, trayendo de vuelta a la división chilena que estaba todavía en ese país. No ocurrió en esa ocasión operación naval que merezca mencionarse.

Mientras tanto, Quintanilla se había preparado mejor que nunca para recibir y repeler el ataque patriota. Dos buques ingleses fletados por el virrey le habían traído armas y municiones, y más tarde le llegó dinero para pagar las tropas. El comandante Wilkinson de la *Independencia*, sabedor de estas novedades, fue a Valdivia a informar a Beaucheff que se hallaba todavía en esa ciudad en espera de la expedición a Chiloé.

Quintanilla, sin apoyo alguno del exterior, había adquirido en el ínter tanto una pequeña pero eficiente fuerza corsaria. El piloto genovés Mateo Maineri, embarcado en el mercante *Cinco Hermanas*, se las arregló para sublevar a la tripulación y dirigirse a Ancud. Allí obtuvo patente de corso y se le facilitaron algunos cañones y otras armas con que armar su nave. El corsario fue rebautizado *General Quintanilla*. A mediados de 1823 cruzaba los mares bajo la bandera española.

Cuando el *Quintanilla* no salía todavía del puerto, arribó a San Carlos de Ancud el bergantín mercante inglés *Puig* que iba al mando de un tal Mitchel con un cargamento para El Callao. Al saber que la costa peruana estaba bloqueada entró en Ancud, y siguiendo el ejemplo de Maineri, sacó también patente de corso. El *Puig* fue rebautizado como *General Valdés* y al poco tiempo navegaba por aguas peruanas. Cerca de Quilca apresó al mercante *Mackenna* que llevaba 300 soldados del ejército de Sucre que se retiraban derrotados del sur del Perú. Como la presa era bastante grande y difícil de marinear, Mitchel decidió volver a Ancud con sus prisioneros. Frente a la costa chilena avistó a la fragata genovesa *Colombia*. Como estaba interesado en presas solamente, no respetó la bandera neutral y se apoderó de la fragata embarcando a bordo del corsario al capitán y al piloto genovés. Al día siguiente un temporal separó las embarcaciones y el *Mackenna* a duras penas pudo entrar Ancud y más tarde lo hizo la *Colombia*. El *Valdés* sin embargo, se perdió con toda su tripulación.

En el naufragio perecieron los oficiales peruanos capturados en el *Mackenna* y el inocente capitán del *Colombia* con su piloto.[171]

Quintanilla desaprobó, como era de esperarse, la toma de la fragata genovesa y despachó al buque a cargo del segundo piloto, se dirigió a Valparaíso y dio cuenta al gobierno chileno de lo que había sucedido. Las informaciones traídas por el piloto Natún a Valparaíso indicaban que se hallaban en Ancud las fragatas *Mackenna y Estremor*, el bergantín *Guadalupe* y la goleta *Catilina*, además una fuerza efectiva de 800 hombres.

Maineri, por su parte, no mostró más respeto a los neutrales que Mitchel. Apresó imprudentemente a la fragata *Huron* de bandera norteamericana. El *Estremor* y *Catilina* eran también presas neutrales de los corsarios. Las dos naciones de habla inglesa tenían en esos años una considerable fuerza naval en el Pacífico. No será necesario describir la indignación de los comandantes respectivos al conocer el apresamiento de buques de su bando. Según Uribe, los norteamericanos enviaron a la goleta armada *Amanda* en busca del corsario, pero luego de cruzar frente a Chiloé regresó a Valparaíso sin haberlo encontrado.[172] Los ingleses reaccionaron con mayor energía. El capitán Fergusson de la corbeta *Mersey* zarpó con su buque a Chiloé. Obtuvo la devolución de las presas y extrajo toda clase de explicaciones de Quintanilla.

El 11 de diciembre de 1823, la *Moctezuma* navegaba frente Cobija cuando, al mediodía, sus vigías divisaron un bergantín-goleta que se les acercó por barlovento. El capitán Winter no prestó mucha atención al comienzo, pero como a las cinco de la tarde y estando el buque a dos millas, izó la bandera colombiana afianzándola con un cañonazo. Contestó la goleta chilena afianzando también la suya pero al acortarse la distancia el bergantín rompió el fuego izando bandera española. Reconoció Winter al *Quintanilla* y a pesar de contar la *Moctezuma* con un solo cañón, contestó el fuego. La mala calidad de la pólvora hizo que se tapara el oído del cañón y el punzón que se usaba para limpiarlo se quebró dejando el cañón prácticamente clavado. Maineri

---

[171] Quitanilla informó de la captura de estos buques al Virrey el 8 de diciembre de 1823. Citado por Medina, p. 326.

[172] Billingsley, *In Defense of Neutral Rights*, p. 178

maniobraba entonces con todas sus velas, tratando de abordar a la *Moctezuma,* mientras su tripulación hacía fuego de fusil sobre la goleta chilena. El teniente Oxley, logró destapar el cañón a pesar de las balas que caían en su alrededor y los disparó con sobrecarga haciendo estragos en su contrincante. Esto le permitió a Winter virar por la vuelta de fuera y con la mayor velocidad de la goleta se alejó hasta quedar lejos del alcance de los fuegos del corsario. La *Moctezuma* no tuvo afortunadamente ni muertos ni heridos. Los daños, aunque considerables, no fueron serios: quedó agujereado el trinquete, rotos varios cabos de maniobra y dañada la obra muerta en la aleta de babor.[173]

En enero de 1824 regresó la expedición al Perú. Freire, entonces Director Supremo, decidió emprender una campaña definitiva contra Quintanilla. Era ya a mediados del verano y a no ser que la escuadra y las tropas se prepararan rápidamente sería imposible atacar a Chiloé durante la época de buen tiempo. Una de las primeras medidas de Freire fue la de nombrar a don Manuel Blanco Encalada jefe de la escuadra. Este trató por todos los medios de dar impulso a la lenta preparación de los buques.

Chiloé se había convertido en un serio peligro para Chile. Ya hemos visto cómo servía de base para corsarios y a esta actitud bélica se añadía la de mantener a los indios del sur en constante estado de hostilidad hacia los patriotas. Alentados por noticias que llegaban de España, los españoles de Chiloé estaban lejos de rendirse o capitular. Por el contrario, Quintanilla hacia excelentes preparativos y se le había anunciado que una flotilla española se preparaba en Cádiz para reconquistar el dominio del Pacífico.

Freire designó a Talcahuano como base de operaciones y acampó a las tropas en la Isla Quiriquina. Desde Valparaíso zarpaban a fines de enero la *Independencia* y la *Lautaro* llevando cada una un batallón de infantería. En Talcahuano se les unieron la *Chacabuco* y la *Mercedes* y cuatro transportes: *Ceres, Valparaíso, Pacifico y Tucapel.* El convoy salió de Talcahuano el 2 de marzo de 1824 y recaló en Valdivia. Allí estaban el *Galvarino* y la *Voltaire*, buques que

---

[173] Oficio inédito de Winter al General Pinto, citado por Barros Arana, obra citada, Tomo XIV, p.278.

completaban la expedición. Entre los buques de guerra y transportes, iban embarcados 1.940 soldados, 95 dragones y 24 artilleros con tres cañones de montaña.

El 18 de marzo, ya a fines del verano, se hizo la escuadra a la vela. La formaban las siguientes unidades:

> Fragata *Lautaro*, comandante Roberto Foster
> Corbeta *Independencia*, comandante Pablo Délano
> Corbeta *Voltaire*, comandante Roberto Simpson
> Bergantín *Galvarino*, comandante Enrique Coobbet
> Corbeta *Chacabuco*, comandante Matías Godomar
> Cuatro transportes: *Valparaíso, Pacífico, Ceres* y *Tucapel*.

Dos días más tarde, un temporal dispersó el convoy en tal forma que los buques tardaron algunos días en reunirse frente a la punta de Huechucucuy. Poco a poco fueron llegando y sólo faltó el bergantín *Pacifico* que averiado en el timón hubo de volverse a Valdivia, después de transbordar las tropas a la *Chacabuco*. La escuadra así reunida, fue a fondear frente a la Isla de Lacao. Al pasar frente a la Isla Sebastiana las baterías de Carelmapu hicieron fuego sobre la escuadra pero la distancia era demasiado grande para tener algún efecto. La *Voltaire* alcanzó a divisar al corsario *Quintanilla* que se acercó al convoy con el ánimo de atacarlo, pero al ver que se le acercaba una fragata, huyó.

Se desembarcaron en Lacao dos batallones que al mando de Beaucheff se apoderaron del pueblo y de las baterías. Al día siguiente, el teniente Cobbet con 30 hombres en una lancha se apodera de la batería de Coronel en una brillante y rápida acción.

El 28 de marzo se levantó otra vez el viento y el mar tomó caracteres de temporal. La *Voltaire* cortó sus amarras y fue a encallar en la costa de Carelmapu. Se hicieron todos los esfuerzos por sacarla, pero el viento y la marejada la apretaban contra su varadero. Las olas la destruyeron completamente. Se salvaron el comandante Simpson y la marinería, pero se perdió completamente el buque y las municiones y otros pertrechos que cargaba. Aunque había perdido uno de sus mejores buques, Freire no se desanimó y al día siguiente salían la

Chacabuco y el transporte *Ceres* a apoderarse de Dalcahue. En el mar abierto se encontraron con cuatro lanchas cañoneras que pretendieron disputarles el paso, pero el fuego certero de la *Chacabuco* las dispersó al poco tiempo. Las tropas desembarcaron sin contratiempo y se pusieron inmediatamente en camino. En menos de cinco horas se encontraron con una tropa enemiga a la que derrotaron no sin sufrir pérdidas considerables: 30 hombres, incluyendo ocho oficiales, además de cien heridos. Algunos desertores realistas se unieron a los patriotas. Estos resultaron ser soldados que viajaban en el *Mackenna* a quienes se había forzado a enrolarse en el ejército de Quintanilla. Por ellos se supo que el enemigo estaba fuertemente fortificado con el grueso de sus tropas, cortando el camino que Beaucheff había pretendido seguir.

Mientras esto ocurría cerca del Dalcahue, otro destacamento se había embarcado en el *Galvarino* y desembarcado cerca del fuerte Maullín. Esta fuerza de 250 hombres, al mando del coronel Riquelme, se apoderó del fuerte y del pueblo de Carelmapu. El buque no tuvo tanta suerte como las tropas que transportó, pues se acercó demasiado a la costa y se varó en un bajo. Después de perder las dos anclas y averiar el timón fue puesto a flote. Reparado de estas emergencias se le envió a voltejear en las afueras de la isla, ya que sin anclas era peligroso que se acercara a tierra.

El grueso de las fuerzas, al mando de Freire, se concentró cerca de la punta de Pugañón. Allí se le reunió Beaucheff con la *Chacabuco*. Este jefe con sus fuerzas debilitadas por el combate de Dalcahue e informado de la posición fortificada del enemigo, había desistido de la operación.

Reunidas todas las fuerzas en Picuy, Freire llamó a consejo de oficiales y se decidió dar por fracasada la expedición pues el tiempo estaba en su contra. Quintanilla estaba bien organizado y los planes estratégicos de Freire habían fracasado. En realidad, Freire era el responsable principal del fracaso. Había pretendido desembarcar en Dalcahue y atravesar la isla atacando Ancud por la retaguardia. La travesía del bosque austral es hasta hoy difícil y debe haber sido peor entonces con los escasos recursos que se contaban y los pésimos caminos de la región.

De las inclemencias del tiempo había pruebas suficientes. Ya hemos visto la pérdida de la *Voltaire* y los peligros del *Galvarino*. Por poco termina allí sus días la *Lautaro*, arrastrada por la corriente se fue sobre las rocas de Pugañón. Para complicar la maniobra, se le atravesó por la proa el bergantín *Tucapel*, también sin control. Sólo la pericia de Foster, que era su comandante, salvó la situación tuvo que largar las cadenas por la a mano y salir al mar abierto. Una vez fuera, pudo maniobrar. La *Lautaro* no podía mantenerse en esa zona. Era locura pretender que entrara al canal de Remolinos en ese estado. No tenía anclas, las velas estaban en pésimas condiciones, no tenía juanete mayor, la gavia estaba podrida y una mayor agujereada. También le faltaban algunos cabos que habían sido dañados por el fuego del enemigo al pasar por la batería de Coronel. Aunque le faltaba tripulación, no quedaba otro camino que dirigirse inmediatamente a Valparaíso. Así lo decidió una junta de oficiales.

El resto de la escuadra tuvo iguales o parecidos contratiempos. La faena de reembarcar la tropa fue durísima. La fragata *Ceres se* vio en la misma situación que la *Lautaro* debiendo zarpar dos días antes del resto del convoy. Una vez en el mar, los buques se dispersaron y fueron llegando uno por uno, sin orden ni plan alguno a Valparaíso o a Talcahuano. Sólo faltaba el *Galvarino*. Este bergantín sufrió también las averías causadas por el mar y el viento y tuvo que recalar en Valdivia. Ignorando el zarpe del convoy volvió a Chiloé. Buscó a la escuadra en Chacao y allí se vio atacado por cinco lanchas cañoneras y el castillo. Contestó los fuegos por dos horas al cabo de las cuales salió del canal sin haber avistado vestigios de la escuadra. El capitán Cobbett decidió dirigirse a Castro con la esperanza de encontrar allí al resto de los buques. Un bote con dos indios le informó que la escuadra se había retirado. No queriendo dar crédito a estas noticias, dio vuelta al archipiélago y convencido de que la escuadra no estaba en Chiloé salió al norte con rumbo a Valdivia. En Valdivia se le comunicó que la escuadra había regresado al norte y aunque se le dio orden de ir a Talcahuano, zarpó en viaje directo a Valparaíso, ya que el estado del buque requería los servicios de reparación que sólo podían hacerse en ese puerto. Además, la tripulación estaba prácticamente desnuda y se hacía necesario vestirla lo más pronto posible.

Dos semanas después de la partida de la escuadra chilena, llegaba a Chiloé la expedición española cuyo anuncio había influido en la decisión de abandonar la expedición patriota. La amenaza para los patriotas no era tan grande. En vez de un navío, dos fragatas y dos corbetas, como se había prometido, llegaron sólo dos buques: el navío *Asia* de 64 cañones y un bergantín, el *Aquiles*. Como comodoro actuaba el capitán de navío don Roque Guruceta, que había sido anteriormente exonerado del mando por no obedecer las órdenes que se le habían dado de hacerse cargo de una de las fragatas compradas en Rusia en 1817. Eran las mismas fragatas que se habían intentado enviar con el convoy, pero seguían en mal estado y lejos de poder aventurarse a la travesía por el Cabo de Hornos. Guruceta tenía órdenes de dirigirse a El Callao, pero falto de noticias sobre la escuadra chilena y del estado de la guerra creyó prudente recalar en Chiloé.

Los dos buques permanecieron fondeados en Ancud durante cuatro meses. Durante todo ese tiempo fue necesario ejercer una vigilancia constante sobre las tripulaciones, que mal pagadas, mal alimentadas y azotadas por el cruel invierno austral, tenían la convicción de que se les llevaba a luchar en una guerra perdida y por una causa inútil.

Mientras esto sucedía en Chiloé, la causa patriota en el Perú iba de mal en peor. A la falta de decisión e ineptitud que había dejado San Martín, se sumaba ahora la pobreza del erario peruano y la casi absoluta falta de entusiasmo que por la causa de la independencia sentía el pueblo. Había sido una turba de peruanos la que atacó a los marineros de la *Macedonia* en El Callao y el caso bien podía repetirse. A principios de febrero esta actitud del pueblo y el mal trato que recibían los soldados extranjeros que habían ido a libertar al Perú, iba a dar negros frutos. Cuando menos se esperaba, la guarnición de los fuertes de El Callao, en su mayoría soldados argentinos, se sublevó y levantó sobre las fortalezas la bandera del rey. Todos los sacrificios chilenos bajo Cochrane parecían haber sido en vano. Los españoles, dueños de dos bases bien fortificadas, Ancud y El Callao, contaban con ellas como bases para operaciones navales. La escuadra chilena estaba en plena decadencia y no había con que organizar un bloqueo efectivo sobre ninguno de los dos puertos. A sabiendas de estas condiciones, el *Asia* y el *Aquiles* zarparon desde Ancud hacia El Callao. Frente a Talcahuano se comunicaron con el mercante inglés *Snype*, al que preguntaron si tenía datos o informaciones acerca de las "fragatas que venían con ellos", y que se les habían perdido. Esta mentira comunicada por el neutral a Valparaíso, iba a producir la alarma entre los patriotas. La situación interna del país degeneraba ya casi en la anarquía. Los fondos fiscales estaban enteramente vacíos, ya que el último dinero se había gastado en la fallida expedición a Chiloé.

En el Perú, Guise trató de atacar a las fuerzas españolas en Pisco con la escuadra peruana. Logró incendiar a la fragata *Venganza* que se hallaba desmantelada y a un bergantín. Los corsarios por su parte, seguían entorpeciendo el movimiento de naves mercantes patriotas y neutrales. Rodil, jefe de El Callao, dio patente a un corsario que se paseó por las costas de Chile. Apresó a un mercante sueco en Tongoy, el *Sofia*, y más tarde al bergantín *Nancy* en Huasco. Una vez que el bergantín estuvo asegurado, desembarcaron los marineros corsarios y saquearon el puerto. Para poner fin a sus correrías, el gobierno chileno ordenó que saliera en su persecución la *Chacabuco*, pero la falta de fondos impedía pagar a los oficiales y marineros, lo que privó a los puertos nortinos de esta protección. El *Quintanilla* había vuelto a sus correrías. En Arica apresó al bergantín francés *La Vigie*, el que armó también en corso. Fue avistado por el bergantín peruano *Congreso*, que mandaba el capitán Young. Al ver Maineri que el bergantín patriota se preparaba a abordar a *La Vigie*, la hizo varar y la dejó abandonada, recogiendo a su gente en el *Quintanilla*. Young lo marineó con la tripulación del *Congreso* y salió con sus dos buques en busca del corsario. Al día siguiente el bergantín de guerra francés *Diligent* se encontró con Young y sus dos buques cerca de la caleta de Quilca y pidió que el ex mercante francés le fuera devuelto. A esto se negó el capitán peruano y mantuvo a su gente sobre los cañones hasta que los franceses desistieron de su propósito. Sin embargo, el capitán Billard del *Diligent* decidió acompañar a Young hasta dar con el corsario. Unos días más tarde, el convoy avistó al *Quintanilla* junto con un mercante que había apresado. Maineri incendió la presa y la dejó retorciéndose entre las llamas y con el *Quintanilla* huyó a toda prisa refugiándose en Quilca. Young, en un esfuerzo para abordarlo, se acercó demasiado a la costa; falto de viento no pudo maniobrar y cuando la tripulación estaba trabajando desesperadamente para salvar al *Congreso*, Maineri hizo embarcar a su gente en los botes y trató de abordarlo. El capitán francés, al ver lo que sucedía, echó también sus botes al agua y fue a defender a Young. Los botes del *Quintanilla* prefirieron no continuar el ataque contra estos refuerzos. Young quedaba pues endeudado con Billard.

El comandante francés estaba dispuesto a recuperar *La Vigie y* obtener explicaciones de Maineri. Las autoridades del puerto de Quilca, a nombre del virrey, prometieron que éste daría las explicaciones y que se ajustarían las cuentas sobre el bergantín que ahora estaba en poder de los patriotas. Billard, decidió permitir a Maineri que saliera del puerto. El corsario cometió entonces un error fatal. Viendo al bergantín al ancla y con el velamen recogido, no pudo resistir la tentación y le disparó algunos cañonazos. No contó con que el *Diligent* era un buque de guerra. Aparejado con toda rapidez largó las amarras por la mano y a la mañana siguiente se rendía el *Quintanilla* y Maineri quedaba prisionero. Al recalar el *Diligent* en Valparaíso, Zenteno trató por todos los medios que el prisionero le fuera entregado. El capitán Billard no confió de la justicia chilena y lo llevó a Francia para juzgarlo como pirata. El *Quintanilla* quedó con bandera francesa como indemnización a los dueños de *La Vigie*.

Las fuerzas de Bolívar y los pocos destacamentos chilenos que quedaban en el Perú estaban en serios apuros debido a las actividades del virrey La Serna. Este había organizado el ejército en tierra, tenía en El Callao una escuadra pequeña pero eficiente: un navío, *el Asia,* la corbeta *Constante* y dos bergantines: *Pezuela y Aquiles*. Amenazaba pues seriamente la libertad del Perú y por lo mismo la de Chile. Freire, a la sazón Director Supremo, decidió hacer todo lo posible por ayudar a los patriotas del Perú.

O'Higgins, desde Lima, escribía al general el 23 de octubre de 1823:

> *Los enemigos han tomado tal ufanía en el Perú, cuanto creo necesario para que se muevan todos los resortes y*

esfuerzos para expelerlos pues si ellos triunfan en este país, habrán ganado más de la mitad de los de fuera. [174]

Freire decretaba, a fines de Julio, un llamado a la ciudadanía a ayudar al libertador colombiano. En su primer artículo decía:

1.- "Todos los buques de la escuadra se pondrán en estado de servicio para dar a la vela al mando del vicealmirante don Manuel Blanco Encalada, quien se pondrá a las órdenes del libertador de Colombia."

Ya no se contaba con el vigor que O'Higgins imprimía a sus proyectos, pero Blanco y Zenteno, buenos discípulos del gran general chileno, con los medios disponibles, organizaron, la escuadra en dos divisiones. La primera, a la cual se entregó de lleno el nuevo jefe de la escuadra y el gobernador de Valparaíso don Ignacio Zenteno, se componía de las siguientes unidades:

Fragata *O'Higgins:* 48 cañones, 382 hombres, comandante Foster.
Corbeta *Chacabuco*: 20 cañones, 80 hombres, comandante Carlos García del Postigo.
Bergantín *Galvarino*: 18 cañones, 83 hombres, comandante Winter.
Goleta *Moctezuma*: 9 cañones, 72 hombres, comandante Servando Jordán.

Blanco Encalada organizó el escalafón de la Armada que hasta entonces no existía y mandó que rigieran sin distinción las ordenanzas españolas, cortando con esto los privilegios de los marineros y oficiales extranjeros. Esta primera división zarpó a fines de 1824. Cogida por un vendaval huracanado, tuvo que recalar en Coquimbo para reparar sus averías. La *O'Higgins,* que llevaba un mastelero bastante viejo, se desarboló en el trinquete, quedando averiados

---

[174] O'Higgins en carta a Freire desde Lima, 23 Octubre de 1823.

también el mastelero de juanete y el mastelero de mesana. La *Mocte*zuma rindió el palo mayor. En Coquimbo estaba la goleta norteamericana *Dolphin* que facilitó sus carpinteros para reparar las averías de la escuadra chilena. Llegó la división a El Callao en los primeros días de enero de 1825 y procedió inmediatamente a bloquear el puerto y el resto de la costa peruana.

En Valparaíso, Zenteno no alcanzó a reunir el dinero necesario con que reparar a la *Lautaro* y la *Independencia*, buques que junto con la goleta *Mercedes* debían componer la segunda división. No fue necesario que estos buques se hicieran a la vela con destino al Perú. Al llegar Blanco Encalada los realistas habían sido derrotados en Ayacucho, La Serna había capitulado y quedaba sólo El Callao en manos realistas. Esto por lo que tocaba al Perú, pues Chiloé, bajo el obstinado Quintanilla, no daba muestra alguna de debilitarse.

Los buques españoles huyeron con destino a Manila. Eran éstos *el Asia, Constante y Aquiles*. Dos transportes, en violación de la capitulación, se dirigieron a Chiloé. Al saber Blanco Encalada de esta traición, ordenó al *Galvarino* con el objeto de detener estos refuerzos para Quintanilla. Falto de agua y después de haber cruzado dos semanas frente a la isla, tuvo que volver a Valdivia, donde se le informó que los buques que buscaba se le habían adelantado y ya estaban en San Carlos de Ancud.

Tal como se le había ordenado, Blanco se puso a las órdenes de Bolívar y este jefe le ordenó bloquear El Callao. Allí se le pusieron bajo sus órdenes los restos de la escuadra del Perú y la escuadra de Colombia. Las fuerzas con que contaba eran las siguientes:

Fragata *Prueba*, Perú
Corbeta *Pichincha*, Colombia
Bergantín *Guayaquil*, Perú
Macedonia, Perú
Limeña, Perú
Congreso, Perú
Chimborazo, Colombia
Tenía, además, a la *O'Higgins* de Chile y a la goleta *Moctezuma.*

Blanco trató de parlamentar con Rodil, haciéndole ver que no quedaba ya escuadra española en la costa de América y que el ejército realista había desaparecido en Ayacucho. Pero Rodil no se intimidó y prefirió continuar en su posición. Cuando todas las posibilidades de una capitulación fracasaron, Blanco intentó atacar a las lanchas cañoneras de El Callao, único vestigio de la otrora poderosa escuadra española en el Pacifico. Para esto hizo armar las lanchas de los buques, que atacaron con malos resultados el 26 de febrero de 1825. Fue éste el último combate en aguas peruanas por la causa de la independencia.

La guerra en el Perú estaba prácticamente terminada. El Callao era insostenible por más tiempo, aislado como estaba desde el mar y tierra. Los victoriosos soldados de Bolívar estaban en posición de continuar la lucha por lo que el libertador del norte discutió la posibilidad de atacar a Chiloé y anexarlo al Perú, ya que en los últimos años había dependido directamente de Lima. Al saber Blanco este proyecto, decidió abandonar el ya inútil bloqueo de El Callao y volvió a Valparaíso con sus dos buques, donde informó a Freire de los planes de Bolívar. Se comprendió por fin en Chile que ya no podía tardarse más en la expedición definitiva contra Chiloé.

El navío *Asia* y sus dos acompañantes, el *Aquiles* y el *Constante*, habían escapado con rumbo a las Filipinas. En Quilca sorprendieron a la fragata mercante norteamericana *Clarington* que había vendido armas a los patriotas, y apoderándose de ella la llevaron en convoy a través del Pacifico. Cuando la escuadrilla se hallaba fondeada en Guam, se sublevó la tripulación del *Asia* y en poco tiempo se apoderaron del *Constante*. Luego de incendiar a la *Clarington* se hicieron a la vela hacia México. El *Aquiles,* gracias a su astuto comandante, el alférez de navío José Fermín Pavía, se salvó de caer en manos de los amotinados. Este oficial, al ver lo que ocurría, largó las amarras por la mano y se mantuvo a la expectativa en las afueras del puerto. Una vez que los dos buques sublevados desaparecieron en el horizonte, volvió a entrar en la bahía de Agana. Pero esa misma noche, dos chilenos, Pedro Angulo y Francisco Aranzana, apoyados por diez marineros, se apoderaron de las armas que había en cubierta y sorprendieron a los españoles. Bajados los prisioneros a tierra, Angulo puso rumbo a las costas de la Alta California, llevando bandera chilena. El 29 de abril arribó a Monterrey y allí supo Angulo que los otros dos buques habían sido entregados al gobierno mexicano. Recaló en Santa Bárbara arribando el día que se celebraba una boda. No fue bien recibido y se enteró que el gobernador se interesaba por el *Aquiles*. Angulo salió al mar apenas pudo, pues temía que se le arrebatara el buque por la fuerza. Dos meses más tarde el *Aquiles* anclaba en Valparaíso. Su capitán, en un gesto de gran patriotismo, entregó el buque al gobierno chileno. No tuvo más recompense que las siguientes líneas que le dedicó Uribe: "Era el *Aquiles* un hermoso velero-bergantín de guerra de 338 toneladas de porte y armado con 20 cañones de 12 libras. Su adquisición fue, pues, de gran valía para el país, como fuera importante el servicio que venían de prestarle los diez chilenos que con su arrojo y denuedo lo arrebataron del enemigo." [175]

Bergantín similar al Aquiles

En Chiloé, Quintanilla continuaba ignorante de la victoria patriota en Ayacucho. Fletó el mercante *Adonis* y envió un refuerzo de tropas a La Serna. El comandante norteamericano, temeroso de que los

---

[175] Uribe, obra citada, p.497

soldados se sublevaran, y a pretexto de hacer la aguada, los hizo desembarcar en Juan Fernández dejándolos abandonados. Un oficial llegó a Coquimbo en una pequeña goleta, después de una dura travesía, e informado el gobierno de la situación de esta gente, se envió al *Galvarino* a recogerlos. El 20 de marzo fondeaba en Valparaíso trayendo a bordo noventa soldados chilotes, que se incorporaron gustosos al ejército chileno.

Al regresar Blanco Encalada del Perú, se encontró con los buques ya listos para la expedición a Chiloé. La *Chacabuco*, al mando de García del Postigo, había llevado pliegos a Quintanilla informándolo de la derrota del virrey en Ayacucho y su consecuente capitulación. El coronel español contestó que a pesar de todo, él no rendiría la isla.

Se decidió, pues, la cuarta expedición que estaría al mando de Blanco Encalada en el mar y de Freire con las fuerzas del ejército en tierra. Se diferenciaba de las cuatro expediciones anteriores, en que esta vez había un plan bien definido y que se empezaba en la mejor época del año. En efecto, a principios de noviembre de 1825 zarpaba a Chiloé la *Chacabuco* llevando proclamas a los chilotes y con la misión de bloquear Ancud. La primera parte del plan fracasó rotundamente, pues el teniente a cargo de distribuir las proclamas fue apresado a punto de desembarcar. Un segundo bote despachado en su busca cayó también prisionero. Quintanilla sometió al teniente don Mariano Ojeda a consejo de guerra y fue condenado a muerte por espionaje.

El resto de la expedición, lo componían los siguientes buques:

Fragata *O'Higgins*, Blanco Encalada
Fragata *Lautaro*, capitán Bell
Corbeta *Independencia*, capitán Cobbett
Bergantín *Aquiles*, capitán Wooster
Bergantín *Galvarino*, capitán Winter

Iban, además, cuatro transportes: las fragatas *Resolución* y *Ceres*, y dos bergantines: *Infatigable* y *Golondrina*. No bien hubo salido la escuadra de Valparaíso cuando se encontraron con el ya acostumbrado temporal que dispersó las naves. No fue sino hasta el 18 de diciembre cuando se reunieron en Valdivia, donde los esperaba la *Chacabuco*.

Se tardaron algunos días en acondicionar a la *Chaca*buco y *Galvarino* que habían sufrido algunos daños a causa del mal tiempo y solo el día de año nuevo estaba la escuadra a la vela con dirección a Ancud.

En Valdivia se había discutido el plan que debía llevar el ejército. Este lo componían los batallones 1, 4, 6, 7, y 8 de infantería, el escuadrón de caballería Guías y un grupo de artillería. Se pensaba desembarcar esta vez en la península de Lacui, atacando las baterías de Ancud por el oeste, mientras la escuadra forzaba el puerto.

El 10 de enero una compañía desembarcaba en Puerto Inglés y luego de una acción rápida y eficiente se apoderó del fuerte Coronel o de la Corona. Conjurado este peligro, la escuadra fondeó en Puerto Inglés y se hizo desembarcar al ejército con el objeto de atacar por la espalda a los fuertes de Agui y Balcacura, que impedían desde el oeste la entrada de la escuadra. Las tropas, al mando del coronel Aldunate, se movieron durante la noche bajo una lluvia torrencial y atacaron al amanecer del día siguiente la batería de Balcacura operación realizada con todo éxito por Aldunate y sus 210 hombres. Se aislaba con esto la fortaleza de Agui, el punto más fuerte del enemigo.

Al día siguiente, Blanco, dejando atrás a la *O'Higgins,* forzaba el paso frente a Agui bajo los fuegos cruzados de este fuerte y las baterías de Campo Santo, Puquillahue, San Antonio y El Carmen, a la vez que las lanchas cañoneras hacían también fuego contra la escuadra. Sólo el *Aquiles* sufrió daños en la arboladura y en el bauprés y la *Independencia*, la más cercana al fuego enemigo, tuvo que lamentar tres heridos. La escuadra fue a fondear en Balcacura, surgidero bien protegido y a corta distancia de San Carlos, pero que no quedaba al alcance de los cañones de ningún fuerte.

Algunos realistas en Agui, se embarcaron en lanchas cañoneras y salieron a vela y remos a cruzar la bahía para ponerse a salvo en Ancud. Salieron a perseguirlos los botes de la escuadra sin que pudieran darles alcance. Una segunda tentativa española de dos lanchas, fue alcanzada por tres lanchas del *Aquiles* al mando del teniente Oxley, quien logró abordar la primera y capturarla a viva fuerza. Al abordar la segunda, este valiente oficial fue herido de muerte lo que hizo a sus compañeros desistir en el ataque. Freire creyó que el éxito obtenido en este primer ataque sería suficiente

Ruinas del Fuerte Agui en la actualidad

para convencer Quintanilla que debía capitular y con este objeto le dirigió una nota proponiéndole una honrosa capitulación. Quintanilla le contestó por escrito negándose a aceptar la proposición y declarándole que estaba dispuesto a mostrar su valor al ejército de Chile por tercera vez. La escuadra procedió entonces a reembarcar a la tropa para llevarla al otro lado del golfo de Quetelmahue, operación que se llevó a efecto con todo éxito, desembarcando el ejército en la bahía de Lechaga. Desde allí debería intentar Freire el ataque sobre la batería de Puquillahue. Durante ese mismo día la *OHiggins* pasó frente a Agui a reunirse con el resto de la escuadra. Recibió el fuego de los fuertes en ambos lados de la bahía y aunque estuvo expuesta al fuego enemigo por más de 20 minutos, no sufrió más averías que 5 balazos en el casco.

Blanco se reembarcó en su buque insignia y preparó las tripulaciones para dar un golpe nocturno contra las lanchas cañoneras. A la una de la mañana, 14 lanchas y botes desatracaban de la *O'Higgins* al mando del capitán de corbeta Bell. Este jefe, buen discípulo de Cochrane, organizó sus lanchas en dos columnas y con ellas cayó en mayoría abrumadora sobre las lanchas enemigas que se defendieron a fuego vivo. Tres quedaron capturadas y otras tres lograron escapar, rodeando la península de Ancud hacia Pudeto donde

Quintanilla las hizo hundir al día siguiente. Los chilenos sufrieron sólo un muerto y diez heridos.

Freire y Borgoño, su jefe de Estado Mayor, reconocieron personalmente las posiciones del enemigo. Al volver al campamento el general decidió que las posiciones realistas en Puquillahue eran demasiado fuertes, pensó que sería mejor embarcar la tropa y atacar por Pudeto como lo había intentado en su campaña anterior. Blanco, enterado del plan, bajó a tierra e hizo saber al Director Supremo que no estaba de acuerdo con su plan de campaña. Ofreció en vez una alternativa: enviaría por mar otra vez a Bell con sus marineros, llevando esta vez las lanchas capturadas con las que atacaría de frente el fuerte Puquillahue, mientras la infantería lo hacia por tierra. El plan bien concebido, fue todavía mejor ejecutado. Bell atacó con sus lanchas con tal ímpetu que el enemigo desalojó la posición en menos de una hora, retirándose hacia Bellavista en el camino de Ancud a Castro.

Bell alentado por la derrota del enemigo en Puquillahue e impulsado ya por un entusiasmo irresistible, siguió la línea de la costa con sus lanchas desalojando cuanto fuerte y batería se le puso enfrente. A las lanchas seguía la escuadra y fue tal el éxito de este ataque que al atardecer, la marinería desembarcaba por fin, nada menos que en el muelle. Casi al mismo tiempo entraban en la ciudad las tropas de Freire. Al ponerse el sol, sus últimos rayos iluminaron la gloriosa bandera chilena que flotando al viento hacía brillar su blanca estrella sobre la plaza. Al día siguiente se rendía el fuerte Agui, Quintanilla firmaba una honrosa capitulación con Freire y el último jirón del territorio chileno se incorporaba a la nación. La misión de la escuadra estaba por fin cumplida.

La escuadra fue regresando poco a poco de Chiloé. Las primeras naves en llegar a Valparaíso fueron la *Independencia* con Blanco Encalada a bordo, la *Chacabuco* y el *Galvarino*. Los otros buques recalaron en Talcahuano y Valdivia y llegaron más tarde al primer puerto del país. La noticia de la conquista de Chiloé, fue recibida con regocijo en la capital y antes de que llegara el Director Supremo a Santiago, se publicaba el siguiente decreto:

"*Santiago, febrero 18 de 1826.*

"*La intrepidez y el valor con que en todas épocas se ha conducido la Marina Nacional, cuyos heroicos esfuerzos, desde su primer ensayo pusieron el dominio del Pacífico en manos de la República, y el señalado mérito que ha contraído con la última campaña, cooperando eficazmente a la libertad del archipiélago de Chiloé, son títulos muy dignos de la gratitud del gobierno, y le obligan a manifestarla decretando lo que sigue:*

Art.1º. *Se concede al vicealmirante, jefes, oficiales y demás individuos que componen la Marina nacional, la misma distinción que se ha acordado al Ejército Libertador de Chiloé, en los artículos 1, 2 y 3 del decreto de esta fecha.*

Art.2º. *La medalla del vicealmirante será de oro y se distinguirá de la de los jefes en que la corona de que penda, estará orlada de brillantes.*

Art.3º. *El escudo del centro contendrá, el lema siguiente: 'Colmó su gloria en Chiloé la Marina de Chile' y en el reverso 'Campaña de 1826'; cuyo mote será extensiva a todos los que comprende el artículo anterior.*

El Ministro de Estado en el Departamento de Marina queda encargado de la ejecución de este decreto que se mandará a imprimir, publicar y circular.- Infante.- Novoa."

De los capitanes que regresaron de Chiloé, dos, Bell de la *Lautaro* y García del Postigo de la *Chacabuco*, eran chilenos. Wooster era norteamericano y el resto ingleses. Terminada la campaña, algunos de los oficiales se establecieron en Valparaíso, entre ellos Wooster y Délano. Foster, después de vivir en Chile por algunos años retornó a Inglaterra. Simpson volvió a México donde fue comandante del navío *Grandeza Mejicana* ex *–Asia*, para retonar luego al servicio de la

Armada de Chile. Otros se dispersaron sin que se volviera a saber de ellos. Winter, por ejemplo, prácticamente desapareció.

Los gastos de la campaña terminaron con los últimos recursos del gobierno y, como siempre, faltaba el dinero para pagar la escuadra. Se recurrió a un empréstito de 50 mil pesos con el que se pagaron las tripulaciones y en vista que no había fondos, se decidió vender los buques. La *Lautaro*, fragata vieja que había tenido en Chiloé un papel secundario, no pudo venderse debido a su mal estado y fue necesario desguazarla. Igual suerte corrieron el *Galvarino* y la *Moc*tezuma. El coronel argentino Ventura Vásquez llegó en esa época en busca de naves y oficiales con que enfrentar a la marina del imperio brasileño, país con el cual Argentina estaba en guerra. Se vendieron los tres mejores buques al gobierno de Buenos Aires. La *Independencia* fue rebautizada *Montevideo*, *la OHiggins,* quedó como *Buenos Aires y* la *Chacabuco* conservó su nombre. Mala suerte tuvieron las Provincias Unidas en su adquisición. La *Montevideo* se varó sobre las rocas en Talcahuano de donde fue imposible sacarla, aunque más tarde fue sacada y llevada al Callao donde formó el cabezo del muelle. La *Buenos Aires,* la ex almiranta chilena que había paseado su bandera por toda la costa americana del Pacífico, se perdió al doblar el Cabo de Hornos. Con ella perecieron el comandante Cobbet y toda su tripulación que se había contratado para llevarla. Sólo la *Chacabuco* llegó a su destino y eso que en el servicio chileno la vimos siempre en peligro y estuvo más de una vez a punto de ser desguazada. En Argentina continuó en servicio por muchos años. La otrora poderosa y temida Escuadra de Chile quedó ahora reducida a un solo buque, el *Aquiles,* al mando de García del Postigo.

Al cerrar estas páginas sobre las campañas de la Independencia debe mencionarse que el primer gobernante de Chile que llevó el título de Presidente, como lo conocemos hoy día, fue el héroe de Chiloé, La Mocha, Callao y Talcahuano, don Manuel Blanco Encalada. En su alto cargo, no pudo evitar que la Armada desapareciera como tal. Vendidas las tres mejores unidades, convertida la *Lautaro* en pontón, el resto de los buques habían caído en el más completo abandono y se deterioraron rápidamente. El poder naval de Chile desapareció casi tan rápidamente como había surgido, pero como indica con gran acierto Worcester: "las tradiciones de valor y resolución en el combate, la fortitud ante las privaciones extremas, quedaron para defender bien a Chile en caso de peligro. Los magníficos esfuerzos de marinos chilenos y extranjeros dieron a Chile la más firme base sobre la cual el poder naval podía reconstruirse en cualquier momento."[176]

Bastará decir como conclusión sobre las guerras de la independencia, que el país tuvo que formar una marina con sus propios medios, sin ayuda extranjera. Argentina contribuyó sólo con un buque, el *Intrépido*, hundido en Corral. Si bien Alvarez Condarco actuaba en Europa como agente de Chile y Argentina, jamás recibió un peso del gobierno del Río de la Plata y como queda visto, fue el gobierno chileno quien tuvo que reunir el dinero para pagar por los buques. Los chilenos eran la fuerza dominante en el Pacifico. Los corsarios y la escuadra destruyeron la marina mercante española en el Pacífico. La escuadra destruyó convoyes que de haber llegado a su destino habrían cambiado la historia de América. España no pudo enviar los refuerzos necesarios, pues las naves no llegaban jamás a su destino. El dominio de la costa permitió el avance de Bolívar en el norte. El dominio del mar permitió el viaje del ejército Libertador. Si bien, debemos reconocer que el dominio inglés en el Atlántico había eliminado toda posibilidad de ayuda francesa a España, permitiendo así a los chilenos concentrar sus esfuerzos contra España en el Pacifico, es justo establecer que sin lugar a dudas el triunfo perteneció a Chile y sus bravos almirantes: Cochrane y Blanco. Sean nuestras últimas palabras en este período, de admiración y respeto por los dos hombres que, literalmente, fabricaron la escuadra de la nada: don Bernardo O'Higgins y su eficiente Ministro de Marina, don Ignacio Zenteno. El triunfo en gran parte, también les pertenece.

---

[176] Worcester, obra citada, p. 87

Capítulo XII
La guerra contra la Confederación

Producido el desarme de la escuadra, por decreto supremo del general Ramón Freire fechado el 2 de abril de 1826, no quedó otra nave en Valparaíso para el servicio del gobierno que el *Aquiles*. Este bergantín como se recordará se había incorporado a la Armada gracias a la sublevación de su tripulación en la isla de Guam. Desplazaba el *Aquiles* 338 toneladas y estaba armado con 20 cañones de 12 libras. La corta historia de Chile independiente había ya demostrado que no existe peor política para el gobierno de Chile que la de descuidar la Marina. Fue así como al poco tiempo del desarme, el gobierno tuvo noticias de una sublevación en Chiloé, encabezada por el mayor Fuentes, que se había apoderado de la plaza enviando al gobernador Pedro Aldunate a Valparaíso y poniéndose a las órdenes de Colombia. Se pensó inmediatamente en habilitar la escuadra con toda la rapidez que el caso exigía y se dio orden de armar nuevamente a la *Lautaro*, *Galvarino* y *Moctezuma*. Los recursos del país estaban exhaustos, no había con qué pagar las tripulaciones, ni menos podía considerarse la reparación de los buques. Todo el personal que podía ocuparse en estas faenas, estaba a cargo del coronel Vásquez que reparaba los buques comprados para Buenos Aires. Tuvo el asunto que resolverse con lo que había y esto era el bergantín *Aquiles* y la fragata *Resolución*. Estos dos buques zarparon con destino a Ancud y bastó la sola presencia de las tropas para sofocar el conato revolucionario.

Noticias más graves llegaron el 19 de febrero de 1828. El capitán Calder del bergantín yanqui *Edward* que llegó desde El Callao venía con las nuevas de que el corsario Maineri navegaba nuevamente por las costas del Pacifico, esta vez en un buque llamado *El Griego*. El corsario había apresado en Pisco a tres bergantines mercantes que le produjeron 7 mil pesos de rescate por parte de los propietarios. Maineri se había hecho a la mar y se esperaba que en cualquier momento cayera sobre la costa chilena. Inglaterra, por la necesidad de proteger al comercio neutral, en su mayoría inglés, mantenía algunos buques de guerra en las costas de Chile y Perú. Se encontraba en El Callao la corbeta de guerra *Volaille*, cuyo comadante ordenó el zarpe en busca de Maineri apenas recibió la noticia. En Chile la noticia produjo alarma, pero no fue posible alistar un solo buque de guerra que saliera a la protección de sus puertos. Por fin el 3 de abril de 1828, dos meses después de la llegada de la noticia, zarpó el *Aquiles* al mando del capitán Wooster. Al comandante se le habían dado órdenes de recalar en Juan Fernández y dirigirse luego a las costas de California, dirección que se creía había tomado el corsario. Wooster después de cruzar por el norte chileno, volvió a Valparaíso, pues no encontró huella alguna de *El Griego*. Tampoco encontró rastros la corbeta inglesa. El peligro había pasado y ya no se volvió a tener noticias de Maineri.

Las actividades del único buque de guerra chileno se redujeron a viajes de rutina a El Callao, a Chiloé y a Panamá; a transportar tropas, municiones y pertrechos, según lo hicieran necesario los cambios de gobierno o las necesidades internas de la nación. El Partido Pelucón que se había levantado en franca rebelión contra el gobierno, había decidido apoderarse del buque ya que era el único elemento disponible para el transporte y la defensa del litoral. El 8 de diciembre, mientras la mayoría de la tripulación estaba en tierra, gozando del día feriado, el teniente Tomás Rueda, el teniente Pedro Angulo y un guardiamarina, se apoderaron del buque. El gobierno estaba en esos días en manos de don José Ramón Vicuña, quien había huido de Santiago para establecerse en Valparaíso. Al tener noticias de la captura del *Aquiles* que representaba como hemos visto, todo su poder naval, pidió al capitán Bingham de la fragata inglesa *Thetis* que lo ayudara a someter al buque rebelde. El *Aquiles* había huido con rumbo al sur con el objeto de sumarse a la revolución del general Cruz. La persecución duró poco. En menos de dos horas la fragata se ponía al habla con el bergantín intimando la rendición de los sublevados. Como éstos se negaron a someterse se dio la orden de romper fuego a lo que los del *Aquiles* contestaron a la medida de sus fuerzas. Los cañones de la *Thetis*, de mayor alcance y calibre, cañonearon al pequeño adversario por espacio de veinte minutos causándole algunos daños y diez bajas, dos muertos y ocho heridos. El teniente Rueda en vista de lo desigual del combate, se sometió. Wooster que iba a bordo de la *Thetis* se trasbordó al bergantín y lo llevó de vuelta a Valparaíso. Este incidente causó una reacción inesperada en el pueblo. Al arribar las naves, se tuvo conocimiento de la intervención extranjera y los ánimos se exaltaron en tal forma que el presidente Vicuña tuvo que refugiarse a bordo del *Aquiles,* al mismo tiempo que los extranjeros residentes en Valparaíso, tuvieron que tomar armas para defenderse del populacho enfurecido. Esa misma noche tropas de la guarnición se apoderaron de los fuertes y comenzaron a hacer fuego sobre *el Aquiles,* donde se sabía estaban los representantes del gobierno. Vicuña ordenó a Wooster que se hiciera a la vela hacia Coquimbo con la esperanza de encontrar refugio para sus ministros y para sí mismo en esa provincia. Coquimbo no se encontraba tampoco bajo el control del gobierno y el presidente tuvo que capitular cambiando el *Aquiles,* que pasó a poder de los revolucionarios, por su libertad y la de sus acompañantes.

En 1830 una nueva revolución, esta vez encabezada por Freire, trataba de deponer al general Prieto. Freire logró ocupar Valparaíso y desde el puerto organizó dos expediciones. La primera, bajo su mando directo embarcada en 5 naves pequeñas. El 27 de enero de 1830 se procedía al embarque de tropas y el día siguiente zarpaba la flotilla compuesta de los bergantines *Mariano, Aicinena* de 12 cañones, comandante don Juan Tortell, *Olifante,* comandante McKennedy, *Railef,* comandante Cuadros, la goleta *Diligente,* comandante Williams, y la balandra *Juana Pastora,* comandante Hanson.

La flotilla se dirigió al norte, con el objeto de desembarcar en Coquimbo y apoderarse de La Serena. La segunda, que al comienzo no contaba con medios de transporte se dirigiría a Concepción al mando de los coroneles Viel y Tupper. El *Aquiles* no se encontraba en el puerto y ni siquiera supo su comandante, don Pedro Angulo, de los preparativos y zarpe de las expediciones de Freire. La expedición al norte, desembarcó en Huanaquero al norte de Tongoy, y se dirigió a tomar posesión de La Serena. Este objetivo no se consiguió sino después de muchas dificultades, pues contra lo que el general esperaba, no se sumaron a la revuelta las tropas locales. Por su parte, Viel y Tupper embarcaron sus tropas en el bergantín mercante *Constituyente,* comandante Corro, armado de dos cañones y desembarcaron el 15 de febrero en Penco, apoderándose con gran rapidez de Concepción y Talcahuano que habían sido abandonadas a la revolución.

El gobierno de Prieto trataba de organizar la Marina en la mejor forma posible. Sabía muy bien que el mejor plan era aislar a los dos focos revolucionarios controlando el mar y con este objeto se compró el bergantín-goleta *Flora*. Se le dio el nombre de *Colo-Colo* y quedó armado con una culebrina de 18 libras y cuatro cañones pequeños de a cuatro. Se le marineó con 80 hombres ordenándose que junto con el *Aquiles,* que ya había regresado al puerto, se dirigieran a la isla de Juan Fernández donde se esperaba que recalaran las naves de Freire. El general insurrecto, entretanto, no tenía ventaja alguna, encerrado como estaba en La Serena. Reembarcó pues sus tropas y se dirigió con ellas hacia el centro del país. El 2 de marzo la flotilla se presenta frente a Constitución faltándole tres de sus naves, la balandra *Juana Pastora* y los bergantines *Olifant y Railef* que se habían separado en un temporal. Freire esperó por cinco días que se le unieran los buques, pero como no llegaban se decidió a entrar en Constitución con sus dos naves, el *Diligent* y el *Asinena*. Al tratar de cruzar la barra del Maule el *Asinena* en que viajaba Freire, encalló y la tripulación logró salvarse a duras penas embarcándose en los inadecuados botes que tenían. Uno de éstos se volcó y Freire cayó al agua de donde fue rescatado por uno de sus sobrinos. Las otras tres embarcaciones no se unieron jamás con el convoy. La *Juana Pastora* fue apresada por la *Colo-Colo* y el *Olifant* y el *Railef* desembarcaron sus tropas en las costas del centro; con ellas se dirigió Rondizzoni por tierra a reunirse con Freire que se hallaba concentrado en Constitución. Después de reembarcar la tropa en Navidad, el *Olifant* naufragó ahogándose lo que quedaba de la tripulación y una mujeres de la tropa que permanecían a bordo.

El Aquiles, sin sospechar siquiera de la captura de Concepción por los revolucionarios, se dirigió a Talcahuano. Al entrar en la había fue reconocido de inmediato por el capitán del puerto, teniente Sadler, quien se había mantenido fiel al gobierno. Este valiente oficial se embarcó en un bote para prevenir al comandante Angulo de lo sucedido y participarle que Talcahuano ya no era puerto amigo. Los revolucionarios enviaron en su persecución una goleta, la que lo capturó antes de que se dieran cuenta de lo que sucedía en el *Aquiles* que se hallaba encalmado en las inmediaciones de la Quiriquina. Angulo, sin tener todavía conocimiento de la nueva situación, envió a tierra al teniente Contreras en un bote, con el fin de obtener una percha para reemplazar el mastelero de gavia que había sido dañado por un temporal. El coronel Tupper se apoderó del bote y obtuvo de Contreras toda la información que necesitaba. Organizó este atrevido jefe una fuerza de 130 hombres escogidos, los que embarcó en cuanta chalupa y bote encontró en el puerto y con ellas salió al amparo de la noche a dar un golpe de mano que diera por resultado la captura del *Aquiles*.

El comandante Angulo, preocupado por el hecho de que Contreras no había regresado, ordenó toda clase de medidas con que reforzar la seguridad del buque, especialmente durante la noche. Gracias a tan oportunos preparativos los botes revolucionarios fueron descubiertos cuando se dirigían a abordar el bergantín. Los centinelas respondieron de inmediato abriendo fuego de pistola, fusil y cañón y llamando a la tripulación, la que subió a cubierta a repeler el ataque. Tupper era un hombre de valor y decisión extraordinarios y aunque había perdido el elemento de sorpresa presionó el ataque con toda resolución. A pesar de la resistencia que se le oponía se las arregló para atracar sus botes a los costados de la nave. Recordando tal vez los abordajes de Cochrane y de Freire, encabezó el mismo el ataque, pero al poner pie en cubierta, uno de los defensores le dio un culatazo y lo arrojó al mar. Sus acompañantes no se daban por vencidos y por espacio de 40 minutos continuó la lucha cuerpo a cuerpo entre marineros y soldados. Por fin, convencidos que habían perdido la partida, los asaltantes se retiraron, llevando herido a su jefe y dejando en la cubierta del bergantín cinco muertos y numerosos heridos. El comandante del *Aquiles* pudo celebrar además el haber recuperado a Contreras, quien obligado por los asaltantes a acompañarlos se las arregló para apoderarse de un bote durante el ataque y abordar más tarde su buque. Angulo estaba decidido a tomar represalias y al levantarse el viento al día siguiente se dirigió hacia el fondo de la bahía con el objeto de cañonear el puerto, pero desistió de hacerlo considerando que sólo dañaría a víctimas inocentes. Estaba en claro que la revolución no tenía el arraigo popular que Freire había esperado.

El *Aquiles* volvió a Valparaíso y salió en crucero con la *Colo-Colo* a capturar alguna nave revolucionaria. Llegaron los buques hasta Juan Fernández y de allí prosiguieron a Talcahuano con el fin de establecer un bloqueo. Después de un penoso mes en el que se vieron de continuo amenazados por lanchas que trataban de abordarlos, sufriendo de falta de agua, provisiones y de mal tiempo, regresaron los buques a Valparaíso. Allí se les ocupó en el transporte de tropas y no volvieron a tomar parte activa en la revolución. El 17 de marzo se enfrentaron las fuerzas terrestres en Lircay, quedando Freire vencido y prisionero. Al otro día el *Railef*, último barco de su flotilla, se entregaba en Valparaíso. Una vez que ésta hubo terminado y el gobierno constitucional quedó afianzado, las naves se redujeron al desarme.

Este negro periodo en la historia de Chile, tuvo pocas repercusiones en el mar. El hecho de que la Armada estuviera reducida al bergantín *Aquiles* tuvo esta vez buenas consecuencias, pues como observa Langlois: "la existencia de más buques de guerra hubiera causado mayor anarquía y derramamiento de sangre, pues posiblemente algunos hubieran tomado parte activa en uno y otro bando."[177] Portales que consideraba más necesario en nuestra posición un buque de guerra que un ejército, hizo que se renovara el *Aquiles*, contratando una carena radical con Don José Matías López por la suma de 14 mil pesos.

El régimen portaliano trajo al país un periodo de calma en el que la misión de la Armada se limitó al transporte de tropas, asuntos del gobierno y algunos trabajos hidrográficos. La *Colo-Colo* llevó al sabio Claudio Gay a Juan Fernández y desde esos años la Armada iba a tomar una acción constante de ayuda a la investigación científica.

A mediados de 1835 el capitán de corbeta, Roberto Simpson, comandante del *Aquiles*, fue enviado con su buque a El Callao portando la ratificación de un tratado de "amistad, comercio y navegación" entre Perú y Chile. Durante su estada en ese puerto se

---

[177] Langlois, obra citada, p. 116

supo en tierra de una conspiración entre los chilenos exiliados y la tripulación que tenía por objeto capturar el buque para ponerlo a las órdenes de Freire que vivía en el exilio en el Perú. El encargado de negocios en Lima se trasladó a bordo del bergantín y después de participar a Simpson de la conspiración, investigaron juntos a la tripulación. Como resultado, se encontraron dos marineros complicados, los que fueron remitidos a bordo del mismo buque bajo arresto para ser sometidos a un consejo de guerra a celebrarse en Valparaíso.

No era para nadie un secreto que Freire en el Perú no cesaba en sus esfuerzos para deponer al gobierno chileno. El mariscal Santa Cruz, después de triunfar en las luchas internas de Perú y Bolivia, había derrotado al caudillo Salaverry a quien había apoyado la marina de guerra del Perú. Santa Cruz, como castigo y por economías, decretó el desarme de la marina peruana. En este movimiento se basaron entonces las esperanzas de los chilenos expatriados que seguían a Freire. Santa Cruz había ordenado que se redujeran las tripulaciones de los buques y más tarde, con el fin de obtener alguna ganancia, decidió arrendarlos como mercantes. Con este fin se ordenó quitarle los cañones. Don José Maria Novoa, que había sido ministro de Freire en Chile y a quien se le había apodado "Don Negocio" en su patria, convenció a Freire de que con un par de buques se podía organizar una expedición que hiciera al país levantarse en armas contra el gobierno de Prieto. Freire creía todavía que su sola presencia en Chile bastaría para que el pueblo se plegara a la revolución, se prestó para ser jefe de ella tomando el mando de lo que creían un movimiento a "derrocar tiranos".

De los barcos peruanos, Novoa eligió el bergantín *Obregoso* y la fragata *Monteagudo*. El *Obregoso* era un hermoso y rápido bergantín-goleta de 200 toneladas que llevaba dos cañones de 9 libras. Fue arrendado por Vicente Urbistondo con la fianza de Toribio Letelier, por el precio de 3.800 pesos. La fragata era la antigua *Resolución* española con que se había enfrentado Cochrane, la que gracias a las maniobras de San Martín y Monteagudo había pasado al Perú. Esta fue arrendada por el español José Maria Quiroga y la fianza la puso José Maria Barril. Los contratos de los buques dejaban en claro que ellos deberían usarse sólo con fines comerciales y serían entregados sin su artillería, Pero ambos conservaron sus cañones y municiones. La fragata quedó armada con seis piezas de a 12 y ciento veinte balas. El *Obregoso* recibió una artillería más poderosa de la que tenía originalmente ya que quedó armado con seis carronadas de a 18 con sus correspondientes municiones. Hay pruebas que el caudillo peruano José Luis consultó con Santa Cruz y ambos decidieron apoyar a Freire en su proyecto revolucionario. Como el número de chilenos en el Perú era bastante elevado, no fue difícil para los rebeldes tripular sus buques. Se aprovisionaron las naves y se embarcaron en ellas cajas de fusiles, carabinas, cuchillos, pólvora y municiones. En Lima, las autoridades hacían vista gorda a estas actividades pero el agente chileno, señor Lavalle mantenía en operación y llevaba la cuenta minuciosa de estos preparativos. Al atardecer del 7 de junio de 1836 levaron anclas el *Obregoso* y la *Monteagudo*. Salieron rumbo al norte y sus aliados en tierra echaron a correr rumores que se dirigían a Guayaquil y Centroamérica. Lavalle no se dejó engañar por tan infantiles pretextos y fletó la goleta *Flor de Mar* y la envió a Chile dando cuenta de lo que había observado. En Chile se hicieron inmediatamente los preparativos que el caso requería. Se ordenó el estado de sitio para cualquiera provincia en que desembarcaran Freire y sus tropas.

 Los buques rebeldes habían recalado en Huacho, al norte de El Callao, con la vana esperanza de confirmar los rumores, pero al salir de ese puerto pusieron rumbo al sur. Era la intención de Freire recalar en Juan Fernández liberando los prisioneros políticos y apoderándose de las armas que encontrasen en el presidio. Este plan se vio frustrado, pues a la altura de Taltal las naves se encontraron con mal tiempo, razón por la cual se separaron. El *Obregoso*, donde viajaba el caudillo, llegó a la isla de Más Afuera, pero al no encontrar la fragata, decidió dirigirse directamente a Ancud, donde se había acordado establecer la base de operaciones.

 La *Monteagudo* lejos de dirigirse a Chiloé, había puesto rumbo a Valparaíso. Dos marineros, José Rojas y Manuel Zapata, organizaron un motín y después de una brevísima resistencia arrestaron a los oficiales, incluso al coronel José Antonio Puga. Apenas hubo llegado el buque a Valparaíso enarbolando bandera chilena, las autoridades iniciaron un sumario contra Puga y otros oficiales comprometidos.[178]

Freire había desembarcado en Ancud y por medio de un engaño había convencido al capitán de corbeta don Juan Williams de que tenía fuerzas superiores, con lo que obtuvo la capitulación de Ancud y la entrega de la fragata mercante *Elisa*.

Mientras Freire esperaba confiado en Chiloé la llegada de la fragata, la *Monteagudo* era puesta al servicio del gobierno en Valparaíso. Tomó el mando el teniente Manuel Díaz y se embarcaron en ella tropas de infantería. Se trazó un plan para atacar a las fuerzas de Freire sorprendiendo al *Obregoso* en Ancud. Díaz probó ser un capitán hábil e inteligente. Sabiendo que los revolucionarios esperaban la llegada de la fragata, organizó sus fuerzas con toda la rapidez posible. El 28 de agosto la *Monteagudo* arribó a Chiloé y esa misma tarde pasó frente al fuerte de la Corona sin ser molestada. Envió a tierra una chalupa la que volvió trayendo engañado al comandante del castillo. Al pasar frente a Agui tomó al guardián del *Obregoso* que esperaba a la fragata para servir de práctico al hacerla entrar en el surgidero. Una vez a bordo se le obligó a dar las señales necesarias para franquear el paso frente a la fortaleza sin ser molestado. Al oscuro de la noche fondeó la fragata cerca de la isla de Cochinos y poco después de la medianoche se destacaban de sus costados dos botes con una docena de soldados en cada uno, al mando del teniente Bustos y del subteniente Espejo. Una lancha llevando 40 soldados y doce marineros fue comisionada a cargo del teniente Cuitiño para atacar las fortalezas de Agui y Balcacura. Una vez que se hubieron largado las embarcaciones, el buque se interpuso entre la población y sus objetivos con el fin de proteger a sus botes en caso de un revés. Sea que la sorpresa fue completa o que los hombres de Freire no tenían deseos de batirse, el caso es que en escasas dos horas el gobierno había recuperado los fuertes y la fragata *Elisa* y se habían apoderado del *Obregoso*. Dueño ahora de tres buques, Díaz ordenó un

---

[178] El informe de esta captura por el Comandante Jeneral de Marina, Ramón de la Cavareda, está citado por Luis Uribe Orrego, *Las operaciones navales durante la guerra entre Chile i la confederación Perú-boliviana*, Santiago: Imprenta Nacional, 1891, p. 18.

cambio de fondeadero con el objeto de alejarse de las baterías de la playa que todavía no había capturado. Sólo en ese momento se tuvo conocimiento en el puerto de que algo no andaba bien y los oficiales, que se encontraban en una comida celebrando con Freire la llegada de la *Monteagudo*, corrieron al muelle. Desde allí hicieron fuego con las baterías a los buques que se alejaban y a pesar de que el *Obregoso* fue alcanzado por 5 proyectiles y la *Elisa* por siete, los buques se retiraron mar adentro con la sola pérdida de dos botes que se fueron a pique. Esa misma noche una contrarrevolución depuso a Freire en Ancud y el general trató de refugiarse en una ballenera que se hallaba en el puerto. Díaz tomó el mando personalmente de dos botes armados y lo hizo sacar del neutral. Esta violación a una nave extranjera parece que no molestó a nadie, pues los balleneros se sentían incómodos con un personaje como Freire a bordo.

La labor desplegada por Díaz fue brillante, si bien debemos reconocer que las tropas que acompañaban a Freire estaban faltas de entusiasmo por la causa revolucionaria. Díaz había demostrado poseer dotes de mando y decisión, razones por las cuales se le ascendió a capitán de corbeta.

El temperamento de Portales no podía permitirle mantenerse a la espera de los acontecimientos de Chiloé. El ministro decidió ponerse en acción contra Santa Cruz sin esperar siquiera la primera sesión del Consejo de Guerra que debía juzgar al coronel Puga, consejo del que se esperaba salieran pruebas irrefutables de la ayuda de Santa Cruz. Se ordenó a los dos buques disponibles zarpar lo antes posible con destino a aguas peruanas con la misión de apoderarse de las naves de Santa Cruz. A cargo de la expedición estaba el coronel de ejército don Victoriano Garrido. Las dos naves zarparon de Valparaíso el 13 de agosto y una vez en alta mar la *Colo-Colo* se separó para dirigirse a Arica, Islay y otros puntos de la costa con orden de apoderarse de los buques de la Confederación que encontrase.

El Aquiles, después de haber sufrido algunos desperfectos en la arboladura, llegó sin otra novedad a El Callao el 21 de agosto. Los chilenos reconocieron inmediatamente la bahía observando que no todos los buques de Santa Cruz estaban en el Puerto. Se estudiaron los fondeaderos y se organizó el ataque. Esa misma noche desatracaban del *Aquiles* cinco botes entre los que se distribuían 80 hombres, entre marineros y soldados. El comandante del *Aquiles* don Pedro Angulo, iba como comandante de la flotilla en el primer bote y los otros estaban al mando de los tenientes Pedro Tomas Martínez, Rafael Soto Aguilar, Rudecindo Granadino y Manuel González. Angulo dirigió sus botes hacia la barca *Santa Cruz,* la que abordó sin que se le pusiera resistencia. Hizo arriar los botes y con éstos ordenó remolcaría hasta la isla de San Lorenzo. El *Arequipeño* fue también abordado y la goleta *Peruviana* sin arboladura no opuso tampoco resistencia. Sólo entonces se dio la señal convenida al *Aquiles* el cual dio la vela y se puso fuera del alcance de las baterías.

Se procedió a la mañana siguiente a distribuir a la marinería entre las naves capturadas y se encontró que la gran mayoría de las tripulaciones querían servir a Chile en vez de la Confederación de Santa Cruz. Se dio el mando de la *Santa Cruz,* al piloto don Domingo Salamanca, Martínez tomó el mando del *Arequipeño* y Soto Aguilar el de la *Peruviana*. Santa Cruz al tener conocimiento de la noticia hizo apresar al agente chileno en Lima, cuya libertad tuvo que tramitar más tarde O'Higgins. El gobierno del Perú dirigió a Garrido una nota en la que se le acusaba de piratería.

El comandante de la fragata inglesa *Talbot,* que se encontraba en El Callao, se ofreció para hacer de mediador. Garrido se negó a devolver los buques, pero se estableció un acuerdo con el Protector por el cual Garrido se comprometía a no capturar los otros buques de la Confederación y a retirarse de la costa del Perú. Como prenda las naves quedaban en posesión de Chile, pero flamearían la bandera peruana. Garrido, al firmar este acuerdo creyó haber obtenido una gran victoria, pero no era a eso a lo que Portales lo había enviado.

El ministro Portales, recordando las campañas de la independencia se había propuesto asegurarse antes que nada el dominio del mar. Sin una marina de guerra, la Confederación no podía atacar a Chile; al mismo tiempo, los chilenos podían bloquear los puertos peruanos y establecer buenas vías de comunicaciones en caso de que fuera necesaria la invasión del Perú. Portales por lo tanto, no quedó satisfecho con el cometido de Garrido. Su misión era apoderarse de toda la escuadra peruana y esto lo había cumplido a medias. La *Colo-*

Colo no encontró ni a la corbeta *Libertad*, ni las goletas *Limeña* y *Yanacocha*, misión que se le había encomendado.

Con el objeto de terminar las negociaciones y poner ante Santa Cruz una alterativa de paz o de guerra, se envió la escuadra a El Callao al mando de Blanco Encalada. Iba como representante del gobierno don Mariano Egaña. La escuadra, que zarpó de Valparaíso el 15 de septiembre, estaba compuesta por los siguientes buques:

Fragata *Valparaíso*, comandante Bynon.
Fragata *Monteagudo*, comandante Martínez.
Bergantín *Obregoso*, comandante Díaz.
Bergantín *Aquiles*, comandante Simpson.
Goleta *Colo-Colo*, comandante Señoret.

El almirante Blanco flameaba su insignia en la *Valparaíso*, fragata francesa de lento andar y armada con cañones de corto alcance, que ante la necesidad tuvo que comprar el gobierno. Cambió su nombre de *Adriana* por la del primer puerto chileno. El 30 de octubre de 1836 la escuadra chilena entraba en El Callao para desembarcar al ministro plenipotenciario. Santa Cruz no quiso permitir que la escuadra fondeara dentro del puerto, por lo que los buques debieron esperar en San Lorenzo. Como el gobierno de la Confederación se negara a dar las satisfacciones que el gobierno de Portales exigía para Chile, no quedó otra alterativa que declarar la guerra. Don Mariano Egaña se reembarcó en la *Valparaíso*.

La escuadra del Perú se había incrementado con dos corbetas: la *Socabaya* y la *Confederación* y cuatro bergantines, *Junín*, *Congreso*, *Flor de Mar* y *Catalina*. En vista que se encontraba con un enemigo al que no debía permitirle tiempo para organizarse, Blanco decidió no esperar instrucciones del gobierno y sólo envió a la *Colo-Colo* con el ministro Egaña de vuelta a Chile. Con la escuadra se preparó a emprender una campaña que le diera el dominio del mar. Lo primero era evitar que los buques peruanos, que se hallaban disperses, se juntaran. Con este fin, decidió atacar a las naves del Protector que se hallaban en Guayaquil. Trasladó su insignia a la *Monteagudo* y acompañado por el *Obregoso* se dirigió a Puná. Esta isla es la más grande del delta del río Guayas, donde se encuentra Guayaquil. Tres días más tarde lo seguían con el mismo destino el *Aquiles* y la *Valparaíso*.

Horas antes del arribo de los buques chilenos, el bergantín *Congreso* pasó por Puná, y siguió río arriba. Blanco Encalada al enterarse de la noticia se internó también en el río hasta llegar con sus buques frente a la ciudad. Allí se encontró con cuatro de los buques peruanos, *Flor de Mar, Catalina, Congreso* y *Limeña*. El *Congreso* había traído armas y municiones para los otros buques. Como el Ecuador era neutral nada podía hacer en el puerto el almirante chileno y regresó dos días más tarde a la isla de Puná. Allí mismo hizo llamar al comandante Díaz y le dio estrictas instrucciones sobre el bloqueo que debía mantener con su buque, el *Obregoso,* y la conducta que debía observar con respecto a neutrales. Dejando a Díaz a cargo del bloqueo, zarpó hacia el sur con rumbo a El Callao. Con dos buques, el *Aquiles* y la *Valparaíso*, Blanco recaló en Paita donde esperaba encontrar a la *Yanacocha*, pero ésta ya había zarpado con destino hacia El Callao. Hacia allí, siguió el almirante dispuesto a bloquear de inmediato el puerto. Santa Cruz no deseaba la guerra con Chile y hacía todo lo que razonablemente podía para evitarla. Fue así como al llegar Blanco se encontró que en El Callao se hallaban detenidos cuatro mercantes chilenos. El Protector, después de cambiar notas con Blanco, los dejó libres; a cambio, Blanco se comprometía a no comenzar el bloqueo del puerto en lo que respecta a neutrales por un plazo determinado.

El 21 de enero de 1837 una densa neblina cubría la entrada a El Callao. Los peruanos, aprovechando que la neblina era baja y que por sobre ella se veían los topes de los buques chilenos, enviaron una flotilla de lanchas cañoneras con el objeto de atacar y si fuera posible abordar a sus enemigos. Afortunadamente su presencia fue descubierta con tiempo suficiente para que los buques echaran al agua sus embarcaciones menores y éstas los remolcaran a alta mar. Cuando se trabajaba en la maniobra, se levantó una brisa y Blanco aprovechándola se dio de inmediato a la tarea de cazar las velas y perseguir a la flotilla de lanchas. Las cañoneras viraron inmediatamente en demanda del puerto tratando de ponerse al abrigo de los fuertes. Los buques chilenos entraron al fondeadero en persecución de las lanchas, bajo los fuegos de las baterías. Blanco no dio orden de contestar el fuego y se quedó voltejeando en la bahía por algunas horas invitando con esta arriesgada acción, el desafío de las fuerzas navales enemigas. Las naves recibieron algunos balazos pero los daños no fueron de consideración y no se registraron bajas.

Al salir del surgidero la fragata inglesa *Blonde*, Blanco ordenó al *Aquiles* que se le uniera y así salieron los buques chilenos del puerto. Frente a San Lorenzo se dio orden al *Aquiles* de mantener el bloqueo y la *Valparaíso* fue a Huacho donde hizo aguada. En seguida puso proa al sur, con destino a Valparaíso donde lo llamaba el gobierno.

Como el *Aquiles* estaba solo frente al puerto, el 5 de febrero salió a batirlo la *Yanacocha*. El *Aquiles* aceptó inmediatamente el combate y se dirigió a su enemigo mientras los dos buques cambiaban cañonazos a larga distancia. Después de un corto cañoneo, la *Yanacocha* se vuelve hacia el puerto y el *Aquiles* intenta su persecución. El bergantín no la alcanzó antes que su enemiga se recogiera bajo el amparo de los fuertes, por lo que se aventuró a tiro de cañón de las baterías, cuyos proyectiles lo cruzaban sin tocarlo. Simpson había logrado agujerear el velamen de la corbeta enemiga.

La corbeta *Libertad*, probablemente el mejor buque de la Confederación, viajaba con destino a Guayaquil desde Huacho con el objeto de reunirse con los bergantines en Guayaquil. Dos oficiales chilenos del buque, los tenientes Señoret y Uraga resolvieron apoderarse de la corbeta y ponerse a las órdenes de Chile para combatir al Protector. Alrededor del 25 de noviembre, la mayoría de la tripulación, que se había comprometido en el movimiento, apresó al comandante y a los oficiales partidarios de Santa Cruz. El teniente Señoret quedó como comandante y en un gesto de caballerosidad puso a sus enemigos en la lancha y dándoles provisiones y agua, les permitió cargar en ella sus efectos personales. Pudieron así estos oficiales poner proa al este y arribar a las costas del Perú. Un mes más tarde la corbeta arribaba a Valparaíso y se ponía a las órdenes del gobierno de Chile. Se la envió a Sidney, Australia, conduciendo al general Freire y algunos de sus partidarios que habían sido condenados al destierro por una corte marcial.

Mientras tanto Díaz con el *Obregoso* y la *Monteagudo* mantenía una estricta vigilancia en Puná. Los bergantines peruanos ensayaron una treta que les dio excelentes resultados. Por cuatro días consecutivos se hicieron a la vela como si fueran a salir al mar abierto, pero cuando la escuadrilla chilena se hacía al mar para interceptarlos viraban para volverse al río y volver a sus fondeaderos. El comandante Díaz demostró estar listo y atento las cuatro veces que se repitió esta maniobra. Por fin en la noche del 13 al 14 de febrero los buques peruanos, protegidos por la oscuridad, se hacen a la mar saliendo por la boca de Maquillán y navegando por el canal del Morro. Los peruanos dejaron atrás al *Catalina* de manera que al amanecer éste apareció subiendo el río, por lo que se creyó a bordo de los buques chilenos que ese rumbo habían tomado sus compañeros. Sólo dos días después y gracias a una nave mercante supo Díaz que habían salido a alta mar. Determinado el comandante chileno a salir en su persecución levó anclas y cazó sus velas. Al salir del río se encontró con el bergantín mercante chileno *Napoleón* que le traía provisiones. En alta mar frente a Guayaquil se encontró con el *Arequipeño* y el *Aquiles* que traían órdenes de Chile. En cumplimiento de éstas los buques tomaron rumbos distintos: el *Obregoso se* quedó frente a Guayaquil, la *Monteagudo* salió con rumbo a Talcahuano mientras el *Aquiles y el Arequipeño* al mando de Simpson, zarparon a Valparaíso.

La orden del gobierno era concentrar la escuadra en Valparaíso con el objeto de embarcar el ejército. Este era un grave error estratégico. Si bien el comienzo del plan chileno contemplaba el dominio absoluto del mar, ahora, después de una costosa campaña marítima se abandonaba éste a la escuadra peruana. El crucero emprendido por la escuadra chilena no había dado grandes resultados. Los bergantines habían huido de Guayaquil para refugiarse en El Callao lugar donde un ataque era imposible. Lo que si debió haberse mantenido fue el bloqueo de ese puerto. Con la escuadra de la Confederación así encerrada, el mar pertenecía a los chilenos. Un par de buques habrían bastado para mantener el bloqueo, ya que la superioridad de los armamentos y la disciplina de las tripulaciones eran enormemente ventajosas para Chile.

El ejército, que había recibido el nombre de "Restaurador", se encontraba acampado en Quillota. Poco a poco se fueron juntando los transportes que habían de llevarlo al Perú. El plan de campaña suponía que la marina de Santa Cruz no existía, pues los pocos buques con que contaba estaban tan faltos de recursos que no podían emprender operación de importancia alguna. El 14 de septiembre de 1837 salió de Valparaíso la vanguardia de la expedición. Era ésta la goleta *Peruviana* y el transporte *Napoleón* que partían con órdenes de arribar a Cobija y promover allí una insurrección contra el Protector.

Al día siguiente se hacían a la mar los transportes que iban a cargo de don Pablo Délano, el mismo que había tenido a su cargo los transportes del Ejército Libertador. Este convoy se componía de las siguientes naves: tres fragatas: *Zaldivar, Esperanza, Margarita*; barcas: *Paguina, Colcura, Isabel, Carmen, Pacifico*; bergantines: *Teodoro, Huemul, San Antonio, Salvador, Dos Hermanas, Hércules, Joven Victoria, Eleodoro y Obregoso*. Transportaban casi 4 mil soldados. A éstos los convoyaba la escuadra a cargo del comodoro Roberto Simpson, cuya insignia flameaba en el *Aquiles*. El jefe de la expedición, era el almirante Blanco, que viajaba en la *Libertad*, cuyo mando se encomendó al comandante Bynon. La *Monteagudo* al mando de Martínez, la barca *Santa Cruz* al mando de Boterín y el *Arequipeño* al mando de Díaz completaban la escolta.

Se creía entonces, como se pensó cuando zarpó la expedición libertadora, que las tropas no tendrían que combatir, ya que bastaría la sola presencia de las tropas para que el Perú se levantara en armas contra el Protector. Con estas mismas ideas y con igual fin, Argentina enviaba un ejército por la provincia de Salta hacia Bolivia.

La escuadra se dirigió primero a Iquique y de allí a Arica, donde arribó el 24 de septiembre. A las cinco de la tarde el buque insignia seguido de la fragata *Valparaíso* se acercó al puerto con intención de cañonearlo. Al mismo tiempo se embarcaron en los botes dos compañías de cazadores que apoyados por la artillería de los buques tratarían de apoderarse de la población. No fue necesario abrir fuego, pues a la vista de los chilenos los defensores del puerto huyeron y la tropa de desembarco ocupó Arica sin derramamiento de sangre. El plan consultaba apoderarse de Arequipa y desde allí emprender la campaña contra la Confederación. Con este fin la escuadra se dirigió a Islay. Una vez que se hubo establecido contacto con la población y se allanó el camino en tierra, se decidió desembarcar al ejército en dos partes. La caballería fue destinada a Arata convoyada por la *Libertad* y el resto del convoy con el *Aquiles* buscó fondeadero en Quisca. Arata no fue una buena elección para el desembarco. El 4 de octubre, mientras se desembarcaban algunos transportes, naufragó la fragata mercante *Carmen* que se varó en las rocas. Se perdieron con ella todas las herraduras para la caballada. No fue el único contratiempo: la mayoría de los buques tuvieron dificultades en hacer aguantar sus amarras y la *Libertad* se vio también en aprietos. Los botes y lanchas de los buques desembarcaron el ejército no sin pocos contratiempos.

Al mismo tiempo que los chilenos desembarcaban en Arica, salía de El Callao una escuadrilla peru-boliviana. Ésta iba al mando del general colombiano Trinidad Morán y tenía por objeto atacar a la costa de Chile. Como observa Langlois, no se trataba de un ataque enérgico, ni de ocupar poblaciones o invadir territorios. Era más bien una expedición destinada a promover conatos revolucionarios, a interrumpir el comercio y crear el pánico en las poblaciones costeras. En una proclama que se distribuyó a las tropas, decía Morán: "Ahora se nos presentan nuevas glorias: combatiremos a nuestros enemigos, y les haremos ver que no es lo mismo robar buques en el silencio de la noche violando la hospitalidad, que tomarlos haciendo que calle la detonación del cañón."[179]

La falta de prevision por parte del gobierno chileno y en especial de Blanco Encalada es incomprensible. Se le ha defendido diciendo que tenía datos erróneos sobre la escuadra de la Confederación y por lo tanto no se preocupó de encerrarla en El Callao. El error estaba en el plan de ataque del gobierno que no debió haber olvidado la existencia de los buques enemigos, sino que debió haber planeado su destrucción o captura. Chile tuvo esta vez suerte: el gobierno tenía razón en no preocuparse de la capacidad de la escuadrilla de Morán. Morán, jefe militar de Lima y El Callao, embarcó sus tropas en las corbetas *Socabaya* y *Confederación* y tomó como escolta al bergantín

---

[179] Ibid. p. 123

Congreso. Con estas tres naves se dirigió a Juan Fernández, punto forzoso de recalada en esos años para atacantes y defensores de Chile en la época de la vela. La pequeña guarnición del presidio se entregó o pasó a formar parte de la revolució mientras un grupo rehusó rendirse y luego de una tenaz resistencia tuvo que retirarse hacia el interior de la isla.[180] Morán, demostrando completa estupidez, hizo liberar a los presos, sin distinguir a los presos políticos de los condenados por delitos comunes, y los hizo embarcar en sus propias corbetas y en una ballenera yanqui que se encontraba en el puerto. Al zarpar ordenó a la ballenera que siguiera sus aguas, pues era su intención mantener el secreto de la expedición hasta caer en la costa chilena. La ballenera se desprendió del convoy al caer la noche y fue a San Antonio y más tarde a Valparaíso a dar cuenta de lo ocurrido. Morán gobernó sobre Talcahuano al que creyó indefenso. Ordenó primero la requisición de animales en la Quiriquina y con sus corbetas penetró en la bahía. Fondearon los buques a distancia del puerto y procedieron a largar botes armados con los que se esperaba someter a la población. Los fuertes los recibieron con un fuego cerrado que obligó a los botes a regresar con numerosas pérdidas. El intendente de Concepción, don Manuel Bulnes, envió refuerzos inmediatos a la playa, instalándose en ella cañones de campaña de la guarnición de Concepción. Morán comprendió que nada podría sacar de allí y salió con sus buques al norte.

El 28 de noviembre se presenta nuevamente con sus dos corbetas en San Antonio. Tuvo la suerte de encontrar en ese puerto al bergantín mercante *Feliz Inteligencia* al que apresó sin resistencia. Al tratar de hacer un desembarco las milicias lo rechazaron con energía llegando a tomarle algunos prisioneros. Mientras tanto, el bergantín *Congreso* apresó frente a Valparaíso a una barca mercante, la *Fletes,* y al

---

[180] Según el historiador Sayago, el gobernador Campos entregó el puesto y las municiones a los buques peruanos. Carlos María Sayago, *Crónica de la marina militar de la República de Chile,* Copiapó: Imprenta de la Unión, 1864. El parte oficial de Morán confirma la resistencia. Trinidad Morán al señor secretario de S.E. El Protector, San Antonio, 26 de noviembre de 1837. Reproducido por Uribe, obra citada, p. 78.

perseguir una segunda vela se aproximó al puerto pero sin intención alguna de ponerse cerca del fuego de tierra. Reunida nuevamente la expedición, Morán dio rumbo al norte, recalando en Huasco, donde la población indefensa fue víctima de algunos disparos por parte de la *Confederación.*

El último intento de ataque en la costa chilena fue en Caldera, puerto donde se sabía estaban almacenadas barras de oro, plata y cobre. El ataque fue desastroso, los botes no contaron con el apoyo de la artillería de a bordo y los tiradores desde la playa hicieron estragos entre los atacantes obligándolos a regresar con serias pérdidas.

La expedición de Morán fue pues, un fracaso. No se consiguió el objetivo planeado. Si bien el plan tenía sus méritos, falló por la falta de energía y de decisión de quienes debieron ponerlo en ejecución. El crucero duró 50 días, no encontró resistencia alguna en el mar y sólo obtuvo como recompense dos buques mercantes.

El almirante Blanco, entretanto, se vio forzado a firmar el Tratado de Paucarpata con el que salvaba su ejército. Las tropas volvieron a Quilca, donde se las embarcó nuevamente en la escuadra, esta vez con destino a Chile. El tratado fue casi inmediatamente violado por los dos países. La goleta *Peruviana,* que como se recordará, había zarpado a Cobija, después de cumplir con las instrucciones recibidas se dirigió a Islay esperando encontrar allí al grueso de la escuadra chilena. Al no encontrarla siguió al norte hostilizando como pudo, los puertos peruanos. En Pisco se le informó del tratado de Paucarpata y se dirigió entonces directamente a El Callao. Se informó allí a su tripulación que el buque debía pasar al Perú, pero como los marineros eran chilenos se negaron a desembarcar. El comandante se dio inmediatamente a la vela con el fin de salir del puerto antes que se le forzara a entregar la goleta. Debido al poco viento, fue alcanzada por los botes de la *Confederación* trabándose a bordo una lucha cuerpo a cuerpo en la que murieron cinco de 14 tripulantes chilenos. Por su parte, Chile desaprobó de inmediato el convenio y se sometió a juicio al almirante Blanco. Se resolvió notificar inmediatamente al Perú de la desaprobación del convenio y con este fin se alistó la escuadra.

El *Aquiles* continuó como buque insignia y acompañado de la *Libertad, Valparaíso, Monteagudo y Arequipeño,* zarpó de Valparaíso en los primeros días de 1838 con rumbo a Arica. El comandante Simpson entró solo con el *Aquiles* al puerto y notificó oficialmente a las autoridades de la desautorización del Tratado de Paucarpata. Reunidos los buques afuera del puerto, pusieron proa al norte con la intención de hostilizar la costa peruana hasta El Callao, puerto que se pensaba bloquear.

Frente a Islay, el *Aquiles* que navegaba a la vanguardia, reconoció como a las diez de la mañana, una vela en el horizonte. Se forzaron las velas y al poco tiempo se distinguieron hacia el noroeste dos velas más. Eran la *Socabaya* y el bergantín *Fundador* a los que seguía el *Junín*. Los buques chilenos continuaron en línea de fila tratando de dar alcance al enemigo. El orden se había cambiado pues la *Libertad*, por ser la más velera, había tomado la vanguardia adelantándose considerablemente del buque insignia. El comandante Bynon, que comandaba la *Libertad*, forzó sus velas y continuó la caza después de la caída de la noche. A las dos de la mañana logró por fin la corbeta ponerse a tiro de cañón y abrió fuego con los cañones del costado de babor. La escuadra peruana, creyendo que se trataba de un buque aislado, viró inmediatamente para contestar el desafío y a los pocos minutos la *Socabaya* y el *Fundador* abrían fuego sobre la corbeta chilena. El *Junín*, que era el buque más cercano a la *Libertad*, fue el primero en observar que ésta no venía sola, sino que la seguían por lo menos, otras dos naves. El comandante Panizo, de la *Socabaya,* se dio cuenta también de que se batiría contra la escuadra chilena y ordenó una nueva virada, esta vez en direccián contrarían alejando sus buques del peligro. Al amanecer del día siguiente, la situación no había cambiado mucho. El *Junín*, por ser el buque más lento, veía acortarse la distancia que lo separaba de la *Libertad*. El comandante peruano Panizo no se resignaba a sacrificar al bergantín ni quería tampoco empeñar un combate que las circunstancias hacían de peligroso resultado. Como las naves peruanas tenían el barlovento, ordenó una arriesgada pero inteligente maniobra, virando con sus tres buques primero hacia el oeste y luego hacia el sur con la *Socabaya* y el *Fundador*, a tiempo de que señalaba al *Junín* que se dirigiera a todo trapo hacia El Callao, es decir, volviendo a tomar el rumbo norte. La maniobra se ejecutó con entera felicidad, quedando las líneas separadas por un tiro de cañón y navegando en direcciones opuestas. Ambas partes abrieron fuego y por algunos momentos las fuerzas estaban igualadas, pues la *Valparaíso* con su artillería de corto alcance y muy sotaventada no podía tomar parte en la acción. El comandante Simpson hizo todo lo posible por acercarse al enemigo pero sus esfuerzos se vieron frustrados. La *Libertad*, que hasta ese momento se había distinguido en la maniobra, quizás por lo rápido de la acción o por la nerviosidad de sus tripulantes, falló no una, sino tres veces al tratar de virar por avante, no pudiendo seguir las bordadas del enemigo. Sólo a la tercera bordada logró aproximarse la *Valparaíso* lo suficiente como para abrir el fuego. Panizo comprendió entonces que era tiempo de terminar el tiroteo pues había sido su objeto separarse del *Junín*, y el bergantín se perdía en esos momentos bajo el horizonte. No quiso prolongar más la oportunidad que le daba la suerte y puso otra vez rumbo al norte perseguido por la escuadra chilena. Al atardecer lograba la *Socabaya* perderse en la neblina y poco después desapareció en ella el *Fundador*. A la madrugada siguiente apareció el mar completamente despejado de buques peruanos.[181]

Esta acción de Islay, ha sido ampliamente comentada por los historiadores navales chilenos. Es curioso que ésta sea la única ocasión en la larga historia naval de Chile que su escuadra se haya medido en alta mar con la del enemigo. Las disposiciones del combate por parte de los peruanos no pudieron ser más inteligentes y la maniobra con que se separó el *Junín* no sólo permitió que se salvara el bergantín sino que dejó a los otros dos buques con el barlovento, lo que les permitió conservar la distancia manteniendo así divididos a sus adversarios. En la escuadra chilena tuvo que tomarse una decisión, la de dejar escapar al *Junín*. Esto se comprende pues el bergantín no tenía el valor militar de los otros dos buques. De haberse intentado su persecución, habría tenido que destacarse a la *Libertad*, el más velero de los buques chilenos, dejando solo al *Aquiles* ya que la *Valparaíso* venia muy sotaventada. Lo único que pudo haber cambiado la suerte del combate fueron las tres malas viradas de la *Libertad*. Pero ni aún

---

[181] Parte oficial del combate de Islay, Roberto Simpson a Ministro de Guerra y Marina, reproducido por Uribe, obra citada, p. 104

ejecutadas con éxito, las posibilidades de un ataque a corta distancia habrían sido muchas. Los buques peruanos sencillamente se mantuvieron fuera del alcance de los cañones chilenos.

Simpson ordenó seguir viaje a El Callao y al llegar a San Lorenzo se enteró de que la escuadra peruana no había entrado en el puerto. Sólo el *Junín* estaba allí y había entrado precisamente esa mañana. Supo también que la *Confederación* había zarpado la noche antes llevando al general boliviano Ballivián a Arica. Simpson decidió que valía la pena arriesgarse a un ataque de los buques peruanos y ordenó al comandante Bynon que se hiciera inmediatamente a la mar en persecución de la corbeta enemiga. Bynon, que como bien podemos imaginarnos, tenía picado el amor propio por las malas maniobras de su buque frente a Islay, hizo ejecutar la operación del zarpe con presteza.

Al amanecer del 18 de enero los vigías avistaron una vela en el horizonte. Bynon dio orden de disminuir la marcha para dar tiempo a su gente de alistarse para el combate. Esta vez estaba dispuesto a no permitir falla ninguna. A las 9 de la mañana se reconoció al buque como a la *Confederación*. Al ponerse a tiro de cañón, el enemigo izó su bandera por lo que Bynon contestó izando la suya y afianzándola con un tiro con bala. La respuesta no se hizo esperar y contestó la *Confederación* con una andanada de toda su batería de estribor. Ningún disparo alcanzó a la *Libertad* que habiendo ganado el barlovento mantenía un fuego constante con su batería de babor. Al cabo de 20 minutos, el capitán de fragata French que comandaba la *Confederación,* ordenó arriar la bandera bicolor y reemplazarla por la de parlamento en el trinquete. Antes de que Bynon pudiera enviar un bote, atracó al costado de la *Libertad* un bote del enemigo enviado por el general Ballivián protestando el ataque y alegando que navegaba bajo la protección del tratado de Paucarpata. Como apunta Subercaseaux: "como idea: graciosa; como recurso: pueril."[182] Bynon se desentendió de tales reclamos y en el mismo bote envió una partida de marineros armados que tomando posesión de la corbeta pusieron rumbo a El Callao adonde arribó al día siguiente flameando bandera

---

[182] Subercaseaux, obra citada, p. 300

chilena. La *Confederación* pasó a formar parte de la escuadra chilena sin que se le cambiara siquiera el nombre. Sus 20 cañones representaban un valioso aporte para la Armada.

Temeroso Simpson de que la ausencia del *Socabaya* y *Fundador* fueran indicación de un crucero por la costa chilena, determinó dirigirse lo antes posible hacia ella. Para el viaje dividió sus fuerzas en dos divisiones, de manera que una fuera a Valparaíso y la otra directamente a Talcahuano. Con este fin zarparon al sur el *Monteagudo, Arequipeño y Confederación*. La primera división la conservó Simpson bajo su mando directo y la componían el *Aquiles, Libertad y Valparaíso*. Con estos buques penetró resueltamente en El Callao y luego de reconocer la bahía se retiró sin haber disparado ni recibido un tiro, a pesar de haber estado por horas bajo tiro de cañón de los fuertes. Después de este desafío, la primera división se hizo rumbo al sur con destino a Valparaíso. La segunda división encontró a Talcahuano en calma sin rastro alguno de buques enemigos, por lo que se dirigió también a Valparaíso donde se reunió nuevamente la escuadra el 19 de febrero.

La escuadra enemiga todavía existía y prueba de ello era que Santa Cruz declaraba el bloqueo de la costa chilena. Esta declaración, claro está, no podía ponerse en ejercicio, contando Chile con una escuadra. Contestó pues el gobierno chileno con el bloqueo de El Callao.

Este bloqueo no comenzó sino hasta el 11 de mayo. Componía la fuerza bloqueadora la primera división de la escuadra al mando de uno de los más hábiles marinos que haya producido el país. Se trataba de don Carlos García del Postigo, quien izó su insignia en la *Libertad*, teniendo bajo su mando el *Aquiles, Valparaíso, Arequipeño y Colo-Colo*. Apenas establecido el bloqueo, surgieron toda clase de dificultades con los buques neutrales, especialmente los de Inglaterra que se sentían respaldados por el escuadrón de la marina inglesa que se mantenía en el Pacifico con el sólo objeto de proteger a sus mercantes en emergencias como ésta. La escuadra de Santa Cruz, aunque más pequeña, se comparaba con éxito con la de Del Postigo, por lo que era imposible para la fuerza bloqueadora de desprenderse de buque alguno para hacer la aguada o reaprovisionarse. Del Postigo se vio obligado pues a soportar duras penalidades con su gente y a tomarse la aguada y las provisiones en Huacho o en otras poblaciones costeras. A pesar de que las dificultades con los neutrales, que no permitían un bloqueo efectivo de El Callao, la escuadra de Del Postigo cumplía con su objetivo: mantener encerrada a la escuadra enemiga en El Callao. La segunda división se había quedado en Valparaíso en espera del ejército del general Bulnes cuyo plan era desembarcar cerca de Lima y dirigir su ataque directamente al corazón del enemigo. Se haría uso del control absoluto del mar que Del Postigo había conseguido con su bloqueo.

El convoy con tropas zarpó de Valparaíso el 11 de Julio. Se componía de 26 transportes y lo escoltaban la *Monteagudo*, *Santa Cruz*, el buque insignia *Confederación* con el comodoro Simpson a bordo y la recién adquirida *Janequeo*. Era ésta una goleta comprada al comercio de cabotaje, que antes llevaba el nombre de *Isaac Macken* y que pasó a servir a la Armada bajo el mando de su antiguo capitán, Mr. Parker, quien recibió los despachos de capitán de corbeta. La expedición recaló en la isla de las Hormigas y desde allí Simpson envió a la *Janequeo* a San Lorenzo con órdenes para Del Postigo que se reuniera con el resto de la escuadra para efectuar el desembarco. Del Postigo sabiamente se negó a abandonar el bloqueo. Sabía que de hacerlo se escaparían las naves enemigas de El Callao y mientras se las mantuviera en puerto el convoy no corría peligro ninguno por muy débil que fuese su escolta. Simpson lo comprendió también así y prosiguió a Ancón con su segunda división donde desembarcó el ejército. El comodoro comprendía muy bien que no era posible abandonar a las tropas a su suerte dispersando los transportes y aunque la medida le obligaba a mantener a sus buques en la inactividad, hizo concentrarse a los mercantes en Chorrillos y allí los protegió con la *Confederación, Monteagudo* y *Santa Cruz*.

Como se habían producido algunos cambios en el gobierno peruano, los que parecían favorecer a Chile, Del Postigo se abstuvo de atacar al enemigo dentro del Callao, pero al romperse las negociaciones el 15 de agosto, decidió ponerse en actividad sin demora. Lo primero era hacer un reconocimiento a fondo del Callao, sus cañones, sus fuertes, el alcance de las baterías, el fondeadero de los buques y cualquiera otra información que pudiera ayudarlo en sus operaciones futuras. El 17 de agosto a las dos de la tarde, Del Postigo encabezó su formación hacia el fondeadero enemigo. La *Libertad* y el *Arequipeño* se empeñaron en un duelo de artillería contra los fuertes. El bergantín sufrió varios impactos y quedó con un saldo de un muerto y dos heridos. La *Libertad* fue también alcanzada por el fuego enemigo, pero no sufrió bajas. Del Postigo había reconocido en sus fondeaderos a las corbetas *Socabaya y Yanacocha* y a los bergantines *Fundador* y *Junín*. Esa misma noche se proyectó un atrevido plan que tenía por objeto apoderarse de las naves enemigas. Era una repetición de las exitosas empresas que habían realizado Cochrane y Crosby en el mismo puerto. Cerca de la medianoche se desprendían de los buques tres lanchas cañoneras al mando del mayor José Angulo y los botes y lanchas de la escuadra al mando del teniente Leoncio Señoret, comandante de la *Colo-Colo*. No existía en ese tiempo la barrera de maderas con que tuvo que enfrentarse Cochrane y el estado de desmoralización de la escuadra peruana se creía maduro para emprender un ataque de tanto riesgo con posibilidades de éxito. A pesar del celo y disciplina de las tripulaciones chilenas, las columnas de lanchas y botes fueron descubiertas cuando éstas estaban todavía lejos del muelle. Se iluminó la noche con los fogonazos de los fuegos de los castillos a tiempo que el sonido más agudo de la fusilería rasgaba el silencio de la noche. Las lanchas cañoneras se prestaban en forma excelente para las exigencias del caso, pues contestaron con sus cañones al fuego del enemigo. Señoret no se dejó amedrentar frente al peligro y ordenó continuar la boga hacia los buques enemigos. Llegados a los costados de la *Socabaya* los chilenos treparon en ella y se apoderaron del buque sin la menor resistencia. Angulo y Señoret se dirigieron entonces hacia el *Fundador* que estaba más adentro pero los peruanos lo hundieron antes que los chilenos lograran abordarlo. El buque estaba preparado con barrenos para esta eventualidad y al destaparse éstos el buque se hundió entre las aguas. Se trató entonces de incendiar lo que quedaba sobre el agua pero las olas anegaron el fuego. Lo más curioso de este ataque, fue que desde el momento que fueron descubiertas hasta que se retiraron, las fuerzas asaltantes estuvieron bajo el fuego continuo del enemigo, de cañón y de fusil y no hubo que lamentar una sola baja entre los chilenos. Las lanchas presentaban en la noche una silueta muy pequeña que hacía un mal blanco, pero sólo la suerte libró a los nuevos tripulantes de la *Socabaya* de caer heridos al sacarla del fondeadero.

El ejército, mientras tanto, había derrotado a las fuerzas peruanas en la batalla de Guías, ocupando seguidamente a Lima. No pudo impedir el general Bulnes que el caudillo Orbegoso huyera refugiándose en los castillos del Callao. La guerra por mar iba a continuar todavía, aún cuando se había establecido en Lima un gobierno peruano que presidía el general Gamarra. Este gobierno lo consideró Bulnes como el legítimo gobierno del Perú y ordenó que se devolvieran el bergantín *Arequipeño* y la barca *Santa Cruz*. Esta última quedó en manos chilenas, pues no se hallaba en El Callao cuando se dio la orden de entrega. Con el objeto de ayudar al gobierno de Gamarra, se ordenó a la *Valparaíso* zarpar hacia Pisco llevando tropas peruanas con las que se esperaba hacer un levantamiento en contra de Santa Cruz en esa zona. Con igual misión lo hizo la *Santa Cruz* al norte con destino a Trujillo.

En Pisco, la *Valparaíso* desembarcó sus tropas con toda facilidad y la columna se dirigió hacia el interior. El comandante Díaz no queriendo dejar aislada a esta tropa, ocupó el pueblo con las fuerzas que tenía disponible: 30 marineros y dos oficiales. A los dos días la pequeña guarnición se vio rodeada por una montonera armada de casi 200 hombres. El ataque se efectuó durante la noche oyéndose los tiros desde la fragata. A la mañana siguiente, como se observara desde a bordo que todo estaba en paz en el pueblo, se envió a tierra un bote armado para saber lo que había sucedido. Estos refuerzos fueron enérgicamente rechazados sin que se supiera la suerte del comandante Díaz y sus hombres. El piloto Lemonte que había quedado a cargo de la fragata, envió un bote a Chorrillos a pedir ayuda, pues no tenía a bordo con que defenderse y no quería tampoco abandonar la plaza. Una goleta colombiana, surta en el puerto se ofreció de actuar como parlamentario, pero Lemonte rechazó todo arreglo en espera de instrucciones. El comandante en jefe, envió a Pisco al *Aquiles,* pero sin las fuerzas suficientes para efectuar un desembarco, por lo que se limitó a transbordar marineros a la *Valparaíso y* quedando ésta al mando de don Buenaventura Martínez se volvió a Chorrillos donde estaba concentrado el convoy de transportes. Quedaban prisioneros en Pisco, el comandante Díaz, el entonces teniente y futuro Almirante de la Armada, Don José Anacleto Goñi y sus 30 marineros.

La situación diplomática en El Callao era difícil, pues las tropas chilenas ocupaban Lima y por los asuntos propios de ser fuerza de ocupación, perdían su disciplina. Los extranjeros residentes se consideraban seres privilegiados a los que no correspondía obedecer las órdenes del ejército de ocupación. Fue así como un doctor escocés de apellido MacLean trató de desobedecer a un centinela. Esta vez, el soldado chileno no hizo fuego como se le tenía ordenado, limitándose a aprehender al individuo y entregarlo en el cuartel. El ministro inglés en Lima consideró este hecho como un atropello a un súbdito británico y se presentó ante el despacho del general Bulnes solicitando la libertad del médico y explicaciones. Bulnes se negó a dar explicaciones hasta que no se conociera el resultado de un sumario que había hecho instruir al centinela y contestó que sólo castigaría al soldado si se probaba que era él el culpable del incidente. El almirante Ross del escuadrón británico, se puso de acuerdo con el ministro y ordenó a sus dos naves más poderosas, el navío *President* y la corbeta *Imogene*, que fondearan a ambos costados de la *Libertad* que se hallaba fondeada en San Lorenzo, intimándole que no podía moverse mientras no se dieran las explicaciones debidas. Afortunadamente para el honor de Chile, ni Bulnes ni Del Postigo eran hombres de dejarse amilanar. Bulnes estaba cansado de atender a las reclamaciones y peticiones de neutrales, que trataba por todos los medios de satisfacer. El hecho de que uno de los buques chilenos estuviera "preso" era ya más de lo que podía soportar. Decidido a mantener el honor de su patria, hizo llamar a Del Postigo y le ordenó que a la mañana siguiente se abriera paso usando sus cañones si fuera necesario y que si se veía en una situación imposible, que hiciera volar la santabárbara. Dirigió enseguida una nota al ministro inglés en la que le repetía sus razones anteriores y agregaba que las consecuencias de un ataque a la *Libertad* "pesarán solamente sobre quien haya podido dictarlas."

El ministro inglés, que bien sabía el carácter y de la energía de Bulnes, comprendió que lo mejor era arreglar el asunto allí mismo y se dirigió a la residencia del general chileno. Bulnes lo recibió y después de conversar amigablemente el ministro aceptó las condiciones chilenas y ordenó al almirante Ross que retirara sus naves. Igual nota se envió a la fragata *Samoran*, que se había dirigido a Chorrillos a imponer condiciones a la escuadra que allí estaba fondeada. El incidente se resolvió en un proceso que absolvió al centinela y señaló como culpable a MacLean.

El bloqueo del Callao lo mantenían sólo dos buques chilenos, la *Libertad* y la *Valparaíso* y el bergantín peruano *Arequipeño*. El *Aquiles* se mantenía frente a Pisco y las goletas, *Janequeo* y *Colo-Colo*, bloqueaban Huacho. La recién capturada *Socabaya* estaba convertida en buque-hospital, pues las epidemias mermaban a las tripulaciones de la escuadra y al ejército. El bloqueo era ya sólo de observación, ya que las corbetas *Edmond* y *Yanacocha*, únicos buques peruanos que quedaban en el puerto no daban señales de moverse. Tal era la tranquilidad de la bahía que los chilenos perdieron toda cautela y en una ocasión el teniente José González que iba en un bote en comisión a una fragata francesa fue atacado por un bote armado. Después de una lucha violenta tres marineros y el oficial fueron heridos y capturados; el resto se las arregló para escaper y tomar refugio en la fragata francesa. El comandante del bote armado peruano exigió la entrega de éstos al comodoro francés, pero la petición fue negada, devolviéndose los marineros a la *Libertad*. Del Postigo ordenó una rápida represalia en una falúa y lanchas bien armadas de su buque. Esta expedición capturó rehenes suficientes con quienes canjear a los marineros chilenos y al oficial.

El ejército de Bulnes sufría de las epidemias y de la falta de aclimatación, por lo que decidió el general reembarcar a sus tropas y abandonar Lima. El embarque se efectuó en Ancón y la división de transportes se trasladó al norte desembarcando las tropas en Huacho con las que se internó Bulnes hacia la sierra peruana. Santa Cruz al ver abandonada la capital la ocupó. Su primera medida fue la de reorganizar el poder naval, sabiendo que era el mejor medio para hostilizar al enemigo. El Protector hizo rejuvenecer lo mejor que pudo sus dos corbetas y armó, dos goletas, la *Perú* y la *Shamrock*.

Del Postigo al saber la reorganización del enemigo envió al *Aquiles* a reforzar a la *Colo-Colo y Janequeo* que mantenían por entonces el bloqueo. Bynon, que como comandante del *Aquiles* era el jefe del bloqueo, se dio cuenta que las fuerzas enemigas eran muy superiores y pidió refuerzos al jefe de la escuadra. En su nota comunicaba a su jefe inmediato, que no creía poder repeler un ataque del enemigo con las fuerzas que poseía. Antes de que llegaran refuerzos, precisamente el día que la nota había sido enviada, las dos corbetas, acompañadas de numerosas lanchas y botes salieron en demanda de los chilenos. Bynon fue informado por sus vigías del aparejamiento del enemigo, por lo que tuvo tiempo suficiente para ordenar a sus buques de hacerse mar afuera. Era su intención separar a las corbetas de las embarcaciones menores, las que consideraba de mayor peligro para sus buques. La *Colo-Colo* que iba a la retaguardia, abrió el fuego que fue contestado por la *Yanacocha*, pero como el combate se limitaba al uso de las colisas por parte de los chilenos y de los cañones proeles por parte de los peruanos, y el enemigo no quería alejarse del puerto, las dos corbetas viraron para volver a refugiarse en El Callao.

Bynon, considerando que el mal estado de sus buques le impedía continuar el bloqueo, ordenó el zarpe con destino a Barranca, donde se encontraba el resto de la escuadra. Las consecuencias de esta desacertada medida no se hicieron esperar. Los buques peruanos salieron de El Callao sin ser molestados y la goleta *Perú* y la fragata *Edmond* capturaron sin abrir siquiera el fuego al *Arequipeño* en que flameaba la insignia peruana al mando del capitán Garrochano, de la misma nacionalidad. No será necesario hacer sufrir al lector describiendo los rápidos movimientos de buques chilenos que siguieron a estos acontecimientos. Bien podemos imaginarnos la confusión que produjo la salida de la escuadra peruana que esperaba caer sobre los indefensos transportes chilenos que, confiados en el dominio del mar establecido por la escuadra, navegaban desempeñando comisiones y transportando tropas para el ejército. Cayeron fácilmente en poder del enemigo la barca *Zaldivar* y el bergantín *San Antonio*. Estaban ambos en tal mal estado, vacíos y sin otro aprovisionamiento que "charqui fétido y miseria" por lo que el enemigo se resolvió a incendiarlos.[183] Todos los esfuerzos de Simpson por dar con la escuadra peruana fueron infructuosos. Por último decidió que lo único que se podía hacer, era proteger la costa chilena, para lo que envió el *Aquiles* y las goletas a Talcahuano y a Valparaíso.

La mala decisión de Bynon había traído un cambio radical a la situación en el mar. Había ahora que proteger los transportes y la costa de Chile. Las líneas de comunicaciones de la escuadra y del ejercito se hallaban amenazadas y tenían que protegerse con los buques disponibles, que después de tres años de guerra no estaban en buenas condiciones. Todos los sacrificios que hiciera Del Postigo se habían perdido. Las fuerzas peruanas se incrementaron con la adición de la barca *Mejicana*, mientras la escuadra chilena se reunía en Santa con objeto de proteger a los transportes y así asegurar la retirada del ejército de Bulnes en caso que ésta fuera necesaria. El 9 de enero Simpson con la segunda división de la escuadra se dirigió a Casma con el objeto de aprovisionarse de leña. Esta división se componía de la *Confederación, Valparaíso* y *Santa Cruz*.

El comodoro tomó toda clase de precauciones para evitar una sorpresa. Hizo desembarcar un piquete armado y colocar vigías en los cerros más altos de la entrada sur y norte de la bahía. Los buques fondearon en línea de frente con la *Confederación* al centro, avanzada a un cable de distancia con los que las tres naves formaban las puntas de un triángulo. Hacia el sur y cerca de la roca Ferguson estaba anclada la *Santa Cruz* y al norte, la *Valparaíso*.

Poco después del mediodía del 12 de enero de 1839, el vigía desde el cerro Codrington, en la punta sur, dio la voz de alarma pues había avistado una vela. Se trataba del *Arequipeño* que venía a reconocer la bahía. Simpson se dio cuenta al momento que sólo podía tratarse de la escuadra enemiga y envió por tierra un mensaje a Del Postigo previniéndolo del peligro. El bergantín entretanto viró y volvió al sur a encontrarse con el resto de su escuadra. El viento que soplaba de sur-sur-weste ayudaba a los atacantes. El *Perú* y la *Mejicana* se adelantaron y pasando frente a la *Confederación* se ciñeron al viento sin acortar la vela indicando sus intenciones de abordar a la

---

[183] Informe de Blanchet a Comandante General, Callao. Diciembre 10, 1838.

Valparaíso. La *Edmond* y el *Arequipeño*, también a toda vela, fueron a chocar contra la corbeta chilena. Tan fuerte fue el choque que la *Edmond* se llevó por delante el bauprés y toda la jarcia del trinquete. El *Arequipeño* chocó contra el costado de estribor. Los artilleros chilenos disparan sus piezas casi a toca penoles mientras el enemigo trataba de abordar a la *Confederación*. La *Edmond*, después de 20 minutos de encarnizada lucha, desabracó y su comandante no pudo maniobrar yéndose sobre la barca *Santa Cruz* que lo recibió también a cañonazos. El *Perú* y la *Mejicana* lejos de abordar a la *Valparaíso* se pusieron en facha y la cañonearon. La fragata chilena estaba muy distante para responder a estos fuegos con los fusiles de los marineros, y las baterías, como apuntaban hacia los costados no podían tampoco contestar efectivamente al fuego enemigo. Sus atacantes al ver el giro que había tomado el combate entre los dos buques insignias optaron por retirarse dando rumbo al norte. A todo esto, la *Edmond*, averiada como estaba por el asalto contra la *Confederación*, no podía maniobrar con efectividad y se veía atacada por los fuegos cruzados de la *Santa Cruz* y la *Valparaíso* y parte también por la batería de babor de la *Confederación*, cuya tripulación atacaba con energía al *Arequipeño* que no lograba desabracar. Al cabo de dos horas de combate, el *Perú* y la *Mejicana* se retiraron hacia el norte, la *Edmond* enredada como estaba con la *Santa Cruz*, sufrió serios perjuicios y cuando por fin logró zafarse y adrizar como pudo su velarnen, huyó también hacia el norte pasando a corta distancia de la popa de la *Confederación* y por la proa de la *Valparaíso*, ocasión que aprovecharon ambas naves para descargar todo el fuego de fusilería y cuanto cañón de la batería pudieron apuntar. El *Arequipeño* había perdido a su comandante y casi totalmente desarbolado gracias a la artillería de su adversario que le disparaba casi a quemarropa, no tuvo otro remedio que rendirse. Las averías de los buques chilenos eran medianamente serias. La *Confederación* no podía maniobrar sin sus jarcias de proa y la *Santa Cruz* tenía el velamen agujereado, de manera que ninguna de las dos pudo aparejar a tiempo para seguir al enemigo. Sólo habría podido hacerlo la *Valparaíso* y ésta era la nave más lenta de la escuadra, por lo que optó por quedarse en puerto y prestar ayuda a sus dos compañeras. Es sorprendente el pequeño número de bajas sufrido por los chilenos en este combate. La *Confederación* tuvo seis muertos y doce heridos mientras que en la *Santa Cruz* quedaron dos muertos y seis heridos. La *Valparaíso* no tuvo bajas, sólo su velamen había recibido varios impactos.

El *Arequipeño* quedaba nuevamente en poder de Chile, pero en muy mal estado. A bordo estaban los cadáveres de 14 de sus tripulantes, contando entre ellos al comandante Blanchet. Se tomaron 70 prisioneros, en su mayoría heridos. El valor desplegado por las tripulaciones peruanas, fue esta vez extraordinario. Animados por el valiente Blanchet, sostuvieron el combate hasta que no quedó esperanza alguna del triunfo. La disciplina y entrenamiento de la marina chilena había inclinado la balanza a su favor. Sin duda que la energía inicial de los chilenos al comenzar el combate y emprender la defensa, desanimó a los audaces peruanos. Langlois nos dice que este combate "puso a prueba esta desesperada lucha el valor de los tripulantes chilenos que acostumbrados a los ataques y asaltos demostraron igual entereza para recibir y rechazar una vigorosa agresión."[184]

Almirante Roberto Simpson

---

[184] Langlois, obra citada, p. 133

El poder del Protector en el mar estaba destruido. La noticia de la derrota quebrantó el ánimo de Santa Cruz. La escuadra peruana había sido organizada a base de corsarios franceses y Blanchet demostró en Casma ser de la misma cepa que sus antecesores del siglo XVI.

Terminaba así la campaña marítima en la guerra contra la Confederación. Del Postigo intentó perseguir a los restos del enemigo pero no logró alcanzarlos entrando éstos en El Callao, donde fueron desarmados y enviados más tarde a Guayaquil bajo bandera francesa.

A pesar de no ser de la índole de esta obra, no podemos terminar la campaña contra la Confederación sin decir algunas palabras sobre el ejército chileno. El ejército de Bulnes estaba formado por reclutas valientes y decididos y gracias a su comportamiento y sus sacrificios vencieron en Yungay a un enemigo más poderoso y en buenas posiciones estratégicas. Con el triunfo en Yungay, no quedaba otra misión a la escuadra que llevar al ejército de vuelta a la patria. Antes de hacerlo fue necesario bloquear por unos días al Callao, donde se habían refugiado algunos partidarios de Santa Cruz. Una vez que las fortificaciones del puerto se sometieron al nuevo gobierno peruano, pudo la escuadra embarcar las tropas y zarpó a Chile en dos divisiones. La primera llegó a Valparaíso el 11 de junio y la segunda se dirigió primero a Talcahuano y llegó a Valparaíso el 28 de noviembre de 1839. Habían transcurrido dos años y cuatro meses de guerra. La Armada había realizado numerosas operaciones, entre las que se contaban el traslado de dos ejércitos, cuatro cruceros por las costas del Perú, dos combates contra la escuadra enemiga y misiones de ocupar y bloquear puertos.

El dominio del mar, cuando fue absoluto, permitió a Chile continuar su campaña. Cuando se vio disputado, supieron las tripulaciones responder como se requería para reconquistar ese dominio, tan necesario en una guerra en estas regiones. La cumbre fue el combate de Casma. De haberse la suerte inclinado a la escuadra de Blanchet las tropas chilenas habrían quedado aisladas en el Perú y probablemente Bulnes no habría obtenido la victoria magnífica de Yungay si la noticia que recibió hubiera sido de una derrota en Casma. Por sobre todo debe destacarse en esta guerra la estricta cooperación de las dos ramas de las fuerzas armadas chilenas, el ejército y la marina. Fue un coronel quien dirigió la primera operación naval de la guerra, don Victoriano Garrido. Fue un almirante quien comandó el primer ejército de esta campaña: don Manuel Blanco Encalada. Bulnes, el gran forjador de la victoria en tierra había mantenido buenos contactos con los dos jefes navales Del Postigo y Simpson.

Desgraciadamente para Chile ya no existía razón para mantener a la escuadra. Esta se desarmó casi por completo. Sólo las goletas *Colo-Colo* y *Janequeo* quedaron al servicio del gobierno. Tal fue la falta de interés que se prestó a la marina que su jefe, el capitán Del Postigo, se retiró del servicio. A este hombre más que a ningún otro se le debe el éxito de la campaña naval. Fue él, el único responsable del bloqueo efectivo de El Callao; fue él, quien mantuvo las tripulaciones y los buques en pie de guerra, a pesar de los escasísimos recursos que el país le daba. Don Carlos García del Postigo era natural de Concepción. Muy joven ganó plaza de guardiamarina en la Real Armada española y durante las guerras de la Independencia sirvió al virrey del Perú. Abandonó la causa realista en 1821 para incorporarse a la nueva marina del Perú pero por desavenencias con Bolívar se incorporó a la marina de Chile como capitán de fragata participando en las campañas de Chiloé. Terminada la guerra, desarmada la escuadra, García del Postigo viajó a España donde recuperó el título de Marqués que le correspondía por herencia. Se retiró finalmente a su Hacienda el Palpal, al sur de Chillán donde falleció en 1852.

Carlos García del Postigo

Como comandante en jefe de la escuadra, don Carlos García del Postigo, dirigió el 15 de diciembre de 1839, la siguiente nota al Gobierno al dejar el mando:

Señor Ministro:
   Después de una campaña de veinte meses, de los que los cinco primeros fueron de un penoso bloqueo, devuelvo al Supremo Gobierno el mando de la Escuadra, con que en circunstancias difíciles i azarosas se sirvió honrarme. Durante este tiempo, no han faltado hechos que me atrevo a decirlo, hayan aumentado los trofeos navales de la República. A mas de la acción de Casma, se ha visto a la valiente oficialidad i tripulación de mi mando, sacar en medio del fuego vivísimo de los castillo del Callao i fusilería, el buque mas fuerte del enemigo, la corbeta Socabaya, i destruir completamente el bergantín Congreso i ultimamente arrancar de entre las manos del enemigo sus lanchas. En estos peligros i durante la ardua i prolongada campaña, he sido eficazmente secundado, por el valor, constancia i entusiasmo de cuantioso he tenido bajo mis órdenes, i así al dirijirme a US. por última vez, creo de mi deber recomendar encarecidamente la buena conducta i patriotismo de todos los jefes, oficiales i guardia-marina, de quienes ahora me despido. Dios guarde US,
Carlos García del Postigo

Los buques peruanos que habían servido en la Armada fueron devueltos al gobierno de ese país. El *Aquiles* y la *Monteagudo* se perdieron en un mismo temporal que azotó en 1839 a Valparaíso. El viejo bergantín cuya romántica historia incluía motines en las islas lejanas del Pacífico y dos campañas en el Perú, sucumbió por fin al mar yéndose a pique. El mismo temporal terminó con la ex *Resolución* española que se varó en la playa, perdiéndose totalmente. La *Valparaíso* fue vendida a don Juan Santa María por 13.340 pesos y el *Obregoso* lo compró don José Cifuentes por 8.670 pesos. Ambas naves se dedicaron al cabotaje.

Extraño paralelo el final de esta campaña y el de la independencia. Chile no había aprendido la lección de la primera: para su seguridad, Chile necesitaba una escuadra. Así lo habían indicado O'Higgins, Zenteno, Blanco, Portales... y así lo había probado ya la historia dos veces en 20 años... ¡Qué poco valían los consejos de tan grandes hombres si dos goletas representaban todo el poder naval de la república en 1840!

Fragata típica de la época (c. 1840)

Capítulo XIII
Período anárquico y marina pobre

Como ya queda demostrado, el país no había aprendido la lección de las dos guerras. Ni siquiera se pensó en mantener una escuadra, que si bien no en pie de guerra, podría por lo menos ponerse en acción cada vez que la seguridad de la nación así lo demandase. De las dos goletas que quedaban para el servicio del país, la *Colo-Colo* estaba en tan mal estado que apenas pudo soportar los ajetreos a los trabajos hidrográficos que la sometieron.

En mayo de 1840, llegaba a Chile, procedente de Burdeos, Francia, la fragata *Chile*. Era ésta una hermosa nave de 46 cañones de 24 libras. El gobierno había contratado su construcción con un señor Courrant por la cantidad de $ 250.000. A nadie se le ocurrió que debían hacerse especificaciones en el contrato, ni tampoco se envió a Francia a ningún chileno que supervisara la construcción, de manera que monsieur Courrant pudo construir la fragata en la forma más expedita y barata que le fue posible. De resultado, las maderas usadas no fueron debidamente preparadas, la construcción estaba plagada de defectos y omisiones y el buque, a pesar de su porte, que era de 1.109 toneladas, hubo de pasar a servir como pontón al poco tiempo.

Un mes después de su arribo, tomó el mando el capitán de navío, don Roberto Simpson, quien hizo un viaje al norte hasta tocar en El Callao y a su regreso se procedió nada menos que al desarme de la fragata por motivos económicos(!). El gobierno decidió que la dotación representaba una suma demasiado fuerte para el erario de la nación, ya que no era posible mantenerla en servicio con una tripulación de por lo menos 300 individuos.

Un año más tarde se volvió a armar el buque y fue enviado otra vez al norte, esta vez al mando del capitán de fragata Santiago Bynon. Lo acompañó en su viaje la *Janequeo* y al mando de los dos buques iba un coronel de ejército, don Ramón Cavareda. El viaje se realizó sin mayores consecuencias y los dos buques navegaron hasta Guayaquil para volverse a Valparaíso el día de navidad de 1841. La *Colo-Colo* estaba en tan mal estado que no podía llevar ya una vida útil a la Armada y fue por lo tanto desarmada y vendida en subasta pública en los días que volvía a Valparaíso la expedición de la *Chile* y *Janequeo*.

En 1843 se incorporó a la Armada un pequeño buque de dos palos con aparejo de goleta al estilo inglés: un pailebot. Este fue construido en Ancud con maderas de la isla. Se había proyectado llamarlo Bulnes, pero el presidente se opuso a que se le diera su nombre haciéndolo llamar *Ancud*. Este insignificante velero de 20 toneladas y 17 hombres de tripulación, iba a tomar parte en un hecho que tendría enorme importancia en la Historia de la Armada y en la de Chile. Fue éste la toma de posesión del Estrecho de Magallanes por el capitán don Juan Williams. El proyecto nació de la necesidad de proteger la navegación a vapor que ahora, sin necesidad del viento, había dado nueva popularidad a la ruta del Estrecho en preferencia a la del Cabo de Hornos que preferían los veleros. Se habían realizado también varias expediciones científicas europeas, entre las que merecen citarse la inglesa de Fitz-Roy en la que viajó Darwin y la del francés Dumont d'Urville. Estos hechos pesaron sobre los Presidentes Montt y Bulnes en cuya mente germinó la idea de colonizar el extremo austral del país. El viaje a Magallanes, no fue tan simple como se habían imaginado las autoridades en Santiago. La expedición se organizó en Ancud y en ella se encontraba un marinero escocés llamado George Mabon y el explorador Bernardo Philipi. Mabon había concebido la idea de crear una compañía de remolcadores que hicieran el tráfico del Estrecho remolcando a vapor los veleros que quisieran atravesarlo. El proyecto no llegó a realizarse aunque era una idea excelente. Es curioso observar que el cónsul inglés en Santiago al informar del proyecto a su gobierno decía que los señores Mabon y Díaz habían solicitado un privilegio de diez años en un territorio "que no ha sido reconocido internacionalmente como perteneciente a Chile en absoluto."[185] La goleta había sido cargada en exceso y la temporada no pudo ser peor escogida para el zarpe de la expedición. Era el 23 de mayo, precisamente en el comienzo del tormentoso invierno de esas regiones. No bien hubieron salido los expedicionarios mar afuera, cuando los

---

[185] Véliz, obra citada, p.75

sorprendió una tormenta que casi hace zozobrar al *Ancud*. Después de duras penalidades se pudo recalar en Puerto Americano.

Goleta Ancud, dibujo tomado de los planos originales

Como las averías eran de consideración y no se contaba con suficientes elementos a bordo para repararlas. Williams encomendó a Philipi la difícil misión de volver a Ancud en una chalupa. Philipi escogió un piloto y cinco hombres y con ellos se hizo a la mar hasta arribar a Ancud para volver más tarde con provisiones y herramientas. Por fin, el 18 de septiembre de 1843 al despuntar el sol en el Estrecho de Magallanes, la tripulación formó sobre cubierta y se saludó a la bandera con 21 cañonazos. El 21 el *Ancud* ancló en Puerto del Hambre, en el mismo lugar en que los exploradores españoles de Sarmiento de Gamboa habían fundado el ahora extinto pueblo de Rey don Felipe. Ese mismo día se hizo desembarcar a las tripulaciones y el comandante Williams tomó de hecho posesión efectiva del Estrecho, izándose lentamente la bandera chilena a tiempo que desde el buque disparaba una salva de 21 cañonazos. Después de 15 días de exploraciones, se decidió que el lugar de desembarco era el mejor escogido para fundación de la colonia y se procedió a la construcción de casas y de una empalizada. El 30 de octubre se declaró el fuerte establecido, quebrando Williams una botella de vino chileno escogido, en la empalizada del reducto.

Maqueta de la goleta Ancud, Museo Naval de El Tigre, Argentina.

Se ha dicho que esta toma de posesión fue providencial, pues Francia había enviado una expedición con ese objeto que llegó al día siguiente, pero estas teorías son obra de la fantasía. Lo que si sucedió fue que a los pocos días de la toma de posesión del estrecho, los marineros de la fragata francesa *Phaeton*, habían bajado a tierra portando una bandera francesa y Williams intervino diciéndoles que la región pertenecía a Chile, una nación soberana y que ninguna bandera extranjera debería flamear sobre ella, si no era acompañada de la chilena como establecían las costumbres usuales. El comandante de la *Phaeton* respetó la indicación de Williams y el incidente no volvió a repetirse.

En el norte, la *Chile* continuó haciendo viajes periódicos inmiscuyéndose en los asuntos políticos del Perú y Bolivia. En marzo de 1844, bajo el mando del capitán de corbeta Pedro Díaz Valdez, detuvo al mercante *Chile* de la PSNC y de su bordo extrajo al ex Protector de la Confederación, don Andrés de Santa Cruz, a quien llevó preso a Talcahuano para ser internado en Chillán. También fue la *Chile* una escuela flotante; desde 1843 se estableció en ella, una escuela náutica cuyo director fue el capitán de corbeta don Domingo

Salamanca. Esta escuela provisional sufría de la falta de fondos que aquejaba al país. Esto se manifestaba más que nada con la falta absoluta de alumnos, pues no había interés entre los jóvenes por dedicarse a una carrera que no representaba porvenir alguno. Además, como era éste el único buque que podía prestar servicios medianamente satisfactorios, se le armaba periódicamente quedando pues la escuela sin lugar en que acogerse.

El poder naval de Chile se hallaba reducido a la calamitosa fragata *Chile*, a la goleta *Janequeo* y al *Ancud*. Se hacía necesario la incorporación de un buque para el servicio exclusive de la colonia del Estrecho y con este fin se incorporó el queche *Magallanes*, al que se le dio una dotación de 30 hombres y se le armó con 4 cañones. Este buque comenzó en 1844 a prestar excelentes servicios, rescatando náufragos, sus oficiales sirviendo de prácticos a buques extranjeros y haciendo levantamientos hidrográficos.

En 1847 el país fue sorprendido por un anuncio inesperado: la expedición que preparaba el general Flores contra el Ecuador en España. Como los buques que la transportaban tendrían que recalar forzosamente en puertos chilenos, se pensó inmediatamente en reorganizar la marina. Pero estas reorganizaciones no pueden hacerse de la noche a la mañana si no se cuenta con los elementos necesarios. La *Chile* fue puesta en reparación y se ordenó la construcción de lanchas cañoneras. Las lanchas fueron armadas en Constitución y se dotó a catorce de ellas con un cañón de 24 libras para destinarlas a la defensa de Valparaíso.

La *Chile* estaba en el proceso de ser reparada, pero quiso la fatalidad que se encontrara anclada junto a un mercante cargado de salitre, el que de pronto se incendió, sin dar tiempo a la tripulación de la fragata a hacer preparativo ninguno ante la emergencia. Como las llamas amenazaban envolverla, se dio a la maniobra de separar los buques, pero ésta fue llevada a cabo en forma tan inexperta que el buque se varó en la playa del arsenal, de donde fue más tarde reflotada en peores condiciones que en las que se había varado. Reparada por fin, se presentó el problema de tripularla pues no había marineros nacionales suficientes para marinearla como lo exigía la ley. Fue necesario que un consejo de estado acordara que en vista del peligro y la falta de personal se permitiría tripularla con sólo el 50% de gente del país. Salvada esta inconveniencia, se hizo a la mar la fragata acompañada de la *Janequeo*. Se le ordenó cruzar primero a Juan Fernández, donde se esperaba encontrara a la flotilla de Flores. De no hacerlo debía recalar en la isla Santa Maria. Simpson, que comandaba la expedición, creyó mejor dirigirse en crucero a las costas del Ecuador, pero como se le comunicó entretanto que la expedición de Flores había fracasado, se volvió con sus dos buques a Valparaíso. Allí se desarmó nuevamente la fragata, se vendieren las 14 lanchas, a menos de la mitad de su precio original.

La escuela náutica estaba en desorganización. El almirante Blanco Encalada se había hecho cargo de la Comandancia General de Marina, visitó la casa donde se había establecido la escuela y decidió que sería mejor trasladar a los estudiantes a bordo de los buques. Los más aventajados pasaron a bordo de la *Chile* y los otros a la *Janequeo*. Se declaró además que en adelante los alumnos que quisieran seguir una carrera naval, deberían seguir primero una educación elemental en la escuela militar que funcionaba en Santiago. Con el objeto de eliminar la necesidad de contratar marineros extranjeros, se estableció también una escuela de aprendices que funcionó también a bordo de la *Chile*. El gobierno hizo los esfuerzos que pudo por reconstruir la Marina, ordenándose la construcción de dos buques y un vapor, pero como no se proveyeran fondos para este objeto, la construcción no pasó de allí. En los arsenales de Valparaíso había una máquina a vapor con la que se ordenó la construcción de un vaporcito que pudiera cruzar la barra del Maule. Se le denominó *Maule* y pasó a prestar servicios en Constitución.

A fines de 1847 el gobierno compró el antiguo bergantín *Obregoso* pagando por el 9 mil pesos. Se le rebautizó con el nombre de *Cóndor* y al mando del teniente primero don Patricio Lynch fue enviado al Estrecho para relevar al queche *Magallanes* que ya llevaba dos años en servicio continuo al mando del capitán de corbeta don Buenaventura Martínez. Apenas llegado el *Magallanes* a Valparaíso de regreso de su larga comisión, tuvo que ser desarmado y desguazado por el mal estado de su casco que lo imposibilitaba para navegar. El *Cóndor* no estaba tampoco en mejores condiciones, era un buque viejo y en 1850 tuvo que ser separado definitivamente del servicio. Se le reemplazó por el *Meteoro*, un excelente bergantín construido en los Estados Unidos que montaba diez cañones.

Bergantín Meteoro

Hacia 1849 un hecho ajeno a la Armada y a la nación vino a repercutir hondamente en el normal desarrollo de la historia chilena. Fue el descubrimiento del oro en la Alta California y la subsiguiente "fiebre". Miles de chilenos salieron del país con la esperanza de encontrar la riqueza en las costas de la América del Norte. Como la demanda de pasajes era muy elevada y se prestaba para grandes ganancias, se puso en servicio cuanto buque mercante fue posible echar al mar, y la falta de tripulaciones en la Armada iba a repercutir hasta años más tarde. Como era de esperarse, no todos encontraron oro, y quedaron en San Francisco de California miles de chilenos sin medios de subsistencia y sin poder regresar al país. [186]

---

[186] Se ha exagerado el número de chilenos que viajaron a California en esos años. Los censos indican que no llegaron a los seis mil. Véase *Episodios chilenos en California*, de este mismo autor, editado por UCV en Valparaíso en 1974

Se pensó enviar a la fragata *Chile* con gente para marinear a los buques chilenos que habían quedado abandonados por sus tripulaciones en ese puerto. El Congreso aprobó con este objeto la suma de 40 mil pesos con qué auxiliar a los chilenos de California. El estado de la fragata era tan malo que no fue posible enviarla en viaje alguno. Tuvo que llegarse al limite de pedir al contralmirante inglés Phipps Hornby, comandante del escuadrón naval británico, que se preocupara de los chilenos. ¡Qué triste papel para un país que 25 años antes dominara el Pacifico con su escuadra! La falta de buques causada por la fiebre del oro abrió el comercio de cabotaje a las naves extranjeras, ahogándose así a la marina mercante que no llegaba a desarrollarse. Todo esto se habría evitado si Chile hubiera tenido una escuadra: la escasez de barcos habría concluido con el retorno de los que estaban abandonados en San Francisco si se hubieran llevado tripulaciones para el viaje de regreso.

La *Chile*, como queda bien demostrado, había sido un pésimo negocio para el gobierno y Blanco Encalada propuso enviarla a Europa para que fuera renovada. Se esperaba hacer las reparaciones en algún puerto europeo por la suma de setenta mil pesos. Antes de que pudiera emprender el viaje, fue necesario repararla en Chile a fin de que sobreviviera la travesía. Afortunadamente, la idea no pasó más allá de prepararla para el viaje a Europa, después de lo cual quedó en condiciones de navegar, situación providencial para el gobierno ante los trastornos políticos de 1851. Dos revoluciones habían estallado en el país: la primera se declaró el 7 de septiembre en Coquimbo, y el 13 del mismo mes se levantaba en armas Concepción. El general Bulnes, que terminaba en esos días su periodo presidencial, se hizo cargo inmediato del ejército y se ordenó el aprestamiento de las fuerzas navales con el fin de aislar a los focos revolucionarios. El gobierno contaba con la *Chile* y con una corbeta de guerra, la primera construida en Sud-américa. Era ésta la *Constitución*, que se había construido en el astillero Duprat de Valparaíso. Todo en ella era nacional. La madera de su casco procedía de las montañas de la cordillera central, "gualo" o roble-maule. La jarcia era toda de construcción chilena y hasta el forro de cobre procedía de la fundición Lambert en Coquimbo. La artillería se había encargado a Francia y contaría con 18 cañones Paixans de 32 libras. Este buque se hallaba en espera de su artillería al estallar la revolución y se ordenó armarla inmediatamente con el fin de que se pusiera en apoyo al gobierno. Se había agregado a la Armada el *Infatigable*, que se destinó exclusivamente al servicio de la colonia de Magallanes.

Los revolucionarios sabían muy bien que tendrían que asegurarse el dominio del mar y se apoderaron del vapor *Firefly* en Coquimbo. Este vapor había sido construido en Gales expresamente para la firma chilena Lambert y como se le dedicaba al transporte de minerales llevaba bandera británica. En el sur los revolucionarlos se tomaron al vapor *Arauco*, de la firma Ossa, que se dedicaba al correo en la zona sur del país. Estos dos vapores daban a los revolucionarlos una ventaja enorme sobre la Armada cuyos buques eran a vela. Si bien no estaban armados en guerra, podían burlar toda vigilancia y ponían en serio peligro al gobierno al facilitar las comunicaciones de los revolucionarios.

El gobierno, para remediar la situación y equilibrar al menos en parte esta disparidad, compró el vapor *Cazador*, de matrícula francesa, que se hallaba en Valparaíso. Era éste un buque de 140 caballos de fuerza y se le dotó de 3 cañones, embarcándose en el 3 oficiales y 60 hombres de tripulación. Al comenzar la revolución, los dos vapores revolucionarios eran dueños del mar y llevaban comunicaciones y tropas del norte al sur o viceversa. Como el gobierno no podía detener estos viajes, se pidió al comandante del escuadrón inglés en el Pacifico que apresara al *Firefly* bloqueando el puerto de Coquimbo. El proceder del gobierno fue desde un principio censurado, pero debemos recordar que el *Firefly* llevaba bandera inglesa y por lo tanto estaba dentro de la jurisdicción del almirante inglés, ya que cumplía con su misión en estas aguas, que era la protección de los mercantes de su bandera. El ministro inglés aprobó inmediatamente esta medida y el *Firefly* fue apresado. Igual suerte corrió el *Arauco*, al que el gobierno declaró barco pirata negándole la protección de la bandera chilena.

El apresamiento del *Arauco* tuvo lugar el 15 de octubre y lo ejecutó el comandante inglés Paynter con su buque *Gorgon*. El jefe de la revolución en Concepción contestó con una proclama en la que decía: "Si estos infames gringos nos saltean en el mar, nosotros debemos degollarlos en tierra ... Somos un millón de chilenos, todos unidos podemos aniquilar a esta raza inglesa maldita por los buenos americanos."[187] Gracias a los ingleses, el gobierno, había. recuperado el dominio del mar y sus naves se dedicaron al bloqueo de los puertos revolucionarios. El *Meteoro* tomó estación frente a Talcahuano para bloquear el puerto, y se ordenó a la *Chile* a cruzar frente a Papudo. Esta fragata, para colmo de sus males, se fue a encallar en la roca Casualidad, en la bahía de Pichidangui, de donde fue sacada a duras penas, llegando a Valparaíso donde quedó definitivamente convertida en pontón. El *Cazador* se destinó al transporte de tropas, y apenas terminó de armarse la *Constitución*, se la envió al norte con la misión de bloquear Papudo, tarea que la Chile no había podido realizar. Como el sur se presentaba como el punto fuerte de los revolucionarlos, se destinaron al bloqueo de la costa comprendida entre el río Itata y la Isla de Santa Maria, tres buques: el *Meteoro*, la *Janequeo* y el *Infatigable*. Terminada la revolución en la sangrienta batalla de Loncomilla, los buques fueron desarmados y la falta completa de una marina mercante hizo necesario que se dedicaran estas naves al servicio de cabotaje.

Esta revolución de 1851 iba a traer una secuela trágica que cortó la vida de uno de los más capaces y valientes oficiales de la Armada. Don Benjamín Muñoz Gamero era el gobernador de la colonia de Magallanes. El Fuerte Bulnes, construido por Williams en la península de Brunswick, sufría de los mismos padecimientos que había sufrido la colonia española establecida siglos antes en el mismo lugar. Con la fundación de Punta Arenas, los colonos se fueron trasladando poco a poco a la nueva población, y en 1849 el destacamento militar se trasladó definitivamente a la nueva localidad. Allí se nombró gobernador a un capitán de la Armada y la guarnición se componía de tropa de ejército y de artillería de marina. Existía también una colonia penal que era custodiada por la tropa. Nadie había reparado en la peligrosa situación que se había producido en la guarnición. A cargo de la artillería estaba un teniente de pésimos antecedentes que no tenía razón alguna para estar al servicio de las fuerzas armadas, menos aún

---

[187] Francisco A. Encina y LeopoldoCastedo, *Resumen de la Historia de Chile*, Vol II, p. 1074. Santiago: Zig-Zag, 1961

en un puesto de confianza en un lugar tan apartado. Era la falta de oficiales, la que había forzado el empleo de Miguel José Cambiaso, aún después que se había probado el haber intentado asesinar a su esposa. A éste se le habían asignado siete sargentos del Regimiento Valdivia que habían participado en un motín y que se habían relegado como castigo a la guarnición de Punta Arenas. Sin duda alguna que el general Cruz o sus agentes habían establecido contacto desde Concepción con la colonia y trataron de llevar hasta la lejana posición el espíritu de la revuelta. Cambiaso había sido arrestado por faltas menores, y en la noche del 24 de noviembre de 1851, la guardia entró al cuarto donde se encontraba y lo puso en libertad y en seguida arrastrando al resto de la guarnición se apoderó del cuartel y del pueblo. Al día siguiente se proclamaba Presidente de Chile al general Cruz y almirante de Chile a Muñoz Gamero. Cambiaso se hizo dueño de la situación y procedió a intimidar a los pobladores con fusilamientos. Era su plan imponer el terror usando de los medios más bárbaros. Muñoz Gamero esperaba la ocasión propicia para sofocar el motín, ésta se presentó al llegar a Punta Arenas la barca *Florida* que le traía refuerzos y nuevos presos para el penal. Muñoz Gamero se embarcó en un bote y trató de llegar al buque, pero una tempestad que se desató de improviso, cosa corriente en esa región, empujó el bote hacia la costa de Tierra del Fuego. Allí, el capitán y los que lo acompañaban fueron atacados por una tribu de indios y a duras penas lograron reembarcarse cruzando el Estrecho en dirección opuesta hasta llegar al Fuerte Bulnes. Cambiaso, al darse cuenta de la fuga del gobernador, tomó sus represalias quemando el edificio de la gobernación, el hospital y la Iglesia después de saquearlos. Quiso también quemar vivos a los que creyó cómplices del gobernador, pero desistió de ello. Le fue fácil capturar al *Florida* e hizo fusilar a su propietario, Mr. Shaw, colgando su cadáver en el roble de la plaza. Igual suerte corrieron el capitán de la goleta inglesa *Elisa Cornish*, Mr. Talbot y un joven, hijo del propietario del buque.[188]

---

[188] Una excelente narrativa fue escrita por el propio capitán Brown. Charles H. Brown, *Insurrection at Magellan, Narrative of the Imprisonment and Escape of Capt. Chas. H. Brown.* Boston, publicado por el autor, 1854

La barca Florida

El gobernador, que esperaba en Fuerte Bulnes, no pudo soportar más y se encaminó acompañado solo por el padre Acuña a Punta Arenas. Estaba dispuesto a presentarse solo frente a los sublevados y hacer lo posible por terminar con el motín. No contaba con la brutal actitud de Cambiaso. Al llegar a Punta Arenas, fueron reconocidos y apresados. Llevados a presencia de Cambiaso, éste los hizo fusilar. Como Muñoz Gamero se negó a sentarse en el banquillo, fue fusilado por la espalda. Se arrojó luego su cadáver a una hoguera con el objeto de satisfacer a los sargentos del Valdivia que pedían que se le quemara vivo. El cadáver del padre Acuña quedó sin sepultura y fue devorado por los perros.

Cambiaso hizo creer a la población que se dirigiría a Ancud a sumarse a la revolución, pero una vez que hubo embarcado a todos los habitantes y pegado fuego a lo que quedaba de la colonia, se dirigió hacia el Atlántico. Antes de salir del Estrecho abandonó, gracias a un engaño, a unas 300 personas en Puerto Wood, sin víveres y sin armas.

En pleno Atlántico, el capitán Brown, que comandaba la nave, ayudado por 15 hombres, apresó a Cambiaso después de una corta lucha y lo llevó rumbo al norte, después de pasar el Estrecho, con dirección a Ancud. El gobierno chileno, al enterarse del motín, había pedido al comandante de la nave inglesa *Virago* que saliera en busca de Cambiaso. Al entrar este buque en Ancud, se encontró con la *Elisa Cornish* que traía presos a los amotinados. Llevados a Valparaíso Cambiaso y sus cómplices, fueron ajusticiados. El papel de la Armada en este triste episodio fue absolutamente nulo. Como el *Meteoro* y el *Infatigable* estaban en el norte, no había fuerzas navales que apoyaran al gobernador y así pudo Cambiaso empañar la historia de la colonia con tan sangriento episodio.

La Armada prestó después de la revolución grandes servicios al país. Los buques se distribuyeron geográficamente en las regiones del país que necesitaban de sus servicios. Así la *Janequeo*, usando como base de operaciones el puerto de Valparaíso, desempeñó muchísimas comisiones en la costa central del país y en la isla de Juan Fernández. Contribuyó también a las expediciones científicas que se realizaron entonces en el desierto de Atacama y levantó cartas hidrográficas de las caletas y puertos de la costa de esa región. Como el Perú se mantenía bajo constante estado revolucionario, se hizo necesario poner un buque en estación en esas aguas y para esta comisión se designó a la *Constitución* que servia también como buque-escuela. En el sur se desempeñaba el bergantín *Meteoro* al mando del capitán de corbeta don Manuel López, y más tarde bajo el mando de don José A. Goñi. Este buque era muy marinero y soportó terribles tempestades. Uno de ellos ha sido narrado varias veces, ya que el buque se "durmió" y sólo las buenas condiciones y el valor de la tripulación, entre los que se contaba el marinero José F. Brito, pudieron salvar el buque.

Los vapores *Cazador* y *Maule* se empleaban no sólo como transportes sino también en comisiones hidrográficas. Este último vaporcito seguía ocupándose en el remolque de lanchas y veleros que entraban a Constitución. Se comisionaron ambos buques a hacer un levantamiento de los ríos Imperial, Budi y Toltém. La comisión se llevó a cabo en forma ejemplar. Desgraciadamente, cuando la labor se completaba, el *Maule* naufragó en la costa del Imperial. Haciendo uso del dinero destinado años antes por el Congreso para incrementar la Marina, se ordenó a Europa la construcción de una corbeta a vapor, la *Esmeralda*, y dos vapores: *Maipo* y *Maria Isabel*.

El año 1856 fue un año de desgracias para la Armada. En el mes de enero, día 30, el *Cazador* cargado con 501 personas naufragó en la costa de la provincia de Maule. Declaró más tarde su comandante, capitán de corbeta Cavieses, que a las 8 de la noche y estando de guardia el teniente Simpson, el buque chocó violentamente contra las rocas de Carranza. El comandante trató de acercar el buque a la playa, pero era obvio desde el primer momento que no había esperanza de salvarlo pues la nave estaba partida por la proa. Se tripularon inmediatamente los botes, en buen orden y con gran disciplina. Desgraciadamente la playa no se prestaba para el desembarco y los botes estaban recargados por el excesivo número de pasajeros que llevaba el buque. Fue así como la mayoría se volcó en la violenta resaca. Sólo 17 náufragos pudieron desembarcar y dos botes tripulados por el contador y el comandante se las arreglaron para llegar hasta Constitución. Estos hicieron subir el número de sobrevivientes a 41. Desde Constitución se organizó inmediatamente el salvamento y el vapor *Vilos* se dirigió al lugar de la tragedia. Habían perecido 460 personas, incluyendo 30 niños y casi 200 mujeres. Se sometió al comandante Ramón Cavieses a un riguroso sumario, pero no pudo encontrarse la razón de la tragedia. El mar estaba en calma, el tiempo era también bueno y se navegaba a la vista de la costa. Hay versiones que indican que había neblina, hecho que no ha podido ser verificado. Cómo bajo estas circunstancias pudo ocurrir la mayor tragedia marítima que recuerda la historia chilena, es un misterio que guardó el mar para siempre.

Meses más tarde, el *Infatigable*, que tan buenos servicios prestaba a la colonia de Magallanes, fue presa de un incendio que hizo explotar la santabárbara, yéndose el buque a pique. Reemplazando estas pérdidas, llegó a fines del mismo año a Valparaíso la corbeta *Esmeralda*. Este era el único buque de guerra a vapor con que contaba el país y tenía un armamento que incluía 12 cañones de 40 libras. La máquina que nunca fue muy eficiente, desarrollaba 200 caballos de fuerza. El interés que este nuevo buque despertó en el puerto fue grande. Se trasladaron el Presidente y sus Ministros desde Santiago a Valparaíso para visitarlo, y a su bordo se constituyó la Escuela de Aplicación, a la que se agregaron profesores franceses contratados especialmente con ese objeto. Bajo la presidencia de Montt, la Armada siguió creciendo, si no bien en el número de buques, por lo menos en sus recursos. La Escuela de Aplicación fue trasladada a tierra, nombrándose director al marino francés Jean Jules Feillet y subdirector a Antoine Desmadryl, también francés. La Escuela Naval, como se la llamó entonces, tuvo en su primer curso de 1858 a Montt, Uribe, Molinas, Bannen, Latorre, Condell y a un cadete que más tarde iba a dar su nombre a la Escuela: Arturo Prat Chacón.

El bergantín *Ancud*, construido en el astillero Duprat de Valparaíso, prestaba también en esos días importantes servicios. Este buque estaba armado con 14 cañones de 32 libras y tenía un porte de 493 toneladas. No disparó jamás sus cañones contra un enemigo y su vida fue una de comisiones hidrográficas, exploraciones y labor científica. Bajo el mando del teniente Francisco Hudson sirvió como base para la exploración de la península de Taitao y la búsqueda de un canal que permitiera la navegación sin necesidad de tener que doblar el cabo Tres Montes. Más tarde llevó a un grupo de hombres de ciencia al Perú que iban a observar un eclipse de sol en Payta y Lambayeque. Fue después desarmado y puesto en venta.

Los dos vapores comprados en Inglaterra donde se construyeron para el gobierno mexicano, fueron aceptados por el gobierno y salieron en octubre de 1856 con destino a Chile. Pero sólo llegó a Valparaíso la *Maria Isabel*. El *Maipo* recaló en Río de Janeiro con la máquina en mal estado y como su arboladura era también defectuosa, se decidió venderlo en Brasil antes que arriesgar su pase por el Cabo de Hornos. Pero no hubo compradores. Reparado a un alto costo vino a llegar a Chile sólo a fines del año siguiente. Tan pronto como se incorporó el *María Isabel*, comandante Manuel Escala, fue enviado a rescatar a la fragata sarda *San Jorge*. Iba con víveres para Magallanes. El 16 de diciembre de 1857 por la mañana forzaba la entrada del estrecho y avistaba a la *San Jorge* fondeada en la bahía de la Misericordia; su tripulación se había sublevado y se encontraba parte enferma de escorbuto. Al acercarse la *María Isabel* chocó contra una roca submarina, no marcada en los mapas. El buque se fue a pique en pocos minutos, salvando toda su tripulación que fue a refugiarse en la *San Jorge*. Los náufragos chilenos lograron restablecer el orden en ella y reemplazando a su tripulación enferma, hicieron rumbo a Valparaíso a cuyo puerto llegaron el 30 de diciembre. Como segundo comandante del vapor estaba don Galvarino Riveros, entonces capitán de corbeta, y del que se dice que demostró en el naufragio de Bahía Misericordia, energía, carácter y serenidad ante el peligro.

La eterna falta de recursos que siempre ha perseguido a la Marina de Chile, se dejaba sentir también en esos días. El gobierno se preocupaba en la formación de un núcleo de oficiales alrededor de los buques a vapor con el fin de que eventualmente éstos pudieran hacerse cargo de una flotilla que no dependiera del viento. La composición de la Armada a principios de 1859 era la siguiente:

Fragata pontón *Chile*, construida en Francia en 1835
Corbeta a hélice *Esmeralda* de 20 cañones, construida en Inglaterra en 1855
Vapor a hélice *Maipú* de 5 cañones, construido en Inglaterra en 1850
Vapor de ruedas *Maule* de 3 cañones, construido en Estados Unidos en 1856
Corbeta de vela *Constitución* de 18 cañones, construido en Chile en 1851
Bergantín *Ancud* de 14 cañones, construido en Chile en 1853
Bergantín *Meteoro* de 10 cañones, construido en Estados Unidos en 1848
Bergantín *Pizarro*, propiedad del Ministerio del Interior
Formando un total de 70 cañones.

En enero de 1859 Pedro León Gallo se levantó en armas contra el gobierno en la provincia de Copiapó. Esta revolución requirió de la Armada servicios superiores a los que podía proporcionar con sus elementos. Se compró por la suma de 60,000 pesos el vapor *Independencia*, que fue remolcador en Valparaíso, de fuerza de 300 caballos y construido en Estados Unidos en 1857; se le armó con dos cañones y se dio su mando al capitán don Nicolás Saavedra.

Fue necesario enviar a la *Esmeralda* al norte con tropas del ejército. Esta corbeta recaló primero en Huasco, donde no encontró resistencia, pero en Caldera se le disparó, trabándose un duelo entre la artillería de tierra y la del buque. La *Esmeralda* logró desalojar las posiciones de los revolucionarios en tierra y tropa de desembarco ocupó la plaza. Se pensó entonces expedicionar hacia el interior, pero como las fuerzas del gobierno estaban en inferioridad numérica se reembarcaron y pusieron rumbo a Coquimbo, donde se estableció la base de operaciones del gobierno. La *Esmeralda*, el *Maipú* y el *Independencia*, en unión de los vapores *Antonio Varas* y *Polynesian*, adquiridos provisionalmente, arribaron a Tongoy con el grueso de la expedición de Vidaurre, la cual avanzó sobre Coquimbo.

En el sur, la revolución prendió también en Arauco y el gobierno envió al vapor *Independencia* que llevó tropas para sofocar la rebelión. En el propio Valparaíso estalló también la revolución. Unos cien obreros se apoderaron de los almacenes fiscales y armados atacaron a la intendencia, la que fue defendida en sangrienta lucha por tropas de línea, policía y la marinería de los buques.

Aún cuando los revolucionarios no contaban con poder naval alguno, el gobierno ordenó movilizar todos los elementos navales disponibles con el objeto de bloquear la costa del norte y así impedir la llegada de refuerzos y el posible movimiento de tropas. Se armó hasta el bergantín *Ancud* y los buques se ocuparon en el bloqueo y el transporte de las tropas del gobierno. Gallo salió victorioso del combate de Los Loros, mas el dominio del mar iba a dejar victorioso al gobierno.

En efecto, el general Vidaurre, gracias a la movilidad que le permitía la escuadra, concentró su ejército y marchó sobre La Serena. El 29 de abril, Gallo lo esperó al pie del Cerro Grande. Como los revolucionarios tenían la espalda a la playa, fácil fue para los buques acercarse a la costa y ayudar al ejército con el fuego de sus cañones. La *Esmeralda* fondeó tan cerca de la playa como le permitió su calado y desde allí procedió a cañonear a las tropas de Gallo. Las fuerzas del gobierno se vieron comprometidas cuando los revolucionarios lograron flanquear el ala izquierda que daba hacia el sur, pero apoyadas por los fuegos de la corbeta, la infantería gobiernista cargó sobre las posiciones enemigas haciendo huir a las tropas defensoras en el mayor desorden. La *Esmeralda* embarcó después al comandante Villagrán con tropas que ocuparon a Caldera sin resistencia. Las fuerzas navales del gobierno estuvieron a cargo de don José Anacleto Goñi y fueron decisivas en el triunfo.

El 18 de septiembre de 1859 tuvo lugar el último suceso sangriento de esta revolución. El general Vidaurre atendía el Tedeum en celebración del aniversario patrio en la iglesia matriz de Valparaíso. Se sintieron algunos disparos y el general salió personalmente a ver lo que sucedía. Fue ultimado por un balazo a quemarropa antes de que pudiera hacerse cargo de la situación. Los batallones cívicos que solemnizaban la ceremonia fueron incapaces de organizar una defensa. Afortunadamente, la marinería, que tomaba parte en el acto, controló rápidamente la situación y el orden público quedó restablecido en menos de tres horas.

Capítulo XIV
La Guerra con España

A fines de 1859 se vendieron los buques a vela que quedaban en servicio, reduciéndose con esta medida la Marina a tres buques, todos a vapor: la *Esmeralda* y los vapores *Maipo* e *Independencia*. Por esos años pudo la Marina dedicarse completamente a labores pacificas: las ya acostumbradas comisiones del gobierno, transportes de tropas, comisiones hidrográficas y el servicio de la colonia de Magallanes en Punta Arenas.

En abril de 1863 llegaron a Valparaíso cuatro hombres de ciencia españoles. Se trataba de una expedición científica que el gobierno de Isabel II enviaba al litoral oeste del continente americano. Los científicos venían a coleccionar especies geológicas; peces, moluscos y zoófitos; mamíferos, aves y reptiles; botánica, y se les agregó más otro especialista en antropología y etnografía. Habían cruzado la cordillera de los Andes y esperaban encontrarse en Valparaíso con el resto de la expedición que venía por mar. Los buques eran todos de guerra y ocultaban alguna misteriosa razón de la expedición, pues venían armados y amunicionados. Originalmente se componía de dos fragatas a vapor y a hélice: *Nuestra Señora del Triunfo*, al mando del capitán Enrique Crocker, y *Resolución*, que venia al mando del comodoro, almirante Luis Pinzón. A éstas las acompañaba una cañonera: la *Virgen de la Covadonga*. La cañonera se adelantó a las fragatas y llegó a Valparaíso el 28 de marzo de 1863 y sólo dos meses después lo hacían las fragatas detenidas por el mal tiempo durante la travesía por el Cabo de Hornos.

Los chilenos recibieron a los marinos españoles como hermanos. Se les abrieron todas las puertas, se les agasajó en bailes, cenas y serenatas, se cambiaron saludos y visitas a los buques, y cuando la delegación llegó a Santiago, el ministro español señor Tavira, invitó a la sociedad de la capital a una gran fiesta en honor de los marinos, la que fue correspondida por el propio Presidente de la Republica en un banquete oficial.

Los marinos españoles estuvieron dos meses en las provincias de Aconcagua y Valparaíso y salieron con rumbo a El Callao donde llegaron en Julio del mismo año. En El Callao se les recibió con iguales atenciones que en Valparaíso a pesar de que las dos naciones no tenían relaciones diplomáticas oficiales, pues la independencia del Perú no había sido reconocida por la madre patria. La escuadra estuvo pocos días en El Callao y zarpó luego rumbo al norte, recalando en puertos de Ecuador, Centroamérica, Panamá y California. Los científicos pasaron más tiempo a bordo que en tierra.

Desde San Francisco, la *Triunfo* se dirigió directamente a Valparaíso, pero la *Resolución* recaló en Acapulco, donde debía recoger a un enviado especial, Eusebio Salazar y Marredo, el "padre" de la expedición científica, un hombre a quien el propio Pinzón había tildado de "maniaco, visionario cobarde." [189] Este personaje había viajado de incógnito por el Perú fomentando la rebelión contra el gobierno peruano. Un incidente desgraciado en Talambo le iba a suministrar el clima propicio para sus planes. Un grupo de colonos vascos que se había establecido en esa parte del Perú, tuvo la desgracia de verse mezclado en las luchas personales de dos propietarios. Uno de los caciques fue muerto de un balazo. Los del bando afectado tomaron sus represalias en los colonos vascos. El cónsul español en Lima que sumaba a su ineptitud un odio hacia el gobierno peruano, llevó las cosas más allá, de lo que la sensatez exigía. La noticia llegó a España con los hechos ya bien desproporcionados y la prensa madrileña se encargó de llevar al público a un estado de odio frenético contra los "bárbaros americanos".

El cónsul peruano en Madrid hizo todo lo posible por esclarecer el asunto, pero la caótica política del gobierno español de Isabel II en España, impedía la solución normal del problema. Lógico era asumir que el gobierno peruano no tenía responsabilidad alguna sobre los hechos; por el contrario, había hecho todo lo posible por investigar el incidente y satisfacer las partes afectadas, pero el nuevo ministro de Isabel II, Alejandro Mon, nombró a Salazar y Marredo "comisionado real" para que en nombre de Su Majestad arreglara el asunto con el

---

[189] William Colombus Davis, *The Last Conquistadores*, Athens: University of Georgia Press, 1954, p. 33

gobierno peruano. El gobierno peruano, en una nota respetuosa y elegante, contestó que se negaba a recibir al comisionado pues le correspondía el título de embajador y que no objetaba al intermediario sino a su título, pues no era el que correspondía a quien iba a negociar con una nación soberana.

El 12 de abril contestaba el propio Salazar con una nota insolente en la que demandaba que se le reconociese y exigía que se respetara a los españoles residentes y a la bandera española, e insinuaba que sus justas demandas iban a ser negadas, para lo cual el gobierno peruano estaba ya recolectando fondos. Era obvio que a pesar de que el gobierno español había encomendado al comisionado una misión pacífica, el personaje tenía otras ideas. Jamás dio al gobierno peruano una idea clara de cual era su misión en aquel país y se limitó a enviar un documento en el que se quejaba del tratamiento dado a los españoles en los últimos treinta años y daba una versión errada de los hechos en Talambo.

Es preciso dejar establecido que la falta de una fuerza naval permitía a cualquiera nación enviar una flotilla a reclamar derechos y dineros, y en este caso trágico, la sola ambición de un hombre. Prueba de ello son las palabras de una nota que envió Salazar a Pachecho, Ministro de Estado (Relaciones Exteriores) del gobierno español:

> *Gibraltar ha sido para mi una pesadilla desde mi niñez. Por esta razón me he dedicado al estudio de asuntos navales, por esta razón fui el autor de la expedición al Pacífico; por esta razón he venido a ver a Pinzón. A su tiempo ofreceremos a los ingleses quince o veinte millones de dólares por lo que hoy es de poco uso para nosotros pero quien sabe cuanto obtendremos de ello.*[190]

Unas 120 millas al sudeste de El Callao y frente a la bahía de Pisco hay tres roqueríos insignificantes. Estas son las islas Chincha. Desde tiempos inmemoriales, millones de pájaros marinos han depositado allí sus excrementos de tal manera que representan un depósito natural de

---

[190] Davis, obra. Citada, p. 51

guano que, explotado por el Perú en esos años, representaba una enorme fuente de riqueza. Desde 1859 a 1864 las islas eran la fuente de las tres cuartas partes de los ingresos peruanos. Salazar vio estas islas como propiedad de España y esperaba sacar de allí el dinero con que comprar Gibraltar.

El 14 de abril, la Covadonga, que llevaba a bordo al comisionado, reconoció frente a las Chincha a la *Resolución* y la *Triunfo*. Salazar se embarcó en el serení y se hizo llevar inmediatamente a bordo de la *Resolución* donde entregó sus instrucciones a Pinzón. Estas declaraban que el comisionado estaba al mando de todas las fuerzas españolas. Pinzón dudó por algunos momentos de las poderosas credenciales del comisionado y le hizo ver que faltaba uno de los documentos a que se aludía. Salazar dijo haberlo perdido pero en realidad era un documentos secreto en el que se le exhortaba a buscar todos los medios pacíficos y en el que se le autorizaba para recurrir a la fuerza sólo después de consultar con el jefe de la escuadra española.

Fragata Villa de Madrid

El almirante Pinzón no pudo sino obedecer las órdenes de Salazar, y el 14 de abril de 1864 tomaba posesión de las islas por medio de una nota que dirigió al gobernador. En seguida se apoderó del bergantín *Iquique*, buque de guerra peruano que estaba en la bahía, se izó en ella la bandera española. El Perú, al recibir estas noticias, no tomó acción militar ninguna, aunque contaba con varios barcos de guerra entre los cuales se incluía un poderoso monitor blindado, el *Loa*. Un consejo de guerra decidió que el estado de entrenamiento de la marina peruana no era para presentar combate. Se perdió así la mejor oportunidad para dar fin a este enojoso episodio. Se sabía muy bien que dentro de poco llegarían refuerzos para la escuadra española. Un ataque sorpresivo sobre los buques fondeados en las Chincha habría dado al traste con los planes españoles. Un hombre con resolución y capacidad pudo haberlo ordenado, pero el Presidente peruano Juan Antonio Pezet no tenía el coraje necesario. El llamado a un consejo de guerra fue más bien un llamado de apoyo a una decisión que no quería tomar.

El 25 de noviembre un accidente vino a poner en peligro la mínima seguridad del escuadrón español. La fragata *Triunfo* fue destruida completamente por un incendio mientras se mantenía al ancla en el fondeadero de las Chincha. Los supersticiosos marineros españoles observaron con ansiedad el fuego, creyéndolo el presagio de sus peores males. Se temía, y con razón, que los peruanos atacaran ahora los dos buques que quedaban, pero la falta de decisión de Pezet no dio lugar a que los presagios pasaran más allí, de una simple preocupación.

El gobierno español, al saber el nuevo giro que tornaba el asunto y probablemente instigado por Salazar, ordenó el relevo de Pinzón, reemplazándolo nada menos que con el Ministro de Marina, don Antonio Pareja, hijo del brigadier del mismo nombre que había encontrado la muerte en Chile durante la guerra de la Independencia. A Pareja se le dieron poderes ilimitados y un ultimátum al gobierno del Perú. No sólo debía reemplazar a Pinzón, sino también a Salazar como comisionado real. Pareja había nacido en Lima y tenía un odio enorme para las ex colonias, especialmente para Chile. Llegado a Lima de incógnito y usando el nombre de Padilla logró embarcarse en un buque mercante inglés hasta que se transbordó a la *Resolución*. Pinzón se alegró de dejar su incómodo comando en el que no compartía con las ideas de sus superiores.

En diciembre de 1864 la escuadra española recibió refuerzos que incluían tres fragatas: *Blanca*, *Berenguela* y *Villa de Madrid*. Después de muchas negociaciones, Pareja se presentó con sus cuatro fragatas y la *Covadonga* en El Callao y presentó un ultimátum al gobierno del Perú que debía ser aceptado dentro de 48 horas. El Presidente Pezet se veía en una situación difícil. Aceptar el ultimátum era traicionar al Perú y rechazarlo era tener que defender El Callao contra el ataque de la escuadra española. Esto no era tan difícil, pues frente a los buques españoles estaban el blindado *Loa*, la fragata *Amazonas* y los famosos fuertes, pero como ya se ha demostrado, no tenía el Perú en ese momento gobernantes capaces de tomar medidas enérgicas. Pezet se rindió y el 27 de enero de 1865 se firmaba un tratado en el que se declaraba, entre otras cosas, que el Perú indemnizaría al gobierno español con tres millones de pesos oro por los gastos ocurridos al rehusar el Perú la mediación de un país neutral, por lo que se negaba a aceptar la devolución de las Chincha. Esto era el colmo de la vergüenza, y así lo comprendieron los verdaderos patriotas peruanos, que empezaron a fraguar una revolución contra el pusilánime Presidente. Las Chincha fueron devueltas y la escuadra española, lejos de alejarse de las costas peruanas, echó anclas en El Callao, donde se dio libertad a las tripulaciones para viajar a tierra. En Lima y El Callao los marineros españoles se vieron envueltos en varios disturbios callejeros haciendo necesario que la policía los prendiera y los llevara bajo protección a sus botes. Uno de los marineros, el cabo Esteban Fradera, se quedó atrás y al verse abandonado por su bote en la playa, se batió a cuchillo contra la turba que lo perseguía, apuñalando a varios peruanos, cuatro de los cuales fallecieron y matando a un inocente mejicano que observaba el incidente. Fradera cayó aturdido a pedradas hasta que un individuo le desrrajó un tiro de revólver en la sien.[191]

Una revolución depuso a Pezet en Lima, pero antes de que Pareja tuviera tiempo de aquilatar la nueva situación en el Perú, un problema que vino del sur le hizo volver su atención hacia esas aguas. Pareja tenía especial interés en Chile. En el cementerio de Chillán descansaban los huesos de su padre y el desafío que esa nación le lanzaba no pudo sino ser bienvenido por el almirante. Había llegado el

---

[191] Versión del guardiamarina Bustamante en *La Armada Española, La campaña del Pacífico 1862-1871 España frente a Chile y Perú*, por Agustín R. Rodríguez González. Madrid: Agualarga, 1999, p. 45

momento de sacarse la espina que llevaba clavada ya por 50 años: Chile.

El ministro español en Chile, don Salvador Tavira, había desplegado una actividad enorme para acercar y mejorar las relaciones chilenas con la madre patria. Gracias a él, se habían suprimido los versos insultantes del Himno Nacional, y el diplomático era admirado y respetado en Santiago, contando entre sus amigos personales al Presidente Pérez. Al saberse la noticia de la captura de las Chincha, se organizaron en Santiago varias demostraciones en las cuales se insultó a España y algunos grupos llegaron hasta las puertas de la legación lanzando gritos amenazadores. Tavira, como lo indicaban las costumbres diplomáticas, dirigió una nota escrita de protesta a la Cancillería chilena. En Valparaíso se publicaba en esos días una hojita llamada "San Martín" cuyo único propósito era insultar a España, especialmente a la reina y su familia inmediata. Todos estos hechos fueron comunicados por vía diplomática a España y copias de estas comunicaciones llegaron a Pareja.

Un incidente mucho más grave ocurrió el 24 de septiembre cuando la cañonera *Vencedora*, que venía en viaje de España para unirse a la escuadra española, recaló en Lota con el objeto de aprovisionarse y cargar carbón. Luego de hacer reparaciones y cargar comestibles, el comandante español trató de comprar carbón a los comerciantes particulares y éstos contestaron que sus reservas estaban agotadas y que no tenían carbón que venderle.

El jefe del puerto se lo negó también y la *Vencedora* se dirigió a Valparaíso y desde allí envió una nota oficial a Tavira protestando de la negativa de venderle carbón. Hubo un cambio de notas entre el representante español y el Ministro Covarrubias. La disputa la resolvió el Presidente Don José J. Pérez con un decreto del 27 de septiembre de 1864 en el que declaraba contrabando de guerra el carbón. El hecho habría sido aceptado como prueba de la neutralidad chilena, pero habían dos antecedentes que ponían a Chile en una posición que no era de estricta neutralidad. El vapor peruano *Lerzundi* había zarpado desde Valparaíso en junio con voluntarios chilenos que iban a servir al Perú. Más tarde partió el yate *Dart* en el que iban tres oficiales chilenos, entre ellos Patricio Lynch con más voluntarios.

Pareja, en su correspondencia con Madrid, pedía autorización para imponer a Chile sanciones mayores que al Perú alegando que el agravio de los chilenos era mayor. Esto en abierta contradicción con el ministro Tavira que urgía se tornaran medidas conciliatorias. Tavira no creyó que la autoridad de Pareja se extendiese sobre las relaciones con Chile, pero desgraciadamente el ex Ministro de Marina tenía sus relaciones en la Corte e hizo remover al ministro español en Santiago.

Las reclamaciones españolas ante el gobierno de Chile eran las siguientes:

1.- Los alborotos y gritos frente a la legación española, sin que las fuerzas del orden intervinieran para restaurarlo, pese a hallarse presente todo un batallón de la milicia cívica.
2.- Los insultos e injurias irreproducibles de la prensa chilena contra España y contra la familia real española.
3.- El reclutamiento y envío de voluntarios chilenos y pertrechos militares al Perú, incluso en buques de guerra peruanos, como el *Lerzundi*.
4.- Haber declarado el carbón "contrabando de guerra" y negado su adquisición a los buques de guerra españoles que habían hecho escala en Chile, pese a que tal guerra no existía y en evidente gesto de mala voluntad.
5.- Haber permitido, sin embargo, que carboneasen en Chile los buques de guerra franceses que intervenían en Méjico.

Los primeros cuatro cargos eran válidos y Chile no ocultaba su intención de ayudar a la nación hermana, pero el gobierno no estaba informado del bloqueo de los puertos mexicanos cuando carbonearon en Lota buques franceses.

Por su parte Tavira había tratado por todos los medios de aplacar las iras de Pareja que consideraba injustificadas diciendo que era poner al gobierno chileno entre la espada y la pared, entre romper con España o arriesgarse a una revolución como la que sacudía al Perú. [192]

---

[192] Ibid. p.49

El 17 de septiembre de 1865, vísperas del tan chileno "Dieciocho", Pareja arribó con la fragata *Villa de Madrid* a Valparaíso. No bien se hubo completado la maniobra de afianzar el ancla cuando envió un mensaje al Presidente de la República en el que desautorizaba todas las gestiones de Tavira y exigía dentro de un plazo de cuatro días que se saludase el pabellón español con una salva de 21 cañonazos.

El gobierno comprendió que la nota española significaba la guerra y dio orden al comandante Williams que se hiciera a la mar con sus buques y buscara refugio en Chiloé. La Marina, que debía soportar el peso de las acciones de la guerra, era casi inexistente. Se componía solamente de la *Esmeralda* que en esos días se encontraba con una tripulación reducida y en estado de desarme, pues se trataba de carenarla, y de los vapores *Maipo* e *Independencia*, que no tenían casi valor militar.

El comandante de Marina, don Ramón Lira, sugirió a Williams que saliera de la bahía esquivando al *Villa de Madrid* pero el comandante se limitó a hacer salir al *Maipo* por el Almendral y el 18 de septiembre, a medianoche, con la *Esmeralda* en zafarrancho de combate pasó a corta distancia de la *Villa de Madrid* que estaba también con su tripulación sobre los cañones. Pareja no consideró oportuno oponerse a la salida de los dos buques chilenos y los dejó salir. Fue ésta una decisión de la que tuvo amplias razones para arrepentirse. Pareja debió haber intimidado a la *Esmeralda* y si Williams se hubiera negado a obedecerle, bien podía haber empeñado combate allí mismo con grandes posibilidades de éxito, ya que la *Villa de Madrid* habría dado fácil cuenta de la corbeta chilena.

Declarada la guerra se comprendió inmediatamente que toda la contienda sería en el mar. La escuadra española no podía hacer desembarcos y su única posibilidad de éxito consistía en destruir los buques chilenos y luego bloquear la costa hasta someter a su enemigo. El gobierno chileno, comprendiendo que el estado y preparación de sus buques hacía imposible un ataque contra la escuadra española, decidió unir sus tres buques a la escuadra peruana. El enemigo se había reforzado con la fragata blindada *Numancia*, armada con 40 cañones de 68 libras, blindaje de 13 centímetros y andar de 13 millas. Se envió al vapor *Independencia* a Huito donde habían tomado refugio la *Esmeralda* y el *Maipo*, con órdenes de dirigirse a las Chincha, unirse a la escuadra peruana y luego caer sorpresivamente sobre los buques españoles que bloquearan Caldera o Coquimbo. En caso de que estos planes fracasaran, se ordenaba a Williams que convirtiera sus buques en corsarios independientes con que hostilizar el comercio español.

Pareja declaró el bloqueo de toda la costa chilena. La sola declaración de tan extenso bloqueo era de por si una baladronada. ¿Cómo sería posible bloquear 43 puertos y 1.800 millas de costa con 5 fragatas y 3 cañoneras? Así y todo, lo reconocían los chilenos, "el bloqueo era el arma más poderosa que podía esgrimir España si no en contra del establecimiento militar chileno, por lo menos en contra de sus intereses económicos." Los neutrales iban a ser los más afectados, especialmente las compañías inglesas. Todas las cancillerías protestaron la declaración enérgicamente. Algunos armadores chilenos, anticipándose a los hechos, cambiaron la bandera de sus buques. Así, 12 buques mercantes en Valparaíso adoptaron la bandera italiana y hasta el dique flotante enarboló la bandera de Prusia. Esta protección del pabellón neutral no iba a ser del todo efectiva, ya que no fue siempre respetada por la escuadra española.

Valparaíso, como era de esperarse, resultó ser el puerto más afectado por el bloqueo. Pareja tenía sólo a la *Resolución* para mantener el bloqueo. Cuando esta fragata salió a perseguir unos barcos ingleses, otros que esperaban la ocasión entraron y anclaron antes de que los españoles pudieran notificarlos del bloqueo. Pareja, injuriado por la entrada de estos mercantes, hizo que sus oficiales subieran a bordo y notificaran a los capitanes que debían hacerse a la mar cuanto antes abandonando Valparaíso. El comandante Blake, del buque de guerra inglés *Mutine*, protestó ante Pareja acusándolo de un bloqueo injusto y hasta cierto punto ilegal. Contestó el almirante español que como él tenía toda la fuerza en el puerto, esto le daba derecho a imponer las condiciones que a él le parecían justas. Ante la perspectiva de enemistarse con el comodoro Harvey de la escuadrilla inglesa, Pareja optó por cambiar de opinión y permitir la descarga de los buques.

El gobierno chileno reaccionó enérgicamente. Se declararon libres 38 puertos menores, complicando así la ya desproporcionada labor del bloqueo. El pueblo reaccionó también y ante el bloqueo de la costa se comenzó de inmediato a mejorar las vías de comunicación terrestres. Con estas medidas el tráfico marítimo se había resumido al cabo de unas semanas. El cobre y el trigo, los dos principales productos de exportación, se embarcaban en puertos menores. Se produjo un éxodo en Valparaíso, pues los comerciantes y armadores tuvieron que trasladarse a los nuevos puntos de salida para sus productos. Pareja comprendió entones la estupidez de su declaración y ordenó hacia fines de octubre que el bloqueo se limitara a siete puertos: Valparaíso, Caldera, Coquimbo, La Herradura, Tomé y Talcahuano. En Guayacán, el vaporcito *Guayacán* que con bandera inglesa hacia el tráfico de la zona, fue perseguido por los españoles y tratando de escapar encalló en las rocas perdiéndose totalmente.

Los españoles capturaron varios mercantes chilenos y tuvieron gran éxito en impartir rumores de que bombardearían los puertos principales. Esta última noticia produjo el pánico entre los comerciantes de Valparaíso, especialmente los ingleses que tenían productos en las bodegas fiscales cuyo valor ascendía a 20 millones de pesos. Esta cantidad representaba las dos terceras partes del contenido total de los almacenes. Pidieron al gobierno que se les permitiera mover las mercaderías a un lugar más seguro pero el gobierno negó la autorización. Se ordenó que se desmontaran los cañones de los fuertes, declarando a Valparaíso una ciudad indefensa. Se creía que los buques de guerra neutrales defenderían a la ciudad en caso de un ataque. No todo fue fácil para los españoles. Siete puertos eran todavía difíciles de bloquear debido a las distancias que los separaban.

La *Resolución* tenía que bloquear a toda la bahía de Concepción con todos los puertos pequeños que en ella se encuentran. Con el fin de guardar debidamente la bahía, los españoles habían armado una lancha con dos cañones cuyo objeto era impedir el tráfico de embarcaciones menores de Talcahuano a Penco y Tomé. Frente a Tomé, el 17 de noviembre, el remolcador chileno *Independencia* tuvo el descuido de acercarse a la lancha, la que no tardó en abrir fuego. El pequeño *Independencia* aparentó rendirse. Se apagaron las luces y se detuvo su maquina. Los españoles, felices de hacerse de tan fácil presa, se acercaron y saltaron a abordar el remolcador. Cual no seria su sorpresa al ver que el remolcador estaba cargado con un centenar de chilenos armados hasta los dientes que los recibieron en forma poco cordial. La lancha se rindió inmediatamente y fue llevada a Constitución por sus captores.[193]

El gobierno, en un esfuerzo por intensificar la guerra por mar, recurrió al mismo plan que tan buenos resultados había dado contra los españoles en la guerra de la independencia: el corso. Apenas se declaraba la guerra cuando se enviaron instrucciones a los agentes diplomáticos en el extranjero autorizándolos para emitir patente de corso a cualquier particular que lo solicitase. En 1856 se había firmado un pacto en Paris en el cual se declaraba ilegal la guerra corsaria, pero como España no lo había firmado, Chile alegó que el pacto era válido sólo entre los firmantes y así lo reconocieron las grandes potencias. No sabemos de ninguna patente que fuera emitida, ni menos de captura hecha por estos supuestos corsarios, pero el temor se extendió a la península ibérica donde los pobladores de pueblos costeros veían buques fantasmas intimidando a sus embarcaciones de pesca. El *Huáscar* y la *Independencia* peruanos, al salir de Inglaterra, maniobraron amenazadoramente frente a las costas españolas aumentando estos rumores.

Por dos meses nada se supo en Valparaíso de la *Esmeralda*, único buque de guerra de Chile. Los españoles ignoraban también su paradero y flotaban en el ambiente los más absurdos rumores. Rumores que la ponían ya en las costas de California, en las Filipinas o en el Atlántico haciendo el corso contra los mercantes españoles. Poco se prestaba para el corso la "Mancarrona". Le faltaba el primer requisito de todo corsario: la velocidad. Además, el gobierno le había indicado a Williams que se dedicara al corso como segunda medida; como primera se le ordenaba que se uniera a la escuadra peruana, y con este fin se dirigió a las Chincha. allí se encontró con la escuadra peruana que estaba formada por las corbetas *Unión* y *América* y por la

---

[193] Este incidente es ignorado por la mayoría de los historiadores chilenos. Pero apareció en **El Mercurio** el 25 de noviembre de 1865 y los comentaba el **New York Times**, el 1° de enero de 1866.

fragata *Amazonas*, buque insignia del almirante Montero, Williams subió a bordo de la fragata para entrevistarse con Montero y se encontró con el buque en pésimo estado de organización y el almirante no demostró interés alguno por atacar al enemigo común. En realidad, el Perú no había declarado la guerra a España y se mantenía la situación creada por el tratado firmado por Pezet. Descartada esta posibilidad que le habría permitido batirse con éxito, decidió Williams volver a Chile y emprender el ataque contra los españoles a la medida de sus medios, esto es, hostilizar al enemigo con la *Esmeralda* y el *Maipo*. Fue su primer plan caer sobre la *Berenguela* que bloqueaba el puerto de Caldera y llamó al comandante Costa del *Maipo* para discutir el plan. Costa no se mostró muy interesado en el proyecto. Lo consideró demasiado arriesgado. Antes que obligarlo a obedecer o destituirlo de su puesto, para lo que no tenía autoridad, Williams decidió enviarlo a Ancud y que de allí se refugiara en los canales del archipiélago con su buque. En realidad, el *Maipo* habría sido un estorbo más que una ayuda en caso de ataque. Williams llevó a la *Esmeralda* a Arauco con la intención de entrar en Lota, donde le seria fácil reaprovisionarse y cargar carbón. La poderosa *Resolución* cruzaba la bahía y Williams hizo entrar a la *Esmeralda* en una noche cerradísima guiándose sólo por el resplandor de las chimeneas de la fundición, burlando en la oscuridad la vigilancia de los españoles. Era gobernador de Lota don Cornelio Saavedra, quien no dejó esfuerzo por hacer para ayudar a Williams y proveer a la *Esmeralda* de todo lo que necesitaba. Las reparaciones que el buque necesitaba sólo podían hacerse con una carena radical. Hacia agua en forma alarmante y la máquina había empeorado en tal forma que a todo andar el buque no daba más de siete nudos. Williams supo por los periódicos de Santiago que le facilitó Saavedra que el *Matias Cousiño*, que había sido capturado por los españoles, bloqueaba Coquimbo junto con la cañonera *Covadonga*. Decidió dirigirse al norte y entablar combate con los bloqueadores. Al pasar frente a Valparaíso, la cañonera *Vencedora* salió a reconocerlo. Como la *Esmeralda* se mantuviera alejada, el buque español salió a darle caza sin reconocer a su enemigo. Williams esperaba alejarla lo suficiente de la fragata *Villa de Madrid* que se sabía estaba en Valparaíso, pero no logró hacerlo.

Cuando la distancia llegó a ser peligrosa, la *Vencedora* dio una virada y volvió al puerto.

El 24 de noviembre, la *Esmeralda* ancla en Tongoy. Williams decide bajar personalmente a tierra a inquirir noticias sobre el enemigo pero al acercarse el bote a tierra es recibido a tiros. Afortunadamente, los del bote lograron identificarse a gritos. A un pelo estuvo la pérdida del futuro almirante. Una vez en tierra, Williams conferenció con Barboza, jefe de la plaza, y se informó de que el bloqueo se había visto reforzado por la fragata *Blanca* haciendo imposible el ataque. Williams, por su parte, concluyó que los buques españoles tenían que mantener sus precarias líneas de comunicaciones y que la *Covadonga*, lejos de ser reforzada, sería reemplazada por la *Blanca*. La *Esmeralda* salió del puerto esa misma noche a cruzar frente a la costa. Al amanecer descubre un humo que persigue al sur, pero frente a Quintero reconoce a un mercante extranjero y como ya se había acercado mucho a Valparaíso cambia rumbo, cruzando ahora al norte. En este derrotero, se encuentra con el vapor de la carrera. Al ser abordado, su comandante da cuenta al teniente Thomson que la *Covadonga* viene un par de horas a la zaga con el mismo rumbo sur. Williams ordenó aprestarse para el combate y al cabo de una corta espera se distingue desde los topes un humo y esa tarde se oye el grito de los serviolas que han reconocido a la *Covadonga*.

Oficiales y marineros se prepararon ahora para el abordaje. Williams ha hecho izar bandera inglesa y señal de necesitar ayuda y todas creen que lograrán acercarse lo suficiente para abordarla. Hachas, puñales y revólveres se ven en los cintos de los marineros. Los artilleros han cargado sus cañones y esperan atentos la señal de abrir fuego. Williams decide dirigir la acción desde donde pueda observar bien al enemigo y trepa a la jarcia de mesana. Aunque las velocidades de los buques son muy dispares la *Esmeralda* con sus siete millas y la *Covadonga* con diez, los buques se acercan rápidamente. Ferry es el comandante español que no se ha dejado engañar por eso de la bandera inglesa, tampoco rehuye el combate y se acerca valientemente, confiado en su tripulación que se prepara también para abordar. La *Covadonga* estaba armada con dos colisas giratorias una proa y otra popa de muy difícil manejo. Los españoles ya han llamado a zafarrancho y su artillería también está, lista. Cuando los buques están a 800 metros, el contador don David Rodríguez que estaba a cargo del cambio de bandera arría la inglesa y echa al viento el pabellón chileno.* Aun cuando no se sacuden los pliegues de la "porotera" cuando un ruido atronador rasga el viento frente a Papudo. Es la primera división de la batería de estribor chilena que ha abierto el fuego. Al mismo tiempo el buque cambia de rumbo tratando de cortar la proa a la cañonera enemiga. Ferry hace contestar el fuego pero sus artilleros tienen poca experiencia y pésima puntería, los tiros pasan altos. Aprovechando su mayor andar se las arregla para pasar frente a la *Esmeralda* pero al hacerlo deja a la corbeta por la aleta, de manera que su mejor artillería, las colisas, no pueden apuntarse contra los chilenos. Williams desde el palo sigue atentamente las maniobras españolas, anticipando los cambios de rumbo y manteniendo a la *Esmeralda* en la misma posición relativa. Mientras tanto los cañones de la *Esmeralda* mantienen un fuego constante y certero sobre el enemigo. Ferry al ver el cariz que va tomando el encuentro decide tomar medidas extremas y ordena largar un grueso calabrote de Manila con la esperanza de enredar la hélice de la corbeta. La maniobra fracasó, pues Williams siempre atento desde el palo ha observado los preparativos y apartó a su buque del rumbo que llevaba. La distancia era ahora cortísima. Apenas unas 200 varas separaban a los dos buques y Ferry comprendió que se iría a pique si el fuego de los chilenos no cesaba. La cañonera había sufrido varios impactos incluyendo uno en la máquina que escapaba vapor y disminuía su andar y otro cerca de la línea de flotación. Ferry no vio otra alternativa que arriar la bandera. Williams se puso al habla y le gritó que suspendiera todo movimiento a bordo de su buque, pues de lo contrario dispararía otra andanada. Los españoles no se movieron. El teniente Thomson estaba listo para la maniobra y se dirigió en un bote

---

* Los historiadores españoles consideran el uso del pabellón británico como felonía o por lo menos, acción innoble. Williams declara enfáticamente que no abrió el fuego hasta después de cambiar su bandera. Igual cargo han hecho otros historiadores contra Cochrane sin considerar que el propio reglamento de marina español permite "largar bandera de otra nación y disparar cañonazos con bala.." Véase Benjamín Vicuña Mackenna, *Las Dos Esmeraldas,* Santiago: Jover, 1879, p. 117

con una partida armada a tomar posesión de la presa. La operación se realizó con tal rapidez que no se dio tiempo a los marineros españoles que ejecutaran las órdenes para hundir el buque. Los ingenieros no alcanzaron a dañar la máquina y aunque se habían abierto las válvulas, éstas fueron oportunamente cerradas evitándose la anegación de la sala de máquinas que al llegar Thomson tenía 4 pies de agua. La última demanda de Williams tuvo un efecto inesperado. Tan corta era la distancia que separaba a los combatientes, que al ordenar Williams que se suspendiera toda maniobra nadie atinó a destruir los documentos del buque. Las señales secretas y hasta la correspondencia privada de Pareja cayó en poder de los chilenos. En la *Covadonga* quedaban 4 muertos y 21 heridos. Williams tomó prisioneros a 14 oficiales y 115 hombres. Entre los primeros estaba el comandante Ferry. La tripulación de la *Esmeralda* no sufrió baja ninguna y después del combate su tripulación era todavía menor que la de su adversario: 123 hombres. Marineada la presa, los buques entraron en Papudo donde desembarcaron a los prisioneros y se hicieron las reparaciones más urgentes. Aunque las tripulaciones estaban incompletas, Williams no quiso perder la iniciativa y luego de recalar en Los Vilos se dirigió al sur con el ánimo de atacar cualquier buque español que encontrase. Desgraciadamente estos planes se vieron frustrados por una densa neblina, que los obligó a recalar en Constitución. Allí se le informó que el Perú había declarado la guerra y que debería dirigirse a Chiloé para organizar en los canales un apostadero que serviría de base a chilenos y peruanos.[194]

    Según Davis, que tomó sus informaciones de los diarios de la época, el cañoneo del combate de Papudo se oyó con claridad en Valparaíso, pero nadie sabía lo que había pasado. Debemos considerar que la distancia es de casi 80 kilómetros a vuelo de pájaro, que el combate se libró un poco antes del mediodía, hora en que las condiciones acústicas no son las mejores y que de haberse oído tan claramente, Pareja habría mandado un buque a investigar, de no haberlo hecho con la *Villa de Madrid*. El hecho es que con el fin de

---

[194] Una versión española, escrita por uno de los oficiales de la *Covadonga* es *El combate naval de Papudo, el 26 de noviembre de 1865; sus causas y sus consecuencias,* por Víctor Concas y Palau, Madrid, 1896.

impedir la persecución de la *Esmeralda* los periódicos no publicaron nada sobre el combate. Pero, al hacerse el anuncio oficial el 29 de octubre los chilenos demostraron gran alegría, se cantaron Tedeum en las iglesias, se organizó una suscripción popular para regalarle a Williams una espada de honor y el Senado votó el ascenso de todos los oficiales que participaron en el combate. La *Covadonga* aventajaba a la *Esmeralda* sólo en el andar, pero la euforia popular consideró el triunfo una victoria de amplitudes mucho mayores de las que en realidad tenía. El gran mérito de Williams había sido el poder atacar aisladamente a una de las unidades de la poderosa escuadra enemiga. El solo nombre *Esmeralda* evocaba los recuerdos de 50 años antes cuando Cochrane barrió con la escuadra española en el Pacifico.

En la escuadra bloqueadora la reacción fue de tremenda decepción y desconsuelo. Hasta el arribo de la noticia tuvo sus caracteres dramáticos. El cónsul de los Estados Unidos estaba a bordo del *Villa de Madrid* entrevistándose con Pareja para continuar sus protestas sobre el bloqueo. Al terminar la entrevista el almirante le preguntó si había novedades en tierra. El representante norteamericano le contestó que no, fuera del regocijo popular por la captura de la *Covadonga* y la llegada de los prisioneros a Santiago. Estas fueron las primeras noticias que recibió el almirante de la captura de su buque.

Bien podemos imaginarnos el espíritu de Pareja en esos días si consideramos que su escuadra no había alcanzado más que reveses. El bloqueo era un fracaso. En el Perú, Pezet había sido depuesto y tendría que enfrentar un nuevo enemigo ya que el nuevo gobierno le había declarado también la guerra. Las tripulaciones españolas estaban en pésimo estado de ánimo y de disciplina. Algunos buques llevaban ya cuatro años sin volver a la península. En la *Resolución* reinaba tal espíritu de indisciplina que su comandante dudaba que la marinería combatiría con eficiencia. Las nuevas órdenes que le llegaban ahora desde Madrid contradecían a las originales. Se había descubierto además que en las cajas de la escuadra faltaban 175 mil pesos oro. Esa misma tarde sufrió un ataque nervioso y cayó postrado en la cubierta maldiciendo a Ferry y sus oficiales. Al día siguiente se sintió un tiro en su cámara y los oficiales corrieron a ver lo que sucedía. Encontraron al almirante en su uniforme de gala limpiando tranquilamente sus pistolas. Les explicó que se había puesto el uniforme para protegerlo de las polillas y los oficiales se retiraron. Se oyeron en seguida varios disparos y como a eso de las siete de la tarde todo estaba en calma. A las nueve, como el almirante no subía a cubierta, bajó a verlo el capitán Lobo. Esta vez estaba muerto. Tendido en la cama, Pareja yacía con la pistola en la mano. Se había disparado un tiro en la boca y la bala había traspasado el cerebro y salido por el temporal izquierdo.

Los oficiales no comunicaran la noticia a nadie y al volver el cónsul norteamericano como había quedado convenido, se le informó que el almirante estaba enfermo y que no podía recibirlo. Tampoco se informó a nadie a bordo de la *Resolución*. La *Villa de Madrid* salió al día siguiente de Valparaíso para dar sepultura al almirante afuera de las aguas territoriales chilenas como era su deseo.

La noticia fue guardada con tanto celo que no se supo en Valparaíso sino hasta mediados de diciembre. Pareja dejó varias cartas. En una de ellas declaraba al gobierno español que había sido injusto con Tavira, quien conocía la República (Chile) mejor que nadie. El comodoro, don Casto Méndez Nuñez, comandante de la *Numancia* tomó el mando de la escuadra.

En España la noticia de la captura de la *Covadonga* fue considerada demasiado trágica para ser publicada. Cuando por fin apareció en la prensa, se culpaba a la intervención yanqui. La prensa no mencionó la captura de la lancha de la *Resolución* frente a Tomé y el asunto apareció al comienzo como una derrota a traición gracias a los "cobardes y traidores". Noticias frescas llegaron al poco tiempo de Inglaterra y el gobierno tuvo que confesar el suicidio de Pareja. La reacción en Madrid fue de histeria colectiva. El deseo de venganza se mostraba en todas partes. En Cádiz se aseguraba que corsarios chilenos voltejeaban en las afueras del puerto y en Valencia se consideraba verídica la noticia que cinco corsarios amenazaban a las embarcaciones menores del puerto. Se pensó enviar una escuadra con seis naves a Chile, pero sólo pudieron alistarse dos. Ni siquiera éstas zarparon jamás de España. El sentimiento español queda bien expresado en un párrafo de un periódico madrileño, en el que se pedía la devolución, por intermedio de la *Villa de Madrid* de los cañones de la antigua *Maria Isabel* que Blanco capturó en Talcahuano y se demandaba que la bandera de la *Covadonga* que ahora estaba en la catedral de Santiago, se izara en el palo mayor de la *Esmeralda*.

El capitán de navío, don Casto Méndez Nuñez, nuevo comandante de la escuadra española, era un jefe de habilidad probada que había disipado toda duda sobre la habilidad de los blindados al tener bajo su mando a la *Numancia*. Era también un hombre sincero y justo que no abrigaba odio de ninguna especie contra Chile o ninguna nación americana, salvo el que la guerra le había causado. Apenas tomó el mando de la escuadra decidió levantar el bloqueo de todos los puertos, menos el de Valparaíso y Caldera. Conferenció con los representantes navales de las potencies neutrales y expresó a éstos su opinión y esperanza de que el estado bélico se decidiría pronto y sin más hostilidades. La reducción del bloqueo se debía también al deplorable estado de su escuadra aunque era un gesto de magnanimidad. Por lo demás, el bloqueo era tan inefectivo que el hecho de levantarlo no significaba más que palabras. Sólo en Valparaíso el comercio se veía afectado y en Caldera se habían concentrado las presas mercantes capturadas a los chilenos.

Con la declaración de guerra por parte del Perú, se cerraban todos los puertos de aprovisionamiento a las naves españolas, pues Bolivia se sumó a los beligerantes y el Ecuador solidarizó con los aliados. Méndez Nuñez no tenía puertos amigos en qué aprovisionarse que no fueran Buenos Aires en el Atlántico y Panamá en el Pacifico. Tal era la situación, que el comodoro decidió levantar también el bloqueo de Caldera. El 13 de enero de 1866 los españoles pegaban fuego a los mercantes chilenos allí reunidos. En vivas llamaradas y originando gruesas columnas de humo se retorcieron en el fuego la fragata *Valenzuela Castillo*; las barcas, *Maria Susana, Cornelia, Paquete de Tongoy;* los bergantines, *Magdalena y Jenny Lynd* y un pailebot, el *Sinforoza*. Este incendio significaba la ruina de la marina mercante chilena. A comienzos de la guerra contaba con 267 buques que hacían el comercio de cabotaje y con algunas islas de Oceanía. En total 33 mercantes chilenos fueron capturados, aunque los historiadores españoles hablan de 27 capturas la mayoría incendiados o hundidos. El resto de la marina mercante chilena, había cambiado de bandera. El golpe de la guerra fue tan rudo para la marina mercante que su tonelaje se vio reducido a 2780 toneladas que significan 19 veleros pequeños y dos vapores. Doce años después apenas alcanzaba a 39.756 toneladas, poco más de la mitad de las 60.847 toneladas registradas en 1861.[195]

La escuadra española se concentró en Valparaíso. Parecía más una flotilla huérfana y abandonada, sin puerto en qué reponerse, que una escuadra bloqueadora. Los buenos propósitos de Méndez Nuñez se veían frustrados por las órdenes quo recibía de la península. La escuadra aliada que desde la adición de la escuadra peruana, podía llamarse escuadra, se hallaba refugiada en el sur, en el archipiélago de Chiloé. Se envió a la *Covadonga* a los canales del sur con el objeto de capturar al mercante *San Quintín* que traía refuerzos para la escuadra española. Llegó hasta Punta Arenas encontrando varios neutrales pero ningún buque español. Regresó entonces al fondeadero de Abtao, donde ancló el 4 de febrero. Esperaban allí la llegada de los blindados peruanos *Huáscar* e *Independencia* y mientras éstos venían en viaje se procedió a la tan necesitada carena de la *Esmeralda* varándosela en la playa. La *Covadonga* recibió la misión de patrullar en las afueras del puerto. Williams había escogido un lugar excelente para la base de la escuadra. Era éste el estuario del Chayahué que queda entre el continente y la isla de Abtao. Su única entrada estaba por el paso de la Lagartija que se presentaba lleno de escollos y del que no se conocían cartas de navegación. La difícil navegación en estos parajes no ayudaba tampoco a los defensores. Al salir de Ancud la fragata *Apurimac* que seguía a la *Esmeralda* tocó en el banco Inglés del que pudo ser zafada sólo después de grandes esfuerzos. Peor probó ser el paso de la Lagartija. Aquí la corbeta *Amazonas* se fue sobre la punta de escollos en que termina la isla de Abtao. Todos los buques tomaron parte en el salvamento pero la corbeta se perdió totalmente, logrando salvarse parte de la artillería que fue distribuida junto con la tripulación en los demás buques y en la defensa del puerto. Se había convenido que comandaría la escuadra el oficial de mayor graduación de la Armada en cuyas aguas estuviera la escuadra. En Abtao por lo tanto, el mando correspondía a Williams. A los pocos días de

---

[195] Véliz, obra citada, p. 188

establecerse la escuadra en Abtao llegaron algunos refuerzos. Estos eran las corbetas peruanas *América* y *Unión*. La primera venía al mando del comandante Manuel Villar, comodoro de la división peruana que trasladó su insignia a la *Apurimac*. El comandante de la *Unión*, era don Miguel Grau, un marino que más tarde iba a dar mucho que hablar. También llegó el vapor peruano *Lerzundi*, adquirido por el gobierno chileno y rebautizado *Lautaro*. Estaba en tan mal estado que al llegar se le reventó una caldera, accidente en el cual murieron siete hombres. Fueron las mayores bajas de la guerra.

La base de Abtao no estaba lista para aprovisionar a la escuadra aliada. Se habían acumulado en tierra 500 toneladas de carbón pero faltaban embarcaciones carboneras con que hacer la faena en los buques. Las provisiones de boca eran inexistentes y Williams decidió trasladarse a Ancud para solucionar allí el problema de abastecimiento. Planeaba también traer a remolque una barca cargada con carbón que se reservaba para la escuadra y embarcar un batallón de infantería de marina para reforzar las defensas terrestres del apostadero. Sabiendo que en cualquier momento podía ser atacado, dejó instrucciones para el caso. El mando recayó sobre el comodoro peruano capitán Villar. Tenía a su disposición las siguientes fuerzas:

> Fragata *Apurimac*, 30 cañones con los fogones apagados, pues su maquina estaba en reparaciones. Incluso le faltaban algunas piezas que se habían enviado a reparar a Lota.
> Corbeta *América*, 14 cañones, con sus calderas en reparación y también apagadas.
> Corbeta *Unión*, 14 cañones, esperaba carbón de la barca que traería la *Esmeralda* de Ancud.
> Cañonera *Covadonga*, 3 cañones, único buque de guerra chileno.

Williams estaba listo para volver a Abtao, cuando se le comunicó que dos buques españoles estaban en Huito, muy cerca del apostadero. Decidió esperar el momento propicio sin tener que exponer su buque e informó por medio de un bote a Villar del inminente ataque. Los españoles por su parte habían reconocido el fondeadero. Luego de observar los restos de la *Amazonas* comprendieron que sería imposible la entrada por el sur, por lo que se dirigieron hacia la isla de Quigua y de allí entraron a la ensenada de Codihue, presentándose frente a la entrada del fondeadero de Abtao, a las tres de la tarde del 7 de febrero de 1866. Los buques españoles habían sido avistados a las ocho de la mañana por el vigía apostado en la punta norte de la bahía y en vista de su presencia, la *Unión* y el *América* empezaron a cargar carbón con toda la prontitud posible. Se enviaron tropas y municiones a la *Apurimac* que estaba, como hemos visto, completamente inmovilizada.

Los buques aliados se hallaban anclados en línea y sostenidos por anclas y espías. A las cuatro de la tarde y estando el enemigo a una distancia de 3 mil metros, la *Apurimac* que cerraba la línea, rompió el fuego contra la *Blanca* que avanzaba frente a la boca del fondeadero. El teniente Thomson comandante de la *Covadonga* que se encontraba en el segundo lugar de la fila, pero con presión en sus calderas, resolvió mover su buque y su primera maniobra fue la de arrojar un cable de remolque a la *América*, cuyas defectuosas amarras se habían aflojado y se presentaba de enfilada al fuego enemigo. Desgraciadamente el remolque se cortó al comenzar la maniobra y mientras a bordo de la *Covadonga* se hacían todos los esfuerzos por pasar otra espía, Thomson observó que el fuego de la *Apurimac* había alcanzado a la *Blanca* teniendo ésta que refugiarse al socaire de la isla de Abtao. El comandante decidió entonces abandonar sus esfuerzos de remolque y seguir paralelo a tierra por el canal de Abtao en un rumbo que le permitiera descargar sus cañones sobre la *Blanca*, a la que creía varada. Así sus tiros caerían de enfilada sobre el enemigo pasando por sobre la isla. La fragata enemiga había echado todas sus embarcaciones al agua, movido sus cañones y se presentaba tumbada sobre el costado de estribor. Thomson estaba seguro que estaba varada, pero apenas la tuvo bajo sus cañones, el enemigo se adrizó y contestó el fuego por espacio de peligrosos veinte minutos durante los cuales la *Covadonga* no podía maniobrar para contestar el fuego, pues se había acercado demasiado a tierra. Los tiros españoles quedaron cortos. A la *Blanca* se le unió la Villa de *Madrid* y juntas concentraron su fuego por sobre el istmo hacia la *Covadonga*. Thomson optó por retirarse. Ayudada por la *Villa de Madrid*, la

Blanca se las arregló para taponear un boquete que a flor de agua le había abierto la artillería peruana. Las dos fragatas se retiraron al anochecer a cruzar fuera del alcance de los cañones aliados.

Combate de Abato. Acuarela en el Museo Naval de Madrid

El combate duró dos horas. Se habían disparado cerca de 1.500 tiros. Los buques peruanos recibieron varios impactos pero las victimas sólo llegaban a dos muertos y un herido. Inmovilizados durante todo el combate los peruanos se habían batido con gran valentía. Desgraciadamente la mayoría de sus tiros se habían perdido, pues muchas granadas reventaron en el aire y los cañones de la *Unión* y *América* no tenían el alcance necesario no por su calibre, sino por la mala calidad de la pólvora. Los españoles no declararon pérdidas de vida, pero era obvio que las dos fragatas habían recibido impactos de consideración. Se vio explotar varias granadas en la *Villa de Madrid* y el buque aparentaba estar en tal confusión que se cree que un motín estaba por declararse a bordo de esta fragata. La *Blanca* sufrió el cañoneo efectivo de la *Covadonga* mientras estuvo escorada, si no estaba varada: un total de 93 tiros. Parte de su obra muerta quedó flotando en el golfo, y los aliados creyeron haber visto además, cadáveres, trapos y otros fragmentos que indicaban un daño extenso.

Los dos comandantes en jefe tuvieron sus errores en este combate. Williams no debió haberse ausentado jamás del fondeadero. Faltó en la escuadra aliada la dirección. El solo hecho de que un solo buque, la *Covadonga*, haya logrado maniobrar habla muy en claro de la mala preparación de la escuadra y la falta de un plan de defensa coordinado. Por el enemigo, Méndez Núñez no se atrevió a arriesgar la *Numancia* en los bajos fondos de Chiloé y se quedó en Valparaíso a cargo del bloqueo. El mando lo tuvo el comandante Alvargonzales de la *Villa de Madrid*, jefe que vio la inutilidad de su ataque sin baterías de largo alcance. Méndez Nuñez reconoció inmediatamente su error, pues la artillería de la *Numancia* habría tenido enorme influencia en el resultado final del combate. Informado del lugar exacto en que se encontraba la escuadra aliada, se dirigió con la *Numancia* y la *Blanca* a Chiloé, en cuyos canales entraba el 19 de marzo. Al anochecer las dos fragatas anclaron en Tubilda, cerca de Huito. Este fondeadero quedaba bajo el resguardo de un morro, en el que, sin que supieran los españoles, se hallaba acampado medio batallón del ejército chileno al mando de Jorge Pool. La *Blanca* estaba anclada a escasos 50 metros de las rocas y durante la noche los soldados chilenos tomaron posiciones en las que se pusieron a tiro de fusil del enemigo. Los soldados se ocultaron tras las rocas y se pusieron en posiciones ventajosas en la cima del morro. Al despertar la mañana las tripulaciones se agruparon en las anchas cubiertas para pasar revista. Los chilenos que no esperaban otra cosa abrieron un devastador fuego de fusilería. La sorpresa de la marinería española no pudo ser mayor. Los marineros corrieron a bajar a los entrepuentes y aclarar a cubierta. La artillería no podía contestar el fuego por la corta distancia en que se hallaba el enemigo y tampoco había blanco a que disparar, ya que los chilenos se habían dispersado. La *Numancia* no podía ayudar tampoco, pues su compañera estaba en la línea de fuego y Méndez Nuñez envió un bote con refuerzos el que intento acercarse a las rocas y desalojar a los tiradores, pero fue también atacado y rechazado. A las dos horas logró por fin la *Blanca* apartarse a tiro de cañón y abrió el fuego, pero con tan poca efectividad que los chilenos no sufrieron una sola baja. Los chilenos creyeron haber infligido graves daños y causado numerosas víctimas, pero las fuentes españolas dicen no haber sufrido ni siquiera un herido.[196]

Williams se había cambiado, mudando su base a Huito. El fondeadero se había hecho inexpugnable. Se cerró la única entrada echando a pique al *Lautaro* y una lancha. Se organizaron baterías en la entrada, tirando una cadena a través del fondeadero y reforzado todo con torpedos. Méndez Nuñez, ante la formidable defensa, decidió no forzar la entrada y se retiró con sus dos buques. De vuelta tuvo la suerte de apresar al vapor mercante *Paquete del Maule* que al mando de don Luis Lynch llevaba a bordo una compañía de artillería. Este buque en abierta violación de la neutralidad del pabellón inglés que enarbolaba, esperaba llevar estas tropas a Montevideo y marinear allá buques de guerra para Chile. Al verse abordados trataron los soldados de mantener su disfraz de ingleses, pero el bote enviado por Méndez Nuñez, sin dejarse tampoco engañar por la bandera, consideró lo del disfraz sólo una broma. El vapor *Independencia* de la Armada fue perseguido también, pero se escapó refugiándose en los bajos fondos.

La situación entre los jefes peruanos y Williams se había tornado delicada. Fue necesario que llegara hasta Huito el Ministro de Marina del Perú y el Plenipotenciario de esa nación. En una reunión de los jefes se acordó enviar al sur a las corbetas *Unión* y *América* con el doble objetivo de cruzar en busca de la fragata española *Almanza* y de encontrarse con los blindados *Huáscar* e *Independencia*.

---

[196] Este incidente en Huito parece en versiones muy distintas en varias fuentes. Langlois, por ejemplo, habla de unos botes que intentaron un desembarco. (p. 153) Vicuña Mackenna en su *Guerra de Chile con España,* (p. 289) da una versión muy similar a la de Davis que se documentó con despachos diplomáticos y periódicos de la época.

Almirante Juan Williams Rebolledo

Méndez Nuñez se dirigió a Valparaíso con sus buques. Cualquiera que fuese la disparidad entre las dos escuadras, ésta no tenía importancia mientras no se encontraban las naves en un combate. Los aliados en su fondeadero de Huito no podían ser atacados y por lo tanto la escuadra española no podía destruirlos. El tiempo favorecía a los americanos, pues una vez que llegaran los blindados peruanos las fuerzas quedarían a su favor y sin duda intentarían entablar el combate decisivo. En España los ánimos se habían calmado, pero así y todo, recibió el comodoro la orden de tomar medidas ejemplares como el bombardeo de Lota o Valparaíso. Debía tomar represalias por la captura de la *Covadonga* y abandonar luego el Pacifico. Méndez Nuñez a quien las órdenes le dejaban poco que escoger, decidió bombardear Valparaíso y el 27 de marzo notificaba a las autoridades del puerto que dentro de cuatro días abriría fuego contra la ciudad.

Los representantes diplomáticos de los países neutrales hicieron todo lo posible por evitar el bombardeo. Sus comerciantes se verían seriamente afectados. Por último el Ministro Covarrubias propuso que como la única razón dada por Méndez Nuñez para bombardear el puerto, era que la escuadra aliada no presentaba combate, se arreglaría un combate a diez millas de Valparaíso. El resultado del encuentro seria decisivo y las partes se comprometían a gobernarse por el resultado. El comodoro Rodgers de la escuadra norteamericana sería el árbitro. La única condición era que la *Numancia* no podría participar. Rodgers aceptó la propuesta aunque el gesto de Covarrubias le parecía quijotesco, pues quería por todos los medios evitar el bombardeo de la indefensa ciudad. El propio Rodgers propuso la idea a Méndez Nuñez. Al comodoro le gustó la idea, pero contestó que no podía aceptarla. Temía que si su escuadra era derrotada la responsabilidad caería sobre él, pues no tenía autoridad para arriesgar sus buques en semejante desafío. Se le había encomendado la destrucción de la escuadra aliada o en su defecto el bombardeo de Valparaíso.

Agotados todos los medios, el 29 de marzo, el almirante Denman conferenció con Méndez Nuñez y le hizo saber que no podía tolerar el bombardeo de una ciudad indefensa a la que no se pretendía ocupar con fines militares. El comodoro Rodgers estaba dispuesto a impedir con la fuerza la acción española y había hecho sus planes en concierto con el almirante inglés. Rodgers sabía por su experiencia de tiro al blanco con su buque insignia "que en más de 30 segundos y en menos de 30 minutos el solo *Monadnock*, sin ayuda ninguna no dejaría más que los mástiles de la *Numancia* a flor de agua."[197] En realidad Rodgers se había excedido en sus amenazas a las instrucciones de su gobierno que le exigían que fuese estrictamente neutral. ¿Qué podía esperarse de un gobierno que decía mantener la Doctrina Monroe, mientras apresaba a agentes chilenos? En Nueva York, se preparaba un buque para la Armada. Este era el *Meteor* que estaba sin armamentos, pero los agentes chilenos se habían esforzado en comprar minas, torpedos y otros noveles artefactos con que atacar a los españoles. El gobierno de Washington alegando que se violaba la neutralidad, arrestó al agente chileno, Benjamín Vicuña Mackenna y al vicecónsul en Nueva York, señor Esteban Rogers. Al mismo tiempo permitía a las fragatas españolas *Isabel la Católica y Carmen* que se aprovisionaran y cargaran víveres en el mismo puerto. Los agentes chilenos lograron salir en libertad e hicieron circular rumores de que corsarios chilenos navegaban en aguas cubanas. En la creencia de que estos rumores eran bien fundados las dos fragatas salieron de Nueva York. Pero antes de ser expulsado del país Vicuña Mackenna había adquirido no menos de 34 cañones de entre 100 y 300 libras, ninguno

---

[197] Informe del comodoro Rodgers, citado por Davis. Johnson en *Thence Round Cape Horn,* afirma que el comodoro se había comprometido en no permitir el bombardeo, siempre que los ingleses hicieran uso de la fuerza. P. 125

de ellos de gran calibre, material para minas y torpedos y municiones entre otros armamentos. Se las arregló también para comprar cuatro vapores que se llamaron *Arauco, Concepción, Ancud* y *Ñuble*. Estos buques llegaron a Valparaíso sin problemas en septiembre de 1866. Eran buques viejos aunque algunos de ellos sirvieron por varios años. No eran elementos para enfrentar la escuadra de Méndez Núñez pero podían armarse con cañones modernos y habrían servido como buenos corsarios.

A última hora el almirante inglés se excusó de toda acción armada alegando que no tenía instrucciones de su gobierno para impedir el bombardeo. Rodgers, muy a su pesar, hubo de reconocer que tampoco las tenía. El general Judson Kilpatrick, ministro norteamericano en Chile, insistió ante Rodgers que atacara la *Numancia*. Desgraciadamente el marino tenía que atenerse a las órdenes de Washington y tuvo que tomar una decisión que decepcionó a sus marineros que esperaban con ansias un duelo con la *Numancia*. Fue éste un caso en que la "no intervención" era la peor decisión que se podía tomar.

Valparaíso era entonces una ciudad de unos 80 mil habitantes. La mayoría de los residentes decidieron no abandonar la ciudad y se congregaron frente a los almacenes fiscales con el objeto de impedir que se trasladara la mercadería de los extranjeros. Era su esperanza de que los buques neutrales tenían que proteger los intereses de sus connacionales. El 31 de marzo a las 8 de la mañana la *Numancia* disparó un cañonazo que por previa indicación daba una hora de plazo para abandonar la ciudad. A pedido del comodoro enemigo se habían izado banderas blancas en los hospitales, iglesias y otros establecimientos que no quería dañar. El gobernador de la plaza hizo desmontar los pocos cañones que habían en el fuerte de San Antonio, para que no quedara duda de que Valparaíso era una ciudad indefensa. Los buques mercantes neutrales y también los de guerra se retiraron del puerto. Los buques de guerra eran los siguientes: Estados Unidos, *Monadnock*, monitor de dos cañones y los cañoneros *Vanderbilt, Powhatan, Tuscarosa, Mohonga y Adela*; Inglaterra: fragatas, *Sutlej y Leander* y cañonera *Nereus*; Francia: corbeta *Venus* y cañonera *Egerie*; Rusia: cañonera *Aleout* y Suecia, vapor de guerra *Gefie*.

La fragata blindada Numancia

El 31 de marzo de 1866, Sábado Santo, los buques españoles con sus banderas a media asta, fueron tomando colocación en semicírculo frente a los objetivos que debían batir. Las fragatas *Blanca* y *Villa de Madrid* se apostaron a cuatro cables de distancia de los almacenes fiscales y el fuerte de San Antonio. La cañonera *Vencedora* dirigió sus cañones al edificio de la intendencia y la fragata *Resolución* ancló frente a la estación del ferrocarril. A las nueve de la mañana los buques abren fuego y descargan su pesada artillería sobre la indefensa ciudad. El bombardeo se prolongó por tres horas, al cabo de las cuales la *Numancia* que no tomó parte alguna en el cañoneo izó una bandera para indicar que el ataque había terminado. Quedaban en llamas los almacenes fiscales, el fuerte de San Antonio completamente destruido y seriamente dañadas la intendencia y la estación. El incendio fue rápidamente sofocado gracias a las compañías de bomberos que con este fin habían venido desde Santiago, también ayudaron las tripulaciones de los buques mercantes y de guerra neutrales. La puntería de los artilleros españoles no había mejorado en nada. De aproximadamente 2.600 tiros, catorce fueron a caer a la sombra de las banderas blancas, algunas de las cuales estaban completamente afuera de la línea de tiro. Hubo sólo dos muertos y menos de diez heridos ya que la población había huido a los cerros. Las pérdidas materiales eran en cambio, enormes. Se calculan en unos 14 millones de pesos oro y de esto más de seis millones pertenecían a la colonia inglesa a quien ni Chile ni su propio gobierno había logrado defender. La escuadra española se mantuvo por un par de semanas frente a Valparaíso y luego zarpó con destino a El Callao donde pensaba efectuar un segundo bombardeo.

Méndez Nuñez avergonzado del triste papel que había tenido que desempeñar, informaba a su gobierno:

> *Profundamente afectado bajo la dolorosa impresión que V.E. puede comprender debe producir en el ánimo del jefe de una escuadra al tener que dirigir los fuegos de los buques bajo su mando sobre una población que no se defiende, paso a dar cuenta de los términos en que he tenido que cumplir con este triste deber en obediencia de las instrucciones del gobierno de S.M. como extremos imprescindible a que hemos tenido que apelar, agotados todos los medios de conciliación compatibles con la dignidad...*[198]

Bombardear El Callao no era cosa fácil. Defendido por fuertes y baterías de un poder legendario, el Perú al igual como con su marina, no se había dormido y mantenía su artillería en pie de guerra. El 2 de mayo se presentó Méndez Nuñez con su escuadra frente El Callao y dispuso su escuadra en forma de V con las dos puntas extendidas hacia la playa. Hacia la derecha, el ala estaba formada por la *Numancia*, seguida por las fragatas *Almanza* y *Resolución*. El ala izquierda tenía como puntera a la *Villa de Madrid* secundada por la *Berenguela* y la *Blanca*. La cañonera *Vencedora* formaba la punta del triángulo mientras los transportes y presas se mantenían a la distancia. Al mediodía la *Numancia* abrió el fuego de la división que formaba el ala derecha. El fuego se hizo general y el ala izquierda sufrió el tremendo fuego de los fuertes peruanos. Al comenzar el combate la *Villa de Madrid* fue el blanco de un proyectil de 300 libras que mató 13

---

[198] Rodríguez, obra citada, p. 72

hombres y dejó 20 heridos. La *Berenguela* no anduvo con mejor suerte y ambas fragatas tuvieron que ser remolcadas a la isla de San Lorenzo donde se varó a la *Berenguela* para evitar que se hundiera. El propio Méndez Nuñez dice haber sufrido nueve heridas durante el ataque. Más de cien marineros españoles cayeron ante el fuego peruano, aunque los daños causados por los cañones españoles en las filas peruanas fue también numeroso, el mayor número de muertos y heridos se produjo al explotar accidentalmente una granada en uno de los fuertes. En este desgraciado accidente murió el Ministro de Guerra del Perú, don José Gálvez. El número de bajas españolas no pudo precisarse en un comienzo.Testigos neutrales creen que no fue menor de 70 pero algunos observadores peruanos elevaron la figura hasta 350. El historiador español Novo y Colson, nos da la siguiente relación de las bajas españolas en El Callao:

Buques	Muertos	Heridos	Contusos	Total
Numancia	3	13	16	32
Berenguela	10	16	12	38
Villa de Madrid	13	22		35
Blanca	8	12	19	39
Resolución	3	3	8	14
Almanza	9	26	16	51
Vencedora			1	1
TOTAL	43	83	68	194

Dos fragatas se habrían hundido de no vararse oportunamente en San Lorenzo. La defensa de El Callao no fue exactamente una victoria para el Perú ya que resultó en resultados inciertos para ambos bandos, pero esa defensa se conmemora hasta el día de hoy en ese país. Una plaza limeña y tres calles llevan como nombre esa fecha.

La escuadra española se retiró al socaire de San Lorenzo, hizo reparaciones, enterró sus muertos y no volvió a aparecer en el Pacífico.

Además de los buques adquiridos por Vicuña Mackenna, se habían adquirido en Inglaterra tres buques, dos de los cuales tenían las capacidades para ser convertidos en corsarios, se construían probablemente con contrato secreto para la Confederación del Sur. Terminada la Guerra Civil, estas naves estaban en venta. El *Texas*, más tarde *Cyclone*, pudo llegar a Chile a cargo de una tripulación cosmopolita. Fue la corbeta *Abtao* que prestó largos y meritorios servicios. El segundo buque, bajo el nombre de *Tornado*, a pesar de llevar bandera inglesa y sin un chileno abordo, fue apresado por la fragata española *Gerona* en Madeira. Otro buque comprado fue el ex *Henrietta*, ex –*Jiraffe*, un vapor de 700 toneladas, que fue perseguido desde Burdeos a Madeira por el vapor de guerra español *Isabel II*. Se incorporó a la Armada de Chile con el nombre de *Valdivia*.

La captura del Tornado por la fragata Gerona

Durante el bloqueo de Valparaíso el gobierno recibió numerosas ofertas de particulares que decían tener un arma secreta con que eliminar la escuadra española y levantar el bloqueo. Dos de estas ofertas se pusieron en práctica con armas de superficie. El 27 de diciembre de 1865 en el puerto de Calderilla se aprestó el vapor de ruedas *María Luisa* con una carga explosiva a proa. Pero los españoles enviaron un bote a vapor de la *Numancia* que capturó el vaporcito, pero cuando intentaba remolcarlo fuera de la bahía, apareció un piquete de soldados chilenos que se apostó en Punta del Zorro y obligó a los captores a soltar su presa y alejarse con dos heridos. Al parecer hubo un segundo intento en Valparaíso que los españoles dicen haber desbaratado con fuego de cañón durante un ataque nocturno que dejó un muerto por bando. Los chilenos lograron apoderarse de un remo de los atacantes. Puede haberse tratado de una lancha llamada *Calderina* con cubierta de hierro que al zarpar la escuadra española quedó abandonada en los arsenales del puerto.

Los chilenos intentaron utilizar dos sumergibles. El primero, conocido como *Invisible*, había sido construido por el alemán Gustav Heyermann con un costo de 12 mil pesos. Fue armado en los talleres Klein de Santiago y era de fierro remachado, de 30 pies de largo y de 6 de diámetro. Su propulsión era proporcionada por seis remos y se sumergía gracias a lastres de agua. En una de sus pruebas, sumergido a 35 pies, se produjeron filtraciones y las bombas no daban abasto, hasta que se soltó el lastre de emergencia con lo que el artefacto volvió a la superficie. La tripulación se negó a volver a abordarlo. Esa noche, el 20 de abril de 1866, el sumergible se hundió 20 metros de la orilla.

Un poco más exitoso, pero igualmente siniestrado resultó el submarino de Karl Flach. Propulsado también por la tripulación que manejaba manivelas que movían dos hélices, el buque se sumergía gracias a timones de profundidad. Las pruebas preliminares fueron satisfactorias, pero el 3 de mayo, en una inmersión con ocho personas abordo, una carga excesiva, el buque se sumergió rápidamente enterrando su proa en el fango del fondo de donde fue imposible sacarlo. Flach había invitado al Presidente de la República a participar en el experimento, pero Don José Joaquín Pérez no aceptó el ofrecimiento contestándole "¿Y si se chinga?"

Chile en esta guerra había sido harto imprudente. Había acudido en defensa del Perú, cuando los propios peruanos habían preferido capitular. Si los Estados Unidos alegaron que la Doctrina Monroe no era aplicable, por tratarse de una antigua colonial fue Chile quien salió en defensa de su vecino. La causa inmediata de la guerra había sido la negativa de saludar una bandera. Las consecuencias fueron desgraciadas. A la pérdida de la marina mercante se sumaba el daño causado por el bombardeo de Valparaíso. Si bien se había por lo menos limitado a los españoles en el mar, las pérdidas económicas no dejaban al país como vencedor. Para evitar que se sucedieran hechos como éstos se ordenó la construcción de dos corbetas blindadas en Inglaterra que llevarían por nombre *O'Higgins* y *Chacabuco* y por lemas "Honor y Patria" la primera y "Honor y Fuerza" la segunda. Se creó también el cuerpo de artillería de Costa dependiente de la Armada y con se procedió a fortificar el puerto de Valparaíso. La escuadra que había quedado en Chiloé, pasó al mando de don Manuel Blanco Encalada, pero como los buques españoles se habían retirado de las costas chilenas, los buques volvieron a Valparaíso y los peruanos regresaron a su país.

Capítulo XV
La Guerra Del Pacifico: Chipana, Iquique, Punta Gruesa

La enseñanza de la guerra con España había sido dolorosa. El honor nacional, la destrucción de los almacenes fiscales en Valparaíso y la pérdida de la marina mercante, eran gastos enormes y humillaciones que el país no podía volver a repetir. El gobierno había comprendido por fin que había que crear una fuerza naval cuya misión principal sería la defensa de la República y sólo secundariamente podría dedicarse al servicio que requería la administración del país.

Las corbetas construidas en Inglaterra llegaron poco después de la guerra. Se habían gastado en su construcción 138 mil libras esterlinas. La construcción inglesa garantizaba un alto grado de perfección pero el diseño no estuvo a la altura de la mano de obra. El casco se había planeado sin contemplar el blindaje y en alta mar las corbetas perdían la estabilidad por lo que se le quitaron las planchas de hierro, quedando los buques sin protección blindada alguna. La escuadra se componía de tres corbetas, *O'Higgins, Chacabuco y Esmeralda,* la cañonera *Covadonga y los* vapores *Arauco e Independencia.* El *Maipo* había pasado a la categoría de pontón y estaba anclado en Valparaíso.

Pocos datos tenemos de las actividades de los buques chilenos desde 1866 a 1869. El servicio de la colonia de Magallanes, viajes de instrucción de guardiamarinas, transportes de tropas y otros quehaceres menores fueron su misión. En 1869 las corbetas *O'Higgins y Esmeralda* hicieron un viaje al Callao con el objeto de repatriar los restos del general O'Higgins que había muerto en el Perú. Este viaje postrero tiene cierto simbolismo. El prócer que tanto había trabajado por la organización de una marina volvía a la patria para su sepultura en una corbeta que llevaba su nombre y que representaba el resurgente poder de Chile en el mar. Para esta ocasión las corbetas estaban al mando del almirante Blanco Encalada, última misión que desempeñó al servicio de la Armada.

En *1870* se inician los trabajos hidrográficos de la Armada. Esta importantísima labor ya había sido comenzada con las exploraciones en los canales. Se iniciaba ahora una investigación sistemática de los canales y costas que por su importancia en el tránsito de naves o por su futuro valor estratégico así lo demandaran. La corbeta *Chacabuco* fue enviada al archipiélago de las Guaitecas y desde *1870* a *1874* se ocupó en el levantamiento de estas islas. En *1863* el comandante Francisco Vidal Gormaz, tal vez el más ilustre de los hidrógrafos chilenos, estudió y levantó cartas del archipiélago de Chiloé y de las costas del continente que lo rodean. La corbeta *Covadonga* salió con igual destino a las islas de San Félix y San Ambrosio. Fue importante también la comisión de la corbeta *Abtao*. Este buque había sido comprado como resultado de la guerra con España en Inglaterra. Había sido construido especialmente para corsario de la Confederación durante la Guerra Civil de los Estados Unidos. Estaba armado con *3* cañones de 150 libras y *3* de *30* libras. La máquina movía el buque a *6* nudos. Su porte era de *1.050* toneladas.[199] Fue comisionada al norte a ocuparse de las cuestiones de límites con Bolivia y a levantar cartas de ese litoral.

También en *1870* el vapor *Arauco* se varó en la playa de Viña del Mar cuando trataba de entrar a Valparaíso en una espesa neblina. No hubo que lamentar desgracias personales pero el buque se perdió totalmente. La *Chacabuco* fue enviada a Magallanes a continuar los trabajos hidrográficos que se habían iniciado en el Estrecho y otros canales de la zona, una vez que hubo terminado su misión en las Guaitecas.

El gobierno de don Federico Errázuriz merece la admiración, el respeto y el agradecimiento de todo chileno. A través de su historia, Chile ha tenido la suerte de que en los momentos más críticos, sus gobernantes han sido hombres visionarios y capaces. Ya hemos visto la labor de O'Higgins, tan hábilmente secundado por el gran Zenteno en la organización de la primera escuadra. Un lugar igual en la historia de la Armada de Chile le corresponde al Presidente don Federico Errázuriz Zañartu. El Presidente había nacido en Santiago en

---

[199] "La corbeta Abtao: un buque de origen misterioso" por el autor, en **Revista de Marina**, 110/813, Marzo-bril, 1993, p. 149 y ss.

1825. Hijo de distinguidas familias del país, se educó de abogado y ocupó varios cargos públicos, desde regidor municipal hasta ministro de Estado. En *1871* fue elegido Presidente de la República, labor a la que se consagró por entero. Sabedor del poderío de las escuadras peruana y argentina no titubeó en ordenar la construcción de naves para la escuadra chilena que la pusieran a un plano igual o superior a las de sus vecinos. El Perú contaba con 4 blindados, tres corbetas y numerosas naves auxiliares y menores. A instancias del Presidente se ordenó en Inglaterra la construcción de dos acorazados de fuerte blindaje a los que se designó como *Cochrane y Valparaíso*. Además se ordenó a Francia la construcción de una cañonera, la *Magallanes* y un vapor de ruedas para el servicio de los ríos al que se denominó *Toltén*. Estos blindados eran de construcción atrevida, pues se insistió en un grueso blindaje y alta velocidad. Su construcción y las pruebas a que fueron sometidos los buques antes de su entrega, fueron objeto de estudios por las marinas europeas que aprendieron de Chile primero en la construcción, y más tarde en el uso de los blindados en la guerra. La construcción de estos acorazados devolvía el equilibrio naval en la costa del Pacífico y el Perú trató por todos los medios de impedir la entrega de estos buques. Se ordenó al ministro del Perú en Bolivia que buscara el rompimiento de hostilidades entre Chile y Bolivia deteniendo de esta manera la entrega de los buques por la neutralidad inglesa. Las gestiones no tuvieron resultado y el 26 de diciembre de 1874 fondeaba en Valparaíso el blindado *Almirante Cochrane*. Debido a la tirantez de relaciones con Argentina, el buque no fue terminado y se le envió a Chile sin el forro de zinc y faltando todavía algunos detalles finales. Inconcluso y sin forro se le incorporó inmediatamente a la escuadra con el objeto de poner fin a la actitud, decididamente beligerante que presentaba ahora Bolivia.

El 24 de mayo de 1875 un fuerte temporal azotó el puerto de Valparaíso. Los buques de la escuadra chilena salieron a capear el temporal mar afuera. La *Esmeralda* no pudo hacerlo y se la creía bien amarrada al norte de los diques. Como el tiempo amenazaba a la corbeta, su comandante don Luis A. Lynch llegó al muelle a las 9 de la mañana con el objeto de subir a bordo de su buque. El mercante *Valdivia* garreó sus anclas y se estrelló contra la proa de la corbeta, rompiéndole el bauprés. El comandante Lynch a duros aprietos, llegó en una chalupa a hacerse cargo de su buque y más tarde lo hizo su segundo comandante don Arturo Prat. Todos los esfuerzos que se hicieron por controlar el buque fueron infructuosos. La colisión con el *Valdivia* cortó los estayes del palo trinquete y con los balances del temporal el palo se vino abajo arrastrando jarcias y cabos y al caer sobre la cubierta se llevó al agua uno de los cañones. El buque ya completamente al garete y llevando a la rastra parte de su arboladura, fue a chocar con el pontón *Maipo*, destrozando su timón y parte de la popa. El buque sin esperanza de control alguno, siguió su curso hasta que se le echó por fin un cable que lo mantuvo por lo menos con la proa hacia las olas y el viento. El comandante Lynch se dio cuenta que las averías de la corbeta eran de peligro y con el fin de salvar su gente y no permitir que el buque se hundiera, ordenó largar el cable y permitió que el buque siguiera a la deriva hasta encallarse ya entrada la noche, en la playa de Jaime. Desde allí se estableció una partida de salvamento a cargo del capitán Hudson, ayudado entre otros, por el teniente Silva Palma. Después de varias tentativas se logró conectar un andarivel por el cual bajaron a tierra durante la noche los tripulantes y oficiales. El último en bajar fue el negro norteamericano Kelson trayendo en un atado todas sus pertenencias.[200]

Al día siguiente, ya pasado el temporal, el propio almirante Williams se hizo cargo de la maniobra y después de una primera tentativa en que se cortó el cable de remolque, la corbeta remolcada por el vapor *Ancud* y algunos remolcadores, logró zafarse.

A principios de 1876 llegó el blindado *Valparaíso* al puerto de su nombre. Venía completamente terminado. Como en septiembre de ese mismo año falleciera don Manuel Blanco Encalada, el buque cambió de nombre, pasando a ser el buque insignia de la escuadra con el nombre de *Blanco Encalada*. El *Cochrane* volvió entonces a Europa con el fin de que se le terminara y regresó a Valparaíso un año más tarde.

El 9 de mayo de ese mismo año un fuerte terremoto azotó el norte de Chile, la costa de Bolivia y el sur del Perú. El sismo tuvo

---

[200] Silva Palma, *Crónicas, p. 35.*

caracteres gravísimos, pues le siguió una salida de mar y los daños causados en Arica, Mejillones y Antofagasta fueron cuantiosos. Dos buques chilenos, el *Blanco* y el *Abtao* que se encontraban en la zona, dieron toda la ayuda posible a las víctimas.

La colonia de Punta Arenas seguía dependiendo de la Armada para su abastecimiento y protección. Desde 1874 Punta Arenas, la sede del gobierno, servía de asiento a don Diego Dublé Almeyda. Este valiente capitán representa para el ejército el émulo del malogrado capitán Muñoz Gamero en la Armada. La colonia había experimentado un progreso enorme bajo Dublé. El gobernador había mejorado la población e introducido ovejas traídas desde las islas Malvinas. Bajo su gobierno se habían iniciado las tres grandes fortunas de la región: Menéndez, Braun y Noriega. Desgraciadamente, la colonia penal, las relegaciones y otras malas prácticas no se habían remediado desde el motín de Cambiaso y causarían una segunda revuelta sangrienta. Fue así como el 11 de noviembre de 1877, los artilleros de la segunda compañía del regimiento de Artillería de Costa se sublevaron disparando varios cañonazos, incluso uno contra la casa del propio gobernador. Dublé salió con destino al cuartel de Artillería Cívica Naval, con el objeto de formar a los cívicos y oponerse al motín. Este recinto ya había sido ocupado por los artilleros. Dublé con una valentía pocas veces emulada, se dirigió al foco del motín. Ayudado por la oscuridad de la noche se acercó hasta un grupo de amotinados buscando al cabecilla. Oyó decir que era el sargento Isaac Pozo y hacia él apuntó su revólver. Desgraciadamente, en la oscuridad Dublé se equivocó de blanco y disparó contra otro amotinado. En la confusión alguien le dio un terrible culatazo en la cabeza y se dejó al gobernador por muerto. No fue reconocido durante los disturbios que siguieron durante la noche y despertó de su aturdimiento cuando una cureña lo atropelló aplastándole una pierna. Dublé se arrastró hasta salir del pueblo y de allí comenzó una penosísima marcha por tierra hacia Cabo Negro, donde suponía encontrar a la *Magallanes*. Después de 23 horas de camino, a pie, a caballo y a veces a nado por las glaciales aguas, se encontró con el bote de la *Magallanes* en la desembocadura del río Percy. El capitán de la cañonera era Juan José Latorre, quien al recibir al gobernador dio orden de poner rumbo a

Punta Arenas. Hizo desembarcar a la compañía del buque pero se encontró con que los revoltosos habían huido luego de incendiar la mayor parte de la población y hacer volar el polvorín. Se logró aprehender a unos pocos, de los cuales 9 fueron condenados a muerte por un consejo de guerra que formaron los oficiales de la *Magallanes*. El resto logró huir internándose en la Argentina sin que las solicitudes de extradición encontraran acogida en el país vecino debido a las malas relaciones entre los dos gobiernos.[201]

Estas relaciones se veían enturbiadas por la cuestión de límites en la Patagonia. Un incidente vino a caldear los ánimos de los argentinos y poner a la Marina en pie de guerra. La barca norteamericana *Devonshire* se hallaba cargando guano en Monte León al norte del Estrecho en lo que es hoy la costa del territorio argentino de Santa Cruz. Como la nave tenía permiso de las autoridades argentinas, pero no de las chilenas, la *Magallanes* la apresó y la llevó a Punta Arenas. El gobierno argentino respondió enviando su escuadra a la Patagonia, con el objeto de evitar esta clase de intromisiones y en evidente son de guerra. Chile respondió de igual manera ordenando que se completaran las tripulaciones de los blindados y para el 4 de noviembre de 1878 la escuadra se encontraba en pie de guerra. El gobierno ordenó a Dublé que se dirigiera a Río Negro y que espiara a la escuadra argentina. Dublé se presentó ante las autoridades argentinas y fue arrestado. Se le amenazó con fusilarlo pero sus captores se limitaron a maltratarlo a su antojo y a mantenerlo prisionero. El ex gobernador de Punta Arenas aguardaba una cita más importante con el destino: la Guerra del Pacifico.

La situación de la escuadra no era tan buena como para ponerla en inmediato en estado de guerra contra Argentina. Las tres corbetas necesitaban carenas radicales, incluyendo cambios de calderas. Pero el erario como de costumbre no podía destinar fondos para la marina y estas naves tuvieron que mantenerse como pudieron. Se vendieron los vapores *Independencia y Ancud*. La *Abtao* se había vendido por 18 mil pesos en subasta pública, pero ante la necesidad el gobierno tuvo que volver a comprarla y ponerla nuevamente en servicio activo.

---

[201] Braun Menéndez, Armando, *El Motín de los Artilleros*, Buenos Aires, 1941

No es el objeto de este trabajo seguir el génesis de la Guerra del Pacífico y sólo nos limitaremos a decir que la Armada había tomado parte muy activa en la expansión chilena hacia el desierto. No sólo se mantenían buques en estación permanente en aguas bolivianas, sino que buques chilenos habían hecho levantamientos hidrográficos del litoral, habían explorado los puntos remotos de la costa y por último se habían mostrado decididamente hostiles a las autoridades locales.

El gobierno boliviano en violación del tratado con Chile, había grabado con un nuevo impuesto las exportaciones de salitre. Cuando las compañías salitreras se negaron a pagar, el gobierno boliviano decretó la subasta pública de las compañías salitreras chilenas en Antofagasta. El remate se llevaría a efecto de 14 de febrero de 1879.

El gobierno de don Aníbal Pinto había hecho concentrar la escuadra chilena en Lota, en previsión como ya hemos visto de una posible guerra con Argentina. Esa nación contaba con dos poderosos monitores el *Andes* y el *Plata y* se veía ahora incrementada por el poderoso blindado *Brown*. Mientras los marinos chilenos se preparaban para enfrentarse con la poderosa marina argentina, que, aunque más poderosa en número de cañones y más gruesa en sus blindajes, distaba mucho de tener la eficiencia de la marina chilena, el gobierno tomó una decisión definitiva y enérgica en cuanto a la cuestión boliviana: la escuadra debía dirigirse a Caldera y no al Estrecho de Magallanes. En Caldera se embarcaron en tres buques el Regimiento de Artillería de Costa y otras unidades de artillería. El *Blanco* fue ordenado de inmediato a Antofagasta con el fin de impedir un alzamiento de los residentes chilenos que sobrepasan por abrumadora mayoría a los bolivianos. El blindado fondeó en ese puerto el 7 de febrero. Una semana más tarde, el 14, se le unía el resto de la escuadra, el blindado *Cochrane y* la corbeta *O'Higgins. A* las 8 de la mañana del mismo día en que debían rematarse las salitreras, el coronel Sotomayor notificaba al prefecto boliviano señor Zapata que iba a tomar posesión de la ciudad. La población recibió a los marineros y soldados chilenos con delirio, abrazando a sus compatriotas al llegar a la playa. Don Nicanor Zenteno fue instalado gobernador chileno de la plaza. Consolidada la ocupación de Antofagasta se destinó al *Blanco a* Cobija y Tocopilla y la *O'Higgins* a

Mejillones. La guerra estaba prácticamente declarada, pero no fue sino hasta el 10 de marzo cuando don Hilarión Daza, Presidente de Bolivia, declaró oficialmente la guerra a Chile. Un mes más tarde, el 1⁹ de abril, la declaraba el Perú. Chile contestó oficialmente declarando la guerra a las dos naciones el 5 de abril de 1879.

El 13 de marzo había tomado el mando de la escuadra con el grado de vicealmirante don Juan Williams Rebolledo. Contaba a la sazón con 54 años. Era un marino respetado y valiente. Al frente de la escuadra chilena había enfrentado a la escuadra de Pareja dirigiendo personalmente la captura de la *Covadonga* en Papudo. Entró a la Armada cuando era muy joven. A los 19 años figuraba como guardiamarina en la *Chile* y a los 26 años quedó como comandante accidental de la misma fragata. Más tarde sirvió en Magallanes, en los arsenales y en Inglaterra. Luego sirvió en el norte hasta ser nombrado comandante de la *Esmeralda* en 1865. Desde esos días era el jefe indiscutible de la Armada. Era lógico que se le nombrara ahora comandante en jefe, por su antigüedad, su pericia reconocida y su experiencia. Desgraciadamente no se encontraba en buen estado de salud y su prestigio casi legendario no le permitía consultar planes ni recibir órdenes de nadie. Tomó el mando de la escuadra y dedicó todas sus energías a la organización de sus buques.

Mucho se ha discutido sobre la equiparidad o desequilibrio de las fuerzas navales al comenzar la Guerra del Pacifico. Analizando los diversos cuadros comparativos, encontramos que si bien en papel la escuadra del Perú se presentaba poderosa, en la práctica, era la chilena, la que le llevaba la ventaja. Los dos blindados peruanos eran muy inferiores al *Blanco* y al *Cochrane,* si bien aquéllos le aventajaban en el andar. En el blindaje solamente la ventaja era apreciable. Añádase a esto la magnífica formación de los oficiales chilenos, que en el curso de la guerra iban a demostrar una capacidad muy superior a la de sus enemigos, aunque la decisión y coraje de ambos contendores eran paralelas. Muchos oficiales habían servido en la marina inglesa o francesa y se habían formado en la dura tradición establecida por Cochrane a la que Williams se adhería con prolijidad. Si bien es cierto que de las cuatro corbetas chilenas, dos eran anticuadas y podían considerarse fuerzas secundarias, la *Abtao y Esmeralda,* la *O'Higgins y Chacabuco* podían convertirse en unidades poderosas después de reparadas. Cuando se renovaron pasaron a jugar un papel importante en la guerra a pesar de no contar con protección blindada.

En cuanto al Perú, los monitores *Atahualpa y Manco Capac* eran dos baterías flotantes de escasísimo andar, *4* millas por hora y de tan malas condiciones marineras que sólo servían para la defensa de la costa. Al hacerse cargo de la escuadra Williams tenía sólo los blindados y la cañonera *Magallanes* como fuerzas ofensiva. Las fuerzas navales de los beligerantes eran las siguientes:

CHILE

Tipo y nombre	*Artillería*	*Andar*
Blindado *Cochrane*	6-250 libras	10 nudos
Blindado *Blanco*	6-250 libras	10,5 nudos
Cañonera *Magallanes*	1-115 libras 1-64 libras	10,5 nudos
Corbeta *Chacabuco*	3-115 libras 2-70 libras	8 nudos
Corbeta *O'Higgins*	2-40 libras	6 nudos
Corbeta *Esmeralda*	12-40 libras	5 nudos
Corbeta *Abtao*	3-115 libras	10 nudos
Cañonera *Covadonga*	2-70 libras	7 nudos

PERU

Tipo y nombre	*Artillería*	*Andar*
Monitor *Huáscar*	*2-300* libras	12 nudos
Blindado *Independencia*	*2-150* libras 12-70 libras 4-32 libras	11 nudos
Corbeta *Unión*	*12-70* libras	12,5 nudos
Corbeta *Pilcomayo*	2-70 libras 4-40 libras	10,5 nudos
Monitor *Manco Capac*	2-500 libras	4 nudos
Monitor *Atahualpa*	2-500 libras	4 nudos

Las dos naciones contaban con varios vapores que podían armarse en guerra y los blindados de ambas naciones llevaban ametralladores Gatling o Nordenfeldt en las cofas.

El Presidente del Perú, don Mariano Ignacio Prado, contaba con la ayuda de uno de los más brillantes marinos que recuerda la historia: don Miguel Grau. Si bien es cierto que en la guerra contra España, Grau había jugado un papel bastante discreto como comandante de la *Unión,* en la Guerra del Pacífico iba a dejar en claro que no había en Chile estratega marítimo que pudiera oponérsele y en cuanto a su valor, bien podía compararse a los jóvenes capitanes chilenos. La primera medida peruana fue dividir su escuadra en tres divisiones de acuerdo con su andar. La primera al mando directo de Grau la componían los blindados *Huáscar e Independencia.* La segunda, con los buques más veloces entre los beligerantes la formaban las corbetas *Unión y Pilcomayo.* La tercera división la competían los dos blindados *Atahualpa y Manco Capac y* se destinaron la defensa de los puertos peruanos donde se pensaba establecer la bases de operaciones.

La primera orden que recibió Williams fue de destruir o inhabilitar la escuadra peruana e impedir la fortificación de Iquique Contrariamente a las excelentes disposiciones peruanas, Williams agrupó su escuadra sin preocuparse del andar o de la misión que debía cumplir. Fue así como se juntaron "acorazados con corbeta inservibles, buques de mucho andar con otros de reducido, en fin una combinación destinada más bien a protegerse mutuamente o a los más débiles que para atacar al enemigo, buscándolo y obligándolo a combatir."[202] Si bien esta crítica a Williams nos parece hasta cierto punto justificada, debemos considerar los siguientes puntos:

1. El hecho de que Chile ocupaba territorio boliviano, lo que contribuía todavía más a lo extenso del litoral que debía resguardarse para proteger las líneas de comunicaciones. Por esta razón no podían separarse las corbetas y transportes dejándolas en un punto fortificado, como Valparaíso, para salir a la caza del enemigo.

---

202 Langlois, *Infuencia del poder naval*, p. 165

2. Se sabía que el Perú trataría de establecer una base de operaciones, lo más al sur posible, fortificando Iquique y si esto no fuera posible, Arica. La primera medida era destruir o impedir estas fortificaciones. Así lo ordenaba el gobierno.
3. Un ataque directo al Callao no podía realizarse sin tener los víveres y el combustible necesarios para la travesía. Faltaba también información sobre el enemigo, cuyas baterías se creían inexpugnables como lo habían probado en la guerra con España.

Williams optó, pues, por el más práctico de los planes a mano: el bloqueo de Iquique para impedir su fortificación. Falto como estaba de combustible se hizo a la mar con los dos blindados y tres corbetas, dejando atrás sólo a la *Abtao*. En alta mar, Williams ordenó varias maniobras de entrenamiento, preparó sus señales y ejercitó sus artilleros con prácticas de tiro. Cuando estas maniobras le satisficieron se dirigió a Iquique donde arribó el 5 de abril.

El gobierno había nombrado ministro de guerra en campaña a don Rafael Sotomayor, quien llevó a Williams el encargo del gobierno de que atacara al Callao directamente. Las razones del gabinete para sugerir este ataque se basaban en las comunicaciones del agente chileno en Lima, señor Godoy, que suponía a la escuadra peruana todavía en estado de reparaciones y las baterías que con tanto efecto se habían batido en un glorioso 2 de mayo, desmontadas y faltas de artilleros. Antes de zarpar con la escuadra a Iquique, Williams ofreció su renuncia, por la sola razón de que no compartía con el gobierno el ataque al Callao. Proponía en cambio el bloqueo de Iquique. Sus razones las ha dejado expuestas en un folleto publicado en *1882 y* se pueden resumir así:

1. El bloqueo de Iquique tendría que traer como consecuencia la salida de la escuadra peruana del Callao para atacar a las fuerzas bloqueadoras. Para esto tenía razones tradicionales: "¿Cómo dudar de que el Perú haría un esfuerzo para colocarse a la altura que le señalaba el deber?"

2. Se esperaba que en corto plazo el ejército chileno desembarcara en Iquique o en sus inmediaciones y la presencia de la escuadra era indispensable para apoyar a la operación en tierra.
3. Bloqueado Iquique se eliminaban las dos fuentes de entradas para el enemigo: el guano y el salitre.

Hasta aquí sus razones para bloquear el puerto. Debemos considerar que la alternativa era un ataque al Callao, lo que era en ese momento imposible. Las tres corbetas estaban en pésimo estado. La *Esmeralda* tenía 70 parches en sus calderas y éstas tenían tal derrame que era necesario mantener el donkey y las bombas alimentándola constantemente. La *O'Higgins* y la *Chacabuco* no estaban mejor. Quedaban sólo los blindados, los que por falta de dique para carenarse tenían los fondos muy sucios y por lo tanto con un andar de menos de 10 millas. Estas unidades bastarían para aniquilar a los blindados peruanos, pero no podía tampoco a exponérselas a ser el blanco de las poderosas baterías del Callao, con sus cañones Blackeley o Armstrong, capaces de disparar 500 libras de explosivos de un solo cañonazo. La falta de combustible era también peligrosa. La Armada no contaba con carboneros propios y sólo tenía para el acarreo de carbón al *Matías Cousiño* que había sido patrióticamente prestado al gobierno por la compañía de Lota. Este buque navegaba con bandera inglesa y no pudo acompañar siquiera a la escuadra a Iquique. El *Matías* se quedó anclado en Antofagasta y con él la barca *Rímac*, cargada también de carbón para la escuadra. No se había trazado ni siquiera el bosquejo de un plan de campaña y se dejaba a Williams actuar libremente dándole toda la responsabilidad de la campaña marítima. Los planes del gobierno se hacían sin coordinación alguna con el jefe de la escuadra.[203] El 3 de abril por ejemplo, recibió el siguiente telegrama:

"No. 20 - Moneda. 3. Sr. Williams Rebolledo. Antofagasta. Hoy saldrá Callao tercera expedición para Iquique

---

[203] J.E. López, *Mis Recuerdos de la Guerra del Pacífico*, Santiago, 1910, p. 26

conduciendo mil hombres y elementos de fortificaciones.- A. Fierro."

En vista de estos antecedentes se justifica plenamente la decisión de Williams, a la que concurrió Sotomayor, de zarpar a Iquique cuanto antes a fin de evitar la fortificación de la plaza. Esta decisión de Williams ha sido criticada a punto de achacársele la prolongación de la guerra. Las razones que se han dado han sido simples refutaciones a sus tres puntos principales para decidir el bloqueo. Se dice que Iquique distaba mucho del lugar de operaciones en que se esperaba encontrar a la escuadra peruana. Era ridículo esperar allí un ataque, pues sus buques no se arriesgarían a un ataque decisivo. Se decía también que la esperanza de ocupar Iquique era una ilusión, pues el ejército no contaba en ese momento con las tropas necesarias, ni los pertrechos ni los abastecimientos. Por último, la exportación del salitre distaba mucho de ser la principal fuente de riqueza del Perú. El hecho de que las naves peruanas no zarparon de El Callao sino hasta un mes después de declarada la guerra se ha tomado como indicación de que se podía haber atacado o embotellado a la escuadra peruana en El Callao. No debemos olvidar que la escuadra chilena no se hallaba en mejores condiciones al declararse la guerra y un bloqueo en esas circunstancias era exponerse más tarde a un ataque por los blindados peruanos que aprovecharían el tiempo para refaccionarse dentro de su propia base. Chile no tenía otra alternativa que bloquear Iquique o Arica y Williams había tomado una decisión inteligente. Cuando abandonó el bloqueo las consecuencias fueron gravísimas.

El vapor *Copiapó* de la Compañía Sudamericana de Vapores, firma chilena que había arrendado sus vapores al gobierno, zarpó con carbón, aceite y municiones para la escuadra desde Valparaíso. Enterado el Presidente Prado del zarpe, gracias al cable, ordenó a sus buques más rápidos, la *Unión* y la *Pilcomayo* que zarparan al sur con el fin de interceptarlo frente a la desembocadura del Loa. El Cop*iapó* se les adelantó y llegó sin tropiezo a Iquique el 11 de abril.

Las naves peruanas se hallaban a unas 15 millas al sur de la desembocadura del Loa y muy pegadas a la costa cuando por el sur se divisó un humo. Este provenía de la cañonera *Magallanes* al mando de Juan José Latorre que se dirigía a reunirse con el resto de la escuadra en Iquique. Latorre llevaba un pliego de instrucciones para el almirante y navegaba cerca de la costa para cumplir con su objetivo secundario que era el de observar si había barcos cargando guano o salitre en Guanillos y Pabellón de Pica. Latorre al principio no reconoció a las naves como enemigas creyéndolas la *O'Higgins* y la *Chacabuco* y continuó rumbo al norte, pero como precaución y para dar ejercicio a su gente hizo llamar a zafarrancho. Al reconocer a las corbetas enemigas, bien pudo virar y alejarse sin peligro; decidió, sin embargo, abrirse paso sin considerar la enorme diferencia de la artillería. Las naves peruanas sumaban 14 cañones de 70 libras y 4 de a 40 contra los dos cañones de la *Magallanes*.

Latorre comenzó por leer el mensaje para Williams que no tenía mayor importancia; era una opinión del gobierno declarando la conveniencia de ocupar militarmente a Iquique. Se dedicó luego enteramente a la maniobra. Confiado en el andar desigual del enemigo sabía que manteniendo la velocidad que llevaba tendría que batirse con sólo una corbeta a la vez. La *Unión*, al mando del capitán de navío Aurelio García, tomó inmediatamente la delantera y salió a cortar la proa a la *Magallanes*. Como Latorre había aumentado su andar la maniobra no resultó, de manera que la *Unión* tuvo que cambiar de rumbo y la *Pilcomayo* cayó aún más atrás pasando por la estela de la *Magallanes* y teniendo que emprender la caza por estribor. La *Unión* tenía a la cañonera por la aleta y no se encontraba en buena posición para batir a su enemigo con su artillería. Era casi el mediodía cuando Latorre por primera vez en la guerra dio la orden de abrir el fuego.

Contestado por los peruanos el duelo se prolongó por espacio de una hora en que la *Unión* hizo 150 disparos que quedaron cortos. La *Pilcomayo*, como Latorre había anticipado, se había distanciado mucho por lo que sus cañones no podían entrar en juego. La *Magallanes* comenzó a disparar con gran efecto apenas el enemigo se puso a tiro. La posición de la corbeta enemiga la favorecía, pues le permitía disparar su cañón de 115 libras sin necesidad de dar bordadas pronunciadas. A la una de la tarde una granada de este cañón, después de rebotar en el mar, dio contra una caja de vapor en la cubierta de la *Unión* dejando escapar una densa nube de vapor. Latorre creyó que ese tiro había dado de lleno en la corbeta enemiga y que había dañado la máquina al ver escapar la gruesa columna de vapor. Era una avería menor pero García comprendió que había perdido la partida y poniendo rumbo hacia la costa entró en la bahía de Chipana, donde se le juntó pronto la *Pilcomayo*.[204] Este primer combate naval de la guerra fue llamado de "Chipana", pues la fase final tuvo lugar frente a la caleta del mismo nombre. En historias del Perú aparece como el combate del Loa. Chipana iba a señalar las características de todos los combates navales de la guerra: cualquiera que fuese el desequilibrio material, Chile iba a llevar la ventaja, gracias a la pericia de sus oficiales. En Chipana la diferencia de artillería era de 5 a 1. Latorre pudo haberse retirado a Antofagasta sin necesidad de presentar combate. Sin embargo "ordenó amarrar firme la bandera, alistar el buque para echarlo a pique en caso de necesidad y romper los papeles."[205] La valentía de Latorre se mostró contagiosa y el guardiamarina Contreras escribía más tarde: "En lugar de volver caras, el comandante prefirió forzar el paso. ¡Da gusto servir a las órdenes de un jefe valiente!" Así y todo el gran éxito de Latorre dependía de la marinería y los jefes subalternos. Mientras la puntería de los peruanos fue desastrosa, los cabos de cañón de la *Magallanes* habían ganado el combate para Chile.

En la tarde de ese mismo día, que era "sábado de Gloria", ancló la *Magallanes* en Iquique y su comandante informó a Williams del contenido del pliego que había destruido y con su acostumbrada humildad del encuentro que había tenido. Al conocerse la noticia en la capital, Vicuña Mackenna organizó una colecta con la que le compró a Latorre un reloj de oro y un valioso despertador para el segundo comandante, teniente Zenobio Molina. En una carta que le enviaba con el regalo llamaba a la tripulación de la *Magallanes* "dignos hijos de aquellos que Cochrane proclamara "¡iguales a los primeros marinos del mundo!"[206]

---

[204] López, obra citada, p. 38

[205] Santiago Polanco, "Hazaña de Latorre en Chipana", **El Mercurio,** septiembre 5, 1965.

[206] Carta del guardiamarina Contreras a don David Honorato, citada por Polanco en su artículo.

Williams decidió salir en persecución inmediata de las corbetas enemigas y salió con el *Blanco* con rumbo al sur llegando hasta Camarones sin encontrar al enemigo. De vuelta ordenó tomar represalias para lo que dividió su escuadra en tres divisiones: la primera con el *Cochrane* y la *Magallanes al* mando de don Enrique Simpson fue enviada al norte. Debería llegar hasta Mollendo y destruir los elementos de embarque y las lanchas de carguío. Este puerto podía inutilizarse fácilmente. Las corrientes y lo abierto de la bahía hacen que el carguío se haga por medio de faluchos y lanchas y la faena de descargar éstas se hace por elementos mecánicos en el muelle. Era contra este muelle que Williams enviaba el ataque. La segunda división que estaba al mando del almirante contaba además del buque insignia con las corbetas *O'Higgins y Chacabuco* y debería bajar al sur destruyendo a su paso los elementos de carguío del enemigo. Quedaban en el puerto la *Esmeralda* al mando de don Manuel Thomson y la *Covadonga*. Tenían órdenes de disparar sobre el tránsito ferroviario y las instalaciones para destilar aguas de mar si éstas se ponían en funcionamiento.

Las tres divisiones cumplieron su cometido tal como había sido ordenado por el comandante en jefe, pero desgraciadamente sin hacer uso de la iniciativa propia. La primera división cañoneó con éxito las instalaciones de Caleta Buena y Pisagua y luego recaló en Arica, observando desde la distancia la artillería que el enemigo estaba emplazando. El comandante Simpson se limitó a observar sin disparar un tiro. Fue un grave error. Si bien es cierto que la escuadra no podía bloquear simultáneamente a Arica y a Iquique, Simpson debió haber aprovechado la oportunidad que se le presentaba y con un par de bien apuntadas andanadas debió por lo menos retrasar los preparativos de defensa que se hacían en el puerto. Ya veremos más adelante el grave error que significó el no impedir la fortificación de Arica. La segunda división cumplió también con éxito la misión encomendada bombardeando Pabellón de Pica y Huanillos. Los bloqueadores por su parte hicieron varios disparos a un tren que salía de Iquique, cayendo algunos de los tiros sobre la población.

Williams pretendía con estos ataques hostilizar en lo posible a toda la costa sur del Perú, obligando así al enemigo a enviar su escuadra contra los atacantes. Este propósito lo llevó hasta el bombardeo de Iquique con el objeto de destruir la resacadora de agua y la línea férrea. La escuadra recibió pronto refuerzos desde Valparaíso. Estos eran los vapores *Huarmey y Lamar,* arrendados por el gobierno, y la corbeta *Abtao.* En ella venía el capitán de fragata Arturo Prat.

La escuadra peruana terminaba mientras tanto sus preparativos bajo la hábil dirección de Grau. Contaba como base *de* operaciones, Arica. Esta plaza se había fortificado y ante la completa inoperancia de los chilenos, el almirante Montero organizó la defensa y recibió pertrechos y tropas por medio de los transportes *Talismán y Chalaco.* Allí se habían refugiado la *Unión y Pilcomayo* después de su fallido encuentro con Latorre en Chipana.

Corbeta Esmeralda

Del relato de estas operaciones se desprende que la escuadra chilena no se movía con un plan estratégico definido. Confiado en la sicología de los marinos peruanos que creía igual a la de los chilenos, Williams esperaba en Iquique el ataque del enemigo. Como éste no llegaba, Williams, sin comunicar a nadie sus ideas, había acumulado carbón, víveres y municiones. Temeroso de que sus planes fueran captados por el enemigo no los comunicó tampoco al gobierno. Desde Santiago se le insistía que tomara la ofensiva. En una nota del 25 de abril se le sugería que fuera a El Callao y que mantuviera el bloqueo de Iquique "con los buques de segundo orden, el *Covadonga*, *Abtao* y *Toltén*, pues aquel bloqueo inhabilita a los buques peruanos de más fuerza que pudieran combatirlos."[7] Esta nota cobra especial importancia, pues un mes más tarde se culpaba a Williams de haber abandonado a su suerte estos buques "gastables". La contestación del almirante demuestra que la idea del gobierno mereció profundo estudio y señala los peligros de un bloqueo a El Callao. Dice así:

> *"El bloqueo del Callao i de la escuadra peruana con el material que constituye la escuadra chilena, amparada la primera por las fortificaciones de aquel puerto, mientras la segunda se tendría que conservar en son de combate, importará dar al enemigo todas las ventajas posibles i comprometer, en consecuencia, más allá de lo que aconseja la prudencia, la suerte i porvenir de la República, lo que paso a demostrar.*
>
> *"Establecido el bloqueo en la forma indicada, tendríamos a la escuadra peruana, compuesta de dos blindados, dos monitores (estos cuatro buques con poderosa artillería), una corbeta bien artillada i una cañonera. Estas fuerzas que se encontrarían en sus propias aguas con todos los recursos necesarios a su buen servicio, se conservarían a la defensiva, protegidas, como ya lo he manifestado con las poderosas baterías del Callao, asechando como es de suponer, el momento de un ataque o de una celada con torpedos u otros medios: o bien dando tiempo a que el enemigo se debilite en su material (que lo conoce tan bien como nosotros) i lo peor de todo, tratando de conseguir que el espíritu que alienta al*

personal chileno se abata i decaiga por la impotencia de la situación.

"La escuadra bloqueadora entretanto estaría formada por dos blindados, tres corbetas (todas con sus calderas en mal estado), de una cañonera, puesto que el vapor Abtao y la cañonera Covadonga se necesitarían para continuar el bloqueo de Iquique. Estos buques tendrían que estar constantemente sobre todos sus fuegos para que en el momento de ir a buscar al enemigo al Callao y comprometerlo a un combate por algún acto de hostilidad o de violencia, pero del todo estraño al propósito de un bloqueo i a las formalidades consiguientes en este acto.

"También creo que si se piensa seriamente en la ocupación de Iquique es probable que la guerra tome una nueva faz, obligando al Perú a cambiar radicalmente su política de ofertas i vacilaciones. Es indudable que esta ocupación traería como consecuencia inevitable la caída de Prado i el desprestijio de su ejército.

"A bordo del blindado Blanco Encalada, frente a la rada de Iquique, mayo 9 de 1879. Juan Williams Rebolledo."[207]

El bloqueo de Iquique trajo como consecuencia la exasperación de la opinión pública chilena y Williams tuvo que salir en persecución del enemigo como lo indica en su nota anterior. En el más profundo secreto, Williams había madurado un plan con el que pretendía atacar El Callao, pulverizar la plaza y echar a pique la escuadra peruana. La noche antes del proyectado zarpe hizo llamar a los comandantes de los buques y les dio instrucciones precisas sobre el plan. No quiso el almirante levantar el bloqueo de Iquique y lo dejó confiado a dos naves secundarias: la vieja *Esmeralda* que estaba al mando de Thomson y la *Covadonga* al mando de Condell. Como Thomson era un marino de gran experiencia y reputación, había sido segundo de Williams y en la *Covadonga* se había batido con éxito en Abtao, se confió el mando de la *Esmeralda* al capitán de fragata Arturo Prat. Es

---

[207] Este es el texto completo de la nota enviada al gobierno por Williams. Se cita también en Langlois, pp. 174-176 con algunas modificaciones menores.

de comprender que quería el almirante llevar a Thomson a El Callao, pero ¿por qué eligió a Prat? Se ha dicho que por ser el menos necesario. Nos inclinamos que fue porque Prat era de su entera confianza y el almirante necesitaba un jefe responsable en el bloqueo. La escuadra salió de Iquique el 17 de mayo y se componía de los siguientes buques:

Blanco Encalada, buque insignia al mando de J.E. López.
Cochrane, comandante E. Simpson.
Chacabuco, comandante Oscar Viel.
O'Higgins, comandante Jorge Montt.
Abtao, comandante Manuel Thomson.
Magallanes, comandante J.J. Latorre.

La seguía el carbonero *Matías Cousiño* al mando de Castleton. La escuadra zarpó con rumbo al oeste pero en Iquique las autoridades sabían que su destino era El Callao. Las dificultades empezaron al día siguiente cuando el *Matías Cousiño,* que iba al mando de un capitán mercante, no entendió bien las señales y se separó de la escuadra para situarse frente a Camarones. El 21 de mayo la escuadra llegaba frente a las Hormigas y esa misma noche Williams lanzó una proclama, al estilo de Cochrane, en la que decía:

"Esta noche pienso atacar a la escuadra enemiga bajo los fuegos de las baterías del Callao. En pocas horas más habrá llegado el momento de la prueba. La patria todo lo espera de vosotros. Un descalabro sería la ruina de la República. Honor al enemigo o sucumbir con gloria es nuestro deber. La audacia de Cochrane nos guía. Seguir su ejemplo es lo que deseo. Confío en vuestro valor jamás desmentido."

Los comandantes de los buques subieron a bordo del *Blanco* para las últimas instrucciones. Al mismo tiempo se destacaron las torpederas para hacer un reconocimiento del puerto. El plan consistía en entrar a la bahía y hacer volar al *Huáscar* por medio de la *Abtao* que como brulote se le atracaría a un costado. Antes del amaneces volvieron las torpederos con la desagradable noticia de que allí no había nadie. Esta noticia confirmaba la información de un pescador italiano que ya había prevenido a los chilenos del zarpe. Williams dió por terminado su viaje y fracasado el ataque. Dio orden inmediata de poner proa al sur y concentrarse en el bloqueo de Iquique.

El 16 de mayo el propio Presidente del Perú había salido al sur con tres vapores, *Oroya, Chalaco y Limeña y* convoyado por el *Huáscar y la Independencia*. Llegó a Arica el 20 de mayo. El día el convoy se había cruzado con la escuadra chilena en alta mar sin avistarse. Informado Prado del zarpe de la escuadra chilena y de la débil fuerza bloqueadora en Iquique, elaboró con Grau el plan de caer sorpresivamente sobre las naves chilenas y levantar el bloqueo. Esa misma noche zarparon de Arica los blindados enemigos y luego de reconocer a Pisagua se presentaron en Iquique a los 8 de la mañana, del 21 de mayo de 1879.

El bloqueo lo mantenían, como hemos visto, la *Esmeralda* al mando de Prat y la *Covadonga* al mando de Condell. El capitán Prat había nacido el 3 de abril de 1848 en la hacienda de San Agustín de Puñual, provincia de Ñuble, departamento de Quirihue. Su familia se trasladó poco después a Santiago. En 1858 ingresó a la Escuela Naval que hoy lleva su nombre, junto con Luis Uribe su compañero de hogar. Como guardiamarina se encontró en el combate de Papudo y en Abtao. Fue más tarde ascendido a capitán de corbeta. Era un verdadero intelectual y con razón lo había tildado Williams de "marino literato". Fue miembro de la Sociedad de Bellas Artes de Valparaíso y daba clases gratuitas de botánica y astronomía en la Escuela Benjamín Franklin del puerto. Estudió por su cuenta y se recibió de abogado. Siempre dio muestras de extraordinario arrojo, ya sea salvando a un grumete que había caído al agua, en el naufragio de la *Esmeralda* en 1875, en el incendio de un pontón cargado con pólvora y en otros episodios de peligro. En 1878 fue enviado a la Argentina como agente confidencial, misión que ejecutó con tal celo y honradez que nos admira hoy día que no le fuera reconocida por sus jefes para darle un puesto de mayor responsabilidad al comienzo de la guerra. Por lo contrario quedó en un puesto subalterno: ayudante de la Comandancia General de Marina, donde servía al capitán de navío Galvarino

Riveros. Decidió entonces dejar el uniforme y vestirse de paisano. Le daba vergüenza quedarse atrás mientras sus compañeros partían a la guerra. De allí se le envió al norte como ayudante del ministro Sotomayor. Williams que le tenía gran estimación, lo envió a tierra a notificar a la autoridades peruanas del bloqueo de Iquique. Luego lo envió a Valparaíso y lo comisionó para traer a la *Covadonga* e incorporarla a la escuadra. Cumplida esta orden entregó el mando de la cañonera a Carlos Condell para tomar el de la *Esmeralda*. Carlos Condell era entonces capitán de corbeta con una bien justificada fama de loco y de carácter juvenil. Había ingresado a la Escuela Naval el mismo año que Prat, y juntos habían combatido en Papudo y Abtao.

Arturo Prat

Prat debe haber tenido ciertas premoniciones de que sería atacado. Por ningún momento descuidó el bloqueo. A pesar del mal estado de la máquina y de la falta de carbón, los hornillos de los dos buques se mantenían encendidos y la *Covadonga* rondaba afuera de la rada con ojos avizores. Fue así como a las seis de la mañana del 21 de mayo el vigía de la *Covadonga* avistó dos humos al norte. Condell subió a cubierta y trató de identificarlos. Como la bruma de la mañana no se había disuelto del todo y las naves navegaban muy pegadas a la costa, la identificación no fue posible hasta que se hizo llamar a uno de los fogoneros que habían servido en la escuadra peruana. Se le facilitó un anteojo y el fogonero primero Gumercindo Sepúlveda, reconoció al *Huáscar* que navegaba a la delantera. Un poco más tarde se reconoció a la *Independencia*. A la vista de un enemigo tan superior, bien pudo Condell poner proa al sur e intentar escapar a toda máquina. En vez, puso proa al puerto y se dirigió a toda velocidad a notificar a su jefe inmediato, el comandante Prat, del acercamiento del enemigo. Con este objeto disparó un cañonazo. La *Esmeralda* por señales le indicó que viniera a ponerse al habla. Prat hizo poner la señal de "seguir mis aguas" y al ponerse Condell al habla le instó a poner su buque sobre poco fondo y a "cumplir con su deber." Condell le contestó en inglés:

— "¡All right!"

Al mismo tiempo se hacían señales al vapor *Lamar* que se en encontraba accidentalmente en el puerto, que huyera al sur a toda máquina, ordenándosele que usara un pabellón neutral. Izando la bandera estadounidense, de barras y estrellas, el mercante chileno zarpó al sur.

El primer pensamiento de Prat fue para su tripulación; hizo llamar a Uribe, el segundo comandante, y le preguntó: "¿Ha almorzado la gente?"

Como se le contestara negativamente dio orden de preparar con toda rapidez el "almuerzo" matinal. A las ocho de la mañana, cuando los buques estaban todavía al habla, una granada del *Huáscar* cayó entre los dos buques, como poniendo una separación bajo la cual se libraría el combate. Desde ese momento el *Huáscar* puso proa a la *Esmeralda* y la *Independencia* a la *Covadonga*. Comprendiendo que todo intento de escape era imposible, Prat hizo formar a la tripulación sobre la cubierta y desde allí les dirigió su patriótica arenga que iba a señalar la ruta para las generaciones marineras de Chile:

"Muchachos: la contienda es desigual. Nunca se ha arriado nuestra bandera ante el enemigo, espero pues que no sea ésta la ocasión de hacerlo. Mientras yo esté vivo, esa bandera flameará en su lugar y os aseguro que si muero, mis oficiales sabrán cumplir con su deber. ¡Viva Chile!"[208]

---

[208] Hay varias versiones de la arenga. "Mientras yo viva ...", por ejemplo, aparece en otras versiones, en vez de "Mientras yo esté vivo ..." Hemos usado aquí la versión que da el teniente Uribe en su parte oficial, escrito el 29 de mayo, mientras era prisionero en Iquique.

La tripulación respondió con un sonoro "Viva Chile" y corrió a los puestos de combate. Prat trató de colocarse lo más cerca de la playa posible frente a la ciudad, de manera que el *Huáscar* se viera obligado a disparar por alto con el fin de evitar el bombardeo de la población, con los tiros que quedaran largos. En esta crítica maniobra falló una de las calderas y a pesar del esfuerzo de los ingenieros Hyatt y Mutilla la corbeta se arrastró pesadamente hacia la posición escogida con un andar de apenas 2 millas por hora. Prat logró maniobrar hasta quedar a 200 metros escasos de la orilla con bajos fondos proa y a popa. En esos momentos se presentó el ingeniero Cabrera que era un civil que se encontraba a bordo y le preguntó a Prat si podía ayudar en algo. El comandante le respondió que llevara la cuenta de los tiros de la nave enemiga. El *Huáscar* se situó en posición de batir a la corbeta disparando antes una descarga contra la *Covadonga*. Una bala atravesó el casco de la cañonera y al pasar se llevó la cabeza del contramaestre Serapio Vargas, dejó malamente herido al amputar las piernas del cirujano Videla e hirió de muerte al grumete Blas Segundo Tellez, quien al ver correr su sangre gritó: ¡Viva Chile! Don Pedro Regalado Videla, cirujano de la *Covadonga* fallecía en su camarote poco después. Este primer tiro del monitor fue un tiro de suerte. La puntería de los artilleros peruanos era, como había quedado demostrado en Chipana, pésima. Grau, ignorando la fundición de la caldera en la *Esmeralda* e informado desde la playa por medio de un bote de movimientos sospechosos que los buques chilenos habían realizado en el puerto, creyó a la *Esmeralda* en una posición protegida por torpedos fijos o minas. Las maniobras chilenas habían tenido por objeto rastrear el cable, pero desde tierra se creyó que era la instalación de torpedos. Lo más prudente era pues situarse a la distancia y batirla con su artillería. La *Esmeralda* estaba completamente inmóvil frente a la playa y el *Huáscar* a 600 metros descargaba los dos poderosos cañones de su torre con tan mala dirección que no logró hacer un solo impacto en hora y media de fuego. Los tiros pasaban por alto y muchos fueron a caer a la población. Los tiros de la *Esmeralda* quedaban cortos y poco a poco fueron mejorando y varias balas dieron de lleno contra el monitor sin producir el menor resultado. Uno de estos tiros dio en la torre artillada entrando por una porta y ocasionando una dentada que no permitió a la torre ronzar en toda su circunferencia. Aunque la avería no representaba absolutamente nada en Iquique, fue ventaja más tarde para los chilenos. Desgraciadamente para Prat y sus compañeros, fue una bala sólida y no una granada, que de haber explotado adentro de la torre habría tenido mucha influencia en el resultado final del combate.

A las nueve de la mañana la guarnición de Iquique quiso sumarse también al ataque y se emplazó una batería de 9 libras frente a la corbeta chilena mientras la infantería disparaba sus fusiles contra ella. Este fuego de tierra ocasionó las primeras bajas: tres muertos y tres heridos. Comprendió Prat que la situación ya no podía mantenerse y ordenó un cambio de posiciones. El guardiamarina Arturo Wilson fue el encargado de llevar la orden a los ingenieros. La sala de máquinas estaba inundada por la rotura de la caldera. El jefe ingeniero, don Eduardo Hyatt contestó: "Haremos lo posible por dar el andar pedido." A las 10 de la mañana, cuando la *Esmeralda* empezaba a moverse, una granada del *Huáscar* penetró por la banda de babor y luego de perforar el casco fue a explotar en la banda opuesta. La explosión causó algunas bajas y ocasionó un incendio que fue sofocado con éxito por el personal que hacía el pasaje de granadas. El movimiento de la *Esmeralda* dejaba en claro que los torpedos fijos no existían y como la puntería de sus artilleros no había mejorado, Grau decidió acercarse y atacar con espolón. Eran las once y media de la mañana. Grau se acercó con su buque a toda máquina a la *Esmeralda*. Prat esperaba el choque y al acercarse el monitor gritó:"¡Atrás la máquina a toda fuerza!" La máquina tenía poca presión pero la maniobra tuvo un éxito parcial, pues la corbeta giró sobre su eje haciendo al espolón del *Huáscar* chocar contra el costado de babor frente al palo de mesana para seguir luego en un roce de madera y hierro a lo largo del casco de la corbeta. El golpe en sí no causó mucho daño. Pues con el fin de evitar un abordaje Grau había ordenado la máquina atrás, ya antes del choque. Con el mismo fin había ordenado que se dispararan sus cañones antes y después del golpe. Estas andanadas fueron fatales para por lo menos 50 marineros chilenos que volaron en pedazos al estallar las granadas. El capitán Prat se encontraba maniobrando la corbeta desde la toldilla de popa; en medio del estruendo de los cañones y del humo de las explosiones el bravo comandante vio venir al monitor de refilón sobre la popa y subiéndose a la borda con su revólver en una mano y su espada en la otra, saltó sobre la cubierta enemiga al tiempo que gritaba: "¡Al abordaje!"[209] Desgraciadamente la carnicería causada por los cañones fue enorme y quedaban pocos en

---

[209] Debemos aquí insistir en que *Prat* saltó a bordo del *Huáscar*. Hay varias historias peruanas que alegan que con el choque el comandante chileno se cayó a la cubierta enemiga. Esto está muy lejos de la verdad histórica. En primer lugar, el choque no se produjo frente a la toldilla donde estaba Prat sino mucho más adelante. En el momento de producirse el choque, Prat "estaba asido a la baranda de la toldilla para no caer" (dice el teniente Uribe). De haber caído del buque, Prat habría caído el mar. Lo que no esperaba el comandante era que el monitor pasara de ronza por toda la longitud de la corbeta. Al pasar frente a la toldilla Prat saltó. Así lo declaran testigos presenciales, entre ellos, el propio Grau: "El comandante enemigo nos abordó." Los observadores extranjeros que entrevistaron a los peruanos después del combate no ponen en esto ninguna duda. Dice Markham:
"As the two vessels came into contact, Captain Pratt (sic.) with sword in one hand and revolver in the other, jumped on board the *Huascar,* calling his officers and men to follow."
Lo que en español significa:

> "Al juntarse las dos naves el capitán Prat con espada en una mano y revólver en la otra, saltó a bordo del *Huáscar* llamando a sus oficiales y marineros a que lo siguieran." Por si existiera alguna duda, el lector puede leerlo en Markham, p. 110. Citaremos a un autor más, el inglés Wilson, que en un interesante libro sobre blindados, *Ironclands in action,* dice en la página 316:

> "Arturo Prat's moment had come. In the din and confusion his voice was heard crying "Children, on board her" and he himself leapt on the Huascar's forecastle."

> "El momento de Prat había llegado. En el estruendo y confusión se oyó su voz gritando "Al abordaje, muchachos" y él mismo saltó al castillo de proa del *Huáscar.*"

Para el mejor estudio que se ha hecho sobre este punto, el lector puede dirigirse al excelente prólogo de don Roberto Hernández C. en la edición de la Comandancia en Jefe de la Armada, *de Arturo Prat,* por José T. Molina, Santiago, Imprenta de la Armada, 1952.

cubierta capaces de seguir al comandante. El sargento segundo Juan de Dios Aldea, de la guarnición de artillería de marina de la corbeta, que hacia la guardia de la bandera y que se encontraba junto a Prat, lo siguió en el abordaje. También lo hizo un marinero que no fue jamás identificado. Los historiadores han limitado su identificación al soldado de marina Arsenio Canave y al marinero Luis Ugarte. Como varios testigos presenciales indicaron que el tercer hombre vestía de marinero, nos inclinamos en favor de Ugarte, sin que esto desdiga de Canaves, que también abordó el *Huáscar,* si no con Prat, por lo menos en el segundo ataque de espolón.

Prat debió comprender, a bordo del monitor, lo inútil de su salto. Se encontraba solo en la cubierta enemiga y se le hacia fuego desde las cofas y parapetos con fusil y ametralladora. Bien pudo el bravo comandante haberse arrojado al mar, pero su deber le indicaba seguir combatiendo. Herido, siguió avanzando hacia la torre y continuó la lucha hasta que un marinero peruano le disparó un tiro en la frente. Aldea y Ugarte cayeron también en la cubierta del *Huáscar.*

A bordo de la *Esmeralda* el mando recayó sobre el teniente primero Luis Uribe. Este como el resto de la tripulación en cubierta, pudo contemplar la muerte de Prat y sus dos compañeros aborde del monitor. La cubierta de la *Esmeralda* estaba llena de cadáveres y miembros despedazados. El *Huáscar,* ahora a corta distancia, la cañoneaba haciendo estragos terribles entre los que quedaban vivos. El corneta, un muchachito de 13 años, Gaspar Cabrales, había caído herido de muerte en los momentos que Prat saltaba al abordaje, su reemplazante cayó también y tuvo que ser substituido por el tercer corneta, cabo segundo de artillería de marina, Crispín Reyes, quien ya no cesó de tocar "ataque" hasta el fin de la contienda.

Uribe comprendió que la resistencia era ya inútil y lo más práctico sería salvar el mayor número de vidas posible. Por esta razón dio orden a Hyatt que se preparara para abrir las válvulas y hundir el buque. La orden no alcanzó a llevarse a efecto. Grau repitió la maniobra anterior y esta vez la *Esmeralda,* no pudo esquivarlo. El golpe cayó a estribor, con toda la fuerza que generaban los 8 nudos de velocidad del monitor. Se repitió el disparo de los cañones, pero el teniente Serrano se lanzó al abordaje seguido de una docena de marineros y soldados. Uno de ellos llevaba una espía con que amarrar al monitor. La tripulación del *Huáscar* seguía oculta y aunque los chilenos lograron causar algunas bajas, entre ellas el teniente Velarde, el segundo abordaje fracasó también. Dos o tres hombres se arrojaron al agua y regresaron a nado a su buque. Este abordaje pudo haber tenido éxito de haber sido mayor el número de asaltantes; el propio Grau declaró después del combate que su tripulación estaba desmoralizada por la ineficacia de la artillería y por el fuego constante que desde las cofas y jarcias se les hacía en forma ininterrumpida, hasta que se creía que en la *Esmeralda* se disparaba con ametralladora y no con fusil.

El segundo espolonazo inundó la santabárbara y la sala de máquinas. Según Uribe habían más de cien muertos en la cubierta y al venir el monitor a dar el tercer espolonazo, ya no quedaba nadie que saltara al abordaje. Los grumetes, que ayudaban al timonel a mover la rueda, se hallaban agrupados bajo la toldilla. Allí hizo explosión una granada, matando a algunos y dejando al resto horriblemente mutilado. Los pocos oficiales que quedaban y la tripulación se reunió en la toldilla y permanecieron allí dando vivas a la patria y disparando sus revólveres contra el enemigo. Al hundirse la *Esmeralda* los anegó a todos el agua. Eran las doce y diez de la mañana. El guardiamarina Ernesto Riquelme, de cuyo valor en el combate da fe el teniente Uribe, disparó ya entre las aguas el postrer cañonazo.

La *Esmeralda* se hundió frente a la playa de Colorado, a 200 metros de la costa, y a una profundidad de 20 metros. Las banderas fueron lo último en desaparecer bajo las aguas. La orden de Prat se había cumplido.

El *Huáscar* arrió sus botes y por orden de Grau procedió a recoger a los sobrevivientes que flotaban sobre las aguas. El comandante peruano los hizo formar sobre cubierta y reconociendo que estaban al límite de su resistencia física, después de un extenuante combate de cinco horas, los alimentó y les dio ropas de marineros peruanos. Se habían salvado 57. Entre ellos se encontraban el teniente Uribe y 7 oficiales, también el civil Agustín Cabrera y el contramaestre Constantino Micalvi. Habían muerto 144 hombres. En la sala de máquinas habían sucumbido los cuatro ingenieros, Hyatt, Mutilla,

Manterola y De la Fuente, los mecánicos, fogoneros y carboneros. Los cadáveres de Prat y los que lo acompañaron al abordaje yacían alineados sobre la cubierta del monitor.

Tan pronto como se recogieron los náufragos, ordenó Grau que se pusiera proa al sur, con el objeto de investigar qué había sido de la *Independencia* en su combate con la pequeña *Covadonga*. Lejos estaba Grau de imaginarse el catastrófico revés con que iba a encontrarse. Condell, al verse atacado por la *Independencia* comprendió que sería inútil poner resistencia dentro de la rada de Iquique. Había observado también que botes armados se aprestaban en la playa para salir a abordar a la cañonera bajo su mando, y apoyado en estas dos razones decidió desobedecer las órdenes de Prat y emprender la retirada ante un enemigo que estimaba "diez veces más poderoso". Sería ridículo acusar a Condell de indisciplina. "La disciplina -dice un manual para oficiales norteamericanos- no es sólo la facultad de obedecer órdenes, sino también la habilidad de tomar decisiones propias cuando las circunstancias así lo exigen." Esto fue precisamente lo que hizo Condell. Ya hemos visto cómo una granada del *Huáscar* le había causado ciertos daños, pero el primer peligro eran las lanchas de tierra que salían al encuentro, ya que un buque de bajo bordo como la *Covadonga* se prestaba para ser abordado. Aumentando al máximo la velocidad y con fuego nutrido de fusilería se logró conjurar este primer peligro. La *Covadonga* dobló la isla de Iquique y siguió al sur, pegada a la costa, con la *Independencia* en su seguimiento. Otra vez la puntería de sus artilleros iba a estar en favor de los chilenos. El teniente don José Manuel Orella se había hecho cargo de uno de los cañones. Por espacio de cuatro horas Orella no abandonó ese cañón y de 35 tiros logró acertar 30. El otro cañón a cargo del teniente Lynch disparaba también con éxito. Condell había ordenado a sus mejores tiradores que se subieran a los palos y desde allí dispararan al enemigo. Tal era el éxito del sargento Olave, el capitán de altos González y cinco fusileros más, que el cañón proel de la *Independencia*, quedó desatendido durante toda la persecución. La *Independencia* seguía a la *Covadonga* en rumbo paralelo pero un poco más afuera donde había más fondo. Los tiros del blindado pasaban altos en su mayoría pero algunos dieron en la cañonera.

El palo trinquete estaba traspasado, la jarcia del mismo y la del mayor estaban rotas. El esquife con sus pescantes recibió un impacto directo cayendo al agua. Dos granadas fueron a sepultarse en las carboneras, felizmente sin explotar. Varios tiros habían dado en la obra muerta y no pocos a flor de agua, pero Condell no estimaba la situación apremiante y continuó la huida sin preocuparse de los daños. El comandante Moore trató de maniobrar la *Independencia* con el fin de atacar a la *Covadonga* con el espolón. La primera tentativa tuvo lugar frente a la punta Cavancha y sea por el poco fondo o por el fuego de la *Covadonga*, el comandante Moore hubo de desistir en su repetición y dar marcha atrás con la *Independencia*. Frente a Molle la fragata blindada pone nuevamente la proa a su adversario, pero mucho antes de acercarse Moore ordenó la máquina en reverso y dejó alejarse a la *Covadonga*. Era ya casi el mediodía cuando los dos buques se acercaron a Punta Gruesa. El bajo de Punta Gruesa se extiende paralelo a la costa. Condell gobernó tan cerca de los arrecifes que, según su propia versión, había pasado rozando. Moore en una tentativa que era la decisiva, se acercó a toda máquina. A unos *250* metros la *Independencia* recibió sobre la cubierta dos balazos de a 70 libras que según Condell, "la obligaron a gobernar sobre tierra". Esto lo corroboró más tarde Moore al declarar en su proceso que en ese momento habían caído heridos los timoneles. El cambio de rumbo a babor no pudo ser más desgraciado para los peruanos ni más afortunado para los chilenos. La *Independencia* se varó en el bajo y era tal su velocidad que la quilla quedó destrozada y el buque excesivamente escorado. Condell gobernó de manera que se situó con su buque a la popa del blindado donde podía cañonearla a su gusto sin peligro de ser alcanzado. Al pasar frente a la nave peruana, los dos cañones dispararon otra vez sobre la cubierta. La *Independencia* contestó con tres tiros que no pasaron cerca del buque chileno. Acercándose todavía más al enemigo, Condell y sus hombres tuvieron la satisfacción de ver caer el pabellón enemigo para ser reemplazado por la bandera de parlamento. Moore pidió a viva voz que se le enviaran botes, pues su buque se hundía. La tripulación peruana se ocupaba en embarcarse en sus botes y muchos se lanzaban al agua con la esperanza de ganar la costa a nado. El teniente Orella quería bajar los botes de la *Covadonga y* subir a la cubierta enemiga, pero Condell estaba entusiasmado con una victoria tan espectacular y completa y quiso poner rumbo a Iquique y ayudar a Prat y la *Esmeralda*. La repentina aparición del *Huáscar* lo hizo comprender que todo había terminado en Iquique y que lo mejor sería huir rápidamente al sur. Grau en el *Huáscar* creyó que la *Independencia* podía zafarse más tarde y continuó en persecución de la *Covadonga* sin detenerse a ayudar a los náufragos. Condell se aprestó para entablar un segundo combate, pero su tripulación estaba exhausta después de la larga acción de la mañana y escaseaban ya las balas. El *Huáscar* estaba a seis millas, eran las tres de la tarde y las calderas de la *Covadonga* levantaban apenas 5 libras de presión. Las averías que antes se habían desestimado se presentaban ahora mucho más peligrosas y el buque hacía agua por varios boquetes. Con el objeto de aprovechar la brisa de la costa, Condell puso rumbo al oeste. Grau entretanto se veía en el dilema de prestar ayuda a la *Independencia* o de continuar en persecución de la *Covadonga*. Sin saber el andar de la cañonera hizo llamar al oficial de menor graduación que sobrevivía de la *Esmeralda*. Este resultó ser un estudiante de medicina, don Germán Segura, que se desempeñaba como cirujano. Ya sea por ignorancia o con el objeto de engañar al comandante peruano, le hizo haber que la *Covadonga* podía dar diez nudos. Grau resolvió volver a Punta Gruesa y tratar de remolcar a la *Independencia a* Iquique. Pronto comprendió el bravo almirante que la fragata era una pérdida total. Hizo transbordar a los pocos tripulantes que quedaban a bordo y luego ordenó pegar fuego al buque. El Perú había perdido casi la mitad de su poder naval en Punta Gruesa.

Blindado peruano Independencia

Es imposible para un chileno opinar con imparcialidad sobre los dos combates del 21 de mayo de 1879. Los extranjeros tampoco comprenden lo que el resultado del combate significa para Chile. Si bien es cierto que la figura descollante de la guerra marítima como estratega, valor y hombría de bien, es el almirante Grau, para Chile, Prat representa algo más grande y sublime. Prat no era el gran héroe de quien todo se esperaba; por el contrario, era un capitán de fragata como cualquier otro en la marina de Chile. Se le había dejado a cargo del bloqueo porque era un oficial corriente. Markham, autor inglés que escribió un libro en el que declara que es su propósito dar el punto de vista peruano y hacer justicia por ellos ante la historia, dice sobre el combate de Iquique:

> *Uno no puede sino admirarse del valor de los dos capitanes chilenos, que sin consideración de la superioridad de sus atacantes, llamaron a la tripulación a las armas y prepararon sus naves para entrar en acción resueltos a dar por lo menos un golpe de honor a la bandera antes que*

someterse a la disparidad de las fuerzas enemigas. Si hay algo que pueda achacársele a Prat, fue la inútil mortandad de su gente.[210]

Sobre este último punto, creemos haber dejado en claro que hasta el ataque de espolón, las bajas de la *Esmeralda* eran menores, menos de diez muertos, y así lo declara el teniente Uribe en su parte oficial. Después del abordaje de Prat, sólo un chileno puede comprender que el teniente Uribe y sus compañeros no tenían otra alternativa que luchar hasta la muerte. El propio Grau estaba tan admirado del valor de Prat que trató de salvarle la vida al verlo sobre la cubierta del monitor y confió al cirujano de su buque:

¡Doctor, cómo luchan esos chilenos!"

El *Huáscar* no había salido ileso del combate. Ya hemos visto los desperfectos causados en la torre artillada que había quedado también fuera de alineación con los espolonazos. Se creía que el espolón, gracias a la maniobra de Prat, se había torcido, lo que iba a causar dificultades en el gobierno ya que había que compensar con el timón la tendencia del buque de navegar en círculos.[211] Grau creyó, y con razón, que el primer ataque con el espolón había fracasado por la falta de velocidad con que el *Huáscar* embistió a la *Esmeralda* y por esta razón el segundo ataque se llevó a cabo a toda máquina y esta vez el pañol de proa se inundó completamente. El buque mostraba también varias señales de balas en el casco y aunque el trípode de trinquete amenazaba a caer en cualquier momento sobre la cubierta, ninguna avería era de seriedad.

En Iquique, Grau hizo desembarcar a los prisioneros y a los muertos. Recogió todas las pertenencias de Prat y las envió con una carta de pésame a la viuda. El cadáver del valiente capitán chileno quedó junto al del teniente Serrano en la calle de la aduana. Correspondió a la Sociedad de Beneficencia Española de Iquique y en especial a dos de sus miembros, don Benigno Posadas y don Eduardo Llanos, abogar frente a las autoridades peruanas en Iquique para que se

---

[210] Markham, *The War between Peru and Chile*, p. 109.

[211] Casi cien años más tarde se probó que el espolón había mantenido su línea a la crujía del buque. La tendencia a navegar en círculos se debía a otras razones.

les permitiera dar sepultura a los cadáveres. Obtenido el permiso, Prat y Serrano fueron sepultados en el cementerio de Iquique. Días después y a manera de epitafio, un marinero peruano grabó toscamente con su cuchillo la siguiente inscripción sobre la tumba del bravo capitán

"Vine a bicitarte porque te bide sucumbir en el combate del *21 de mayo*.

P. Salvatiejo." [212]

A estas honradas y tiernas palabras de un marinero enemigo, nada podemos añadir. Con su singular sacrificio Prat había hecho saltar la chispa de una hoguera patriótica que como gigantesco incendio envolvería al país en un deseo de emularlo y vengarlo en el cumplimiento del deber. A juicio de Encina, "El alma del héroe se transfiguró en el alma del pueblo chileno. La Guerra del Pacífico se definió el 21 de mayo en la rada de Iquique." [213]

---

[212] Citado por Subercaseaux en *Tierra de océano*, p. 352
[213] Encina-Castedo, *Resumen*, vol. 2, p. 1462.

Capítulo XVI
A la Caza del Huascar: Combate de Angamos

La *Covadonga* siguió su huida al sur y Condell nos informa que no fue sino hasta la caída del día y la oscuridad de la noche cuando se perdió de vista el monitor enemigo. Después de las doce de la noche, el comandante chileno hizo cambiar rumbo y se dirigió hacia la costa recalando en Tocopilla al día siguiente. Allí Condell dio noticias del combate asumiendo que la *Esmeralda* se había hundido haciendo volar la santabárbara. De dónde salió esta información, no podemos explicarnos hoy día, pero para Condell era la única explicación lógica de la repentina aparición del *Huáscar* en Punta Gruesa. En Tocopilla subieron a bordo los pocos carpinteros disponibles y con los miserables recursos del pueblo se taparon las más serias vías de agua. El 24 fondeaba en Cobija y desde allí enviaba al contador en el vapor de la carrera a Antofagasta a pedir que se enviara un vapor a encontrarlos. Fue así como auxiliado por el *Rimac* que le echó un remolque pudo el buque entrar en Antofagasta el 26 de mayo, donde fondeó a las tres de la tarde. Era necesario hacer algunas reparaciones antes de poder salir al mar, pero esa misma noche el *Huáscar* entró a la bahía de Antofagasta y procedió a cañonear a la *Covadonga,* pero sin mayores consecuencias y sin acercarse, temeroso de caer bajo los fuegos de los fuertes que defendían el puerto.

La noticia del combate de Iquique se esparció por el país, sacudiendo las más íntimas fibras del patriotismo. En Santiago, la angustia y la espera de noticias eran exasperantes; por fin, como a las diez de la noche del 24 de mayo, se supo del sacrificio de Prat y sus compañeros y del triunfo de Condell sobre la *Independencia*. "Una irrefrenable reacción de confianza en sus destinos que Chile no conocía desde los tiempos lejanos de Yungay, estalló en el alma nacional.", nos dice Encina.[214] Llovía en la capital. Era una de esas lloviznas frías de comienzos del invierno, pero una muchedumbre

---

[214] Martina Orrego, *Recuerdos, p.* 149; Encina-Castedo, *Resumen, p.* 1460.

desafió al agua y al frío; recorrió la Alameda gritando ¡Viva Chile! Entre ellos y con la voz entrecortada por los sollozos un anciano de blancas canas, tiraba su sombrero al aire y se unía al regocijo y entusiasmo popular. Era don José Zegers, padre del guardiamarina don Vicente Zegers, a quien se suponía muerto en la contienda.

En Valparaíso la reacción fue igual. Don Eduardo de la Barra nos las describe así:

> *El pueblo sintió que se engrandecía desde que el telégrafo comenzó a publicar los primeros partes del acontecimiento. Las calles se llenaron en un instante; las gentes corrían en todas direcciones locas de entusiasmo; se abrazaban los amigos y se reconciliaban las enemistades; las copas chocaban en los clubes y hasta los más serios arrojaban sus gorras al aire dando vivas a Chile, a Prat, a Condell, a la Esmeralda y a la Covadonga... Un grupo considerable se dirigió a la casa de Condell. Quería saludar a la esposa del héroe. Pidió a gritos al hijo y el tierno infante les fue presentado. ¡Qué enseñanza para ese niño desde la cuna!*[215]

Williams, ignorante de lo sucedido, navegaba al sur. Falto de combustible debió fondear en un puerto peruano, San Nicolás, y allí extraer carbón de las corbetas y transbordarlo a los blindados. El *26* de mayo se hace la escuadra nuevamente a la mar y Williams no tuvo otra alternativa que separarse de las corbetas. La *O'Higgins* fue ordenada a Valparaíso, a la vela, pues no tenía carbón. Se la destacaba al puerto donde debía cambiar sus calderas que estaban ya inservibles. La *Chacabuco* era también una carga para la escuadra y se la destinó directamente a Iquique, también a la vela. Esa misma noche se encuentran los blindados con un vapor neutral que les da las primeras noticias del combate de Iquique. Como estaban en territorio peruano y "para no perder el viaje" la escuadra entró en Mollendo y trató sin resultado de rastrear el cable. Como relata Silva Palma ésta era una maniobra dificilísima. Era una operación que llevaba varios días, pues

---

[215] Hernández, *Prat*, p. 28

el fuego de las baterías enemigas obligaba a los buques a rastrear a cierta distancia de la costa y por consiguiente con mucho fondo. Había además que parar la máquina apenas se enganchara el cable, pues de producirse la ruptura de éste o del calabrote que se usaba para rastrearlo no quedaba otra alternativa que reincidir el rastreo.

El 30 de mayo, la escuadra con rumbo al sur y con lentísimo andar, pues se llevaba a remolque a la *Abtao,* se avista con el *Huáscar* que regresaba de su viaje al sur. El *Cochrane* con sus carboneras casi vacías no podía emprender la caza y ésta fue seguida sólo por el *Blanco* y la *Magallanes.*

El *Huáscar* regresaba al Perú después de un exitoso raid. Después de Iquique siguió al sur y el 25 avistó al vapor *Itata,* el que consiguió escapar después de una fuga de cuatro horas. Vuelto al norte recaló en Mejillones de donde zarpó con rumbo a Antofagasta. Frente al puerto se encuentra con un vapor chileno que viene saliendo de Antofagasta. El *Huáscar* emprende la caza y después de dos horas la da por terminada sin haber conseguido acercarse al transporte. Esa misma noche vuelve a Antofagasta y entabla un duelo de artillería contra los fuertes y contra la *Covadonga*. El efecto de este ataque fue de prevenir al ejército chileno de la mala disposición de las baterías del puerto. Los pocos cañones instalados se desmontaron. Sólo la *Covadonga* pudo contestar el fuego del monitor. Condell, que en esos momentos escribía el parte oficial del combate de Punta Gruesa, tuvo que dejarlo para hacerse cargo de la defensa. En la oscuridad de la noche, no pudo el *Huáscar* acertar ni un solo tiro, ni en la cañonera, ni en los fuertes o la resacadora de agua, retirándose a las doce y media de la noche.

Al día siguiente retorna al puerto y trata de cortar el cable submarino sin resultado. El 28 capturó dos barcas mercantes chilenas que se encontraban en Cobija y continuó rumbo al norte a hacer faena de carbón en Ilo. Fue entonces cuando se encontró con la escuadra chilena.

Williams con el *Blanco* y Latorre en la *Magallanes* seguían al *Huáscar* por la estela hacia el noroeste y cuando la distancia se había acortado a 4 millas, comprendió el almirante Williams que no tenía esperanza alguna de obtener éxito pues le faltaba carbón. Con el ánimo deprimido, dio orden de cambiar rumbo y dirigirse a Iquique.

Libre de sus perseguidores el *Huáscar* continuó rumbo al norte y a las pocas horas Grau es informado por los vigías que otro blindado chileno se le acerca por el norte. Este "blindado" era el *Matías Cousiño* que seguía esperando frente a Camarones a la escuadra chilena. El *Matías* creyendo que se trataba de un buque chileno, no comprende la huida de su visitante y se le acerca. Casi simultáneamente los dos comandantes se dan cuenta de su error y Grau ordena perseguir al carbonero, mientras el *Matías* trata de alejarse a toda máquina. La situación para el carbonero era desesperada y su comandante decidió aligerar la nave para aumentar la velocidad, dando orden de tirar al mar todo lo que fuera posible. Así se largaron al garete dos lanchas, que fueron inmediatamente avistadas por el mando del *Huáscar*. Grau, que juzgaba ya sospechosa la maniobra del carbonero chileno, creyó que se trataba de un ardid y que los botes largados eran torpedos o brulotes, por lo que ordenó un rodeo, con el fin de apartarse de ellos. El cambio de rumbo y el aumento de velocidad, permitió al *Matías* alargar la distancia y desaparecer bajo el horizonte. El *Huáscar* siguió entonces con viaje directo a Ilo donde llegó el 31 de mayo.

Ese mismo día la escuadra chilena fondeaba en Iquique y se establecía nuevamente el bloqueo del puerto. Como Williams no recibiera noticia de las corbetas que había dejado abandonadas y sin carbón, decidió salir al mar con el doble propósito de encontrarlas y ver si se topaba con el *Huáscar,* al que correctamente suponía en acecho de las líneas de comunicaciones chilenas. El juicio del almirante no pudo ser más acertado. Grau había recibido órdenes telegráficas en Arica de dirigirse al sur, poniéndose en crucero frente a Huanillos, seguro de que tarde o temprano habría de pasar algún vapor con refuerzos para la escuadra chilena en Iquique. A las seis de la mañana del 3 de junio se avistó al *Huáscar*. El almirante había salido con el *Blanco y la Magallanes* dejando al resto de la escuadra en Iquique. Al avistar el humo y sin reconocer todavía al buque como enemigo, Williams dio la orden de encender todos los fuegos y levantar la presión al máximo en las calderas. No le cabía duda al almirante de que se trataba del *Huáscar*. Grau no había reconocido a los buques como de guerra chilenos y se acercó a toda máquina. La distancia se acortaba peligrosamente, cuando el almirante Grau reconoció al *Blanco y* virando con toda la velocidad posible, emprendió la fuga. En esto, Grau sólo cumplía con las instrucciones de su gobierno que le ordenaba rehuir el combate con los blindados chilenos. Al iniciarse la persecución la distancia era de 8 mil metros. El *Huáscar* estaba cargado de carbón y tenía la marejada en contra. Por estas razones navegaba hacia el oeste con dificultad levantando un gran penacho de espuma. Grau ordenó aligerar el monitor de todo lo que no fuera indispensable. Subieron a cubierta todos los marineros que no estaban en servicio y se procedió a arrojar al mar el exceso de carbón que el monitor cargaba en cubierta. Se largaron también dos botes y cuanto objeto encontraron. Williams observa que flotaban en el agua plumas de ave, sin duda parte de la basura de la cocina. En esas circunstancias un desafortunado civil peruano, Antonio Cucalón, que viajaba en el *Huáscar* como corresponsal de guerra cayó al mar al resbalar en la cubierta. Era imposible detener la marcha del blindado para salvarlo y Antonio Cucalón desapareció bajo las olas. Su apellido pasó a ser vocablo usado por los militares y marinos para indicar a los civiles que con autorización del gobierno se inmiscuían en asuntos militares. Grau en su fuga hacia el oeste iba alterando el rumbo paulatinamente hacia el norte con el objeto de huir hacia el Perú, describiendo en su rumbo un inmenso arco. Williams advirtió la maniobra y cambió de rumbo de manera que navegando por la cuerda del arco descrito por el enemigo pudiera ganar más ventaja. El *Huáscar* tenía en sus carboneras una excelente reserva de carbón inglés que había tomado en El Callao. Mediante esfuerzos de carboneros e ingenieros, se logró excavar un túnel entre el carbón corriente que llevaba y cerca del mediodía se pudo echar en los fogones el buen carbón. Fue una ayuda providencial, pues a esa hora la distancia se había acortado a 4.700 metros. Al notar el aumento de velocidad en el monitor que había terminado de describir el círculo y con ayuda de la marejada se dirigía ahora al norte, Williams decidió abrir el fuego, pues temía que la distancia se alargaría. El primer cañonazo fue una bala de 250 libras que fue a caer a la popa del monitor. Williams hizo elevar las punterías y una segunda descarga horquilló al enemigo. Grau no podía contestar con los cañones de la torre y sólo pudo hacerlo con dos cañones pequeños que tenía en las aletas. Afianzó pues su pabellón con una bala de 40 libras que quedó larga. El *Blanco* tenía que dar bordadas de 30 grados para permitir que el segundo cañón de cada costado disparara contra el monitor. Como el almirante ordenaba estos movimientos con gran rapidez volviendo casi inmediatamente a la derrota original, es fácil comprender que la puntería de los artilleros era esta vez muy mala. Dice Williams que el *Huáscar* contestó con seis disparos de la torre y que el último tiro explotó prematuramente cerca de la boca del cañón, lo que le hizo pensar que alguna desgracia había ocurrido a bordo del buque enemigo. A las dos de la tarde y como el enemigo se distanciaba, Williams ordenó cesar el fuego. El *Blanco* había disparado 14 tiros. La caza se prolongó por 12 horas más sin que el fuego volviera a abrirse. A la claridad de la luna, con algunos nubarrones oscureciendo el horizonte, la persecución continuaba. La velocidad de los blindados era casi igual y Williams comprendió que al llevarle el *Huáscar* la delantera no podía alcanzarlo. Pensó el almirante seguirlo todavía un día más, pero como la *Magallanes* se había perdido en su estela y como temiera la repetición de los "desgraciados sucesos de Iquique", no quiso dejar a la *Magallanes* sola y suspendió la caza cerca de la medianoche. Una hora más tarde avistaba *a la Magallanes y* juntos se dirigían a Iquique.

Es fácil criticar hoy día la mala decisión de Williams. Sin duda alguna que debió continuar la persecución a toda costa, con las carboneras llenas y con las posibilidades de herir al enemigo debió perseguirlo hasta su base de operaciones si hubiese sido necesario. Langlois, agudo crítico de las operaciones navales chilenas, juzga la suspensión un "lamentable error" y agrega: "En esta ocasión se reprodujo la acción de Chipana, pero por desgracia invirtiéndose los papeles." [4] En beneficio del almirante, debemos agregar que a él se le había dado toda la responsabilidad de la campaña marítima, y aunque el sacrificio de Prat había inflamado de patriotismo a todos los chilenos, su mente estaba cargada por la culpa que él mismo se achacaba en la pérdida de la *Esmeralda* [5].

El 4 de junio se reunía nuevamente la escuadra en Iquique y el almirante envió al *Matías Cousiño* con correspondencia al gobierno dando cuenta de su encuentro con el *Huáscar* y poniéndose con su escuadra a disposición del ejército. Williams esperaba que la primera acción militar terrestre sería la ocupación de Iquique. Al día siguiente llegó el vapor *Loa* que traía pertrechos, municiones, y lo que es más importante, noticias de la reacción de la opinión pública ante el combate de Iquique. Al saber Williams que se le hacia responsable del ataque y presintiendo que se le culparía también de la fracasada persecución del *Huáscar,* envió por el vapor siguiente su renuncia y algunas declaraciones a la prensa con la que esperaba explicar sus actos. La renuncia no fue aceptada y el gobierno no dio a la publicidad sus declaraciones.

Grau necesitaba reparar su buque que llevaba todavía las averías del 21 de mayo y con este fin se dirigió a El Callao, donde se mantuvo en carena por un mes completo. Se limpiaron los fondos y se reparó la máquina. Los peruanos comprendían muy bien, ante la inferioridad numérica de sus buques, que el único plan posible era atacar en puntos diferentes de la costa chilena evitando el encuentro con los blindados chilenos. Contaban para esto con su andar superior. Fue así como a principios de julio la *Unión,* en convoy con el transporte *Oroya, los* dos buques más rápidos de las dos naciones, efectuaron un raid llegando hasta Tocopilla, donde hundieron sin mayor esfuerzo una barca mercante chilena. Continuando al sur divisaron al *Blanco* que las persiguió sin posibilidad alguna de éxito debido al andar. Las naves enemigas se refugiaron en Arica, ahora convertido en un apostadero inexpugnable. Este puerto se comunicaba con Iquique por una línea telegráfica terrestre y los movimientos de los buques chilenos se telegrafiaban al centro de operaciones con gran exactitud. Los peruanos observaban que al anochecer la escuadra bloqueadora se alejaba mar adentro, quedando en el fondeadero la corbeta *Abtao* a la que no convenía mover debido al pésimo estado de sus calderas.

Apenas el *Huáscar* estuvo listo, Grau concibió el atrevido plan de entrar en Iquique en la oscuridad de la noche, echar a pique a la *Abtao y* luego amparado por la oscuridad, huir al norte descargando su artillería sobre los buques que encontrara. Poco después de la medianoche del 9 de julio de 1879, entraba el *Huáscar* sin ser visto en Iquique. La entrada se hizo por el norte, pegado a la costa y en la oscuridad se dirigió al fondeadero habitual de la corbeta chilena a la que esperaba hundir de un espolonazo. Grande debió haber sido su desilusión al encontrar el fondeadero vacío. Por dos noches sucesivas, el comandante Sánchez de la *Abtao* había observado que botes peruanos se le habían acercado. Precisamente la noche antes había tenido que ordenar que se hiciera fuego sobre las embarcaciones. Como precaución, el comandante del bloqueo, capitán Enrique Simpson, le había ordenado que en adelante saliera a alta mar con el resto de los buques. En su lugar había quedado en la bahía el *Matías Cousiño*. Como el carbonero se viera amagado por una lancha que creyó torpedera, se alejó también de la costa y mientras se mantenía sobre la máquina a unas tres millas del puerto reconoció a un buque que se le acercaba. El capitán Augusto Castleton reconoció con gran sorpresa al *Huáscar*. Grau, creyendo que se trataba de la *Abtao*, se aproximó hasta ponerse al habla. Entonces se entabló entre los comandantes el siguiente diálogo:

_¿Qué buque es ése?"
-"*El Matías Cousiño.*"
_¿Cómo está usted, Castleton?"
-"Muy bien, señor, gracias."
__¿Qué carga tiene a bordo?"
_"Carbón."
_¿Dónde están los buques?"
-"Por aquí alrededor."
__¿Y el *Abtao?*"
-"Al S.O." (En esa dirección creía que se encontraba el *Cochrane.*)
-"Bien capitán, embárquese en sus botes porque lo voy a echar a pique." [6]

Castleton por supuesto no obedeció, y como tenía presión en las calderas, trató de huir a toda máquina. Grau disparó sus cañones contra el transporte con la esperanza de rendirlo. En tan crítica situación, se acerca la *Magallanes* que al mando de Latorre viene a investigar los fogonazos. Grau, creyendo que era uno de los blindados, probablemente el *Cochrane,* desistió de sus intentos tratando de escapar. Cuando se acercó, creyó que era la *Abtao* y describiendo un círculo casi completo volvió la proa para atacarla. Percatándose de que habían sido los fogonazos lo que había traído a la corbeta a investigar, decidió limitar su ataque al uso del espolón. La *Magallanes* trataba de mantener un rumbo paralelo al monitor disparándole su limitada artillería y cuanta arma corta había a bordo. El primer ataque de espolón se produjo cuando los buques iban rumbo a la isla de Iquique. Latorre lo vio venir y en maniobra habilísima logró que el monitor pasara por la popa. El *Huáscar* viró y trató de atacar a la cañonera por segunda vez, ahora por babor. Latorre ordenó entonces una arriesgada maniobra con la que quedó rumbo al sur donde esperaba encontrar al *Cochrane.* Una vez más trató Grau de pasarlo por ojo, pero el capitán chileno lo esquivó también. Si consideramos el primer encuentro de las dos naves como un ataque, eran ya cuatro veces que la habilidad de Latorre salvaba su buque. Aunque la distancia era corta, el continuo movimiento de los buques había desviado completamente la puntería de los artilleros y sólo una bala de a 115 libras dio en el *Huáscar,* penetrando el blindaje pero sin causar más daño. El *Cochrane* que se encontraba frente a Molle, se dirigía ahora a toda máquina hacia los fogonazos y los cohetes luminosos que disparaba Latorre en la *Magallanes.* El combate se prolongaba ya media hora, cuando hizo su aparición el *Cochrane* y Grau no tuvo otra alternativa que emprender la fuga perseguido ahora por un blindado y una cañonera. El *Cochrane* distaba mucho del andar requerido para perseguir al *Huáscar* y Simpson tuvo que desistir en su empeño ordenando a Latorre que volviera también al bloqueo. Al conocerse la noticia de este encuentro en Iquique, la fama de Latorre se acrecentó; su valor y pericia en Chipana no estaban olvidados y al rechazar al *Huáscar* demostraba una vez más sus grandes cualidades.

Corbeta Abtao

El almirante Williams, ante el peligro del *Huáscar,* se vio obligado a dividir la escuadra en dos divisiones: una que mantuviera el bloqueo de Iquique y otra que protegiera a Antofagasta, ciudad que como ya hemos notado, no contaba con los fuertes necesarios para su defensa. El *Cochrane* sufría de fondos sucios y su máquina necesitaba un ajuste total. Williams decidió arriesgarse enviándolo a Valparaíso y reemplazando a este blindado con el buque insignia en el bloqueo de Iquique. En estas circunstancias, los peruanos en tierra trataron de hostilizar a las naves bloqueadoras con torpedos. Williams se sintió traicionado, y al descubrirse uno de estos artefactos con el que se pretendía destruir al *Blanco,* ordenó algunos disparos en represalia contra la población. Debemos insistir que no se procedió a bombardear Iquique, pues en ese caso la escuadra chilena habría reducido a ruinas al caserío peruano; eran más bien andanadas aisladas que servían a Williams como protesta y amenaza en caso de que los ataques con torpedos se repitieran.

Mientras Williams tomaba toda clase de precauciones en el norte, el centro del país quedaba sin protección alguna. Esto permitió a los buques peruanos pasar al sur sin ser vistos por las naves chilenas y atacar algunos puntos vulnerables de la costa. Fue así como el 21 de julio, Grau procedía al cañoneo de Carrizal Bajo y de Huasco cuyos elementos de embarque destruyó. Dos factores iban a influir poderosamente en la campaña marítima. Uno era la completa libertad de prensa que existía en Chile. Los periódicos publicaban así hasta los telegramas del gobierno en los que se indicaban el zarpe y la posible fecha de arribo de las naves que transportaban soldados y refuerzos. El segundo eran los buques de la compañía inglesa P.S.N.C. (Pacific Steam Navigation Company). Los capitanes de estas naves estaban abiertamente en favor del Perú y cuando Grau entró en Caldera, en una de las naves inglesas, el vapor *Colombia,* se le facilitaron todos los periódicos chilenos. Enterado así el almirante de las fechas de zarpe de los vapores *Rimac y Paquete del Maule,* ordenó al capitán García y García de la *Unión* que se dirigiera rápidamente al norte. Ya hemos visto que por su gran andar, este buque no temía navegar solo pues no había buque en Chile capaz de acercársele. García debería cruzar frente a Antofagasta en espera de los transportes chilenos. Grau le siguió desde el sur, con la esperanza de capturar a algún mercante que viniera pegado a la costa.

El *Rimac* había zarpado de Valparaíso el 20 de julio sin otra protección que una guarnición de infantería a bordo y sin otras instrucciones que las de dirigirse a Antofagasta. Iban a bordo 300 hombres y parte de la caballada del Regimiento de Caballería Carabineros de Yungay al mando del coronel Bulnes. El *Rímac* era propiedad de la Compañía Sudamericana de Vapores y estaba al mando del comodoro de la línea, un venerable capitán con años de experiencia. En ciertas publicaciones se le ha tildado de "alemán cobarde" y otros epítetos despreciables. De él dice Silva Palma: "El capitán Lautrop era un viejo y experto marino; gracias a su pericia, constancia y condiciones de carácter, había llegado a colocarse como comodoro de la Compañía Sudamericana de Vapores y todo el mundo que lo conocía, lo estimaba y respetaba." [216]

Lautrop decidió dirigirse en línea recta a Antofagasta sin buscar el abrigo de la costa y sin comunicarse con ningún puerto intermedio sobre las posiciones de los buques enemigos. En la mañana del 23 se avistó un humo que los tres jefes de a bordo tomaron por el *Cochrane* o la *Chacabuco*. Estos eran el capitán Gana de la guarnición, el

---

[216] Silva Palma, *Crónicas, p.* 120.

coronel Bulnes de los Carabineros y el capitán Lautrop. Cuando el buque avistado estaba a cuatro millas, Lautrop reconoce su error de identificación dándose cuenta que el buque que se le viene por la proa es la *Unión*. Tratando de escapar, puso rumbo al oeste a toda máquina. La *Unión los* persiguió por espacio de cuatro horas, al cabo de las cuales la distancia se había acortado a 600 metros. Fue entonces cuando el *Huáscar* apareció en el horizonte. Se ordenó a las tropas que tiraran las armas al mar. La orden no fue ejecutada con la prontitud que el caso exigía y sólo se alcanzó a arrojar la carga que estaba sobre cubierta. Tampoco se destruyó la correspondencia del gobierno y cuando una partida peruana abordó el transporte, ésta pasó a manos de Grau. Este desastroso revés para Chile, era el resultado de una serie de ineptitudes y producto directo del mal control que el gobierno ejercía de los movimientos y acciones de la guerra. Antes del zarpe del *Rímac;* se supo en Valparaíso que el *Huáscar* se encontraba en Mejillones. Sin embargo, no se dieron instrucciones a Lautrop sobre la acción que debía tomar. También se violó uno de los más elementales principios de guerra y no se dio al transporte mando único y ante la confusión y la sorpresa de verse atacados, el trío que estaba a cargo de la expedición no supo tomar las medidas acertadas. La más seria consecuencia fue la entrega de la correspondencia al enemigo. Hubo tiempo que habría permitido arrojar al agua toda la carga, incluso los caballos; y por último, con la tripulación y tropa en los botes, se debieron haber abierto las válvulas o dañado la maquinaria en tal forma que los peruanos se vieran obligados a abandonar la nave. Se perdieron cuatro horas en una fuga que considerando el andar de la *Unión* era estéril. Ya hemos visto con qué excelentes resultados, Castleton había salvado al *Matías Cousiño y* hasta el mismo *Huáscar* al verse perseguido se había aligerado tirando al mar su peso excesivo.

La responsabilidad cayó igualmente sobre quienes la merecían y sobre algunos inocentes. El Ministro de Guerra, general Gregorio Urrutia, y los políticos Altamirano y Echaurren fueron los señalados por el pueblo de Santiago. El Ministro fue apedreado al entrar al Senado y durante la sesión, Vicuña Mackenna lo vejó sin caridad. El antiguo general, pacificador de la Araucanía, tuvo que renunciar a su cargo. También se culpó a Williams. El insigne marino, héroe de Papudo, padre de la organización de la escuadra chilena y maestro de la nueva generación de capitanes, presentó su renuncia indeclinable y se retiró del servicio. La historia ha juzgado duramente al ilustre almirante. Sus acciones no tuvieron el éxito que necesitaban, pero debemos aclarar que sus esfuerzos se veían frustrados por la mala política del gobierno, el mal estado del material de que disponía y la falta absoluta de un estado mayor. El servicio de informaciones e inteligencia que tan bien había utilizado Cochrane en las costas del Perú era, en 1879, inexistente. El blindado *Cochrane*, por ejemplo, en los mismos momentos de la captura del *Rimac*, andaba en busca del *Huáscar* en cuanta caleta, rada o abrigo de la costa pudiera esconderse el monitor. En todos los lugares se le daban noticias diferentes y no es de extrañarse que el desaliento cundía entre los oficiales y la tripulación.

El convoy peruano, que ahora contaba con el *Rímac*, siguió al norte y en Chañaral capturó tres mercantes que cargaban minerales para la compañía de Lota. La bandera nicaragüense que enarbolaban, no fue protección alguna contra Grau. Grau había completado su más exitosa expedición sobre mares chilenos, y antes de volver al Perú transbordó carbón a la *Unión* y la envió al Estrecho. Era su misión capturar al vapor *Glenelg*, que según los despachos capturados en el *Rimac* venía de Europa con armas y municiones para el ejército chileno. Esta información corroboraba los informes de los agentes peruanos en el extranjero que desarrollaban una enorme labor. La *Unión* navegó directamente hacia el Estrecho y llegó hasta Punta Arenas, donde se presentó con bandera neutral. Su disfraz no engañó a nadie, pero se le informó de que el *Glenelg* ya había pasado el Estrecho y navegaba con rumbo al norte. El gobierno chileno estaba preocupado por la suerte de este transporte y se envió al *Cochrane*, la *Covadonga* y el *Loa*, este último vapor mercante armado en guerra, a Lota, con el fin de convoyarlo en su viaje al norte.

La *O'Higgins* con sus calderas nuevas salió junto con el *Amazonas* hacia el sur a interceptar a la *Unión*. ¡Se necesitaban cinco buques para tratar de detener a una corbeta enemiga! La búsqueda no dio resultado y todos los buques regresaron al norte.

Grau, entretanto, trataba por todos los medios de distraer a los buques chilenos de manera que la *Unión* pudiera seguir con su expedición. Con este fin zarparon el *Huáscar* y el *Rimac* desde Arica el 14 de agosto. A los cinco días de navegación, el transporte sufrió una avería en la máquina y Grau decidió no arriesgarlo. Se procedió a la faena de carbón, llenando las carboneras del *Huáscar* en alta mar y el *Rimac* regresó a la base de Arica. Grau se enteró de que el *Cochrane* estaba en Caldera y allí se dirigió con el objeto de atacarlo pues tenía la errada información que el blindado chileno tenía una avería en la máquina. Entrando al puerto supo que el blindado no estaba allí sino en Coquimbo. El almirante decidió seguir viaje al sur, pero no bien hubo salido del puerto cuando se encontró con un violento temporal que puso al *Huáscar* en duros aprietos. El viento sur soplaba con furia y las olas reventaban sobre cubierta. Después de algunas horas de navegación, el almirante peruano reconoció que de continuar en esas condiciones, el monitor bien podía zozobrar, por lo que no tuvo otra alternativa que cambiar rumbo y dirigirse al norte. Calmado el tiempo entró en Taltal, puerto en el que entró con la idea de destruir los elementos de carguío. Empeñado estaba en la destrucción de faluchos y lanchas cuando aparecieron el *Blanco* y el *Itata*. Williams emprendió inmediatamente la caza. Como se encontraba dentro de la bahía, Grau no pudo huir hacia el norte y tuvo que salir hacia el oeste. La oportunidad se presentaba en favor de los chilenos pues podían navegar a cortarle la proa. El andar del *Huáscar* era entonces muy superior al del *Blanco* que necesitaba una limpieza de fondos, y antes de que pudieran encontrarse, el *Huáscar* se alejó lo suficiente y pudo poner rumbo al norte. A las cinco de la tarde la distancia que separaba a los dos buques era sólo de cinco millas, pero ésta fue aumentando de manera que al anochecer, Williams vio perderse a su enemigo en una noche oscura y brumosa.

El 2 de agosto se desistía del bloqueo de Iquique y se concentró a la escuadra en Antofagasta para proteger la línea de comunicaciones. El plan del Perú comenzaba a dar resultados concretos. Ahora podía habilitarse Iquique como base fortificada y también Pisagua. El *Huáscar* contaría entonces con dos bases muy cerca del teatro de operaciones que le permitiría continuar sus cruceros hostilizando los movimientos de tropas y obligando a la escuadra chilena a asumir un papel totalmente defensivo como sería la escolta de convoyes.

El Presidente Prado había madurado un plan que presentó a Grau al regresar éste de su viaje a Caldera. Se pretendía atacar al *Blanco* con torpedos y luego, en la confusión, atacar al resto de los buques de la escuadra chilena. Se había comprado un torpedo Lay, eléctrico, que se conectaba con dos alambres al buque lanzador de donde provenía la energía para impulsarlo. Y, para asegurarse del éxito, dos oficiales peruanos se habían embarcado a bordo de un vapor de la P.S.N.C. ¡Con cuánta razón se quejaba más tarde Silva Palma de su actitud hostil hacia Chile! Estos oficiales habían observado el fondeadero de los buques chilenos y habían levantado un croquis de la bahía. El *Huáscar* zarpó de Arica el 22 de agosto y la noche siguiente, en la pequeña caleta de Ira, subieron a bordo los dos oficiales peruanos. Estos informaron a Grau que el *Blanco* había zarpado dos días antes con rumbo al sur. El almirante decidió aprovechar la oportunidad que se le presentaba y entrar en Antofagasta atacando a los buques chilenos que allí encontrara. A las 10 de la noche del 24, el *Huáscar*, protegido por la oscuridad, logró acercarse hasta un cable de distancia de los buques chilenos. Estos eran la corbeta *Abtao* y la cañonera *Magallanes* y dos transportes: el *Limarí* y el *Paquete del Maule*. Grau eligió la silueta más grande que mostraba la noche y que resultó ser la *Abtao*. Se arrió el torpedo al agua y todo quedó listo para la maniobra. Con el mayor sigilo se ordenó lanzarlo. Todo salió a pedir de boca y el torpedo salió dejando una blanca estela en dirección hacia la corbeta chilena.

Cuando ya parecía que todo iba a terminar bien para los peruanos, el torpedo dio una virada inesperada y volvió atrás describiendo un circulo dentro del cual se encontraba el propio *Huáscar*. ¡Qué esfuerzos no se hicieron para detenerlo! Sin embargo, nada se lograba, pues a pesar de que se cortaron los cables, la inercia parecía empujar al torpedo hacia el *Huáscar* y el monitor parecía destinado a sucumbir. Según algunos historiadores peruanos y otros neutrales, en ese momento, un valiente marino peruano, el teniente Diez Canseco, se lanzó al agua y nadó hasta interceptarlo y cambiar su trayectoria. Su valiente conducta salvó al buque y sus compañeros de tripulación.

Pero Grau, que siempre reconoció las virtudes de sus subordinados, no menciona este episodio, ni en la bitácora del buque, ni en el copiador de correspondencia.[217] Grau no quiso arriesgar un combate en un puerto en que habían baterías costeras y varios buques neutrales, tomó el fallido torpedo a remolque y lo sacó del puerto. En las afueras se mantuvo hasta el amanecer, hora en que izó el torpedo a bordo y ordenó poner proa a Taltal, donde pensaba continuar la labor destructiva en que lo habían sorprendido el *Blanco* y el *Itata* diez días antes. Esta vez disparó a su antojo sobre las lanchas y la playa, y luego, no satisfecho, sacó un pontón del puerto y lo usó como blanco para adiestrar a los artilleros ingleses recién contratados. Satisfecho con los resultados obtenidos, volvió al norte inspeccionando las caletas de Blanco Encalada y El Cobre. Al amanecer del 28 apareció nuevamente en Antofagasta y observó que el grueso de la escuadra chilena no estaba todavía en el puerto. A pesar de que creía enfrentarse con una artillería superior en los fuertes, Grau quería probar a sus nuevos artilleros y con este fin trabó combate a las once de la mañana contra los fuertes y los dos buques de guerra chilenos. No sabemos que magnética atracción sentía Grau por la *Abtao;* puede haber sido su esbelta silueta pero en esos días la corbeta chilena estaba en pésimas condiciones y ni siquiera podía moverse. En El Callao se había pretendido usarla como brulote y en Iquique no podía salir mar afuera durante la noche. Sea lo que fuere, Grau dirigió contra ella sus fuegos. Bastaron dos disparos sobre su cubierta para ponerla fuera de combate, pero su tripulación, inspirada en el recuerdo de Prat, logró moverla, virándola con espías y no dejó de disparar hasta las cinco de la tarde, hora en que se retiró el monitor. Cerca de las diez de la noche, Grau observó un vapor que entraba en la bahía y salió inmediatamente a tratar de detenerlo, pero lo perdió en la oscuridad de la noche. No hay ninguna relación chilena que indique qué buque fue ése y es posible que haya sido una falsa alarma provocada por algún reflejo en el agua. Un par de horas más tarde, entraba el *Blanco* en

---

[217] Miguel Grau, *Correspondencia Jeneral de la Comandancia Jeneral de la 1a División Naval,* Editado por Imprenta y Librería El Mercurio, Santiago de Chile, 1880. p. 107. En la "Bitácora", anotación del 22 de agosto, guardia del Teniente Garezón.

Antofagasta tocando sirenas y pitos y lanzando cohetes luminosos para no chocar contra los neutrales. (Debemos recordar que se creía todavía fatal el uso del espolón.) El *Huáscar* no tuvo dificultad alguna en reconocer al nuevo arribo y zarpó con presteza al norte.

El éxito del *Huáscar* dependía en su velocidad. Así lo comprendían Prado y Grau y en cada ocasión que se presentaba se limpiaban los fondos y se revisaban las máquinas. Caso contrario ocurría en la escuadra chilena, en que el mal estado del material había influido poderosamente en la falta de éxito que llevaba la guerra para Chile hasta el momento.

A raíz de la renuncia de Williams, el gobierno chileno había tomado algunas decisiones muy importantes que iban a cambiar el cariz de la guerra. El 20 de septiembre se nombraba Ministro de Guerra en Campaña a don Rafael Sotomayor, y en los consejos de gabinete se dio por fin con el plan que ganaría la guerra para Chile: había que aniquilar el poder naval del Perú. No se había nombrado todavía el reemplazante de Williams y a estos consejos asistieron varios capitanes de la Armada. Entre ellos estaba don Galvarino Riveros. Este ilustre marino había nacido en el pequeño pueblo chilote de Curaco de Vélez. A los 18 años se embarcó como guardiamarina en la fragata *Chile* y más tarde, enrolado en la escuadra francesa del Pacífico, hizo un viaje a Oceanía. En 1851 se le había comisionado para hacer la exploración del río Toltén. Viajó a Europa y volvía en la *María Isabel* como segundo cuando este buque naufragó en bahía Misericordia. Desempeñaba en esos días el puesto de gobernador marítimo de Valparaíso, cargo que tenía desde 1872 y en que había tenido de ayudante a Arturo Prat. El propio Williams lo había propuesto como su reemplazante. En vista de que contaría con el respeto de los otros jefes y de sus buenos antecedentes, se le nombró comandante en jefe de la escuadra. Tenía el grado de capitán de navío desde 1876

La escuadra había sido renovada de la mejor manera posible. Se armaron los transportes con cañones llegados de Europa, se renovó el *Cochrane* de manera que quedó en condiciones de dar su andar original y Latorre reemplazó a Simpson como su comandante. Las corbetas *O'Higgins y Chacabuco*, con calderas nuevas y sus fondos limpios, volvieron también a su antigua eficacia. El nuevo Ministro de Guerra, don Domingo Santa María, dio al jefe de la escuadra, por primera vez, instrucciones claras y precisas. Se le ordenaba: "Hostilizar por todos los medios posibles a la escuadra peruana ... persiguiendo los buques enemigos por todos los medios adecuados y dondequiera que se encuentren." [218]

Riveros concentró a la escuadra en Valparaíso y el 20 de septiembre zarpaba con sus buques convoyando los transportes que llevaban 3.000 soldados a Antofagasta. Desembarcadas las tropas en ese puerto, la escuadra se concentró en Mejillones y el 1 de octubre se celebró un consejo de guerra a bordo del *Blanco* al que asistieron todos los comandantes de los buques. Eran éstos: Latorre, *Cochrane;* Riveros, *Blanco,* Montt, Molina, Castillo, Peña y Orella, presidida por Riveros y con Sotomayor como observador. Se acordó dividir la escuadra en dos divisiones. La primera sería la de mayor andar y se centraba alrededor del *Cochrane,* al que se sumaban el *Loa* y la corbeta *Chacabuco.* La segunda, designada también como la pesada, se componía del Blanco, la *Covadonga* y el *Matías Cousiño.* Como se suponía al *Huáscar* en el norte, se decidió en vista de las instrucciones del Ministro, que sería necesario atacarlo donde se encontrase, fuese Arica o El Callao. Al día siguiente salieron los buques con destino al norte.

Tal como había sucedido antes del combate del *21* de mayo, las naves se cruzaron en alta mar sin avistarse. La escuadra chilena llegó al amanecer del 4 a Arica. Como el *Huáscar* no se divisaba en el surgidero se pensó en seguir a El Callao, pero gracias a unos pescadores capturados, se supo que el *Huáscar* en convoy con la *Unión* habían zarpado al sur con el objeto de atacar a las comunicaciones chilenas. En el puerto no quedaba sino la *Pilcomayo,* a la que Riveros prefirió no atacar. Se trataba de aniquilar el poder naval del enemigo, que era el *Huáscar,* no de exponer a los blindados al fuego de las fortificaciones portuarias ni al de los monitores guardacostas. Riveros ordenó al capitán de fragata Juan José Latorre que se dirigiera a Mejillones con su división. Allí se reunió la

---

[218] Silva Palma, *Crónicas,* p. 120

escuadra en la mañana del 7 de octubre y Riveros recibió informaciones telegráficas de que el *Huáscar* volvía al norte después de recalar en Coquimbo el 5. Riveros llamó a un segundo consejo de oficiales y se preparó allí mismo un plan destinado a impedir la huida del monitor.

Dice Riveros en su parte oficial:

"Acordé con los comandantes de los buques salir de aquel puerto (Mejillones) a altas horas de la noche con la escuadra en dos divisiones. Una formada por las naves de más lento andar, marcharía a la vista de tierra inspeccionando las caletas y cualquier abrigo de la costa donde pudiera hallarse el enemigo, y otra de naves ligeras que iría a 20 ó 25 millas, más o menos, lejos de tierra." [8]

El plan fue sometido al Ministro Sotomayor, quien, al parecer, consultó por telégrafo con el Presidente Pinto. La respuesta del gobierno fue de aprobar el plan, pero que la distancia entre las dos divisiones debía aumentarse a 50 millas. En el telegrama se ordenaba directamente a Latorre que se situara frente a Mejillones. Latorre, al recibir esta orden, fue a bordo del *Blanco* y se efectuó allí una tercera reunión de comandantes. La medida del gobierno se consideró absurda. Hasta se propuso que la distancia entre las dos divisiones fuera de 10 millas. El comandante Jorge Montt, de la *O'Higgins*, propuso dejarla en 20 millas. Así se acordó y a las 10 de la noche zarpaba la división pesada con rumbo al sur. A medianoche la seguía la división liviana.

A las 3:30 de la mañana del 8 de octubre de 1879 y a la altura de punta Tetas, el comandante Riveros fue llamado por el oficial de guardia del blindado *Blanco*, pues aparecían en lontananza dos humos hacia la costa. La distancia no era mayor de 5 millas. Riveros dio orden de cambiar rumbo hacia los humos y notó que casi al mismo tiempo los buques avistados cambiaban también rumbo con el objeto de alejarse. Riveros ordenó levantar toda la presión posible en las calderas y emprendió la persecución. Al clarear el día se reconoció al *Huáscar* y la *Unión*. El enemigo huía describiendo el ya clásico círculo hacia el oeste para cambiar luego rumbo al norte. Grau estaba confiado en su mayor andar. La máquina daba 60 revoluciones por minuto y la presión del vapor era de 25 libras. A pesar de ello, la *Unión* se había distanciado dejando atrás al monitor. El *Blanco* y sus dos compañeros seguían perdiendo distancia del enemigo, pero Riveros continuaba la caza, esperando que la división de Latorre, que debía estar en esos momentos frente a Mejillones, se encontrara con ellos en cualquier momento.

A las 4 de la mañana, el *Cochrane* navegaba frente a Mejillones. Al aclarar se distinguieron los humos del enemigo y Latorre presintiendo de quiénes se trataba hizo elevar al máximo la presión de las calderas. Aunque todavía no lograba reconocer las naves, ordenó dirigirse a toda máquina hacia punta Angamos, donde esperaba cortarles la proa y obligarlos a empeñar combate.

A las siete y cuarto de la mañana, Grau, que se había retirado a dormir, fue despertado por el oficial de guardia que acababa de ver aparecer los humos de la división de Latorre. Comprendiendo el almirante el peligro en que se hallaba, ordenó forzar la máquina para pasar entre la costa y los buques chilenos. La *Unión,* que navegaba por la cuadra de estribor del monitor, aumentó su andar y pasó a estribor y con su extraordinaria velocidad se alejó al norte. Al ver la maniobra de la corbeta peruana, Latorre dio orden por medio de destellos al comandante Montt que la persiguiera independientemente con el *Loa* y la *O'Higgins*.

A las nueve, la distancia entre los dos blindados seguía acortándose; el teniente Merino Jarpa hizo las observaciones necesarias y estimó que podía cambiarse de rumbo de manera que se asegurase el encuentro entre los dos buques. La distancia era en ese momento de 3 mil metros. Latorre ordenó cambiar el rumbo un cuarto a babor. Quince minutos más tarde, y como Grau viera que el combate era inevitable, dio orden de disparar los cañones de la torre para afianzar su pabellón, esperando que Latorre guiñara para contestarlos. Los dos proyectiles cayeron peligrosamente cerca del blindado chileno. Uno rebotó sobre el blindaje sin perforarlo. Latorre cambió otra vez el rumbo dirigiéndose directamente sobre el enemigo con la esperanza de amenazarlo con el espolón, al mismo tiempo que se situaba en una posición en que el *Huáscar* no podía batirlo con los cañones de la torre. Esto se debía a los desperfectos causados en el combate de Iquique y a que el arco de tiro del monitor era sólo de 130 grados por banda. El *Cochrane* continuó la marcha y a 2.200 metros abrió sus fuegos. La distancia se siguió acortando y el *Huáscar* cambió rumbo a estribor, movimiento que siguió Latorre mientras continuaba el cañoneo en rumbos paralelos. El primer disparo del *Cochrane* perforó el casco del monitor enemigo, precisamente en la sección que estaba debajo de la torre artillada, a un pie sobre la línea de agua y explotó adentro, matando o hiriendo de gravedad a doce de los hombres que ronzaban la torre, originando el incendio del forro de madera y echando astillas y pedazos de hierro sobre los rodillos y rieles en que se movía la torre. Un segundo disparo entró al parecer por el mismo orificio que causara el primero y cortó el guardín del timón por el lado de babor. Desde ese momento fue necesario gobernar al *Huáscar* con aparejos. Esta debe haber sido la verdadera causa del cambio de rumbo que siguió Latorre. Las causas de la maniobra eran desconocidas, como es lógico, al comandante chileno. Al mismo tiempo, una granada Palliser del *Huáscar* dio contra el costado del *Cochrane* abollando el blindaje, rompiendo varios pernos y dañando el compartimiento, pero sin perforar las seis pulgadas de blindaje.

Diez minutos más tarde, una segunda andanada del *Cochrane* dio en la torre de mando y estalló adentro matando instantáneamente al contralmirante Grau. Esta torre hexagonal tenía una protección de sólo 3 pulgadas y Grau se hallaba en la parte superior, con los hombros y la cabeza expuestas al fuego chileno, ya que la torre no tenía techo. El tiro cayó probablemente a la altura de la cintura de Grau, explotando apenas perforó el blindaje lanzando pedazos de carne y acero en todas direcciones, muchos de los cuales cayeron en cubierta mientras una densa nube de humo negro lo envolvía todo. Los marineros peruanos, creyendo a su comandante herido, entraron a la torre y sacaron el cuerpo del teniente Ferré que no presentaba herida alguna, pero que había muerto por la violencia de la concusión. Este oficial se hallaba en el compartimiento bajo de la torre. Este tiro demostraba que el blindaje del *Huáscar* era absolutamente inservible contra la artillería chilena de 9 pulgadas. Afuera de la torre, el blindaje no era mejor, pues 5,5 pulgadas permitían la entrada del proyectil, el que al explotar dentro del compartimiento tenía un efecto terrible ya que los cascos de las granadas chocaban y rebotaban contra el blindaje. El segundo defecto del monitor, era que el gobierno se hallaba enteramente sobre la línea de flotación, de manera que al destruirse la torre de mando era muy difícil mantener el rumbo del buque. Si sumamos a esto que la cubierta del monitor estaba bajo el fuego de las ametralladoras del *Cochrane*, tendremos una idea del cuadro desesperado que apareció frente al capitán de corbeta don Elías Aguirre cuando supo de la muerte de Grau y quedó como comandante del monitor. En esos momentos no quedaba en servicio más que un solo cañón de la torre, pues la artillería del *Cochrane* había inutilizado el otro. La distancia entre los dos buques no era más de 500 metros. Todo el armamento del *Huáscar* estaba concentrado a proa y lo alto del castillo no le permitía disparar hacia proa. El puente, la chimenea y el mástil no le permitían disparar tampoco a popa, así, si el *Cochrane* se situaba en un sector de 20 grados a popa o a proa era imposible para los artilleros apuntar los cañones. Además el *Cochrane* tenía la ventaja de ser más alto y con la ametralladora Nordenfeldt del puente barría la cubierta enemiga. El *Huáscar* podía defenderse de ella contrarrestando sus disparos con una ametralladora Gatling servida por 4 marineros y protegida por una plancha de acero en la cofa del mayor. Durante el combate tres de ellos cayeron ante el fuego de los fusiles del *Cochrane* y se vio al cuarto abandonar su puesto. Con esto la cubierta del *Cochrane* estaba sin peligro alguno para su tripulación, lo que representaba una considerable ventaja. El *Cochrane* gracias al excelente emplazamiento de sus cañones, podía herir todos los puntos del horizonte con por lo menos un cañón. La ametralladora Nordenfeldt y los fusileros podían escoger sus blancos entre los marineros peruanos que aparecían en cubierta.

El Huáscar después de su captura.

La segunda división chilena se acercaba con gran velocidad. A las 10,10 la bandera que flameaba en el pico del palo mayor del *Huáscar* cayó abatida. Latorre creyendo que se trataba de la rendición ordenó cesar el fuego. El *Huáscar* sin embargo continuó en movimiento y el fuego se reanudó. La bandera volvió a ser izada en el maltrecho monitor por el teniente Enrique Palacios.

Con la bandera nuevamente flameando, el monitor viró repentinamente a estribor, maniobra que juzgó Latorre accidental, pero que en realidad obedecía a una maniobra desesperada de Aguirre por atacarlo por medio del espolón. El *Cochrane* maniobró magistralmente haciendo uso de sus hélices y del timón. El *Huáscar* pasó a escasos metros de la proa del blindado chileno y fue a caer sobre el *Blanco* que en ese momento se unía al combate. La artillería del *Blanco* lo acribilló pero la velocidad a que lo traía Riveros hizo que el buque se interpusiera entre el *Huáscar* y el *Cochrane*. La andanada del *Blanco* mató al capitán Aguirre y el mando recayó sobre el teniente Garezón. La peligrosa situación en que el *Blanco* había puesto al *Cochrane* hizo a Latorre maniobrar en tal manera que cuando por fin quedaron los buques libres para maniobrar estaban separados por lo menos a *1.200* metros del monitor. Latorre ordenó forzar la máquina para volver a acortar la distancia. No hubo necesidad de hacerlo pues el *Huáscar* como medida desesperada buscaba su propio sacrificio en la derrota del enemigo y describiendo un círculo se fue a toda marcha contra el *Cochrane* con la esperanza de darle un espolonazo que fuera definitivo.[219] Pero no había en el mundo marino con más experiencia en esto de esquivar espolonazos que Latorre, y al venir el *Huáscar* decidió tomar él también la ofensiva. El resultado fue que pasaron los buques a escasos cinco metros sin tocarse, ocasión que no desperdició la tripulación del *Cochrane* para descargar sus cañones. El *Blanco* intentó también atacar con el espolón, también sin resultado e igual cosa sucedió con la tentativa final de Latorre. A las 10:55 el *Huáscar* que había soportado los fuegos combinados de los dos blindados chilenos y hasta algunos cañonazos de la *Covadonga*, era un buque sin gobierno que apenas daba señales de vida. En la torre artillada, un grupo de artilleros improvisados hacia todavía fuego con el cañón izquierdo. Todo el personal de planta yacía muerto o gravemente herido dentro de la torre misma y sus fragmentos mutilados estaban esparcidos por todas partes. Había también varios incendios a bordo y la situación era desesperada. No había peligro de que se fuera a pique pero la velocidad se había reducido ya que los impactos en la chimenea habían reducido el tiraje y ya no era posible mantener la presión. El teniente Garezón decidió hundir su buque e impedir por lo

---

[219] Así lo indican los observadores extranjeros, pero el almirante Uribe cree que se trataba de movimientos erráticos ya que el monitor se hallaba sin gobierno. (Nota manuscrita en propiedad del autor.)

menos que cayera en manos del enemigo. Se dieron órdenes a los ingenieros de abrir las válvulas. Algunos marineros corrieron a proa y comenzaron a agitar pañuelos y otros trapos blancos y muy a su pesar tuvo Garezón que dar orden de arriar la bandera.

Riveros ordenó de inmediato el cese del fuego y señaló a los buques más próximos que arriaran sus botes con el fin de auxiliar a los rendidos y marinar la nave enemiga. Los primeros en llegar a bordo del *Huáscar* fueron los tenientes Tomás Rogers y Juan M. Simpson, iban con ellos ingenieros, cirujanos y personal de máquinas. Garezón entregó el buque a Simpson y le hizo ver que el monitor se hundía pues el agua entraba ya en la sala de máquinas y el incendio estaba por llegar a la santabárbara. Simpson ordenó al ingeniero que bajara a la máquina y cerrara las válvulas y luego ordenó a Garezón que le mostrara las válvulas para inundar la santabárbara. Garezón se negó a hacerlo pero Simpson con la mayor naturalidad le contesto: -"Bien señor, si es así volaremos o nos hundiremos juntos."

Y para demostrar que no era fanfarronada dio orden a los botes que se separaran apartándose del monitor. No será necesario insistir en la rapidez con que se cerraron las válvulas y mientras Simpson luchaba con sus hombres contra el incendio, Rogers se hizo cargo de la máquina que estaba en buenas condiciones. Al poco rato llegó el bote del *Blanco* con órdenes de Riveros preguntando por Grau y con el maestre de señales Sibbald, con su bandera chilena bajo el brazo. En una ceremonia sencillísima pero solemne, la bandera chilena fue izada sobre el *Huáscar*.

Muy sentida fue en la escuadra chilena la muerte del almirante Grau, así lo declara en su parte oficial el comandante en jefe. El bote había regresado diciendo que el cadáver del valiente almirante había desaparecido. Más tarde se lograron juntar algunos dientes, parte de la mandíbula y las piernas.

El capitán Peña de la dotación del *Blanco* tomó el mando del monitor y el buque fue llevado a Antofagasta por sus propios medios. Los heridos fueron cuidado con todo esmero. El bravo teniente Palacios que había cuidado a su bandera con tanta valentía, falleció mientras lo atendían los médicos chilenos.[220] El teniente Carvajal, el oficial de mayor graduación que quedaba vivo estaba también herido de gravedad. Lo había alcanzado un casco de la granada que inutilizó el cañón de la torre. El *Huáscar* tenía *65* muertos entre los que se contaban los 4 oficiales de mayor graduación. Había recibido *27* impactos de cañones de 9 pulgadas. De éstos, dos habían perforado la torre artillada y un tercero había explotado en la boca de un cañón. La torre de mando había recibido tres impactos directos. Cinco granadas habían penetrado el blindaje bajo cubierta y tres habían dado en el alcázar de popa. "Cadáveres y cuerpos mutilados yacían en todas partes, dice Markham, y la cabina de Grau estaba literalmente sellada por un montón de cadáveres. Las cubiertas presentaban también un espectáculo macabro."[221]

Las bajas chilenas eran insignificantes: menores todavía que las del *Huáscar* en Iquique, apenas un muerto y 9 heridos. De los cinco impactos que había recibido el *Cochrane,* uno había sido empotrado por su gemelo el *Blanco.*

Los tiros de cada buque pueden resumirse así:

Buque	9.5"	9"	29 libras	7 libras
Cochrane	45	12	14	
Blanco	31	—	—	
Huáscar	40	—	—	—
Covadonga		1 de 70 libras		

Tanto el *Cochrane* como el *Huáscar* habían disparado cerca de 300 tiros de ametralladora.

De los 140 prisioneros tomados por el *Cochrane* 35 eran ingleses que servían bajo contrato al Perú.

---

[220] Palacios era de ancestro chileno por parte de su madre.
[221] Estas líneas de Markham dice haberlas escrito después de hablar con testigos presenciales

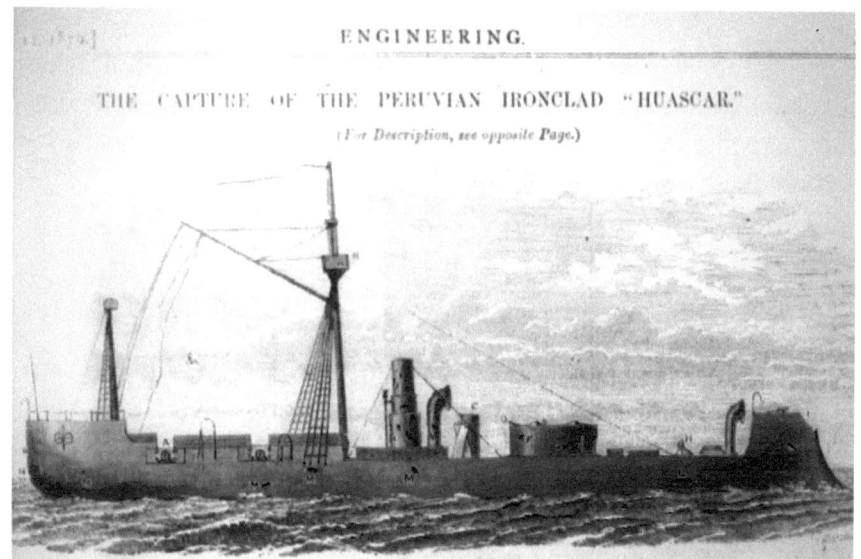

El Huáscar después de Angamos según la revista Engineering

Este combate puso fin al mito del espolón. Ya en Iquique los 6 intentos no habían demostrado resultados satisfactorios. La *Esmeralda* era casi una boya con un casco viejo de madera y sólo el tercer ataque la había hundido. La *Independencia* no sólo falló sus dos primeros intentos, sino que se perdió completamente al intentar el tercero. En Angamos como en Iquique y en Antofagasta el espolón había fallado completamente. De los 5 intentos el con más "éxito" logró aproximar a los dos contrincantes a 5 metros. El mayor peligro fue el casi espolonazo accidental entre el *Blanco y el Cochrane*. El espolón pasó pues al olvido y ya no se confió su uso a las marinas chilena o extranjera.

Después de su captura el *Huáscar* fue reparado en alta mar como se pudo y llevado a Antofagasta donde se cubrieron los boquetes más grandes con tablas y maderos, apernándolos por dentro y por fuera. Con estos parches fue llevado a Valparaíso donde se le reparó completamente y se le instalaron dos cañones Armstrong de retrocarga capaces de disparar granadas de 40 libras. "Su incorporación a la escuadra chilena, nos dice Wilson, destruyó las oportunidades peruanas de enfrentarse a Chile en el mar -control que fue usado con buen juicio y habilidad-. Desde ese momento los puertos chilenos quedaron fuera de peligro y las operaciones bélicas pasaron al norte del Perú. Así, aunque Perú y Bolivia contaban con *88.000* soldados, la fuerza expedicionaria chilena de *30.000* hombres pudo atacarlos por separado y destruirlos uno por uno."[222]

---

[222] Wilson, obra citada, p. 320

Capítulo XVII
Bloqueo de Puertos y Transporte del Ejercito: Pisagua, Arica y El Callao

Con la captura del *Huáscar* el poder naval del Perú quedaba prácticamente eliminado. Ya no se librarían batallas navales entre buques blindados pero la escuadra chilena quedaba con dos misiones importantísimas: el bloqueo de puertos en manos del enemigo y el transporte de tropas del ejército. Debemos recordar al lector, que a pesar del éxito alcanzado por la campaña naval, la guerra apenas había empezado. El objeto de una guerra no es la destrucción de la escuadra enemiga ni la ocupación de su territorio, sino la destrucción o desarme total de las fuerzas enemigas. Así pues, el ejército se encargaría del aniquilamiento del ejército peruano y boliviano, pero la Armada debía transportar a los soldados al campo de operaciones y mantener libres las líneas de comunicaciones. Había también que impedir los raids o expediciones por parte de los pocos buques que quedaban al gobierno peruano. Entre ellos se contaba con un buque que se prestaba a la maravilla para este objeto: la corbeta *Unión*. Este buque se había escapado en Angamos pasando entre la costa y la primera división chilena. La *O'Higgins* y el *Loa* emprendieron la persecución y la corbeta chilena perdió de vista a su enemigo apenas unas horas después de iniciada la caza. El *Loa* tuvo más éxito, pero encontrándose solo en persecución de la corbeta enemiga, no podía entablar un combate con posibilidades de éxito por lo desigual de su armamento. El vapor tuvo que desistir y la *Unión* una vez más alcanzaba su salvación en la velocidad.

Con la muerte de Grau había desaparecido el único marino peruano capaz de emprender esta clase de expediciones. Pero el Perú contaba todavía con dos corbetas, la *Unión y* la *Pilcomayo y* tres transportes de alta velocidad, *Chalaco, Oroya y Limeño,* todos regularmente armados. Estaba también en posesión del Perú el *Rímac,* más lento y con armamento más liviano. Con el fin de equiparar esta diferencia de velocidades, el gobierno de Chile, por intermedio de su agente en París, el escritor Blest Gana, compró en Europa un rápido vapor, el *Belle of Cork* que llegó a Valparaíso el día preciso del combate de Angamos. Se le dio el nombre de la acción del 8 de octubre y pasó a formar parte de la escuadra. El *Angamos* poseía todas las cualidades de un buen corsario, excelente andar, espaciosas carboneras y se le dotó de la mejor artillería que podía comprarse en esos días: un cañón Armstrong de 8 pulgadas y de retrocarga que pesaba 11,5 toneladas y estaba montado en una base giratoria. El costo original del vapor, 222.000 pesos, subió con las reparaciones y mejoras a 400.000.

Podemos añadir una tercera misión de la escuadra chilena y ésta era bloquear la costa del Perú con el fin de impedir la llegada de armamentos para reforzar el ejército o la Armada. Esta misión dependía para su éxito de los agentes chilenos en el extranjero que comunicaban al gobierno los envíos de material de guerra desde Europa o Norteamérica. Sin ellos nada se podía hacer debido a lo extenso del litoral peruano, cuyo bloqueo total era impracticable.

En Antofagasta se habían concentrado 16.500 soldados y con ellos se esperaba iniciar la campaña terrestre. El plan trazado consultaba la separación de los dos ejércitos enemigos, el de Tacna-Arica con el de Iquique. En una reunión de jefes y oficiales en Antofagasta el ministro Sotomayor propuso desembarcar en un puerto intermedio. Se produjo una acalorada discusión para decidir el puerto de desembarco. Sotomayor quería desembarcar en Pisagua, pero ante la objeción de los jefes de la Armada se transó en un desembarco combinado en Pisagua y Junín. Se embarcaron 9 mil hombres y el 28 de octubre de *1879* el ejército partía de Antofagasta.

La escuadra la componían los siguientes buques:

> Buque insignia con el estado mayor del general Escala y el comodoro de transportes capitán Manuel Thomson: transporte *Amazonas*.

> *Cochrane*, comandante Latorre.
> *O'Higgins*, comandante Montt.
> *Covadonga*, comandante Orella.

Magallanes, comandante Condell.
Angamos, comandante Luis Lynch.

Transportes: *Loa, Toltén, Toro, Itata, Matías Cousiño, Paquete del Maule, Lamar, Santa Lucía, Copiapó, Limari, Huarnay* y barca *Elvira Alvarez*.

El capitán de navío don Patricio Lynch, tenía bajo su mando el *Abtao* y se encargaría del desembarco de Junín, con algunos transportes. Lynch acababa de ser reincorporado al servicio.

El viaje del convoy no fue del todo feliz. El vapor *Copiapó* remolcaba a la barca velera *Elvira Alvarez* y como consecuencia se quedó rezagado. A nadie se le ocurrió hacerlo salir antes. Se gastó tiempo precioso en esperarlos mientras salía el buque insignia *Amazonas* en su busca. Así llegó el 5 de noviembre de *1879* día fijado para el desembarco. Pero a la hora acordada, las 4 A.M. no se divisaban todos los buques. El lugar elegido como "rendez-vous" era un punto frente a las baterías peruanas. Por un error de navegación astronómica, los buques iban a recalar más al norte. Afortunadamente el comandante Luis Lynch del *Angamos* se dio cuenta del error y trató de hacérselo ver al comodoro de transportes, capitán Thomson, quien se negó a escucharlo. Montt de la *O'Higgins* lo notó también y después de consultar con Latorre se decidió enmendar el rumbo. El *Amazonas* sufrió todavía un desperfecto en la máquina y fue así como a las siete de la mañana, tres horas más tarde de lo convenido los primeros buques se acercaron al puerto. Fueron éstos la *Magallanes* y la *Covadonga* que al mando de Condell tenían la misión de silenciar las baterías en la punta norte del puerto. Tan efectivo fue el fuego de estos dos buques, que la batería enemiga alcanzó a hacer un solo disparo antes de que sus servidores la abandonaran por la afinada puntería de las cañoneras chilenas. El fuerte sur estaba mejor emplazado con la batería protegida por terraplenes de piedras y tierra. Contaba con un poderoso cañón Parrot de 110 mm. Por esta razón lo atacaron el *Cochrane* y la *O'Higgins*. Después de 40 minutos de tiroteo y a pesar de que el fuerte enemigo estaba cubierto por el humo y el polvo que levantaban las granadas de los buques, el enemigo seguía disparando. Fue entonces cuando el guardián Brito, el mismo que había salvado años antes al *Meteoro,* que estaba a cargo de una colisa de la *O'Higgins,* dio al famoso Parrot un tiro directo. La playa quedaba libre del fuego de las baterías enemigas y Latorre señaló a los transportes para que se aproximaran a la playa. Los buques de la escuadra se acercaron ahora hasta 400 metros de la población y comenzaron sus tiros sobre el lugar de desembarco. Era lo que hoy día se llama un bombardeo para "ablandar" al enemigo. Después de tres horas de fuego, el incendio, el humo y el polvo oscurecían todo en la playa. Todos los botes de los buques se habían preparado para desembarcar las tropas y estaban a cargo de oficiales de marina de baja graduación, aspirantes, guardiamarinas y tenientes jóvenes. El capitán de corbeta Constantino Bannen, oficial de detall del *Loa* estaba a cargo de la flotilla de botes. La primera ola invasora la componían unos 400 hombros y a 100 metros de la playa Bannen los ordenó en línea de frente. Allí los soldados reciben la última arenga de sus jefes sin perjuicio de que los oficiales de marina tomaran las banderas de los botes en la mano y exhortaran una voz más a sus compañeros del ejército. El enemigo los esperaba parapetado tras las rocas y escondido tras la línea férrea detrás de cuyos terraplenes se habían atrincherado. Al llegar los botes a la playa se los recibe con una descarga cerrada. No obstante el terrible estrago que los defensores hacían en los botes, los soldados desembarcan y se posesionan de la playa. El teniente Amador Barrientos arrancó la bandera chilena del bote que lo transportaba y la plantó en la arena. Desde ese momento, Pisagua quedó bajo los colores chilenos pues una segunda ola de atacantes siguió a estos primeros valientes. La marinería de los botes, entusiasmada por las arengas de los oficiales y deseosa de cubrirse también de gloria, desembarcó para combatir con los soldados, dejando los botes sin remeros. Este gesto habla muy bien del valor y entusiasmo de los chilenos, pero no de un buen sentido común. El segundo ataque tuvo todavía peor recibimiento que el primero. Debido a la escasez de botes se había embarcado a los soldados en lanchas planas y cerca de los roqueríos de la costa se largaba el remolque y debían entonces esperar que la chalana tocara tierra bajo el mortífero fuego de la infantería enemiga. El enemigo estaba bien parapetado y apenas sufría bajas. Sin botes que las guiaran, estas embarcaciones quedaban al garete. Además se había organizado un poderoso grupo de resistencia que desde la altura y sobre el zigzagueante camino de los rieles ferroviarios hacía fuego sobre los chilenos. Primero se dio orden al *Toltén* que como vapor de ruedas tenía poco calado, para que se acercara a la playa y que la reserva que se encontraba a bordo, descargara fuego de fusil sobre el enemigo atrincherado. Como este vapor sufriera numerosas bajas sin infligir daño alguno al enemigo, se dio orden a Latorre para que con el *Cochrane* disparara directamente contra la población. Las baterías de 9 pulgadas del blindado no tardaron en producir el incendio del caserío, pero la conflagración pareció animar aún más a los tiradores que desde lo alto descargaban una verdadera lluvia de fuego sobre las tropas invasoras. No había cañón en ninguno de los buques que pudiera alcanzar la elevación necesaria para desalojarlos. El estado mayor del general Escala pedía que se hiciera algo. El teniente Alberto Silva Palma, oficial de artillería de la *O'Higgins,* sugirió al comandante Montt que pusiera toda la artillería a babor, menos un cañón, y tumbando el buque se podría con esta pieza alcanzar la elevación necesaria. Así se hizo y en menos de cinco minutos toda la tripulación de la corbeta movió los pesos y los cañones a babor, mientras por el lado de estribor el guardián Brito se preparaba para disparar. En medio de la expectación general, Brito apunta, espera y dispara, y a 950 metros pone la primera granada en el centro mismo de la trinchera peruana. Desde ese momento la defensa enemiga flaqueó. Una tercera ola de desembarco llegó a la playa al mediodía. Con ella se completaba la dotación del regimiento Buin, que se unía a los Zapadores, al Atacama y al Segundo de Línea. A la una de la tarde, el desembarco estaba asegurado y el subteniente del Atacama, Rafael Torreblanca con un grupo de soldados izaba la primera bandera chilena, en un poste telegráfico del Alto del Hospicio.

Este desembarco en Pisagua fue de alto costo para el ejército y la armada. Las bajas causadas por los tiradores enemigos en los botes fueron desproporcionadas. Dos aspirantes, Isaza y Contreras murieron en el asalto con numerosos marineros. Debe destacarse la brillante acción de Condell y su gente al silenciar el cañón de la punta norte, la del capitán Bannen que desde la playa dirigía a los botes y que sólo regresó a bordo a buscar municiones, cuando éstas escasearon, la del teniente Santa Cruz y sus doce remeros de la *O'Higgins* que gravemente herido y con sólo cuatro hombres logró regresar a bordo; pero por sobre todo, de Francisco Brito. En Chile existe la pésima costumbre de buscar héroes sólo entre los muertos. Brito, una vez que la artillería había logrado su objetivo, saltó a una embarcación, precisamente la misma que llevara de vuelta al teniente Santa Cruz y tomando la caña continuó el transporte de tropas hacia la playa. El desembarco en Pisagua había costado *300* vidas chilenas. Testigos extranjeros dicen que la playa parecía cubierta gaviotas, eran los uniformes blancos de los caídos, chilenos y peruanos.

Mientras tanto, don Patricio Lynch, llegó con su división a Junín. La guarnición peruana que era de *30* hombres huyó sin poner la más mínima resistencia. Sin embargo, la configuración de la rada se prestaba mal para un desembarco de tal manera, que se empleó desde las once y media de la mañana hasta las cinco de la tarde en desembarcar las tropas.

Mucho se ha criticado la elección de Pisagua como punto de desembarco. Langlois lo considera un error pues el desembarco a viva fuerza dejó a *800* hombres en botes abiertos contra 1.000 parapetados tras las rocas. Igual consideración expresa Silva Palma, testigo presencial, quien declara: "No había quién no censurara la manera inconsulta como se inició aquella acción de la guerra." Pero como apunta Vío, Pisagua era preferible a Junín. En Junín un jefe peruano con más resolución habría podido mantener a raya a los atacantes hasta que llegaran refuerzos. Una fuerza mayor en la playa habría hecho imposible el desembarco.[223]

Asegurada Pisagua, Sotomayor dio a Riveros instrucciones precisas sobre las operaciones de la escuadra. Estas, que si bien no eran específicas en cuanto a su ejecución, dejaban bien en claro cuáles eran los objetivos de la armada. Se ordenaba primero la reanudación del bloqueo de Iquique y luego la hostilización de los puertos peruanos, tratando de cortar las comunicaciones del enemigo. Para esto se sugería la expedición de una de las corbetas al norte y el rastreo del cable submarino con el fin de aislar a Arica.

Riveros, ahora ascendido a contralmirante, fue más allá. En primer lugar bloqueó a Iquique con el *Cochrane* y la *Covadonga* dejando el bloqueo a cargo de Latorre. La *Abtao* y el vapor *Itata* quedaron en Pisagua, la nueva base de operaciones del ejército. La *O'Higgins* y la *Magallanes* fueron ordenadas a cruzar frente a Arica con la misión secundaria de cortar el cable. El almirante con el *Blanco* se fue a cruzar la costa sur del Perú. Un historiador reciente ha acusado a Riveros de incapacidad. Las sabias disposiciones anotadas dejan muy en claro su visionaria decisión y las acciones que le siguieron no hacen sino confirmarlas.

El 18 de noviembre Riveros entró con el blindado a Islay pero encontró el puerto desierto, por lo que siguió al sur en reconocimiento del litoral. Frente a Pacui avistó a tres humos que resultaron ser las dos corbetas peruanas y el vapor *Chalaco*. Estos buques habían salido

---

[223] 1 Langlois, *Influencia, p.* 210; Silva Palma, *Crónicas, p.* 67; Vío, *Reseña, p.* 195.

de Arica y se dirigían al norte en busca de refuerzos para la guarnición de la base. El *Blanco* no era el más veloz de los buques chilenos y no podía dar persecución a la *Unión* el buque más poderoso del Perú. Riveros se decidió por la *Pilcomayo* que era por lo demás, la que tenía más cerca. La *Pilcomayo* abrió el fuego desde el primer momento que el *Blanco* se puso a tiro con la esperanza de que Riveros ordenara contestarlo guiñando. El almirante, recordando tal vez la maniobra de Latorre en Angamos, continuó acercándose sin abrir el fuego. Cuando la distancia se acortó de manera que el combate estaba asegurado, Riveros ordenó disparar. El fuego no fue contestado y como se observara desde el *Blanco* que no había movimiento en la corbeta enemiga, Riveros ordenó cesar el fuego. Acercándose más se comprobó que la tripulación había arriado los botes y se había refugiado al socaire del buque. Riveros actuó con rapidez y decisión. Hizo arriar sus botes y abordar la corbeta. Tal como se había hecho con el *Huáscar* se habían abierto las válvulas y el buque se hundía. Riveros envió sus buzos y el personal de máquinas que cerraron las válvulas. Para asegurarse de su destrucción, los peruanos habían pegado fuego al buque antes de abandonarlo y al poco tiempo el fuego tomaba proporciones peligrosas. Riveros hizo atracar el *Blanco* a la corbeta y con las bombas del blindado logró apagar el incendio. Se recogieron a los 167 tripulantes que estaban en los botes y se les declaró prisioneros. Marinerada la *Pilcomayo* con marineros chilenos se continuó el viaje hasta Pisagua donde llegaba Riveros el *20* de noviembre.

Después de los combates en tierra de San Francisco y Dolores las tropas peruanas totalmente desmoralizadas abandonaron Iquique. Latorre ordenó el desembarco inmediato de la marinería y el *23* de noviembre, el escenario del sacrificio de Prat pasaba a formar parte del territorio chileno. Muchos de los marineros de la *Covadonga* que habían sido testigos del desigual combate fueron los primeros en bajar a tierra y tomar posesión de la ciudad.

La disposición de los buques ordenada por Riveros, no pudo ser más feliz. Estaban en todas partes y el *28* de noviembre, la *Chacabuco* establecía el bloqueo oficial de Arica. Debemos insistir, que en un plazo de diez días, se establecían dos bloqueos, se ocupaba Iquique y se capturaba, sin bajas, una de las corbetas enemigas. La acertada idea de cruzar con un blindado se justificaba plenamente: no tenía necesidad de combatir; bastó la sola presencia del *Blanco* para que el enemigo abandonara su buque sin arriar siquiera la bandera.

Bloqueada Arica, se envió al norte al *Amazonas* y el propio almirante lo siguió más tarde con la esperanza de repetir su exitosa cacería anterior. Esta vez el Blanco iba acompañado del *Loa*. En una ocasión divisaron al vapor *Limeño,* que junto con la *Unión* acarreaban pertrechos a los puertos del sur, pero la alta velocidad del enemigo impidió el combate. Ni siquiera se logró acortar la distancia lo suficiente para abrir fuego.

Mejor suerte tuvo el *Amazonas,* que frente al puerto peruano de Ballenitas, muy cerca del Ecuador, alcanzó una moderna lancha torpedera que el gobierno peruano había comprado en Panamá. Esta se rindió sin resistencia alguna. El *Amazonas,* la remolcó hasta Pisagua y allí se incorporó a la armada con el nombre de *Guacolda*.

El *Cochrane* y la *Covadonga*, libres ya del bloqueo de Iquique, se unieron a las corbetas que bloqueaban Arica. Como el tráfico en ese puerto estaba suspendido y no se esperaba que la *Unión* o los vapores peruanos trataran de forzar el bloqueo, se destinó a los corbetas un poco más al norte, con la misión de reconocer la costa enemiga desde Sama hasta Mollendo. En el pequeño puerto de Ilo, hoy sitio de importante industria pesquera, los sitiadores observaron dos compañías de infantería que a diario se ejercitaban en la plaza del pueblo. Como no se trataba de dañar a la población, los cañones de las corbetas no dispararon contra ellas. Los oficiales chilenos se sentían insultados por esas dos compañías que los desafiaban mañana a mañana. Urdieron pues un plan, que poco a poco fueron proponiéndolo al comandante Montt. Montt aprobó la idea pero la consideró demasiado arriesgada para tomar la responsabilidad del plan. La *O'Higgins* bajó hasta Pisagua, para pedir autorización del ministro Sotomayor para atacar las dos compañías en Ilo. Se le dio a Montt un batallón del regimiento Lautaro bajo el mando del mayor Ramón Carvallo Orrego y se le embarcó en el vapor *Copiapó*. El 30 de diciembre los *600* hombres del Lautaro se embarcaron en los botes de los buques y después de desembarcar en las playas cercanas, atacaban el pueblo de

Ilo a la mañana siguiente. El enemigo había desaparecido. Los comandantes de las corbetas, Viel y Montt, bajaron a tierra y conferenciaron con los dos jefes militares, el mayor Carvallo y el coronel Martínez. Juntos decidieron, en vista que tenían tropas suficientes, hacer una expedición al interior. Como no se contaba con artillería se bajaron dos piezas de desembarco de la *O'Higgins y* éstas con sus respectivas dotaciones se unieron al batallón militar. Iban a cargo del teniente Silva Palma y del guardiamarina Eduardo Riquelme, hermano del que cayera en la *Esmeralda*. Embarcadas en dos trenes, las tropas llegaron hasta Moquegua, pueblo que ocuparon el día de año nuevo de *1880*. Se establecieron autoridades civiles, pues el jefe de la guarnición peruana había tomado las de villadiego, con más de mil hombres. Jocosa debe haber sido la partida y Silva Palma nos ha dejado una clara descripción del desfile con que entraron a la plaza, después de haber enviado un parlamentario intimando la rendición. El coronel Martínez, declaró que se retiraba al campamento para "evitar desmanes de la tropa", pero en realidad se retiraba porque no habría podido sostenerse. Al día siguiente regresaban a Ilo donde se reembarcó la tropa. Esta expedición "relámpago", iba a tener buenos resultados, pues distrajo al enemigo y al igual como años antes Cochrane había desembarcado partidas armadas, nuevamente se obligaba al enemigo a dispersar sus defensas. Los habitantes de las poblaciones cercanas a la costa ya no podrían dormir tranquilos, pensando que cualquiera noche y en cualquier punto del territorio podían desembarcar los chilenos. Lástima que esta "calaverada de Moquegua" como la llamó Silva Palma, no se llegara a repetir con más frecuencia.

Pero el resultado inmediato fue, que al saber del desembarco, el jefe peruano de la zona, envió una columna de *2* mil hombres por tierra, desde Arica hasta Pacocha con el fin de rechazar nuevos intentos. El viaje se hizo a la vista del mar y la *Chacabuco* que volvía al sur protegiendo al *Copiapó* pudo atacarla con sus cañones con bastante éxito.

El ejército mientras tanto, a pesar de la derrota infligida por los aliados en el pueblo de Tarapacá, daba por terminaba la campaña de la provincia del mismo nombre. El año *1880* iba a comenzar con las nuevas campañas sobre Tacna y Arica. La escuadra se necesitaba de nuevo como elemento de transporte y con este fin se empezaron a concentrar los buques de guerra y los transportes en Pisagua. Con la huida de las autoridades peruanas no quedaba gobierno civil en la provincia conquistada. El gobierno nombró al capitán de navío don Patricio Lynch, que hasta entonces se había desempeñado como jefe de los transportes, para que se hiciera cargo del gobierno de la provincia, con el título de "Jefe Político de Tarapacá". Lynch se instaló en Iquique y en poco tiempo y con gran eficiencia, organizó el gobierno de la zona.

Las corbetas *O'Higgins y Chacabuco* habían vuelto al bloqueo de Arica, donde siempre se destacaban entre los buques más cercanos a la costa. En la isla de Alacrán se había organizado un escuadrón de botes torpederos bajo el mando de Leoncio Prado, hijo del Presidente del Perú. Este valiente joven, decidió atacar a las corbetas chilenas en una lancha a vapor, armada con un solo torpedo de botalón. La lancha no alcanzó a acercarse a las corbetas y cuando volvía a Arica encalló en las rocas y la tripulación fue incapaz de zafarla. Azotada por el mar, la embarcación se despedazó.

A mediados de enero de *1880* se habían concentrado en Pisagua *12.800* soldados. El *24* de enero zarpaba la escuadra llevando a bordo a parte del ejército y convoyando los transportes que llevaban el resto. Era un total de 19 buques entre los que se contaban *3* veleros, la barca *Elvira Alvarez y* las fragatas *Humberto I y Murci*. El *25* la escuadra recaló en Ilo y luego desembarcó unos 10.000 hombres en Pacocha, que había sido abandonada por el enemigo. Estos puertos se habían mantenido bajo la activa vigilancia de las corbetas *O'Higgins y Chacabuco*. Parte del convoy regresó a Pisagua a embarcar el resto de la tropa y unos días más tarde se completaba el desembarco del ejército, que quedaba listo para iniciar la campaña de Tacna.

El *28* de marzo, el Ministro de Guerra en campaña, don Rafael Sotomayor, daba a Riveros nuevas instrucciones sobre las operaciones de la escuadra durante la segunda campaña del ejército. En ella se le recomendaba como primera medida la destrucción de los elementos de embarque y explotación de guano en las Islas de Lobos. La segunda sugerencia era el bloqueo del Callao y bombardeo de puertos peruanos. Entre estos últimos se nombraban Chorrillos y Mollendo. Terminaba el Ministro sus instrucciones diciendo:

"Todavía tiene la escuadra un vasto campo de acción; mas por ahora me limito a estas indicaciones que se refieren a empresas de fácil realización, inmediata y útil." [224]

El *8* de marzo un desembarco inesperado de 2.000 soldados sorprendió a las fuerzas peruanas en Islay. Al mando del coronel Orozimbo Barboza, esta fuerza iba a repetir la "calaverada de Moquegua" pero esta vez en mayor escala. Con la retirada asegurada por la escuadra y protegida por los cañones de las corbetas, esta fuerza marchó al norte y ocupó el puerto de Mollendo sin la menor resistencia. Allí se procedió a destruir todos los elementos de comunicaciones posibles, con el fin de aislar la ciudad de Arequipa que depende de Mollendo para sus relaciones con el resto del Perú. El telégrafo, las locomotoras y carros, los rieles y hasta un nuevo molo de atraque recién construido fueron destruidos sin piedad por las fuerzas chilenas. Esta destrucción se ha tachado de "inútil y deplorable" pero desde el punto de vista chileno era plenamente justificado pues había que hostilizar al enemigo cortando sus comunicaciones y ésta era la forma más efectiva de hacerlo.[225] Riveros no necesitaba de bombardear Mollendo para cumplir las órdenes del Ministro. Con el desembarco se lograban todos los objetivos del bombardeo y aún más, en una forma mucho más humanitaria ya que no se exponía a la población a los disparos de los buques.

Mientras tanto, el bloqueo de Arica se mantenía con todo vigor a cargo de Latorre. El *Cochrane* necesitaba con urgencia la limpieza de fondos y un recorrido total de la máquina. Como el *Huáscar* ya estaba completamente preparado, se le envió al norte bajo el mando de Thomson para que se hiciera cargo del bloqueo y reemplazara al *Cochrane*. El 27 de febrero Thomson decidió reconocer a fondo la bahía y sus defensas y con este fin se internó en el puerto. Antes que el *Huáscar* abriera fuego, dispararon sobre el monitor las baterías del

---

[224] Langlois, obra citada, p.216
[225] Markham, obra citada, p.192

morro y el monitor peruano *Manco Capac*. Durante una hora se prolongó el fútil cañoneo que no dejó ventajas para uno ni otro bando. Viendo lo inútil del combate Thomson se retiró con su buque. Un poco más tarde se observó desde el *Huáscar* que un tren cargado con tropas se preparaba a salir con destino a Tacna. Thomson ordenó un nuevo ataque seguido de la cañonera *Magallanes*. Este segundo ataque produjo resultados inmediatos contra el tren que volvió a la estación, pero los tiros de las baterías del Morro y del *Manco* se concentraron sobre el ahora odiado monitor *Huáscar*. El buque que sólo había recibido cuatro balazos sin importancia en el primer encuentro, recibió ahora impactos serios. Una granada cayó en el castillo de proa matando a seis marineros e hiriendo a catorce. Cayó entre ellos el aspirante Goycolea. Thomson había recibido órdenes de no comprometer a las fuerzas bloqueadoras en un ataque contra las fortificaciones. Por esta razón se retiró fuera del alcance de las baterías peruanas.

El comandante José Sanchez Lagomarsino del monitor *Manco Capac* había observado los impactos en el *Huáscar* y creyendo que el buque se retiraba seriamente averiado salió en su persecución abandonando su refugio bajo las baterías del Morro. Thomson al ver el reto, se lanzó a toda fuerza con la esperanza de atacarlo con el espolón, única arma posible contra ese enemigo. El *Manco* mostraba sólo la torre artillada sobre el agua y ésta por su grueso blindaje era impenetrable para los cañones del *Huáscar*. Lo que sucedió entonces, no ha quedado nunca bien esclarecido. Se cree que el *Huáscar* perdió velocidad al pasar el agua de la caldera a los cilindros de la máquina, por efecto de la rápida ebullición, percance por lo demás comprensible, si se considera la falta de práctica que tenían con la máquina del *Huáscar* los ingenieros chilenos. Los peruanos creyeron que el comandante chileno había desistido de la maniobra al ver un bote torpedo que estaba atracado al *Manco*. Lo cierto es que al detenerse el *Huáscar* los dos blindados quedaron separados por escasos 200 metros. Ambos comandantes optaron por alargar la distancia, pero antes de que esto pudiera llevarse a efecto, una bala del *Manco* de 500 libras arrasó con el palo de mesana del *Huáscar* y explotó en la toldilla donde se hallaba Thomson dirigiendo la acción.

Del comandante Thomson no quedaron casi restos. Su espada se clavó en la cubierta y allí quedó sin mango en el mismo lugar que se conserva hoy día. Su corazón quedó colgando, todavía palpitante, en el pescante de un bote. El capitán de corbeta, don Emilio Valverde trató de vengar a su comandante y se empeñó en la persecución del monitor enemigo y en un duelo de artillería contra las defensas de tierra. Esta maniobra no podía traer sino malos resultados. Afortunadamente los daños no fueron de consideración. Cuando el imprudente Valverde decidió retirarse, se contaban cuatro balazos en el *Huáscar*. Uno había hecho saltar los pernos y una plancha del costado y el buque hacía agua. Los otros habían caído sobre cubierta y dañaron el trinquete, la cocina, una escotilla y causaron otras averías menores. La *Magallanes* que al mando de Condell había seguido al *Huáscar* recibió tres balazos en el casco, afortunadamente sin causar daños.

Condell había quedado como jefe del bloqueo y se trasladó esa misma tarde a bordo del monitor. Hizo formar a la tripulación sobre cubierta y desde la toldilla recitó en alta voz el Padre Nuestro. Momento triste y solemne para la Marina de Chile, en que uno de sus más alegres capitanes despedía a su antiguo jefe, al héroe de Abtao, donde se batieran juntos en la *Covadonga*. Si bien es cierto que Thomson necesitaba de una acción brillante para recuperar su prestigio, no podemos tampoco excusar el peligro a que sometió a la tripulación y al buque en esta acción temeraria. Thomson se había retirado de la Armada debido a que creyó que no se le ascendía con la rapidez que merecía y había vuelto a incorporarse con ocasión de la guerra. Su sacrificio, contrario a lo de Prat, fue inútil. Su fama no necesitaba de su heroica muerte. Prueba de ello es que la acción de Arica es poco conocida entre los chilenos.

Corbeta Unión

Dos días más tarde el *Angamos* aparece frente a Arica y con su poderoso cañón abre el fuego contra el puerto a una distancia de más de siete mil metros. Tal era el poder de este cañón que el buque estaba muy lejos del alcance de las baterías enemigas y pudo descargar cien tiros sin ser molestado. Más tarde, ese mismo día, el *Huáscar* se acercó a tiro de cañón y bombardeó también los fuertes. La situación en Arica no era desesperada, contaba con defensa adecuada por mar y el Morro se había fortificado creyéndose que era inexpugnable. El gobierno peruano necesitaba reforzar la guarnición y con este fin se comisionó al capitán Villavicencio de la *Unión* para que hiciera un viaje desde El Callao al puerto bloqueado. En el mayor secreto se embarcaron en la *Unión* seis ametralladoras Gatling, miles de fusiles con sus correspondientes municiones y ropas para los soldados defensores. Llevaba también a bordo un bote torpedero llamado *Alianza* con el que se esperaba entorpecer a los bloqueadores. En toda la guerra del Pacífico hay pocas acciones que se aproximen y menos todavía se igualen en arrojo y perfección en su ejecución al burlamiento del bloqueo por el capitán Villavicencio. Apareciendo de improviso frente a Arica, la *Unión* a toda máquina se escurrió dentro del puerto antes de que los buques chilenos pudieran oponérsele. Los bloqueadores se encontraban al ancla y sólo el *Huáscar* estaba de ronda. La escuadra chilena entró en Arica el 17 de marzo con el objeto de atacar al buque peruano. Dos blindados encabezaban esta fuerza, el *Huáscar* y el *Cochrane* y a éstos los secundaban varios buques menores. Latorre no cayó en el mismo error que Thomson y ordenó mantener la distancia a unos 6 mil metros del enemigo. A esa distancia el fuego no podía ser efectivo y los buques continuaron acercándose guiados por el fuego de sus cañones que vino a ser efectivo a dos mil metros. La *Unión* se encontraba detrás del *Manco Capac* y era por lo tanto, imposible para los chilenos juzgar la eficacia de sus cañones. Se creía a la corbeta enemiga seriamente dañada pero en realidad la mayoría de los tiros habían sido largos y sólo una granada del *Cochrane* había reventado en cubierta dejando 20 heridos y dos muertos. A las tres de la tarde Latorre señaló a los buques que se retiraran y fueron a reunirse al norte de la bahía donde iban a concertar un ataque concentrado contra la *Unión* esa misma noche. La conferencia que discutía el plan estaba en su apogeo cuando la corbeta peruana levó sus anclas y se dirigió al sur a toda velocidad, logrando obtener una ventaja inicial de por lo menos cuatro millas. Los buques chilenos salieron inmediatamente en su persecución pero con tan gran ventaja, Villavicencio bien podía distanciar a sus perseguidores que se perdieron en el horizonte al caer la noche.

Después de la "visita" de la *Unión* el bloqueo de Arica volvió a su calma habitual hasta el ataque directo a las fortificaciones que efectuó más tarde. Mientras estos buques mantenían el bloqueo de Arica, una división de la escuadra compuesta por la *Chacabuco* y los vapores *Loa, Amazonas* y *Matías Cousiño* se había dirigido al norte en cumplimiento con las instrucciones del Ministro que ordenaba atacar las instalaciones de las Islas de Lobos. Este ataque se extendió hasta incluir los puertos peruanos del norte que sintieron una vez más las heridas de la guerra.

Villavicencio había mostrado grandes cualidades en su viaje de Callao a Arica, pero faltaba en el Perú un marino del temple de Grau. El gobierno peruano ordenó a sus capitanes que efectuaran expediciones al sur atacando los puertos chilenos que se creían desguarnecidos. Con este fin zarpó de El Callao el 9 de marzo el vapor *Oroya*. La expedición fue un completo fracaso. No intimidó a nadie y llegó hasta Tocopilla donde pudo haber atacado al vapor *Taltal* que se encontraba al ancla, pero se abstuvo de hacerlo. Más tarde capturó un pequeño remolcador mercante y con esta presa retornó al Callao, donde llegó el 8 de abril. Al tener noticias de este raid, Riveros destacó a la *O'Higgins* al sur, pero la corbeta no encontró al crucero y como no se creyera que había una situación peligrosa, se reintegró a la escuadra que bloqueaba Arica.

La situación del ejército en tierra no era del todo feliz. Se había enviado parte de la tropa en una marcha por el desierto sin el apoyo adecuado. Debido a la falta de caminos la artillería no podía seguir al ejército en su marcha al sur. Baquedano ordenó que se llevaran los cañones al sur por mar, haciéndolos embarcar en Ilo y desembarcándolos en un lugar más apropiado. Fue necesario cargar nuevamente los pesados armones, cureñas y cañones y embarcarlos en el vapor *Itata*. De allí se ordenó desembarcarlos en Ite, pequeña caleta que quedaba más al sur, donde se les uniría al ejército que estaba en Buenavista. Después de muchas dificultades ocasionadas por el mal tiempo y lo abierto de la caletilla, se desembarcaron los cañones, pero como no habían caminos de ninguna especie, quedó todo el equipo en la playa frente a un paredón de 300 metros de altura. Hasta allí llegó el capitán Orella que era comandante de la *Covadonga*. Orella hizo trasladar a tierra parte del personal de la cañonera y con ayuda de algunos zapadores construyó un sistema de andariveles usando para el caso los elementos de su buque y luego de un trabajo enorme pudo subir los cañones a la altiplanicie. Orella cayó una tarde rendido por el trabajo y era tal el respeto que su misión había inspirado, que el propio ministro Sotomayor lo hizo levantar y llevar a su tienda de campaña y allí en el lecho del ministro pudo este valiente y esforzado capitán recuperar sus fuerzas. Sería interesante saber si alguien se acordó de Orella cuando en la batalla de Tacna estos cañones contribuyeron en forma decisiva a la victoria al ejército chileno.

Como el bloqueo de Arica no mostraba gran actividad decidió Riveros, a fines de abril, establecer el bloqueo del Callao. Para esto se dirigió al norte llevando al *Blanco, Huáscar, Angamos, Pilcomayo, Matías Cousiño y* las torpederas *Janequeo y Guacolda*. Riveros sabía muy bien que el ataque con torpederas necesitaba de un elemento básico para su ejecución: la sorpresa. Sin ella no podían estas pequeñas embarcaciones atacar con éxito.

Debemos detenernos aquí para examinar estas "torpederas". En primer lugar debemos explicar que el vocablo "torpedo" se usaba entonces para designar cualquier explosivo que pudiera aplicarse a un buque enemigo. Hoy la acepción se usa sólo para designar torpedos automotrices, generalmente submarinos que con propulsión propia se mueven a gran velocidad. Un experimento novel había sido el famoso torpedo Lay que disparó el *Huáscar* contra la *Abtao* en Antofagasta. Los "torpedos" de las torpederas de entonces eran simples tarros de latón llenos de explosivos, a los que se hacía explotar por medio de un fulminante al ponerse en contacto con el blanco o por medio de un interruptor eléctrico. Estos torpedos se colocaban al extremo de un palo de unos 4 ó 5 metros de largo, el botalón, que al llegar cerca del enemigo se echaba hacia afuera. Fácil es comprender que la explosión del torpedo era peligrosísima no sólo para el atacado, sino también para el atacante, pues el torpedo explotaba a escasos 4 metros de su propia proa. En cuanto a las embarcaciones mismas, estaban construidas enteramente de hierro con una máquina poderosa que les permitía hasta 18 nudos de velocidad. La *Fresia y Janequeo* habían sido construidas en Inglaterra *y* enviadas por secciones a Valparaíso donde se las armó. Tenían 70 pies de largo y estaban divididas en 5 compartimientos. Por afuera parecían poco, apenas se veía en ellas una torrecilla donde el comandante se instalaba para dar sus órdenes. Una ametralladora Hotchkiss completaba el armamento. La *Guacolda* fue construida en Estados Unidos para el Perú y había sido capturada por el *Amazonas*. Se diferenciaba en poco de sus compañeras. La *Colo-Colo y Tucapel* eran más pequeñas y se les llamó "botes torpederos". Eran también de construcción inglesa y estaban armadas con dos botalones de torpedos y una ametralladora en cada una.

Riveros mantuvo su escuadra fuera de la vista de tierra y el 10 de abril de 1880 envió a las torpederas *Janequeo* al mando del teniente Señoret *y Guacolda* al mando del teniente Goñi a atacar a la *Unión* dentro del Callao. A las 4 de la mañana las dos torpederas se acercan al puerto. Como es costumbre en esas costas una gruesa neblina ocultaba la entrada del puerto, así las torpederas se separaron y quedaron en la camanchaca cada una a su suerte. Señoret con la *Janequeo* se perdió completamente y fue a recalar 10 millas al norte del puerto. Goñi tuvo más suerte y logró penetrar en El Callao. A velocidad reducida y en el más completo silencio la lancha se acercaba a la dársena, sorteando neutrales y mercantes. De pronto un bote pescador se le cruza por la proa. Goñi trata de maniobrar para salir del paso, pero era ya demasiado tarde. Producido el choque con un ruido seco de madera y acero, el bote pescador queda tan malamente averiado que es seguro que se va a ir a pique. Goñi hace salir a su gente y salva a la tripulación pescadora. El accidente no ha sido serio, pero el botalón de estribor quedó hecho astillas y la torpedera ha perdido el 50% de su poder ofensivo. Por suerte el pescador es un italiano y no necesita de la pistola amenazadora con que Goñi lo apunta para dar la información necesaria. Con el hombre como guía la torpedera se aproxima a la *Unión*. Cuando en la oscuridad se vislumbra el bulto negro del buque, Goñi da la orden de echar afuera el torpedo y se aproxima sigilosamente al enemigo. Cuando ya faltaban pocos metros, una tremenda explosión estremece la mañana de El Callao. Es el torpedo de la *Guacolda* que ha explotado al chocar contra la empalizada que con previsión de esta clase de ataques circunda a la *Unión*.

El teniente no alcanzaba a reponerse de su sorpresa cuando las armas menores de la corbeta peruana abren fuego sobre ellos. Goñi puso la máquina a toda velocidad para salir mar afuera bajo una lluvia de metralla. La oscuridad, la neblina y la sorpresa los protegieron y al salir el sol la torpedera se encontraba con la escuadra que en ese momento entraba al puerto. En la mañana del 10 de abril, el almirante Riveros notificaba oficialmente el bloqueo del puerto. Asimismo dio aviso a los neutrales que se les daba un plazo de ocho días al cabo de los cuales quedaría libre para bombardear al puerto. Riveros no tenía la menor intención de bombardear El Callao y así se lo dejaban muy claro las instrucciones del Ministro. Durante esos ocho días la escuadra se limitó a la observación de las baterías peruanas.

Cañón Blakeley en El Callao

El Callao tenía entonces un molo de atraque bastante largo, casi un kilómetro. Sobre éste se hallaban 18 grúas a vapor, tres líneas férreas y ocho estaciones de agua dulce y carboneras. El puerto estaba defendido por una formidable línea de fuertes. El antiguo castillo del Callao se había modernizado con dos torres cilíndricas. La primera se llamaba ahora "Independencia" y contaba con dos cañones Blakeley de 500 libras. La segunda se llamaba "Manco Capac" y tenía 4 cañones Vavasseurs, cada uno capaz de disparar un proyectil de *300* libras. En el muelle mismo habían dos cañones Rodman, de mil libras y ánima lisa. En la playa, a ambos lados del molo estaban dos torres artilladas conocidas como "Junín" y "Mercedes". Cada una con un cañón Armstrong de 500 libras. Entre éstas se encontraban dos fuertes el "Ayacucho" y el "Santa Rosa", cada uno con dos cañones Blakeley de 500 libras, una serie de baterías menores completaban la defensa, con cañones de *32* libras. Estas eran: Maipo con *2* cañones, Provisional 5, Zepita 8, Abtao 6, Pichincha 4 e Independencia 6 cañones. Los cañones del Callao se podían resumir así:

Número	*Tipo*	*Peso del proyectil*
8	Rodman	500 libras
8	Blakeley	500 libras
4	Vavasseurs	300 libras
2	Rodman	1.000 libras*
31	Varios	32 libras

*cañones antiguos de ánima lisa

Se contaba además para la defensa con el monitor *Atahualpa*, poderosa batería flotante gemela del *Manco Capac* con dos cañones Rodman. Contra esta artillería tendría que batirse el agresor y no sin razón Sotomayor había ordenado a Riveros que no se expusiera con sus buques a las baterías enemigas. Así y todo, con el fin de reconocer las baterías enemigas, Riveros ordenó un bombardeo contra los fuertes el 22 de abril. La acción continuó el día siguiente y al retirarse la escuadra había disparado 127 tiros. Los cañones peruanos habían disparado 170 cañonazos. Como la distancia era bastante grande, entre 5 y 6 mil metros, los daños fueron mínimos. Los tiros de la escuadra quedaron cortos o pasaron altos. Los de las baterías fallaron también y ni uno solo dio en el blanco que presentaban los buques chilenos.

Crucero Angamos

Don Nicolás de Piérola, convertido en Presidente Provisional del Perú después de una revolución, ante la falta de blindados, concentró todos sus esfuerzos en la organización de un grupo de torpederos. Varias minas flotantes fueron lanzadas en el paso del Boquerón con la esperanza que la marea las llevara a los buques chilenos. Dos de estos artefactos fueron avistados por los vigías del *Amazonas*. El primero explotó gracias al intenso fuego de fusil a que se le sometió. El fulminante de estas minas disparaba cuando se le sometía a vibración y algunos de ellos tenían una rueda en la punta que debía girar al ponerse en contacto con los buques. El segundo torpedo dio la impresión de ser una lancha entre aguas y fue remolcada por el vapor hasta la isla de San Lorenzo. Allí reventó al chocar con la playa y por la explosión causada se creyó que estaba cargada con lo menos 100 libras de dinamita.

En represalia Riveros ordenó un segundo bombardeo, esta vez con un poco más de riesgo. En la tarde del 10 de mayo, los buques chilenos *Huáscar, Pilcomayo, Angamos y O'Higgins* se acercan a la dársena y abren fuego contra los buques que están junto al muelle. El fuego fue inmediatamente contestado por el enemigo, pero los chilenos pudieron observar incendios y explosiones. En efecto, numerosas lanchas que se encontraban en la dársena fueron echadas a pique y un pequeño vapor peruano se hundió después de ser alcanzado por un tiro directo del *Huáscar*. Condell, entusiasmado por el giro que tomaba el duelo de artillería, se acercó más de lo que la prudencia aconsejaba y el monitor sufrió varios impactos. Uno de ellos dio en el aparejo del timón y el buque quedó por momentos, sin gobierno. Otro disparo dio bajo la línea de flotación perforando el forro interior y llenando de agua el compartimiento longitudinal. El almirante, que desde el *Blanco* observaba los tiros, le preguntó por señales:

__¿Tiene novedad?

A lo que Condell contestó:

__Sí, me estoy yendo a pique.

Alarmado Riveros le ordenó retirarse inmediatamente y envió sus buzos en ayuda del monitor. Condell había exagerado y el compartimiento fue vaciado con las bombas del buque. Esta imprudente acción de Condell fue premiada con una barra de oro. Costó bajas y averías que no correspondían a los daños causados al enemigo.

El 25 de mayo las torpederas *Janequeo y Guacolda* patrullaban la entrada a los muelles en las primeras horas de la mañana, todavía en completa oscuridad. De pronto se presenta ante ellas una torpedera enemiga que resultó ser la *Independencia,* al mando del teniente peruano José Gálvez Moreno. La torpedera peruana viró al reconocer a sus enemigos para volver a la dársena, al mismo tiempo que descargaba sus ametralladoras sobre la *Janequeo*. Señoret trató de atacar a su enemigo con el torpedo de popa, pero no logró ponerse en la posición necesaria. Al separarse las dos torpederas, trató de atacar a su enemigo con el botalón de babor. Las dos lanchas se hallaban tan cerca que el botalón de la *Janequeo* no se abrió completamente. Señoret, arriesgándolo todo y seguro de que el torpedo estaba en contacto con el buque enemigo, apretó el interruptor eléctrico y disparó el torpedo. Gálvez sin tener otra defensa, dice haber tirado un cajón de dinamita sobre la *Janequeo* al que hizo explotar con un tiro de su revólver. Las dos torpederas estaban heridas de muerte. La *Independencia* se hundió apenas la inercia del movimiento desapareció. Los chilenos lograron mantenerse a flote algunos minutos y Señoret se dirigió al dique flotante pero la torpedera se hundió antes de que atracaran. Pudieron apoderarse de una lancha de cabotaje y de allí abordaron una chata, donde un griego les facilitó un bote con qué volver al buque. Goñi en la *Guacolda* recogió a la tripulación de la *Independencia* entre cuyos 8 sobrevivientes se encontraba el valiente Gálvez. La *Janequeo* perdió dos hombres. Se ha puesto en duda la razón del hundimiento de esta torpedera. El propio Señoret no estaba seguro si fue la explosión de su propio torpedo que lo hundió, pero sí pudo asegurar que habían habido dos explosiones y que tal vez la combinación de éstas resultó en la pérdida de la *Janequeo*.

Después de este encuentro el bloqueo del Callao se mantuvo con redoblada vigilancia y Riveros ordenó bloquear Ancón y Chancay con el objeto de impedir los abastecimientos a través de los puertos inmediatos. El Perú había cometido el error de no fortificar la isla de San Lorenzo y así al producirse el bloqueo la isla fue capturada y se estableció en ella un varadero para las torpederas.

El *26* y *27* de mayo se produjo el tercer bombardeo del Callao que como los anteriores no tuvo mucho éxito. Se cambiaron cañonazos, se observaron impactos, pero los buques no se acercaron lo suficiente para comprobar los daños. Por consiguiente no se pusieron tampoco a tiro efectivo de las baterías.

Mientras esto sucedía en el norte, otra división de la escuadra se mantenía frente a Arica guardando un bloqueo que era ya innecesario. Se esperaba sin embargo al ejército, pues los planes consultaban un ataque combinado por mar y tierra contra la ciudad. El *26* de mayo, el ejército, al mando de Baquedano, derrotó completamente a las fuerzas peruanas en el Campo de la Alianza y con esto quedó libre el camino a Arica. El 7 de junio Latorre ordenó a sus buques atacar a fondo las defensas con el fin de debilitarlas. Con excepción del *Cochrane*, los buques chilenos en Arica eran fuerzas secundarias, y a pesar de todo, se presentaron bajo las baterías el *Loa, Magallanes y Covadonga*. El *Cochrane,* como era de esperarse, encabezaba el ataque y era el blanco del fuego concentrado del enemigo. Los cañones chilenos no podían apuntar hacia la cumbre del Morro, donde se encontraban 9 cañones de gran calibre, incluyendo un Armstrong de a 150 libras. Un tiro de este cañón dio en una de las portas de estribor del *Cochrane,* en los precisos momentos que se cargaba el cañón. La carga de 150 libras explotó en el momento mismo que los artilleros la introducían en el cañón y seis hombres fueron derribados. Con las dos explosiones, el compartimiento se llenó de humo y llamas. El marinero que tenía en sus brazos la carga de reserva cayó también y al caer, la carga de pólvora se desparramó por el suelo aumentando con su combustión la confusión reinante. Los sirvientes del cañón de proa a babor sufrieron graves quemaduras y toda la batería se llenó de humo. Dentro del compartimiento se produjo una escena de terrible confusión. Los hombres que en los otros cañones no quedaron heridos, ahogados por el humo, escapaban por las escotillas y claraboyas, mientras el lamento de los heridos, todos con horribles quemaduras, se dejaba oír entre el crepitar de las llamas. El buque se retiró inmediatamente de la acción, pero pasaron varios minutos antes de que se restableciera el orden. Siete hombres habían muerto y 21 quedaron mal heridos. El cabo de cañón y dos marineros que estaban en el centro de la conflagración se salvaron gracias a la ropa incombustible que llevaban. Los que vestían el uniforme corriente quedaron horriblemente mutilados. En la batería había *600* libras de pólvora en cargas. Gracias al tamaño de la casamata y al hecho de que se abriera inmediatamente una escotilla grande que había entre el primero y segundo cañón de babor, se salvó el buque de su destrucción. El peligro de tener cantidades excesivas de explosivos en cubierta quedó bien demostrado en este accidente.[226]

---

[226] Wilson, obra citada, p. 335

La *Covadonga* recibió también dos cañonazos, pero con la proverbial suerte que hasta entonces acompañaba a la cañonera, no hubo daños de consideración. El impacto en el *Cochrane* había obligado a Latorre a retirarse y el ataque por mar se dio por fracasado. Baquedano decidió tomar la plaza en un ataque de infantería que dirigió el coronel Pedro Lagos. Los buques ayudaron poco al magnifico esfuerzo de la infantería chilena. El asalto se llevó a cabo con tal rapidez que sorprendió a todos y los buques no alcanzaron a abrir fuego sobre el Morro por miedo de herir a las mismas tropas que se pretendía ayudar. Tan pronto como el comandante Ernesto Sanchez Lagomarsino se dio cuenta de la caída de los fuertes, ordenó a su gente tripular los botes y abrir las válvulas del *Manco Capac.* En pocos minutos el pesado monitor cayó a un costado y se hundió.

Con Arica en manos chilenas, los buques de Latorre no tenían ya razón para mantenerse en la zona y se les destinó al norte. El almirante Riveros en un gesto de magnanimidad, autorizó el zarpe desde Arica del transporte peruano *Limeño* para que llevara al Callao a los heridos y enfermos peruanos bajo la bandera de la cruz roja. Parte de los heridos peruanos, que eran muy numerosos, fueron embarcados en el *Loa,* el que luego de desembarcarlos, se unió al bloqueo del Callao.

Libre de otras obligaciones, Riveros concentró toda la escuadra en el bloqueo del Callao y puertos adyacentes. Los peruanos ya no tenían buques de guerra con qué oponerse a la escuadra chilena, pero valiéndose de ingenio y armados con mucha paciencia se dedicaron a intentos desesperados para hundir a los buques chilenos. En la tarde del 3 de julio de 1880, los bloqueadores observaron una lancha a la vela que se dirigía hacia el norte, probablemente con destino a Ancón. El *Loa* que se mantenía sobre la máquina recibió orden de darle alcance. Al acercarse, el comandante Peña dio orden al teniente Martínez que subiera a bordo y examinara la embarcación. Martínez encontró el buque anclado a pesar de tener izadas todas las velas. Como estaba cargada con provisiones frescas, verduras, gallinas y frutas, ofrecía una recompensa demasiado tentadora para los marinos que llevaban tanto tiempo en bloqueos. Peña ordenó traer la lancha al costado del *Loa* y descargarla. El teniente Martínez sospechó de algo y creyendo que la trampa se hallaba en el ancla, cortó el cable, sin levarla. Una vez que la lancha estuvo al garete se la remolcó al costado del *Loa*. Se descargaron las provisiones y cuando se levantó el último saco, una terrible explosión estremeció el buque abriendo un boquete de casi cuatro metros de diámetro en el costado, precisamente en la línea de agua. En menos de cinco minutos las aguas habían sepultado al desventurado *Loa*. El teniente Leoncio Señoret se acercó con un salvavidas al comandante Peña, pero éste lo rehusó. Se le vio por última vez chorreando sangre por las heridas causadas en su cabeza por la explosión. Con Peña se hundieron tres de sus oficiales y cincuenta marineros. Los buques de guerra neutrales que se hallaban a unas cuatro millas enviaron sus botes y salvaron a 38 tripulantes. El torpedo había sido arreglado en forma, que al levantarse la presión de la tapa un resorte dio la fuerza necesaria para hacer funcionar el disparador.

El *12* de septiembre, Riveros ordenó a la *Covadonga* que se dirigiera a Chancay y que destruyera allí un puente de ferrocarril y la estación con el fin de evitar que se enviaran refuerzos a Lima. El capitán Pablo Ferraris abrió fuego contra sus objetivos a la mañana siguiente. El puente se resistía a caer y acercándose más al puerto siguió haciendo fuego sobre las lanchas y faluchos que se hallaban amarrados a unos *200* metros del molo. Entre éstos se observó un esquife que se resistía a hundirse. El comandante ordenó al guardiamarina Melitón Gajardo y al carpintero que lo examinaran y que si estaba en buen estado lo remolcaran al costado. Esta orden representaba en sí una tremenda imprudencia, especialmente después de lo sucedido con el *Loa* y no pocos oficiales desaprobaron la idea. Desgraciadamente ninguno se opuso al comandante. El guardiamarina y el carpintero hicieron un reconocimiento profundo del esquife. Se le pasaron hondas y se le examinó por dentro y por fuera. Resultó ser un bote salvavidas con cajas de aire en ambos extremos y tenía bronces relucientes, cojines nuevos y la pintura estaba todavía fresca. Ferraris ordenó izarlo a bordo. Cuando se tensó el aparejo, una tremenda explosión arruinó el costado de estribor de la *Covadonga,* Todos los botes de ese costado volaron hechos astillas y en menos de tres minutos sólo quedaban los mástiles de la cañonera sobre el agua. Un bote de doble bancada se dio vuelta en el aire y los marineros que lo tripulaban cayeron al mar. Ferraris se negó a abandonar el buque a pesar de los ruegos que le hizo el teniente Merino Jarpa para que saltara al mar con ellos. Uno de los botes, la canoa del comandante, logró hacerse a la mar. Iban en ella quince tripulantes. Cuarenta y cinco náufragos se refugiaron en la arboladura que quedó sobre el agua y de allí fueron rescatados por los peruanos que los declararon prisioneros. Cerca de cien hombres perecieron en el naufragio, incluyendo el contramaestre Constantino Micalvi que se había salvado de la *Esmeralda*. Como estaba a cargo de la maniobra, murió instantáneamente al producirse la explosión.

La pérdida de estos dos buques repercutió hondamente en el sentimiento público chileno. Si bien el *Loa* no era un buque que había hecho historia, el hecho de haber llevado desde Arica a 510 heridos peruanos, no atenuaba en nada los exaltados ánimos de la opinión pública. La pérdida de la *Covadonga* no pudo ser más sentida por los chilenos. El valor del buque era casi nulo, pero era el único trofeo de la guerra con España en 1866. Había participado en casi todos los combates de la guerra: Iquique, Punta Gruesa, Angamos y los bloqueos de Arica y El Callao. La estimación con que se la miraba había hecho que después del combate de Punta Gruesa se la armara con dos cañones Armstrong de seis pulgadas; un armamento demasiado valioso para una goleta de 600 toneladas.

La indignación chilena era tal, que se dieron a Riveros órdenes terminantes de bombardear tres ciudades peruanas. Riveros dirigió una nota al gobierno peruano exigiendo la entrega de la *Unión* y del *Rimac* dentro de 24 horas. De lo contrario bombardearía Chorrillos, Ancón y Chancay. Los peruanos contestaron de la única manera posible, diciendo que los buques estaban en El Callao, anclados bajo las baterías, y si el almirante los quería, podía ir a buscarlos. Riveros ordenó, muy a su pesar, el bombardeo de las tres ciudades. El bombardeo no tenía razón lógica ninguna y la proverbial buena puntería de los artilleros chilenos falló esta vez. No hay evidencia que indique que esto se hizo a propósito, pero la verdad es que las tres ciudades indefensas apenas sufrieron daños, ya que todos los tiros quedaron cortos o pasaron altos, a pesar de que los bombardeos duraron varias horas.

Alentado el gobierno por las expediciones sobre Moquegua y Mollendo, se decidió efectuar una tercera en mayor escala, destinada a desmoralizar al enemigo y a atacar las poblaciones del norte del Perú que hasta el momento no habían sufrido de la invasión chilena. Para esta expedición se destinaron dos transportes y las corbetas *Chacabuco y O'Higgins*. La expedición quedó al mando del capitán de navío don Patricio Lynch, al que se le dieron dos mil setecientos soldados. A Lynch se le dieron órdenes de expedicionar sobre la costa peruana desde El Callao a Payta con instrucciones de imponer cupos de dinero y especies y de destruir todas las propiedades del gobierno peruano. Ninguna otra operación de la guerra levantó tantas controversias como ésta. Lynch se dirigió primero a Chimbote, donde esperaba encontrar pertrechos para el ejército peruano. Una vez en tierra, se internó hacia el interior e impuso cupos en las haciendas de la región. Luego cayeron bajo su influencia los puertos de Huacho, Supe, Salaverry, Pascamayo, Chiclayo, Etén, Lambayeque y Payta. La destrucción de aduanas, cuarteles, vías férreas y elementos de carguío fue ejecutada sin piedad y en forma sistemática.

Se volaron con dinamita los muelles *y* los edificios del gobierno, *y* cuando se pudo, se incendiaron los edificios de construcción ligera. No sólo los puertos cayeron víctimas de los expedicionarios: los pueblos cercanos a la costa y los ingenios de azúcar debieron pagar los cupos que demandaba Lynch o caer destruidos por la tropa. Caso típico fue el ocurrido en la Hacienda del Puente, en las cercanías de Chimbote. Lynch llegó hasta las casas con 200 soldados y demandó 16.500 libras esterlinas como cupo. El propietario telegrafió a Lima para pedir la suma indicada, pero al enterarse Piérola de la demanda, prohibió el pago. Lynch ordenó la destrucción completa de las instalaciones, que incluía el ingenio, las bodegas y maestranzas. La hacienda tenía un pequeño ferrocarril, del que se desmontaron las vías, destruyeron las locomotoras y otro material rodante. El arroz, azúcar y otros productos fueron confiscados, embarcándose en los buques mercaderías por valor de 8.000 libras. La destrucción de esta hacienda no tiene justificación alguna si consideramos que los soldados chilenos mataron caballos de carrera, ganado fino y hasta los perros. Lynch necesitaba hacer un ejemplo que no permitiera al resto de los propietarios a negarse a pagar los cupos, pero debió tomar especial cuidado que las demandas exageradas de los soldados no se saciaran con destrucciones crueles e inútiles. En el puerto de Chimbote, la destrucción fue también total: el muelle, la estación y el material rodante de los ferrocarriles quedaron en ruinas.

En su viaje al norte, el convoy capturó al vapor *Islay* que traía billetes de banco peruanos por valor de siete millones de soles y estampillas. En Payta capturó un vapor pequeño y se apoderó del algodón que estaba en la aduana, antes de proceder a la destrucción del puerto. Pasó también a las Islas de Lobos, donde se aseguró que nadie cargaba guano. La expedición volvió finalmente al sur y el 10 de noviembre de 1880 anclaban los buques en Quilca. La expedición había sido un gran éxito financiero, pues las especies capturadas dejaban una utilidad de 29 mil libras esterlinas. Desde el punto de vista militar los efectos eran insignificantes, pero como medida política fue desastrosa. Como había varios neutrales afectados, las reclamaciones de los gobiernos se prolongaron por años. En el extranjero la causa chilena se vio ahora con antipatía abierta y en el pueblo peruano se hicieron esfuerzos desesperados por continuar la lucha con más tenacidad que antes.

El gobierno de Piérola comprendía muy bien que su única esperanza era la destrucción de la escuadra chilena, que dominando el mar y con esto la única vía de comunicación posible, podía atacar al Perú a su antojo escogiendo los puntos más débiles de la costa. Con este fin, los agentes extranjeros hicieron todo lo posible por obtener buques en Europa. El gobierno de Nicaragua compró en Francia el acorazado *La Gloire* con la intención de entregarlo al Perú, pero gracias a las gestiones de Blest Gana en París, el gobierno francés impidió la entrega. Cerradas las puertas para la compra de acorazados en la Europa Occidental, el Perú trató de comprar el acorazado *Felgz Bolend* en Turquía, operación que se vio también frustrada porque el gobierno de Chile probó otra vez, por intermedio de Blest Gana, que el comprador era el Perú y no el Japón. Cuando la posibilidad de obtener buques se esfumó, se volvió otra vez a los torpedos y las minas. Ya hemos visto qué buenos resultados se habían obtenido contra la *Covadonga* y el *Loa, y* Riveros ordenó poner una estricta vigilancia sobre toda embarcación y objetos flotantes que se acercaran a la escuadra. Con el fin de evitar un ataque nocturno, la escuadra se hacía a la mar todas las noches y volvía a su fondeadero al amanecer. Aprovechando esta ausencia temporal, los peruanos plantaron un submarino automático. Este instrumento demostraba gran ingeniosidad. Se trataba de una lancha con lastre variable, suficiente para que se sumergiera a voluntad. Dentro de la lancha había un gran tanque de acero y un mecanismo de reloj que permitía explotar el tanque, lleno de pólvora, a la hora deseada. El instrumento infernal fue sacado a remolque de El Callao en la noche del 9 de octubre y anclado en el fondeadero del *Blanco*. Se abrieron las válvulas y el pontón se sumergió. Los peruanos y los técnicos extranjeros que los secundaban, habían caído en el error de creer que era posible mantener el submarino a una profundidad fija, controlando el lastre. Esto que teóricamente parece cosa fácil, en la práctica es imposible, como ha sido ampliamente demostrado en los submarinos modernos. Un objeto sumergido no puede permanecer indefinidamente a una profundidad estática y unos gramos más o menos lo harán subir y bajar, lentamente al principio, pero con gran aceleración debido al cambio de la presión del agua. No fue pues un error de los torpedistas peruanos, sino de la ignorancia de la física práctica, el hecho de que el submarino había subido hasta donde se lo permitió el cable del ancla y al volver los buques chilenos, apareció entre aguas. Latorre desde el *Cochrane* fue el primero en observarlo y dio orden de remolcarlo a distancia de los buques. Cuando se realizaba esta operación, el torpedo explotó demasiado lejos de los buques para causar daños. Eran las 9,10 de la mañana del 10 de octubre, la hora exacta para la cual se había puesto el mecanismo.

Los peruanos contaron incluso con un sumergible, ya que no era exactamente un submarino. Podía sumergirse dejando sobre el agua sólo la torrecilla. Lo había inventado Otto Blum, un danés al servicio del Perú y se le conoció como el *Toro Submarino*. La embarcación dio positivos resultados en las pruebas, pero no alcanzó a ser usado contra la escuadra chilena. Terminada la contienda, el *Toro* fue embarcado en el *Abtao* y llevado a Chile sin que se supiera más de el.

El Huáscar observado por los oficiales del USS Lackawanna

El ejército, mientras tanto, se preparaba para la tercera campaña, la que debía dar el triunfo definitivo a las armas chilenas: la campaña de Lima. El general Baquedano, había dividido a su ejército en tres divisiones. La primera estaba al mando de Lynch y contaba con 8.600 hombres. El capitán de navío se embarcó con sus tropas en 17 buques y al convoy lo escoltaba la *Chacabuco* y la *O'Higgins*. El plan de Baquedano era desembarcar estas tropas al sur de Lima para que marcharan a reunirse con el resto de las tropas cerca de la capital peruana. El 19 de noviembre, la primera división desembarcaba en Paracas sin oposición alguna y al poco tiempo se apoderaron de la rica provincia de Ica, aprovisionándose con lo que capturaban y marchando siempre al norte. Una segunda división ocupó Pisco. Esta división de 3.400 hombres venía de Arica y estaba escoltada por la *Magallanes y* la *Abtao*.

Baquedano esperó que estas dos divisiones estuvieran fuertes en sus posiciones y luego ordenó el embarque de la segunda y tercera división que se hallaban bajo su mando directo. El 14 de diciembre zarpaban desde Arica *28* transportes, llevando al grueso del ejército, convoyados por el resto de la escuadra: *Blanco, Cochrane, O'Higgins, Magallanes y Abtao*. Recaló el convoy primero en Pisco y el 20 de diciembre el *Cochrane* se adelantaba a Quilca y su lancha hizo un reconocimiento y cortó los alambres del telégrafo. El desembarco se efectuó en Curayaco, lugar bien escogido que se encontraba desierto. Las primeras tropas que echaron pie a tierra fueron organizadas en una brigada liviana que se destinó al norte a buscar un buen lugar para acampar el ejército. Estas tropas marcharon por el camino de la costa y se ordenó a la *O'Higgins* que navegara pegada a la tierra para protegerlas. Esta comisión se completó con toda felicidad y el *23* se ocupaban las márgenes del riachuelo Lurín, que serviría de campamento al ejército. Lynch se reunió con sus hombres a Baquedano el día de navidad de *1880*.

Mientras parte de la escuadra se dedicaba al transporte de estas tropas, una segunda división se mantenía frente a El Callao. Las torpederas mantenían una guardia constante sobre el puerto y se batían casi diariamente con el enemigo. Más importante todavía era la información que llevaban diariamente al jefe del bloqueo. Habían observado, por ejemplo, que los peruanos trabajaban activamente en el reflotamiento de la *Janequeo* que, como se recordará, se había hundido en un combate con la lancha peruana *Independencia*. El *Huáscar* y la *Guacolda* fueron comisionados para destruir la torpedera sumergida impidiendo su uso al enemigo. Dos hombres se destacaron en esta operación. Ellos fueron el timonel Henríquez de la *Janequeo* que estaba herido y que se levantó de su lecho para guiar a los buques as lugar preciso de su hundimiento, y el buzo Juan Soberny, más bien conocido como Sobenes. Sobenes era el encargado de bajar hasta la torpedera y colocar la carga explosiva que debía destruirla. Antes que se le colocara el pesado casco de la escafandra, se dirigió a sus compañeros y les dijo:

-"Si vienen los enemigos a atacar y se ven obligados a abandonarme para combatir, corten la manguera y cumplan con su deber que yo cumpliré con el mío en el fondo del mar." [227]

---

[227] Silva Palma, obra citada, p. 167

No fue necesario abandonar al valiente buzo pues el enemigo no se acercó y una vez instalada la mina, una descarga eléctrica hizo volar a la torpedera en mil pedazos.

En otra ocasión, la *Guacolda* se encontraba en limpieza y reparación en el varadero de San Lorenzo. Los peruanos, que esperaban la ocasión, lanzaron una flotilla de botes a capturarla o inutilizarla. El escampavía *Princesa Luisa* que hacía la ronda, alcanzó a divisarlos y dio la alarma. La torpedera *Fresia,* al mando del guardiamarina Amengual, presentó combate al enemigo y nos admiramos hoy día que haya podido regresar a la base al amanecer. La torpedera tenía el timón averiado, los botalones rotos y numerosos impactos de fusil, ametralladora y armas ligeras. Reparada a la ligera, se presentó a la noche siguiente en demanda del enemigo.

Esta misma *Fresia,* tenía un gran espíritu combativo, sin consideración de quién la mandara. El 6 de diciembre se observó que el vapor *Arno* salía de la dársena remolcando un lanchón. Este pequeño convoy era la carnada con que el enemigo esperaba atraer a la *Fresia*. La torpedera tomó la delantera seguida por la *Guacolda* y el *Tucapel* y las tres se acercaron a atacar a los peruanos. Es lanchón había sido armado con dos cañones Armstrong de 40 libras y dejaron acercarse a las torpederas hasta que las tuvieron a tiro. Luego abrieron un mortífero fuego, concentrando sus disparos sobre la *Fresia.* Las torpederas se separaron con el fin de atacar al enemigo por ambos costados y contestaron el fuego con sus ametralladoras Hotchkiss. Las baterías del puerto abrieron fuego uniéndose a las del lanchón y al del vapor. En vista que la situación de las torpederas se tornaba peligrosa, la escuadra bloqueadora se acercó hasta 5 mil metros y desde allí las protegió con su fuego disparando contra los fuertes. La *Fresia* recibió un impacto directo a 1.600 metros y empezó a hacer agua. Fue inmediatamente auxiliada por las otras torpederas que la remolcaron hasta quedar fuera del alcance de las baterías. De allí tomaron el remolque los escamparías *Toro y Princesa Luisa* con la esperanza de llevarla a varadero. La torpedera herida no alcanzó a llegar a su refugio y se hundió en unos 10 metros de agua. Los dos ingenieros que se habían quedado a bordo se hundieron con el buque, mientras manejaban las bombas. El ataque había costado cinco vidas chilenas. La torpedera se hundió fuera del alcance de las baterías enemigas y fue casi inmediatamente reflotada. A los pocos días, volvía a sus funciones en el bloqueo.

De entre todos los bloqueadores, el que con más éxito bombardeaba al enemigo era el *Angamos*. Con su solitario cañón cuya caña medía 18 pies de largo (cinco y medio metros) y su singular velocidad, era la unidad más ofensiva de la Armada chilena. Podía bombardear los fuertes de El Callao impunemente pues los cañones peruanos quedaban casi mil metros cortos en sus disparos: tal era la distancia a que podía atacar a las baterías enemigas. Como observa Markham, en el mar abierto no había buque a flote que pudiera oponérsele, pues bastaría ajustar su velocidad de manera que pudiera mantener la distancia y mientras su cañón estuviera a tiro podía empeñar combate con éxito contra cualquier blindado de la época. Markham dice que ni el *Torquoise*, el mejor buque británico de entonces, habría tenido éxito alguno contra el crucero chileno.[228]

El cañón estaba a cargo del capitán Carlos Moraga, quien se había desempeñado con éxito en Arica. El formidable cañón no era perfecto y el 11 de diciembre al dispararse el sexto cañonazo del día, el cañón explotó matando al teniente Pérez, que lo apuntaba en esa ocasión. Se creyó as principio que el cañón había explotado con la carga partiendo la caña, pero según otros testigos, el cañón reculó violentamente y el muñón completo se soltó cayendo a cubierta y de allí al agua, donde se sumergió a tal profundidad que fue imposible recuperarlo. La causa debió haber sido su uso constante, ya que éste era el disparo número 380 en menos de diez meses de uso. Como también se usaba siempre la carga máxima, los enganches del armón deben haberse debilitado.[229]

Es *Angamos* había logrado dar en la *Unión* varias veces y en una ocasión el proyectil había traspasado el buque, entrando en cubierta y

---

[228] Markham, obra citada, p.220. Es interesante observar que 40 años antes Lord Cochrane había propuesto este tipo de buques al Almirantazgo con un elemento adicional que los chilenos no añadieron: el buque debería llevar en la bodega un cañón de repuesto.

[229] *Informes de la casa de Sir W.G. Armstrong sobre la ruptura del cañón de 8 pulgadas C.C. del crucero "Angamos"*. Santiago:Imprenta Nacional, 1882.

saliendo por el costado opuesto. Desde ese día en que se perdió el cañón, los chilenos no se acercaron a las baterías. Buen cuidado ponía Riveros de no arriesgar sus buques a los fuegos del enemigo que eran muy superiores. La experiencia de Méndez Núñez el 2 de mayo de 1867 no volvió a repetirse.

Lynch, que había retenido el mando de la primera división del ejército, esperaba contar con los fuegos de la escuadra para su apoyo en el combate decisivo. Con el fin de coordinar el apoyo se comisionó al teniente Silva Palma, para que se encargara de las comunicaciones. Desde el amanecer del 13 de enero, el *Blanco, Cochrane, Pilcomayo y O'Higgins,* descargaron su artillería sobre el Morro Solar. Pero a las seis de la mañana Silva Palma comunicó la orden de suspender los fuegos: tal era la velocidad del avance del ejército, cuya infantería atacaba con empuje irresistible trabándose en una lucha encarnizada, cuerpo a cuerpo en el Morro Solar.

Terminada la batalla de Chorrillos, las tropas se prepararon para el ataque a la segunda línea de defensa en Miraflores. Riveros, tomando ventaja del armisticio, se había trasladado a tierra, cuando a las dos de la tarde del 15 de enero se inicia el asalto en forma inesperada. Los buques no esperaron la llegada del almirante y desde los primeros momentos los comandantes de cada buque dieron órdenes de abrir fuego sobre las posiciones enemigas. Como en Chorrillos, la lucha encarnizada a punta de bayoneta, hizo suspender los fuegos por temor de herir a los soldados chilenos. A bordo del *Blanco* había quedado cargada una colisa. En vez de dispararla, se ordenó extraer el proyectil. Se abrió la culata y el sirviente cargador empujó la granada con tal fuerza que encendió la espoleta. Antes de que el proyectil pudiera ser arrojado por sobre la borda, hizo explosión, hiriendo a doce marineros y matando a dos y al teniente Avelino Rodríguez. Fueron las últimas víctimas de la campaña naval en la guerra del Pacífico.

El Capitán de Navío Patricio Lynch inspecciona las tropas de la Primera División

El 18 de enero se dio orden a la división de Lynch para que marchara sobre El Callao. El Ministro Vergara, que se había hecho cargo de la guerra, después de la muerte de Sotomayor, decidió comunicar esta operación a Riveros para que no tomara ninguna medida contra los atacantes y con este fin despachó al teniente Silva Palma a cargo de un piquete de caballería. Fue así como el primer oficial de marina chileno que entró en El Callao, lo hizo a caballo; excelente ejemplo de la versatilidad de los oficiales chilenos. En la dársena, Silva encontró que todo era destrucción y abandono. La *Unión* había sido varada e incendiada. El *Rímac* se había ido a pique y los demás vapores estaban bajo el agua o ardían. La dársena había sido también destruida y se habían hecho volar los fuertes y las baterías. Silva Palma sacó sus banderolas de semáforos y se comunicó con el buque más próximo que resultó ser la *Pilcomayo*. La *Fresia* que se hallaba, como de costumbre cerca, se aproximó a toda velocidad y fue el primer buque chileno en entrar al puerto. La labor de la escuadra quedaba pues concluida; sólo faltaba transportar las tropas de vuelta a Chile, una vez que se firmara la paz.

Faltaba todavía un episodio naval que es muy poco conocido. Después de ocupada Arequipa en la última campaña del ejército chileno, se hizo necesario controlar las comunicaciones entre Perú y Bolivia. Para esto, Lynch solicitó y obtuvo de la Armada un bote torpedero que fue embarcado en tren por partes y ensamblado en Puno. Fue así como el torpedero *Colo-Colo* patrulló las aguas del Titicaca, paseando nuestra bandera por el gran lago de los Andes.

La Armada no contó, durante la guerra, con el número de transportes necesarios para la movilización de las tropas. De acuerdo con las disposiciones vigentes, los buques de la Compañía Sudamericana de Vapores fueron puestos a disposición del gobierno durante la contienda. La Compañía recibía desde 1874 una subvención estatal de 100.000 pesos anuales con lo que no alcanzaba a pagar sus gastos y se veía en malas condiciones financieras. El gobierno tomó los buques en arriendo y pasaron a depender indirectamente de la Marina. Decimos indirectamente, pues salvo en contadas excepciones, los capitanes siguieron en sus puestos en condiciones de mercantes y sólo se les ponía bajo el control de la escuadra cuando formaban parte de convoyes o tomaban parte en alguna operación bélica con buques de guerra. Un problema bastante grave era la falta de tripulaciones chilenas y los buques debieron tripularse con extranjeros que no siempre sentían el mismo ardor patriótico que los soldados que transportaban. En más de una ocasión hubo de lamentarse no haber embarcado oficiales de la Armada en estos vapores, como por ejemplo, cuando el *Matías Cousiño* no captó bien las señales de Williams y se perdió frente al Loa, privando a la escuadra del carbón necesario en la vuelta de la expedición a El Callao. Los servicios de la Marina Mercante fueron importantísimos y transportaron al teatro de la guerra un total de 161.195 hombres. Los vapores de la Sudamericana transportaron el siguiente número de soldados y oficiales:

Nombre	*En la Cámara*	*En Cubierta*
Limarí	1.374	16.694

Chile	2.238	17.788
Loa	83	264
Payta	1.445	14.915
Barnard Castle	257	5.362
Lamar	804	10.261
Huanay	260	4.425
Paquete del Maule	436	6.727
Copiapó	1.118	13.565
Rímac	169	2.490
Itata	2.875	40.363
Fragata *Inspector*	119	2.163
TOTAL	11.178	135.017

La Compañía Explotadora de Lota y Coronel prestó patrióticamente sus tres vapores: *Matías Cousiño, Luis Roberto y Luis Cousiño*. Estos buques se utilizaron por principalmente como carboneros, pero entre los tres transportaron, por lo menos, 15 mil hombres. No creemos que sea necesario detallar la participación del *Matías Cousiño* en los sucesos de la guerra; basta su presencia en el segundo combate de Iquique, en Antofagasta, en Angamos... para todos los efectos de la guerra actuó como un buque de la Armada. La participación de la Marina Mercante en la guerra fue de gran importancia, no hubo acción en la guerra en la que no se encontrara presente alguno de los mercantes chilenos.

El carbonero Matías Cousiño

Los historiadores chilenos se han mostrado duros y hasta cierto punto injustos en sus críticas a la campaña naval de la guerra. Langlois considera un grave error el no haberse establecido el bloqueo de El Callao como primera medida al comienzo de la guerra. Este bloqueo inicial del puerto peruano, es el pivote central de toda su crítica a las operaciones marítimas. El capitán Cuevas, más tarde almirante, no se muestra más favorable y critica la falta de comunicaciones y de fuerzas de reconocimiento y por último afirma que existía una falta absoluta de todo plan de campaña. Encina, en su obra tan conocida, se limita a acusar de negligencia y falta de capacidad a los dos comandantes de la escuadra, primero Williams y luego Riveros, pero su historia adolece de tan graves defectos en lo que respecta a la guerra marítima, que sus críticas bien pueden ignorarse. Las operaciones de la escuadra merecieron un estudio profundo y detallado por parte de las marinas extranjeras y en todos se destaca la buena dirección de la campaña marítima. Los historiadores de habla inglesa se han referido elogiosamente a la Armada. Dice Wilson:

"Los chilenos tomaron la iniciativa ... el control del océano era de enorme importancia pues las varias ciudades de la costa, rodeadas de desierto eran en realidad islas", y más adelante agrega: "Parecía claro que las lecciones de la guerra naval dictan que un buque que combate contra otro de clase superior, sólo puede convertirse en un desastre, pero el caso de la *Covadonga* muestra que hay algunas excepciones."[230]

El general Caldwell, en un importante libro sobre la preponderancia marítima, dice: "No es exageración decir que los jefes navales y militares chilenos, tenían la guerra bajo control una vez que establecieron la supremacía en el mar." [231]

Dice el capitán L. Le Leon en su informe al Estado Mayor francés: "La Guerra del Pacífico ha revelado un pueblo guerrero, el de Chile...en suma, se está en presencia de una nación con la que tienen

---

[230] Wilson, *Battleships, p. 67.*
[231] Caldwell, *Military operations and naval preponderance*, p. 286

que contar las naciones extranjeras." Su informe en líneas generales es altamente comendatorio a la Armada y el Ejército chileno. [232]

El también francés Charles de Varigny, escribió: "Dueño indisputado del mar, (Chile) podía imprimir un enérgico impulso a las operaciones de tierra y tentar la invasión del Perú. Lo que la intrepidez de sus marinos había comenzado, debían concluirlo sus generales." Y como conclusión agrega: "La guerra ha terminadao. Por mar y por tierra Chile ha afirmado la superioridad de sus armas. La solidez de sus tropas. La disciplina. La táctica de sus generales ha triunfado sobre el valor caballeresco y brillante de sus adversarios.[233]

Y para terminar, Wilson dice en otro libro:"El control del mar fue usado por Chile con juicio y habilidad." [234]

A estos juicios de autoridades reconocidas sobre el arte de la guerra en el mar, sólo añadiremos que a nuestro juicio la escuadra se desempeñó bien. No hay campaña naval o militar que pueda se perfecta. Hubo errores, sí, pero no influyeron en el resultado final. Limitaremos nuestra crítica a los siguientes puntos:

- La decisión de Williams de atacar El Callao influenciado por la opinión pública. La escuadra no debió haber dejado el bloqueo de Iquique a cargo de buques tan débiles. La culpa no era toda de Williams, pues recordaremos que el gobierno le había ordenado dejar el bloqueo a cargo de buques como "la *Covadonga* y el *Abtao*".
- Las pésimas comunicaciones que permitieron el apresamiento del *Rimac*.
- La decisión de no bloquear oportunamente Arica, lo que permitió la fortificación de ese puerto.
- Las malas relaciones entre Riveros y sus comandantes que resultaron en el hundimiento del *Loa* y la *Covadonga*.

---

[232] L. Le Leon. *Souvenir d'une mission a la armee chilienne*, Paris, 1883. Debe indicarse que para la campaña de Lima se agregaron al estado mayor de Baquedano oficiales de Inglaterra, Estados Unidos, Francia e Italia.
[233] Charles de Varigny, *La Guerra del Pacífico*. Texto original en La Revue de Deux Mondes. Publicado por Editorial Francisco de Aguirre, Buenos Aires, 1971. p. 197
[234] Wilson, *Ironclads*, Vol. I. P.332

Sobre el último punto, debemos insistir que hubo falta de órdenes. El propio *Loa* había traído una comunicación del Presidente de la República, fechada el 3 de junio, en la que se describía exactamente el torpedo incluyendo el mecanismo que lo haría explotar. No sabemos si capitán Peña tenía o no esta información. Si no la tuvo, fue un error lamentable de Riveros el no haberla comunicado. Si Peña la tenía fue un error inexcusable, que pagó con la vida. Sobre la *Covadonga* no cabe excusa ninguna. La imprudencia del capitán Pablo Ferraris resultó en la pérdida del buque y cien hombres de la tripulación.

En el otro lado de la balanza, debemos señalar la excelente preparación de los oficiales y marineros, su tremendo empuje, coraje "aguante". Por sobre todo, el sacrificio sublime de Prat y sus compañeros. Ellos plantaron la semilla que germinaría en cada pecho en que latía un corazón chileno, en tierra o sobre las cubiertas. Chile no tuvo en esta guerra un gran jefe, un gran almirante, la figura singular de la táctica y la estrategia naval fue del Perú, en la persona de su gran almirante don Miguel Grau, pero para Chile, Prat era más que un símbolo. Era hasta cierto punto la encarnación del héroe colectivo con que podían identificarse todos los capitanes y hasta el último grumete. ¿No pensaría en él el valiente buzo Sobenes? ¿Thomson, Señoret, Goñi? ... Nadie mejor que Benjamín Subercaseaux ha resumido este pensamiento, cuando dice:

En verdad e imparcialmente considerado, Grau fue el alma, la figura descollante de esta guerra naval, tanto por su pericia náutica y su sentido estratégico como por su heroísmo sólido y práctico. Nuestro Prat representa algo diferente pero igualmente valioso. Tal vez doblemente valioso, por ser su actitud sublime, no la de un jefe famoso, sino del elegido al azar entre los jefes simplemente discretos y honorables de nuestra Marina, dando así la pauta de la común entereza que caracteriza a nuestros hombres. Grau fue un marino notable. Prat era el exponente de lo que podía hacer cualquier jefe atrevido. Prat representó la dignidad heroica y callada; la ternura infinita del sacrificio cuando éste se aplica hasta su máximum por amor a la patria. Uno representa la estrella fulgurante que brilla solitaria en el momento crítico de una nación. El otro representa a la nación misma, en capacidad de resistencia, de abnegación, de respeto inquebrantable ante el deber, de serenidad medida ante la muerte. [235]

Y tal vez debiéramos añadir los nombres de todos aquellos oficiales y marineros que le siguieron en el cumplimiento del deber, pero seria imposible pues la lista llenarla muchas páginas del presente volumen. ¿Cómo callar los nombres de Latorre, Condell, Montt, Rodríguez, López, Señoret, Simpson, Rogers, Silva Palma, Viel, Goñi? ... Pero esos nombres sólo representan a parte de los jefes, la gloria fue de las tripulaciones: aquellos marineros que cargaban el cañón del *Cochrane* en Arica; los ingenieros de la *Fresia* que se hundieron con su buque; el contramaestre Micalvi, salvado de la *Esmeralda* para caer bajo la traicionera explosión que hundió a la *Covadonga;* los remeros de Santa Cruz en el desembarco de Pisagua; Olave y sus tiradores en Punta Gruesa.

Pero la historia nos ha dejado uno que los simboliza a todos: el marinero desconocido que siguió a Prat en el abordaje. Ojalá ni supiéramos siquiera que pudo haber sido Canaves o Ugarte y que en ese marinero anónimo, las marinerías de Chile guarden el símbolo del deber, la lealtad hacia el comandante y el servicio siempre estoico para la patria.

---

[235] Subercaseaux, obra citada, p. 335

Capítulo XVIII
La Revolucion de 1891

La campaña marítima había terminado con la ocupación de Lima y El Callao. Los buques de la escuadra tuvieron comisiones diferentes en varias partes del territorio ocupado y en las nuevas provincias incorporadas al país. En primer lugar, había necesidad de mantener un bloqueo de observación constante sobre la larga costa peruana con el objeto de eliminar los desembarcos de armamentos para los montoneros que se mantenían activos en el norte y en el interior del Perú. Fue necesario mantener también una estricta vigilancia sobre las guaneras de las Islas de Lobos y algunos buques fueron destinados a estas faenas. Faltaba el levantamiento hidrográfico de las provincias de Tarapacá y Antofagasta y con este fin varios buques desempeñaron en esas costas diversas comisiones.

Dedicada la escuadra a estos monótonos trabajos, después de un periodo de gran actividad como había sido la guerra, los oficiales no se mantenían en el mejor de los espíritus. Fue así como a poco de afianzada la ocupación de El Callao, se suscitó entre los jefes de la escuadra un desagradable altercado entre el jefe de la escuadra, almirante Riveros, y el capitán de fragata don Jorge Montt. Montt se había desempeñado con bastante eficacia durante la guerra como comandante de la *O'Higgins y* era un oficial a quien sus subordinados le tenían gran respeto, admiración y lealtad. Riveros, por otro lado, había llegado a la escuadra como el recomendado de Williams y venía de un puesto en tierra. Su prestigio se había perdido en parte con la discutida maniobra del *Blanco* en Angamos, especialmente cuando después del combate se probó, sin lugar a dudas, de que el *Cochrane* había recibido un cañonazo del buque insignia. Así y todo, el prestigio de Riveros era sólido y su participación en el plan de Angamos no dejaba dudas de su capacidad. La causa del desacuerdo fueron los comentarios hechos por los oficiales a raíz de la pérdida del *Loa y* de la *Covadonga*. Estas dos naves al hundirse habían causado la muerte de más de cien hombres y ambos capitanes habían rehusado salvarse, pagando con la vida su imprudencia. La irritación entre los jefes de la escuadra es fácil de imaginar y fue lógico que buscaron a algún culpable. Como siempre el comandante en jefe, culpable o no, es el responsable de los hechos, los buques y las decisiones de sus capitanes.

Enterado el Ministro Vergara de lo sucedido, hizo gestiones para solucionar de alguna manera la impasse. En la primera oportunidad se enviaron de vuelta a Valparaíso un fuerte contingente de tropas al mando del victorioso Baquedano. El convoy de transportes fue escoltado por la escuadra al mando de Riveros. El 10 de marzo el convoy entraba lentamente en Valparaíso mientras una enorme muchedumbre se agolpaba en los muelles para dar la bienvenida a los vencedores. Todos los edificios públicos estaban embanderados y los fuertes saludaban al ejército y a la escuadra con salvas de artillería al mismo tiempo que las bandas marciales llenaban el aire con sus sones.

Un mes más tarde, Riveros dejaba el mando de la escuadra y pasó a ser miembro de la comisión calificadora de la Armada. Los buques habían sido destinados a diferentes puntos del Perú y del territorio chileno, y la escuadra en sí quedó prácticamente disuelta. El mando de los buques en el norte recayó sobre el oficial que ahora tenía la mayor antigüedad y que era el de mayor prestigio: Juan José Latorre.[236]

La ocupación de Lima hacía necesaria la presencia de un blindado en El Callao y con este objeto se mantenía en estación en ese puerto al *Blanco*, *Cochrane* o *Huáscar,* bajo el mando de Latorre o Condell.

Durante la guerra se había ordenado la construcción de un cañonero, el que se llamó *Capitán Prat*. Como la paz no se había firmado, Inglaterra se negó a permitir la entrega del buque y el gobierno no tuvo más remedio que ponerlo en venta. La misma casa constructora no tuvo dificultades en venderlo. Por él se interesaron los gobiernos de Japón y Turquía. Mientras tanto, se continuaba la construcción de un crucero protegido con coraza en la cubierta. Este buque iba a ser la segunda *Esmeralda y* se construía en los astilleros de Newcastle on Tyne.

---

[236] Para una buena biografía del Almirante Latorre, véase, *Juan José Latorre, Héroe de Angamos*, de Enrique Merlet Sanhueza, Santiago Andrés Bello, 1996.

En el Perú había quedado como gobernador militar chileno el capitán de navío don Patricio Lynch. Por tres años Lynch se hizo cargo del ejército de ocupación, de la administración de Lima, de los movimientos de los buques en el Perú y de los trámites para firmar un tratado de paz. De su administración dice Vío: "Fue organizador, guerrillero, diplomático, negociador de tratados, conductor de voluntades ajenas, economista y ante todo y por sobre todo, intérprete del sentimiento de su patria y defensor de su bandera, de sus intereses y de su honra. Ese es el hombre genial que Chile produjo en Lima, el que se hizo acreedor de la gratitud de todos y ligó su nombre a una época imperecedera y a hechos inmortales."[237]

En Valparaíso se procedía nuevamente a la organización de la Armada con la preparación de oficiales que se había visto interrumpida por la guerra. Al iniciarse la guerra, había una falta enorme de oficiales subalternos. Con el fin de llenar este vacío, se comisionaron a bordo de los buques de la escuadra un número de jóvenes que no tenían experiencia naval. Se les llamó "aspirantes de marina". El almirante Silva Palma nos ha dejado una descripción fiel de lo que era la vida de estos valerosos muchachos, mirados en menos por los oficiales y encargados de pasar las órdenes a la marinería. Al terminar la guerra, algunos de estos muchachos se retiraron de la Armada y volvieron a la vida de tierra como civiles. Otros se quedaron a seguir la carrera naval. Entre éstos se cuentan cuatro vicealmirantes: Melitón Gajardo, Alberto Cuevas, Luis Gómez Carreño y Miguel Aguirre, y un contralmirante: Florencio Guzmán. Cuatro muchachos no volvieron al país pues dieron su vida al servicio de la patria: Juan Letts, enfermó a bordo de la *O'Higgins* en el viaje a Magallanes y falleció antes de regresar al norte. El aspirante José A. Morel, murió en el ataque de la torpedera *Fresia* contra El Callao. Miguel Izaza cayó herido de muerte en un bote que comandaba durante el desembarco en Pisagua, y Eulogio Goicolea fue herido de muerte a bordo del *Huáscar* en Arica.

Con el objeto de continuar la preparación de oficiales, se reorganizó la Escuela Naval en tierra y continuó prestando servicios hasta la fecha, con la sola interrupción de la Revolución del 91. En

---

2 Vío, *Reseña*, p. 268.

1885 se comenzó la construcción del edificio en el Cerro Artillería y en 1892 se instaló por fin la escuela en ése, su local permanente.

El 30 de agosto regresaba Lynch de El Callao y Lima, donde había sido uno de los principales promotores del pacto de Ancón que ponía fin al estado bélico entre Perú y Chile. A principios del mismo mes se le había ascendido a vicealmirante. Su recibimiento en Valparaíso fue una demostración de fervor popular como se recuerdan pocas en el puerto. Desde el amanecer, el público esperaba en los muelles la llegada del *Abtao,* buque en que viajaba. La ciudad estaba embanderada como el día nacional y arcos triunfales enmarcaban la ruta desde el muelle hasta el hotel Francia.

Lynch dejó una memoria de su administración en Lima en que demostraba su laboriosidad, honradez y sagacidad. Como premio a sus servicios se le nombró ministro plenipotenciario en Madrid. Después de dos años de servicios y de negociar un tratado definitivo con la Corte española, que ponía fin a la interrupción de relaciones que se mantenía desde *1865,* Lynch enfermó y pidió su relevo. Falleció en su viaje de regreso al país el *16* de mayo de *1886.*

Los otros comandantes de la Armada que se habían conducido con tanto éxito y honorabilidad, siguieron sirviendo a la Armada. Latorre fue ascendido a contralmirante el *6* de junio de 1884. Al subir Balmaceda a la Presidencia de la República, se envió al *Blanco* a Europa con el fin de modernizarlo. Se comisionó a Latorre para que vigilase estas reparaciones. El *Blanco* fue artillado con nuevos cañones de *8* pulgadas de retrocarga. Se le cambiaron las calderas y se le dotó de tubos lanzatorpedos, adquiriendo Chile la patente del torpedo Whitehead. Este torpedo automotriz llevaba su propia locomoción en una máquina de aire comprimido y alcohol y una vez en el agua quedaba libre para dirigirse al blanco enemigo sin necesidad de alambres que lo unieran al buque.

Condell fue enviado también a Europa, ascendido a capitán de navío y asumió a su retorno varios puestos en tierra. Uribe pasó a ser gobernador marítimo de Valparaíso, con el grado de capitán de navío. Riveros recibió su retiro absoluto de la Armada el 20 de agosto de *1881, y* por ley especial, se le concedieron todas las garantías y honores de comandante en jefe de la escuadra. Orella falleció en

Guayaquil víctima de una enfermedad tropical cuando comandaba el transporte *Amazonas*.

Por esa época se fundó en Valparaíso el Circulo Naval, antecesor del Club Naval de hoy día, una institución de fines patrióticos, profesionales y científicos. La reunión inaugural la presidió don Luis Uribe y el héroe de Punta Gruesa, capitán Carlos Condell, pronunció un emotivo discurso en el que pronosticaba un brillante futuro para la organización. Se fundó también en *1885* la "Revista de Marina."

Pocos gobiernos ha tenido Chile que se preocuparon tanto de la Armada y de su eficiencia como el de don José Manuel Balmaceda. No es nuestro propósito hacer un juicio sobre su actuación política, pero en lo que se refiere a la organización de la Armada, sólo puede comparársele con don Federico Errázuriz. Balmaceda comprendía muy bien, que todo el poderío de Chile se basaba primeramente en la escuadra. Como el asunto de límites con Argentina, que debió haber quedado solucionado con el tratado de *1881,* se presenta todavía dudoso, el Presidente no vaciló en destinar fondos para el incremento de la Armada. Para empezar, se modernizaron los blindados y al regresar el *Blanco* se envió el *Cochrane* a Inglaterra, para ser igualmente modificado. La llegada del *Esmeralda* dio a Chile el crucero más rápido del mundo. Este buque desplazaba *2.950* toneladas, tenía la extraordinaria velocidad para su época de 20 nudos y estaba armado con *2* cañones de *6* pulgadas, montados en torres protegidas por *8* pulgadas de coraza y armamento secundario de cañones de *4,7* pulgadas. La cubierta era también acorazada de 2 pulgadas y en la línea de agua la coraza alcanzaba a *7* pulgadas. Se ha dicho que fue el buque que hizo millonarios a los propietarios de los astilleros Elswick. El diseño del buque, especialmente el emplazamiento de su artillería, fueron motivo de que prácticamente todas las armadas del mundo tratara de imitarlo. El crucero *Baltimore* de los Estados Unidos fue un ejemplo de estas imitaciones. En *1894* fue vendido al Japón y se rebautizó con el nombre *Idzumi*. En la batalla naval de Tsushima fue el primer buque guerra en avistar a la flota rusa, a la que observó desde la distancia para retirarse tranquilamente. Durante la batalla misma, formó parte de la sexta división japonesa, bajo el mando del almirante Togo (el "joven Togo", no el comandante en jefe).[238]

El crucero Esmeralda el buque que enriqueció a la firma Armstrong

El *Huáscar* fue también sometido a reparaciones. Se le habían cambiado los cañones de la torre instalándose dos cañones de *8* pulgadas capaces de disparar proyectiles de *210* libras. En *1886* se agregaron dos cañones de tiro rápido y la torre artillada fue modernizada, instalándose una máquina a vapor que permitía ronzarla todo su campo de tiro en cinco minutos. Las calderas fueron renovadas y se le cambió la hélice aumentando así su velocidad a 12 nudos.

Fue así como al regresar el *Cochrane* de Europa, se contaba con tres acorazados de primera clase: el *Huáscar,* el *Blanco y el Cochrane, y* un crucero: el *Esmeralda.* Balmaceda quiso reforzar estas unidades con fuerzas secundarias y se contrató en Francia la construcción de dos cruceros livianos, dos cazatorpederos rápidos, y anticipando el reemplazo de los blindados, se ordenó la construcción un blindado de la más moderna construcción. Se ordenaron también varios escampavías y nuevos cañones para reforzar las baterías Talcahuano y

---

[238] La venta de este buque fue asunto muy controvertido pues se hizo la transaacción a través del Ecuador entregándose el buque en las islas Galápagos. Se decía que el presidente ecuatoriano obtuvo una larga suma como "comisión" de la venta.

Valparaíso. A cargo de todos estos planes se puso almirante Latorre. Balmaceda le dijo en esa ocasión:

> *Necesitamos en Chile una escuadra digna de ese nombre, que nos mantenga en el puesto de honor y de confianza que hemos conquistado en el Pacífico. Ningún gobierno medianamente previsor podría olvidarse que nuestro porvenir está en el mar.*

Mientras tanto la Armada seguía cumpliendo sus misiones hidrográficas, los eternos transportes de tropas y la instrucción de guardiamarinas y grumetes. Muchos oficiales actuaban bajo su propia iniciativa y fue así como el capitán Policarpo Toro solicitó a Balmaceda que se le permitiera negociar para Chile la compra de la Isla de Pascua. El Presidente lo comisionó para que se trasladara a Tahití y se entrevistara con los dueños de la isla. En 1887 zarpó el capitán chileno en una goleta de 150 toneladas con rumbo a Tahití, donde firmó un contrato de compraventa con los propietarios. De vuelta al país, se le dio el mando del *Angamos* y con este buque se dirigió nuevamente a Tahití donde canceló la compra por seis mil libras. También pagó cinco mil francos a la misión católica que tenia propiedades en la isla. En su viaje de regreso recaló en Pascua y en una sencilla ceremonia tomó posesión de ella incorporándola al territorio nacional el 9 de septiembre de 1888. Debemos anotar aquí que los gastos de gestación para la compra, salieron del bolsillo de este distinguido marino y sólo en 1945, por orden del Comandante en Jefe de la Primera Zona Naval, contralmirante Juan A. Rodríguez, se erigió en la isla un sencillo monolito con un medallón que lleva por efigie la del capitán Policarpo Toro y en septiembre de 1988 se trasladan sus restos a reposar en la Isla de Pascua por iniciativa del almirante J.T. Merino Castro.

En 1889 Balmaceda dictó un decreto por el cual se creaba una escuela de mecánicos para la Armada. Esta institución dio origen a la primera especialidad de ingeniería dentro de la Armada. Su evolución posterior hacia mayores niveles técnicos, coincidió con la creación de nuevas escuelas y ampliaciones de los estudios de esta primera institución. Hasta entonces, los ingenieros de la Armada habían sido contratados en el extranjero o eran civiles que se habían adaptado a la vida de marino.

La corbeta *Abtao,* debidamente reparada, fue enviada a Europa en un viaje de instrucción de guardiamarinas. Iba al mando del recién ascendido capitán de fragata Alberto Silva Palma. El viaje fue de inmenso provecho, recalando en los puertos del Mediterráneo, en España, Francia, Italia, Grecia y Egipto.

La Armada continuaba prestando servicios humanitarios y de ayuda a la navegación. Estos no sólo incluían los trabajos hidrográficos, sino también el servicio de faros, balizas, boyas y en ocasiones, la ayuda y salvamento de náufragos. El 2 de abril de 1890 el transporte *Angamos* entraba en el puerto de Vallenar, isla Tres Dedos, parte del archipiélago de los Chonos. Iba con la misión de buscar a los náufragos del vapor inglés *Gulf of Eden.* A las cinco y media de la tarde, el buque encalló en una roca submarina que no estaba marcada en la carta de navegación. Gracias al buen tiempo se pudo salvar la tripulación completa, el armamento, los víveres, y hasta el equipaje de los tripulantes. Como el encallamiento se produjo en momentos de bajamar, el buque se perdió totalmente, ya que no hubo manera de zafarlo. La cañonera *Magallanes* fue despachada al lugar del desastre y condujo a los náufragos a Valparaíso.

No deja de encerrar cierta ironía el hecho de que el Presidente Balmaceda, que tanto había hecho por la Armada, iba a encontrar en ella su peor enemigo. En efecto, al desatarse en el país la desgraciada guerra civil, la Armada fue la base de las fuerzas del Congreso. Antes de producirse la ruptura entre los Poderes Ejecutivo y Legislativo, algunos senadores de oposición habían sondeado a los marinos y a los oficiales del ejército con respecto a su apoyo a una rebelión contra el Presidente Balmaceda. De los grandes capitanes de la Armada que habían surgido de la guerra, quedaban pocos en servicio. Riveros se había retirado en 1881 y estaba ajeno a toda actividad. Carlos Condell, después de pasar por la Jefatura, había muerto en 1887. López continuaba en la Armada pero no contó nunca con gran prestigio entre sus subordinados. Los hombres de mayor prestigio en la institución eran: Latorre, que se hallaba en comisión en Europa; Luis Uribe, que estaba retirado desde septiembre de 1890; el legendario Williams Rebolledo, que seguía siendo un hombre respetado a pesar de llevar ya más de diez años fuera de la Marina, y el capitán Jorge Montt, ex comandante de la *O'Higgins*. Williams y Uribe rechazaron de plano toda insinuación que se les hizo. Los oficiales más jóvenes respondieron favorablemente a las sugerencias de los senadores.

En diciembre de 1890, Balmaceda se trasladó a Talcahuano con el objeto de poner la primera piedra en las obras del puerto. La gente de confianza que lo rodeaba, sabedor del ambiente hostil de los oficiales, le aconsejaron que no se fuera por mar sino en tren. Balmaceda no era hombre de dejarse amilanar. Se llegó hasta inventar un plan según el cual los oficiales lo tomarían preso y lo llevarían a Juan Fernández. El almirante Williams decidió acompañarlo personalmente y con este fin se embarcó en el *Cochrane*. A pesar de ser el comienzo del verano, el tiempo fue malo y Balmaceda pasó el viaje mareado. La estadía en Talcahuano y Concepción fue también penosa, pues se provocaron tumultos en las calles y hasta el desembarco hubo de hacerse en un bote oculto del público que lo esperaba. El personal de la Armada cumplió sus deberes como si nada hubiera sucedido guardando durante todo el trayecto de ida y vuelta todo el respeto y honores que a su alto cargo correspondían.

Con la promulgación del decreto que fijaba el presupuesto, se rompieron definitivamente las relaciones entre el Presidente y el Congreso. Se formó una junta de congresales y ésta a su vez designó una comisión. La comisión buscó inmediatamente el apoyo de la Armada, sabiendo que el del ejército sería difícil de obtener ya que casi todos los jefes simpatizaban con Balmaceda. Los oficiales de marina que gozaban de una larga tradición de lealtad hacia la República y su poder constituido, pusieron como primera condición, antes de plegarse al movimiento, que el Presidente fuera legalmente depuesto. El 1º de enero de *1891* se firmó un Acta de Deposición en la que en "nombre del pueblo que representamos", se deponía a Balmaceda. En su segundo artículo el Acta declaraba: "Designamos a don Jorge Montt para que coadyuve a la acción del Congreso a fin de establecer el imperio de la Constitución."

Jorge Montt había surgido de la guerra con gran prestigio. Era un hombre cuya integridad estaba a toda prueba. Querido y respetado por sus subordinados, más de una vez había levantado la voz a sus superiores para corregir errores o hacerse cargo de una maniobra inexperta. De él se cuenta que de los despojos del combate jamás tomó nada y en Mollendo, cuando se aprovisionaron las cámaras de la *O'Higgins*, Montt, "a pesar de estar igualmente necesitado, no aceptó ni un terrón de azúcar." [239]

En la madrugada del 6 de enero se embarcaron en el *Blanco Encalada*, al ancla en Valparaíso, Montt, el capitán Javier Molinas, que había sido nombrado jefe del Estado Mayor, Waldo Silva, vicepresidente del Senado, Ramón Barros Luco, presidente de la Cámara de Diputados, y otros parlamentarios. La escuadra zarpó antes del amanecer, después de disparar un par de cañonazos que no explicaron nada a nadie. El intendente, al saber que la escuadra no estaba en el puerto, envió a Balmaceda un simple telegrama en el que decía:

"Anoche ha salido la escuadra sin órdenes."

La escuadra estaba formada por las siguientes unidades, se reunió en Quintero:

Cochrane, comandante Florencio Valenzuela
Blanco, comandante Luis A. Goñi
Esmeralda, comandante P.N. Martínez
O'Higgins, comandante Lindor Pérez Gacitúa
Magallanes, comandante J. Muñoz Hurtado

Después de una reunión de capitanes y congresales, se izaron las insignias de Jefe de la Escuadra y Presidente de la República en el *Blanco*. La escuadra volvió a Valparaíso donde cruzaron lentamente con todo su empavesado, con el fin de invitar al ejército a unirse al pronunciamiento. La Junta esperaba que al sublevarse la Armada, sus compañeros de tierra seguirían su ejemplo, pero esto no sucedió.

---

[239] Silva Palma, *Crónicas, p.* 200.

El 9 de enero, algunos piquetes de infantería abrieron fuego de fusil contra los botes de la escuadra que navegaban en Valparaíso. Con esto quedaban abiertas las hostilidades, pero los buques no contestaron el fuego por una razón muy simple: el ejército se mantenía fiel al Presidente y controlaba las fortificaciones de Valparaíso que en ese tiempo eran poderosas. Por lo tanto, se decidió atacar a Iquique y establecer allí el cuartel general revolucionario, apropiándose de las entradas del salitre y esperar luego el desarrollo de los acontecimientos. Con este fin zarparon los buques, llevando a remolque al *Huáscar* cuya máquina estaba en reparaciones. El *Esmeralda* fue enviado a Talcahuano con el objeto de levantar la guarnición de Concepción en favor del Congreso. El resultado fue completamente negativo pues no sólo no se levantó nadie, sino que hasta disparos se hicieron contra el crucero que era entonces el orgullo de la escuadra. El *Blanco* quedó en Valparaíso con la misión de bloquear el puerto.

El 16 de enero el blindado se hallaba al ancla cuando a las cinco de la mañana se le hicieron tres disparos desde los fuertes de tierra. El Fuerte Bueras, del que se hallaba a unos 500 metros, le disparó un proyectil de 450 libras que dio en el blindaje sin perforarlo, pero uno de los pernos que sujetaba la plancha de acero salió impulsado por el impacto e inutilizó uno de los cañones de *8* pulgadas. Cuando aún no se reponían los tripulantes de la sorpresa, un segundo cañonazo, esta vez del Fuerte Valdivia, vino a caer en la parte más débil del blindaje: el mamparo de 5 pulgadas a proa. La distancia era doble que la del tiro anterior, pero la granada estaba llena de arena. Así y todo, los cascos mataron a seis hombres e hirieron a seis más, tres de los cuales murieron más tarde. El *Blanco* cambió inmediatamente de fondeadero, poniéndose frente a la Aduana, de manera que no pudiera dispararársele sin peligro de herir a la población. El tercer tiro de la batería Andes no dio en el blanco. Esa misma noche el buque salió al mar y puso rumbo al norte para reunirse con el resto de la escuadra.

El gobierno de Balmaceda quedó sin ningún buque de guerra, con la sola excepción de los cinco botes torpederos que se mantenían para la defensa de Valparaíso. En Europa estaban en construcción el blindado *Prat, los* cruceros *Errázuriz y Pinto, los* cazatorpederos

Lynch y *Condell* y dos escampavías: el *Cóndor* y el *Huemul*. De estos buques, sólo el *Condell* y el *Lynch* habían sido entregados por los armadores y venían en viaje al estallar la revolución. En Valparaíso se armó el vapor mercante *Imperial*. Este buque de *3.300* toneladas, era muy rápido y sólo podía temer a la *Esmeralda* que lo aventajaba en velocidad. Se le armó al principio como se pudo, pero más tarde llevó un poderoso cañón proel y varios cañones secundarios. Se embarcaron en él tropas del ejército para que en caso de presentarse la ocasión, éstas pudieran desembarcar y ocupar algunos puertos del norte.

Cazatorpedero Lynch

El buque zarpó al norte y el *26* de enero, cuando desembarcaba tropas en Antofagasta, fue atacado por lo que se creyó era una lancha torpedera, pero era en realidad la lancha del *Blanco*. El ataque no produjo resultados.

La escuadra, que ahora era conocida como la Escuadra Congresionalista, estaba al mando de Montt. Este jefe no quiso atacar Iquique, temeroso de la resistencia que podría ponerle la tropa de ejército allí acantonada. Se dirigió en vez a Pisagua. Los buques bombardearon el pueblo sin dificultad alguna y apoyaron en seguida el desembarco del general Del Canto, de manera que los revolucionarios tenían ya una playa en Tarapacá el *6* de febrero. El *Imperial* desembarcó en Iquique *300* soldados al mando del coronel Eulogio

Robles, quien intentó la reconquista de Pisagua, siendo derrotado en Dolores. Después de la derrota, Robles pidió todos los refuerzos posibles a Iquique y la ciudad quedó resguardada por sólo 60 hombres de policía. Robles consiguió derrotar a los congresionalistas en Huara, pero al sacar las reservas de Iquique perdió esta plaza que era de mucha importancia. En efecto, el 17 de febrero se presenta ante Iquique la escuadra, acompañada esta vez del escuadrón inglés que mandaba el almirante Hothman, que venia como observador y no sin cierto espíritu deportivo, pues quería actuar como árbitro de la contienda. El intendente, señor Salinas, al ver su desesperada situación, entregó prácticamente la ciudad y la marinería del *Blanco Encalada* la ocupó sin dificultad alguna. Al conocerse el resultado de Huara, Montt dio orden de reembarcar a sus marineros, sabiendo que Robles trataría de recuperar la ciudad. El 18 de febrero quedaban sólo 40 marineros en tierra, al mando del capitán de corbeta Vicente Merino Jarpa. Al día siguiente llegaron a atacarlo las fuerzas balmacedistas. Estas consistían en un batallón de 250 hombres al mando del coronel José María Soto. Si bien las fuerzas de Merino Jarpa eran escasas, pues con la ayuda de los marineros del vapor *Taltal* llegaban apenas a cien hombres, contaba con el apoyo de la escuadra que iba a decidir el combate. Merino se refugió con su gente en el edificio de la Aduana y desde allí añadió el fuego de sus 80 fusiles a los de la escuadra. Soto se apoderó de los desembarcaderos con el fin de impedir los refuerzos. La escuadra desató un fuego vigoroso y bien dirigido sobre las posiciones que ocupaban los balmacedistas. El cañoneo se prolongó por casi diez horas, al cabo de las cuales la ciudad estaba casi en ruinas, varios incendios devoraban los escombros y los marineros de la aduana seguían en sus puestos a pesar del ataque de fuerzas superiores. Llegó el momento en que escasearon las municiones, el humo impedía a los buques ver las señales desesperadas que se hacían desde la aduana. Dos marineros nadaron hasta el buque insignia para comunicar el pedido de municiones. Fue entonces cuando intervino el almirante Hothman y se las arregló para llamar a una reunión de las partes combatientes. Las fuerzas del gobierno estaban exhaustas. Robles no había enviado refuerzos y la situación se había tornado desesperada para el atacante. Se llegó al acuerdo de capitulación a bordo del buque de Hothman, el *Warspite*. En él se estipulaba que las tropas de Soto recibirían un sueldo y se les rendirían honores militares. Cuando este acuerdo fue comunicado a las tropas, la gran mayoría de los soldados pasaron a servir al Congreso. En esta victoriosa defensa de la aduana de Iquique, la escuadra había sido la causa principal de la victoria. Merino Jarpa había derrotado a fuerzas tres veces superiores.

El bloqueo de la costa del norte se mantenía con mucho descuido por parte de los congresionalistas y fue así como el *Imperial* y el *Matías Cousiño* pudieron desembarcar refuerzos, los que sumados a otras tropas venidas de Arica, elevaron los efectivos de Robles a *1.350* hombres. En este viaje el *Imperial* estuvo a punto de ser capturado. A principios de marzo, cuando trataba de desembarcar tropas en Camarones, se encontró con que la *O'Higgins* estaba dentro de la rada. El *Imperial* no tenía el cañón Armstrong que llevó más tarde en la proa, pero el comandante Emilio Garín no se dio por satisfecho sin disparar algunos tiros al enemigo. A dos mil metros hizo fuego con los cañones de babor y luego viró disparando los de estribor. Los tiros cayeron cortos y la *O'Higgins* contestó como podía hacerlo un legitimo buque de guerra: con tal precisión que varios tiros pasaron por encima del crucero. Garín comprendió entonces que no le convenía presentar combate y cambiando de rumbo se alejó. El 11 de marzo se presentó en la noche en Antofagasta, con ánimo de desembarcar allí las tropas que todavía llevaba. Garín envió la lancha a reconocer el puerto, y como ésta no volvió, entró con su buque en la bahía en la que ancló con toda tranquilidad. Completada la maniobra, el comandante se fue a dormir confiado en la protección que le ofrecían los fuertes. Al amanecer, el personal de guardia distinguió una mole oscura al sudeste de la bahía. A los pocos minutos se produjo la mayúscula sorpresa: ¡habían pasado la noche a menos de media milla de la *Esmeralda!* La maniobra de levar anclas debe haber sido la más rápida que recuerda la historia. La *Esmeralda* no dio muestras de haberse apercibido que tenía visita y sólo al salir el *Imperial,* empezó a echar humo por las chimeneas y a hacer fuego con todos los cañones que pudo apuntar. La situación para el *Imperial* era desesperada, pues el crucero lo aventajaba por lo menos en un par de nudos y como la caza comenzaba al rayar el día, quedaban por delante por lo menos 14 horas de luz. El *Esmeralda* tenía poca presión en las calderas y el *Imperial* le sacó casi seis millas de ventaja. Con todo, logró acortar la distancia durante el día y ponerse a tiro de cañón, descargando algunos tiros que no dieron en el blanco. El crucero tenía los fondos sucios y no pudo acercarse al *Imperial* por el resto del día. Al caer la noche la caza continuó ayudada por un reflector, pero la noche era sin luna y el buque balmacedista pudo cambiar de rumbo y eludir a su enemigo.

El *21* de marzo llegaron a Valparaíso los cazatorpederos *Lynch y Condell*. Estos buques llegaban en pésimas condiciones después de la larga travesía desde Europa a través del Estrecho. Varios tubos de las calderas estaban rotos y lo que era peor, los ingenieros ingleses, alegando que no se habían contratado para las acciones bélicas, desertaron. Las reparaciones se hicieron en Valparaíso con la ayuda de algunos mecánicos e ingenieros extranjeros que cobraron sus servicios a precio de oro. Estos buques desplazaban 750 toneladas y habían dado hasta *21* nudos de velocidad en las pruebas que hicieron los constructores. Llevaban por armamento dos cañones de tiro rápido de marca Hotchkiss capaces de disparar un proyectil de 14 libras y ametralladoras Gatling. Pero su armamento principal eran cinco tubos lanzatorpedos Whitehead. A su velocidad se sumaba la facilidad de la maniobra permitida por dos hélices y para ataques nocturnos cada uno tenía poderosos reflectores eléctricos. Tomó el mando del *Lynch* el capitán Alberto Fuentes, y como jefe de escuadrilla, quedó el capitán de navío Carlos Moraga, que había tenido a su cargo el malhadado cañón del *Angamos* y más tarde la *Pilcomayo*. Había tomado el mando de los buques en Buenos Aires y con ellos había llegado a Chile.

Una vez que los cazatorpederos estuvieron en condiciones de hacerse a la mar, se formó un plan de ataque que incluía al *Imperial*. Este buque serviría como ténder a los cazatorpederos. Debemos aclarar aquí que el *Lynch* y el *Condell* no habían sido construidos como buques de ataque, sino de defensa contra lanchas y botes torpederos, de allí su nombre. Su misión principal era la de proteger a los blindados de los ataques del enemigo y sólo secundariamente atacarían con sus propios torpedos. Ofrecían un blanco demasiado grande para arriesgarlos a corta distancia de un buque de guerra, en contraste con la pequeña silueta de una lancha torpedera. El gobierno tenía informaciones seguras de que el vapor *Aconcagua* estaba en viaje a Caldera escoltado por dos blindados, y con el fin de atacarlo, se dieron órdenes a Moraga de hacerse a la mar cuanto antes. Después de una corta práctica en Quintero, la escuadrilla balmacedista se hizo al norte. El plan consistía en entrar en Caldera con los dos cazatorpederos durante la noche, mientras el *Imperial* voltejeaba en las afueras. En la noche del *22* de abril, el *Imperial* perdió a los otros buques en la oscuridad y llegando frente a Caldera se mantuvo a la expectativa. El oficial de guardia dio la alarma durante la noche pues había distinguido fogonazos en dirección a tierra, pero como esto no fue confirmado y a Garín se le habían dado órdenes terminantes de no arriesgar su buque, éste se mantuvo en las afueras.

Pero volvamos ahora por unos momentos a los cazatorpederos. Al atardecer del *22,* un bote de tierra fue alcanzado por el *Lynch* que navegaba muy pegado a tierra. Sus tripulantes dieron la información que algunos de los buques de la escuadra ya habían zarpado de Caldera. El comandante Alberto Fuentes se puso de inmediato en contacto con el comandante Carlos Moraga del *Condell* que navegaba más afuera y los dos comandantes decidieron no esperar al *Imperial* que se les había perdido y atacar esa misma noche a las *3* de la mañana. A las *3,30* de la madrugada el *Condell* entró en la bahía seguido de su gemelo. En la oscuridad se distinguían dos buques. Uno, grande, sin duda uno de los blindados y más atrás otro más pequeño que Moraga creyó era el *Huáscar*. La entrada se hizo por el norte y al entrar los dos buques se separaron de manera que cada uno se aproximara por un costado diferente. A casi 100 metros de distancia el *Condell* disparó su torpedo de proa que pasó cerca de la popa del blindado y según el vigía del torpedero fue a dar de lleno contra el segundo buque. Cambiando de rumbo, Moraga disparó los dos torpedos de estribor. En ese momento el *Blanco Encalada,* que resultó ser el blindado atacado, dio la alarma y abrió fuego contra el *Condell.* El blindado largó sus amarras y haciendo uso de la máquina puso la proa hacia el *Condell,* ignorando que el *Lynch* se le acercaba por el lado opuesto. El capitán Fuentes dio orden de disparar el torpedo a 150 metros y dos tubos dispararon contra el enemigo. El primer torpedo falló, pero el segundo dio contra el costado de estribor produciendo una gran explosión. Los dos torpederos abrieron fuego con sus ametralladoras y los Hotchkiss produciendo todavía más víctimas en su antagonista. El blindado herido de muerte, se hundió en tres minutos.

El acorazado chileno *Blanco Encalada* fue la primera víctima del torpedo Whitehead. Hubo ciertos descuidos por parte de su comandante,

Hundimiento del Blanco Encalada según un grabado inglés

el capitán Goñi. El buque tenía presión en las calderas pero el personal de guardia no vio acercarse al enemigo. Diremos en su favor que la noche era oscura. La primera medida fue mover el buque, pero esto se hizo cuando el torpedo del *Lynch* venía en camino. La conveniencia de mantener a la guardia y a los vigías alertas en todas direcciones, aún bajo el fuego enemigo queda ampliamente demostrada en este ataque. De los *284* hombres a bordo del blindado, 11 oficiales y 171 marineros murieron por efectos de la explosión, por el fuego de las ametralladoras o se ahogaron. Las puertas de los mamparos no alcanzaron a cerrarse y los reflectores a encenderse. Al ser examinado el buque, más tarde, por buzos, se encontró que la explosión había sido tremendamente violenta en el pañol del dínamo. El agujero era de 4 metros de alto por *2* de ancho. Uno de los torpedos fue a dar a la playa y fue recuperado. Este resultó ser un Fiume, Mark IV con un radio de acción de 660 yardas y con una carga de *58* libras de algodón pólvora.

Como la explosión del torpedo y el hundimiento del buque no necesitaba confirmación, los torpederos se retiraron. Este fue su primer error, pues con el *Blanco* a pique, debieron haber continuado el ataque sobre el otro buque, especialmente si era el *Huáscar*. Era en realidad el *Biobío* vapor de ningún valor militar, pero esto no lo sabían los atacantes. La retirada es hasta cierto punto justificable ya que comenzaba a amanecer y los torpederos debían actuar sólo bajo el amparo de la oscuridad pues no tenían protección blindada. Por último los disparos de los Hotchkiss producía tal vibración que varios tubos de las calderas se habían dañado. Quedaba todavía el humanitario deseo de que siendo los tripulantes del *Blanco sus* propios hermanos de armas, con la retirada se les aseguraba la ayuda de tierra.

Al salir de Caldera, los atacantes vieron venir un vapor que creyeron el *Imperial*. Llegaba oportunamente pues el *Condell* había sufrido cuatro impactos de los cañones livianos del *Blanco*. La sorpresa resultó agria pues se trataba del vapor *Aconcagua* que estaba armado con 3 cañones de 40 libras. El vapor trató de huir hacia el oeste pero desde el primer momento era obvio que la diferencia de velocidad estaba en favor de los atacantes, por lo que tornó en volver hacia este tratando de entrar en Caldera o con la esperanza de que saliera ayudarlo algún buque de la escuadra. El *Aconcagua* hizo vario impactos en ambos torpederos y el cañoneo se hizo intenso. Moraga señaló a Fuentes que usara sólo los Hotchkiss, pues el transporte estaba cargado con tropas y el fuego de las Gatlings habría sido masacrador. El encuentro se mantenía ya por hora y media y ninguna de las dos partes parecía sacar ventaja. En esos momentos apareció en el horizonte un crucero, y como parecía maniobrar para cortar la retirada de los atacantes, Moraga ordenó la retirada, pues estaba seguro que se trataba del temido *Esmeralda*. Moraga daba por confirmado que el vapor estaba rendido o por rendirse y de no haber sido por la oportuna llegada del crucero habría llevado al buque y al regimiento que transportaba a Valparaíso. El crucero no era el *Esmeralda* sino el *Warspite* que como siempre andaba en busca de informaciones sobre las tácticas y los nuevos adelantos bélicos. En la bahía de Caldera tenía bastante con qué entretenerse por unos días y su comandante escribió un largo informe sobre el uso y los efectos del torpedo Whitehead, que se conserva todavía en el archivo del Almirantazgo inglés.

La pérdida del *Blanco* tuvo hondas repercusiones en ambas partes beligerantes. Balmaceda estaba seguro de que en un segundo ataque se lograría la destrucción del *Cochrane* y con la llegada del *Prat* y los dos cruceros, su gobierno recuperaría el dominio del mar. Así lo comprendía también la población de Valparaíso que supo del hundimiento al llegar Moraga al puerto. Una gran demostración surgió espontáneamente al llegar el *Imperial* a Valparaíso, pues se había propagado rumores de que este buque había sido hundido por el *Esmeralda*. Según descripción de Hervey, corresponsal del *Times de Londres*, "una enorme muchedumbre se había agolpado en los muelles y en los lugares más altos para dar la bienvenida al *Alabama* chileno. Por lo menos doce bandas tocaron un emocionado himno nacional y parecía que todas las banderas de la ciudad habían sido llevadas al desembarcadero." [240]

En el bando revolucionario el hecho había producido gran confusión. Se tomaron toda clase de precauciones para evitar nuevos

---

[240] Hervey, obra citada, p. 177

ataques. Especiales arreglos se hicieron en Caldera e Iquique donde se protegieron los fondeaderos con cadenas y torpedos fijos controlados desde tierra por electricidad mientras botes torpederos y lanchas hacían la patrulla del puerto día y noche. Los buques salían al anochecer y no regresaban sino después de amanecer.

El 10 de mayo zarpaban de Valparaíso el *Imperial* y el *Condell*. El *Lynch* estaba todavía en reparaciones de los daños causados por los cañones del *Aconcagua* en Caldera y tuvo que quedarse en el puerto con órdenes de salir a encontrarse con los otros buques apenas estuviera listo. Debemos anotar que estos zarpes se efectuaban entre los más estruendosos "vivas" de los espectadores. El efecto del hundimiento del *Blanco* era sin duda impresionante. Esta expedición al norte, incluía 1.300 soldados embarcados en el *Imperial*. *No* se necesita ser un experto en la geografía del norte de Chile para comprender que la situación de Balmaceda era extremadamente incómoda, pues, teniendo las tropas con qué combatir a los revolucionarios, no tenía cómo transportarlas al teatro de operaciones. Se creía que un segundo ataque contra la escuadra bien podía llamar a los revolucionarios a la cordura y con este fin se enviaba la nueva expedición al norte.

El plan podía dar resultado pues teóricamente estaba aislado del centro del país de donde normalmente se le suplía de refuerzos y provisiones. En la práctica ocurría lo contrario, pues los buques de Balmaceda no podían mantener un bloqueo efectivo y los puertos del norte que dependían exclusivamente del mar para su aprovisionamiento, no tenían dificultades en recibir buques extranjeros que salían de Valparaíso, Talcahuano y Coronel con rumbo al Callao. Estos siempre recalaban en Iquique o se las arreglaban para ser "capturados" en alta mar por los buques de la escuadra. A veces se produjeron errores y se interceptaron buques que no querían ser interceptados por lo que los ingleses mantenían una vigilancia permanentemente sobre los neutrales europeos. Las potencias extranjeras se negaban terminantemente a vender buques a Balmaceda y todos los esfuerzos por obtener la entrega del *Prat o* de los cruceros resultaron infructuosos. Esta segunda expedición al norte, era pues, de vida o muerte para el gobierno balmacedista.

El Imperial según un grabado inglés

Las tropas fueron desembarcadas en Coquimbo y los dos buques siguieron al norte arribando a la latitud de Iquique el *16* de mayo. Moraga entró a reconocer el puerto en el *Condell* y como no encontró buques de guerra salió a reunirse con el *Imperial*. A pesar de que Moraga era el jefe de operaciones, consultaba todos sus planes con los otros comandantes y fue así como después de cambiar ideas con Garín, decidió entrar en Iquique y hundir aunque fuese un pontón, con el fin de aterrorizar al enemigo. El 16 de mayo a la una de la mañana el *Condell* entró a Iquique y se enfrentó con dos líneas de buques. La primera la formaban buques de vela extranjeros que con seguridad cargaban salitre. Estaban acollerados a popa y proa de manera que formaban una barrera impasable tras la cual se refugiaban seis o siete vapores. Moraga quiso hundir a uno de los mercantes con el objeto de penetrar la línea y atacar a uno de los vapores, pero sus oficiales lo convencieron de que de hacerlo se crearía un situación difícil para el gobierno. Tuvo que contentarse con lanzar un torpedo a un vapor que estaba fuera de la línea y que parecía abandonado. El *Condell* fue descubierto entonces y se retiró mar afuera, pues no quería arriesgarse al fuego de tierra y la lancha torpedera que con seguridad saldría a atacarlo. A las siete de la mañana apareció el *Cochrane* que venía de vuelta de su voltejeo nocturno. Su aparición no causó temor alguno a Moraga y sus hombres, pues sabían muy bien que en el estado que se encontraba, el *Cochrane* apenas podía dar nueve nudos. Con toda tranquilidad volvió a acercarse a Iquique y esta vez obtuvo una buena observación de los buques el el puerto. Resultó ser un cuadro exacto de lo que creían haber visto en la noche a excepción del crucero norteamericano *Baltimore* que se hallaba al ancla. Moraga era conocido en la Armada por tener el mejor ojo y ser un hombre valiente y arrojado. Sin preocuparse de la presencia del *Cochrane* disparó sobre un vapor que venía entrando a Iquique y que resultó ser inglés. Luego, a la vista y paciencia del blindado, capturó un bote con cinco pescadores y un niño. Mientras efectuaba estas maniobras, su oficial de señales indicaba al *Cochrane:* "Tengo un mensaje para el comandante." El blindado seguía a su adversario con toda la velocidad que le permitían sus sucios fondos, pero Moraga había hecho ajustar la velocidad de *Condell* de manera que la distancia se mantuviera para no caer alcance de los cañones del blindado. Moraga quería comunicar al comandante del *Cochrane*, que como a él se le habían ofrecido *200* mil pesos si se pasaba con su buque al bando revolucionario, el gobierno de Balmaceda estaba dispuesto a pagarle un millón de pesos, si s pasaba con el *Cochrane*. De los pescadores capturados supo Moraga que el *Huáscar* y la *Magallanes* estaban en Pisagua y que la *O'Higgins* estaba en Pacocha. La caza seguía gracias a la poca velocidad que mantenía en el *Condell* y al pasar frente a Pisagua se encontraron con el *Huáscar* y la *Magallanes* que habían salido a su encuentro Estos buques habían sido notificados por el telégrafo de tierra de la persecución y esperaban encajonar al *Condell* en una maniobra similar a la de Angamos. No se logró encajonar al torpedero, por el contrario, éste pudo haberse alejado sin peligro ninguno, pero Moraga no aumentó la velocidad y continuó su fuga cambiando tiros con el *Huáscar* y la *Magallanes*. El monitor ahora al mando de Goñi, disparó por espacio de dos horas sin que ningún tiro cayera cerca del *Condell*. Al terminar el día, Moraga dio orden de aumentar la velocidad y sus perseguidores se perdieron en la estela. El *Cochrane* no se había acercado lo suficiente para disparar un solo cañonazo.

Llegado el torpedero a Pacocha, Moraga desistió de atacar a la *O'Higgins*, según Hervey que viajaba a bordo del *Condell,* porque le dio lástima la tripulación de la corbeta y no quiso causar más víctimas.

La escuadra tendió una trampa, con la que esperaba atrapar a Moraga y su buque. Frente a Iquique el torpedero observó que un buque que parecía ser el *Imperial* estaba perseguido por la *O'Higgins*, que después de todo no estaba en Pacocha. A juzgar por la distancia que los separaba, el *Imperial* iba a ser capturado si no se le prestaba ayuda inmediata. El *Condell* en zafarrancho de combate se acercó a toda velocidad dispuesto a defender a su ténder. Al acercarse el capitán Cook segundo de abordo, identificó al vapor como el *Aconcagua* que era gemelo del *Imperial* y se comprendió el engaño. Moraga no lo dio todo por perdido y en vez de retirarse cambió de perseguidor. Se acercó ahora al *Aconcagua* con ánimo evidente de torpedearlo. Pero el capitán del *Aconcagua* no se había dormido y comprendiendo la maniobra, fue a buscar refugio en las cercanías de la *O'Higgins* de cuyos cañones Moraga no tenía intención alguna de ponerse a tiro. El *Condell* se alejó, pero volvió al día siguiente en compañía del *Imperial* disparando ambos buques algunos tiros sobre Iquique.

El 21 de mayo el *Imperial* y el *Condell* se presentan en Taltal, disparando sus cañones sobre una batería de artillería de campo que se había instalado en la playa. Ponen en fuga a la guarnición y desembarcan desfilando con marineros y soldados en la Plaza de Armas. Al anochecer embarcaron la tropa y el 24 de mayo llegaban de vuelta a Valparaíso. El raid no había dado los resultados esperados.

En esos mismos días, agentes revolucionarios, sobornaron a la tripulación de la torpedera *Aldea* haciéndoles creer que un buque de la escuadra saldría a recogerlos una vez que abandonaran Valparaíso. Al salir la lancha sin órdenes, se envió al *Lynch* en su persecución, el que no tuvo dificultad en capturarla y volver con ella al puerto. A tres hombres se le formó consejo de guerra y fueron fusilados.

El 2 de junio zarpaba nuevamente el *Imperial* al norte acompañado de los dos cazatorpederos. Esta vez llevaban órdenes terminantes de bombardear todos los puertos ocupados por los revolucionarios, con el fin de amedrentarlos y hacerlos sentir la presencia de los torpederos, pues la artillería con que contaban no era de alguna manera capaz de infligir daños serios. El *Imperial* navegaba a la vanguardia con todas sus luces encendidas, con la esperanza de que algún buque intentara capturarlo, pues le seguían los dos cazatorpederos en la oscuridad. La estratagema no dio resultado alguno y la escuadrilla bombardeó Pisagua, Iquique, Tocopilla y Chañaral. En el primero de estos puertos, el fuego fue contestado por los fuertes y el *Huáscar* pero el monitor no salió de su fondeadero. En Chañaral, el *Condell* ancló a unos *200* metros de unas rocas, tras las cuales se había apostado un antiguo cañón de 75 libras que disparó sobre el buque. El primer tiro pasó por entre las chimeneas y no se repitió, pues las ametralladoras y el Hotchkiss contestaron inmediatamente haciendo huir a los artilleros. En Chañaral, el *Imperial* disparó contra un tren que salía del pueblo con tan buena fortuna que dio un impacto directo en la locomotora. Después se desembarcó la tropa y la población estaba en tal estado de miseria que Moraga ordenó cargar al *Imperial* con los más necesitados y se los llevó a Coquimbo. El 15 de junio terminaba el tercer y último crucero de la flotilla balmacedista.

Los revolucionarios, por su parte, también tenían sus problemas para conseguir buques y armamentos. Un cargamento de fusiles y municiones había sido adquirido en los Estados Unidos y con este fin se despachó al vapor *Itata* para cargarlo en San Francisco. El vapor llegó a San Francisco cuando todavía no se terminaban los arreglos y como su presencia en el puerto se hiciera sospechosa, se le dieron instrucciones de hacerse a la mar y tomar su cargamento de dos goletas en alta mar. Antes de encontrarse con las goletas, se le acabó el combustible y tuvo que seguir al sur, recalando en San Diego, donde hizo faena de carbón. El 5 de mayo se constituyó a bordo un agente del gobierno norteamericano con el fin de que no cargaran allí los pertrechos. Al día siguiente, largó sus amarras y salió a alta mar llevándose al agente. Se reunió con las goletas, cargó el armamento y entregó el funcionario a las goletas para que lo devolvieran a San Diego. Considerando estas acciones una violación de la ley y un insulto a su bandera, el gobierno norteamericano dio orden al escuadrón del Pacífico para que capturara al mercante chileno. Salió en su persecución el crucero *Charleston*. Durante la persecución, creyeron los marinos norteamericanos que tendrían que batirse contra el *Esmeralda* que se decía venía a convoyar al *Itata*. Afortunadamente el *Charleston* llegó hasta Iquique sin encontrar al *Itata,* el que más tarde se sometió al crucero *Baltimore*. La corte de California que tenía jurisdicción sobre el caso determinó que la orden de captura había sido ilegal. A la larga, la Corte Suprema norteamericana falló en favor de los congresionalistas chilenos y el comandante del *Baltimore* tuvo que reconocer que el intento de captura había sido injustificado.

Ante la imposibilidad de combatir en el mar a los veloces buques de Balmaceda los congresionalistas urdieron un plan encabezado por Ricardo Cumming, un comerciante de Valparaíso. El plan consistía en cargar en los buques explosivos con que hacer volar las naves. Con la ayuda del mayordomo Sepúlveda del *Imperial*, lograron acumular a bordo la cantidad necesaria de dinamita. En el *Lynch* y el *Condell* se había usado igual estratagema llevando a bordo marraquetas de pan, a las que se les había extraído la miga, llenándose con dinamita. Uno de los implicados traicionó a los saboteadores y Cumming, Sepúlveda y un austríaco llamado Politio fueron sentenciados a muerte. El contramaestre del *Imperial* también implicado en el asunto, se suicidó al descubrirse el plan. El cuerpo diplomático trató de interceder pidiendo el perdón de Cumming, pero Balmaceda se negó a concederlo, alegando que le parecía ridículo que esta gente intercediera por Cumming que era rico y bien conocido y no por los otros dos infelices y que no hubieran intercedido antes por los desertores de la torpedera *Aldea*.

El ejército congresionalista se concentraba en el norte preparándose para una campaña que lo llevara a combatir el núcleo del poder balmacedista, el ejército del centro. La primera noticia que se tuvo de esta expedición al sur, fue la *Esmeralda* que apareció frente a Valparaíso y disparó 8 tiros contra el puerto pero a una distancia tal que los tiros quedaron cortísimos. Esta era una señal para los partidarios del congreso y el buque se retiró sin acercarse.

En la mañana del 20 de agosto anclaban en Quintero veinte vapores que traían el ejército. Estaban escoltados por el *Cochrane*, *Esmeralda y Magallanes*. El desembarco se efectuó sin resistencia y el *Cochrane* permaneció junto a los transportes mientras los otros buques se dirigieron a Valparaíso con el fin de interceptar al *Lynch* y al *Condell* en caso de que éstos intentaran salir del puerto. La mañana era brumosa y al levantarse la niebla las torpederas *Aldea y Guale* se encontraron a una distancia peligrosa del crucero *Esmeralda*, pero gracias a su velocidad y pequeño tamaño pudieron escapar y acogerse al amparo de las baterías del puerto. Sin duda alguna que el *Lynch* y el

Condell eran los indicados para atacar a los transportes mientras se desembarcaban las tropas y debieron haberse dirigido junto con las torpederas de puerto a Quintero donde habrían infligido serios daños al enemigo. Se dejó perder esta oportunidad y al caer la noche los transportes habían desembarcado 8.600 hombres de infantería, 600 soldados de caballería, un batallón naval de 800 hombres y artillería. Era un total de 10.600 hombres. Las tropas balmacedistas se habían fortificado en Concón en una posición que creyeron segura, pero que estaba a distancia de tiro de la *Esmeralda* y de la *Magallanes*. Al comenzar la batalla estos dos buques se acercaron a la desembocadura del río Aconcagua, desde donde dispararon con gran efecto sobre las avanzadas balmacedistas. El combate duró dos horas y el triunfo de los congresionalistas fue casi completo.

El 22 de agosto el *Esmeralda* y el *Cochrane* bombardearon los fuertes de Viña del Mar con bastante éxito. En la batalla de Placilla el 28 de agosto las últimas fuerzas de Balmaceda fueron derrotadas sin que la escuadra pudiera contribuir a la victoria, por encontrarse los ejércitos tierra adentro y fuera del alcance de las baterías. A las dos de la tarde, ya asegurada la victoria, el blindado *Almirante Cochrane,* buque insignia de la escuadra, largó el ancla en Valparaíso, por primera vez. desde el comienzo de la revolución.

El crucero *Baltimore* de los Estados Unidos, observó de cerca las acciones en Quintero y Concón y se creyó que daba ayuda a las tropas balmacedistas. Al caer Valparaíso, sirvió de refugio para los oficiales de las torpederas. Entre ellos se encontraba Fuentes, comandante del *Lynch*. Este oficial no había podido participar en otras operaciones de la guerra, pues se encontraba enfermo de cierta gravedad y se sospechaba que se había intentado envenenarlo.[241] Fuentes había dejado a su buque junto al molo a cargo de 20 hombres con órdenes de entregarlo apenas se les demandase. Estos pobres infelices no tuvieron oportunidad alguna de salvarse. Al llegar al puerto las tropas congresionalistas y ver al odiado cazatorpedero abrieron fuego sobre él. Los marineros que quedaban a bordo se dieron cuenta de que era hombres condenados a muerte, y en su desesperación, contestaron el

---

[241] El comandante Alberto Fuentes se exilió en México donde sirvió con distinción como almirante de Profirio Díaz.

fuego con las Gatlings. De los veinte tripulantes, la mayoria había caído herido. Cinco trataron de escapar en un bote y fueron casi inmediatamente acribillados. Dos lograron escapar nadando hasta una boya donde los soldados los hicieron blancos de sus disparos. Hubo sólo dos sobrevivientes de la masacre. Uno de ellos se escondió en las carboneras y al amparo de la noche escapó nadando. Las otras dos naves habían escapado y su tripulación las entregó en El Callao donde pidieron asilo al gobierno peruano.

Terminaba con este triste episodio la sangrienta revolución. Ninguna otra guerra había puesto de manifiesto la vulnerabilidad chilena ante una escuadra. Ni los más modernos adelantos, ni la valentía de sus capitanes, pudieron ayudar a Balmaceda. El hundimiento del *Blanco* fue sólo una victoria temporal. Quien dominaba el mar dominaba Chile.

Capítulo XIX
Cuarenta Años de Paz 1891-1931

Al terminar la guerra civil, don Jorge Montt, que había actuado como almirante de la escuadra congresionalista, se hizo cargo del gobierno de la nación. Los oficiales que no se habían plegado al movimiento, presentaron sus renuncias o se les quitó el mando. Latorre, que se hallaba en Europa, había continuado en el desempeño de sus funciones y después del triunfo congresionalista fue exonerado de sus títulos y de toda comisión oficial. El capitán de navío don Francisco Vidal Gormaz, que tenía a su cargo la Oficina Hidrográfica de la Armada, institución que se había creado gracias a su desinteresado esfuerzo y que era el orgullo de la Marina, fue reemplazado por orden de la Junta el 4 de septiembre de 1891. El más insigne de los hidrógrafos chilenos se retiró de la Armada. Igual suerte corrieron otros distinguidos oficiales, entre ellos, Policarpo Toro. El almirante Oscar Viel había sido el oficial más antiguo entre los balmacedistas y, como era lógico, quedó sin trabajo en la Armada. En cuanto a Moraga y Fuentes, que se habían desempeñado con tanto éxito, no necesitaron siquiera de ser notificados. Moraga permaneció años en el Perú y Fuentes en México donde sirvió en la marina de mexicana bajo el presidente Porfirio Díaz.

Silva Palma se había encontrado en Punta Arenas con la noticia de la rebelión. Venía como comandante del *Abtao* de un viaje de instrucción por Europa. En Punta Arenas reunió a sus oficiales y les expuso el caso, dejándolos en libertad para que escogieran la causa que creyeran más justa. Luego se dirigió con su buque a Iquique donde Montt, que había sido su comandante en la *O'Higgins,* le dio el mando de la *Esmeralda,* buque que tuvo a su cargo el resto de la campaña. Al finalizar la guerra civil pasó a ser gobernador marítimo de Valparaíso.

Montt, como veterano de la Guerra del Pacífico y como jefe de las fuerzas congresionalistas, sabia muy bien lo que la defensa del país demandaba y no podía sino adoptar una política de modernización y engrandecimiento para la Armada y el Ejército. El almirante

Rodríguez lo llamó más tarde "el constructor del poder militar de Chile después de 1891. El Ejército y la Armada se incrementaron y se modernizaron con los mejores elementos de la época."[242] Como consecuencia de la política de Montt y los sabios preparativos de Balmaceda, la escuadra se incrementó con varios buques modernos y poderosos con los que pasó a ser una de las diez armadas más poderosas del mundo. El *Imperial* fue devuelto a la Compañía Sudamericana de Vapores, que era su dueño legítimo, y el *Condell* y el *Lynch* se incorporaron a la escuadra que meses antes había atacado. Dos vapores comprados por Balmaceda pasaron a la marina de guerra. Estos eran el *Angamos,* un vapor comprado en Francia al que se había bautizado como *Espartan,* nombre bajo el cual esperaban los agentes balmacedistas engañar a los gobiernos europeos. El otro era un vapor de la compañía de navegación Ansaldo, llamado *Aguila* que fue rebautizado como el *Casma.* A estos buques de la escuadra balmacedista se unieron los cruceros *Pinto* y *Errázuriz* que no alcanzaron a participar en la revolución. El *Errázuriz* estaba en Buenos Aires al terminar la guerra y el *Pinto* en Kiel. En 1892 llegaron ambos a Chile y un año más tarde llegaba por fin el *Prat.* Estas eran tres modernas unidades que ponían a Chile en clara ventaja sobre las otras marinas sudamericanas. Se incorporaron también en esos años dos escampavías: el *Cóndor* y el *Huemul,* construidos en astilleros franceses expresamente para Chile. Todas las tentativas que se hicieron para reflotar al blindado *Blanco Encalada* en Caldera fracasaron. El gobierno de Montt ordenó la construcción de un poderoso crucero para reemplazarlo. Fue el segundo *Blanco Encalada.*

No bien terminada la revolución del 91, ocurrió en Valparaíso un desgraciado incidente que vino a poner en evidencia, una vez más, la conveniencia de mantener una escuadra en pie de guerra. Se ha visto cómo el crucero *Baltimore* de los Estados Unidos había servido de refugio a muchos de los partidarios de Balmaceda. Ya antes su capitán había incurrido en el odio y la amenaza de los capitanes chilenos por su participación en la persecución del *Itata*. Al desembarcar las tropas

---

[242] Rodríguez, Crónicas, p. 276

en Quintero el capitán Schley, que como los otros capitanes extranjeros observaban de cerca las acciones navales y militares, se hallaba presente con su buque. Los oficiales congresionalistas acusaron a Schley de dar informaciones y palabras de aliento a las fuerzas balmacedistas, a pesar de que en toda justicia no había base ninguna para probar esta afirmación. En todo caso, había en Valparaíso un clima hostil hacia los marinos norteamericanos. Algunos autores norteamericanos han sugerido que esta actitud anti-yanqui de los chilenos se debía al injusto tratamiento que habían recibido los chilenos durante le fiebre del oro en California.

El capitán Schley decidió dar salida de franco a su tripulación el 16 de octubre de 1891 y *115* marineros bajaron a tierra. Ya en el muelle empezaron los incidentes cuando un grupo de fleteros *y* los marineros del *Baltimore* se trenzaron en un cambio de palabras ofensivas y luego se fueron a las manos. Pocas horas más tarde los incidentes se repetían y la policía del puerto probó ser decididamente parcial. Dos marineros norteamericanos murieron en las reyertas y 18 quedaron heridos. El capitán Schley, que no tenía ningún respeto para el nuevo gobierno de Chile, insistió ante las autoridades chilenas que sus hombres no estaban borrachos como se les acusaba y el argumento entre ambas partes se hizo largo y hasta cierto punto ridículo. Como las autoridades chilenas, respaldadas por la presencia de la escuadra, no mostraban intención alguna de tomar responsabilidad por el incidente, los Estados Unidos decidieron reforzar sus precarias fuerzas en la zona. Se ordenó al cañonero *Yorktown* que pasara del Atlántico al Pacífico y desde San Francisco se dieron órdenes al monitor *Monterrey* que se hallaba todavía incompleto *y* sin blindaje, de que se hiciera a la mar cuanto antes. La situación era sin duda grave. "Una gresca de marineros borrachos en Valparaíso, estuvo a punto de provocar una guerra entre Chile y Estados Unidos" nos dice el autor de un excelente y profundo estudio sobre el tema.[243] Los norteamericanos no tenían base alguna en el Pacífico sur donde aprovisionarse, pues

---

[243] Germán Bravo Valdivieso, *El Incidente del "USS Baltimore"*, Valparaíso, 2003. Para una versión norteamericana, pero bastante imparcial, véase Joyce S. Goldberg, *The Baltimore Affair: United States Relations with Chile 1891-1892*. Indiana University, 1981.

todos sus intentos por obtener una base en Chimbote, Perú, habían fracasado gracias a la intervención chilena. La situación era en cierto modo similar a la que se había producido con la escuadra española al mando de Pareja, pero esta vez la escuadra chilena estaba en una posición en la que podía aniquilar a su enemigo. A juicio de Hervey, que escribía en esa época: "Los buques americanos en Chile, son muy inferiores a la escuadra chilena. El *Baltimore* y el *San Francisco* son cruceros muy buenos, pero no son acorazados. Dos buques más pequeños se encuentran cerca. Pero los chilenos tienen dos blindados, tres cruceros de primera clase, cinco corbetas de madera, dos cazatorpederos y varias lanchas torpederas. En cuanta a sus cualidades como combatientes, los chilenos han dado prueba abundante de su coraje; ni pude tampoco dejar de impresionarme por el alto porcentaje de negros que vi formando parte de la tripulación del *Baltimore.*" [244]

Afortunadamente: para ambas partes el capitán del cañonero *Yorktown* probó ser un caballero y diplomático de primera clase. Era el capitán de fragata Robley D. Evans, "Fighting Bob," quien con gran habilidad logró calmar los exaltados ánimos chilenos. Si bien es cierto que los chilenos habrían podido hundir a los buques norteamericanos con gran facilidad, no era tampoco un riesgo saludable el provocar a una nación 20 veces más poderosa. En consecuencia el gobierno de Chile, puso a disposición del de los Estados Unidos, 75 mil pesos para que fueran entregados a las familias de los dos marineros muertos y de los heridos. Esta suma fue una contribución voluntaria del gobierno de Montt y no fue jamás exigida por el gobierno norteamericano. A juicio de Johnson, historiador oficial de la Estación Norteamericana del Pacifico: "A los ciudadanos de los Estados del Pacífico (California, Oregon y Washington) se les había demostrado completamente su vulnerabilidad."[245] El sentimiento anti-yanqui en Chile era profundo y violento y a juicio de Hervey "cualquier gobernante con la audacia de desafiar al escuadrón norteamericano, sería un buen candidato para deponer a Arturo Prat como el ídolo popular de la Nación." [246]

---

[244] Hervey, *Dark days, p. 308*
[245] Johnson, *Thence, p. 147*
[246] Hervey, op. cit., *p.307*

La escuadra se mantuvo en esos años con una buena organización y en estado de entrenamiento permanente. Los buques de menor tonelaje se dedicaron a la reanudación de los estudios hidrográficos que con tanto tesón había impulsado Vidal Gormaz. El *Cóndor* sirvió de auxiliar a la *Pilcomayo* y el *Huemul* a la *Magallanes,* naves desde las cuales se hacían los levantamientos y que prestaban también servicios humanitarios vigilando la navegación de buques mercantes por los canales.

El 5 de marzo de 1893 se inauguraba el nuevo edifico de la Escuela Naval edificado sobre los restos del antiguo cuartel del fuerte de San Antonio sobre el cerro Artillería. Se cumplía con esto un viejo anhelo que establecía la escuela sobre un lugar permanente, en un edificio construido precisamente con este objeto y que sería hogar de muchas generaciones hasta junio de 1967 cuando se trasladaron los cadetes al nuevo edificio en Playa Ancha. Tomó el mando de la institución el almirante Luis Uribe compañero de Prat en Iquique. No todo fue fácil en el nuevo edificio. Los baños no se habían terminados y aunque el médico residente exigía su pronto conclusión con el fin de que los cadetes tomaran baños de agua fría "que fortalecen la piel." Tampoco se había instalado una lavandería. Un serio incidente, ignorado por la mayoría de los historiadores navales ocurrió en 1894 sin que hasta el día de hoy se hayan hecho públicos los sumarios, informes o recomendaciones que siguieron al suceso. Un día, a la hora de almuerzo se distribuyó a los cadetes pan añejo. Hubo protestas y silbidos en los comedores que el brigadier de servicio hizo callar. Pero esa noche, los cadetes vieron o creyeron que se servía el mismo pan que al mediodía. Un grupo de cadetes encabezado por Marmaduke Grove, se negó a sentarse o aceptar la comida. El brigadier llamó al oficial de guardia quién ordenó el arresto de los sublevados. Grove se negó a acatar la orden y de alguna manera rompió los candados de la sala de armas y se apoderó de las carabinas, lo que no le iba a servir mucho pues no tenía municiones. Los cadetes leales, entre los que se encontraba Urrutia Manzano, Bordalí, José T. Merino y Costa Pellé lograron controlar a dura fuerza la situación. Grove fue encerrado en el "chucho" y en los días siguientes expulsado de la escuela por "sublevación." Así terminó "la sublevación del Pan Duro." La expulsión de Grove no fue impedimento para que se enrolara en la Escuela Militar. Se ha dicho, mucho después, que Grove era el brigadier de guardia y su acción se limitó a poner en conocimiento del oficial de guardia de la protesta de los cadetes. [5a] Grove obtuvo finalmente su venganza sobre Urrutia en 1932 cuando encabezando un golpe de estado, derrocó al gobierno del Presidente Montero del que su ex-compañero era Ministro de Defensa.[247]

El *Esmeralda* fue vendido en una controvertida operación a traves del Ecuador, al Japón en 1894 y al año siguiente se incorporaba a la Armada el poderoso crucero *Blanco Encalada*. En ese mismo año se ordenaron en Inglaterra dos cruceros, un cañonero, cuatro destructores y seis lanchas torpederas. Fue así como el 22 de marzo de 1904 zarpaba de Plymouth la escuadra chilena que se componía de las siguientes unidades: *Esmeralda y Zenteno,* cruceros; cañonero *Simpson,* más tarde clasificado como cazatorpedero; destructores, *Muñoz Gamero, Orella, Serrano y Riquelme y* las torpederas *Hyatt y Videla*. Esta escuadra de buques nuevos, estaba al mando del contralmirante Luis A. Goñi, quien enarboló su insignia de comodoro en la *Esmeralda*. Las torpederas volvieron a Inglaterra de donde fueron más tarde traídas por los constructores, junto con cuatro torpederas más. Todas fueron construidas por la firma Yarrow y eran de tipo "Viper". Se les llamó con los nombres de oficiales caídos en la Guerra del Pacífico: *Teniente Rodríguez, Ingeniero Mutilla, Ingeniero Mery y Guardiamarina Contreras*.

[5a] Carlos Charlín, *Del avión rojo a la República Socialista*, Santiago, 1970, p. 18
[247] Enrique Merlet Sanhueza, *La Escuela Naval de Chile*, Valparaíso : Imprenta de la Armada, 200. p.122, menciona el incidente. La versión más detallada llegó al autor, ya de tercera generación y puede que no sea exacta.

El segundo crucero Esmeralda

Esta poderosa escuadra con sus flamantes buques, causó impresión en cuanto puerto recaló: Islas Canarias, Cabo Verde, Bahía, Río de Janeiro, Santa Catalina, Montevideo y Punta Arenas. En Montevideo era el deseo de todos los oficiales jóvenes cruzar el Río de la Plata para fondear en Buenos Aires, ya que la tirantez de relaciones con Argentina era el motivo principal para la compra de las nuevas unidades. Goñi no tenía autorización del gobierno y se abstuvo de la visita. Con la recalada en Montevideo se habían acercado lo suficiente para que su presencia fuera sentida en la capital argentina.

En 1898 llegó al país el crucero *O'Higgins* y la escuadra quedó al mando del capitán de navío Juan M. Simpson. En esta escuadra había una división de Evoluciones, que era la primera escuadra de cruceros en Sudamérica. La comandaba el capitán de navío Lindor Pérez Gacitúa, el mismo que había traído al *Esmeralda* desde Inglaterra y contaba además del buque insignia con los cruceros *Pinto, Errázuriz, Blanco, Zenteno y O'Higgins*. La división pesada la formaban los blindados *Cochrane, Huáscar y Prat*, y se contaba todavía con una división liviana de destructores y corbetas. Esta fue la escuadra más poderosa que Chile tuvo. La cúspide del poder naval chileno fue en 1899.

Crucero O'Higgins buque insignia de la Escuadrilla de Evoluciones.

Como la Armada había llegado por fin a su "mayoría de edad" fue necesario hacer una reestructuración de sus servicios administrativos y con este fin el almirante Montt propuso la ley 1066 que creaba la Dirección General de la Armada y la organización de sus servicios. Montt salió de la Moneda y asumió el mando de la Armada. Bajo su administración la Armada creció con bases sólidas. Se creó una Escuela de Artillería Naval y la Escuela de Aspirantes a Ingenieros. Se dio también nuevo impulso a la Escuela Naval que pasó al mando de Silva Palma, quien siguió al pie de la letra el ejemplo de Montt.

La situación con Argentina había asumido caracteres serios por lo que fue necesario establecer arbitrajes, comisiones y consultas. Fue así como en el verano de 1899 los Presidentes de Chile y Argentina decidieron sellar los acuerdos con una entrevista en el propio punto de la discordia, el Estrecho de Magallanes. Con este fin se embarcaron en el *O'Higgins* al Presidente Errázuriz, sus ministros y el almirante

Montt. Servían de escolta el crucero *Zenteno* y el transporte *Angamos* y como comodoro iba el contralmirante Manuel Señoret.

El Presidente argentino don J.A. Roca llegó con el acorazado *Belgrano*, escoltado por el crucero *Patria* y la fragata *Sarmiento*. Las conversaciones se realizaron a bordo del *O'Higgins*, buque sobre el cual tuvo lugar el famoso "Abrazo del Estrecho".

En enero de *1900* llegó al país el buque *General Baquedano*, corbeta a vapor y vela expresamente construido como buque-escuela. La *Abtao* que hasta entonces había desempeñado estos servicios pasó a ser Escuela de Pilotines. La construcción de los fuertes en Talcahuano estaba ya casi terminada y se iniciaron las fortificaciones de la Isla Quinquina. Se creó en el puerto un apostadero de reparaciones, lo que hizo de Talcahuano el primer puerto militar de la América del Sur. Se ordenó también en Inglaterra la construcción de los transportes *Rancagua* y *Maipo* y anticipando el reemplazo de los blindados *Cochrane* y *Huáscar*, a este último se le había reventado una caldera, se contrató la construcción de dos poderosos acorazados, el *Constitución* y el *Libertad*. Para mantener una reserva de buen carbón inglés se compraron en Inglaterra tres veleros antiguos que fueron llevados a Punta Arenas cargados con el mejor carbón de Cardfiff. Uno de ellos, la barca *Majestic* fue reparada y se le dio el nombre de *Lautaro* pasando a ser un buque ténder para el entrenamiento de grumetes. Dos años más tarde, este buque se puso al servicio del comercio exterior haciendo viajes a Australia, México, Perú y un memorable viaje al Japón entre 1919 y 1921.[248]

---

[248] Alejo Marfán, *Viaje al Japón de la fragata Lautaro por su comandante*. Sin fecha ni pié de imprenta.

La Baquedano entrando en Sidney

La *Baquedano* hizo su primer viaje de instrucción en el Pacífico al mando del capitán de navío Arturo Wilson. Su primer punto de escala fue la rada de Hanga Roa en la isla de Pascua y desde entonces la corbeta hizo 20 travesías en que tocó en la isla. Los isleños se encariñaron con este buque al que creían casi propio y las tripulaciones y oficiales siempre correspondieron a los isleños su buena voluntad.

En *1900* se colocó la quilla del primer buque de hierro construido en el país: el *Meteoro*. Era este un escampavía de *750* toneladas destinado al servicio del Estrecho y que entró a servir dos años más tarde. En *1901* se envió al capitán de fragata Miguel Aguirre en el crucero *Pinto* a hacer un levantamiento del canal Beagle, comisión que se cumplió con todo éxito en lo que respecta al sector occidental del canal.

En 1902 se compraron el crucero *Chacabuco* y tres destructores: *Thompson, Merino Jarpa y O'Brien*. Estas nuevas unidades tenían por objeto equilibrar el poder naval con Argentina, país con el que se habían vuelto a enturbiar las relaciones a pesar del Abrazo del Estrecho. Como el camino había quedado expedito para la solución de nuevas dificultades, fue fácil arreglar nuevas conferencias y así en mayo del mismo año se celebraron los Pactos de Mayo. Estos pactos no fueron otra cosa que un acuerdo de desarme naval. Argentina enajenaba al Japón los buques que construía en Italia. Chile debía desarmar al *Prat y* vender los acorazados *Constitución y Libertad* que estaban entonces en construcción. Pocos actos del gobierno han sido tan desgraciados para la Armada como la venta de estas dos magníficas unidades. Langlois la consideró peligrosa y agregaba: "Volvíamos cruelmente en la inferioridad en que se nos mantiene hasta hoy."[249] Estas líneas fueron escritas en 1910, pero se aplicarían todavía hasta la década de los 70. Los que salieron ganando con el pacto fueron los ingleses. El Almirantazgo inglés se había resistido a construir buques cuyo poder se basara casi exclusivamente de cañones de gran calibre. Estas dos naves pasaron a la marina inglesa con los nombres de *Swiftsure y Trumph*. Sir Andrew Noble, la máxima autoridad balística de la época, decía después de haber observado las prácticas de tiro de estos dos buques: "Supongamos que cada cañón de 12 pulgadas dispare un cañonazo bien apuntado cada minuto. Seis cañones por banda permitirían un tiro con una enorme granada cada diez segundos. El cincuenta por ciento de estos tiros darían en el blanco a seis mil yardas. Tres granadas de 12 pulgadas, explotando a bordo cada minuto sería el INFIERNO."[250]

---

[249] Langlois, *Influencia del poder naval*, p. 234.
[250] Hough, *Dreadnought, p. 16*. Es curioso que Mr. Hough, ignorando que estos buques habían sido construidos para Chile, se refiere más adelante en términos desdeñosos hacia las marinas sudamericanas. Si se hubiera tomado la molestia de leer algo de la historia del continente, habría aprendido algo sobre blindados, cruceros y otras naves, con las que las marinas de Chile y Perú dieron al resto de los marinos del mundo más de una lección. Una curiosa anécdota que se cuenta de estos buques, es que nunca se les cambiaron los rótulos y letreros que estaban en castellano y los buques se apodaban "ocupado" y "vacante."(Philip Somerwell, "Hitos destacadaos en las relaciones anglo-chilenas"(inédito).

Con el objeto de estrechar las relaciones entre Chile y Argentina, buques de ambas naciones visitaron los principales puertos de cada país. Con este fin los cruceros *Blanco Encalada y Chacabuco* fueron a Buenos Aires donde fueron objeto de sinceras demostraciones de simpatía por parte de la población.

En abril de *1903* la torpedera *Ingeniero Mery* encalló en Punta Toro a 12 millas del puerto de San Antonio. A pesar de la seriedad de sus daños el escampavía *Pisagua* y el remolcador *Gálvez* lograron zafarla y remolcarla a Talcahuano, donde, haciendo uso de las nuevas facilidades del puerto, se procedió a su reparación. Al año siguiente se creó un departamento de municiones en Valparaíso, oficina que se había hecho necesaria desde hacía varios años. Se había adquirido para esto el fundo "Las Salinas", lugar que con el tiempo se convertiría en una gran base naval. Las salinas originales que daban nombre al predio, estaban en un estero al que entraba el agua de mar en las mareas altas y se retenía el agua por medio de pretiles hasta que se evaporara.

En 1904 se efectuaron las primeras pruebas de comunicaciones inalámbricas. Los cruceros *Esmeralda* y *Errázuriz* que efectuaban una travesía entre Valparaíso y el Archipiélago de Juan Fernández, lograron comunicarse por radio navegando a una distancia de 50 millas. Llegados a la isla se estableció un equipo experimental en tierra que pudo comunicarse con los buques mientras navegaban en los alrededores de las islas. En su viaje de regreso se repitieron los experimentos, esta vez navegando a una distancia de cien millas. Los resultados de estas pruebas fueron excelentes y se continuó experimentando hasta 1908 cuando se inauguró en Playa Ancha la primera estación terrestre. El nuevo sistema de comunicaciones requería de personal experimentado para lo que se creó un curso y más tarde, una escuela de telegrafistas. Con el tiempo, la radiotelegrafía adquirió gran importancia. Se creó una Escuela de Comunicaciones y los oficiales y personal más destacados en la especialidad, fueron enviados a Europa a perfeccionarse. A cargo de la especialidad estaba el Contralmirante Alberto Brito Ríoseco quien seleccionó personalmente a los oficiales de la especialidad. Brito construyó sólidas y amplias dependencias para el servicio. Los equipos de esos tiempos requerían grandes antenas para lo que se levantaron altas torres metálicas, características por muchos años del paisaje en Las Salinas y la Quinta Normal de Santiago.

En mayo de *1905* el crucero *Pinto* venía de Magallanes después de cumplir un año de comisiones hidrográficas. Al salir del puerto de Quellón, el buque encalló en el bajo de Velahue. El comandante Arturo Whiteside, dirigió el salvamento de la tripulación, de todo el material posible y de todos los documentos recién recolectados. Whiteside se sentía el único responsable de la tragedia, pues el buque había encallado en un lugar que él mismo había explorado levantando la carta hidrográfica. Una vez que agotó todos los recursos y que vio la imposibilidad de salvar su buque, bajó a su cámara y tomando en una mano el retrato de su esposa se descerrajó en la sien un tiro de revólver. Este curioso suicidio ha sido admirado y hasta descrito como un acto de bravura por algunos. Afortunadamente el caso no se ha repetido y esta suicida tradición no ha encontrado arraigo en la Armada.

Al producirse una huelga salitrera en Iquique, los obreros de las oficinas salitreras, con sus familias se concentraron en la ciudad. Se creaba así una situación difícil, pues los recursos de la ciudad no permitían un aumento de población de 12 mil personas, no teniendo con qué alimentarse ni dónde abrigarse. Con el fin de mantener el orden se envió a la ciudad a los transportes *Maipo y Rancagua,* llevando a bordo al regimiento de Artillería de Costa de Valparaíso y los regimientos de infantería O'Higgins y Rancagua. La marinería de los cruceros *Esmeralda, Chacabuco y Zenteno* se unieron a la infantería con la misión de mantener el orden público. En una manifestación de siete mil personas, un agitador hizo fuego de revólver contra un marinero, mientras el gentío escuchaba al general Silva Renard. Fue necesario que la tropa disparara sobre el gentío con el fin de dispersarlo. Este sangriento hecho ocurrió el 21 de diciembre de 1907 y terminó con la muerte de 147 manifestantes.

El Chacabuco encabeza la Flota Blanca por el Estrecho de Magallanes

El 14 de febrero de 1907 una flota de acorazados norteamericanos ancló en Punta Arenas. Se trataba de la Gran Flota Blanca (The Great White Fleet) que el gobierno de los Estados Unidos había enviado en una gira alrededor del mundo a pasear su bandera. El crucero *Chacabuco* llegó a los dos días a dar la bienvenida a los visitantes. Hubo fiestas y recepciones en Punta Arenas y el 17 del mismo mes el *Chacabuco* encabezaba la larga línea de acorazados hacia el Pacífico. Los norteamericanos no habían querido tomar pilotos en sus buques y fue así como el *Chacabuco* tuvo que servir de guía a los 16 acorazados que habían costado más de 96 millones de dólares. Cada orden del buque chileno fue pasada con exactitud y rapidez y fue así como se pudo llegar ya entrada la noche, al mar abierto. El comandante de esta escuadra, era el almirante Robley D. Evans, el mismo que al mando del *Yorktown* había demostrado gran habilidad diplomática durante ls negociaciones del caso *Baltimore*. Con el fin de corresponder en parte el servicio de la *Chacabuco* y recordando su misión en Valparaíso, decidió variar un poco sus órdenes y en vez de dirigirse directamente al Callao como se le ordenaba, hizo poner rumbo a Valparaíso. No tenía autorización de su gobierno para entrar al puerto y los estrictos planes no le permitirían el atraso. Fue así como frente al puerto hizo que el buque insignia cambiara rumbo a estribor y seguido por los otros acorazados entró a la bahía saludando al numeroso público que les daba la bienvenida. Frente al yate del Presidente Pedro Montt, Evans ordenó disparar la primera salva de *21* cañonazos. Durante la hora siguiente mil doscientos cañonazos atronaron el espacio. Fue este un saludo que ningún otro Presidente de Chile ha recibido. Los marineros chilenos contestaron con salvas y pitos y en los cerros dos mil marineros chilenos formaban la palabra WELCOME. La flota salió del puerto y continuó rumbo al Callao.

Entre 1906 y 1908 se incorporaron a la Armada varias naves de pequeño tonelaje. Fueron los escampavías *Aguila, Valdivia y Yelcho* y los remolcadores *Ortiz y Sibbald*. ¡Pequeña compensación por la pérdida de las *24* mil toneladas enajenadas a Inglaterra en el *Constitución y Libertad!* El tonelaje total de los buques adquiridos no pasaba más allá del tonelaje del *Angamos,* vapor que pasó al desarme en Talcahuano. En 1905 el vapor *Casma* fue dado en préstamo al Ecuador. En ese país se le llamó *Marañón*. Fue devuelto en 1907.

Con motivo de celebrarse en Buenos Aires el Centenario de la Revolución de Mayo, los cruceros *O'Higgins y Esmeralda* fueron al Río de la Plata para participar en la revista naval con que se conmemoraron los cien años de vida argentina independiente. Más tarde en ese mismo año el crucero *Blanco Encalada* fue enviado a Alemania con la triste misión de traer a Chile los restos del Presidente de la República don Pedro Montt, que había fallecido en Bremen.

La Conmemoración del Centenario en Chile benefició a la Marina con una ley que ordenaba la construcción de dos acorazados, seis destructores y dos sumergibles. Ya veremos más adelante cómo la eterna falta de recursos del erario redujo las adquisiciones autorizadas por la ley a menos de la mitad de lo que ordenaba el original.

El *12* de septiembre de 1911 la escuadra efectuaba un importante tiro de combate frente a Quintero. Se demostraron en ese día nuevos métodos de control, introducidos por técnicos británicos. Después de una exitosa serie de maniobras, se dio orden de regresar al puerto a las cuatro de la tarde. La escuadra estaba al mando del contralmirante Miguel Aguirre. En el vapor *Casma* viajaban las autoridades *y* los cadetes del último curso de la Escuela Naval. Al llegar a Valparaíso el *Casma* no pudo fondear como lo hicieron el resto de los buques debido a una falla en el cabrestante. El comandante, capitán de corbeta Eduardo Gándara, dio orden de aguantarse sobre las máquinas para virar al buque con espías colocando la proa hacia las afueras del puerto. Mientras se realizaba esta maniobra se procedió al desembarco de las autoridades y cuando llegó el turno a los cadetes, éstos se embarcaron en una lancha de la policía marítima. Desgraciadamente un error de órdenes hizo que el buque se moviera con el fin de asegurar una espía de proa cuando la lancha estaba todavía atracada. Con el movimiento, la lancha se corrió a popa y antes de que el patrón pudiera separar la lancha del costado del transporte, ésta fue alcanzada por la hélice la que con dos golpes la partió, cayendo al mar todos los cadetes, su instructor y la tripulación de la lancha. Nos dice el almirante Rodríguez, que era entonces uno de los tantos cadetes que nadaban en el agua:

> *"Era precisamente la hora del crepúsculo y venían entrando a tomar su fondeadero los buques de la escuadra, que al apercibirse de lo que ocurría por los gritos de auxilio arriaron sus botes y cooperaron al salvamento de los náufragos... Al conocerse la tragedia en el puerto, una inmensa emoción inundó a todos los que supieron de ella. Los deudos llegaron hasta las oficinas navales en espera de sus desaparecidos hijos y pupilos que fueron buscados esa noche con toda clase de elementos."* [251]

Habían muerto cinco cadetes y el fogonero de la lancha. Constituido el Consejo de Guerra se procedió al sumario de rigor saliendo exonerados por mayoría de votos el capitán Gándara y el capitán Jouanne, instructor de artillería que estaba a cargo de los cadetes.

Después del Centenario, se reorganizó la Artillería de Costa, que nunca había recibido una base sólida sobre la que pudiera

---

[251] Rodríguez, op. cit., p. 327

desarrollarse. En el nuevo sistema, sus oficiales pasaron a ser oficiales de la Marina de Guerra.

A principios de febrero de *1914,* llegaron de Inglaterra dos modernos cazatorpederos que reemplazaron a los antiguos *Lynch y Condell,* tomando los mismos nombres. Eran dos destructores o cazatorpederos- líderes de 1500 toneladas de desplazamiento, bien armados con seis cañones de 4 pulgadas, ametralladoras y tubos lanzatorpedos, eran capaces de 31 nudos. El resto de los buques en construcción, incluyendo otros cuatro destructores de la misma clase, no estaban terminados al declararse la Primera Guerra Mundial por lo que fueron enajenados a Inglaterra. Entre ellos se encontraban los acorazados *Cochrane y Valparaíso* de *30* mil toneladas y armados con cañones de *14* pulgadas. El *Valparaíso,* que se hallaba más adelantado, fue terminado y se rebautizó como *Canadá.* Pasó la mayor parte de la guerra en el seno de Scapa Flow pero se encontró presente en la batalla naval más importante de la guerra: Jutlandia. En esta gran batalla naval el *Canadá* fue el buque insignia de la tercera división en la cuarta escuadra de combate y era el único buque con cañones de *14* pulgadas. Chile logró recuperarlo nueve años más tarde. Otros buques chilenos que se distinguieron bajo colores ingleses, fueron los cazatorpederos que se construían para Chile y que más tarde se llamaron *Williams, Uribe y Riveros.* Un cuarto cazatorpedero que iba a llamarse *Goñi* fue hundido por el fuego alemán en Jutlandia. Con el nombre de *Stoic* sirvió un escampavías, equipado con elementos de salvataje y bombas contra incendio, que más tarde fue vendido a la Armada de Chile donde pasó a servir bajo el nombre de *Sibbald.*

El 14 de noviembre de *1914* un escuadrón de cruceros alemanes dio caza al escuadrón inglés del Pacífico, que se componía de dos cruceros acorazados, uno de protección ligera y un mercante armado. Los alemanes, bajo el hábil mando del almirante Von Spee, y con fuerzas un poco más poderosas, atacaron con éxito los buques ingleses, hundiendo al buque insignia *Good Hope y* al crucero *Monmouth.* Los otros dos buques británicos se escaparon en la oscuridad y huyeron a las Malvinas. La batalla tuvo lugar *41* millas al oeste de puerto de Coronel. Von Spee hizo una entrada triunfal en Valparaíso con sus cinco buques, *Scharnhost, Gneisenau, Leipzig, Nuremberg, Dresden*. Esta misma fuerza al tratar de incursionar en el Atlántico fue completamente derrotada por la escuadra inglesa en la batalla de las Falklands. Sólo se escapó el crucero *Dresden* que huyó hacia Chile. Obligado a recalar por falta de carbón en la isla de Más Afuera fue sorprendido por el crucero inglés *Glasgow*, mucho más poderoso que venia acompañado del crucero liviano *Kent* y el mercante armado *Orama*. A pesar de que el buque estaba anclado en aguas territoriales chilenas, los ingleses abrieron fuego. El teniente Canarias del buque alemán fue a bordo del *Glasgow* y pidió que se suspendiera el ataque porque el buque se hallaba en aguas neutrales. El ataque ilegal a la *Essex* cien años antes iba a repetirse. Los ingleses contestaron que ellos se las arreglarían con los chilenos y una vez que Canaris llegó de vuelta a bordo del *Dresden*, abrieron nuevamente el fuego, obligando al capitán alemán a abrir las válvulas y hundir su buque. La tripulación alemana fue recogida por los chilenos, quienes la internaron en la isla Quiriquina. Desde allí el teniente Canaris se fugó en una travesía en bote, a caballo y por último en un vapor inglés, disfrazado como chileno y con un pasaporte falsificado. No es de extrañarse que este joven teniente, descendiente del almirante griego Kanares que había servido junto a Cochrane, llegó a ser jefe del servicio de inteligencia alemán durante la Segunda Guerra y fue ejecutado por su participación en el atentado contra Hitler en *1945*.[252]

El año 1914 se produjeron varios accidentes menores. No ha sido posible fijar la fecha exacta, pero el destructor *O'Brien* que navegaba junto al *Prat* frente a Mejillones, chocó con fuerza contra el costado de estribor. La protección blindada protegió al acorazado de todo daño, pero el destructor sufrió la torcedura de la proa en 60 grados. La acción rápida de la tripulación que pasó el pallete de colisión y selló los compartimientos estanco de proa, salvó al buque. Después de

---

[252] Para más detalles de este episodio, véase María Teresa Parker de Bassi, *Tras la estela del Dresden* y *El Herzogin Cecilie y la barca Tinto*, ambos publicados en Santiago por Ediciones Tusitala, 1990. Sobre la supuesta neutralidad de Chile durante esta guerra, véase Germán Bravo Valdivieso, *La Primera Guerra Mundial en las Costas de Chile,* Viña del Mar, 2006.

reparaciones de emergencia en Mejillones, el *O'Brien* zarpó a Talcahuano donde se le fabricó una nueva proa.

También en fecha imprecisa, varó el *Zenteno* en un bajo de la isla Lagartija, fue auxiliado por el *Casma* que le pasó un remolque pero poco después el *Orella* se varaba también causando una enorme vía de agua. Pasado rápidamente el pallete de colisión se logrón paliar en parte la entrada del agua. Dos de los destructores de la misma clase se colocaron a cada costado y pasaron un cable debajo de la quilla para ayudarlo a mantenerlo a flote. Fue posible remolcarlo hasta vararlo en la Isla Tenglo. Reparado de emergencia, el *Orella* pudo navegar hasta Talcahuano para ser debidamente reparado. Estos dos accidentes se debieron a que se habían corrido las boyas de navegación.

El mismo año, un accidente más serio se produjo en el *Prat* al explotar tres envases de pólvora B en la santabárbara. Se logró apagar rápidamente el incendio y se inundó la santabárbara de popa. Desgraciadamente en este accidente perdieron la vida un marinero y varios sufrieron serias quemaduras. Debido a esta experiencia y otros accidentes en la marina francesa que usaba pólvora B, este tipo de explosivo fue eliminado.

Como no había posibilidad de adquirir nuevos buques, mientras durase el conflicto, el arsenal de Talcahuano procedió a la renovación del transporte *Angamos* que se hallaba como depósito de carbón en ese mismo puerto. Una vez reconstruido, volvió oportunamente al servicio de la Armada, pues en enero de 1916 se perdió el *Casma*. Este buque viajaba de Magallanes al norte al mando del capitán de fragata Julio Lagos cuando dio contra una roca desconocida en el canal Picton. El comandante logró mantener el buque a flote y varar el transporte. El naufragio ocurrió en buen tiempo y se logró salvar a toda la tripulación. Todos los esfuerzos que se hicieron por reflotarlo fueron inútiles.

En agosto de ese mismo año ocurrió un hecho que dio a conocer al mundo entero las excelentes cualidades y pericia de los oficiales y tripulantes de la Armada de Chile. En 1914 el explorador inglés Sir Ernest Shakleton había emprendido una expedición a la Antártida con el objeto de cruzar el continente helado y plantar la bandera de su nación en el Polo Sur. Como la expedición no logró sus objetivos, los expedicionarios, después de dos años entre los hielos, quedaron náufragos en la isla Elefante. El buque *Endurance* en que habían vivido, se hundió al ser presionado por los hielos que los rodeaban. Shakleton, en una verdadera odisea, había llegado a South Georgia y de allí a las Malvinas desde donde fracasaron dos intentos de rescate. Sin desanimarse ante el fracaso, Shakleton pidió ayuda al gobierno chileno, quien puso a disposición del explorador el escampavías *Yelcho* al mando del teniente primero, piloto de la Armada, don Luis A. Pardo. El escampavías había sido comprado en 1908 a la compañía Yelcho y Palena y había pasado al servicio de la estación hidrográfica de Punta Arenas. De la habilidad del piloto Pardo ha quedado el testimonio de su viaje sin contratiempos a la Antártida en pleno invierno. Una vez cerca de la isla Elefante, el buque se vio envuelto en la típica neblina que oscurece la región. El peligro de chocar contra los icebergs era doblemente serio. Se justificaba plenamente que hubiera abandonado en ese momento la expedición. Pardo siguió adelante confiado en la preparación de su tripulación y ayudado por un fuerte temporal que había despejado en parte los hielos flotantes. Por último, basándose en el eco de su sirena y en su propio instinto, hizo fondear el buque. Al despejarse la neblina se vio que la *Yelcho* se encontraba a menos de media milla del campamento y ese mismo día se procedió a embarcar los náufragos que fueron llevados a Punta Arenas. La fama de Pardo no paró allí. Rehusó una fuerte recompensa en dinero que le ofrecía el gobierno inglés y toda condecoración nacional y extranjera. Sólo después de muchas insistencias aceptó un reloj de oro que le regaló la colonia inglesa de Valparaíso. Este humilde servidor de la Armada habría terminado sus días en la más absoluta pobreza, ya que como piloto contratado no tenía derecho a retiro. Un diputado a quien había conocido en sus días de marino, propuso una ley que le dio una pensión especial para el resto de sus días. La hazaña del piloto Pardo y de sus compañeros es sin duda, el rescate más importante y una de las acciones más ilustres de la Armada en tiempos de paz.

El Yelcho al mando del piloto Pardo hace su entrada triunfal en Punta Arenas

Como la guerra europea se prolongaba e Inglaterra no podía de volver los buques enajenados, se hicieron varias gestiones a fin de recompensar en alguna forma al gobierno de Chile. La primera fue la venta del acorazado *Cochrane* que pasó a la marina inglesa en propiedad. Fue terminado como portaaviones y sirvió por largos años con el nombre de *Eagle*. El *ex-Cochrane* terminó su carrera en el fondo del mar Mediterráneo, hundido por el submarino alemán U-7: el 11 de agosto de 1942, durante la Segunda Guerra Mundial.[253]

Inglaterra tenía en construcción en Estados Unidos 20 submarinos de tipo H, en Fall River. El Almirantazgo quería tomarlos y equiparlos en Montreal con tubos lanzatorpedos, siempre que fueran entregados en forma legal. Los Estados Unidos decidieron que los submarinos no podían salir de ningún puerto mientras se mantuviera la neutralidad y los buques fueron internados en Boston. Al declarar los norteamericanos la guerra a Alemania los submarinos quedaron en estado de ser entregados a Inglaterra, pero el gobierno de esa nación,

---

[253] Después de terminada la guerra, los ingleses trataron de vender este buque a Chile como se encontraba, es decir un portaaviones. La Armada decidió no adquirirlo pues el costo de transformarlo en acorazado era demasiado alto. Se perdió así una oportunidad de adquirir un portaaviones por £250.000 libras esterlinas, el precio del acero que se había usado para construirlo.

deseoso de mantener buenas relaciones con los países sudamericanos, cedió cinco de ellos a Chile como parte de pago por los buques enajenados. La Armada adquirió un sexto submarino similar a los anteriores.

Submarino Guale

Cuando estaban por entregarse estos sumergibles, Estados Unidos declaró la guerra a Alemania con lo que el requisito de neutralidad se anulaba. El almirante Gómez Carreño ordenó que se izara la bandera en las nuevas unidades el día 4 de julio, aniversario de los Estados Unidos, antes de que los buques estuvieran listos. Fue una medida providencial pues se evitaron complicaciones como las que habían surgido con los submarinos que pasaron al Canadá.

Estos seis submarinos fueron los primeros sumergibles en servicio en Sudamérica. Se enviaron dotaciones de oficiales y marineros a Estados Unidos a bordo del crucero *Chacabuco* y formaban parte de la delegación varios oficiales que más tarde tuvieron destacadísima actuación en la Armada, como Julio Allard, Edgardo von Schroeders, Humberto Aylwin, Eugenio Rodríguez-Peña, Enrique Errázuriz y otros. Ya en 1913 se habían lanzado al agua los submarinos *Iquique y Antofagasta* que desgraciadamente habían pasado al Canadá, gracias a turbios manejos de la compañía constructora que vio mejor negocio en vendérselos a los canadienses. Las ciudades de Vancouver y Victoria estaban sin protección ante la amenaza que presentaba la presencia de la escuadrilla de Von Spee en el Pacífico. Los dos submarinos representaban la única defensa, aunque no tenían torpedos, hecho que los alemanes ignoraban.[254]

---

[254] Nunca ha quedado muy claro la venta de estos submarinos. Las autoridades chilenos dijeron no haber aceptado los buques pues no cumplían con los requisitos

Se estableció con los oficiales chilenos, una escuela de submarinistas que funcionó a bordo de la histórica fragata *Constitution* do la Armada norteamericana. Estos pequeños submarinos hicieron de pioneros desde su viaje inicial. No se creía entonces en la utilidad del submarino para viajes largos pero los "H" hicieron el viaje desde Boston a Valparaíso con toda felicidad. Estas unidades llevaron los nombres de las antiguas torpederas que eran a su vez las de la heroínas araucanas: H-1 *Guacolda*, H-2 *Tegualda*, H-3 *Rucumilla* H-4 *Quidora*, H-5 *Fresia*, H-6 *Guale*.

Un nuevo naufragio enlutó por esos años a la Armada. El 18 de mayo de 1918 el *Meteoro*, el pequeño escampavía construido en Caleta Abarca, se fue a pique durante un temporal al encallar en punta Dungeness en la boca Atlántica del Estrecho de Magallanes. En esa ocasión perecieron dos marineros y el contador de cargo. El comandante teniente primero Agustín Prat, fue acusado de negligencia y se le siguió el sumario respectivo. La pérdida era doblemente dolorosa, pues el antiguo *Meteoro* había salido victorioso de un temporal en esas mismas regiones 50 años antes. El nuevo *Meteoro* por ser de construcción nacional llevaba todas las esperanzas de construir en el futuro buques de guerra en Chile.

No sólo no pudo Chile recibir los buques que estaban en construcción en Inglaterra, sino que al declarar los Estados Unidos la guerra contra Alemania, se requizaron los cañones que estaban en sus últimos procesos de manufactura en los arsenales norteamericanos. Estos cañones estaban destinados a las defensas de Talcahuano. Se trataba de seis poderosas piezas de artillería 12 pulgadas, demasiado pesadas para artillería de campo. Se las montó en vagones de ferrocarril especialmente acondicionados. Conocidos como los "Chilean guns" tuvieron una participación limitada en el conflicto bélico. Fueron los únicos cañones ferroviarios norteamericanos que se dispararon en Europa.[255]

---

especificados en el contrato. Pero puede haber un deseo de ayudar a la defensa de la costa canadiense por parte de los chilenos que no protestaron la cancelación del contrato por parte de la compañía norteamericana.

[255] Charles B. Robbins "The Chilean–American 12.inch guns." *Warship Interntional*, Winter 2000, p. 184

Al terminar la guerra mundial se devolvieron a Chile algunos buques. El principal fue el acorazado *Valparaíso* que pasó a llamarse *Almirante Latorre,* en recuerdo del héroe de Angamos, que había fallecido en 1912. Este magnifico acorazado devolvía parcialmente el balance de poder marítimo en Sudamérica. Brasil había contratado antes de la guerra dos acorazados de tipo *Dreadnough*, el *Sao Paulo* y el *Minas Gerais.* Argentina, que no podía quedarse atrás, había enviado delegaciones a todos los grandes países del mundo con la intención de comprar dos "dreadnoughs". Se decidió por encargarlos a los Estados Unidos y del astillero de Nueva York salieron los acorazados *Moreno y Rivadavia.* Estos buques no rindieron jamás lo que de ellos se esperaba. El Ministro de Marina argentino, ordenó varios cambios durante la construcción y como resultado de la colocación de sus torres la batería por cada costado no ofrecía mayor fuego que la de los acorazados brasileños. El *Latorre* era en realidad un super-dreadnough que llegó a desplazar 34 mil toneladas. De haberse completado el *Cochrane*. o adquirido en el estado que estaba como portaaviones, la marina chilena no habría tenido rival en Sudamérica. El *Latorre* solo representaba la unidad más poderosa de ninguna nación en el hemisferio sur. Su armamento principal se componía de cinco torres que sumaban diez cañones de 14 pulgadas. Su blindaje era de 10 pulgadas de espesor en las torres y de 9 pulgadas en el casco y la cubierta. Capaz de un andar de 23 nudos pasó a ser el buque insignia de la escuadra chilena, en 1920.

Destructor Lynch II

Junto con el *Latorre* fueron devueltos los tres cazatorpederos *Williams, Uribe y Riveros*. Como se recordará estos tres buques estaban en construcción al declararse la guerra y pasaron a servir en la marina inglesa. Sometidos durante el servicio británico a operaciones constantes y bajo condiciones extremas, estos tres buques no pudieron rendir bajo bandera chilena los mismos servicios que los dos buques que se habían entregado en 1914. Para 1930 eran ya buques gastados y con deterioros considerables por lo que fueron prácticamente retirados del servicio naval entre 1933 y 1937. Debe considerarse sin embargo, que su diseño era muy superior a los buques ingleses del mismo tipo: la clase L, a la que doblaban en armamento. Se pagaron por ellos £1.400.000 libras, menos de la mitad de su costo original y se entregaron con el doble de su capacidad normal de torpedos y municiones. El nuevo *Sibbald,* un buque dotado de excelentes elementos para control de averías y salvatajes vino a reemplazar al antiguo remolcador del mismo nombre que se hundió al encallar en Punta Salientes, entre Coquimbo y Tongoy en 1914. Se compraron además tres rastreadores de minas construidos en Helsinki y reacondicionados en Inglaterra por la firma White y Co. Se les llamó *Elicura, Leucotón y Orompello*. Destinados al servicio de los canales, estos buques prestaron servicios por largos años.

En esos años la Armada se preocupó también del entrenamiento de oficiales y marineros para el servicio mejorando la instrucción, enviándose oficiales a Europa a escuelas especializadas y seleccionado el personal para cada especialidad.

La Oficina de Navegación e Hidrografía continuó su excelente labor y sus servicios continuaron sin interrupción. Prácticamente no hubo oficial de la Armada que no participara en levantamientos hidrográficos de algún canal. Se procedió también a aumentar el número de faros, balizas y boyas y como ya era costumbre, se continuó ayudando a la navegación de mercantes nacionales y extranjeros. También en esa época prestaba excelentes servicios la Escuela de Aspirantes a Ingenieros que funcionaba en Talcahuano desde 1912, fecha en la que se le trasladó de Valparaíso al mando del capitán de navío Arturo Acevedo. Esta escuela no sólo proporcionaba los ingenieros para la Armada, sino que muchos de los oficiales que pasaron por sus aulas entraron a servir a la industria en el norte y sur del país.

En 1921 la Escuela de Grumetes fue también trasladada a una instalación permanente en la isla Quiriquina. Esta institución, como la mayoría de las escuelas de la Armada, había tenido en sus primeros años una vida ambulante. Fue fundada el 3 de junio de 1868 por un decreto del Presidente don José Joaquín Pérez. Las primeras instrucciones se dieron a bordo del pontón *Thalaba* que se encontraba en Valparaíso. Estos primeros aprendices de marineros tenían que aprender a leer y a escribir al mismo tiempo que se familiarizaban con la vida de marino, aprendiendo a confeccionar jarcias, aparejar naves y el control y manejo de embarcaciones menores. Después se les embarcaba en los diferentes buques de la escuadra, donde hacían largos viajes por la costa o al extranjero, con la intención más que nada de atraer más candidatos, pues faltaban los postulantes. Al estallar la Guerra del Pacífico los grumetes fueron embarcados en la escuadra y ya hemos visto cómo 28 de ellos rindieron la vida al hundirse la *Esmeralda*. Después de la guerra, la natural reducción en las dotaciones, hizo que el número de candidatos a grumetes se redujera enormemente. No fue sino hasta 1909 cuando como consecuencia de la incorporación a la Armada del velero *Lautaro* se presentaron 200 postulantes. La escuela pasó más tarde por el acorazado *Prat,* el fuerte Valdivia de Valparaíso y la corbeta *Abtao* que quedó como pontón en Talcahuano. Una vez instalada en la isla, la escuela desarrolló en poco tiempo serias y orgullosas tradiciones. El número de postulantes ha sido desde entonces muy numeroso, sobrepasando en mucho el número de vacantes que se presentan cada año. En 1976 se le dio el nombre del distinguido capitán de navío Alejandro Navarrete Cisternas que había ascendido desde grumete hasta ese alto grado de mando.

En 1921 se celebró en Punta Arenas el cuarto centenario del descubrimiento del Estrecho, ceremonia a la que asistieron buques de guerra argentinos, chilenos, norteamericanos, ingleses y en representación de España el moderno acorazado *España* de 15.700 toneladas. Después de las ceremonias el buque zarpó rumbo al norte para una visita a los puertos del Pacífico. Después de carbonear en

Puerto Montt el dreadnough hispano trató de salir al mar abierto por el canal de Chacao y en medio de una espesa niebla varó en un bajo de piedra no marcado en las cartas de navegación. El buque embarcó 700 toneladas de agua y luego de zafar con ayuda de remolcadores y buques chilenos, entró en Ancud donde se le hicieron, con buzos chilenos, las reparaciones necesarias para que navegara hasta Talcahuano. Por alguna razón u otra, el buque no entró al dique y siguió viaje a Panamá donde fue definitivamente reparado. Una boya marca hoy día el bajo España en el canal de Chacao.[256]

La *Abtao* había quedado ya sin ocupación y como era un buque viejo, que había prestado largos servicios como brulote, corbeta y finalmente de buque-escuela, se procedió a su desguace. Igual suerte corrieron los destructores *O'Brien y Thompson*. El *Huáscar* estaba también en pésimas condiciones. Después de la explosión de una caldera en Valparaíso, había pasado al desarme y no volvió ya al servicio activo. En 1924 se efectuó en el país una colecta pública con el fin de reconstruirlo, pero no fue reparado sino hasta 1934 por el Arsenal de Talcahuano. En 1951 el buque fue sometido a extensas reparaciones. El almirante Pedro Espina Ritchie rechazó la idea de desguazarlo y destinó los recursos necesarios para remozarlo y mantenerlo a flote. En 1971 se le sometió a una extensa refacción en la que se reconstruyó la máquina, se renovaron las piezas móviles de la torre la que se levantó por primera vez desde su construcción y el monitor, gracias a los esfuerzos de la planta ASMAR y del capitán de navío Gerald Wood quedó en óptimas condiciones de conservación. Hoy se conserva en ese mismo puerto como una reliquia histórica y flamea la insignia del almirante, comandante del Apostadero y de la Segunda Zona Naval.[257]

---

[256] En 1923, este buque se varó por segunda vez en Cabo Tres Focas en la costa de Africa, perdiéndose totalmente.

[257] La bibliografía sobre el *Huáscar* chileno es bastante extensa. Véase la bibliografía de esta obra. La reconstrucción de la máquina se detalla en Carlos Tromben Corvalán, *Ingeniería, una especialidad centenaria*. Valparaíso: Imprenta de la Armada, 1989.

En 1922 el escampavía *Huemul* se fue a pique en la bahía de San Vicente bajo el mando del piloto Maldonado, sin que hubiera que lamentar desgracias.

Ese mismo año se creó la Aviación Naval. Se nombró director de esta rama al capitán de fragata Edgardo von Schroeders, quien estableció la base de Quintero, donde se levantaron hangares y dependencias. La Armada tuvo como sus primeros aviones unas máquinas usadas inglesas, marca Avro y más tarde se adquirieron botes voladores Dornier.[258]

La corbeta *Baquedano* era, desde 1900 el buque de instrucción de guardiamarinas y grumetes. En ella se hacían viajes de práctica que precedían al ingreso de estos oficiales y marineros a las unidades de combate y de servicio de la Armada. El buque no satisfizo nunca a los marinos chilenos. Como era de combinación vapor y vela, no sobresalía bajo ninguno de los dos medios de propulsión. Las calderas no eran del tamaño adecuado para mover un buque de ese porte y el plano del velamen no había sido tampoco el más afortunado, de manera que a la poca velocidad del vapor, se sumaba la maniobra difícil a la vela. Hacerla virar por avante era una proeza que lograron pocos oficiales. La discusión de la fracasada maniobra previa era el tema continuo en la cámara de oficiales. De los intentos para hacerla comportarse bien a la vela, se cuentan muchas anécdotas jocosas. Los oficiales y tripulantes sentían por ella cierta nostalgia contagiosa, parecida a la que antes del 79 se sintió por la *Esmeralda*. Cariñosamente se le apodaba *La Chancha*. Los viajes al extranjero realizados hasta 1924 fueron los siguientes:

1900. Viaje de instrucción al Pacifico.
1901. Al Atlántico.
1902. A Australia.
1903. Viaje alrededor del mundo.
1905. Al Mar Báltico.
1906. Al Mediterráneo.
1907. Alrededor del Pacífico.

---

[258] Para una historia completa de la Aviación Naval de Chile, véase *La Aviación Naval de Chile* por Carlos Tromben Corvalán, sin pié de imprenta, Valparaíso, 1987.

1918. Al Pacífico.
1920. Alrededor del Pacífico.[259]

En 1924 se la sometió a una rigurosa renovación y continuó prestando servicios hasta que fue reemplazada más tarde por el velero *Lautaro* (ex *Priwall*). Gracias a sus defectos, la *Baquedano* fue la mejor escuela que podían tener los jóvenes marinos.

En 1919 ocurrió en la bahía de Talcahuano un hecho que llenó de admiración a los marinos del mundo entero, pero que en Chile permanece hoy casi desconocido. En la mañana del 2 de junio el submarino H-3, *Rucumilla*, salió de la base de Talcahuano con el objeto de hacer algunas pruebas. Se trataba de comprobar la reconstrucción de los compartimientos de acumuladores que se acababa de efectuar en el arsenal. El comandante, capitán de corbeta don Arístides del Solar, sugirió al comandante del buque patrullero, capitán Enrique Errázuriz, que no saliera todavía, pues la sumergida iba a ser estática. No obstante, Errázuriz lo siguió con la torpedera *Contreras* hasta llegar a la zona de ejercicios. Este lugar estaba frente a la caleta Manzanos de la Escuela de Torpedos. A las 9 de la mañana, el comandante Errázuriz observaba la maniobra desde la torpedera, cuando notó que al sumergirse el casco por completo, salieron unas burbujas sospechosas que no emanaban de los desahogos de popa y proa sino del centro del buque. Antes de que tuviera tiempo de comentar el hecho, el submarino hizo una afloración de la proa, inclinada ésta en unos 30 ó 40 grados la que volvió a sumergirse en un mar de espumas. El contramaestre de la *Contreras* salió inmediatamente en un bote llevando una espía. Era la intención del comandante Errázuriz sacar el submarino a remolque. La maniobra fracasó, pues el segundo intento de aflorar fue tan pobre como el primero, y al tercero, apenas logró el submarino romper la superficie del agua. El contramaestre procedió a fondear dos orinques para

---

[259] Para una relación de los viajes de instrucción efectuados hasta 1935, Horacio Vío Valdivieso, *Viajes de Instrucción de la Corbeta General Baquedano*, dos tomos, Concepción, 1937. Véase también, Justo Claro, *Por tres continentes en la Baquedano*, s.f. ni pié de imprenta. Relata el viaje de 1928. Se trata de un libro de viajes sin mayor importancia histórica.

marcar la proa y la popa del submarino sumergido. La *Contreras* a todo esto daba la señal de auxilio y se dirigió hacia el interior de la bahía en busca de ayuda. Afortunadamente había en Talcahuano dos grúas flotantes, una de 60 toneladas y una nueva de 180. Esta enorme grúa había presentado algunos defectos menores cuando fue probada, por lo que la Comandancia del Apostadero había rehusado aceptarla, pero como la emergencia era grande, se hicieron encender los fuegos de la caldera y se la llevó a remolque hasta el lugar del desastre. Los remolcadores que llegaron en respuesta a la señal de auxilio fueron enviados inmediatamente a buscar los buzos de la Escuela de Torpedos y de la Quiriquina. El resto de los submarinos que estaban listos zarparon inmediatamente a la zona amagada y fue así cómo al mediodía ya estaban las dos grúas trabajando, la de 180 toneladas por la proa y la otra por la popa. Los buzos trataban de pasar cadenas por debajo del submarino hundido. El almirante Agustín Fontaine, Comandante del Apostadero, había tomado el mando del salvamento.

Mientras tanto el capitán Del Solar había llevado a sus hombres hasta el compartimiento de torpedos a proa. El agua del mar había entrado en las baterías causando incendios, explosiones y exhalando gases de cloro. Los 25 hombres a bordo del submarino se hallaban en una posición nada envidiable. Con el agua hasta las rodillas, en la más completa oscuridad, Del Solar se las arregló para mantener la tranquilidad y el espíritu de su gente, mientras esperaba señales de rescate. Lo primero que ordenó fue que se largara la boya telefónica, pero no bien se había abierto este contacto, cuando la hélice de un remolcador enredó el cable y lo cortó. Desde allí en adelante, los buzos se comunicaron por medio de señales Morse que se transmitieron a martillazos a través del casco del submarino. Por increíble que parezca, a escasas dos horas después del accidente, ya se había empezado a levantar el submarino. Las cadenas se habían afianzado bajo el casco y como a eso de la una de la tarde, la proa del submarino salía a la superficie. En ese preciso momento, una de las cadenas se cortó y como las otras amenazaban partirse también, fue necesario bajar nuevamente el buque al fondo del mar. El submarino estaba a una profundidad de más o menos 30 metros y con sus compartimientos de popa y del centro llenos de agua, lo que añadía unas 300 toneladas a su peso original.

Los buzos volvieron al trabajo colocando espías y cables de acero para reforzar las cadenas. Uno de los cordones del cable de acero de *2 pulgadas* de la grúa se cortó también y fue necesario reducir la carga mientras se la transfería a otro cable. La roldana está en el aire a unos *15 metros* de altura y para este trabajo se pidió un voluntario. Un "rotito" que se había "colado" en el salvamento se presentó inmediatamente y sin decir palabra se proveyó de todos los elementos necesarios y trepó como gato hasta llegar al punto preciso. Se amarró al aparejo para no caer, lo que lo exponía a una muerte instantánea en caso de partirse el cable. En forma rápida hizo una reparación perfecta ante todo el público de Concepción y Talcahuano que se había agolpado en los cerros y malecones a presenciar el salvamento. El almirante Fontaine preguntó quién era ese individuo y se le contestó que se trataba de Eucarpio Muñoz, desertor de la Marina de Guerra, quien sabiendo el castigo que le correspondía si era descubierto, no pudo aguantarse y se presentó.

Parado sobre el enorme gancho de acero, Muñoz fue descendiendo poco a poco hasta quedar con el agua hasta la cintura. Al ver que su labor estaba cumplida, saltó al agua y nadó hasta uno de los remolcadores. El movimiento de los engranajes de la grúa continuó, vibraron los cables, mientras las tripulaciones de los buques observaban ansiosamente el cielo que se oscurecía y el viento que se levantaba. A las cinco de la tarde, siete horas después de haberse hundido, la cubierta del *Rucumilla* surgió de entre las olas. No tardó en ser abordado por un bote cuyos marineros golpearon la escotilla como señal para que salieran sus compañeros. La tapa se levantó y del submarino salieron los tripulantes pálidos y casi sofocados por los gases. El último en salir fue el comandante, capitán Del Solar, quien lanzó al aire un sonoro:

-¡Viva Chile, mierda!- que fue coreado por las tripulaciones y el público de la playa.

Inmediatamente se pasó revista a la tripulación y se notó que faltaba un hombre. El segundo comandante don Horacio Mira, volvió a penetrar al submarino encontrando un marinero que se encontraba en el puesto que le correspondía en una emergencia: achicando con la bomba del jardín (W.C.) para sacar agua hacia afuera. Con esto se completó la tripulación, se cerró la escotilla y se dejó el salvamento del submarino para el día siguiente.

¿A qué se debió el accidente? Cuando llegaron los submarinos en agosto de 1918, las tripulaciones apenas tenían la instrucción más elemental que se les había podido dar para manejar y traer estos buques. La técnica de los submarinos era un secreto que guardaba cada país y ésta había que desarrollarla en Chile con la práctica y el estudio. Cada oficial aportaba los conocimientos y la experiencia propios. El H-3 acababa de salir de los arsenales donde se le había cambiado la batería. Todo el recorrido del submarino había sido hecho correctamente, pero había una falla, la válvula automática que pudo haber prevenido el accidente. El compartimiento central tenía una válvula de desahogo y al volver armarse la única prueba que se podía hacer en el dique era de asegurarse que cerraba desde cubierta. La válvula tenía también una palanca para cerrarla desde abajo. El asunto era bastante simple. Al cerrarse desde arriba lo hacía como cualquiera llave de agua corriente: hacia la derecha, pero la misma llave, desde abajo y con el operador mirando hacia arriba, se hace hacia la izquierda. No era cuestión de cambiar el sentido de la válvula, sino de la posición de quien la cerraba. En caso de quedar la válvula abierta y sumergirse el submarino, una válvula automática cerraba el desahogo al sentir la presión del agua. De las doce válvulas automáticas recorridas en el arsenal, una quedó mal y ésta fue la que falló en el H-3. Al sumergirse el submarino la válvula estaba abierta y nada debió haber pasado si la válvula automática hubiera funcionado. Al entrar el agua en el submarino el encargado de cerrarla lo hizo mal, pues fiándose de la costumbre de cerrar válvulas hacia la derecha, la abrió todavía más. Al ver que el buque se inundaba y los gases del cloro invadían el compartimiento, el comandante dio la orden de hacer salir la tripulación aclarando el compartimiento, se cerraron los mamparos y la parte de proa quedó estancada. Debemos considerar que Del Solar no sabia en ese momento la verdadera causa de la vía de agua y tuvo que tomar una decisión rápida para salvar a su tripulación. Dio orden también de soplar los tanques, pero sólo se vaciaron los de proa, de manera que el buque quedó con una inclinación de 40 grados. En esta posición el aire que entraba por la parte superior no hacía efecto, pues sin pasar por el agua, se escapaba por los desahogos. El comandante, con gran visión, ordenó suspender la maniobra y ahorrar aire. Así, más tarde pudo aumentar la presión poco a poco en el departamento en que se encontraban y de cuando en cuando, hizo abrir la escotilla bajo el agua, dejando salir algo de aire; así mantuvo una presión constante hasta la tarde cuando se abrió la escotilla en forma definitiva sobre la superficie.

Al día siguiente se colocaron poderosos flotadores a los costados del submarino en la bajamar y al subir la marea, éste se levantó con ayuda de las grúas y se despegó del fondo. Se le varó a menor profundidad y se volvió a repetir la maniobra hasta meterlo en el dique grande de los arsenales para someterlo a un minucioso examen. Cuando se le puso en seco traía todavía el orinque que se había fondeado para marcar la popa enredado en la hélice, o sea que la señalización había sido perfecta.

El H-3 fue reparado y volvió a prestar servicios hasta que "se murió de viejo" como sus demás hermanos, dando una gran escuela de instrucción para la rama submarina. A Muñoz se le restituyó al servicio de la Armada, previa anotación en su hoja de servicio de la valiente acción en el gancho de la grúa.[260]

El capitán de navío de la marina inglesa, W.O. Shelford, autor de una interesante historia sobre los salvamentos y hundimientos de submarinos, se refiere con los comentarios más elogiosos al salvamento del *Rucumilla* y su tripulación. Al referirse al salvamento del *Truculent*, considerado como el más exitoso salvamento inglés, dice: "El salvamento del *Truculent* se clasifica como el mejor del mundo, mejor aún que el salvamento del *Squalus* norteamericano y posiblemente igualada sólo por el salvamento del *Rucumilla*." Y más adelante, en la página 55 declara: "La debilidad de las cadenas en salvamentos submarinos había quedado ampliamente demostrada por la Marina de Chile al levantar el *Rucumilla,* pero es de dudar que la

---

[260] Esta relación fue dada al autor por el capitán Enrique Errázuriz, en una larga carta, en 1965.

Marina inglesa había sabido de esto en el fracasado intento de levantar el M-2." [261]

No podemos dejar de admirarnos ante el control, seriedad, paciencia y abnegación demostrada por los 25 tripulantes del *Rucumilla*. En ningún momento falló la disciplina, no hubo tampoco pánico ni desesperación. Según el capitán Del Solar, durante las 8 horas que estuvieron encerrados, no se oyó ni una queja ni una maldición. Debe anotarse aquí que no se había seleccionado a la tripulación, haciéndoles exámenes psicológicos, ni probando su resistencia contra la claustrofobia. Estos marineros y oficiales eran gente común y corriente. Cualquier oficial o marinero chileno habría actuado en igual forma. De la abnegación y disciplina de los marinos chilenos, el hundimiento del H-3 es uno de sus mejores ejemplos.

Desfile de marinería frente al monumento a los héroes de Iquique, c. 1925

Mientras estos hechos ocurrían en el orden interno de la Armada, el sistema político chileno sufría las consecuencias del parlamentarismo con sus múltiples partidos políticos que plagaban la nación. La Armada siempre se había mantenido ajena a las cuestiones políticas y se consideraba a los oficiales y tripulantes como hombres

---

[261] Shelford, **Subsunk**, p. 204 y p. 55.

de entera confianza a los cuales la ciudadanía podía confiar sus destinos. El turbulento período político entre 1924 y 1932 iba a traer una secuela de rumores, conspiraciones e incidentes que culminarían con la sublevación de la Escuadra.

Talvez el comienzo de esta tumultuosa etapa en la vida nacional tenga sus raíces en la elección presidencial de 1920. Por un lado, Luis Barros Borgoño, candidato del gobierno, se encontró con la fuerte oposición del candidato popular, Arturo Alesandri Palma. Tal era la contienda y el antagonismo entre los chilenos que el Presidente, Juan Luis Sanfuentes temía una sorpresiva invasión por parte del Perú o de Bolivia antes de que venciera el plazo estimulado en el Tratado de Ancón para llevarse a cabo el plesbicito que decidiría el destino final de las provincias de Tacna y Arica. Cuando el gobierno se enteró de ciertos movimientos de tropas bolivianas hacia la frontera, el Presidente, secundado por el Ministro de Guerra, Ladislao Errázuriz, ordenó la movilización parcial del Ejército de Chile. El propósito era reforzar la Primera División que se encontraba en la zona.[21a]

Este alistamiento tuvo solamente una pequeña repercusión en la Armada. La tropa se transportó en vapores mercantes y se pusieron en alerta los buques que se encontraban a medio desarme en Talcahuano. Pero se había dado un mal paso al permitir al candidato opositor revistar las tropas en campaña cuando aún no se decidía el resultado que determinó más tarde, un Tribunal de Honor.

Una vez elegido, el Presidente Alessandri encontró una firme oposición en el congreso. Le era imposible obtener la aprobación del parlamento de los proyectos de ley que necesita para cumplir con sus promesas electorales de reforma. En agosto de 1924, el congreso, en vez de abocarse en discutir las leyes que proponía el ejecutivo, trataba de votar una ley que les concedía una dieta parlamentaria. Un grupo de militares ocupó la galería del salón e hicieron sonar sus sables. La mesa pidió que abandonaran el recinto.

Los oficiales consideraban que ya se había llegado al colmo de la inmoralidad política. El estado financiero del fisco se había descrito

---

[21a] No han faltado quienes creen que fue una farsa del gobierno con el fin de alejar de Santiago a la guarnición de la capital que era mayoritariamente adicta al fogoso candidato opositor Arturo Alessandri.

como "pavoroso"; los sueldos de marinos y soldados se veían reducidos por la crisis económica y el parlamento sólo pensaba en aumentar sus ingresos. Después de haber sido expulsados del congreso, los oficiales se reunieron en el Club Militar y organizaron una Junta Militar. Alessandri trató de aprovecharse de esta situación pensando que con la ayuda de los militares podría desentenderse del parlamento. El 5 de septiembre se reunió con un grupo de oficiales que le presentó una lista de peticiones. Durante la reunión algunos oficiales, entre ellos el teniente Alejandro Lazo, demostraron una falta de respeto ante el Presidente. Alessandri se dio cuenta que había dado un mal paso y ante la presión de los militares creyó posible reestablecer el orden jerárquico nombrando un gabinete en el que figuraban dos militares y el almirante Francisco Neff Jara.

En efecto, presionado por una Junta Militar se aprobaron 16 leyes. Pero la "Junta" incorporó a tres capitanes de fragata con lo que pasó a llamarse "Junta Militar y Naval". Debe hacerse hincapié que esta agrupacion era ilegal y no constituía un organismo representativo. La representación de la Armada en esta junta era mínima: sólo tres de unos 40 miembros. Liderados por el mayor Carlos Ibañez del Campo, el grupo publicó un manifiesto en el que prácticamente ignoraban la autoridad del Presidente de la República.

Ante esta actitud, Alessandri envió su renuncia al Senado y se refugió en la Embajada de los Estados Unidos el 11 de septiembre 1924. La primera participación de la Armada en estos sucesos fue el nombramiento del almirante Neff a una Junta de Gobierno, pero políticos de oposición habían contactado a los almirantes Gómez Carreño y Soublette y trataron de comprometer a los comandantes de las guarniciones de Santiago y Valparaíso. El almirante Soublette, recordando la vieja tradición de fidelidad y respeto al gobierno constituido, no quiso hacerse parte de la conspiración, pero después de una conversación con el Presidente Alessandri, ofreció sus servicios a Ladislao Errázuriz y fue desde ese momento el hombre que hizo los contactos entre los oficiales de la Armada.

El gobierno fue asumido por una Junta en la que figuraba el almirante don Francisco Neff Jara, junto con los generales Bennet y Altamirano. Como la Junta no satisficiera los deseos de los militares liderados por Ibañez, el *23* de enero de *1925* ocurrió un nuevo pronunciamiento liderado por el coronel Marmaduke Grove. La nueva Junta Militar detuvo al almirante Neff y al Ministro de Marina, almirante Gómez Carreño. La reacción de Valparaíso no se hizo esperar. La misma noche del *23* se llamó a una reunión de todos los oficiales generales, superiores y subalternos que se hallaban en el puerto. En ella se decidió adoptar un acuerdo en que se declaraba:

1. La Armada Nacional no acepta este procedimiento, la forma en que se ha llevado a cabo y tampoco el que tenga finalidad política.
2. Acuerda no tomar una resolución definitiva hasta no oír a sus respectivos representantes en el gobierno.
3. Declara solemnemente que está decidida a mantener en todo momento el orden interno.[262]

Las unidades de la Armada en Valparaíso, tomaron las medidas necesarias para asegurar el control de la ciudad. Al día siguiente el almirante Salustio Valdés fue enviado a Santiago a obtener la libertad de Neff y Gómez Carreño. El Comité Revolucionario de Santiago se negó a satisfacer las demandas de los marinos y trató de ganarse la adhesión de los regimientos de Valparaíso, intención que tuvo el más rotundo fracaso hasta el punto que el Regimiento de Caballería Coraceros, acantonado en Viña del Mar, se embarcó en los buques de la escuadra que se encontraban en Valparaíso. Llegaron noticias de los sucesos de Talcahuano que se relatan más adelante. Bajo estas circunstancias la tensión del ambiente era enorme y se temía que se desencadenara la guerra civil.[263] Afortunadamente actuó como mediador Agustín Edwards y se llegó a un avenimiento entre el Comité de Santiago y la Armada. Se formó una nueva Junta de Gobierno y en ella tomó parte el almirante Carlos Ward. Este nuevo grupo gubernativo logró la disolución de la Junta Militar y eventualmente, el regreso de Alessandri.

---

[262] Ricardo Donoso, *Alessandri, agitador y demoledor,* México, 1954, vol. 1, p. 399.
[263] Donoso, op. cit., p. 400.

Ibáñez y Grove trataron también de obtener el apoyo del personal en Talcahuano. Para esto, enviaron un capitán de ejército que logró que se enviaran dos telegramas de adhesión, uno de algunos oficiales superiores y empleados civiles y otro de las tripulaciones. Germán Bravo nos indica el punto clave "con anterioridad a estos hechos no se registran actos de indisciplina en la gente de mar. Es el primer indicio de la tragedia."[23a]

El comandante del apostadero, capitán de navío Ismael Huerta, trató de imponer disciplina pero se encontró con que los injenieros se negaron a servir en los buques que debían zarpar al norte. Eran el *Blanco Encalada*, el *Lynch* y tres submarinos. Las tripulaciones los apoyaron. Una multitud de obreros y habitantes reunidos en la plaza de Talcahuano, obligó a Huerta a prometer que ningún buque zarparía del puerto. Sólo la actitud valiente y decidida de algunos comandantes de buques impidió el asalto y toma de los buques y logró despejar la zona naval.[23a]

Un grupo de oficiales que pretendía acelerar los cambios en la Armada conspiraba para remover del mando al Director General de la Armada, Vicealmirante Juan Schroders Peña y poner en su lugar a otro que apoyara al coronel Ibáñez. Buscaban también nombrar a un Ministro de Marina que simpatizara con el caudillo emergente. Se trataba de los comandantes Luis Escobar Molina, Luis Caballero Cannobio, Luis Concha y al comandante de Artillería de Costa Luis Lavín. Descubierta la conspiración, se nombró fiscal al contralmirante José Toribio Merino Saavedra y durante el sumario, Escobar declaró que estaba "protegido por influencias muy poderosas" lo que no fue objeción para que fueran destituídos por unanimidad de la Corte Marcial. Este episodio se conoce como "la conspiración de los Luises" en atencion a que los cuatro conspiradores llevaban el mismo primer nombre.

El general Ibáñez, después de lograr una segunda dimisión de Alessandri, se convirtió de facto, en la cabeza del gobierno puesto que el Presidente legítimamente elegido, Emiliano Figueroa, le permitió

[23a] Germán Bravo Valdivieso, *La sublevación de la escuadra.* Viña del Mar:Altazor, 2000, p. 78
[23a] Young, obra citada, p. 33

gobernar a su antojo. Primero desde el Ministerio de Guerra, luego del Interior y más tarde como Vice-presidente. Una medida que afectó seriamente a la Armada fue el nombramiento de Carlos Frodden Lorenzen, capitán de fragata, como Ministro de Marina. El nombramiento a este alto cargo de un oficial de baja antigüedad, resultó en la renuncia de los vice-almirantes Schoders, Swett y Langlois; de los contralmirantes Searle, Bahamonde, Wilson, Ward y Huerta; y de varios capitanes de navío. Era tal el debacle que el propio Frodden trató de retener sin éxito, a algunos de estos altos jefes. Ibáñez ordenó entonces el traslado a Santiago de las oficinas del alto mando de la Armada. Finalmente, Ibáñez reincorporó a la Armada al Capitán Luis Escobar con lo que revelaba su "protección de influencia muy poderosa." Pasó a ser comandante del apostadero de Valparaíso.

La Armada no volvió a inmiscuirse en política pero se había sentado un mal precedente que trajo sus consecuencias años más tarde. En los gobiernos sucesivos, se produjeron situaciones difíciles en el norte y varias unidades de la Armada fueron enviadas a las provincias salitreras con la ingrata misión de sofocar movimientos revolucionarios de obreros y sindicatos. Se llegó hasta el absurdo que oficiales de la Armada formaran consejos de guerra para juzgar a civiles. Los cruceros *Blanco, Zenteno, Esmeralda y O'Higgins* fueron enviados con regularidad al norte debiendo desembarcar tropas, apresar a dirigentes sindicales y mantenerlos a bordo. En más de una ocasión fue forzoso desembarcar a los presos en lugares diferentes de los que se les había embarcado y la popularidad de la Armada que había jugado un rol tan importante en la historia de esas provincias, decayó.

Paralelo a estos sucesos políticos que debieron ser ajenos a las actividades de la institución, se llevó a cabo la renovación de buques antiguos. Entre *1926 y 1927* se desguazaron el destructor *Merino Jarpa,* varando su casco en la Quiriquina, la torpedera *Rodríguez* cuyo casco fue varado frente a la Escuela de Torpedos y otras unidades menores. También el pontón que otrora fue la orgullosa *Abtao* fue desguazado. En cuanto al régimen interno de la Armada, hubo también algunos cambios de importancia. La Escuela de Ingenieros que tan buenos servicios prestaba, fue unificada a la Escuela Naval de

Valparaíso, con lo que los cadetes pasaron a ser candidatos a Oficiales Únicos. Mucho se lamentó el cierre de este plantel que dio en su corta vida tan buenos ingenieros, (se les llamaba "ingenieros con jota") pero a la larga se trataba de eliminar la fricción que existía entre los oficiales ingenieros y ejecutivos, situación que ya empezaba a ser no sólo molesta sino también peligrosa pues, como ya se ha visto, en *1925* un grupo de oficiales del ejército encabezados por Carlos Ibáñez, había tratado de obtener la cooperación de los ingenieros navales contra los oficiales y las tripulaciones de la Armada.

Una serie de naufragios ocurrieron por esa época. El primero fue el escampavías *Pisagua,* antiguo vaporcito acarreador de agua en el Perú; que había pasado al servicio de la Armada. Tuvo la mala fortuna de chocar contra un vapor de mayor tamaño, el mercante *Magallanes.* El buque se fue a pique, pero se logró salvar a la tripulación completa.

El vapor *Angamos,* que como se recordara era el antiguo *Citta Di Venezia,* comprado por los agentes balmacedistas y rebautizado *Spartan,* prestaba excelente servicio, ya que era un vapor de *5.975* toneladas y con una velocidad de *15* nudos. El viernes 6 de julio de *1928* el transporte viajaba al norte desde Magallanes, trayendo a bordo cerca de *300* personas entre pasajeros y tripulantes. El transporte se hundió frente a Punta Morgilla. Navegaba cerca de Lebu el vapor *Tarapacá*. Repentinamente el radiotelegrafista del mercante oyó un débil mensaje, apenas perceptible, que provenía del *Angamos* y por el cual solicitaba auxilio con mucha urgencia. Las condiciones de la atmósfera eran totalmente nulas para la recepción inalámbrica y el hecho de que el llamado fuera muy corto, impidió al capitán del *Tarapacá* cerciorarse de la posición del buque en peligro. El mensaje fue retransmitido por el buque y fue recibido en la isla de La Mocha y en el Apostadero de Talcahuano. Se creía que el lugar del naufragio era la isla Santa María. El jefe del apostadero ordenó salir al crucero *Zenteno,* que estaba en reparaciones en el arsenal y tras un rápido alistamiento se hacía a la mar esa misma noche. A la mañana siguiente lo siguieron el minador *Elicura y* el cazatorpedero *Williams.* Estos buques recogieron *83* cadáveres y a un solo sobreviviente, el guardián Oscar Avendaño, quien declaró que el comandante Suárez al ver la imposibilidad de salvar su buque se encerró en su camarote donde murió. Se ahogaron 291 personas incluyendo nueve oficiales. Esta tragedia fue profundamente sentida en la zona de Concepción y un músico popular, Críspulo Gándara, compuso una canción, "El naufragio del Angamos" que todavía se canta en nuestros campos.

Al año siguiente se hundió el *Abtao*. Este buque había sido comprado en *1928* y había reemplazado a la antigua corbeta del mismo nombre. En la mañana del *16* de julio navegaba el buque con un cargamento de carbón frente a la desembocadura del río Rapel. Sorpresivamente se desencadenó un violento temporal que cortó los guardines del timón y dejó al buque sin gobierno. El comandante ordenó cerrar las escotillas y ordenó al teniente Lynch que reconectara el timón, pero los esfuerzos de la tripulación no lograron devolver al buque su dirección. Atravesado frente a las olas, el *Abtao* se veía en situación desesperada, por lo que el comandante, capitán de corbeta Francisco Acosta, hizo cortar las tiras de los botes ante la imposibilidad de arriarlos, lanzó por radio la señal de auxilio y ordenó a la tripulación ponerse los salvavidas. El buque tomó por la proa dos enormes olas cuyo volumen de agua no pudo escurrirse por las portas e imbornales, con lo que la línea de flotación cambió, y al ser alcanzado por otras gigantescas olas, el buque se fue a pique con la mayoría de la tripulación. El S.O.S. había sido captado por tres vapores de la Marina Mercante que se dirigieron a toda velocidad al sitio de la tragedia. El capitán Julio Mayorga del *Imperial* maniobró su buque en el peligroso temporal e hizo arriar un bote que al mando del piloto Exequiel Maldonado logró salvar al único sobreviviente que flotaba sobre las aguas, el guardián Enrique Aranda. El vapor *Antártico* permaneció en el lugar hasta la mañana siguiente, pero no se recogieron náufragos. La Armada perdió en este desgraciado accidente seis oficiales y *36* marineros.

La Armada necesitaba algunas unidades modernas que reemplazaran los antiguos cazatorpederos y destructores. En un comienzo se trató de adquirir un acorazado usado y una flotilla de destructores pero como Inglaterra había firmado un tratado de limitación de armamentos que no le permitía vender buques usados, Chile tuvo que optar por la compra de buques nuevos. Con este fin se ordenó la construcción de seis destructores en Inglaterra. El contrato lo obtuvo la firma Thornycroft en aguda competencia con otros astilleros ingleses y de otras naciones europeas. Estos seis buque fueron tal vez las unidades más eficientes que ha tenido la Armada de Chile. Desplazaban 1.430 toneladas y estaban armados con tres cañones de 4,7 pulgadas. Para su protección antiaérea contaban con un cañón de tres pulgadas y cuatro de *20* mm., además de tres ametralladoras y seis tubos lanzatorpedos. Tres de ellos estaban también equipados para fondear minas y tres para rastrearlas. Se les había diseñado para un andar de *35* nudos. En sus pruebas el *Serrano* alcanzó 41 millas lo que dio ocasión para que un periódico londinense lo clasificara como el "buque más rápido del mundo." La construcción fue casi perfecta. El casco estaba al nivel o excedía los estrictos requisitos de la marina inglesa y todos excedieron la velocidad estipulada en sus contratos en la primera prueba. Fueros éstos la clase *Serrano y* se les dieron nombres de oficiales que se distinguieron en el combate de Iquique: *Orella, Riquelme, Hyatt Videla y Serrano.* Se honró también la memoria del sargento que saltó con Prat y se llamó al último *Aldea.* Hasta las acomodaciones para la tripulación eran excelentes y dos de ellos se mantuvieron en servicio por *39* años. También se agregó a la Armada un pequeño transporte de *850* toneladas, el mercante *Bragi* (ex *Bostonlincs)* comprado para traer la munición adicional del *Latorre* que fue rebautizado *Micalvi* en memoria del contramaestre de la *Esmeralda* que murió más tarde en la *Covadonga.*

El año *1929* fue uno de los grandes crecimientos para la Armada pues además de estas unidades se incorporaron los petroleros *Rancagua y Maipo,* construidos también en Inglaterra, país a donde se envió el acorazado *Almirante Latorre* con el fin de modernizarlo Estas reparaciones constituyeron una renovación completa. Se reconstruyó parte de la protección contra torpedos añadiéndosele "bulges" al casco para protección contra explosiones o torpedos y las torres y puentes de mando fueron modernizadas incluyendo nuevos controles para la artillería en la parte alta del puente. Se elevaron los mástiles casi 20 metros, se le quitaron los reflectores en el puente y se instalaron nuevas turbinas y maquinaria fabricada por Vickers Armstrong y las calderas se alimentaban ahora de petróleo en vez de carbón. Se le instaları nuevos sistemas antiaéreos y se mejoraron las acomodaciones añadiéndose nuevas facilidades para el uso de la tripulación y los oficiales. Mientras el *Latorre* estaba en Devonport, sus oficiales y marineros se dedicaron a aprender cuanto pudieron de la organización y técnica inglesas. Desgraciadamente, civiles exiliados hicieron también una activa campaña política. Como la situación económica del país había cambiado drásticamente en 1929, se había reducido la gratificación que se pagaba al personal en el extranjero. Aprovechando el natural descontento, agentes del Comité Revolucionario de París visitaron el buque y crearon un clima de odio y rebeldía hacia el gobierno. Varios historiadores creen que la semilla del motín de Coquimbo se plantó entonces.

Acorazado Latorre

Vuelto el *Latorre a* Chile se agregaron también a la escuadra tres submarinos y un buque madre, el *Araucano*. Los submarinos eran del moderno tipo "O" muy similares a los que construía la marina inglesa. Eran más grandes que los "H" y desplazaban 1.400 toneladas. Estaban armados con un poderoso cañón de 4,7 y de *8* tubos para torpedos, 6 a proa y 2 a popa. Se les llamó *Thompson, Simpson y O'Brien*.[264] Contaba la Armada entonces con *9* sumergibles. Coincidió su arribo al país con los desguaces de los cruceros *Errázuriz y Esmeralda* y de los destructores *Lientur y Muñoz Gamero*. La Armada de Chile, como ya se ha visto con el diseño del crucero *Esmeralda,* de los destructores y de los cruceros clase "Libertad," había sido innovadora en tipos de buques, diseños, armamentos y cualidades marineras. No fue el caso de los submarinos "O." Tan pronto como entraron en servicio demostraron fallas de diseño y construcción que los constituyeron en unidades mediocres y de pobre rendimiento. La maniobra sumergida era difícil debido a su flotabilidad muy limitada ya que se había aumentado el desplazamiento sin incrementar el tamaño del buque. Se había pretendido darles un enorme radio de acción con capacidad para 200 toneladas de combustible lo que los hacía pesados de manera que la inmersión era rápida, peligrosa y de difícil control. Los estanques de combustibles estaban afuera del casco de presión lo que ocasionó la pérdida de 5 de las 9 unidades similares en la marina británica durante la Segunda Guerra Mundial. El hecho de que sobrevivieran por muchos años y sin inconvenientes serios es una indicación de la excelente ingeniería de la Armada de Chile.

En *1930,* por decreto del gobierno de Ibañez, en venganza de la oposición que le habían puesto los altos mando de la Armada, los servicios de la Aviación Naval pasaron a depender del Ministerio del Interior. La Armada entregó una Fuerza Aérea Naval capacitada, la base aérea de Quintero y todo su personal, "eficiente, entusiasta, disciplinado y preparado."[265] Al crearse la Fuerza Aérea de Chile nueva institución pasó a depender del recién creado Ministerio de Defensa Nacional.[266]

---

[264] El submarino *Thompson,* tenía en su nombre un error de ortografía que fue rectificado hasta la incorporación del submarino *Thomson en 1960*. La familia del héroe era de origen escandinavo y por lo tanto el nombre era Thomson, a pesar de que el capitán mismo firmó a veces su nombre "Thompson".

[265] Carta del almirante Von Schroeders a su hijo, incluida en la edición de su libro *El delegado del gobierno, p. 178*

[266] La Fuerza Aérea de Chile permaneció bajo el Ministerio del Interior hasta crearse el Ministerio de Defensa Nacional en 1931 que vino a reemplazar el antiguo Ministerio de Guerra y Marina. El primer Ministro de Defensa Nacional fue el ex -

Formación de hidroaviones sobre la Escuadra

teniente de la Armada Ignacio Urrutia Manzano. Es notable que la FACH conservó el color azul con la estrella blanca en el timón de cola de sus aviones insignia que tenía la aviación naval.

Capítulo XX
La sublevación de la escuadra

Como ya era costumbre, la escuadra pasaba la mayor parte del invierno en ejercicios de entrenamiento para lo cual se dirigía al norte, tomando como base el puerto de Coquimbo. Así septiembre de *1931* no parecía diferir en mucho de los años anteriores, salvo que se había reintegrado el *Latorre* actuando como buque insignia de la Escuadra de Instrucción. A bordo de este buque se había embarcado un grupo de cabos contratados para hacer un curso de contadores. Bajo la más apacible apariencia bullía un clima de rebelión que iba a explotar el 1º de septiembre de *1931* en el único acto vergonzoso que recuerda la Marina de Chile en su siglo y medio de vida al servicio del país. Como observa Armando Donoso: "La Armada Nacional tenía desde antiguo una honrosa tradición de disciplina, que nunca había sido quebrantada. Las circunstancias en que ejercía su acción profesional, su alejamiento de las luchas políticas y el plano de elevación en que siempre se habían mantenido sus jefes, le había dado una autoridad moral generalmente acatada. En las luchas cívicas los marinos aparecieron como un factor moderador, llenos de sensatez y plenos de ponderación."[267]

Como ya hemos observado, durante el gobierno de Ibáñez se habían introducido ciertos elementos de subversión mientras el *Latorre* estaba en Devonport.[268] Con las continuas crisis políticas de la década del 20 al *30* la Armada, muy a su pesar, se había visto arrastrada hacia los sucesos políticos. Los motines no eran cosa nueva. Bastará volver a las páginas que relatan la sublevación de la *Chacabuco, Lautaro, Aquiles* y las pérdidas del *Araucano* y el *Aranzazu* para convencerse de que el asunto, como en todas las marinas del mundo, tenía cierta

---

[267] Donoso, *Alessandri, vol. 2, p. 54*
[268] Ventura Maturana, *Mi Ruta. El Pasado, El Porvenir,* Buenos Aires, 1936, p. 161. "Los motivos fueron fueron eliminados a tiempo. Pero quedó en las cubiertas la semilla de la desmoralización que daría sus venenosos frutos el 1 de septiembre de ese año."

tradición. Cuando no se pagó a las tripulaciones, fue el propio almirante Cochrane quien, tomando la justicia por su propia mano, se apoderó del tesoro peruano para cubrir los sueldos. Pero la situación en *1931* había cambiado, los oficiales eran ahora chilenos, gente bien preparada en un sistema rígido y con una disciplina a toda prueba. Las tripulaciones ya no eran enganchadas, ni voluntariamente, ni a la fuerza. Venían de escuelas, empezando por la de grumetes y pasando más tarde por las de su especialidad, torpedistas, mecánicos, señaleros, artilleros, etc... Los únicos recién incorporados sin el temple necesario que daba la formación en las filas de la Armada eran el grupo de once condestables, a los que se les había contratado con el grado de "cabos despenseros". Se proyectaba hacerles un curso rápido sobre contabilidad y se les había llevado a bordo del *Latorre* para acostumbrarlos a la vida de mar a la vez que aprendían a ser ayudantes de contador. La primera falla del sistema fue que se eligió de entre los concursantes a quienes mejor rindieron el concurso, sin preocuparse de investigar los antecedentes de cada uno. De haberse hecho una investigación, se habría descubierto que el postulante que sacó el primer puesto era un antiguo agitador, que a pesar de su juventud, había militado en los centros de la Juventud Católica y que había viajado al norte con la misión de organizar sindicatos. El hombre era de marcada tendencia socialista y simpatizaba entonces con los comunistas. Era lógico que en el *Latorre* se le presentara una oportunidad para desarrollar su labor subversiva. Este era Manuel Astica quien se vio secundado por Agustín Zagal, que tenía parecidos antecedentes.

La Escuadra fondeada en Coquimbo

El país pasaba entonces una situación difícil tanto económica como política. Dos presidentes habían renunciado y el gobierno se hallaba en manos de Manuel Trucco, Presidente de la Corte Suprema. Los partidarios de Alessandri querían ver a su hombre volver al gobierno. Los ibañistas, nunca un partido político, estaban recuperando sus fuerzas ante la anarquía que parecía haberse apoderado del país. Socialistas, anarquistas, comunistas y otros grupos trataban de crear una revolución a su propia manera y gusto. Partidos más moderados buscaban encajarse de alguna manera en el nuevo gobierno, de manera que todo el mundo estaba de alguna manera u otra viviendo en un clima de efervecencia al mismo tiempo que la crisis económica agudizaba el hambre y la miseria y hasta traía consigo amenazas contra la salud pública. La ley y el orden eran difíciles de mantener. Como observa un historiador norteamericano: "Los motines navales nunca ocurren en momentos propicios y en Chile no fue ésta la excepción."[269]

Como siempre, la situación económica del país había repercutido en aquellos que recibían pocos recursos, esto es, hondamente en las tripulaciones. El Ministro había llegado hasta anunciar una rebaja en los sueldos de las Fuerzas Armadas. El sueldo de los suboficiales, cabos y sargentos era para empezar, exiguo. La tripulación del *Latorre* recordaba que se les había quitado la bonificación que recibían en Inglaterra por servicio en el extranjero. Si apenas podían sobrevivir los oficiales con su escaso peculio, bien podemos imaginarnos las angustias de estos hombres de mar que con años de servicios arrastraban a sus familias a una vida económica limitadísima y su reacción al enterarse de que se les rabajarían los sueldos. La mayoría había dejado a sus familias en Valparaíso o Talcahuano, después de haber obtenido "avances" en dinero para que sustentaran sus gastos durante la larga ausencia invernal. La conversación en las cámaras y comedores se limitaba a los problemas económicos. Las comunicaciones eran lentas. Un vapor de la carrera llevaba cartas semanales a las familias desde los puertos del norte. Por duro y difícil

---

[269] William Sater, "The Abortive Kronsdat: the Chilean Naval Mutiny of 1931" en **HAHR**, 60, 1980, pp.239-268

que fuera este régimen, tanto los jefes chilenos como los observadores extranjeros consideraban que el entrenamiento y la disciplina de la Armada chilena eran inmejorables.

La Escuadra Activa, compuesta por el crucero *O'Higgins* y los destructores *Riquelme, Hyatt, Videla* y *Aldea* estaba fondeada en Coquimbo junto con la Escuadra de Instrucción que componían el *Latorre, Lynch, Serrano, Orella* y algunos submarinos clase H. En estas condiciones no fue difícil para Astica ponerse en contacto con los sargentos del buque insignia de la Escuadra de Instrucción a los que sugirió redactar una petición al comodoro de la escuadra solicitando que no se rebajaran los sueldos, pues los existentes apenas alcanzaban para vivir. La petición, redactada por Astica, se hizo circular primero en el *Latorre* y luego fue pasada a los otros buques de la escuadra.

Enterado el comandante del *Latorre,* capitán de navío, Alberto Hozven de que circulaban peticiones entre los tripulantes de la escuadra, mandó que grupos de 20 hombres al mando de un oficial se trasladaran de cada buque al *Latorre.* Formados los representantes en la toldilla de popa del acorazado, Hozven les hizo ver que se había enterado de lo que sucedía y que quería advertirles que era antipatriótica su actitud y que procedería con la mayor firmeza contra aquellos que persistieran en su empeño. Terminadas sus palabras, lanzó el tradicional "Viva Chile". Allí ocurrió un hecho insólito que debió haber prevenido a los oficiales: nadie en las filas contestó. Al repetir el tradicional grito, contestaron sólo algunos cadetes de la Escuela Naval que se hallaban embarcados. Este silencio era ya un acto de rebelión. Hozven no lo comprendió así, pero informó el hecho a sus superiores. ¿Cómo podría adivinar de la nefasta labor que desarrollaban bajo cubierta elementos que eran en realidad totalmente ajenos a la institución? La petición no llegó jamás a manos del comodoro. Como la calma parecía estar reestablecida, el comandante autorizó salida a tierra con el fin de que quienes estaban francos, asistieran a unos encuentros de box.[270]

---

[270] Las declaraciones del Hozven aparecen traducidas en el informe del agregado naval norteamericano en Santiago, comandante Gunderson, fechadas el 8 de septiembre de 1931 y se encuentran en National Archives, Washington. Copia del original donada al autor por el hijo del comandante Gunderson.

Astica declaró años después que fue un error del comandante no leer la solicitud. Error que atribuye a su formación en "la vieja escuela de la disciplina fría, carente de todo sentido humano."[271] Nada demuestra la ignorancia que tenía el cabo despensero de la educación de la Armada, tan bien como estas palabras. Los oficiales de la Armada de entonces, como los de hoy, podrán ser todo lo que se quiera, pero no fríos e indiferentes a las necesidades de los hombres bajo su mando.

Los "cabos despenseros", lejos de olvidar el asunto, se decidieron a presionar por el derecho de petición. Esa misma noche invitaron a los suboficiales con mando al pañol de municiones del *Latorre* para una reunión. Actuaba como mensajero para estas actividades el cabo electricista Manuel Bastías que con el pretexto de revisar los conductos eléctricos repartió las invitaciones. Nos sorprende hoy día que ni un sólo suboficial tuviera la energía suficiente para aprehender a este individuo. Habría bastado la acción enérgica de un hombre de mar, para echar por tierra los planes de los despenseros.

A las ocho de la noche, se reunieron los suboficiales en el lugar convenido. Como ese día había una manifestación deportiva en La Serena, a la que habían asistido la mayoría de los oficiales, no fue difícil llamar a delegaciones de los otros buques que llegaron también al *Latorre*. En realidad no había nada ilegal en una reunión de suboficiales, especialmente cuando tomó el mando de ella el suboficial más antiguo que resultó ser el suboficial mayor, Ernesto González Brión. Este era el hombre de confianza del comandante, pues actuaba como escribiente y había servido a varios comandantes en esa capacidad. La mayoría de los hombres de carrera se mostraron disgustados por las palabras del comodoro pero las aceptaron como la única reacción posible. Comprendían muy bien que los sueldos de los oficiales serían rebajados también y que por lo tanto, estaban en completo acuerdo de que la rebaja no podía llevarse a cabo. Pero el comandante no podía obrar de otra manera, ya lo había hecho en forma bastante benévola. La reunión no parecía llegar a ninguna conclusión definitiva, cuando hicieron uso de la palabra Zagal y Astica. ¿Cómo se justificaba la presencia de estos dos hombres que eran cabos

---

[271] Declaraciones a la Revista ***Ercilla***, 18 de diciembre de 1965.

contratados en una reunión de marinos profesionales? ¿Con qué derecho hablaban en una reunión de jefes superiores? La triste realidad fue que no sólo hablaron sino que tomaron casi inmediatamente la dirección del movimiento. ¿Qué podría esperarse cuando había sido el propio Astica el instigador de la reunión? Mediante el uso de la oratoria, lograron Astica y Zagal exaltar los ánimos hasta el punto que se tomó una decisión que echaba por tierra cien años de tradición: tomarse los buques. Para dar un carácter de honradez al movimiento, se acordó cerrar las cajas fuertes de los buques y las cantinas. Como observa el general Bravo, "el movimiento tuvo un origen típicamente comunista."[272] Las ideas soviéticas de los nuevos cabos despenseros no fueron aceptadas por las tripulaciones, pues si bien se acordó formar comités en cada unidad, los jefes de los mismos serían los suboficiales más antiguos. Se formó también un Estado Mayor de las Tripulaciones y a su cabeza quedó como era lógico el suboficial mayor Ernesto González. Dentro de este comité supremo, Astica se las arregló para quedar como Secretario General. Se tomaron medidas para asegurarse de que la noticia de la reunión en el *Latorre* no se filtraría y se acordó tomarse primero la sala de armas de cada buque y luego hacer prisionero al oficial de guardia. Todo esto quedó acordado para la medianoche de ese mismo día. Una vez que la tripulación obtuviera el control del buque, se izaría en el palo mayor un fanal rojo. En este acuerdo las delegaciones volvieron a sus buques.

Ernesto González comprendió después de levantarse la reunión, que se había dado un mal paso. Se fue donde Astica que estaba durmiendo y le rogó que postergara el movimiento. Como hombre de confianza del comodoro, tenía la convicción de que sería posible que hablando con el comandante se le podría explicar la situación y con seguridad los oficiales pedirían que no se rebajaran los sueldos de la Armada. Astica respondió categóricamente que no.[273] Como el cabo despensero temiera entonces la influencia que tenía González sobre los

---

[272] Leonidas Bravo, *Lo que supo un auditor de Guerra*, Santiago, 1955, p. 48.

[273] Por si existiera alguna duda en la mente del lector sobre quién era el jefe absoluto del movimiento a bordo del *Latorre*, citaremos las declaraciones del propio Astica, aparecidas en la revista *Ercilla*, en diciembre de *1965:* "**Se fue González y ante aquella situación** *decidí* **adelantar la hora del pronunciamiento en el** *Latorre.*"

otros suboficiales, decidió adelantar la hora del movimiento en el *Latorre*. Curiosísimo caso en que un cabo, con menos de seis meses de embarcado, tomó la dirección de un acorazado. Dada la orden por Astica, se desarmó al guardiamarina Román que estaba en el puente, se ocupó la sala de armas y se encendió la luz roja de aviso a los demás buques.

El comodoro Hozven se encontraba a bordo del *Latorre* y uno de los sublevados fue a decirle que desde ese momento quedaba encerrado en su camarote. El comodoro trató de hacer algo pero se le comunicó que todos los oficiales de a bordo estaban encerrados en sus camarotes y que la tripulación estaba provista de armas. Varios suboficiales habían llegado hasta su camarote y algunos propusieron liquidarlo en el acto. Hozven contestó valientemente que ojalá lo hicieran para poder gritar "Viva Chile" con los que fueran leales, intentó tres veces de disparar su revólver, pero el percutor había sido alterado. Se le pidió que entregara su espada a lo que se negó. Por último, como le era imposible hacerse obedecer de nadie, se retiró al puente de mando, donde permaneció 14 horas, bajo el ojo vigilante de los centinelas. Por último, extenuado por el cansancio, se fue a su camarote. De allí no salió hasta el final de la rebelión.

El Latorre, foco de la rebelión

Un caso parecido ocurrió en el *O'Higgins,* buque insignia del almirante Abel Campos, comandante de la escuadra activa. En ese buque la tripulación armada irrumpió en los camarotes de los oficiales y los declaró prisioneros. Campos no había tenido ni la menor sospecha del movimiento. Como la escuadra estaba en pleno período de entrenamiento, a nadie le extrañó que en la noche del 1° de septiembre la tripulación tomara armas y moviera los cañones. Un sólo oficial, el guardiamarina Leighton del *O'Higgins,* tenía una pistola a la mano al irrumpir los amotinados en su camarote y se defendió a balazos, hiriendo a un marinero y cayendo por fin herido.

Los conjurados de los otros buques, al ver que el *Latorre* izaba la señal convenida antes de tiempo, siguieron el ejemplo y fueron desarmados los oficiales de guardia de los destructores. El comandante del *Aldea,* Luis Bahamonde, estaba preparado para esta emergencia, pero el buque fue abordado por marineros armados que lo rodearon y lo arrestaron. Sólo en el *Lynch* la tripulación no estaba alerta y pasaron varios minutos antes de que se dieran cuenta que el movimiento había empezado. Cundió la alarma en el *Latorre* pues se creyó que los conspirados habían encontrado resistencia y se alistó una lancha con refuerzos. Antes que saliera, ya el *Lynch* había izado su luz roja, con lo que se completaba la toma de los buques.

En el destructor *Videla* se produjo una situación anormal. Su comandante Don Humberto Aylwin, era hombre muy querido por la tripulación. Cuando llegó la lancha a recogerlo en el muelle, el patrón le sugirió que no volviera abordo pues "había problemas." Aylwin insistió en subir a su buque. Después de ser recibido en cubierta, el contramaestre le informó de la situación y le preguntó que debían hacer y que decisión tomar. El comandante les dijo que su lugar estaba con sus compañeros de armas. Teniendo la confianza de las tripulaciones, Aylwin perdió la oportunidad de haber sido un héroe digno émulo de Arturo Prat. De haberse negado el *Videla* a participar en la revuelta, el resto de los destructores probablemente lo habrían seguido.[274]

---

[274] El autor escuchó este relato de su padre, entonces capitán de corbeta a bordo del *O'Higgins*. Aylwin estaba relacionado por matrimonio con la familia del autor.

El Videla, su tripulación pudo haber desbaratado los planes de los cabos despenseros

Un par de horas más tarde, al llegar el resto de los oficiales a los buques, se les declaró prisioneros y se les encerró en sus camarotes. Tal era la normalidad con que procedían los marineros que los oficiales no alcanzaron a poner resistencia alguna. Se les saludaba de acuerdo con la ordenanza y se les informaba con todo respeto que la tripulación se había hecho cargo de los buques. Ninguno aceptaba el procedimiento, pero todos comprendían las imperiosas razones que habían impulsado a los suboficiales. Lo que no se sabía entonces era la participación de agentes foráneos a la institución.

El mismo Astica redactó un bando en el que se comunicaba a la población de La Serena y Coquimbo que se habían tomado los buques y que desde ese momento ¡tomaban el control de la provincia! La proclama se hizo dramáticamente, desembarcando piquetes armados y precedidos por un tambor. Fue ése el momento en que el jefe de la guarnición de La Serena debió haber tomado prisioneros a los marineros tomándolos como rehenes. No pudieron tomarse medidas pues nadie esperaba el sublevamiento; no había la más mínima indicación de la revuelta y el golpe sorprendió al gobierno y a la ciudadanía. El Estado Mayor de Tripulaciones decidió hacer patrullar las calles de Coquimbo por partidas de marineros armados, con la idea de "evitar desmanes". Quien iba a causar los desmanes no lo sabemos, pero para contrarrestar la presencia de marineros se hizo patrullar la ciudad con igual número de carabineros. Las patrullas se cruzaban en la calle "cambiando saludos afectuosos", según versión de Astica.

La noticia de la rebelión no llegó a Santiago sino hasta las tres de la tarde del día siguiente y la primera versión llegó a La Moneda por vías particulares. Más tarde llegaba la comunicación del intendente de la provincia al Ministerio del Interior. La reacción en Santiago fue profunda. Se temían las repercusiones funestas que podía traer el movimiento. El hecho de que fuera la Marina de Guerra la que se sublevaba ponía en la mente de la ciudadanía una visión pavorosa de las posibles consecuencias. La espectral memoria de la Guerra Civil de 1891 todavía estaba latente. El agregado naval norteamericano comunicaba a Washington en un cable cifrado:

> "El motín ha sorprendido a Santiago y existe un sentimiento general que si los marineros logran su objetivo, pronto se le unirán el ejército y los carabineros. También hay miles de cesantes que están susceptibles a la propaganda comunista y tomarán el asunto en sus manos."[275]

El Estado Mayor de las Tripulaciones, haciendo uso de la radio del *Latorre,* pidió la cooperación de la escuadra del sur que se hallaba en Talcahuano y a las unidades en Valparaíso, incluyendo las escuelas de especialidades y los cuarteles de infantería de marina "Silva Palma" en Valparaíso y "Pérez Gacitúa" de Talcahuano. Difundieron también un pliego de peticiones cuyo texto es el siguiente:

> "En la noche del *31* de agosto al *19* de septiembre de *1931,* las Tripulaciones de la Armada, que hasta aquí han sido siempre esencialmente obedientes y que no han deliberado jamás ante los flujos y reflujos de los apasionamientos políticos, sino que por el contrario han sido juguetes de los

---

[275] National Archives. Report of the Naval Attache to the Embassy, Dispatch # 958, sin fecha pero probablmente 9 de septiembre de 1931.

mismos, empleándoseles para levantar y derrocar gobiernos, han visto que todas esas maniobras no han hecho otra cosa sino que hundir cada día más al país en la desorganización, en el descrédito e insolvencia.

Hoy, inspiradas las Tripulaciones de la Armada en los más nobles propósitos de bien nacional, impulsados por un fervor incontenible, sin desconocer sus deberes indiscutibles de trabajo en tiempo de paz, y defensa de la patria en caso de guerra exterior, hace uso de su sagrado derecho de pensar y deliberar y manifiesta a la faz del país los siguientes acuerdos, previa la siguiente declaración:

Las Tripulaciones se levantan, no ante sus jefes a los que respetan, no ante la disciplina que la mantendrán férreamente; no ante el país que debe confiar en ella, sino ante la incapacidad de la hora y ante el apasionamiento político y fratricida próximo a desbordarse.

Hecho este preámbulo, CONSIDERAMOS:

1. Que un deber de patriotismo obliga a las Tripulaciones de la Armada a no aceptar dilapidaciones ni depreciaciones en la Hacienda del país, por la incapacidad imperante del gobierno actual y la falta de honradez de los anteriores.
2. Que aceptar las inconcebibles rebajas de sueldos sería acatar la política de bandalaje gubernativo seguido hasta la fecha.
3. Que los actuales gobernantes para solucionar la situación económica sólo han recurrido a la misma política de sus antecesores, con una falta absoluta de iniciativa y comprensión.

POR LO TANTO, ACUERDA:

1. No aceptar por ninguna causa que los elementos modestos que resguardan la administración y la paz del país, sufran cercenamiento y el sacrificio de su escaso bienestar para equilibrar situaciones creadas por malos gobernantes y

cubrir déficit creados por los constantes errores y falta de probidad de las clases gobernantes.
2. Los poderes competentes pedirán la extradición de los políticos ausentes y para deslindar las responsabilidades, se les juzgue y sancione conforme a derecho.
3. Que el gobierno, en su deber de velar por los derechos sagrados de todos los ciudadanos, civiles, militares o navales, por un principio de prestigio de la libertad que defiende, debe evitar por todos los medios a su alcance que en la conciencia de las masas se forme un ambiente hostil a las fuerzas armadas.
4. Que las Tripulaciones de la Armada, en su propósito firme de que se consideren sus aspiraciones y derechos, exige que las Escuadras se mantengan al ancla en esta bahía, mientras no se solucionen los problemas que presentaremos a la consideración del gobierno.
5. Que jamás, mientras haya a bordo un solo individuo de tripulación, los cañones de un barco de guerra chileno serán dirigidos contra sus hermanos del pueblo.
6. A objeto de no prolongar situaciones molestas para el país, las Tripulaciones de la Armada dan un plazo de 48 horas para que se conteste satisfactoriamente a las aspiraciones que se contemplan en esta nota.
7. Queremos a la vez, dejar constancia de que no hemos sido influenciados por ninguna idea de índole anárquica y que no estamos dispuestos a tolerar tendencias que entreguen al país a un abismo de desorientación social. No hay anhelo de defendernos exclusivamente, sino, y en forma especial, de ayudar también a nuestros conciudadanos que actualmente sufren la privación de trabajo y ser la culpa de la incapacidad gubernativa.

COQUIMBO, septiembre 1 de 1931. Estado Mayor de las Tripulaciones de la Armada de Chile." [276]

---

[276] Von Schroeders, *El delegado*, p. 6

El gobierno reaccionó llamando para esa misma noche una reunión de notables. Los políticos temían al militarismo y no se permitió a la Armada resolver sus propios problemas. De haberse dado la responsabilidad a la Armada, sin duda que la situación habría mejorado inmediatamente y se habría castigado ejemplarmente a los culpables.

Se reunieron también esa noche los almirantes y entre ellos hubo dos opiniones distintas. Las mismas que habían surgido de la reunión de los políticos. Por un lado, algunos almirantes querían reprimir la rebelión con las armas y aplicar un castigo ejemplar a los cabecillas. La otra tendencia era de parlamentar con los sublevados en vista de las justas peticiones del pliego. La disciplina del resto de las fuerzas armadas había decaído y al confirmarse el levantamiento de la base aérea de Quintero se decidió parlamentar y buscar un arreglo con las tripulaciones.

La reunión de Ministros, gracias a la intervención del Ministro de Marina, contralmirante Calixto Rodgers, decidió enviar a Coquimbo un delegado que actuara como mediador, alegando que no debía usarse la fuerza sino como último recurso, pues de hacerlo se plegarían al movimiento las otras unidades que todavía se mantenían fieles al gobierno. Esa noche se recibió un segundo pliego de peticiones. Este pliego, redactado sin duda por Astica, era de abierta inclinación marxista. En ella se pedía la suspensión del pago de la Deuda Externa, la subdivisión de las tierras productoras, y otras demandas que incluían la reincorporación al servicio activo del capitán de navío don Arístides del Solar.[277]

A la mañana siguiente salía por avión a La Serena el almirante Edgardo Von Schroeders que llevaba la misión de actuar como mediador. Al almirante se le dieron instrucciones terminantes de cómo debía comportarse y de cuál debería ser su actitud. En otras palabras, iba a actuar como mensajero. Los civiles que controlaban el gobierno eran quienes iban a parlamentar con los sublevados.

El primer punto a discutirse era el lugar en que debían llevarse a cabo las negociaciones. A Von Schroeders se le había prevenido que

---

[277] Von Schroeders, op. cit, p. 14; Guzmán, op. cit., p. 48.

de ninguna manera subiera a parlamentar a bordo y los suboficiales se negaron terminantemente a entrevistarse en tierra con el almirante. Fue necesario que el almirante telegrafiara a Santiago para aceptar la invitación que se le hacia de subir a bordo. Los suboficiales le habían garantizado que se le rendirían los honores conforme a su rango. Una vez obtenido el permiso, se embarcó en una lancha del *Latorre* donde lo recibió el suboficial de comunicaciones Guillermo Steembecker. Al llegar al portalón del acorazado se cuadraron los suboficiales, se tocaron los pitos correspondientes y se izó la bandera del almirante en la verga del mayor.

"Tuve que contener mi emoción—escribió más tarde el almirante- cuando cuadrado militarmente saludaba la insignia de la patria y respondía los honores que me rendían conforme a la ordenanza una escuadra en plena rebelión." [278]

Por cinco horas se prolongó la reunión en la cámara de guardiamarinas del *Latorre. El* almirante no estaba solo, se había hecho acompañar del capitán de navío Muñoz Artigas, el capitán de corbeta en retiro Guillermo Valenzuela, gobernador marítimo de Coquimbo y el piloto de su avión, teniente Huidobro.

El almirante trató de hacerlos desistir de su propósito, aludiendo al hecho de que ellos eran todos miembros de la misma institución, que habían laborado juntos por la grandeza de la Armada y terminó diciéndoles que el gobierno ya había acordado no rebajar los salarios y que se pagarían los mismos sueldos que en junio y julio. Se había creído en Santiago que con esta sola promesa se devolvería el mando a los oficiales y se sometería a los sublevados. Así pudo haber sucedido, pero contestó al almirante el cabo despensero Astica insistiendo que se cumplieran los otros puntos del programa. Astica se trenzó en una larga discusión con el almirante en la que usó un lenguaje que sorprendió a los propios suboficiales. El hombre no tenía sencillamente las costumbres ni los modales para tratar con personal de la Armada. Astica se explayó sobre temas de teoría económica y por último demandó en nombre del Estado Mayor de las Tripulaciones que se extendieran los arreglos de sueldo a todos los empleados

---

[278] Von Schroeders, op. cit., p. 37.

públicos, declarando que el movimiento quería "velar por el bienestar de todos los ciudadanos de escasos recursos." [279]

Mientras se discutía en la cámara de guardiamarinas, empezaron a llegar telegramas de adhesión. Se sumaba a la sublevación la escuadra del sur surta en Talcahuano y el Apostadero. Esta escuadra de reserva la componían el crucero *Blanco*, el *Araucano*, *los* submarinos "O" y el resto de los "H". También se plegaban los escampavías y hasta el petrolero *Maipo* que navegaba frente a Panamá recibió orden de regresar. Así y todo el almirante había logrado establecer ciertos puntos de contacto y en la mañana del 4 de septiembre terminó de redactarse un acta de acuerdo que fue aceptada casi en su totalidad por el gobierno. El almirante no quería permanecer en el *Latorre* más que el tiempo necesario para las reuniones y se encontraba en tierra cuando le llegó un mensaje del Estado Mayor de las Tripulaciones diciéndole que el acta no se firmaría hasta que no llegara la escuadra del sur que venía desde Talcahuano. El almirante aprovechó el tiempo para consultar el acta con La Moneda. El acta, a pesar de que se aceptaba en principio, no fue del todo ratificada por el gobierno; se envió en vez desde Santiago una nueva acta que no correspondía a la realidad de las cosas.

Mientras estas conversaciones ocurrían en Coquimbo, el gobierno de Santiago preparaba el ataque contra el Apostadero de Talcahuano. Esa misma tarde los oficiales y el almirante abandonaron el recinto dejándolo enteramente a cargo de la tropa. Los hombres del Apostadero, marineros y obreros del arsenal, alarmados por el giro que tomaban las cosas, se dirigieron por radio al Estado Mayor del *Latorre*, pidiendo que se suspendieran las negociaciones para forzar al gobierno a abandonar el ataque contra esa posición. Desde ese momento fue evidente que no se quería encontrar un arreglo con las tripulaciones y que el gobierno había decidido someterlos a la fuerza.

---

[279] Es curioso que Astica insistió más tarde que uno de los puntos más discutidos fue el de los castigos de la Ordenanza y que el almirante Von Schroeders en su libro tan bien documentado no lo mencione en una sola línea. Tampoco aparecen en las proclamas 1 y 2 emitidas por la radio del *Latorre* y de haberse discutido, nadie les dio importancia hasta que Astica las mencionó en 1965.

El Araucano

Esa misma noche se procedió a enviar un ultimátum al Estado Mayor del *Latorre,* por intermedio del gobernador de Coquimbo:

"Diga usted tripulaciones escuadra que agotados ayer los medios conciliatorios y comenzadas las operaciones de fuerza se exige ahora rendición incondicional, desembarcando inmediatamente tripulaciones desarmadas y sometiéndose a las órdenes del comandante de la plaza. Si así lo hicieren el gobierno atenuará rigor de las sanciones; de otro modo aplicará ley marcial en toda su fuerza. Conceda usted dos horas de plazo para contestar y comuníquenos hora en que vencerá dicho plazo.
Vicepresidente y Ministros."

Con esto quedaban abiertas las hostilidades, pues las tripulaciones contestaron con una proclama al país en la que declaraban una revolución social y se aludía al hecho de que había zarpado en la escuadra una comisión de obreros del partido comunista. Se ordenó el zarpe del *Aldea* para que se encontrara con la escuadra del sur. A las cinco de la tarde del 5 de septiembre apareció. en Coquimbo el *Blanco* seguido de los submarinos *Thompson y Simpson y* del *Orella* que también había salido a encontrarlos. Las tripulaciones de Coquimbo recibieron con bandas, hurras y saludos a la escuadra del sur. Más o menos a esa misma hora el *Lynch* apresó al mercante *Flora* cargado con provisiones para la zona norte incluyendo una fuerte remesa de ganado vacuno.

El gobierno temía que la escuadra se dirigiera al norte y de que allí procediera a levantar a los obreros de la pampa en una gigantesca hoguera revolucionaria. Era posible que la marinería desembarcara en los puertos nortinos apoderándose de las poblaciones con facilidad, pues no había en la región tropas de ejército suficiente para oponérseles. Por esta razón, se decidió dar primero un ataque por tierra a las guarniciones de la Armada que se mantenían rebeldes en sus cuarteles o recintos navales.

Mientras tanto el gobierno de Santiago trataba de obtener ayuda de los Estados Unidos. Se solicitaba con urgencia explosivos y gases lacrimógenos. Cuando este primer pedido fue negado por nimias razones, una era que se trataba del Día del Trabajo en ese país, se solicitó la ayuda directa de la Armada norteamericana. Un rápido examen de las fuerzas determinó que se necesitarían un acorazado, un portaaviones, tres a cuatro cruceros, una flotilla de destructores y buques de apoyo logístico. La escuadra tardaría quince días en llegar a aguas chilenas. Aunque se habló de una flotilla más liviana, le decisión fue que no se podía intervenir. Chile tenía que resolver sus propios problemas.[280]

Como ya hemos indicado, la escuadra del sur y todas las dependencias del Apostadero de Talcahuano se habían alzado contra sus oficiales. El 19 y 2 de septiembre algunos oficiales comunicaron al contralmirante Roberto Chappuzeaux, comandante del Apostadero, que había un ambiente de desconfianza entre los suboficiales y marineros. A pesar de que no se dio orden alguna, el comandante del *Araucano* hizo a sus oficiales quitar los cerrojos de los fusiles y ordenó

---

[280] Este pedido de intervención está bien documentado. National Archives, Records and Administration, Record Group 59, Records on Chile. 825.24/105 Septiembre 11, 1931. Citado por Emilio Meneses Cioffardi, *El factor naval en las relaciones entre Chile y Estados Unidos,* Santiago 18999, p.177. Véase también Sater, "The Aborted Kronstad," p. 250. El autor recibió de manos del hijo del comandante Gunderson un legajo con más de cien copias de documentos que su padre había guardado durante su permanencia en Santiago.

armarse a todos los jefes. En la noche del 3 de septiembre un grupo de obreros del Apostadero y varios marineros se reunieron frente al molo y comenzaron a lanzar piedras, insultos y por último algunos disparos contra el buque. Los oficiales contestaron el fuego, pero la tripulación se negó a obedecerlos y se dio comienzo a la maniobra de desatracar el buque. El comandante Silvestre Calderón se acercó al grupo y logró calmar los ánimos subiendo inmediatamente a bordo del *Araucano*. Una vez en cubierta habló a los marineros y les comunicó que todo estaba por arreglarse en Coquimbo, de manera que no veía el porqué de estas demostraciones. Fue entonces cuando el capitán de navío Luis Muñoz Valdés decidió que lo mejor sería abandonar el buque a las tripulaciones para evitar nuevos incidentes.[281] No bien habían desembarcado los oficiales del *Araucano*, cuando los otros buques hicieron desembarcar también a los suyos. Jefe de la escuadra había quedado el contramaestre Orlando Robles Osses, y quedaban en poder de los sublevados, además del *Araucano*, el destructor *Riveros*, el minador *Leucotón* y los remolcadores de alta mar *Colo-Colo y Janequeo*. El resto de los oficiales del Apostadero abandonaron también el recinto dirigiéndose a Concepción. Los fuertes que ocupaba la artillería de costa, se plegaron al movimiento.[282]

Esa misma noche, el general Guillermo Novoa, jefe de la guarnición de Concepción, hizo un último esfuerzo por llamar a la cordura a los sublevados del Apostadero. El capitán de corbeta don Alberto Consiglio fue el encargado de llevar un pliego sellado al Apostadero. Este pliego exigía la rendición incondicional. Después de media hora de deliberaciones, los rebeldes contestaron que no aceptaban el ultimátum del gobierno. No quedaba pues otra medida al general Novoa que ordenar el ataque contra el Apostadero.

---

[281] Existe una cronología de los hechos a bordo del *Araucano*, escrita por el Comandante N.C Smith, Royal Navy que se encontraba a bordo del buque. Fueron traducidos por el almirante Young y aparecen en su libro *Memorias de un Almirante*, pp. 52 y siguientes.

[282] Según algunas versiones el teniente Fernando de la Paz se defendió valientemente en el Fuerte Punta de Parra matando a siete amotinados y amenazando con volar el fuerte. Germán Bravo ha probado la falsedad de esta versión.

Novoa contaba con las tropas acantonadas en Concepción, el Grupo de Artillería "Silva Renard", el Regimiento de Caballería "Guías" y el histórico Regimiento "Chacabuco". A estas tropas se unieron los Regimientos "O'Higgins" de Chillán y el "Húsares" de Angol.

Los oficiales de marina fueron organizados en una compañía de infantería al mando del capitán Muñoz Valdés. A las 6 de la mañana las tropas estaban en sus puestos. Novoa dirigió un último llamado a los sublevados a rendirse y cuando no recibió contestación, las tropas del "Chacabuco" entraron en acción rápidamente. Al llegar a la Puerta de los Leones, la entrada del Apostadero recibieron un fuego nutrido de ametrallados que los hizo detenerse. Un capellán naval solicitó una tregua de dos horas que fue concedida y prolongada dos veces. Los rebeldes del Apostadero creían que los soldado no dispararían contra ellos, pero a las tres de la tarde, agotadas ya todas las posibilidades de arreglo Novoa ordenó renovar el ataque.

Un destacamento de caballería avanzó por San Vicente, la compañía de marinos por Tumbes y el grueso de las fuerzas avanzó por el pueblo de Talcahuano. La infantería del "Chacabuco" fue la primera en abrir el fuego contra los marineros que se habían apostado en la Aduana. Talcahuano tenía excelentes defensas hacia el mar, pero las fortificaciones terrestres que con tanto efecto habían servido a los españoles durante la guerra de la independencia, ahora no existían. Además, los cerros ofrecían un terreno más elevado al ejército, lo que les daba una gran ventaja contra los ocupantes del recinto naval. Por allí avanzó el regimiento "O'Higgins" al mando del Teniente Coronel Ariosto Herrera, reforzado por los 57 oficiales de marina. Este ataque permitió al "Chacabuco" entrar por la puerta de Los Leones. Con este regimiento atacaban 42 oficiales de marina.

Cazatorpedero Riveros, la única víctima. No volvió al servicio activo después de ser impactado por la artillería del ejército.

El destructor *Riveros* se acercó a tierra con el fin de ayudar a sus compañeros amagados por el ejército, pero fue blanco fácil de la infantería que lo acribilló con armas ligeras. Los marineros habían colocado algunos cañones de desembarco para reforzarse con artillería y haciendo uso del *Prat* que se encontraba en reparaciones en el dique, se pretendió rechazar el ataque. El blindado se encontraba en seco y era imposible hacer uso de todos sus cañones, por lo que se abrió fuego con los cañones que apuntaban hacia tierra. Los primeros disparos fueron tan mal dirigidos que lejos de ayudar a los defensores, fueron a caer dentro de la población. La artillería de campo se había instalado mientras tanto y contestaba el fuego del *Prat y* del *Riveros* con mortífera eficacia. La infantería avanzó resueltamente por el Apostadero dejando su camino marcado por muertos y heridos y el *Prat* pronto cesó sus disparos. El *Riveros* pasó entonces a ser el blanco de la artillería del "Silva Renard" y este buque que no tenía protección blindada alguna fue alcanzado por varias granadas y a los desperfectos del combate se sumó la explosión de una de sus calderas por lo que hubo de retirarse hacia la Quiriquina, donde desembarcó sus muertos y heridos. De allí se dirigió a la Mocha, sin municiones, sin combustibles y con pocos víveres. Se rindió más tarde a un hidroavión que lo sobrevoló. En el "Silva Renard" actuaban 19 oficiales de la Armada al mando del Capitán de Fragata Guillermo León Ilabaca,

Poco más tarde, el Regimiento "Chacabuco" y la compañía de marinos cargó contra la plaza del Apostadero, defendida por la Escuela de Grumetes, la que se rindió. Quedaba todavía por someter a los fuertes que no podían disparar sus cañones en la dirección del ataque y los arsenales defendidos por más de *400* hombres que incluían parte de los grumetes de la Quiriquina y los obreros a quienes la marinería había repartido armas. Nuevamente entró en acción la artillería y después de una tenaz resistencia fueron pasando las instalaciones edificio por edificio a poder del gobierno. La radio había sido capturada en las primeras horas de la acción, habiendo alcanzado a enviar varios radiogramas al *Latorre* dando cuenta de una acción sangrienta y de la caída de la plaza del Apostadero. Al caer la noche, quedaban en poder de los amotinados la isla Quiriquina, y los fuertes del Morro, Punta de Parra y Borgoño. Los fuertes fueron atacados a la mañana siguiente y cayeron en poder del gobierno. Contra el fuerte Borgoño atacó el regimiento "Húsares" en el que participan once oficiales, todos montados.[283] En menos de 24 horas, Talcahuano el foco más numeroso de rebelión, había sido sometido. Habían muerto 17 combatientes de ambos bandos y el gobierno tomó cerca de 2000 prisioneros.[284]

El comandante Muñoz Valdés, aprovechando que la mayoría de los oficiales que habían participado en el ataque al apostadero era submarinistas, incluyendo ingenieros de esta especialidad, habilitó al submarino *Rucumilla* que se encontraba en mantenimiento. Lo tripularon los oficiales y se hizo al mar dispuesto a hundir al primer

---

[283] El número de oficiles de marina que participaron en este ataque lo proporcionó el historiador Germán Bravo V. En carta al autor.

[284] Se ha exagerado el número de víctimas en este ataque. El comunista Jan Valtin habla de 320 muertos, 80 aviones que ametrallaban a los rebeldes desde el aire y otras atrocidades. Ni siquiera un avión de observación participó en las operaciones contra el Apostadero. Otra versión marxista, Patricio Mans, *La revolución de la Escuadra,* Valparaíso, 1972, está demasiado plagada de errores y falta de documentación para tomarse en serio.

buque rebelde que encontrara. Frente a la boca del Bío-bío apareció el *Micalvi* buque que había sido enviado a Lota a recoger gente que deseaba plegarse al movimiento. Muñoz trató de maniobrar de manera de colocarse en la mejor forma posible, pero se acercó demasiado a la costa y al cambiar la densidad del mar, con el agua dulce que vertía el río, el submarino se fue al fondo, terminando así el intento de ataque. En unos minutos el *Rucumilla* sopló sus tanques y volvió a la superficie. [285]

El Rucumilla rescatado del fondo del mar, sería el único submarino chileno en zarpar en una patrulla de guerra.

En Valparaíso la situación era también delicada. Al conocerse la noticia en la Escuela Naval, los cadetes reaccionaron con sorpresa e incredulidad que más tarde se transformaron en completo disgusto. En esa época, gracias a las revoluciones y levantamientos militares, los cadetes habían sido entrenados en las operaciones de patrullar las calles y se les armaba periódicamente, pues, como es de comprenderse, eran de la más entera confianza. El Director de la

---

15 El entonces teniente de ingenieros, Raúl Spoerer, relató este incidente al autor, depués de la publicación de la primera edición de este libro. No fue maniobra fácil pues el buque tenía apenas el aire con que zarpó de Talcahuano ya que los compresores estaban desarmados.

Escuela decidió tomar las medidas del caso y ordenó a sus cadetes montar guardia para defenderse en caso de ataque. Hay de planta en la escuela un número limitado de marineros y suboficiales que ayudan al cuadro de instructores en la enseñanza de los cadetes. Estos hombres se mantuvieron fieles a la Escuela, ayudando a los cadetes a montar ametralladoras y colaborando en los preparativos para la defensa. Los cadetes de primer año, tuvieron que entregar sus carabinas para armar a fuerzas adicionales de Carabineros y armados sólo de yataganes se les relegó a pasar municiones, con gran desilusión de su parte.[286]

Pronto se comprobó que algunos suboficiales del Regimiento de Infantería "Maipo" se hallaban de parte de los sublevados aunque no en completa insubordinación. Se dispuso que el teniente coronel Ramón Díaz tomara el mando de esa unidad y este jefe ordenó la salida del segundo batallón con destino a San Antonio. En la noche del 6 de septiembre, cuando los soldados debían partir, se produjo un incidente dentro del cuartel al no identificarse adecuadamente a uno de los soldados. Se oyó un intenso tiroteo por toda la ciudad. En la Escuela Naval, los cadetes estaban de guardia con bala pasada desde hacía varios días. Al observar los fogonazos, la compañía de guardia rompió el fuego con ametralladoras y carabinas, creyendo que era un ataque a la Escuela. Desde luego, varios cadetes afirmaron haber visto a civiles que descargaban sus armas contra el edificio. Un civil fue después procesado por descargar su revólver contra los cadetes pero fue más tarde exonerado.

La recién creada Fuerza Aérea de Chile con la fusión de las aviaciones del ejército y la armada, estaba ansiosa de probar sus alas. Su comandante, el General Ramón Vergara, insistió desde el primer momento que sus aviones podían aplastar el movimiento en cuestión, de horas o minutos. Su hermano René, General de Ejército y Jefe de Operaciones, había recibido parabienes por la conquista de Talcahuano y la fácil pacificación de Valparaíso. Pero la aviación había fallado en su primer intento: prevenir a la escuadra del sur que se uniera a las fuerzas en Coquimbo, una hazaña que los marineros habían cumplido exitosamente sin la participación de sus oficiales. Vergara y sus

---

[286] Carta al autor del entonces cadete Rafael Urrutia. Véase también Mario Campos Menchaca, *Caleuche, barco del recuerdo*, Santiago, 1996, p.21

pilotos tendrían otra oportunidad. Se le ordenó atacar la escuadra fondeada en Coquimbo.

Para el ataque se había logrado juntar 14 aviones de todos los modelos y marcas: dos bombarderos Junkers, dos Wiboults, tres Vickers y siete Falcons. Se les había cargado con bombas de hasta *300 kilos*. En esos días había pocos aviones en el mundo capaces de llevar bombas para hundir acorazados y las tácticas que tan buenos resultados dieron en la Segunda Guerra, empezaban recién a desarrollarse. El ataque de la aviación a una altura entre 800 y 1800 metros y no 80 como se ha pretendido, no alcanzó a ningún buque y ninguna bomba cayó lo suficientemente cerca para mojar siquiera una cubierta. Sólo el submarino *Quidora* que se hallaba inmovilizado, tuvo dos bajas al resultar heridos dos de sus tripulantes por los cascos de una bomba que cayó cerca. Los aviones habían dejado caer dos bombas de 300 kilos, dos de cien kilos y 95 de nueve kilos. Se habían disparado 277 tiros de ametralladoras. Muchos de los aviones mostraban daños de los cañones antiaéreos al regresar al aeródromo de Tuquí. Un inventario de municiones en los buques indicaba que se habían disparado 133 granadas explosivas, de varios calibres; 4329 tiros incendiarios de ametralladoras y entre 40 y 50 mil tiros de fusil.

Se dijo después que se había dado orden de no dañar los buques de la escuadra, aunque el jefe del grupo ha dejado en claro que el objetivo principal era el acorazado *Latorre*.[287] Las declaraciones y escritos de los participantes están divididas sobre este punto y no se ha podido comprobar cuál fue la orden exacta. Si se les dio orden de no dañar los buques, estas órdenes fueron exactamente cumplidas. Desde el punto de vista militar el ataque había sido un fracaso, pero en la práctica había servido para mostrar la realidad a los sublevados: no contaban con el apoyo de nadie. La mayoría de los suboficiales se sentían avergonzados de haber tomado parte en la reunión y así se lo hicieron saber a los oficiales detenidos. El submarino averiado, contradiciendo las órdenes del Comité del *Latorre,* se acercó a la playa y allí, con bandera de parlamento, se entregaron los 21 tripulantes a carabineros.

---

[287] Ramón Vergara Montero, *Por rutas extraviadas*, Santiago, 1933, p. 50

El Estado Mayor del *Latorre* ordenó en represalia por el ataque de la aviación que los cruceros *O'Higgins y Blanco Encalada* dispararan contra La Serena. La tripulación de ambos buques se negó terminantemente a ejecutar esta orden. Astica, ya rayando en la demencia, lanzó una última proclama en la que amenazaba con zarpar al sur y bombardear Viña del Mar "el foco de la oligarquía que ha forzado al gobierno a tomar tan enérgicas medidas contra nosotros."[288] Los comités de algunos de los destructores al captar esta orden avisaron que ya no seguirían las órdenes del *Latorre*. La radio del buque transmitió un absurdo mensaje diciendo que la lucha empezada por el gobierno se transformaba ahora en una revolución social. Los sublevados bien podían haber hundido el resto de la escuadra con los cañones del *Latorre* pero el ánimo de los marineros en el acorazado era el mismo que en el resto de los buques: se veían arrastrados en un movimiento por el que no sentían gran simpatía. Las tripulaciones seguían siendo apolíticas y resentían el carácter de revolución social que se quería dar al movimiento. Esa misma noche se efectuó la última reunión de los delegados de las tripulaciones, y esta vez ni los agitadores profesionales pudieron convencer a los marineros que había que continuar el movimiento. Por mayoría casi absoluta se acordó devolver las armas a los oficiales y restituirlos en sus puestos.

Al ser puestos en libertad, los oficiales ignoraban el complejo desarrollo de los hechos y al ser informados por las tripulaciones, se ofrecieron para mediar entre ellos y el gobierno. Bien se comprendía que los jefes no aprobaban de las medidas revolucionarias de la marinería, pero estaban dispuestos a respaldarlos en sus demandas económicas. Con este fin se envió un telegrama al Arzobispo de Santiago, monseñor Campillo, pidiendo su intervención. Lo firmaba el almirante Abel Campos y el Estado Mayor de las Tripulaciones. Campos, ignorando el resultado de las negociaciones y los sucesos de Valparaíso y Talcahuano, sugería que el gobierno accediera a las demandas de las tripulaciones. El gobierno contestó que los buques debían rendirse incondicionalmente. El *O'Higgins* fue el primero en izar la bandera de parlamento y se desembarcaron sus marineros en

---

[288] General Carlos Saénz, *Recuerdos de un soldado*, Santiago, 1936. tomo III, p. 43

Coquimbo. El *Latorre* desembarcó su tripulación en Tongoy. Los oficiales habían entregado la escuadra al gobierno. Una víctima de la rendición fue el profesor primario Juan B. Riveros Araya, un comunista que se había embarcado en el *Latorre* y que se suicidó con un revólver cuando se dio cuenta que la gran hoguera revolucionaria que pretendía encender se había extinguido.

El lunes 8 las tripulaciones formadas reconocieron a los oficiales en sus puestos y juraron lealtad a la Patria y al gobierno. Esa misma tarde zarparon los buques a Valparaíso, puerto donde fondearon los buques a intervalos de tres horas. Los destructores *Hyatt* y *Riquelme*, los primeros en llegar a puerto, fueron inmediatamente horquillados por salvas de los fuertes a lo que la tripulación respondió izando una sábana como bandera de parlamento.

Terminaba así la sublevación de la Armada, que por una angustiosa semana había mantenido a la escuadra fuera del control de sus jefes legítimos. Es de lamentarse el hecho que suboficiales formados en la tradición de la Marina de Chile y con años de servicio se dejaran influenciar por personas tan extrañas a la institución. El suboficial chileno es hombre de cierta cultura y de enorme orgullo profesional. Sus buenos modales y su excelente preparación lo ponen en una situación social elevadísima dentro de sus círculos. La personalidad de los implicados habría hecho de ellos otros Micalvis, Aldeas, Britos o Yáñez en caso de guerra. Con estos antecedentes no podemos sino disgustarnos ante estos hechos, único borrón, que no tiene ninguna justificación histórica en la cristalina tradición de la Marina de Chile.[289]

---

[289] Las dos mejores narraciones de este episodio son Carlos Charlín, *Del avión rojo a la república socialista*, Santiago, 1970, pp. 391-504 y Germán Bravo Valdivieso, *La sublevación de la escuadra,* Viña del Mar, 2000. Hay abundancia de recuerdos y relatos personales de los participantes: las declaraciones de Astica, los escritos de José M. Cerda, Ernesto Gonzalez, Leonidas Bravo, Edgardo Von Schroeders, los generales Vergara y Saénz y otros. Véase la bibliografía de este tomo.

Historia de la Marina de Chile

El minador Elicura, su tripulación se plegó a la escuadra del sur.

Capítulo XXI
Desde la Sublevación a la Democracia Cristiana

S i bien la actitud de los suboficiales y sargentos había sido vergonzosa durante la sublevación, para la actuación del gobierno del Vicepresidente Trucco y de otros que le siguieron, fue igualmente desdichada. El proceso contra los sublevados de la Escuadra de Instrucción se llevó a efecto en San Felipe, el de los de la Escuadra Activa se efectuó en la Serena. Los cargos que se hicieron contra los cabecillas podían resumirse en la siguiente forma:

1. Levantarse en armas contra el gobierno y hacer uso de sus armamentos contra las fuerzas armadas de la nación.
2. Apresar a los oficiales y tomar el mando de los buques.
3. Llamar a la revolución social por medio de la radio.
4. Ejercer la piratería capturando al mercante *Flora*.

El consejo de guerra no tardó mucho en sentenciar a los que se creyeron culpables, promulgándose las siguientes sentencias:

Penas de muerte:

Ernesto González, escribiente.
Víctor Villalobos, cabo artillero.
Luis Pérez Sierra, cabo primero.
Víctor Zapata, sargento.
Lautaro Silva, despensero.
Juan Bravo, cabo primero.

Presidio perpetuo:

Manuel Astica, cabo despensero.
Agustín Zagal, cabo despensero.

A seis otros comprometidos se les asignaron penas menores. A Guillermo Steembecker el consejo lo absolvió temporalmente pues no se encontraron cargos en su contra. Parece ridículo que al hombre que había tratado de frenar el movimiento, Ernesto González, se le hubiera condenado a encabezar la lista de los condenados a muerte. Astica, el principal promotor, tenía una pena menor. Las sentencias se habían dictado el 17 de septiembre y su ejecución se debatió en La Moneda hasta altas horas de la noche. En estas circunstancias, el Ministro de Relaciones Exteriores, don Luis Izquierdo opinó que siendo el 18 de septiembre, día de la Patria, no se podía pensar en ajusticiar a nadie. Esta fue la primera postergación de la sentencia. Las que la siguieron no son ya historia que corresponde a la Armada, sino a la historia política del país. Bastará citar las sabias palabras del almirante Von Schroeders:

"A los miembros de la Checka, como los denominaban y pronunciaban con terror los propios tripulantes, responsables de haber declarado la guerra civil y la revolución social, el gobierno del Vicepresidente Trucco los indulta, el del Presidente Montero los deja en libertad, el gobierno socialista les facilita el balcón de La Moneda para que dirijan la palabra al pueblo; el gobierno del señor Oyanedel, con la firma de su ministro almirante, solicita la pensión de retiro para los expulsados y el gobierno constitucional que se inicia en diciembre de 1932 la decreta hasta para los condenados y aún concede al jefe de los rebeldes, el preceptor González, un confortable puesto público." ¿Qué fuerzas ocultas los ayudaron a librarse de su castigo y qué poderosa influencia se ha ejercido más tarde para premiarlos?"[290]

El partido comunista que había tenido por medio de Zagal y Astica su participación en el movimiento, lanzaba el 26 de septiembre una proclama en la que pedía una campaña de agitación popular hasta conseguir la libertad de los procesados y en su punto cuarto ponía esta

---

[290] Von Schroeders, obra citada, p.

curiosa frase que años más tarde todavía recordaba Astica haber pronunciado en la primera reunión del *Latorre:* "Cuarto. Reconocimiento a los marineros y soldados del derecho de petición".

El gobierno ordenó también un proceso administrativo contra los oficiales de la escuadra. Debemos recordar que todos habían sido desarmados y que se mantuvieron en sus camarotes con centinelas a la vista hasta después del bombardeo aéreo. ¿Con qué objeto se les procesaba? Según declaración del gobierno no era "porque los oficiales fueran complicados en el delito de sedición de las tripulaciones como consecuencia de la actuación que les correspondió ante movimiento en relación con sus deberes militares considerados en su más elevado concepto."[291]

Se constituyó un consejo de guerra en la Escuela de Comunicaciones de Las Salinas y se llamó a más de 80 oficiales a los que se creía inculpados. El proceso fue una verdadera farsa. De haberse aplicado sanciones a todos los que tenían alguna responsabilidad, Armada habría quedado desierta. El número de los oficiales investigados ascendía a la tercera parte de los oficiales en servicio activo. La actitud de los oficiales había sido completamente profesional. Bien podía resumir en lo expresado por un capitán que declaró a sus compañeros: "El suboficial X me ha visto sacar el buque del fondeadero veinte veces. Si no es capaz de hacerlo esta vez por sí solo quiere decir que es un imbécil y que deberíamos echarlo a patadas."

La sentencia se dictó después de larguísimas deliberaciones el 15 de febrero de *1932*. Se condenaba a los capitanes de corbeta Ramón Beytía y Roberto Valle a la separación del servicio y se absolvió al resto de los oficiales. Es necesario declarar aquí, que a pesar de que ambos capitanes fueron más tarde absueltos por la Corte Marcial Naval y que podían acogerse a la amnistía del decreto-ley de *26* de agosto de *1932,* se cometió contra estos dos oficiales una terrible injusticia. Ninguno de los dos había ayudado en forma activa a los sublevados y en cuanto a simpatizar con sus motivos había que dado probado que habían otros oficiales mucho más implicados.

---

[291] Artículo en ***El Mercurio*** de Santiago.

Procesos similares tuvieron lugar en el Apostadero contra los sublevados de Talcahuano. En el proceso a los oficiales, la mayoría de los cuales habían luchado contra los amotinados uniéndose al ejército, se pidió el retiro al Almirante Chapuzeau y otros oficiales.

Las consecuencias de la sublevación fueron contrarias a alguna de las demandas de los amotinados. Se ordenó la expulsión de 86 hombres entre marineros y obreros del arsenal de Talcahuano. Algunos oficiales fueron llamados a retiro. Se procedió a hacer más rigurosa la instrucción de los grumetes para ello, se les exigió más esfuerzos en su entrenamiento y se aplicaron duros castigos por cualquiera indisciplina. En la Escuela Naval se siguió igual procedimiento y como era de esperarse, el régimen de entrenamiento a bordo fue también muy duro para los marineros y grumetes embarcados como también para los guardiamarinas de la *Baquedano*.

Desgraciadamente los turbulentos días políticos de *1931 y 1932* afectaron nuevamente a la Armada, aunque no con la profundidad con que los sufrió el Ejército. Después de la sublevación de las tripulaciones, no podía esperarse que la Armada tomara la iniciativa en ningún movimiento político revolucionario o constitucional. Menos aún que los gobernantes hicieran uso de su gente para la represión. Las actividades de la Armada en este oscuro período político, ese "Festín de Audaces" como se le conoció, se limitaron a su instrucción, mantener el orden público en los puertos y al traslado de personas deportadas, operación esta última que asumir a veces características cómicas.

En la revolución encabezada por el coronel Marmaduke Grove, el mismo que había encabezado "la revolución del pan duro" en la Escuela Naval, el 2 de junio de *1932, y* ante la imposibilidad de contar el gobierno constituido con el apoyo de la guarnición de Santiago, el Consejo de Ministros, pensó trasladar el gobierno a Valparaíso donde se sabía se contaba con el apoyo de la Marina, pero el Presidente Montero prefirió presentar la renuncia de su cargo.[292]

---

[292] Cuando La Junta Socialista fue finalmente depuesta, Grove pisó por fin la cubierta de un buque de guerra: fue deportado a la Isla de Pascua. Sólo nos cabe especular cuántos males se habrían evitado en el país si la Escuela Militar hubiera indagado sobre el pasado del ex -cadete naval antes de admitirlo.

En cuanto a las actividades en el mar, la Armada funcionaba normalmente y desde el hundimiento del *Abtao y Angamos,* sólo hubo que lamentar la pérdida del transporte *Valdivia* acaecida en Puerto Refugio el 10 de marzo de *1931*. El buque había sido un mercante europeo, incorporado a la Armada en *1928* en una venta muy controvertida.[293] Llevaba un cargamento de carbón a Punta Arenas cuando chocó con una roca sumergida en Puerto Refugio, Península Tres Montes. La tripulación completa se salvó en este accidente.

El vapor Valdivia, después de una controvertida compra naufragó en Puerto Refugio

La Marina de Guerra de *1934* era una fuerza armada de primer orden. Sus oficiales eran todos egresados de la Escuela Naval donde se les sometía a un riguroso entrenamiento que duraba cinco años. Rara vez se contrataban pilotos para el servicio de remolcadores y escampavías. Algunos suboficiales, después de servir largos años eran ascendidos a tenientes. Una vez completado el viaje de instrucción los guardiamarinas pasaban a servir a los buques y después de un período embarcado seguían cursos en las escuelas de especialidades, los mismos establecimientos por los que pasaban los marineros. Una carrera similar hacían los grumetes, que conocían a sus futuros oficiales en el viaje de instrucción, familiarizándose con el servicio a

---

[293] Joaquín Herrea Aguirre, *Cada palo aguanta su vela*, Santiago, 1935

bordo y en las escuelas de especialidades que eran entonces de Ingeniería, Comunicaciones, Artillería, Torpedos y Submarinos. La Armada contaba entonces con un número de oficiales bastante reducido pero como los recortes del presupuesto fiscal obligaba a mantener casi la mitad de buques en reserva, algunos jefes eran comandantes de dos unidades, a veces una de tierra y otra abordo. Las tripulaciones de los buques que se mantenían al ancla en Talcahuano, estaban reducidas a un tercio. El Escalafón Naval para *1934* contaba con:

Vicealmirante	1
Contralmirantes	*4*
Capitanes de navío	15
Capitanes de fragata	*34*
Capitanes de corbeta	*42*
Tenientes primeros	50
Tenientes segundos	50

El número total del personal no pasaba de 6.500 plazas. La Armada contaba con dos bases navales de importancia: Valparaíso con arsenales pero sin dique y Talcahuano con un buen apostadero de reparaciones que disponía de tres diques, uno de ellos flotante, además existía el apostadero de Punta Arenas. En cuanto a las unidades, éstas eran las siguientes:

BUQUES DE GUERRA
    Acorazados: *Latorre y Prat.*
    Cruceros: *Chacabuco, Blanco Encalada, O'Higgins.*
    Cazatorpederos: *Lynch, Condell, Williams, Uribe, Riveros.*
    Destructores: *Serrano, Riquelme, Hyatt, Aldea, Videla, Orella*
    Submarinos: *Simpson, Thompson, O'Brien, Guale, Guacolda, Rucumilla, Quidora, Fresia, Tegualda.*
    Fondeadores de minas: *Elicura, Leucotón, Orompello.*

BUQUES AUXILIARES
   Buque madre: *Araucano.*
   Petroleros: *Maipo, Rancagua.*
   Buques escuelas: *Baquedano, Lautaro (pontón).*
   Draga: *Pilcomayo.*
   Escampavías: *Micalvi, Aguila, Sibbald, Galvarino, Janequeo, Sobenes, Cabrales, Yáñez, Yelcho, Cóndor, Colo-Colo.*

Se contaba además con doce remolcadores de puerto.

Hay que considerar que los cruceros chilenos eran buques bastante antiguos, todos construidos por Elswick en el siglo anterior, que de los cazatorpederos, tres estaban en mal estado y que los seis submarinos H eran ya obsoletos.

En esos días despertaba recelos la política armamentista de Argentina y Perú. La nación platense había adquirido dos cruceros que en el papel aparecían excelentes. Se trataba de los rápidos *Brown y 25 de Mayo*, construidos en Italia con un costo de *1.225.000* libras esterlinas cada uno. En la práctica, fueron un fracaso pues se pretendió dotarlos de un armamento demasiado pesado para su desplazamiento. Los cruceros chilenos de la época eran poco más que reliquias. Gracias a la habilidad de los ingenieros se mantenían todavía a flote y en la escuadra, el *Blanco* y el *O'Higgins*, que debieron haber acompañado al *Cochrane* y al *Zenteno* en sus desguaces de *1932*. El acorazado *Prat* era considerado sólo como defensa de costa. El Perú había adquirido dos destructores en Estonia, pero pronto se supo que éstas eran dos unidades antiquísimas, veteranas de la Primera Guerra Mundial que los ingleses habían capturado a los rusos. En Argentina, se había fundado en *1932* una Liga Naval que tenía por objeto impulsar la compra de elementos para la Armada y se tenía en construcción en Inglaterra un moderno crucero que más tarde pasó a ser el buque escuela *Argentina*. Junto con ella se entregaron seis destructores de la clase *Buenos Aires* con lo que la marina argentina pasó a ser la primera del continente.

Submarinos O junto al Araucano en Valparaíso

Se hicieron entonces varios esfuerzos por adquirir uno o dos cruceros o un acorazado. La comisión de defensa del Senado apoyaba incondicionalmente a la Armada en buscar la paridad con la flota de sus vecinos y esperaba que una vez restablecida la economía chilena podría comprarse hasta un crucero de combate. Incluso se ofreció en venta la Isla de Pascua con el fin de obtener cruceros de Estados Unidos o Inglaterra, pero el único país que se interesó fue el Japón.[294] Por fin, a fines del gobierno de Alessandri, en 1938 se autorizó la construcción de dos cruceros en Holanda, equipados con cañones Krupp, pero el gobierno alemán rechazó el contrato por que no autorizaba la colocación de cañones alemanes en cascos de otras nacionalidades. Tratando de encontrar una alternativa, la Armada se decidió por la compra de dos destructores de gran desplazamiento, 3500 toneladas y algunos buques auxiliares pero la situación mundial ya había empeorado y no fue posible colocar la orden de construcción.[295]

Debido a estas dificultades, durante la segunda administración de Alessandri Palma no se incorporaron a la Armada más que dos remolcadores de alta mar, construidos en Valdivia y que pasaron a

---

[294] Meneses, obra citada, p.187. Cita varios documentos norteamericanos que se han hecho públicos en los últimos años.
[295] Ibid. p. 191

llamarse *Pelantaro y Huemul*. Al primero se le cambió el nombre más tarde por *Brito*. Esta enorme falta de buques se iba a ver complicada por la Segunda Guerra Mundial que estalló en 1939. Sólo lograron incorporarse a la Armada tres unidades sin valor militar alguno. La primera fue el yate *Vidal Gormaz* que se esperaba sería destinado a levantamientos hidrográficos, pero pasó al poco tiempo a funcionar como buque ténder de la Escuela Naval. El otro fue el escampavía *Aguila* construido en Valdivia en 1941, con diseño adaptado a la navegación en los canales. Pero el buque que traía su máquina desde Europa fue hundido por un submarino y el casco sin propulsión quedó varado en Valdivia. Terminada la guerra, se consideró que el costo de dotarlo de una máquina o motor adecuado era demasiado alto. Dicho buque nunca entró en servicio.

Por último, el gobierno alemán cedió a Chile la fragata *Priwall* de cuatro palos, a la que se mantuvo fondeada en Valparaíso mientras se destinaban fondos para adaptarla como buque escuela. Tal era la falta de buques, que se decidió modernizar al antiguo crucero *Chacabuco*. Los trabajos se hicieron en el arsenal de Talcahuano quedando armado con 6 cañones de seis pulgadas y 12 ametralladoras antiaéreos de 20 mm. Se reconstruyó el puente de mando y se le renovaron también las calderas, el buque quedó en condiciones de dar los 24 nudos originales. Los obreros del apostadero obsequiaron a la tripulación una nueva bandera de combate el día que se restituyó al servicio. Fue ésta la primera reconstrucción de un buque de guerra de gran porte ejecutada por los Arsenales de la Armada, más tarde, ASMAR.

Con motivo del avance nazi en Europa, el Presidente Roosevelt de los Estados Unidos, escribió a su Embajador en Santiago, confirmándole el envío de un telegrama en el que pedía se celebraran conversaciones confidenciales con generales y almirantes chilenos con el fin coordinar las medidas de defensa. Había antecedentes para prepararse: en la Primera Guerra Mundial una de las batallas navales de más importancia había tenido lugar frente al puerto de Coronel. Por esta razón, se daba por descontada la vulnerabilidad chilena, especialmente si los países del Eje lograban inutilizar o destruir el canal de Panamá. Uno de los planes de Hitler consistía en atacar América haciendo uso de las bases de Dakar en Africa y como el peligro era serio, varios oficiales chilenos vestidos de civil fueron enviados a Washington en el mayor secreto a coordinar los planes de defensa. En un comienzo, Chile presentó una lista mínima de recursos navales que necesitaba. La lista incluía dos cruceros, cuatro destructores, tres submarinos y dos barreminas. La lista fue considerada excesiva por las autoridades norteamericanas, especialmente cuando Chile esperaba una donación gratuita de todo el material de guerra. Se contestó que en caso de ataque contra Chile, los Estados Unidos acudirían en su defensa. A pesar de que hubo completo acuerdo las operaciones militares y navales las decisiones políticas quedaron bajo el poder exclusivo de los Presidentes de cada nación. Los marinos se mostraron satisfechos de que en caso de guerra el vecino del norte les proporcionaría buques y elementos para patrullar la costa chilena del Pacífico, el Estrecho de Magallanes y el Paso Drake, pero no fue así.

Al producirse el ataque contra Pearl Harbor y la subsiguiente declaración de guerra, Chile ofreció todos sus recursos minerales a los Estados Unidos pero el gobierno rehusó mezclarse en asuntos militares. Gran parte de los oficiales creyeron que con esto se perdía la única esperanza del engrandecimiento de la Marina que bien podía haber llegado a alcanzar el mismo poderío que tuviera en 1900 o en tiempos de Cochrane. Los japoneses continuaron dando muestras de una posible hostilidad hacia Chile si el país apoyaba a los Estados Unidos y hubo rumores de que pretendían atacar con submarinos los puertos del norte donde se embarcaba el cobre. A pesar de que el embajador japonés negó categóricamente el plan, las sospechas y rumores continuaron. La Armada no tomó en ese momento medidas preventivas. Hay que recordar que Chile y Argentina fueron los dos únicos países latinoamericanos que no rompieron relaciones con los países del Eje inmediatamente después del ataque a Pearl Harbour. Buques norteamericanos e ingleses comenzaron a patrullar la costa de Chile. El gobierno norteamericano dio más crédito a estas falsas alarmas y se enviaron a Chile 16 cañones "Puteaux" de 155 mm fabricados bajo licencia en Estados Unidos en 1917, para la defensa de la costa que fueron instalados por chilenos, con la cooperación de técnicos norteamericanos y soldados del ejército de la Unión en

Iquique, Tocopilla, Barquitos y Juan Fernández. La noticia se filtró a los nazis, quienes no perdieron la oportunidad para atacar en sus manifestaciones y diarios a "los invasores que pretenden forzar (sic.) armas inferiores a una nación soberana."

Fue en esos días cuando se hizo el traspaso oficial del velero *Lautaro y* flamearon en el buque las banderas alemana y chilena y se vio varias veces el saludo nazi. El asunto no dejó de preocupar a los embajadores inglés y norteamericano.

Pero los oficiales de la Armada, salvo raras excepciones, estaban definitivamente en favor de las democracias. El personal especializado de la Escuela de Comunicaciones no sólo había captado las transmisiones de agentes nazis en Chile, sino que había localizado sus emisoras. Esta información la tenía también el jefe del servicio de inteligencia naval norteamericano en Chile, capitán Robert Wade, quien colaboró en todo momento con las autoridades navales chilenas. La estación de radio alemana en Valparaíso transmitía todos los movimientos de buques mercantes que entraban o salían de puertos chilenos, peruanos y hasta mexicanos.

El Huemul, patrullaba contra submarinos armado de la roda y los fusiles de los marineros.

A pesar de que no se habían producido ataques en el Pacífico sureste, lo que hoy conocemos como el Mar Chileno, la Armada decidió patrullar las cercanías de los puertos de Antofagasta, Iquique, Barquitos y San Antonio a fin de prevenirse contra ataques sorpresivos. El propio embajador japonés había tenido la audacia de sugerir al Presidente Ríos que Japón podía ocupar fácilmente los campos petrolíferos peruanos en Talara. Estados Unidos consideraba la posibilidad de un avance japonés como una amenaza seria y ocupó la isla Baltra, una de las Galápagos estableciendo en ella una gran base aeronaval. No fue sino hasta 1943, después que Chile había roto relaciones con el Eje que empezaron a llegar algunos materiales de guerra bajo el "Lend-Lease." La Armada no recibió buque alguno mientras duró la contienda.

A comienzos de diciembre de 1942 personal de investigaciones arrestaba a los agentes nazis y se incautaba de todo sus equipos de radio. La ubicación de los transmisores había sido exacta. Más tarde, al romperse las relaciones diplomáticas con los países del Eje, la marina mercante aportó tres buques de la Compañía Sudamericana de Vapores que pasaron a servir en la marina mercante norteamericana. La marina de guerra tenía poco que aportar y ni un solo buque fue ofrecido al servicio de los aliados. Aunque es cierto que el agregado naval norteamericano, por su cuenta y riesgo, anticipándose a lo que podía venir después del ataque a Pearl Habour, preguntó si Chile vendería el *Latorre* u otros buques, como el *Araucano* o los destructores de la clase "Serrano." Chile contestó que los buques no estaban a la venta.

El Chacabuco el último crucero Elswick en servicio

Tal era la pobreza de la Armada de Chile que los Estados Unidos para contrarrestar el regalo alemán de la *Priwall* invitaron a la Marina chilena a que enviase el velero al astillero de Alameda en la bahía de San Francisco para ser modernizado. Se le bautizó con el nombre de *Lautaro y* zarpó con un cargamento de salitre con destino norte. Pero el 7 de diciembre de 1941 cuando el buque cruzaba la línea ecuatorial, se recibió la noticia del ataque japonés a Pearl Harbour. Se dio la orden de regreso y sólo meses más tarde, en plena época de guerra, zarpó nuevamente en viaje directo a San Francisco para ser adaptado como buque-escuela y colocarle motores diesel en un astillero que trabajaba 24 horas al día para satisfacer todas las necesidades de su propia marina.[296]

La *Lautaro* había sido el orgullo de la famosa línea alemana "P". Era una airosa fragata de cuatro palos ganadora de la Carrera de Granos entre Puerto Victoria en Australia y Queenston en Inglaterra, en *1935,* travesía que había cumplido en *91* días, el viaje más rápido entre todos los registrados entre *1921* a *1936.* Tenía, junto con su gemelo el *Padua,* el record del viaje de ida que había conquistado en *1933: 67* días. El día de navidad de *1933* había logrado *342* millas en una singladura para un promedio de *14,2* millas por hora. A pesar de que varios veleros habían llegado a San Francisco durante la guerra, el

---

[296] Para detalles de las modificaciones y la estadía en California, véase el libro del almirante Arturo Young, *Recuerdos de un almirante,* Talcahuano, 1980, Capítulo XIV

arribo de la *Lautaro* produjo sensación por la limpieza en que se mantenía y la belleza de sus líneas. De ella dice el filósofo norteamericano Wilhelmsen, autor de un interesante libro sobre la navegación a vela: "Los latinos (latino-americanos) habían desarrollado una verdadera especialidad en mantener a flote unos patches que filtraban agua, comprados en Europa a precios de desguace. Rara vez tuvieron oportunidad de comprar veleros en buenas condiciones. Yo sólo sé de una sola excepción: el gran *Priwall* (una obra de arte de Leitiz) regalada a Chile por el gobierno alemán durante la Segunda Guerra Mundial. Rebautizada *Lautaro* el buque fue puesto al servicio de la Marina de Chile bajo oficiales chilenos con entrenamiento inglés. Yo llegué a conocer esta fragata de cuatro palos cuando estuvo en San Francisco en *1944*. Era un buque hermoso, mantenido en condiciones de primera clase, que ya estaba condenado por el sacrilegio de llevar un motor auxiliar."[297] La *Lautaro* hizo un par de viajes a los Estados Unidos sin mayores contratiempos, cargando salitre que había sido su última ocupación como mercante.

El *28* de febrero de *1945,* el buque navegaba desde Iquique rumbo al norte, con destino a las costas de California y bastante apartado de las líneas regulares de comunicaciones, pues se trataba de aprovechar las corrientes y el viento. El calor del verano, que en esas latitudes es bastante fuerte, elevaba la temperatura de la cámara a un nivel insoportable. El segundo comandante, capitán de corbeta Enrique García, buscó la forma de aliviar el calor haciendo aumentar la ventilación. Para esto hizo llamar al carpintero y le ordenó abrir un boquete en uno de los tubos de ventilación de los pañoles interiores que pasaba por la cámara, e instalar un ventilador. El carpintero tomó las precauciones del caso dibujando en el tubo la dimensión exacta del corte, pero como el tubo resultó ser mucho más duro de lo que esperaba, abandonó cincel y martillo y tomó la antorcha de acetileno. Sabiendo que al hacer el corte algunas chispas caerían en el pañol interior, pidió que se enviara un marinero abajo con la misión de vigilar las chispas y prevenir contra un posible incendio. Desgraciadamente el poco conocimiento que tenían los marinos

---

[297] Frederick Wilhlmsen, *La Omega, la última barca,* Lima, 1995, p. 104.

chilenos de este gran velero hizo que se descuidara el último desahogo del tubo, que pasando por donde estaba el hombre apagando chispas, iba a dar a la bodega del salitre. El cargamento iba en sacos y al caer las chispas sobre las arpilleras, el salitre actuó como carburante y aumentó las rojizas pavesas en un fuego violento dentro de la bodega. La primera alarma la dio el nuevo ventilador que empezó a echar un humo sofocante. Como no se tenía la menor idea de que el conducto daba a la bodega del salitre, el siniestro tardó en ser localizado y para entonces ya era demasiado tarde. El capitán García como segundo comandante se hizo cargo del combate contra las llamas. Ordenó levantar la tapa de la escotilla de la bodega y bajó con la guardia a investigar la fuente del humo. Encontrando parte de la bodega en llamas, ordenó a la gente a subir a cubierta. Una violenta explosión en la bodega echó abajo el palo mayor a proa y abrió las fauces del desastre sobre la cubierta. Se comprendió desde el primer momento que el buque estaba perdido, la magnitud del siniestro no permitía otra alternativa que abandonar el buque. El teniente Burgos, oficial de comunicaciones, permaneció valientemente en su puesto hasta asegurarse que la señal de auxilio había sido captada. No se había aferrado el aparejo y el buque seguia avanzando con parte del velamen en llamas. El comandante, capitán de navío Alejandro Salinas debió tomar una decisión penosa: abandonar su buque. Como se hallaban en alta mar y tenía a su cargo a los guardiamarinas recién egresados de la Escuela Naval y también a los grumetes, tomó la decisión que creyó más prudente: hacerse cargo del salvamento, pues eran estos jóvenes su primera responsabilidad. No había botes suficientes pero se alcanzó a construir algunas balsas con las tapaescotillas. Los botes se apartaron de la fragata y sus tripulantes sufrieron el triste espectáculo que era la muerte de uno de los mejores veleros que jamás surcaron los mares. Nuevas explosiones pusieron fin a los esfuerzos de la guardia que había quedado a bordo. El incendio sólo se consumió cuando ya no quedaba más que el casco de hierro. El casco, testimonio de la buena fabricación alemana, se mantenía todavía a flote.

Cuando el calor de las llamas abatió, se acercaron los botes y pudieron comprobar que habían muerto en la lucha contra el fuego el valiente capitán García y seis oficiales, el contramaestre y trece marineros.

La Marina peruana había enviado, al recibir la señal de auxilio, todos los elementos posibles, incluyendo hidroaviones, que sin poder amarizar se limitaron a comunicarse con los náufragos y a infundirles con su presencia nuevos ánimos. Al día siguiente, al ennegrecido y todavía humeante catafalco de 21 marinos chilenos se le echó una espía y se procedió a remolcarlo hacia las costas del Perú. Pero la vieja *Priwall* no quiso terminar sus días en puerto. A dos días del remolque, el casco se llenó de agua y como las bombas estaban inhabilitadas no había cómo achicarlo, se deslizó primero lentamente y luego con rapidez bajo las olas verdosas del Pacífico.

La tragedia fue enormemente sentida en todo el país. Por primera vez, en casi cien años, un sentimiento de hermandad surgió entre marinos chilenos y peruanos. El desembarco de los ataúdes que contenían los restos calcinados de las víctimas en Pisco fue impresionante. La emocionada y triste muchedumbre que llenaba los muelles observó a los marinos peruanos rendir honores militares a estos marinos desconocidos como si la lucha contra el mar los hiciera hermanos. El sentimiento enlutado de Chile daba silenciosamente las gracias.

Fragata Lautaro

La pérdida del *Lautaro* señala de manera triste el nadir de la Armada chilena en el siglo XX. Lejos de proporcionar la guerra nuevas unidades, el esfuerzo del país por suplir a los aliados de materias primas a bajo precio, había privado al fisco de las entradas que normalmente se usaban para el mantenimiento de la marina. Había sido necesario desguazar los buques viejos, ya que algunos no admitían más reparaciones y sólo logró añadirse a la Armada un antiguo transporte de *6.650* toneladas, botado al agua en *1911* y que había tenido tres nombres y navegado bajo varias banderas. Como *Gundulic*, había encallado en los canales donde se le dio por perdido. De allí lo sacó la Armada y luego de armarse con dos cañones de 3 pulgadas y unas cuantas ametralladoras antiaéreas se incorporó a la Armada como transporte con el nuevo nombre de *Magallanes*, en julio de *1945*.

El triste estado de la Armada en *1945 se* refleja en su limitado número de buques. Estos eran el viejo *Latorre, los* seis destructores de la clase *Serrano y* el venerable *Chacabuco*, que según la edición de Jane's "todavía puede dar 20 nudos." Los submarinos del tipo "O" continuaban en servicio en muy mal estado, lentos y pesados con tantas vías de agua que los submarinistas preferían a los *4* "H" que quedaban todavía en servicio. El famoso *Rucumilla* y su compañero *Tegualda* habían terminado sus días en el Apostadero de Talcahuano.

De los minadores sólo quedaba en servicio el *Orompello*. La *Baquedano* estaba de pontón en Valparaíso y apenas tres escampavías hacían el servicio de faros y balizas, *Micalvi, Yelcho y Aguila*. El auxiliar *Araucano* servía como transporte, tarea a la que se dedicaban también el *Magallanes*. El *Abtao* transportaba carbón para los escampavías a la vez que servía de transporte de carga y pasajeros. Completaban las fuerzas de la Armada los petroleros *Rancagua* y *Maipo* y *los* remolcadores de alta mar del tipo *Sobenes* que ejercían las mismas tareas que los escampavías. Estos buques el viejo *Sibbald*, y los remolcadores *Brito y Huemul*, eran todo lo que Chile podía poner en alta mar en *1945*.

Al terminar la guerra los marinos urgían al gobierno que comprara las unidades que restauraran el poder naval del país. Algo hizo el gobierno pues se adquirieron tres fragatas antisubmarinas en Canadá, veteranas de la Segunda Guerra Mundial a las que se llamó *Baquedano, Covadonga y Esmeralda*. A éstas se sumaron tres corbetas, *Casma, Papudo y Chipana*, que llevan los nombres de tres combates de tres guerras. Se gestionó también la adquisición de *14* barcazas de diferentes tamaños y para aliviar la falta de transportes se compraron en Estados Unidos los transportes de ataque *Xenia y Xenobia* que pasaron a llamarse *Errázuriz y Pinto*. Llegó también desde Dinamarca el transporte *Angamos* moderna unidad que se construía para Chile en Aalborg, Dinamarca, al declararse la guerra. Fue entregada por fin en febrero de *1946*. Por una completa falta de visión hacia el porvenir, este buque, se había construido mirando a Lota y Coronel y no hacia Magallanes: quemaba carbón. Se gestionaron también otras compras, en las que se incluían dos cruceros ingleses de la clase Dido y un petrolero. Los cruceros no pudieron adquirirse por el alto precio que se pedía por ellos y el petrolero, a pesar de haber sido prometido, no fue entregado pues el gobierno de los Estados Unidos había entregado la venta del buque a una firma particular la que no aceptó las ofertas chilenas a pesar de la presión que ejerció sobre el asunto el gobierno de la Unión.

La fragata Joliette, más tarde Iquique en el Atlántico Norte

En *1947* una nueva frontera de exploración e investigación se abrió a la Armada. A fines de *1946* una flotilla chilena zarpó con rumbo al continente antártico con la misión de explorar y hacer efectivos los derechos chilenos en el continente helado. Esta primera expedición salió al mando del comodoro Federico Guesalaga Toro y la formaban nuevas unidades recién recibidas, la fragata *Iquique* y el transporte *Angamos*.

Después de explorar la región, se decidió levantar la primera base chilena en la isla Soberanía, situada en los 62° *30'* de latitud sur y *59° 41'* longitud oeste de G. Se levantaron dependencias, antenas y bodegas y se construyó un pequeño desembarcadero. El 6 de febrero de *1947* el capitán de navío don Federico Guesalaga Toro daba lectura al acta de inauguración de la base "Capitán Arturo Prat". Esta base prestó, durante sus 57 años de servicio, importantes apoyos a la comunidad científica nacional e internacional apoyando los trabajos en el campo de la Meteorología, Oceanografía, Biología Marina, combate a la contaminación y Seguridad Marítima.

La expedición continuó sus exploraciones y se encontró con una expedición argentina, con la que se cambiaron cordiales saludos, a pesar de que las dos naciones alegaban derechos sobre los mismos territorios. También la expedición recaló en la antigua Base Oeste de una expedición norteamericana que había levantado su cuartel de invierno antes de la guerra. Se acusó a los marineros chilenos de haber saqueado la base, pero la acusación probó ser inexacta. Por el contrario, los oficiales chilenos habían hecho cerrar con candados las puertas que aparecían abiertas.[298]

Al año siguiente se fundó la base militar "General Bernardo O'Higgins". Fue inaugurada por el propio Presidente de la República, Gabriel González Videla, quien viajó en el mayor secreto hasta la Antártida. Los ingleses que también tienen pretensiones sobre el territorio, enviaron un crucero a la zona, pero se le ordenó volver ya que la ceremonia de inauguración se había llevado a efecto y el Presidente chileno estaba en Punta Arenas cuando se dio a conocer la noticia. Esta base militar depende de la Armada para su

---

[298] Los pormenores de las tres primeras expediciones pueden leerse en Oscar Pinochet de la Barra, *Base Soberanía,* Buenos Aires, 1977

abastecimiento y relevo como también dependían las bases de la Fuerza Aérea, "González Videla" así llamada por el Presidente que hizo la primera visita a la Antártida y que impulsó la construcción de bases y la "Aguirre Cerda," nombrada en recuerdo del Presidente que dictó el decreto que establecía el territorio Antártico Chileno.

Desde *1947* la Armada ha realizado expediciones anuales a la Antártida. La expedición se organiza bajo el mando de un comodoro de flotilla, un capitán de navío, y lleva a la Antártida los abastecimientos y el personal de relevo para las cuatro bases. Los marinos, soldados y aviadores de las bases Antárticas montan guardia, hacen estudios meteorológicos y efectúan diversos estudios científicos en el Territorio Antártico chileno.

El Cuerpo de Artillería de Costa, Infantería de Marina, tiene una larga tradición que se remonta a los primeros días de la historia marítima de Chile. Su misión principal era el servicio de las fortificaciones portuarias pero los "artilleros" habían servido siempre como infantería de marina. Dignos sucesores de aquellos cazadores armados que se embarcaron en el *Aguila* para el primer viaje a Juan Fernández y de aquellos valientes que a las órdenes de Charles, Miller, Beaucheff y Desseniers se habían batido en el litoral americano desde California a Chiloé, son los componentes de la que hoy se llama oficialmente Infantería de Marina. En la Guerra del Pacífico hemos visto un regimiento de Artillería de Marina y tropa del ejército embarcada que servía en los buques de guerra. Fue el caso del subteniente Hurtado y su destacamento, que incluía el sargento Aldea en el combate de Iquique.

Para el Cuerpo de Defensa de Costa, en *1897* se había creado una escuela regimental con el propósito de instruir a las dotaciones de las baterías y en *1915* se trasladó ésta al Fuerte Vergara, vecino a Las Salinas. El progreso del arma artillera en lo que se refiera al radar, los cohetes y la defensa antiaérea, hizo necesaria una transformación a fondo que equivalía a crear una nueva institución. En *1947* se reorganizó la escuela en tres ramas especializadas: artillería de costa, artillería antiaérea e infantería de marina.

Los marinos chilenos, deseosos de mantenerse a la par con los desarrollos de las marinas de las grandes potencias, pedían que se les dieran algunos elementos modernos. Por sobre todo se hacía necesaria la adquisición de un portaaviones, tipo de buque cuya superioridad había quedado demostrada en la Segunda Guerra Mundial. Los aviones navales han probado ser la única defensa efectiva contra la aviación del enemigo. Contra estos deseos chocaron argumentos esgrimidos por parte de la opinión pública y por la Fuerza Aérea de Chile que veía en la adquisición de un portaaviones la usurpación de sus derechos. Se argumentó con éxito que el portaaviones era un gasto inmenso que la nación no podía soportar, en otras palabras, la ya conocidísima excusa de la falta de fondos y pobreza del erario. Nadie parecía acordarse que el país era también pobre cuando se adquirieron el *San Martín* y el *Lautaro* y todavía pobre cuando antes de la Guerra del Pacífico se ordenó la construcción del *Cochrane* y el *Blanco Encalada*. ¿Qué grandes sacrificios para la ciudadanía había significado la compra y mantenimiento del *Latorre?* A este argumento se agregaba el favorito de los partidarios de la aviación militar: Chile por su configuración geográfica, era un inmenso portaaviones que permitía que cualquier punto amagado se cubriera desde algún punto de la costa. Este pensamiento fue sin duda copiado de Mussolini, que presentaba la configuración geográfica italiana como el mejor argumento en contra de la construcción de un portaaviones y una aviación naval. El almirante Bragadin, historiador oficial de la marina italiana en ese período, declara, refiriéndose a los desastrosos resultados para la Armada en los primeros años de guerra: "Cara a cara con la dura evidencia, Mussolini y la fuerza aérea quedaron, por lo menos convencidos, de que la marina podía tener apoyo aéreo apropiado, sólo con la posesión de portaaviones", y más adelante agrega: "(La marina italiana) se veía en una inferioridad agravada por el hecho de que luchaba ciega, no tenía aviones de reconocimiento, ni radar; con un brazo amarrado, le faltaba el apoyo aéreo y con las piernas ligadas por la falta de combustible."[299] Desgraciadamente para los italianos, las medidas tomadas para remediar la situación fueron tardías y la pagaron cara en la batalla de Matapan. Afortunadamente Chile, no tuvo la necesidad de demostrar este axioma, pues de haberse

---

[299] M.A. Bragadin, *Italian Navy in WWII*, Annapolis, 1957. p.

visto el país envuelto en una guerra naval contra una escuadra con arma aérea, la escuadra chilena habría sido hundida desde el aire.

Después de la falta de portaaviones, el más grave problema de la escuadra era la falta de cruceros y se pensó remediarla con la compra del crucero inglés *Ajax*. Afortunadamente esta transacción no se llevó a efecto debido al establecimiento de las bases chilenas en la Antártida que Gran Bretaña reclamaba como parte de sus territorios. El *Ajax* era un buque veterano de la Segunda Guerra Mundial, al que se le concedía una aureola de gloria por su participación en la persecución del acorazado alemán *Graff Spee* en el Atlántico, cerca de Montevideo.

En noviembre de *1950*, el Presidente de la República, Gabriel González, anunció en un almuerzo que se celebraba en el *Latorre* que Chile había adquirido dos cruceros en los Estados Unidos. Estas dos unidades eran algo anticuadas, pero presentaban la ventaja de un precio bajísimo, el 10 por ciento de su costo original. Se entregaban enteramente modernizados, con *15* cañones de 6 pulgadas montados en torres triples; *8* cañones de *5* pulgadas, *28* ametralladoras de 40 mm. antiaéreas y *24* de *20* mm. Podían desarrollar hasta *33* nudos. Los cruceros habían sido terminados en *1938* y habían servido en los dos océanos durante la guerra. El *Brooklyn* había tenido la suerte de llevar a bordo al profesor Morrison, que tenía la misión de escribir la historia naval de la guerra, razón por la cual todas sus primeras acciones aparecen lujosamente detalladas. En Casablanca, sus artilleros lograron un impacto directo en una batería de *4* cañones, llamada *Sherki* y destruyeron la torre de control de fuego del enemigo con otro tiro que dio directamente en el blanco. El buque se encontró también en la invasión de Sicilia, y en Anzio mereció las felicitaciones y el agradecimiento del ejército por sus tiros bien dirigidos. Por último, cuando el buque estaba anclado en Orán, sus aviones ayudaron a hundir al submarino alemán *U-73*. *E*ste buque al que parecía sonreír la buena fortuna pasó a la Armada de Chile con el nombre de *O'Higgins*. Menos suerte tuvo su compañero el *Nashville* que a comienzos de la guerra fue destinado a un inhóspito teatro de operaciones: las islas Aleutianas. Allí como buque insignia del almirante Theobald, sufrió su tripulación la humillación de ver escaparse a los japoneses sin ser molestados por la mala decisión del almirante. El *13* de diciembre de

1944 cuando actuaba como buque insignia de una escuadra de cruceros y destructores fue atacado por aviones kamikazes. Uno de ellos logró un golpe casi mortal al buque, dando en el conbés, destruyendo el puente de mando e infligiendo *133* muertos y *190* heridos. A causa de las reparaciones a que fue sometido presentaba una silueta diferente del *O'Higgins*. Pasó a formar parte de la marina chilena en *1951* con el nombre de *Prat*.

Crucero Nashville, más tarde Prat

La adquisición de los cruceros devolvía en parte el ánimo a los marinos, penosa situación que había llevado a muchos al retiro, pues a la falta de buques se sumaban los sueldos bajísimos. Los cruceros representaban también un retorno por parte de la política norteamericana hacia el reconocimiento del ABC, Argentina Brasil y Chile. Cada uno recibía dos cruceros, mientras dejaba afuera al Perú. Pero se sentaba un mal precedente. La ayuda norteamericana que iba a durar un cuarto de siglo y que significaba la estandarización de los armamentos, convertía a los Estados Unidos en el árbitro inapelable del equilibrio naval sudamericano y a Chile sumido en una total dependencia que asumiría serios ribetes en la década de los 70. [300]

La situación económica de oficiales y tripulaciones no mejoró en nada con la elección a la Presidencia de la República de Carlos Ibáñez

---

[300] Meneses, obra citada, p. 209

del Campo. Las fuerzas políticas que lo acompañaban demandaron un cambio en la selección de algunos jefes. Fue así como se nombró Comandante en Jefe de la Armada al contralmirante Enrique Lagreze. Este nombramiento trajo la renuncia de muchos oficiales y se recargó la Caja de Retiro con nuevos gastos que no podían cubrirse con las entradas normales. Hubo algunas buenas decisiones pues se restauró la aviación naval, autorizándose la compra para la Armada de helicópteros y aviones de transporte.

El remolcador de alta mar *Brito* (ex *Pelantaro*) se encontraba con la escuadra en Papudo y a las *18* horas del *22* de octubre de *1952* recibió órdenes de dirigirse a Valparaíso. Dos horas más tarde el buque chocó contra los farellones de Quintero. El golpe fue tan violento que el buque se tumbó y la caldera hizo explosión. Afortunadamente el radiotelegrafista logró entrar a la cabina de radio y pedir auxilio. El tiempo era bueno y la visibilidad un poco reducida. Apenas se recibió la noticia, la fragata *Covadonga* zarpó hacia Quintero y más tarde la escuadra entera desde Papudo. A la una de la mañana llegaba al lugar de la tragedia el crucero *O'Higgins,* buque en el cual se organizó el salvamento de los náufragos. Fueron salvados el comandante subteniente Ramiro Frías, un sargento y un cabo. El resto de la tripulación, que incluía al subteniente Ignacio Martínez, desapareció con el buque. Un total de *24* hombres de mar perdieron la vida en esta tragedia. Las causas del desastre no han quedado nunca bien claras. La carta que tenía el buque era defectuosa, pues indicaba que las rocas se encontraban dos millas más hacia tierra. Se probó también que el buque tenía un defecto en el compás, de manera que la navegación a estima era muy difícil.

En *1954* se adquirió en España un moderno velero de instrucción. Se trataba del bergantín goleta de cuatro palos, *Don Juan de Austria* que construía la marina española para buque-escuela y por una excelente gestión del Agregado Naval de Chile en Madrid, quien supo que la nave estaba dañada por un incendio del astillero cosntructor en Cádiz, y se pudo obtener su cesión en pago por deudas de salitre chileno, impagas desde la Guerra Civil. No dejaron de hacerse comentarios en la prensa de Santiago, sobre la inutilidad que representaba esta inversión excesiva. Si bien el precio pagado era superior al valor del buque, a estos críticos podría contestárseles llevándolos a un puerto extranjero para que vieran alguna vez entrar a puerto a la *Esmeralda* como se la llamó. La escena no es para olvidarse, como ocurrió el *17* de abril de *1957* en San Francisco de California. Este puerto está cerrado por una angostísima apertura que se llama la Puerta del Oro (Golden Gate). Por allí pasaron cientos de buques chilenos en los dorados años que siguieron a *1849*. La fuerte marea mantiene limpio un hondo pero angosto canal que pasa exactamente bajo el centro del maravilloso puente colgante que une a San Francisco con la península de Marín. La corriente alcanza a veces hasta siete millas por hora al producirse las mareas creciente y menguante. Ese día había amanecido con la clásica neblina que cubre la costa de la región. Un viento de tierra soplaba hacia el oeste y poco a poco la neblina fue despejándose, dejando en claro los mástiles del buque escuela que se hallaba frente a las islas Farellones recogiendo su piloto. De pronto como una flor que abre sus pétalos al sol de la mañana, se largaron las velas y la *Esmeralda* se acercó majestuosamente a la entrada del puerto. Eran las *7.30* de la mañana, hora en que el puente se ve cubierto de automóviles que hacen el tráfico a San Francisco llevando los doscientos mil residentes de Marín que trabajan en la gran ciudad. Al acercarse la *Esmeralda*, el tráfico se paralizó. No hubo motorista que no sintiera el llamado de las blancas velas para detenerse un momento a contemplar la maniobra. El buque venía al mando del capitán de fragata don Roberto de Bonnafos y podíamos ver por las banderas, que llevaba práctico a bordo. Como el viento le caía por la aleta y soplaba con fuerza, precisamente en contra del rumbo que tomaría un vapor, la expectación era grande. San Francisco es uno de los grandes centros de yatching y los espectadores criticaban y aplaudían la entrada. El comandante mantuvo el rumbo hasta donde le fue posible, hasta donde los observadores creyeron que iba a chocar con unas rocas que coronadas por un faro guardan la torre sur del puente. Sólo entonces, cuando ya no fue posible sacarle un metro más a esa bordada, se cambió el rumbo y la nave pasó majestuosamente bajo el puente. Vinieron luego los saludos a la plaza y la angostura del canal no permitió ya otra maniobra a la vela. La maniobra fue comentada por la radio y la televisión. El "San

Francisco Call Bulletin" publicó una enorme fotografía bajo la cual se leía a cuatro columnas la famosa frase de Ripley: "Unbelievable but True": Increíble pero cierto. En el puerto la *Esmeralda* abrió sus puertas a cuantos quisieran visitarla y representó a Chile mejor que ningún embajador. El sólo espacio de tiempo mostrado por televisión habría costado la mitad del precio que se pagó por el buque de haberse exhibido en forma comercial. Los marinos norteamericanos y los autores de varios libros sobre buques de vela. -en Norteamérica abundan los expertos sobre el tema- se mostraron admirados por la pericia del comandante y nos preguntaron si éste era un marino excepcional. Con orgullo pudimos contestar que no. El comandante era como cualquier otro oficial chileno. Había entrado en San Francisco como lo habría hecho en Sidney, Yokohama, Buenos Aires, Hanga Roa o Pearl Harbor. Era simplemente un capitán de fragata chileno, como otro capitán de fragata que en la rada de Iquique había defendido su bandera hasta la muerte en un buque que llevara el mismo nombre.

La *Esmeralda* despierta admiración dondequiera que se encuentre. Desde su llegada a Chile se le ha empleado exclusivamente en cruceros de instrucción. En *1955* hizo un viaje por el Pacífico en los que tocó Isla de Pascua, Samoa, Tahití, Japón, Hawaii, San Francisco y Valparaíso, navegando un total de *24.483* millas. Al año siguiente zarpó en crucero que la llevó hasta el Mediterráneo alcanzando Estambul y Alejandría y tocando en puertos de España, Francia, Italia y volviendo a Chile por el Estrecho de Magallanes. Navegó un total de *22.410* millas. En *1957* llega hasta San Francisco por la costa del Pacífico sumando *16.959* millas. En *1958* llega hasta Pearl Harbor y Samoa después de recorrer el litoral chileno. En *1960* llega hasta Tahití y al año siguiente zarpa en un crucero a Australia y los dos años siguientes hace cruceros por la costa americana y de Centroamérica. En *1964* participa con otros veleros en la operación "Velas" entre Bermuda y Nueva York, ocupando el primer puesto entre buques a vela de 10 naciones. En *1965* hace un viaje al Báltico recalando en Brest, Oslo, Gotenberg, Copenhague, Kiel, Amsterdam, Londres, Lisboa, Cádiz y Río de Janeiro. Navegó un total de 20.195 millas. En 1966 zarpa en un viaje al Pacífico, recalando en Tahití, Hawaii,

Yokohama, Taipei, Hong Kong, Manila, Sidney y Auckland. En sus once primeros cruceros navegó un total de *184.481* millas.[301]

Mucho más importante que las funciones de embajador sin portafolios, es el entrenamiento práctico que se da a los guardiamarinas y grumetes. Mucho se ha discutido si los futuros marinos deben entrenarse o no en buques a vela. Un filósofo moderno apoya el entrenamiento a la vela dando las siguientes razones:

> *Veamos lo que esta empresa común de navegar a la vela enseña al hombre que navega; le enseña sobre el viento y sus muchos humores; le previene de las resacas causadas por la marea; le permite cruzar un piélago con, no contra, la naturaleza. Hay aquí un arte de comunión que une al hombre con más realidades de las que quiero mencionar: el hombre siente la brisa y sabe su dirección al escuchar la vibración de su propia barba en la mejilla; aprende el significado de los cambios climatéricos no estudiando una carta sino mirando el horizonte; juzga el acero y la lona presionando toda la naturaleza a su servicio; aprende exactamente cuánto aguantarán y por cuánto tiempo puede continuar utilizándolos, el marinero conoce el crujido amistoso de las vergas y separa a este buen compañero del quejido de la buena madera sometida a mucha presión por demasiado tiempo. Todas estas cosas y muchas más enseñan al hombre el respeto por las herramientas de trabajo y las adversidades que encuentra; lo encaran con el ser y con el tiempo le permiten contemplar su propia existencia con admiración y temor. Y todo esto produce en un hombre, si ha de vivir lo suficiente, respeto y sentimiento por la belleza que es la primera gracia, fuera de la religión. Las velas no desaparecerán.*[302]

Desgraciadamente la propaganda comunista contra el gobierno militar iniciado en 1973 crearía una visión negativa del buque escuela.

---

[301] Para una descripción detallada de los viajes de la Esmeralda hasta 2000 véase, Patricio Villalobos Lobos, *El buque escuela Esmeralda,* Valparaíso, 2001.
[302] Wilhelmsen, Obra citada, p. 48

Injustamente apodado el "buque-prisión y "buque-tortura," el buque fue objeto de demostraciones y hasta de ataques físicos a su estructura y tripulación.

En la década de los años 50 las actividades de la Armada no fueron sólo la de pasear la bandera y la de entrenar oficiales y marineros. A las actividades de exploración en la Antártida, debemos agregar la obra colonizadora de la Armada en algunas regiones remotas del territorio chileno. Estas actividades son parte de un plan de ayuda a los habitantes de las regiones apartadas. En la desembocadura del río Baker, el más caudaloso de Chile, la Armada mantenía en Caleta Tortel una posta sanitaria, pulpería y radio-estación, única comunicación con el exterior para los habitantes de la región. La Armada transporta los productos de los tres mil habitantes de la zona y lleva los materiales necesarios para la subsistencia.

Actividades similares se realizaban en la Isla de Pascua. Como ya se ha visto, la adquisición de la isla había sido obra casi exclusiva de la Armada. Había ciertas disputas legales sobre los derechos de propiedad de los terrenos. En 1935, por orden de los tribunales de Valparaíso, la isla fue finalmente registrada en 1935 como propiedad del gobierno, pero el odiado sistema de explotación continuó. En 1952 el gobierno dio a la Armada el derecho exclusivo de administrar la isla. Como la institución no buscaba obtener ganancias, las inversiones en construcciones y mejoras de servicio, aunque limitadas, fueron todas en beneficios de los nativos. El gobierno naval trajo prosperidad y paz a los habitantes por un período que se prolongó por trece años que parece haber sido hasta entonces, el más feliz en los dos siglos y medio que la isla había estado en contacto con otras civilizaciones. A juicio del comandante Alsina que vivió dos años en Pascua, durante la administración de la Armada "hubo orden y responsabilidad, pero las reglas impuestas, que eran las establecidas en la Ordenanza de Servicio a Bordo, fueron muy duras para un pueblo cuyas normas de vida eran bastante licenciosas." Hace también mención este autor que es doloroso escuchar a un grupo de individuos que se niegan a reconocer la abnegada labor, el espíritu de sacrificio y el trabajo desinteresado con que el personal subalterno de la Armada han estado siempre presentes para colaborar y ayudar en lo que sea necesario a la población de la Isla de Pascua.[303]

En 1966, la isla recibió los derechos de constituirse en una municipalidad de la provincia de Valparaíso y un año más tarde se elegían las autoridades de la comuna, compuesta enteramente por nativos.

En *1954* se fundó Puerto Williams, un pequeño pueblo en la Isla Navarino con el personal de la Armada y sus familias. Esta población de menos de 2.500 habitantes depende en su totalidad de la Armada y gracias a los esfuerzos de la institución se ha logrado atraer a los habitantes de la zona. Entre las facilidades construidas se cuenta con un Internado Mixto para los alumnos que viven en la región.

En mayo de 1958 se produjo un incidente en el canal Beagle que pudo haber traído trágicas consecuencias. A comienzos de ese año la tripulación del *Micalvi* había instalado una baliza en el islota Snipe del canal. La Armada, tratando de mejorar los sistemas de navegación, instaló un pequeño faro en el mismo lugar, en mayo de ese año. Pero la Armada argentina destruyó el faro chileno e instaló un faro de estructura tipo meccano en la parte más alta del islote. Tan pronto como se supo esta noticia, el almirante Jacobo Neumman ordenó al comandante Hugo Alsina del *Lientur* que se dirigiera al islote y destruyera el faro argentino, comisión que el comandante Alsina cumplió, sin problemas. Cuando a los pocos días el *Lientur* regresó al islote con el objeto de recoger los restos del faro chileno, fue sorprendido por tres fragatas argentinas que después de una larga espera lo saludaron con tres pitazos y continuaron su viaje. ¿Qué había pasado? El comodoro argentino, sin saber lo que ocurría, pues no sabía de la instalación ni destrucción del faro, pidió instrucciones a Buenos Aires. La respuesta tardó horas en llegar y para entonces el comodoro, ya cansado de esperar había continuado su viaje. A respuesta del almirante había sido categórica: ¡que lo hundan! Semanas más tarde, el *Lientur* instalaba un nuevo faro. Pero el asunto del Snipe y del Beagle no terminaría allí. En agosto el destructor argentino *San Juan* cañoneó el islote y el faro y desembarcó un

---

[303] Hugo Alsina Calderón, *Páginas del Mar*, Valparaíso, 1998, pp. 173-175

destacamento de infantería de marina, es decir se ocupó militarmente territorio chileno. La indignación en Santiago fue violenta y se ordenó a la escuadra que dirigiera al Beagle y expulsara a los invasores, pero prevalecieron los elementos moderados y los argentinos abandonaron el islote. Se había evitado una confrontación que pudo tener serias y largas consecuencias.[304]

Patrullero Lientur

Entre *1958 y 1959* se produjeron una serie de desguaces que se habían prolongado manteniendo a buques viejos en servicio mucho más allá de sus límites de vida. El *Latorre* fue vendido como fierro viejo a una compañía de acero japonesa, los destructores *Videla y Aldea* fueron también retirados del servicio y al mismo tiempo el servicio de submarinos quedó sin unidades, pues fue necesario el desguace de los tres submarinos tipo "O". Se dieron de baja un total de *41.096* toneladas.

Pero si bien las pérdidas eran sensibles, pues se trataba de buques que habían sido compañeros de muchos años para la gente de mar, los cambios representaban una esperanza, como la construcción de las corbetas *O'Higgins y Chacabuco* lo habían sido después de la guerra con España. En *1956 se* incorporaba a la Armada el moderno petrolero *Presidente Montt,* construido en Francia bajo especificaciones de buque mercante en cuanto a propulsión. Se le dotó

---

[304] Alsina, obra citada, pp.210-211

de equipos para transportar y entregar petróleo en alta mar a los buques de la escuadra. Fue un buque sumamente difícil de operar ya que representaba una nueva línea que multiplicaba los esfuerzos logísticos. Como los equipos para reabastecer en el mar (LOGOS), eran únicos en el servicio, cada cambio de dotación significaba un nuevo aprendizaje. Especialmente complicados eran sus sistemas de control de energía. Un accidente en la zona austral causó serias averías en el casco que si bien fueron adecuadamente reparadas, causó la pérdida de numerosos repuestos que se almacenaban en un compartimiento que fue inundado. Por estas razones el *Montt* no se distinguió por su utilidad, servicio o economía y a pesar de haber llevado las operaciones de abastecimiento en el mar a un alto nivel de eficiencia, fue prematuramente retirado de la lista naval. Fue usado como buque tanque en los canales hasta su venta en 1992 como chatarra.

En *1960* se incorporó el moderno transporte *Piloto Pardo*, construido en Holanda para el servicio exclusivo del continente helado y el escampavía *Yelcho* fue recibido en préstamo por cinco años de la marina norteamericana fue adaptado para trabajos hidrográficos y oceanográficos y colaboró con la investigación científica en la Antártida.

Ese mismo año se modificaron las organizaciones de la maestranza, astilleros y arsenales de la Armada con el fin de incluir en sus actividades las reparaciones de la marina mercante. ASMAR que así se llamó la nueva empresa, pasó a ser una entidad comercial con un consejo directivo formado por representantes de la sociedad de armadores y de la Corporación de Fomento. Se mantuvo sin embargo la administración de la Armada. Se incorporaron en ASMAR las tres plantas industriales que corresponden a los antiguos arsenales de Valparaíso, Talcahuano y Punta Arenas. La planta principal es la de Talcahuano con dos diques secos y algunos flotantes a los que se agregaron modernos equipos mecánicos, con lo que esta planta representaba el 80 por ciento de la potencia industrial de ASMAR. Las otras dos plantas se especializaron en reparaciones a flote, pues no contaban con diques necesarios para la reparación de cascos de grandes dimensiones. Tanto por su magnitud, como por sus actividades Talcahuano se convirtió en la base de reparaciones más importante del Pacífico sur. Muchas veces buques de marinas extranjeras se han detenido en Talcahuano para reparaciones.

No descuidaba la Armada tampoco las investigaciones científicas y las actividades incansables del Departamento de Navegación e Hidrografía. Para el estudio de la biología marina se destinaron buques de guerra y con la incorporación de la *Yelcho,* la exploración de la Antártida recibió un poderoso empuje.

El 21 de mayo de *1960* la región sur del país sufrió los efectos de un serio terremoto. Al igual como en la catástrofe de *1938,* la Armada procedió a poner todas sus facilidades al servicio de la zona afectada. Si bien en el terremoto anterior la zona sísmica se encontraba tierra adentro, en *1960,* las innumerables casas, calles y establecimientos destruidos en los puertos dieron ocasión para que la marina se distinguiera en la zona que abarca desde Talcahuano a Chiloé. "Cada nave que llegaba al lugar de la tragedia aportaba de inmediato atención médica y sanitaria, personal técnico y mano de obra, víveres, medios de comunicación, etc." La recién nacida estación aeronaval de El Belloto pudo prestar ayuda con sus aviones de transportes y helicópteros en la zona afectada. Una vez que hubo entregado la primera cura y ayuda, la Armada colaboró activamente en demolición de edificios y remoción de escombros, salvamento de embarcaciones menores y en una palabra en todas las actividades reconstrucción posibles. La marina norteamericana puso a disposición de Chile trece barcazas de desembarco con el fin de ayudar en el problema de transporte marítimo que se había empeorado con la destrucción de las instalaciones portuarias. El terremoto y maremoto provocó varias alteraciones de importancia y fue necesario verificar las profundidades de canales, ríos y puertos. Una comisión de la Armada informó en 1961 que el único efecto beneficioso de los sismos había sido el mejoramiento de las comunicaciones marítimas. El río Valdivia, por ejemplo, quedó navegable hasta la ciudad por buques de hasta 14 pies de calado, corbetas y fragatas de la Armada, bajo cualquiera condición de marea. Habían quedado arrasadas muchas señales de navegación, por lo que varios buques tuvieron que destinarse al reemplazo de boyas y balizas. Se utilizaron helicópteros, como apoyo, lo que facilitó enormemente la tarea.

La Armada tuvo que tomar también en parte, las funciones de la Marina Mercante y se movilizaron miles de toneladas y miles de personas en su mayoría niños y mujeres. Sólo cuando las tareas de ayuda a la población civil quedaron terminadas, pudo la institución volver los ojos a sí misma y se procedió a la reconstrucción de las obras portuarias y a la reparación de faros afectados por la violenta marea sísmica.

En 1960 llegaba a Valparaíso el primer buque de guerra construido expresamente para el país en 30 años. Se trataba del destructor *Williams,* así llamado en memoria del almirante don Juan Williams Rebolledo. Este moderno destructor fue construido en los astilleros de Vickers Armstrong en Inglaterra y desplazaba 3.600 toneladas. En 1962 se incorporó su gemelo el *Riveros*. Como sus antecesores de la clase *Serrano* estos buques fueron objeto de minuciosos estudios por las marinas extranjeras. Armados con cuatro cañones de cuatro pulgadas, totalmente automáticos representaban las unidades antisubmarinas más modernas de Latinoamérica. El puente de mando y otros espacios vitales tenían aire acondicionado. Llevaban timones gemelos que les permitían maniobrar muy bien. El sistema de calefacción y ventilación estaba especialmente diseñado para acomodarse a los diferentes climas de la costa chilena, desde la tropical Arica hasta la Antártida. El más moderno equipo de radar se combinaba con un control de tiro diseñado especialmente por Vickers Armstrong.

A éstos se vino a sumar la incorporación de dos submarinos tipo "Fleet" (Clase Balao) traspasados por los Estados Unidos de acuerdo con el pacto de Ayuda Militar. Estos sumergibles gemelos llevaron por nombres los mismos de dos de sus antecesores del tipo "O", *Thomson y Simpson*.* Estas unidades fueron completadas en 1944 y transferidas en 1961. Antes de ser entregadas, fueron objeto de una minuciosa recorrida por parte de los astilleros navales norteamericanos y se procedió a un entrenamiento a fondo de las tripulaciones. Tal orgullo tomaron los marinos chilenos de estos buques, que algunos años más tarde, al visitar el *Simpson* el arsenal de Filadelfia para ser refaccionado, los ingenieros acordaron otorgarle el premio al mejor submarino que había llegado a ese apostadero durante un año. Un privilegio acordado por primera vez a una nave de guerra extranjera. El *Simpson* participó en la guerra contra el Japón con el nombre de *Spot* y el *Thomson* se llamó entonces *Springer*. Ambos llegaron demasiado tarde al teatro de operaciones para capturar grandes honores y entre ambos apenas hundieron 7.000 toneladas. El *Springer* hundió dos fragatas, un patrullero y una barcaza. El *Spot* logró torpedear al vapor *Nanking-Maru* el 17 de marzo de 1945. Estos buques vinieron a completar los elementos necesarios para el entrenamiento de fuerzas antisubmarinas y no a incrementar el poder ofensivo de la Armada.

El submarino Thomson pasa bajo el Golden Gate en su viaje inaugural a Chile.

---

* Se corrigió por fin en este buque el error de ortografía en el nombre del Comandante Manuel Thomson.

Estas prácticas de entrenamiento antisubmarino fueron mejorando a través de las operaciones "Unitas" que cada año realiza la marina norteamericana en las costas sudamericanas. Notable fue la realizada en octubre de 1964 cuando la flotilla antisubmarina norteamericana N° 86 arribó al Estrecho de Magallanes. Después de un breve descanso a las tripulaciones en Punta Arenas, la flotilla escoltada por destructores chilenos se hizo a la mar encontrándose con el crucero *O'Higgins*. Tomando como base Valparaíso se hicieron maniobras por espacio de dos semanas en las que la Fuerza Aérea y la Armada mostraron perfecta coordinación. De estas operaciones dice un artículo publicado en Estados Unidos: "En un período de dos semanas las fuerzas chilenas y norteamericanas operaron con tanta efectividad que llegaron a constituir una bien integrada escuadra antisubmarina."[305]

Semanas más tarde, la marina peruana se unía a la operación con dos destructores y dos submarinos en el puerto de Mejillones. Esta vez el mando lo tomó el comandante de la escuadrilla chilena y se mantuvieron las fuerzas en ejercicio día y noche apoyados por los aviones de la base aérea de Antofagasta. Más tarde, cuando ya los buques chilenos se habían retirado, la Fuerza Aérea de Chile siguió prestando apoyo a la escuadra con hidroaviones Grumman SU-16 B.

En 1963, la Armada retiró del servicio los destructores *Hyatt, Orella, Riquelme y Serrano* que por su antigüedad eran de poca utilidad. El transporte *Errázuriz* pasó también al desguace, víctima de la necesidad, pues de él sacaron piezas y repuestos para mantener en servicio al *Pinto*. También se eliminó de la lista de buques en servicio al pequeño transporte *Micalvi* que como el contramaestre que le diera el nombre, había pasado a ser uno de los buques más queridos de la Armada. Había servido *34* años acarreando carga, reemplazos y en misiones humanitarias de salvamento y auxilio. Una descripción bastante vívida de lo que era el servicio del *Micalvi y* la vida a bordo de pasajeros y marinos se encuentra en el libro "Viaje al fin del mundo", del autor danés Mielche Haaken en el que se habla de las buenas cualidades del buque.[306]

---

[305] US Naval Institute, **Proceedings**, marzo, 1965.
[306] Haaken, Mielche, J*ourney to the world's end,* New York, 1941

En reemplazo de los cuatro destructores desguazados, se incorporaron a la Armada dos destructores del tipo "Fletcher" construidos en los Estados Unidos en *1944 y* transferidos bajo el pacto de Ayuda Militar. Estos buques se llamaron *Blanco Encalada y Cochrane y* eran los antiguos *Wadleigh y Rocks*. El primero tuvo el honor de ser uno de los primeros buques en entrar en la bahía de Tokio: honor muy merecido pues había hundido al submarino RO*114* de la Armada Imperial y más tarde, en contra de órdenes superiores, se le destinó a rastrear minas en una de las islas Paliu. El resultado fue el que podía esperarse para un buque que no estaba diseñado para esta clase de actividades. Después de haber destruido con éxito doce minas, la trece probó ser la fatal, pues se enredó con el cable rastreador a estribor y la mina hizo explosión junto al costado del buque. La sala de máquinas a proa quedó completamente inundada, el timón dañado, todo poder de propulsión desapareció mientras el agua entraba por el enorme boquete. El buque estaba escorado pero la gigantesca tarea de los ingenieros logró mantenerlo a flote hasta que el destructor *Bennet* le echó un remolque y lo sacó de la zona de peligro. Tres hombres perdieron la vida en este desgraciado percance.

Su compañero, el *Rooks,* fue un buque con suerte bajo la bandera norteamericana. A pesar de encontrarse en medio del ataque de los kamikazes en Okinawa, no sólo escapó sin daño alguno sino que se dio el lujo de destruir a tres de los aviones atacantes.

En *1963* se integró a la Armada un remolcador de alta mar de tipo más moderno que reemplazaría al ya anciano *Huemul* (ex *Vilumilla*) al servicio de la escuadra. En la marina norteamericana había llevado el nombre de *Potawatomi y* al hacerse la transferencia se le cambió por el chilenísimo *Janequeo*. En agosto de *1965* un fuerte temporal azotó todo el litoral chileno. Buques de guerra y mercantes se vieron en duros aprietos y por efectos de la tormenta el patrullero de la Armada *Leucotón* encalló en la bahía de San Pedro, a unas sesenta millas al sur de Corral. El buque se hallaba varado en la playa en una posición difícil de la que no pudo zafarse y se envió en su ayuda a la *Janequeo*. Llegado al lugar del accidente, el buque procedió al salvataje pasando un cable de acero con la esperanza de remolcar al *Leucotón y* sacarlo a mayor fondo para ponerlo a flote. El *Leucotón* se encontraba con las máquinas paradas y el viento y la resaca parecían apretarlo todavía más contra la arena. En el primer intento el cable de acero se cortó y al recogerse se enredó en la hélice de la *Janequeo*. Lamentablemente, los buzos no pudieron destrabarlo, ya que dicho cable fue "tragado" por el eje, lo que requeriría entrar a dique seco para liberarlo. Esa tarde el temporal arreció, y la Janequeo, que estaba fondeada cerca de la roca Campanario, al sur de la bahía, garreó sus anclas y las olas la empujaron contra las rocas de la costa. En pocos minutos, el buque encalló y se partió en dos yéndose a pique antes de que pudieran coordinarse las labores de salvamento. Perecieron en la catástrofe el comandante del buque, Marcelo Léniz y *52* oficiales y hombres de la tripulación. Junto con el comandante Léniz falleció el capitán de Fragata Claudio Hemmerdinger, quien siendo Jefe del Arsenal de Talcahuano, había sido embarcado a cargo del salvamento. Cuando el *Janequeo* derivaba hacia la roca Campanario, arribó a sus cercanías el viejo remolcador *Cabrales*, que estando en desarme, fuera enviado de urgencia a apoyarlo. A viva voz, el Comandante del *Cabrales* se comunicó con Hemmerdinger, que rehusó ayuda para salvarse diciendo: "Sálvese usted. Es una orden. Aquí estoy muy bien acompañado." Junto a él yacían los cuerpos exánimes del comandante Léniz y del marinero Mena muertos al atravesar el puente del Janequeo una roca aguja gigante. Merece destacarse también la valiente acción del marinero Mario Fuentealba del *Leucotón* quien al ver que un náufrago de la *Janequeo* flotaba en estado inconsciente se lanzó al agua con el ánimo de salvarlo. Logró salvar de las aguas al Subteniente Guillermo Aranda. En un segundo intento, Fuentealba no pudo luchar contra el mar embravecido y perdió la vida. Este valiente marinero había participado antes en tres salvamentos y era poseedor de la medalla al valor. Su nombre pasó a la larga lista de héroes que la Armada ha dado a la historia, y su nombre lo llevó por largos años un patrullero construido en ASMAR. Igual reconocimiento recibió el Cabo Buzo Leopoldo Odger, quien, a pesar de haber sufrido un gran corte en un ojo al golpearse con una claraboya, tampoco dudó en lanzarse al mar tratando de salvar a un compañero inconsciente, acción heroica que le costó la vida. Otro patrullero llevó su nombre.

En 1965 se incorporaron a la Armada cuatro torpederas construidas por los astilleros Bazán en España. Era éstas unidades de 115 toneladas de desplazamiento, con una velocidad de 27 nudos armadas con cuatro tubos lanza torpederos y dos ametralladoras de 40mm. Se las bautizó con cuatro nombres de las antiguas torpederas y submarinos: *Quidora, Tegualda, Guacolda,* y *Fresia*, todas en recuerdo de las aguerridas mujeres araucanas que resistieron la conquista española. Estas torpederas fueron destinadas a Puerto Williams donde desarrollaron misiones de patrullaje y rescate, además de constituir un elemento disuasivo en la protección de la soberanía nacional que pronto se vería amenazada en esa región. Por esos mismos años se contrató en Dinamarca la construcción del *Araucano*, un excelente petrolero destinado a reemplazar las antiguas unidades de este tipo que ya llevaban más de 35 años de servicio. Llegó a Valparaíso en enero de 1967.

Ese mismo año de 1967 se efectuó el cambio de la Escuela Naval desde el antiguo edificio en el Cerro Artillería, hasta las nuevas y modernas instalaciones en el parque Alejo Barrios de Playa Ancha. La espera llevaba ya años. Los contratistas demoraban y demoraban. Exhausta la paciencia, el Director, Capitán de Navío Oscar Buseta Muñoz, anunció que el cambio tendría lugar al regreso de las vacaciones de invierno cualesquiera que fuesen las condiciones en que se encontrare el nuevo edificio. Muchos cadetes se dieron cuenta que la oportunidad de "firmar el reloj", es decir, inscribir su nombre en las paredes del cuarto del reloj del frontis del edificio, iba a ser limitada. Esta costumbre, estrictamente prohibida, tenía una larga tradición de la que nadie sabía su origen. Se produjo una verdadera "fiebre" de viajes nocturnos al reloj y a pesar de la redoblada vigilancia, muchos alcanzaron a inscribir su nombre antes del cambio.

El viernes 23 de junio de 1967 fue el último día en que se hicieron clases en la Escuela vieja. Al día siguiente, el mismo día que los cadetes salían de vacaciones de invierno, tuvo lugar una significativa ceremonia de despedida de los cadetes y ex -cadetes del antiguo Edificio de la Escuela Naval. Marcó el término de la ceremonia, un desfile del Regimiento Escuela Naval frente a las Autoridades.

Terminada la ceremonia y mientras los cadetes se preparaban para salir, los ex –cadetes, agrupados en Centros "Caleuches" de Chile y el extranjero, formaron una improvisada banda de guerra y al son de marciales sones encabezaron la romería llevando la campana de la corbeta *Esmeralda* hasta depositarla en la nueva escuela de la Avenida Hontaneda.

Al llegar los cadetes al nuevo edificio se encontraron que no había agua corriente, los comedores, gimnasio, piscina no estaban listos, los talleres no se habían construido y otras inconveniencias. Pero se colocaron tambores de agua con baldes con los que se vaciaban los inodoros, se llevaba al personal en autobuses a la escuela antigua para que se bañaran, se habilitó la futura enfermería como comedor, en fin, se hicieron mil y un acomodo para salir adelante.[307]

La presencia de la Armada en la Antártida ha contribuido también a dar cierta seguridad en la zona polar. La Armada ha efectuado dos exitosos rescates en la Isla Decepción. Esta isla volcánica, que en un principio se creyó ser un lugar ideal para la sobrevivencia de vida en la región, probó ser totalmente insegura y altamente peligrosa. El primer rescate ocurrió el 4 de diciembre de 1967 cuando el buque antártico *Piloto Pardo* se retiraba de la base. Una violenta erupción volcánica sacudió la pequeña isla en la qué se encontraban tres bases, la Aguirre Cerda de la Universidad de Chile, la base inglesa John Biscoe y una base argentina. A nueve millas de distancia el comandante del *Pardo* observó una enorme columna de humo que alcanzaba 2 mil metros de altura y que cubría la tercera parte de la isla. De inmediato ordenó cambiar el rumbo y volver al lugar de la erupción. En la base habían quedado los hombres de la dotación, que debían rescatarse lo antes posible. Al llegar el buque a los Fuelles de Neptuno, única entrada al interior, la nube alcanzaba 10 mil metros y cubría completamente la isla. Cenizas, piedras, humos y gases oscurecían la atmósfera haciendo creer que no quedaban sobrevivientes. Pero los radiotelegrafistas establecieron comunicación con la base y se dio orden de trasladar el personal a la base inglesa, desde donde se intentaría el rescate. Era imposible aproximar el buque a tierra. La

---

[307] Informaciones de los entonces cadetes Arturo López Urrutia y Alexander Tavra.

bahía interior estaba en ebullición, soplaba un vendaval de 40 millas por hora y las constantes explosiones lanzaban una lluvia de piedras y lodo.

Durante toda la noche el *Pardo* se mantuvo frente a la isla soportando una lluvia constante de cenizas y piedras que cubrió la cubierta. La presencia del hongo provocó una tempestad eléctrica que anuló las comunicaciones por radio, pero al amanecer se escuchó una transmisión de la base inglesa diciendo que habían llegado los chilenos. A las tres de la mañana se daba orden de proceder con el salvataje. Tuvieron que usarse helicópteros, pues la marea oscilaba violentamente entre uno y dos metros. Sin poder mantener contacto por radio, los aparatos volaron entre la lluvia de ceniza y rescataron a 42 hombres que se habían dado por perdidos. Terminada la operación de rescate, los buques se dirigieron a toda máquina a ayudar a las operaciones de salvamento de la base argentina. La flotilla antártica estaba al mando del comodoro Boris Kopaitic.

Piloto Pardo

En febrero de 1969, el *Pardo* respondió otra vez un llamado de emergencia que provenía del patrullero inglés *Shackleton*. Se pedía el rescate de la dotación inglesa de la Isla Decepción que ante nuevos fenómenos telúricos, había abandonado sus instalaciones y se dirigía a pie al extremo sur de la isla. El *Pardo* se acercó sorteando los peligros con mar gruesa, fuertes vientos y espeso humo que provenía de la erupción volcánica. A mil metros de la isla los pilotos despegaron en sus helicópteros que pronto se perdieron de vista. Volando en pésimas condiciones climáticas, en medio de una intensa lluvia de piedras, estos frágiles aparatos, B47-J, rescataron a la tripulación inglesa que fue más tarde transbordada al *Shackleton*. Los pilotos fueron condecorados con la Medalla al Valor.

En 1972 la flotilla antártica recibió un mensaje del vapor *Lindblad Explorer,* que se hallaba encallado en la isla King George. Inmediatamente el comodoro Ladislao D'Hainaut dispuso que zarparan el *Yelcho* y el *Pardo a* ayudar al rescate. Mientras el *Pardo* lanzaba sus helicópteros, el *Yelcho* ancló cerca de la nave accidentada con la intención de tomarla a remolque. Rescatados los 154 pasajeros los buques debieron anclar y esperar que cambiara el tiempo, pues era imposible trabajar en el furioso temporal que se había desatado. Aunque no fue posible remolcar el vapor, la flotilla antártica, una vez más, había hecho honor a la tradición gloriosa de la Armada.

Hacia 1970 la Marina chilena era una fuerza naval de importancia secundaria si se la comparaba con las grandes potencias mundiales. En la misma Sudamérica la falta de un portaaviones la ponía bajo el nivel de las marinas argentina y brasileña, y en cuanto a submarinos, bajo el nivel de la del Perú que contaba con cuatro sumergibles construidos especialmente para la Armada en *1950.*

A pesar de que la tendencia en esos días no era la equiparación a las marinas de países vecinos, la Armada argentina buscaba vigorosamente su superioridad, por lo menos en el número de unidades en servicio. Mientras Chile sólo podía mantener un ojo vigilante en las flotas de sus dos vecinos, el Perú no descuidaba de la dimensión de la Marina de Chile. A pesar de que la posibilidad de una guerra entre estos dos países se consideraba remota, la acción del *Huáscar y* el *Cochrane* en Angamos se mantenía todavía viva en las mentes de oficiales y tripulantes de ambas naciones.

Como ya se ha mencionado, la Armada dependía para repuestos y municiones de los Estados Unidos. Una preponderante misión naval norteamericana influenciaba peligrosamente en las decisiones navales chilenas. Los norteamericanos estaban convencidos que el mejor propósito para las armadas sudamericanas era la guerra-antisubmarina y en este aspecto se concentraban la mayoría de los esfuerzos como era el caso de las Operaciones Unitas. Poca consideración recibían la protección del mar territorial, un posible resguardo al comercio marítimo al mismo tiempo que se limitaba la libertad de independencia en asuntos internacionales que necesitaban el apoyo de la marina. La ayuda norteamericana fue sin duda, un gran aporte a la Armada de Chile, pero las tensiones internacionales que ocurrirían en el último cuarto de siglo harían repensar a jefes navales y dirigentes políticos los planteamientos de defensa.

En 1968 los buques de la Armada de Chile eran los siguientes:

Tipo y nombres	Completado	Ton.	Veloc.	Tripulación.	Número de llamada
Cruceros: (CL)					
Prat	1938	13.500	32.5	975	CL02
O'Higgins					CL03
Destructores: (DD)					
Williams	1960	3.300	35	266	DD 18
Riveros	1962				DD 19
Blanco Encalada	1944	2.750	35	250	DD 21
Cochrane	1944	2.750	35	250	DD 22
Fragatas: (PF)					
Baquedano	1944	2.125	20	140	PF 30
Covadonga	1944				PF 32
Iquique	1943				PF 31
Corbetas: (PG)					
Casma	1944	1.340	16	66	PG 37
Chipana					PG 38
Papudo					PG 39
Submarinos: (SS)					
Thomson	1944	1.861/2.425	20/10	80	SS 22
Simpson					SS 21

Patrulleros: (PP)					
Lautaro	1942	835	12.5	33	PP 62
Lientur	1942				PP 61
Orompello	1944				PP 60
Yelcho	1943	1.675	17	85	AGS 64
Buques Auxiliares:					
Esmeralda	1953	3.673	14	200	BE 43
Pinto	1945	6.744	17	225	APA 41
Angamos	1945	3.800	12	72	AP 48
Pardo	1959	2.000	14	44	AP 45
Montt	1956	17.500	14	-	AO 52
Maipo	1931	8.225	15	45	AO 50
Rancagua					AO 51
Huemul	1937	320	11		YT 124
Cabrales	1929	790	11		ATA 71
Colo-Colo					
Galvarino					
Sobenes					
Remolcadores de puerto: (YT)					
Fortuna	YT 123				
Caupolicán	YT 127				
Reyes	YT 120				
Moctezuma	YT 108				
Ancud	YT 100				
Yagán	YT 126				
Gálvez	YT 102				
Cortez	YT 128				
Ugarte	YT 107				
Monreal	T 105				
Barcazas de desembarco: (L)					
Goicolea	LSM 89				
Isaza	LSM 91				
Morel	LSM 92				
Bustos	LCI 197				
Llanos	LCI 98				
Canaves	LCI -				
Bolados	LCU 95				
Díaz	LCU 96				
Téllez	LCU 93				

Capítulo XXII
La Unidad Popular y el Pronunciamiento

Los dos últimos años del gobierno demócrata-cristiano del Presidente Eduardo Frei Montalva iban a afectar notablemente el ambiente y el desarrollo del país y por ende, el de las Fuerzas Armadas y de la Marina. En primer lugar, los cambios sociales instituidos por el régimen y la agudización que en ellos pusieron ciertos elementos radicalmente opuestos al sistema democrático y constitucional del país iban a desencadenar un clima de inestabilidad, inseguridad y hasta temor en la ciudadanía. La Reforma Agraria, por ejemplo, prácticamente destruía el derecho a la propiedad privada en el país. Por otro lado, la situación económica, caracterizada por una inflación monetaria ya casi fuera de control, exacerbaba la situación de la sociedad en general.

No será necesario insistir mucho en que estas condiciones repercutían hondamente en el personal de la Armada. No sólo los sueldos habían perdido gran parte de su poder adquisitivo sino también los servicios a los marineros y oficiales se habían deteriorado notablemente, por ejemplo: comida, vestuarios, medicamentos, equipos de seguridad y otros cuya buena calidad eran esenciales para el servicio abordo. Muchos oficiales abandonaban las filas y pasaban prematuramente a retiro e igual cosa sucedía con los mejores técnicos y los más ambiciosos marineros. Peor aún era el estado en que se encontraban las unidades y los equipos. Los períodos de mantenimiento rutinarios se alargaban, las piezas no podían siempre reemplazarse. En general, el material se mantenía con el mínimo de gasto con la esperanza de que vendrían días mejores. Como por ejemplo cuando se reemplazara el eje de una bomba de alimentación por uno nuevo en vez del eje "hechizo" que se estaba usando y que podía romperse en cualquier momento. Los arreglos a lo "maestro chasquilla" y las "panas" eran frecuentes. Tanto el general Carlos Prats, como los almirantes Huerta y Merino, mencionan en sus memorias el menosprecio del partido de gobierno por las Fuerzas

Armadas, el total descuido de la Defensa Nacional y el desdén y desprecio con que miraban a soldados, marinos y aviadores. El descontento en las filas era general. En la Armada en particular, los cambios abruptos de comandantes en jefes tuvieron un efecto "traumático" en la institución.[308]

Un tercer elemento que al comienzo el gobierno trató de ignorar como inconsecuente, fue el deterioro de nuestras relaciones exteriores con los vecinos, especialmente Argentina. Los jerarcas demócrata-cristianos estaban convencidos que todo se arreglaría por la vía diplomática. Hasta algunos tal vez llegarían a pensar en ceder parte del territorio para apaciguar a los vecinos. Mientras el Presidente viajaba por Europa, siendo recibido por altos líderes políticos y aumentando su prestigio personal y hasta cierto punto el del país, nuestros vecinos tomaban una política agresiva. ¿Quién podía imaginar una guerra con Argentina? Pero los incidentes en las fronteras empezaron a sucederse con más y más frecuencia.

Una zona en disputa era una región del valle de Palena conocida como la Laguna del Desierto. Mientras se esperaba el fallo de la Corona británica, ambas naciones ocupaban la zona. En 1965 una patrulla de carabineros chilenos que no había recibido orden de retirarse del territorio en disputa, fue atacada por gendarmes argentinos. Quedaba muerto en el campo, el teniente de Carabineros Hernán Merino. La opinión pública chilena reaccionó convulsionada y un año más tarde, al conocerse el fallo que nos era definitivamente desfavorable, el gobierno lo aceptó sin réplica. Los altos mandos de la Armada, Ejército y la Fuerza Aérea no podían dar su opinión sobre la actitud gubernamental pero lo hizo por ellas el Partido Nacional que acusó al gobierno de descuidar la soberanía y de ignorar las opiniones de las Fuerzas Armadas.

Mientras tanto se agudizaba la situación en el canal Beagle en que Argentina pretendía ejercer su soberanía sobre las islas al sur del canal Picton, Lennox y Nueva y del islote Snipe, que como se recordará había sido ya objeto de una disputa. Eran frecuentes los encuentros poco amistosos entre naves chilenas y argentinas. Como el Ministerio

---

[308] Carlos Tromben Corbalán, *La Armada de Chile, desde el sequicentenario hasta el final del siglo XX*, Tomo V. Santiago 2001, p.3

de Relaciones Exteriores argentino seguía una política de agresividad, los marinos argentinos se sentían respaldados por su gobierno. Eran más audaces en sus maniobras y evoluciones provocando a los chilenos que debían atenerse a instrucciones estrictas que rayaban a la timidez, puesto que nuestro servicio exterior creía en la solución diplomática del conflicto. La incorporación de las nuevas torpederas tipo "Lurssen" daba a la marina chilena una clara superioridad sobre las naves argentinas en la zona. Eran buques rápidos de gran poder destructivo con sus cuatro torpedos, y sus cañones de tiro rápido les daban ventajas sobre adversarios similares y hasta mayores. Pero, precisamente por estas condiciones, se habían recibido desde Santiago, órdenes estrictas de evitar todo acto hostil contra la Armada argentina.

En agosto de 1967, la radio argentina de Ushuaia había anunciado por varios días la fecha en que la Armada efectuaría ejercicios en la boca del puerto y daba aviso a los navegantes de abstenerse de navegar en esa zona. El comandante de la estación naval de Puerto Williams había también participado a todo su personal de estos avisos. El mismo día en que los argentinos tenían anunciada sus maniobras, se dio orden al comandante de la torpedera *Quidora* teniente Leonardo Prieto que acudiera con su buque a caleta Wulaia a recoger un colono enfermo. Por razones desconocidas, Prieto en vez de seguir el track normal por el centro del canal, entró por la Boca Grande de la bahía de Ushuaia y salió por la Boca Chica, entremetiéndose de paso, bajo aviones argentinos y pasando a gran velocidad entre los buques que maniobraban sorprendidos de tamaña intromisión. La *Quidora* continuó su marcha a gran velocidad entrando al canal Murray sin que los argentinos pudieran interceptarla.

Torpedera chilena en el Beagle

Al regresar la *Quidora* al canal Beagle, Prieto se dio cuenta que un buque argentino lo esperaba tratando de cortarle el paso. El comandante aumentó su velocidad a 30 nudos y maniobrando hábilmente, pasó entre dos islotes y dejó al buque argentino en su estela. El buque, imposibilitado de seguirlo por la alta velocidad de la torpedera, le hizo algunos disparos, a los que la *Quidora* no contestó llegando sin novedad a Puerto Williams. El teniente Prieto informó inmediatamente del incidente a sus superiores pero estos no informaron al almirante en Punta Arenas, considerando que estos enfrentamientos ocurrían frecuentemente.

Los marinos argentinos vieron el incidente de otra manera. Una torpedera chilena había violado aguas interiores argentinas y había sido repelida a tiros. Así lo informaban la prensa y la radio desde Ushuaia a Buenos Aires. El embajador de Chile en Buenos Aires pidió instrucciones a Santiago. Relaciones Exteriores no sabía nada. La Presidencia de la República tampoco. La Comandancia en Jefe de la Armada, ignorando también los hechos, preguntó a Punta Arenas: ignorancia total. Por fin, se preguntó a Puerto Williams y se supo lo ocurrido. Las tripulaciones y oficialidad en Puerto Williams estaban felices, por fin se había tomado la iniciativa.[309]

El Presidente Frei estaba furioso. No sólo se había provocado a los argentinos, se les había dado la ocasión para rechazarnos a tiros. El Presidente decidió dar de baja al teniente Prieto por no cumplir con las instrucciones establecidas y se opuso terminantemente a que se le permitiera apelar. La decisión del Presidente no fue bien acogida y causó descontento en las filas. El gobierno trataba de respaldar su política de no antagonizar a los argentinos dando un castigo ejemplar al comandante de la *Quidora*. Se trató de ocultar el verdadero motivo, diciendo que Prieto debió haber contestado el fuego argentino y culpándolo de no haber llamado siquiera a zafarrancho de combate. En otras palabras acusándolo de no antagonizar, precisamente lo contrario de la razón por la que se le expulsaba.

Finalmente, persuadido que no había otra alternativa, el gobierno chileno en diciembre de 1967 decidió pedir la aplicación del tratado General de Arbitraje de 1902 con Argentina. El conflicto tendría en los próximos lustros altos y bajos no llegándose a un acuerdo final por 14 años.

La situación en el Beagle, el hecho de encontrarse rodeado de vecinos con gobiernos militares nacionalistas, hicieron por fin ver al gobierno la necesidad de tratar de solucionar los problemas económicos que aquejaban a las Fuerzas Armadas. El descontento en el ejército cristalizó en un movimiento encabezado por el General Roberto Viaux, conocido como el Tacnazo. Quedó en evidencia no sólo el profundo descontento entre marinos, militares y aviadores, sino también el desastroso estado de todo el material de guerra, tanto el que participó en la revuelta como el que se movilizó para reprimirla.

La mayoría de los buques de la Armada eran de origen estadounidense, dados en préstamo y bajo condiciones limitadas. No podrían usarse contra países vecinos, por ejemplo. Pero fue una manera fácil de obtener unidades poderosas en las que se podía entrenar a las tripulaciones. En rigor a la verdad, hay que decir que nunca fue un buque prestado devuelto a su país de origen y terminaban

---

[309] Alsina, obra citada, p.12

vendiéndose a bajo precio, desguazándose o sencillamente, regalado. Pero en diciembre de 1969, sin duda influenciado por la situación de límites, el Presidente Freí firmaba el decreto para contratar la construcción de dos fragatas "Leander" en Inglaterra que cuando terminadas, se llamaron *Almirante Lynch* y *Almirante Condell*. Poco después se ordenaba la construcción de dos submarinos tipo Oberon también en Inglaterra. En Talcahuano se había lanzado al agua a comienzos de año, el patrullero antisubmarino *Papudo*, modelo del cual se esperaban construir tres buques similares, proyecto que nunca se materializó. Fue el primer buque de guerra construido por ASMAR. Se modernizaron los submarinos tipo "Balao" *Simpson* y *Thomson* y como ya se ha mencionado, se restauró nuevamente la reliquia histórica *Huáscar*, reconstruyendo la máquina, reemplazando planchas en mal estado y dejando el buque en óptimas condiciones de mantenimiento. En esta tarea se distinguió el entonces, administrador de ASMAR, comandante Gerald Wood.

Photo Armada

Fragata Lynch

La aviación naval recibió también en esos años cinco aviones de transporte C-47, que aunque anticuados y de largo uso, dotaron a la Armada de un valioso elemento de movilidad para el personal y de apoyo logístico. Se incorporaron también algunos helicópteros BH-57 con propulsión de turbina a gas. La base aeronaval de El Belloto pasó a ser un campo para uso exclusivo de la Armada.

La infantería de marina como ya se ha visto, tenía una larga tradición. La evolución experimentada en la defensa de costa, con el abandono de la artillería tradicional, hizo que se eliminara esa especialidad. En 1964 se le designó oficialmente como *Cuerpo de Infantería de Marina* creándose cuatro batallones con asiento en Iquique, Valparaíso, Talcahuano y Punta Arenas. Con ayuda norteamericana se estableció un programa intenso de instrucción y entrenamiento en la escuela de la institución, fundada en 1897, que se mantuvo en el Fuerte Vergara de Viña del Mar. Bajo la influencia norteamericana se convirtió en un arma de combate anfibia. Se la dotó de modernos fusiles HK 33 y de carros blindados Mowacks para transporte de personal, manteniendo siempre un fuerte elemento de artillería, con los cañones "Puteaux" remolcados de 155 mm, que venían sirviendo en Chile desde la Segunda Guerra Mundial.

En 1973 los Estados Unidos transfirieron una compañía de carros de combate para transporte de personal. Estos 24 vehículos anfibios LVTP-5 con capacidad para transportar hasta 25 combatientes completamente equipados y armados con una ametralladora, fueron un importantísimo aporte al Cuerpo de Infantería de Marina en lo que se refiere a desembarcos en playas hostiles. Con la llegada más tarde, de tres grandes barcazas de desembarco, tipo LST, que vinieron a complementaban a la solitaria LST *Aguila*, la capacidad anfibia de la Armada aumentaría considerablemente.

La expansión del Cuerpo, la incorporación de conscriptos que venían a cumplir con el Servicio Militar Obligatorio y el aumento progresivo de sus miembros, hizo necesaria la creación de nuevas unidades de fusileros, de entrenamiento y de artillería. Se creó una compañía de ingenieros y una compañía de comandos. La nueva dimensión obligó a separar la Escuela del Destacamento Miller que compartían el Fuerte Vergara en Reñaca. Se creó un nuevo recinto en lo que había sido la antigua batería Sotomayor de defensa de costa. Más tarde se trasladaría el Destacamento Miller al nuevo Fuerte Almirante Aguayo, muy cerca del aeródromo de Torquemada. Se agruparon también diferentes unidades pequeñas en un batallón logístico y un batallón fue equipada con botes de asalto Zodiac. El batallón 41 fue reforzado agregándosele dos compañías de fusileros. Se renovaron los fusiles, ametralladoras y otras armas livianas y al llegar la crisis vecinal de 1978, el cuerpo de IM estaba listo para afrontar cualquiera tarea que se le asignara.

La entrega de las unidades tipo BATRAL construídas en Chile fue otro paso adelante para la Infantería de Marina. Estos buques de los que se hablará más adelante, se prestaban excelentemente para las tareas que se requerían en la larga costa de Chile. Los ejercicios anfibios, las tareas de ayuda a pobladores y la capacidad de ayudar en caso de terremotos e inundaciones fueron todos elementos positivos con que contribuyeron estos buques. Un paso todavía más importante fue la adquisición en 1995 de la barcaza tipo "Newport" *Valdivia*, buque de grandes dimensiones que permitía llevar hasta 2000 toneladas de carga, 23 carros de transporte de personal anfibios o 30 camiones.

En 1991 se renovaron los fusiles de asalto cambiándolos por el modelo HK. Se añadieron 12 tanques ligeros VCSR Scorpion, construidos en Inglaterra que llegaron en 1995 y en esa misma época se recibió una batería de mísiles Exocet MM38. Este nuevo material, unido a nuevos cañones remolcados G-5 de 155 mm, sirvieron para instalarlos en Iquique como parte del nuevo destacamento, Lynch Número Uno.

Gracias a su historia y moderna organización, la infantería de marina de Chile ha desarrollado especial lealtad, espíritu de cuerpo y patriotismo, que mereció su mejor tributo de los enemigos de la Patria. En un documento secreto de los partidos marxistas se encontró esta anotación:

Deberá tenerse presente que la infantería de marina no tiene elementos nuestros por lo que sus fuerzas deberán ser controladas cuanto antes por unidades leales al plan (1973).

Volviendo a 1969, el gobierno reaccionó ante el Tacnazo del general Viaux cambiando al Ministro de Defensa, un general en retiro, por un civil, Sergio Ossa Pretot. Se nombraron nuevos comandantes en Jefe del Ejército, al general René Schneider, y de la Fuerza Aérea, Carlos Guerrati. En la Armada no hubo cambios, ya que el Almirante Fernando Porta Angulo, era el tercer CJA del gobierno demócrata-cristiano.

Los tres nuevos comandantes estaban en completo acuerdo que el rol de la Fuerzas Armadas era la seguridad nacional, la soberanía y la adhesión a la Constitución y las leyes.[310] Preocupados por la tormenta política que veían venir, elaboraron un documento en el que indicaban que si la Unidad Popular, de inclinación abiertamente marxista, lograba unificarse bajo un candidato único, éste triunfaría en las elecciones con un 38% de los sufragios ya que la oposición al marxismo no estaría unida. Los altos jefes castrenses recomendaban o pedían "una suprema solución política al más alto nivel de estadista".[311] En otras palabras urgían al Presidente Frei y su partido a presentar un candidato único contra el marxismo. El documento reafirmaba la doctrina de las Fuerzas Armadas en que se "comprometían a apoyar al candidato triunfante en un proceso electoral completo, sujeto a las normas constitucionales vigentes."

El documento fue entregado al Ministro Ossa Pretot el 29 de diciembre de 1969. El Ministro se mostró sorprendido, dijo no comprender el documento pero acordó estudiarlo. Las sugerencias de los comandantes cayeron en oídos sordos y la democracia cristiana se obstinó en llevar como candidato a la presidencia a un político inepto y de poca popularidad.

Nueve meses después el vaticinio de los altos jefes se cumplía con 1,8% de exactitud: el doctor Salvador Allende Gossens había alcanzado la primera mayoría con el 36,2% de los votos, y aunque

---

[310] A esta doctrina se le dio más tarde el nombre de Doctrina Schneider pero había sido elaborada e impulsada por los tres comandantes en jefe.
[311] Carlos Prats Gonzales, *Memorias. Testimonio de un soldado*, Santiago 1985, p. 142.

faltaba todavía su confirmación en el parlamento, la tradición electoral y la Constitución prácticamente le garantizaban la elección.

La Armada temía que el cumplimiento del plan de gobierno de la Unidad Popular incluiría el desahucio de los pactos de ayuda militar con Estados Unidos. Esto significaría la devolución de la mayoría de los buques, el término de los estudios que hacían los marinos en las escuelas norteamericanas y el suministro de repuestos, municiones y pertrechos. Con el fin de asegurarse cuales eran los planes del señor Allende, el almirante Porta solicitó y obtuvo permiso del ministro Ossa para que algunos almirantes se entrevistaran con el futuro presidente. Seis almirantes, dos a la vez, asistieron a conversaciones con el Dr. Allende. El almirante Porta entregó los informes de las conversaciones al señor Ossa quien se mostró satisfecho.

Sorpresivamente, el 8 de octubre de 1970 en una reunión de comandantes en jefe, el Ministro Ossa increpó en forma insultante al Almirante Porta por las reuniones de los almirantes con Allende. Nada dijo que reuniones similares se habían producido con generales de la Fuerza Aérea y del Ejército. Al día siguiente, Ossa informó al almirante que el gobierno le concedía licencia por enfermedad y que sería reemplazado en su cargo de CJA por el Almirante Hugo Tirado Barros. Porta sin saber a que atenerse, solicitó una entrevista con el Presidente Frei en la que no se llegó a ningún acuerdo. Como el gobierno insistiera en la mentira de la licencia por motivos de salud, Porta renunció indeclinablemente.

¿A qué se debió este inusitado y repentino despido del Comandante en Jefe? Se dijo que Ossa sólo había actuado como mensajero de Frei y que el Presidente no había sido informado de las reuniones de Allende con los almirantes. También se comentó que Ossa no había sido informado, de ahí su diatriba contra el CJA. Hay que dejar en claro que se trataba de un momento decisivo en la historia nacional, que la Armada se encontraba en un profundo proceso de cambio y modernización.[312]

Hay varias teorías para explicar los motivos de tan grotesco proceder. Para empezar, se ha creído que existía una conspiración al

---

[312] El historiador Carlos Tromben vio estos sucesos como "un episodio particularmente grave para la institución." Tromben, obra citada, p. 1467.

más alto nivel del poder ejecutivo para provocar un auto-golpe. Se raptaría al general Schneider, provocando al Ejército y a la ciudadanía pero había que buscar la colaboración de la Armada lo que no era posible con Porta. Había que reemplazarlo con un almirante que simpatizara con el proyectado auto-golpe. Se ha llegado hasta negar que el plan subversivo existía, pero las presunciones están a la vista. Se cree que los ministros golpistas eran cuatro y uno de ellos era Ossa.

Esta conjura fracasó al ser asesinado el general Schneider el 22 de octubre de 1970. Cuando por fin se dio término al proceso judicial, se condenaba al General Camilo Valenzuela y al Almirante Tirado a tres años de entrañamiento por sedición. El Ministro Ossa volvió a la vida civil. Si hubo participación del Presidente Frei en este turbio asunto o si todo se hizo a sus espaldas, nunca se sabrá. Por lo demás, la opinión pública tenía otras cosas de que preocuparse. Después de llegar a un acuerdo con los democratacristianos y firmar un estatuto de garantías que nunca respetó, el Dr. Allende era elegido Presidente de la República por el Congreso Pleno.

El Presidente Allende tenía una visión del propósito de las Fuerzas Armadas mucho más amplia que su antecesor. Quizás pensaba que su régimen tendría que defenderse militarmente de sus tres vecinos nacionalistas o de una posible intervención norteamericana. Era obvio que no podríamos defendernos de un ataque en regla por parte de los Estados Unidos, pero una pequeña incursión militar o de fuerzas paramilitares podía ser rechazada como había sucedido en Bahía Cochinos en Cuba.[313] Podría decirse que el Presidente buscaba el apoyo de los militares para sus reformas, pero el hecho es que Allende comenzó reuniéndose con 1500 efectivos del ejército por dos horas en una sesión secreta. A este acto le siguió un proyecto de ley al congreso en el que se aumentaban los sueldos de las Fuerzas Armadas en casi un 49%. Se autorizó también un aumento en personal de la Armada y de la FACH y el Presidente continuó mostrando una preferencia especial por los militares, aprovechando todas las oportunidades de subir a

---

6 El lector que crea que se exagera no tendrá más que recordar la intervención en Panamá, en Grenada, en la República Dominica, los Contras en Nicaragua y las flagrantes intervenciones en Guatemala y El Salvador. Un Chile marxista pudo haber sido un caso más.

bordo de un buque, visitar regimientos y bases aéreas con ocasión de aniversarios u otras ocasiones.

Crucero Latorre II

Allende no raleó los mandos como lo había hecho Ibáñez. Sólo dos altos oficiales fueron llamados a retiro, el agregado naval en Washington, Contralmirante Víctor Bunster del Solar, al que no se le dio razón alguna por su remoción y al director de la Escuela Militar, coronel Alberto Labbé, cuyos cadetes cayeron enfermos con una fulminante gripe cuando debían marchar frente a Fidel Castro. La prensa marxista también cambió de tono. Ya no se trataba de militares burgueses sino de "guardianes de la soberanía y el orden público," los "elementos represivos" se habían transformada de pronto en "libertadores de pensamiento."

Aunque en el ambiente político las relaciones con Estados Unidos iban en franco deterioro, con la Armada las relaciones continuaban en plena armonía. La sorpresiva visita a Chile del Almirante Elmo Zumwalt, Jefe de la Armada norteamericana, su entrevista con Allende y los ofrecimientos de continuar con los préstamos y programas de educación no hicieron más que estrechar todavía más los lazos de amistad entre ambas armadas. Los ejercicios anuales UNITAS continuaron con todo éxito a pesar de los intentos del MIR

(Movimiento de Izquierda Revolucionario) de crear disturbios en Valparaíso.

El nuevo CJA Raúl Montero Cornejo viajó a Estados Unidos y obtuvo la entrega en préstamo por 5 años del remolcador de alta mar *Aldea*, de un petrolero pequeño que se llamó AOG *Beagle* y de tres grandes barcazas de desembarco LST, que se llamaron *Toro*, *Hemmerdinger* y *Araya*. Pero no fue posible obtener un crucero, buque muy necesario para la escuadra ya que los dos cruceros chilenos tipo "Brooklyn" acusaban su desgaste por sus 35 años de servicio y el constante servicio a que se les sometía. Se autorizó a la Armada para comprar el crucero sueco *Gota Lejon*. Esta compra compensaba en parte, la adquisición por parte del Perú del crucero holandés *De Ruyter*. No deja de ser significativo que el crucero chileno se llamó *Almirante Latorre* y el peruano *Almirante Grau*, ecos de la Guerra del Pacífico. Mientras tanto, avanzaba la construcción en Inglaterra de las fragatas tipo "Leander" las que vendrían equipadas con misiles Exocet MM38, armamento que luego se incluyó en la modernización de los destructores tipo "Almirante."

El 1° de abril de 1971 la escuadra realizaba ejercicios nocturnos a unas 50 millas de Puerto Aldea. El crucero *Prat* navegaba a las 5:38 de la mañana como parte de una formación cuando fue embestido por el destructor *Cochrane* por la banda de babor entre las dos chimeneas, a la altura del segundo salón de calderas. El oficial de guardia del destructor había interpretado mal una orden de cambio de velocidad como cambio de rumbo El impacto provocó una apertura de dos metros de ancho y uno de alto, bajo la línea de agua. Por quince minutos el personal de calderas luchó intensamente para contrarrestar la enorme vía de agua, hasta que se vio obligado a abandonar no sólo esas calderas sino el salón contiguo. El buque quedó sin propulsión alguna y los sistemas de emergencia funcionaron con efectividad mientras las partidas de Control de Averías y el resto del personal en sus puestos de combate, tomaron las medidas necesarias para salvar el buque controlando la inundación, apuntalando mamparos y manteniendo los espacios no inundados en condición de estanco. La tripulación, desplegando un valor y capacidad extraordinarios, efectuó un exitoso salvataje que permitió llevar el buque a Talcahuano remolcado por el destructor *Blanco Encalada* donde fue reparado. La gigantesca reparación necesitó de cambios de cables, cañerías y gran cantidad de equipo dañado por el agua de mar contaminada con petróleo. Debe considerarse que el buque ya llevaba cuatro décadas de servicio. Las reparaciones fueron llevadas a cabo por un equipo mixto de la tripulación del crucero y de ASMAR. Un año más tarde se reintegraba a la escuadra. En cuanto al *Cochrane* que había perdido un ancla y la proa en la embestida, fue necesario apuntalar el castillo y reforzarlo con cadenas, pero pudo llegar navegando por sus propios medios a Talcahuano donde se le fabricó una nueva proa.

En noviembre de 1971 el Primer Ministro de Cuba, visitó Chile y dentro de su programa de actividades, se embarcó con el Presidente Allende en el destructor *Riveros* que los llevó desde Puerto Montt a Punta Arenas. Como parte del acercamiento con los países de la órbita socialista, la *Esmeralda* recaló en La Habana.[314] Al año siguiente lo haría en Vladivostok y Shangai.

El almirante Porta realizó una visita a la Unión Soviética y a pesar de que recibió toda clase agasajos y facilidades y con las buenas relaciones que se habían establecido, no se obtuvieron resultados materiales. Los soviéticos se interesaban en asuntos pesqueros y según el propio almirante: "Los soviéticos no tienen nada que ofrecernos. La estricta disciplina y la desigualdad entre marineros y oficiales es una contradicción con el sistema del que pretenden gozar."[315]

Si bien el primer año del gobierno de la Unidad Popular había resultado económicamente aceptable, a mediados de 1972 la economía chilena mostraba señales de serio deterioro. Bastaba con ver los bajos índices de producción en la gran minería del cobre y en la agricultura. La Reforma Agraria había resultado en la expropiación de casi todos los predios agrícolas. La tierra no se había repartido y el caos reinaba en el campo. Los gastos extravagantes del primer año de gobierno, destinados a crear una atmósfera favorable, habían resultado en un desastre económico. No había divisas con que importar las piezas y

---

[314] Para una interesante y amena descripción de esta recalada en Cuba, véase Jorge Edwards, *Persona non Grata*, Barcelona, 1991
[315] Conversación con el autor en la Embajada de Chile en París.

repuestos esenciales para la industria y el transporte, falta que trajo la frustración de los operadores y culminaron con la huelga de los camioneros en noviembre de 1972.

Los militares y marinos siguieron con atención el desarrollo de la huelga que paralizaba el país. Estaban al tanto de que los partidos políticos de oposición, el Nacional y el Demócrata-cristiano esperaban un movimiento militar, especialmente cuando el gobierno respaldaba las turbas que marchaban por el centro de Santiago y los ataques de la extrema izquierda se hacían más y más frecuentes. Fuentes de inteligencia navales sabían de una lista secreta elaborada por los marxistas de generales y almirantes que debían ser eliminados. La encabezaba el almirante José Toribio Merino, segunda antigüedad de la Armada. Los oficiales generales sabían que eran estrictamente vigilados y los capitanes y coroneles comenzaron a preocuparse del comportamiento del gobierno. El informe secreto mensual al Estado Mayor de la Defensa Nacional declaraba:

"Mientras los civiles desempeñan sus propósitos con libertad, las FF. AA. están sirviendo de cojín entre fuerzas antagónicas, sin resultado y con gran sacrificio. Ven, sin poder influir, cómo el país va deteriorándose día a día en todo sentido, lo que también las afecta y afectará, sin que puedan participar en ninguna decisión. Esto significa que las FF. AA. están cerca del límite de su obediencia a su obligación constitucional y pueden en cualquier momento, verse forzadas a tomar una actitud anti-constitucional"

La posición del Presidente Allende se había deteriorado notablemente a raíz del paro de los camioneros que tenia virtualmente paralizado al país. Buscó la única solución posible: llevar al gobierno a los militares. La medida no era sin precedentes. Casi todos los gobiernos desde los turbulentos días de Balmaceda habían buscado el apoyo y la colaboración de ministros militares. La medida se discutió a todos los niveles de la Unidad Popular. El Partido Socialista se oponía a la inclusión de los militares pero la explosiva situación creada por la huelga y la falta de abastecimiento podía degenerar en un alzamiento popular que no sería pro-Allende. El 2 de noviembre juraba un nuevo gabinete encabezado por el general Carlos Prats, Comandante en Jefe del Ejército. El Vice-almirante Ismael Huerta tomó el ministerio más grande de Chile: Obras Públicas. El gabinete encontró la solución a la huelga. Los comerciantes detallistas y los camioneros se reunieron con el general Prats y éste prometió resolver los problemas de abastecimiento. La huelga terminó sin represalias para los participantes. Prats, sin embargo, no iba a solucionar nada pues nunca tuvo el poder de controlar los mandos medios de la administración pública.

En enero de 1973, el mercado negro dominaba el comercio. Cuando el Ministro de Economía anunció un sistema de racionamiento alimenticio sin consultar con los ministros militares, el vice-almirante Huerta renunció. El Almirante Montero deseaba mantener a la Armada en el gobierno y ordenó al contralmirante Daniel Arellano que tomara el cargo dejado por Huerta. El almirante renunciado se reintegró a sus labores en la Armada y en un detallado informe relató las caóticas condiciones dentro del ministerio y la anarquía que reinaba en el gobierno.

Después de las elecciones parlamentarias de marzo de 1973, los militares se retiraron del gobierno. Pero a mediados de abril, el gobierno anunció el plan para crear una Escuela Nacional Unificada que causó una reacción negativa en las fuerzas armadas, la Iglesia y muchos sectores sociales. Sorteando crisis tras crisis, el gobierno se mantiene. El público con o sin razón percibe al General Prats como el responsable de que los militares acepten y apoyen el gobierno que cada día aparece más antidemocrático e ilegal. La Corte Suprema le repite por enésima vez que las órdenes judiciales no se cumplen, los ataques verbales en el parlamento son cada día más violentos, la actitud de los revolucionarios marxistas en las calles se hace más descarada. Un incidente callejero deja al General Prats en una ridícula actitud cuya imagen se deteriora todavía más y al día siguiente, el 28 de junio, se produce el primer conato de sublevación. Se trata del regimiento Blindado Número Dos que sale a las calles con sus tanques pero sus integrantes al ver que no se pliegan al movimiento otras unidades militares, se retiran y se entregan a la autoridad militar.

Dos días después, se reúnen los altos mandos militares para evaluar los efectos del "tancazo" como se llamó al frustrado golpe militar. Todos están de acuerdo que la disciplina se mantuvo incólume en ambos lados y todos están de acuerdo que deben estar preparados para asumir el control del país. Se decidió formar un comité de cinco oficiales generales de las tres ramas de la Defensa Nacional. Este comité de 15 generales y almirantes, después de varias reuniones decide que hay que presentarle al Presidente Allende una lista de peticiones. Después de todo, fueron las Fuerzas Armadas las que sofocaron el movimiento y la lealtad hacia los poderes constituidos se mantiene inalterable. No están de acuerdo con la política del gobierno, pero la obedecen.

Se acordó que este "pliego" lo presentarían los tres comandantes personalmente a Allende pero cuando el Almirante Montero y el General de la FACH, César Ruiz llegan a la Moneda se enteran que Prats ya ha entregado a Allende el documento inconcluso. Allende no responde y saca ventaja de la división que se ha creada entre los tres comandantes. Montero acepta la actitud de Prats y Ruiz accede por el momento para mantener una semblanza de unidad.

Pero en la Armada no se acepta el proceder de Montero. El vice-almirante Merino, acompañado del Comandante de la Infantería de Marina, contralmirante Sergio Huidobro, viajan a Santiago y exigen a Montero en nombre del Consejo Naval que renuncie a su cargo. Sus debilidades frente al gobierno están provocando una crisis muy honda dentro de la Armada. Cuando Montero comunica esta demanda a Allende, el Presidente le pide que los tres acudan a su residencia en Tomás Moro. Se lleva a cabo una discusión tensa y el Presidente se expresa en toda clase de palabras intemperantes. Hace alusiones a sus atribuciones que nadie puede invadir, al hecho que la Armada es débil e insinúa que está infiltrada por los marxistas y que estos tienen más influencias sobre la marinería que los almirantes. La reunión termina a las dos de la mañana sin que nada se hubiera resuelto.

A mediados de julio, el Presidente trató de formar un nuevo gabinete encabezado por el prestigioso político socialista, Carlos Briones. Pero nada se resuelve. Los transportistas vuelven al paro. Los mineros de El Teniente se declaran también en huelga. Las cortes de justicia no pueden funcionar pues sus órdenes no se cumplen. Una investigación por la Universidad Católica revela que hubo un fraude masivo en la última elección: un 10% de los votos fueron ilegales. Allende intenta entablar un diálogo abierto con la Democracia Cristiana. Sus seguidores nada hicieron por ayudarlo, por el contrario, bandas armadas recorren la ciudad de Santiago y cae asesinado el Comandante Arturo Araya Peters, edecán naval del Presidente Allende.

A comienzos de agosto es obvio que el intento de diálogo con los Demócrata-cristianos ha fracasado. Las mujeres salen a las calles golpeando sus cacerolas y a los pocos días se descubre una conspiración revolucionaria marxista en la Armada. Aunque fue casi inmediatamente detectada, los efectos de este movimiento serían muy serios. La prensa marxista acusó a la Armada de torturas, cargo que el Almirante Huerta ha probado ser falso, pues se le indica a él como participante en Talcahuano cuando el almirante estaba en Valparaíso en esos días.

El 9 de agosto, después que Allende ha anunciado que ésta es la última oportunidad, jura un nuevo gabinete militar. Han ingresado al gobierno para "salvar a Chile." El comité de los 15, después de largas horas de deliberaciones ha llegado a una decisión: si las Fuerzas Armadas entran otra vez en el gobierno, el Presidente deberá aceptar las 29 propuestas de ese pliego ya olvidado. Aún cuando la opinión de este comité era sólida y unánime, Prats está dispuesto a ingresar al gobierno sin condiciones. Montero vacila, debe consultar a sus almirantes. Ruiz se mantiene firme en sus posiciones. Después de reunirse con Allende, el presidente acepta tácitamente los 29 puntos.[316] Prats toma el cargo de Ministro de Defensa, Montero el de Hacienda y Ruiz el de Obras Públicas.

Pero el nuevo gabinete no logra los mismos resultados que el gabinete militar de noviembre de 1972. El 17 de agosto, el General Ruiz decide que no puede seguir tolerando la situación de impotencia para dirigir su ministerio y la humillación que esto significa. Allende

---

[316] Se hicieron cuatro copias de este pliego con las 29 medidas, uno para cada comandante en jefe y la otro para el Ministro de Defensa. Todas las copias han desaparecido.

acepta su renuncia y nombra al general Gustavo Leigh para reemplazarlo. Leigh responde que no sabe nada de política, que no comparte las ideas del Presidente y que prefiere retirarse antes que entrar en el gabinete. Se reúnen los generales de la FACH y ante el acuartelamiento voluntario de los oficiales jóvenes, convencen a Leigh que tome el mando, ya que su intransigencia podría permitir a Allende descabezar la FACH. Pero Leigh no acepta el ministerio y nombra a otro general. Allende tiene que aceptar y por el momento parece haber conjurado la crisis.

En la Armada había una situación de desconfianza, de desconcierto. Un informe del Consejo Naval decía:

Se ha producida una pérdida masiva de confianza; los capitanes de navío desconfían de los almirantes, los capitanes de fragata de los de navío. Los oficiales subalternos no confían en nadie.[317]

El general Prats se ve de pronto atacado en dos frentes. El Parlamento pasó una resolución llamando a las Fuerzas Armadas a retirarse del gobierno en una medida dirigida directamente hacia el General Prats. Resfriado en su casa el 21 de agosto, sufre la humillación de ver como 300 mujeres de oficiales del ejército entregan una carta a su esposa pidiéndole que renuncie y exigiendo una explicación por su colaboración con la Unidad Popular. El general ordena que los Carabineros dispersen a las esposas de sus subordinados. Con esta simple orden rompió el último lazo de lealtad con sus subordinados. Convencido que ya no contaba con el apoyo de los 550 oficiales de la guarnición de Santiago, presentó su renuncia al Presidente Allende. Al día siguiente, el Presidente llamó al General Augusto Pinochet y le ofreció el cargo de Comandante en Jefe. Pinochet rehusó en un comienzo, pero como Leigh, aceptó. El 23 de agosto asumió el mando del ejército.

El Almirante Montero se mantenía en su cargo a pesar de la desconfianza que inspiraba dentro de la Armada. Allende temía a la

---

[317] Ismael Huerta Díaz, *Volvería a ser marino*, Santiago, 1988, p Vol. II, p. 75.

Infantería de Marina cuyo comandante Huidobro había despertado profundo odio en la Izquierda. Todos los esfuerzos por infiltrar a los "cosacos" habían fracasado. A Merino, el segundo hombre de la Armada se le conocían tendencias políticas de Derecha. Allende tenía que mantener a Montero, pero la presión en círculos navales aumentaba. La situación de disciplina se ha tornado grave. El contralmirante Pablo Weber tiene que presentar su renuncia como Comandante de la Escuadra cuando sus oficiales se niegan a zarpar, protestando que no pueden dejar a sus familias sin protección. El vice-almirante Merino había recibido una carta firmada por capitanes de corbeta y fragata que al margen de toda disciplina, se habían reunido para hacer un análisis de lo que estaba haciendo su mando en relación con la situación nacional política e institucional. Una segunda carta, firmada por 109 oficiales subalternos, haría que el vice-almirante Merino escribiera más tarde: "La disciplina estaba totalmente quebrada desde el punto de vista institucional normal, pero la doctrina estaba incólume."[318] Y su colega el Almirante Huerta escribiría más tarde estas sabias palabras:

> *Confío en que las futuras generaciones de oficiales comprendan que esta actitud deliberante, ajena a todos los esquemas tradicionales, obedeció no a un espíritu de rebeldía per se, sino, por el contrario, a una reacción derivaba de la solidez de los principios inculcados al ver, como el gobierno pisoteaba las bases más sagradas de nuestra nacionalidad.* [319]

El 24 de agosto, Montero renunció a la cartera de Hacienda pero por pedido de Allende, retornó a la Comandancia en Jefe. Los almirantes se resistieron a ser llamados al gabinete y pedían la renuncia de Montero como Comandante en Jefe. Finalmente, el contralmirante Daniel Arellano que ya había salvado la situación seis meses antes, aceptó tomar el cargo en el Ministerio de Hacienda.

Pero la tensión en la Armada era ya imposible de acallar. La investigación de la conspiración descubierta un mes antes implicaba

---

[318] José Toribio Merino Castro, *Bitácora de un Almirante*, Santiago, 1998, p.207
[319] Huerta, obra citada, p. 83

directamente al senador socialista Carlos Altamirano. Altamirano reconoció sus contactos con los conspiradores. Merino como juez naval, pidió su desafuero a la Corte de Apelaciones de Valparaíso. Allende se oponía con vehemencia.

La demanda por la renuncia de Montero era tan fuerte que el Almirante cedió por fin. Merino fue llamado a Santiago y llegó en helicóptero a La Moneda. El Presidente lo recibió con frialdad. Allende se refirió a comentarios de prensa que lo hacían aparecer como cediendo a la presión de la marina. El Presidente exigía que Merino desistiera de sus cargos contra Altamirano antes de nombrarlo Comandante en Jefe. Merino se negó. Por seis horas discutieron y Merino pudo dos veces comunicarse con Valparaíso haciéndoles saber a sus subordinados que se encontraba libre y bien. En Valparaíso se temía una traición y cualquier contratiempo, podía causar un movimiento de tropas en la Armada, lista para actuar. A medianoche, el Almirante regresaba a Valparaíso. No se había llegado a acuerdo alguno con Allende.

Esa misma noche, Merino decidió que había llegado el momento de actuar.[320] No se habían formulado planes con el ejército ni la FACH. El almirante sabía de la actitud de Leigh y hasta cierto punto de Pinochet. Con Carabineros no existían contactos a alto nivel ya que como la fuerza policial dependía del Ministerio del Interior, Carabineros no tenía representación en el grupo de los 15. Le preocupaba también la actitud agresiva del gobierno peruano que podía aprovecharse de la situación para invadir Arica.

Para los efectos de los planes de seguridad nacional, en caso de desastres naturales o de ataques externos o internos, el Estado Mayor de la Defensa Nacional, cuenta con los Comandantes de Area Jurisdiccional de Seguridad Interior (CAJSI), que coinciden con los mandos operativos. En 1973, seis CAJSI correspondían a las divisiones del ejército: Antofagasta, Santiago, Concepción, Valdivia, Punta Arenas e Iquique. Dos correspondían a la Armada: Valparaíso y Talcahuano y uno a la FACH, la Brigada Aérea de Puerto Montt.

---

[320] El Cardenal Arzobspo de Santiago, Raúl Silva Henríquez había llegado ese mismo día a idéntica conclusión. Véase Arturo Fontaine Aldunate, *Todos querían la revolución*, Santiago, 1999, p. 208.

Bastaba una orden para activar el plan en cualquiera de las zonas de emergencia.

A la mañana siguiente, Merino se reunió con los almirantes más antiguos. Al día siguiente que era domingo, volvieron a juntarse para oír misa en la capilla naval y luego pasaron a la casa del contralmirante Weber. Se tomó una decisión inmediata: Allende no les dejaba otra opción, las Fuerzas Armadas tomarían el gobierno. El discurso de Altamirano ha sido tan violento que será excusa suficiente para acuartelar a la tropa. El contralmirante Huidobro y el Comandante Ariel González, parten a Santiago en automóvil para obtener el apoyo y coordinar el plan con el ejército y la FACH. En el camino se dan cuenta que no llevan dinero para pagar el peaje ni tienen documento alguno que los autorice para negociar. Vuelven rápidamente al puerto, obtienen el dinero necesario y piden a Merino autorización escrita. En un simple papel, el Almirante escribe estas líneas históricas:

9/Sept/ 1973.

Gustavo y Augusto: Bajo mi palabra de honor, el día D será el 11 a la hora 06:00. Si ustedes no pueden cumplir esta fase con el total de las fuerzas que mandan en Santiago, explícalo al reverso. El almirante Huidobro está autorizado para traer y discutir cualquier tema con Udes. Los saluda con esperanza y com prensión. J.T. Merino". "Gustavo... Es la última oportunidad. JT." "Augusto: Si no pones toda la fuerza en Santiago desde el primer momento, no viviremos para el futuro. Pepe."

Los dos mensajeros al llegar a Santiago se comunican con el contralmirante Patricio Carvajal y éste los pone en contacto con Leigh y Pinochet. El ejército estará listo para actuar el 14 de septiembre, la FACH dentro de 48 horas y sin embargo, ambos jefes aceptan la propuesta de Merino, respondiéndole en el mismo papel.

El día 10, Pinochet llama a sus generales al mediodía y les anuncia que la fecha decisiva será el 11. Esa tarde el General Mendoza visita el Ministerio de Defensa. Carabineros está listo pero será necesario retirar a seis generales cuyas simpatías se desconocen, para que César Mendoza pueda tomar el mando de la institución. Pero no hay otro camino, Mendoza es el único que cuenta con el apoyo total de los oficiales jóvenes y de la tropa.

Esa misma mañana la escuadra zarpó de Valparaíso para iniciar la operación "Unitas" con una escuadrilla norteamericana. A las 5:30 de la mañana del 11 de septiembre, suenan los timbres de alarma en los buques que navegan en alta mar y se anuncia a las tripulaciones que los buques regresan a puerto para participar en un movimiento que derrocará el gobierno de la Unidad Popular. La gente responde con entusiasmo. La reacción sería la misma en todas las reparticiones y unidades de la Armada.

La escuadra se divide. El *Blanco Encalada* y el *Orella* se dirigen a Quintero en caso que sea necesario defender la base de la FACH. En Valparaíso anclan el *Prat* y el *Aldea* dispuestos a prestar cualquiera ayuda que sea necesaria. El submarino *Simpson* toma estación en Laguna Verde frente a la central eléctrica y el *Cochrane* se dirige a San Antonio.

En un par de horas, tropas de la Armada controlan Valparaíso y Talcahuano sin haber disparado un sólo tiro. La Armada controlaba los servicios públicos, las radios y las estaciones de televisión. Al ejército correspondería la tarea más delicada pero a las 14:30 con la colaboración de la FACH, la Moneda está en poder del nuevo gobierno y el Presidente Salvador Allende se ha suicidado.

La Junta de Gobierno se reúne por primera vez a las 19:00 horas del 11 de septiembre en la Escuela Militar. Hasta allí llega en un helicóptero naval el Almirante José Toribio Merino Castro. Lo reciben los Generales Pinochet, Leigh y Mendoza. Mendoza y Merino se conocen por primera vez. Ha terminado el día más importante en la Historia de Chile del Siglo Veinte.

Extrañará tal vez al lector que en esta obra en la que se ha tratado de evitar el tema político, nos hayamos explayado con cierta extensión en los acontecimientos nacionales entre 1968 y 1973. Esto se debe a dos razones. Primero el importante rol de la Armada, especialmente del Almirante Merino en la gestación del movimiento que culminó el 11 de septiembre de 1973. Si bien es cierto que todos querían la revolución en Chile—socialistas y comunistas para llevar a cabo cambios radicales: demócrata-cristianos para que los militares los restauraran en el poder, la Derecha para imponer sus derechos—fue la Armada la institución que propulsó el movimiento militar.

Una segunda razón es el hecho que gracias a la muy efectiva propaganda comunista, millones de personas en el mundo entero, quedaron convencidas, y creen todavía, que el gobierno de la Unidad Popular en Chile, democráticamente y legalmente elegido, había continuado en las mismas vías constitucionales buscando cambios en la estructura social del país para lograr una sociedad más justa y una economía más sana. La verdad es que había creado un clima de violencia que nunca se había visto en Chile y en cuanto a la economía, habían arruinado el país.

Aunque la Armada tuvo poca participación en los sucesos ocurridos en la capital el día 11 de septiembre de 1973, cayeron en acciones de combate contra grupos extremistas, los siguientes marinos:

>Teniente Primero Carlos Matamala
>Teniente Primero Víctor Parada
>Sub-oficial Víctor Constant
>Cadete Allan Murphy
>Cabo Aldo Sacco
>Cabo Pedro Villegas
>Marinero Manuel Yáñez
>Marinero Carlos Gonzáles
>Marinero Marcos Rebolledo
>Grumete Moisés Pérez
>Grumete Juan Núñez
>Grumete Fernando Montenegro

No reclamaron por ellos las agencias internacionales. No tienen una página web que lleve sus nombres como víctimas de un atacante feroz. Aquí se les rinde un modesto homenaje.

Dulce et decorum est pro patria moris.

Capítulo XXIII
El Gobierno Militar y el Retorno a la Democracia

Entre 1973 y hasta marzo de 1990 la Armada de Chile desempeñó dos roles muy distintos. Por un lado, su Comandante en Jefe y muchos oficiales superiores tomaron parte activa en la conducción del país. Al mismo tiempo, la institución debía desempeñarse en la defensa nacional, en el resguardo de los bienes marítimos y la protección de las vidas relacionadas con el mar.

Las actividades en la administración del estado y el establecimiento de políticas económicas y sociales ya han sido descritas en detalles por dos de los más destacados participantes, los Almirantes Merino y Huerta y por esta razón no se repetirá aquí.[321]

Como ya se ha indicado, algunas mejoras se habían introducido desde 1968 con la adquisición de nuevas unidades. Se había incorporado en 1969 el cazatorpedero *Papudo*, el crucero *Latorre* en 1971 y el petrolero *Beagle* en 1972. Poco antes del pronunciamiento militar se incorporaron las tres barcazas LST, *Toro, Hemmerdinger* y *Araya* y el dique flotante *Ingeniero Mery*. Estaban en construcción en Gran Bretaña dos fragatas tipo "Leander", dos submarinos "Oberon" y se había autorizado la modernización de los dos destructores tipo "Almirante." En un comienzo, la reacción del gobierno laborista británico al gobierno militar fue negativa, pero poco a poco se fue suavizando hasta lograrse la entrega de las dos fragatas, la *Condell* a fines de 1973 y la *Lynch* en mayo del 74. Estas dos modernas unidades de 2.790 toneladas de desplazamiento, representan un refuerzo considerable a la ya anticuada escuadra. Originalmente llevaban mísiles Exocet y Seacats. En su cubierta de vuelo llevaban helicópteros SH-57, Jet Ranger.

En enero de 1974 se incorporaron dos destructor tipo "Sumner", antiguas unidades de la armada norteamericana. Se trataba de los

---

[321] Véase la bibliografía.

destructores *Douglas H. Fox* que pasó a llamarse *Ministro Zenteno* y *Charles S. Perry* que llevó el nombre de *Ministro Portales*. Estos dos buques reemplazarían a los dos destructores tipo Fletcher, *Blanco Encalada* y *Cochrane* y representaban una mejora considerable sobre sus dos antecesores. Desplazaban 2.200 toneladas y estaban armados con tres torres dobles de cañones de 5 pulgadas, tubos lanzatorpedos triples, ametralladoras, equipos anti-submarinos y ríeles para el fondeo de minas. Ambos tenían potentes radares. Fueron las últimas unidades norteamericanas que se traspasaron antes de que se pusiera en efecto la Enmienda Kennedy aprobada por el congreso norteamericano y que prohibía la entrega de material bélico a Chile. Con ello se ponía término a un programa de entrega de buques, municiones, equipos y tecnología del que la Armada había dependido por casi un cuarto de siglo. También tuvo un impacto la cancelación de cursos para oficiales y gente de mar que se efectuaban en Estados Unidos. Pasarían 21 años antes que se reanudaran la relaciones normales entre ambas armadas.

Las relaciones con el gobierno laborista de Gran Bretaña no eran mejores y a pesar de que se había logrado la entrega de las dos fragatas, surgieron dificultades en la entrega de los destructores que estaban modernizándose en astilleros ingleses. El destructor *Williams* no pudo cargar munición debido a la negativa de los obreros del arsenal inglés y tuvo que retrasar su zarpe a Chile por un mes llegando a Valparaíso después de un accidentado viaje el 6 de marzo de 1974. Su gemelo *Riveros* no regresaría al país hasta dos años más tarde. Igual sucedía con los submarinos tipo "Oberon" sospechándose sabotajes en los astilleros y demoras injustificadas por parte de los obreros.

La llegada de los submarinos Oberon, el *O'Brien* en 1976 y el *Hyatt* en 1977 fue motivo para que se reorganizara todo el servicio de submarinos. Chile contaba ahora con cuatro submarinos: los dos "Fleet" de procedencia norteamericana, ambos modernizados aunque ya cerca del final de su vida útil y los dos Oberon recién adquiridos. Dos años antes se había creado un Comando de Submarinos y Corsarios, independiente de la escuadra y subordinado directamente al Comandante en Jefe. Hasta 1977 la escuela de submarinos funcionó al alero de la Escuela de Armamentos de Las Salinas. En 1977 al quedar vacante el edificio de la antigua Escuela Naval en el Cerro Artillería, se estableció allí hasta 1982 en que se trasladó definitivamente a Talcahuano y se le dio el nombre de "Almirante Allard." Don Julio Allard Pinto fue un prestigioso marino al que le tocó desempeñar numerosos cargos importantes y terminó su carrera como Comandante en Jefe. La fuerza de submarinos quedó integrada por la Escuela Almirante Allard, bajo el comando de entrenamiento, la flotilla de submarinos y la base de submarinos de Talcahuano. El 6 de diciembre de 1979 el submarino *Simpson* al mando del Capitán de Fragata Carlos Toledo, se sumergió bajo los hielos de la Antártica, el primer submarino convencional que lo hacía batiendo un récord mundial para submarinos con propulsión diesel-eléctrica. En esa ocasión, participó también en la filmación de "Virus", un filme comercial. No sólo han cumplido los submarinos chilenos misiones de entrenamiento y patrullaje sino que han participado en operaciones de rescate, incluyendo remolques de naves siniestradas. La noche del 17 de Diciembre de 1979 el buque gasero *Copernico* de 2.666 toneladas de desplazamiento, navegaba en la entrada Oeste del Estrecho de Magallanes llevando una carga completa de gas metano con destino al norte de Chile. Por un desperfecto en sus motores quedó al garete derivando peligrosamente hacia la costa. El único buque en una posición de prestar auxilios era el submarino *Simpson* buque totalmente inadecuado para intentar un salvamento. Pero su comandante Carlos Toledo, decidió intentar un remolque que a pesar del viento, la lluvia y la oscuridad de la noche, resultó exitoso, salvando así al gasero y evitando una catástrofe que pudo tener serias consecuencias.

En 1977 se adquirió un buque mercante, ex-*Puerto Montt*, ex-*Presidente Aguirre Cerda*, ex-*Kovehaven*, construido como trasbordador para pasajeros y vehículos en Dinamarca. Fue modificado con la instalación de talleres, pañoles y santabárbaras para el servicio de submarinos. Podía acomodar a las tripulaciones de dos submarinos. Desplazaba 3560 toneladas, 6500 HP, tenía una velocidad de 16 nudos, con propulsión a dos hélices. Se le dio el nombre *Angamos* y se le designó como nuevo buque madre de submarinos.

La Enmienda Kennedy forzó al país a buscar nuevas fuentes de material de guerra. Se compraron en 1978 a particulares dos barcazas de tipo LCU (Landing Craft Utility) o sea barcazas de desembarco de uso general. Estas dos embarcaciones *Calle-calle* y *Peuca* pasaron a prestar servicios en la Tercera Zona Naval. Pero de mayor importancia fue la adquisición de dos lanchas misileras en Israel el año siguiente que se llamaron *Casma* y *Chipana*.

Estas dos embarcaciones de la clase "Reshev," construidas en Haifa, Israel por S.Y. en 1974, desplazaban 450 toneladas y sus cuatro motores de 10.680 HP las impulsaban a 32 nudos. Con una dotación de 45 hombres fueron incorporadas en 1979. Su armamento consistía en 4 misiles Gabriel, 2 cañones Otto Melara de 76 mm y dos ametralladoras dobles Oerlikon de 20 mm AA. Estas embarcaciones fueron calificadas como "la patrullera-misilera completa". Originalmente llevaban también cuatro misiles Harpoon. El sistema de guerra electrónica incluía dos sistemas lanza señuelos. El modelo resultó tan exitoso que Israel construyó doce buques de este tipo. Los dos buques fueron entregados en puertos del Mar Rojo fue necesario abastecerlos a lo largo de las costas de Sudáfrica por el petrolero *Beagle* en una misión altamente secreta. En una verdadera proeza de navegación astronómica para este tipo de naves, ambas embarcaciones entraron al Estrecho de Magallanes sin ser detectadas por la Armada argentina. Su llegada vino a reestablecer el equilibrio de fuerzas navales.

Finalmente, en este período de expansión y reemplazo de unidades, se incorporaron a la Armada diez lanchas tipo "Anchova" construidas en Brasil y designadas como LPC. Se les asignaron nombres de volcanes chilenos:

LPC 1801 *Pillán*
LPC 1802 *Tronador*
LPC 1803 *Rano Kao*
LPC 1804 *Villarica*
LPC 1805 *Corcovado*

LPC 1806 *Llaima*
LPC 1807 *Antuco*
LPC 1808 *Osorno*
LPC 1809 *Chosuenco*
LPC 1810 *Copahue*

Eran lanchas de fibra de vidrio construidas para el servicio de patrullaje marítimo, fluvial y lacustre en los astilleros Mc Laren Aco e Fibra, Niteroi, Brasil, entre 1979 y 1982. Desplazaban 43 toneladas y sus dimensiones eran 18,6 x 5,35 x 2,65 metros. Llevaban dos motores diesel que les permitían 23 nudos de velocidad máxima y 15 de crucero. Tripuladas por cinco marineros y un oficial. Su armamento consistía en dos cañones Oerlikon de 20 MM y cargas anti-submarinas. Su misión era el patrullaje costero protegiendo las vidas y los bienes en la Jurisdicción Marítima Nacional, bajo el control de la Dirección General del Territorio Martimo y Marina Mercante. La *Pillán* fue asignada a Valparaíso, la *Copahue* a Talcahuano. El resto se distribuyó en toda la costa del territorio nacional. Estas embarcaciones bien pudieron haberse construido en Chile, pero por razones desconocidas se decidió contratar a una empresa brasileña.

La otra manera de suplir la falta de unidades norteamericanas de segunda mano, era la construcción de naves en el país. Se podría decir que fue éste un efecto beneficioso de la prohibición norteamericana, pero el impulso lo pondría el Comandante en Jefe, almirante José T. Merino. Con asistencia técnica francesa, ASMAR dio comienzo a un ambicioso plan de construir unidades tipo LST "Batral." Se trataba de transportes para operaciones anfibias de tamaño medio. En 1980 se dio comienzo a la construcción de la primera unidad que se llamaría *Maipo*.

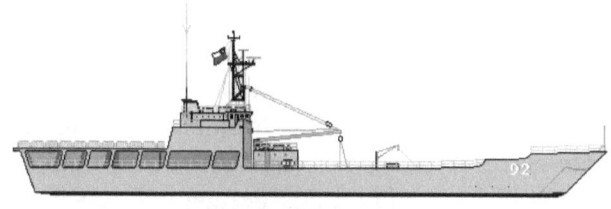

Barcaza Chacabuco

También entraron en servicio dos lanchas de 80 toneladas y 16 nudos de velocidad para el servicio de prácticos construidas por Asenav en Valdivia en 1980. Destinadas al embarque y desembarque de prácticos en el Estrecho de Magallanes, recibieron los nombres de *Ona* y *Yagán*.

Esta renovación de unidades a flote llevada a cabo en la década de los 70, fue acompañada por un incremento y mejora del material de vuelo de la Aviación Naval. Las dos fragatas, como ya se ha dicho tenían cubiertas de vuelo para helicópteros livianos. También podían llevar helicópteros los cruceros *Prat* y *O'Higgins,* los cuatro destructores y algunos buques auxiliares. Para dotar adecuadamente a las nuevas fragatas se compraron en Francia diez unidades SH-9 Alouette III. A poco de incorporadas, uno de estos helicópteros sufrió un grave accidente nocturno mientras despegaba de la fragata *Lynch* el 4 de julio de 1978. Fallecieron los dos pilotos pero otros dos tripulantes salvaron la vida. Se compraron en Brasil tres aviones C-95 Bandeirantes bimotores a los que se agregaron seis P-111 muy similares a los anteriores pero equipados con sistemas de detección electrónica y armados con cohetes. Estas nuevas unidades incrementaron notablemente la capacidad de la Armada para patrullar los espacios marítimos desde el aire. Con el objeto de mejorar los sistemas de transportes reemplazando las ya anticuadas unidades de fabricación norteamericana, se adquirieron en España cuatro aviones Casa C-212. Estos aviones bimotores se utilizaron también para el entrenamiento de paracaidistas y de la Infantería de Marina.

La aviación militar y naval tiene por su propia naturaleza riesgos inherentes a sus operaciones. Los accidentes fatales se suceden con más frecuencia que en ningún otro servicio. La Armada no ha estado exenta de estas desgracias. La Aviación Naval contaba con un avión anfibio HU-16B Grumann Albatros que prestaba muy útiles servicios. El 1° de noviembre de 1973, al despegar de la pista de El Belloto el aparato perdió altura y se estrelló contra uno de los cerros que rodean el aeropuerto. Perecieron tres de sus tripulantes y otros tres salvaron milagrosamente pero con serias heridas. Uno de los antiguos C-47 que ya había sobrepasado sus días útiles desapareció en el mar frente a

Quintero el 17 de septiembre de 1975. Este accidente costó la vida a doce personas. Para la instrucción de pilotos, la Armada poseía seis excelentes aviones de fabricación norteamericana, los T-34 Mentors. Pero para esa época acusaban de un serio desgaste y se hacía necesario reemplazarlos con cierta urgencia. Uno de estos aviones se estrelló en Papudo cuando realizaba ejercicios de instrucción con fuerzas de la Infantería de Marina el 23 de agosto de 1976. En 1979 sólo quedaban en uso cinco Mentors y éstos fueron reemplazados por diez nuevos aviones livianos PC 7 Pilatus, de fabricación suiza. Cuatro de estos aviones se trajeron desde Europa, vía Groenlandia, en vuelo, una hazaña de proporciones cuando se considera su pequeño tamaño y su limitado alcance de vuelo.

Uno de los más dolorosos accidentes de la aviación naval ocurrió el 15 de octubre de 1986. Un avión CASA 212, NA-148, volaba al norte de la Ligua llevando un grupo de aviadores navales a una práctica de supervivencia en una pista secundaria en La Ligua. El grupo estaba a cargo del capitán de corbeta Carlos Marchant Ahumada y estaba compuesto por el sargento 2° Onésimo Díaz Martínez, sargento 2° Máximo Durán Aravena, cabo 1° Fernando Romero Pacheco, cabo 1° Juan Maturana Palacios y marinero 2° Miguel Pulgar Sánchez. Al mando del avión iba el teniente 1° Jaime Rodríguez Rodríguez, y su copiloto era el teniente 2° José Spoerer Hudson. Volaba con ellos el mecánico, sargento 2° Pedro Araneda Luengo. El avión no regresó y fue encontrado más tarde estrellado en la ladera de una montaña cerca de Papudo. Como no hubo sobrevivientes, ni testigos, se ha presumido que el avión entró en un valle que no era el elegido para la práctica y debido a la estrechez del terreno y la altura de los cerros, no pudo recuperar la altura necesaria para salir del lugar, estrellándose en las laderas.

El 24 de mayo de 2003, un helicóptero Súper Puma SH-32 se precipitó al mar durante operaciones nocturnas a unas 60 millas de Iquique. Las favorables condiciones climáticas de la noche iquiqueña impedían sospechar que pudiera ocurrir un accidente. Los tenientes Juan Pablo Espinoza y Gustavo Bahamondes cumplían una operación riesgosa en un helicóptero Súper Puma, manteniéndose en un vuelo estacionario a unos treinta metros del mar, sin ninguna referencia, salvo el horizonte artificial. Desde esa incómoda posición, con escasa capacidad de maniobra, arriaban una cúpula de sonar a unos 150 pies dentro del mar para detectar la presencia de un submarino. En este tipo de ejercicios, cualquier descuido o una mínima complicación mecánica puede ser mortal. Aunque los flotadores de emergencia mantuvieron a la nave por más de 20 minutos a flote, Espinoza y Bahamondes no pudieron escapar de esta jugada del destino.

En 1980, la Aviación Naval contaba con 23 aviones de ala fija, algunos ya de notoria obsolescencia y con 24 helicópteros. Los aparatos de ala rotatoria constituyeron un gran avance para las operaciones de reabastecimiento de faros, fijación de boyas, transporte de personal y otras tareas que cuando debían desempeñarse por unidades de superficie tardaban días, semanas y hasta meses por restricciones climáticas.

En esos mismos años, 1980 y siguientes, la escuadra estaba compuesta de tres cruceros, *Prat* y *O'Higgins* de la clase Brooklyn construidos en 1937, y *Latorre* construido en Suecia en 1945 y cuatro destructores, los dos modernizados clase "Almirante" y dos de procedencia norteamericana, clase Sumner, construidos en 1943. Las dos nuevas fragatas *Condell* y *Lynch* completaban la escuadra en 1974. Los cruceros con largos años de servicios, acusaban de un notorio desgaste. Las reparaciones efectuadas al *Prat*, después de la colisión con el *Cochrane*, habían demostrado una gran capacidad por parte de ASMAR, pero el buque que como se recordará, sobrevivió el ataque de un kamikaze en la Segunda Guerra, tenía debilidades estructurales. A juicio de un observador norteamericano: "The repairs were an incredible job, but it is a losing proposition." (La reparaciones fueron una tarea increíble pero era una proposición perdedora.)

Esta debilidad en los cruceros empeoró notablemente cuando el 12 de agosto de 1974 el *O'Higgins*, mientras navegaba en el Canal Smyth uno de los poco frecuentados canales australes, chocó contra una roca aguja sumergida que no se encontraba en las cartas de navegación. La avería fue muy seria pues rompió el casco por una extensión de 71 metros entre las cuadernas 71 y 125, próximo a la quilla en el costado de babor. La inundación fue rápida embarcándose 2500 toneladas de agua que provocaron descargas eléctricas a medida que los equipos eran alcanzados por el agua. El buque se mantuvo en movimiento, logrando salir de la peligrosa zona hasta que el agua contaminada con petróleo llegó al nivel de las turbinas. Remolcado primero por el *Cochrane* que se vió en peligro al vararse en el intento fue auxiliado por el *Williams* que lo remolcó a Bahía Año Nuevo y ancló en un lugar seguro. Allí fue reparado mediante cuñas de madera y un cajón de madera rellenado con cemento. Las unidades de salvataje de la Tercera Zona se encontraban totalmente comprometidas en el desvaramiento del buque tanque holandés *Metula* y contención de un enorme derrame de petróleo, probablemente el peor desastre ecológico en la Historia de Chile. Este buque varó en la Primera Angostura del Estrecho cuando llevaba 194 mil toneladas de crudo.

Mientras tanto, en el *O'Higgins*, con el personal del buque y con gente traída desde Talcahuano se dio comienzo a poner el buque en condiciones de navegar hasta Talcahuano. Esta tarea, como las que siguieron parecían impracticables debido a lo inaccesible de los espacios, la baja temperatura y el enorme daño causado por la roca. No menos de 65 buzos participaron en las reparaciones. En estas operaciones desapareció el teniente primero, buzo táctico, Guillermo Arriagada Stuven. Establecida su flotabilidad, se procedió a la gigantesca tarea de limpiar las calderas y equipos auxiliares bajo medidas de emergencia. En menos de un mes del accidente, el crucero entraba orgullosamente en la bahía de Concepción con propulsión propia en sus cuatro ejes. Su tripulación lo había salvado de una situación que parecía irremisiblemente perdida. En 1977 se encontraba como buque cuartel en Talcahuano cuando, debido a la todavía tensa situación internacional, se decidió renovarlo y modernizarlo en una de las mayores tareas efectuadas por ASMAR ya que se consumieron 1.681.000 horas/hombre.[322] En esta tarea se obtuvo la generosa ayuda de la Armada del Brasil que donó parte de los repuestos y equipos obtenidos en el desguace de sus dos cruceros *Barroso* y *Tamandaré*. El buque volvió al servicio a fines de 1978 en plena crisis de relaciones con Argentina.

---

[322] Para una detallada descripción de esta reparación véase el libro de Carlos Tromben *Ingeniería Naval: Una especialidad centenaria*, Valparaíso, 1998, pp. 327-331.

A comienzos de septiembre de 1976 cuando la escuadra zarpaba desde Valparaíso, uno de los destructores detectó un objeto sumergido no identificado por medio de sus equipos anti-submarinos. Localizado el posible objetivo, los destructores *Cochrane*, *Serrano* y *Portales* procedieron a efectuar las maniobras convencionales para que el supuesto submarino aflorara. Cuando esto no sucedió, se ordenó un ataque con bombas de profundidad y otras armas submarinas. La noticia se difundió rápidamente en el puerto y miles de espectadores se agruparon en los cerros y en las playas para presenciar el espectáculo. Se oían las descargas en Valparaíso y Viña del Mar pero después de tres días de infructuosos esfuerzos se dio por terminada la operación.[323] El supuesto submarino se había escapado sin duda, pues no aparecieron indicios, ni huellas de petróleo de haber sido hundido o averiado. Se sospechaba que el submarino en cuestión era peruano, pero existen pruebas suficientes para pensar que no era así. Se ha descartado también la posible nacionalidad argentina del sumergible. Si tal submarino existió, la mejor posibilidad es que haya sido soviético.

Almirante José Toribio Merino Castro

Los primeros siete años del gobierno militar no fueron fáciles. La reconstrucción económica del país, la creación de una infraestructura

---

[323] No era la primera vez que esto sucedía. Durante la Segunda Guerra Mundial, el oficial de guardia del *Latorre* avistó un periscopio. A pesar de que la Armada se negó a confirmar el hecho, se ordenó al *Huemul* a patrullar frente a Valparaíso.

sólida y la ayuda social, debió haber exigido el máximo de los recursos financieros del estado, pero no fue así. Ya se ha visto que se invirtieron altas sumas en la modernización de los destructores clase Almirante, la adquisición de nuevas unidades y un incremento considerable en el número de aeronaves. Este plan de modernización se originó durante el gobierno de Frei Montalva, como consecuencia del "Tacnazo." Su ejecución debió concluirse durante el período de la Unidad Popular bajo la presidencia de Salvador Allende pero debido a los problemas financieros se retrasó y debió terminarse durante el gobierno militar. A los retrasos ya mencionados se sumaron entonces los problemas laborales, políticos e incluso técnicos, como fue el caso de los submarinos. Estas inversiones se hicieron imperativas ante la situación internacional del país. Existía una seria preocupación en los altos mandos por la frontera norte.

La gran mayoría de los bolivianos creen que la razón de su subdesarrollo es la falta de una salida al mar que les permita comerciar con el resto del mundo. Técnicamente hablando esta es una necedad. Hay naciones que sin tener acceso al mar han alcanzado gran prosperidad. Bolivia goza de dos líneas férreas que la dan acceso a puertos modernos, sin costo alguno para el gobierno boliviano. Pero hay razones históricas que pesan gravemente sobre el pensamiento político, las aspiraciones y los planes de Bolivia. Si bien es cierto que Bolivia nunca ejerció verdadera soberanía sobre el territorio de Antofagasta, perdió todo control sobre esos territorios en la Guerra del Pacífico, como ya se ha visto. En el protocolo firmado en Washington en 1929, el Perú cedía Tarapacá y Arica a Chile con la condición que estos territorios no podrían traspasarse a Bolivia sin autorización peruana. Esta condición ha impedido toda negociación entre Chile y Bolivia. En varias ocasiones, Chile ha ofrecido un cambio de territorios, incluso espacios marítimos, los que serían compensados con tierra. Uno de los proyectos más ambiciosos fue el propuesto por el gobierno de González Videla en 1945 que contemplaba el uso de las aguas de lagos bolivianos para alimentar una serie de caídas que generarían energía eléctrica con una vertical de casi 3 mil metros. En 1985 el gobierno del General Pinochet buscó un acercamiento con Bolivia que culminó en el Acta de Charaña firmada por Pinochet y el

Presidente Banzer. Se iniciaron conversaciones directas sobre el tema. Chile propuso otra vez un intercambio de territorio: una franja al norte de Arica con un puerto en el Pacífico. Expertos extranjeros consideraron la oferta como una medida genial pues cualquier intento de invasión terrestre por parte del Perú, habría causado la violación de territorio boliviano. Otros la consideraron una propuesta vana, sabiendo Chile que el Perú no accedería a permitir el intercambio. Por supuesto que la propuesta fracasó.

El Perú, entonces aliado, y con excelentes relaciones con la Unión Soviética podía, a través de un ataque relámpago, un "Blitzkrieg", atacar Arica y apoderarse sorpresivamente del histórico Morro y la ciudad. El Comunismo Internacional alentaba esta ambiciosa idea pues como lo indicaba el ejemplo griego de pocos años atrás, una derrota de esta naturaleza, crearía una enorme reacción popular que terminaría con la Junta Militar chilena. Ya había sucedido en Grecia y más tarde sucedería en Argentina. La ciudadanía no se percató de esta situación y es posible que hasta el día de hoy no comprenda la seria amenaza que se cernía sobre el país.

Presidía el Perú el General Juan Velasco Alvarado, quién tenía como colaborador muy cercano al Comandante del Ejército, Francisco Morales Bermúdez. Los servicios de inteligencia chilenos habían captado el considerable aumento en el armamento peruano y su desplazamiento hacia la zona sur del país. Según el historiador peruano Jorge Basadre los satélites norteamericanos habían detectado los movimientos de tropa para un ataque que debió haberse efectuado el 6 de agosto de 1975, añadiendo: "Pero eso era insensato porque el Perú no tiene nada que ganar en la guerra con Chile." [324] Sea como fuere, el movimiento de tropas y el armamentismo peruano se "filtró" a la prensa norteamericana y de allí al resto del mundo. Revistas especialidades publicaron artículos, incluso con ilustraciones de los movimientos peruanos. El historiador Carlos Tromben se pregunta porque no se realizó el ataque. José Miguel Barros Franco cree que la enfermedad de Velasco y una consulta con Bolivia anularon los planes peruanos.[325] Pero hay más. Los chilenos sabían de los planes, incluso

---

[324] Carlos Tromben, *La Armada de Chile*, obra citada, Vol. V, p. 1528
[325] Ibid.

la posible fecha. La guarnición de Arica iba a resistir hasta el último hombre de manera que el éxito de la operación ya estaba comprometido. Las fueras peruanas tal vez ocuparían el Morro, pero la reacción chilena, después del sacrificio de la tropa que defendía Arica, iba a despertar las sangres dormidas de los chilenos. Las esferas sociales mejor informadas del Perú temían una guerra en la que los chilenos llegarían otra vez a Lima.[326] La posibilidad de un fracaso era un riesgo que el gobierno militar peruano no podía tomar. En cuanto a la Armada del Perú, al parecer no jugó papel alguno en estos manejos. Nunca vocero alguno, ni marino en servicio activo o en retiro, ha hecho referencia a una posible guerra con Chile. De los ocho submarinos peruanos, cuatro de la clase Mackerel, eran unidades obsoletas y con una reserva mínima de torpedos. De manera que la ventaja peruana en submarinos era reducida. Ambas naciones tenían dos submarinos "Fleet" y dos de construcción europea respectivamente. En cuanto a fuerzas de superficie, a pesar de las malas condiciones de dos de los cruceros chilenos—el *O'Higgins* averiado y el *Latorre* con dificultades crónicas en su propulsión— Chile tenía una ligera ventaja pues las fragatas peruanas, clase Lupo se encontraban en diferentes estados de construcción. La primera no se entregaría hasta 1979. A juicio del Embajador Barros "… en agosto de 1975 quedó conjurado el peligro que se cernía sobre Chile."

Una situación más grave y mejor conocida se produjo con nuestros vecinos allende los Andes. En caso de una situación de beligerancia, el enfrentamiento ocurriría primordialmente en el mar. Argentina, como ya se ha visto, pretendía las islas al sur del Canal de Beagle, aún cuando la decisión de la corona inglesa, declaraba específicamente que las tierras al sur del canal, pertenecían a Chile. El gobierno demócrata-cristiano había invocado al Tratado General de Arbitraje de 1902. En Julio de 1971 se comenzó el estudio que debía poner fin a la controversia. Ya antes de conocerse el fallo, el gobierno argentino anunció que de acuerdo con lo estipulado en el acuerdo, esa nación ponía fin a la vigencia del tratado. En eso, la nación trasandina estaba en pleno derecho.

---

[326] Huerta, obra citada, p.201

El dos de mayo de 1977, el gobierno de su majestad británica informaba a los dos países litigantes el fallo definitivo que favorecía a Chile. El gobierno de Chile aceptó el fallo y le dio inmediato cumplimiento. Mientras tanto, la Cancillería y el gobierno argentino guardaban un hermético silencio. Sorpresivamente, el 25 de enero de 1978, el gobierno del Plata declaró insanablemente nulo el Laudo Arbitral del Beagle. En la nota al gobierno británico lo declara "null and void" o sea "nulo e inválido." Esta insólita respuesta tenía una sola razón: el fallo les era desfavorable y punto. Sin embargo, la excusa oficial era que el juez que presidía la comisión designada por la reina, Sir Gerald Fitzmaurice, se había dejado influenciar dando preferencia a Chile por el asunto pendiente—para ellos—de las Islas Malvinas o Falklands.

Siguieron negociaciones entre ambos gobiernos que no surtieron efecto alguno. El 12 de diciembre de 1978 se inició la última negociación en la que la delegación chilena llegó a la conclusión que el asunto no tenía solución posible debido a la total intransigencia argentina. Fue así como nueve días más tarde, Chile invocaba el Tratado Interamericano de Asistencia Recíproca y solicitaba una reunión urgente de Consulta Hemisférica sabiendo que la razón estaba de su parte y que la Armada argentina hacía preparativos para ocupar militarme una o más de las islas en disputa.

Transporte rápido Uribe

La escuadra, al mando del vicealmirante Raúl López Silva, compuesta entonces por dos cruceros, cuatro destructores y dos fragatas, fue reforzada con todos los medios de apoyo disponibles incluyendo los tres transportes rápidos o APD, *Serrano*, *Orella* y *Uribe*. Estas naves podían llevar una compañía de infantería de marina y un poco más en casos de emergencia y estaban armadas con un cañón de cinco pulgadas y seis ametralladoras dobles de 40mm y de ametralladoras menores. Se incorporaron también los patrulleros, *Lautaro* y *Lientur*. Buques menores como el *Yelcho*, *Aldea*, *Piloto Pardo* y los petroleros *Beagle* y *Araucano* daban el apoyo logístico. La Infantería de Marina que con los refuerzos traídos del norte constituían una brigada de infantería, estaban destacadas desde hacía meses atrás en las islas en posiciones defensivas. Chile no quería la guerra pero estaba preparado para enfrentar un ataque. El 21 de diciembre, la aviación naval detectó a la flota argentina navegando cerca del Cabo de Hornos. Esta fuerza contaba con un portaviones, un crucero, cuatro destructores, cuatro fragatas y dos corbetas.

Ante la amenaza de un eminente ataque, el vicealmirante López, lejos de esperar el golpe, salió en busca de la escuadra argentina para oponerse a cualquier ataque o desembarco. Podría decirse que la guerra se evitó esa noche gracias a la intervención divina que se vería secundada muy pronto, por una segunda intervención del mismo tipo. La noche del 21 de diciembre se desató una de las más terribles tempestades de que se tenga memoria en esa zona. Olas gigantescas de 12 metros de altura, rompían sobre las cubiertas y retardaban el avance de la escuadra atacante. El dramático resultado de estas condiciones climáticas fue que el mando argentino reconocía que el arma más poderosa que podía esgrimir contra la escuadra chilena, los seis aviones A-4 B Skyhawks del portaviones *25 de Mayo*, no podrían despegar ni menos operar bajo el fuerte viento, los gruesos chubascos y la baja visibilidad. La infantería de marina, con sus hombres debilitados por el mareo, no podría tampoco embarcarse en las barcazas, ni vehículos anfibios, embarcaciones que con el fuerte balanceo y cabeceo, se estaban dañando.

El mando argentino, informado por su servicio meteorológico que las condiciones no mejorarían sino que tendían a empeorar, optó por lo más lógico: cancelar la operación y retirarse al norte. ¿Cómo bajo estas mismas condiciones podía operar la aviación naval chilena? Es difícil de explicarlo pero en la mañana del 22, aviones navales informaban que los buques argentinos se retiraban con rumbo Este, hacia la Isla de los Estados.

Como es lógico, con la adrenalina fluyendo por las venas, con el entusiasmo generado por las proclamas del almirante López, a las que cada comandante había agregado las propias suyas, muchos oficiales y tripulantes se desilusionaron. Esperaban batirse aún cuando todos sabían que las posibilidades del triunfo no estaban aseguradas. Más tarde todos recapacitaron y reconocieron los beneficios de la fortuita situación que había evitado el encuentro entre ambas escuadras.

La segunda "intervención divina" la hizo el Vicario de Cristo en la tierra: el Papa Juan Pablo II. Al día siguiente de la frustrada invasión de las islas, el Papa anunciaba su intención de actuar como mediador entre los dos gobiernos. Esta sabia medida fue aceptada por ambos gobiernos y se formalizó con la firma de un Acta en la ciudad de Montevideo por la que ambos países aceptaban los buenos oficios de la Santa Sede para resolver el conflicto. Las negociaciones terminaron el 29 de noviembre de 1984 con la firma del Tratado de Paz y Amistad que ponía fin a la disputa después de 15 años de amargos y obstinados enfrentamientos.

La intervención papal no fue producto de una acción del Espíritu Santo. El canciller Hernán Cubillos Salatto, ex-oficial de la Armada que había hecho carrera en la empresa El Mercurio y que había colaborado estrechamente con la Junta de Gobierno, había sido nombrado Ministro de Relaciones Exteriores por el Presidente Pinochet. Como tal, le tocó encabezar todas las gestiones y negociaciones diplomáticas del conflicto. Fue uno de los primeros en captar que no se llegaría a ningún arreglo por las vías diplomáticas regulares: arbitrajes, interpretaciones de tratados, negociaciones y otros. Ideó entonces buscar una autoridad moral que estuviera por encima de los dos gobiernos. Después del rechazo argentino al fallo, Cubillos viajó a Roma con el objeto de informar personalmente al Papa de las consecuencias que traería la negativa argentina de aceptar la decisión de la corona británica. Pero dos Papas fallecieron antes que el canciller pudiera entrevistarse con ellos y sólo el 30 de octubre de 1978 pudo Cubillos entrevistarse con Juan Pablo II al que informó detalladamente de la situación, del peligro de que se declarara un conflicto armado y las gravísimas consecuencias que una guerra podía tener al arrastrar a otros países en el conflicto. Desde ese momento, Juan Pablo II tomó verdadero interés en la situación y se mantuvo informado de los hechos interviniendo dramáticamente en el momento preciso. Cubillos, el hombre genial que había logrado lo que parecía imposible, recibió el pago de Chile: fue injustamente destituido de su cargo meses más tarde.

El período entre 1978 y 1984 fue uno de tensión constante, aunque no tan severo como en 1978. Esta situación obligó a la Armada a mantener un alto grado de alistamiento.

La década de los años ochenta vino a cambiar radicalmente el panorama naval chileno. A la incorporación de las misileras, las fragatas y helicópteros, siguió la puesta en marcha de un ambicioso plan en ASMAR. La construcción de una grada de construcción permitía la producción de buques de mayor tonelaje que se fueron incorporando paulatinamente. La alta capacidad tecnológica del astillero permitía las refacciones de naves muy complejas como los submarinos de construcción europea.

Pero la Armada iba más allá. Encontrando un clima favorable en el gobierno conservador británico, un buen crédito y una situación financiera que el país no había conocido en décadas, se procedió a las negociaciones para adquirir buques de segunda mano pero de alta tecnología en Inglaterra. Primero se gestionó la adquisición de los destructores líderes clase DLG "County". Estas excelentes unidades desplazaban originalmente 5440/6300 toneladas y sus dimensiones eran 158 x 16 x 6 metros. Su propulsión consistía en 2 turbinas a vapor y 4 turbinas a gas, 30.000 HP/32 nudos. La dotación estaba formada por 471 hombres, (33 oficiales). Su armamento original era de 4 misiles Exocet MM 38; un sistema Seaslug Mk2 (30 misiles en túneles de 80 metros paralelos a lo largo del casco); 2 Seacats/GWS 22; 2 114 Mk 6 DP y 2-20mm AA. Tenían originalmente una extensa cubierta para un helicóptero. Al ser adquiridos en Inglaterra no tenían los misiles Exocet pero estaban dotados de excelentes equipos de radar y sonar, sistemas de mando y control computarizados. Poseian 4 pares de estabilizadores y eran buques muy sólidos construidos originalmente como escoltas para protección antiáerea de grupos de portaaviones. En pocos años, Chile adquirió cuatro unidades, el *Prat* (ex-*Norfolk*) se incorporó en 1982, el *Cochrane* (ex-*Antrim*) en 1984, en 1987 el *Blanco Encalada* (ex -*Fife*) y el *Latorre* (ex -*Gamorgan*).

El Blanco Encalada IV entrando en la bahía de San Francisco, California

Las gestiones iniciales iban bien encaminadas hacia la adquisición del portaviones *Hermes*, equipado con una escuadrilla de aviones Sea Harriers y de un petrolero de grandes dimensiones y modernamente equipado. Estas dos unidades, que habrían dado a Chile una superioridad naval en Sudamérica, no pudieron realizarse debido a la inesperada invasión argentina de las Islas Malvinas, como se verá más adelante.

Paralelamente, a estas compras se fueron entregando las unidades que construía ASMAR. La barcaza tipo Batral *Maipo* se entregó en 1982 y un año más tarde se incorporaba su gemela *Rancagua*, la *Chacabuco* se entregaría en 1986. Estos buques son transportes para operaciones anfibias construidos en Talcahuano. Desplazan 770/1330 toneladas y sus dimensiones son 80 x13 x3 metros. Su propulsión: 3600 HP/2 hélices/16 nudos y la dotación: 40 hombres. Armadas con

2-20mm AA. Construidas bajo modelo francés que como lo indica el acrónimo BATRAL (Batiment de Transport Leger), son buques de transporte livianos. La rampa de desembarco y su bajo calado los hacen muy apropiados para las necesidades chilenas. Puede transportar 138 soldados de infantería con equipo completo, incluyendo cinco tanques livianos o dos carros blindados anfibios LVTP-5 y tienen una plataforma para helicópteros.

Pero ASMAR no se detuvo allí. En 1988 entregaba el transporte *Aquiles* que reemplazaría a un transporte con el mismo nombre que había prestado excelentes servicios. Este *Aquiles*, el cuarto buque en llevar ese nombre en la Armada nacional, desplaza 4500 toneladas. Sus dimensiones: 97 x 17 x 6 metros; velocidad: 19 nudos gracias a dos motores diesel 7200 de HP. El buque tiene capacidad para 250 pasajeros y 80 hombres de tripulación. Tiene a popa una plataforma para helicóptero y está provisto de una poderosa grúa eléctrica para la carga. El buque ha sido diseñado de manera que pueda convertirse rápidamente en buque hospital.

Transporte Aquiles III el día de su entrega a la Armada

El 9 de abril de 1980 se desató en Valparaíso un furioso temporal con vientos huracanados del norte. Fue el peor fenómeno meteorológico que azotó el puerto desde aquella terrible tormenta de 1940. Las olas sobrepasaron el molo de abrigo creando corrientes y contracorrientes interiores. Esa madrugada se dio orden a todos los buques que salieran a capear el temporal. La barcaza *Águila* no pudo hacerlo a tiempo. Al zarpar enredó sus hélices con una espía y a pesar de haber fondeado con dos anclas, la fuerza del vendaval y las olas la lanzaron sobre los bajos fondos rocosos frente a la Universidad Santa María. Unos días más tarde un nuevo temporal la empujó todavía más contra las rocas. Este buque era originalmente una barcaza de la clase LST construida en el astillero American Bridge Co. Ambridge, Penna. en 1945. Incorporada a la armada en 1964, como porta-helicópteros, su clasificación (ARVE-3), produjo cierta confusión pues se trataba en realidad de un buque-maestranza para motores de aviación. Al llegar el buque a Chile se conoció su verdadera misión y como no había necesidad de tal buque se le sacaron los equipos de reparaciones y pruebas con los que se constituyó la maestranza de aviación de El Belloto. Esta transferencia representó la creación de cierta autonomía tecnológica para la aviación naval. El buque quedó como transporte con algunas curiosas estructuras metálicas en su cubierta donde habían estado instalados los equipos de reparaciones.

Para 1980 el buque, por su capacidad de carga prestaba útiles servicios. Era un buque importante desplazando 1600 toneladas y sus dimensiones en metros eran 100 x15 x 4. Sus motores diesel de 1880 HP le permitían una velocidad de 11 nudos. Su dotación era de 110 hombres y montaba originalmente 8 cañones AA de 40 mm y varios de 20mm. Se hacía indispensable sacarla de su accidentado varadero puesto que sus servicios eran necesarios y por el prestigio mismo de la Armada. En un procedimiento gran innovación se le llenaron los compartimientos dañados con bolitas de poliestireno y con la ayuda de una ola artificial creada por una explosión submarina cercana, el buque fue reflotado. Después de este espectacular rescate fue llevado a Talcahuano donde se le desguazó debido a que los daños eran costosos de reparar. Nominalmente fue vendida a Chile en Junio de 1992.

El 7 de marzo de 1982 se produjo la invasión argentina de las Islas Falkland. Fue un hecho que conmovió las cancillerías y los altos mandos de las naciones sudamericanas. Si bien es cierto que se habían producido encuentros armados en América en los últimos 50 años, la OEA, países neutrales o los Estados Unidos, habían detenido las acciones de guerra. Argentina había roto esa "Pax Americana" en América Latina. Quedaba demostrado que una guerra de grandes proporciones era perfectamente posible. Argentina había provocado a un país europeo de enormes recursos y con una probada tenacidad en los campos de batalla. La reacción británica no se hizo esperar. La guerra en el Atlántico Sur iba a tener consecuencias y repercusiones en Chile. En primer lugar se suspendió la venta de los buques de guerra que ya se había acordado. En segundo lugar, nada se sabía de las verdaderas intenciones argentinas. Según autores argentinos, incluso Bruno Pasarelli, la Junta presidida por el General Galtieri no se decidió hasta el último momento si el objetivo sería las Islas del Beagle o las Islas Falkland.[327] Los altos mandos chilenos temían que la decisión fuera en contra de su país y se renovaron inmediatamente las medidas de defensa. La escuadra zarpó al sur y se concentró en Punta Arenas. Ocupadas las Falklands por los argentinos, se temía que el exitoso ataque se continuara ocupando ahora las islas del Beagle. Si este era el plan eventual del gobierno argentino, nunca se supo. La reacción británica que terminó con la rendición de las fuerzas argentinas en las islas, se encargaría de poner fin a todo el plan ambicioso de expansión por parte de la Junta del Plata.

Chile observó una neutralidad interesada. La ayuda prestada al rescate de los náufragos del crucero *Belgrano* por el *Piloto Pardo*, fue desinteresada y humanitaria, pero igual se actuaría con la tripulación de un helicóptero inglés que inexplicablemente aterrizó en territorio chileno.

Terminada la guerra, la situación volvió a la tranquilidad normal. Se había producido un cambio radical en el gobierno trasandino, las negociaciones llevadas a través del Vaticano iban bien encaminadas y debido a la derrota de las fuerzas argentinas, tanto en lo moral como en lo material, había quitado a ese país de toda intención y capacidad de aventuras bélicas. Fue así como el 13 de agosto se entregaba a la Armada de Chile el petrolero *Tidepool* que pasó a llamarse *Almirante Montt*. Este buque de la clase inglesa "Later Tide", fue construido en Hawthorn Leslie, Tyne, Inglaterra en 1961. Desplazaba 8.531/27.400 toneladas y sus dimensiones eran: 177,6 x 21,4 x 9,75 metros. La propulsión de 15.000 HP le permitía una velocidad de 18,3 nudos La

---

[327] Bruno Pasarelli, *El delirio armado. Argentina, Chile y la guerra que evitó el Papa*, Buenos Aires, 1998.

dotación se componía de 110 hombres. Era un buque sin armamento pero tenía un hangar y plataforma para seis helicópteros pesados que podían llevar armas anti-submarinas y de aire a superficie. Probó ser un buque de demasiada capacidad para las necesidades la escuadra y fue puesto en venta en estado no operativo en octubre de 1998.

La venta del portaviones *Hermes* con su escuadrilla de Sea Harriers no se concretó. En vez, se negoció la compra de tres destructores adicionales de la clase County que ya se ha relatado. Se adquirieron también dos remolcadores de alta mar con buena capacidad de carga. Fueron estos el *Janequeo (*ex - *Maersk Transporter*) y el *Galvarino* (ex - *Maersk Tender*) construidos en Aukra Bruk, A/S, Noruega, en 1974. Desplazan 2440 toneladas y sus dimensiones son 58,3 x 12,6 x 3,9 metros. Llevan 2 motores, 3200 HP c/u, 14,5 nudos con una hélice a proa. Su dotación consta de 5 oficiales y 20 hombres. Su armamento es una ametralladora de 40 mm. pues originalmente no llevaban ninguno. Estos escampavías se han clasificado como ATF pero pueden cargar hasta 1400 toneladas, incluso el *Galvarino* llevó un helicóptero en un viaje a la Antártida. Son buques muy marineros diseñados para el mar del Norte con cascos reforzados para navegar entre hielos. Fueron destinados al servicio de apoyo logístico y rescate en las regiones magallánicas y antárticas. Más tarde, en 1990 se incorporó un tercer buque similar, el *Lautaro* (ex - *Navimer*, ex -*Maersk Traveleer*).

La fuerza de submarinos se vio renovada con la incorporación de dos submarinos 209 de construcción alemana, *Simpson* y *Thomson* que reemplazaron a los antiguos buques del mismo nombre del tipo Fleet norteamericano. Estas eran dos unidades nuevas fueron construidas en Alemania en el astillero Howaldswerke, Kiel, pertenecen a la clase "IKL 1300." Desplazan 1285/1390 toneladas y sus dimensiones son 61 x 6,2 x 5,5 metros. Tienen propulsión Diesel/eléctrica, 5000 HP que les permite un desplazamiento de 10/22 nudos. Su dotación es de 31 hombres. Están armados con 8- TLT 533 mm (16 torpedos.) La velocidad máxima con snorkel es 12 nudos. El *Simpson* resultó averiado en una leve colisión durante las pruebas pero fue reparado a la perfección antes de su entrega. Son buques de probado rendimiento y el astillero ha construido este tipo de buque para varias marinas del mundo. ASMAR está capacitada para hacerles refacciones completas lo que se efectuó desde 1990.

En 1993 entró al servicio el patrullero *Micalvi*, primer buque patrullero de seis naves similares de la clase "Taitao" construido por ASMAR bajo especificaciones técnicas dispuestas por la Armada. Esta serie de seis unidades desplazan 518 toneladas y sus dimensiones son 42,5 x 8,5 x 7,9 metros. Tienen casco doble reforzado. Impulsado por dos motores diesel de 2560 HP alcanzan una velocidad de 15 nudos. Su autonomía es de 4200 millas a 12 nudos. Están tripulados por tres oficiales, 18 hombres de mar. Armados con un cañón Bofors de 40 mm y dos Oerlikons de 20mm. Estos buques fueron construidos como patrulleros multipropósitos a los que pueden agregarse equipos rastreaminas y de otros tipos. La serie comprende *Micalvi*, PSG 71; *Ortiz*, PSG 72; *Isaza*, PSG 73; *Morel*, PSG 74: *Cabrales*, PSG 75 y *Sibbald*, PSG76. Estos buques presentan diversas variaciones según sea su tarea específica pudiendo llevar hasta 30 pasajeros y carga en bodega de hasta 35 toneladas y 18 toneladas adicionales en contenedores en cubierta. El último de la serie, *Sibbald*, fue entregado en 1996. Se esperaba vender por lo menos dos de estas unidades a un tercer país, pero éstas se entregaron en 1996 a la Dirección General del Territorio Marítimo y de la Marina Mercante. En 1999 el *Cabrales* fue modificado para prestar servicios al Servicio Hidrográfico y Oceanográfico de la Armada de Chile (SHOA).

Patrullero tipo Taitao

El buque-escuela *Esmeralda* continuó sin interrupción sus viajes al extranjero. Notable fue su participación en una regata que conmemoraba los 200 años de los Estados Unidos, donde el buque pudo presentar su impresionante silueta en las pantallas de televisión de prácticamente el mundo entero. Durante el gobierno militar el buque era el blanco de los ataques verbales, de prensa y demostraciones públicas. Carteles y pancartas lo llamaban el "buque-prisión" o que "el buque estaba manchado de sangre." Esta campaña era el producto de la hábil costumbre marxista de tomar un hecho de la realidad y distorsionarlo a su manera hasta darle características grotescas. En este caso, la decisión de alojar a un grupo de detenidos en el entrepuente que sirve de dormitorio a los guardiamarinas y de alimentarlos con la ración de la Armada, fue la base para los rumores de las más estrafalarias descripciones de muertes y torturas. El propio Comandante en Jefe declararía más tarde: "la Armada nunca ha desconocido que fue un centro de detención durante un lapso de tres semanas, pero que haya sido centro de tortura, la Marina lo desconoce y no tiene ninguna información al respecto".[328] Una vez reestablecido el régimen constitucional y el colapso de la Unión Soviética, las demostraciones desaparecieron. Últimamente han vuelto, irónicamente, dirigidas por chilenos residentes en el extranjero.

Petrolero Araucano abasteciendo a dos buques de la escuadra

---

[328] Almirante Vergara, declaraciones a **La Tercera** 18 de junio de 2003

A través de su historia la Armada de Chile ha producido hombres de gran capacidad e inteligencia. A los rendimiento y los logros de Lord Cochrane, Blanco Encalada, Simpson, Lynch, Montt y tantos otros, hay que agregar hoy día a José Toribio Merino. El almirante era hijo de marino, formado desde niño en la que fue probablemente la época más dura de la Escuela Naval, siguió una carrera naval que significaba una vida modesta, una dedicación total a la carrera, muchas veces con poco aliento por parte de sus superiores. "Conforme. Cumple con su deber" era el comentario rutinario sobre toda actuación sobresaliente. Ya se ha visto como llegó al mando supremo de la Armada, habiendo escalado peldaño a peldaño, la difícil escala de los ascensos. Merino había sido hasta 1973, un oficial como Arturo Prat antes de 1879; distinguido, respetado, decidido, caballero a toda prueba. No hay en su carrera nada que lo separe del resto. Llegado a la Comandancia en Jefe, demostró ser un hombre extraordinario en cuanto a sus sabias decisiones, su capacidad de trabajo, su estricto apego a la ética profesional y su amor a Chile y a la Armada. Ya se ha visto como bajo su mando, se reorganizó la escuadra renovándose los buques, ya se verá más adelante sus reformas administrativas. Merino fue el principal promotor de un factor que hacía mucha falta en la Armada: las relaciones histórico-culturales que son tan necesarias para mantener la conciencia marítima de un pueblo.

Ya se ha visto la renovación del monitor *Huáscar* en Talcahuano. Se había hecho un esfuerzo por despertar el interés histórico en otros aspectos: colocación de un monolito conmemorando el zarpe de la Escuadra Libertadora, reconocimiento de la casa de la familia Prat en Barcelona y otros actos menores. Pero el Almirante Merino dio nuevo impulso a estas actividades. En 1974 se celebró por primera vez el "Mes del Mar" durante el mes de mayo con una serie de conferencias, celebraciones e innovaciones. Una fue que se adoptó oficialmente la denominación "Mar de Chile" a las aguas que bañan el territorio nacional. También se decretó que la canción oficial de la Armada sería "Brazas a ceñir", melodía compuesta por el sub-oficial músico Luis Mella Toro. En Iquique se levantó un monumento al Marinero Desconocido, una réplica de la escultura del marinero que se levanta en una de las esquinas del monumento a los héroes de Iquique en Valparaíso. En abril de 1979 abrió sus puerta como museo, la casa donde nació Arturo Prat, en de San Agustín de Puñual, cerca de Ninhue. Fue este un proyecto de gran envergadura ya que se trataba de restaurar una vieja casa de adobes y de alhajarla con muebles de la época con recuerdos y fotografías de Prat y su familia. Uno de los promotores de esta iniciativa fue el Dr. Walter Grohman. Pero ni Grohman ni Merino estaban satisfechos. En 1987 se inauguró un monumento al héroe de Punta Gruesa contralmirante Carlos Condell en Valparaíso.

El Museo Naval, fundado por iniciativa del comandante Lautaro Rosas, había tenido una vida itinerante por muchos años: en Valparaíso, donde se apilaban sin mucha organización objetos históricos. De allí pasó al castillo Wulf de Viña del Mar, local totalmente inapropiado para esas funciones. El almirante encomendó a Grohman el establecimiento de un Museo Naval digno en los edificios que circundaban el primer patio de la antigua Escuela Naval en el cerro Artillería. El resultado es un hermoso museo con buena organización y en el que se nota la mano de un museólogo. El Museo fue oficialmente inaugurado en mayo de 1988 y se ha ido expandiendo año a año. Algunos años antes en 1983, se había inaugurado un Museo Naval en Iquique, aprobado por el almirante Merino y creado con recursos propios del Distrito Naval Norte. Luego se inauguraría en 1995 un Museo Naval en Punta Arenas.

Al mismo tiempo que se desarrollaban estos centros de cultura naval, se comenzaron a publicar libros sobre las diferentes ramas de la Armada. Ingeniería, Artillería, Aviación, Submarinos, la Escuadra, Sanidad Naval dieron a luz libros con su historia y tradiciones.[329]

Durante toda esta época, la Armada continuó en sus actividades de exploraciones y ayuda al desarrollo nacional. La Isla de Pascua, como se recordará, había dejado de ser administrada por la Armada y se regía como el resto del país por un gobierno comunal, pero continuaba dependiendo de la Armada para el suministro de materiales esenciales. Un notable esfuerzo se hizo a fines de 1977 cuando la barcaza *Águila*

---

[329] Para una lista de estas publicaciones véase la bibliografía.

llevó gran cantidad de material de construcción. Fue posible construir un varadero en Hanga Piko y se construyó un muelle para embarcaciones menores. El combustible necesario para reabastecer los aviones que llegaban al aeropuerto fue llevado por el petrolero *Beagle*. ASMAR construyó una embarcación especialmente diseñada para el servicio de patrulla y rescate en las aguas de la Isla. Se le llamó *Tokerau* y se terminó en Talcahuano, en 1991. Sus dimensiones son 12, 5 x 3,9 x 0,6 metros. Desplaza 7,2 toneladas y tiene una velocidad de crucero de 16 nudos. Tiene una tripulación de 4 hombres y puede llevar hasta 32 pasajeros. El origen del nombre es la palabra pascuense para "viento". Diez años antes, en 1981 se había construido en el astillero ASENAV, Valdivia, la lancha *Kimitahi* de 14 toneladas para el servicio de la Isla. Debido a la falta de facilidades, la lancha fue enviada a Puerto Edén. Fue desguazada en 2002. Su nombre significa "buen rebuscador" en pascuense.

Un nuevo campo exploratorio fue la construcción de una gran pista de aterrizaje en San Félix en las inhóspitas Islas Desoladas, con lo que se extendió y facilitó la cobertura naval sobre los espacios marítimos chilenos. En esta operación participaron activamente elementos de la Infantería de Marina. En la Antártica continuaron no sólo las exploraciones, los re-abastecimientos sino también los rescates y salvatajes que eran ya operaciones casi rutinarias. Como ejemplo, durante la temporada 2000-2001, 12.260 personas provenientes de todo el mundo viajaron a la Antártica, lo que implica un aumento del 100% respecto de la temporada 92-93. De acuerdo con información de la Armada de Chile, el tráfico de naves aumentó en un 50% respecto al año 1999-2000. El número de emergencias en el continente blanco se ha duplicado. El rompehielos *Almirante Viel*, que debió prestar ayuda durante su campaña Antártica 2002-2003, a un crucero turístico que varó en Isla Decepción con 200 pasajeros a bordo. La tripulación del *Viel*, en una notable operación conjunta con la FACH, debió socorrer a dos tripulantes del helicóptero Robinson R-44 que amarizaron de emergencia en el mar de Drake, luego que desviaran su ruta y quedaran sin combustible. Durante el mes de diciembre el remolcador *Leucotón* debió realizar labores de rebusca durante 10 días para dar con el yate *Hole Hoop*, con dos tripulantes alemanes a bordo que tras una tormenta activó la radio-baliza satelital de emergencia. A pesar que el balance es positivo, se hace evidente la necesidad de mayores recursos y de una reglamentación estatal apropiada.

La zona norte del país dependía de la Primera Zona Naval cuya sede estaba en Valparaíso. Se había creado un comando que se llamó Distrito Naval Norte. El 21 de mayo de 1989 se establecía oficialmente la Cuarta Zona Naval con asiento en Iquique. La costa de Chile quedó dividida para su administración marítima en cuatro zonas: la Primera Zona en Valparaíso, la Segunda en Talcahuano: la Tercera en Punta Arenas y la Cuarta en Iquique. Hay que recalcar que estos mandos operativos correspondían a unidades y reparticiones de guerra. Para los efectos de control de pesca, patrullaje y seguridad de puertos y marina mercante, desde 1953 existía una Dirección del Litoral que tenia las responsabilidades de estas áreas. En 1978 y también a iniciativa del Almirante Merino, se promulgó una nueva legislación que reemplazaba la anticuada "Ley de Navegación" que tenía cien años. Esta nueva ley asignaba nuevas funciones al Servicio del Litoral. La ley establece que la autoridad marítima chilena reside en el Director General, en los gobernadores marítimos y en los capitanes de puerto. En especial delega a estas autoridades importantes funciones para la preservación de la ecología en el mar. Se creaba oficialmente la Dirección General del Territorio Marítimo y de Marina Mercante. En 1992 se aprobó el Reglamento para el control de la contaminación acuática. Este código legal establece las responsabilidades y atribuciones de la Autoridad marítima nacional en el campo de la preservación del medio ambiente acuático en las aguas jurisdiccionales del país.

Para todos los efectos prácticos. La Dirección General del Territorio Marítimo constituye un servicio de guardacostas. Estas funciones las había desempeñado la Armada desde 1848 y hoy día regula y controla la marina mercante, los deportes náuticos y los servicios de ayuda a la navegación. Tiene también la responsabilidad de organizar la marina mercante como reserva naval. Además de las unidades de la Armada asignadas a la Dirección del Litoral, este mando opera varios helicópteros "Dauphin" MBB BO-105, aviones Skymaster y un número considerable de embarcaciones menores tanto rígidas como inflables. La Dirección, su personal y sus equipos están bajo los mandos de la Armada y constituyen un integrante fundamental de la institución. Hoy día su principal elemento son las lanchas tipo Danubio construidas por ASMAR en un ambicioso proyecto.

El proyecto "Danubio" consta de la construcción de 16 patrulleras, similares a la clase Protector, LEP, pero con casco de aluminio, modelo seleccionado por sus excelentes condiciones marineras y su eficiente comportamiento en situaciones de alta exigencia, diseñadas por la empresa Fairey Brooke Marine. Las unidades están capacitadas para navegar hasta a 60 millas de la costa y sus características son: 33 metros de eslora, 6.60 metros de manga, 110 toneladas de desplazamiento y pueden alcanzar una velocidad de 20 nudos. Cuentan respectivamente con una dotación compuesta por 10 hombres- 2 oficiales y 8 gentes de mar. Las 16 lanchas terminadas son:

1. LSG Aysén
2. LSG Corral
3. LSG Concepción
4. LSG Caldera
5. LSG San Antonio
6. LSG Antofagasta
7. LSG Arica
8. LSG Coquimbo
9. LSG Puerto Natales
10. LSG Valparaíso
11. LSG Punta Arenas
12. LSG Talcahuano
13. LSG Quintero
14. LSG Chiloé
15. LSG Puerto Montt
16. LSG Iquique

LSG Coquimbo

El 8 de marzo de 1990, tres días antes que asumiera el poder el nuevo Presidente Patricio Aylwin, el Almirante Merino hacía entrega de su cargo al Almirante Jorge Martínez Busch. Según sus propias palabras, el almirante hubiera preferido retirarse de la Armada al promulgarse la nueva constitución de 1980, pero se mantuvo en su cargo y pudo continuar desarrollando la fructífera labor que permitió a la institución sortear años difíciles, tal vez los más difíciles del siglo XX. No será necesario repetir lo que ya se ha dicho de sus logros en las páginas precedentes. En cuanto a su labor en el gobierno, su cargo como cabeza de la Junta que tomó las tareas legislativas de la nación, fue encomiable. No permitió que la Armada se politizara. Si algo puede achacársele es que formó parte de un gobierno que permitió violaciones a los derechos humanos. Aunque firme partidario de la mano de hierro con que fue necesario gobernar en los primeros tiempos del gobierno militar, se desilusionó muy pronto ante los excesos de la Dirección de Inteligencia Nacional, la fatídica DINA. Cuando todos sus esfuerzos por reformar los procedimientos de esa organización fracasaron, ordenó retirar a todos los miembros de la marina de las organizaciones de policía, seguridad e inteligencia interna. [330]

En la historia del género humano, la intolerancia, la crueldad y la violencia constituyen una tendencia tan antigua como el hombre mismo. La inclinación por hacer sufrir a sus semejantes por medio de la privación de su libertad, de la tortura y la violencia ha perdurado a través de los siglos. Esta característica de nuestro ser no ha cambiado con la marcha inevitable de la civilización. Bastante frescos están los ejemplos del siglo XX, de la Guerra Civil española, los campos de concentración alemanes y el tratamiento de prisioneros por parte de los

---

[330] Este autor sospecha que existió un esfuerzo coordinado para evitar excesos en la Armada. En una entrevista con un alto almirante, ya fallecido por lo que deberá permanecer anónimo, éste le comunicó con cierta firmeza en la voz: " Mira, a mí no me podrán juzgar como a Yamashita. Yo nunca he dado una orden de torturar o matar a nadie. Todo lo contrario, he prohibido esta clase comportamiento con prisioneros o detenidos, he investigado todo caso que se me ha denunciado y he castigado severamente a los que he creído responsables." Esta conversación tuvo lugar con referencia de una posible visita de la *Esmeralda* a San Francisco de California

japoneses. Hasta en el siglo XXI se manifiesta con igual horror esta atroz tendencia. Quienes creímos que Chile, nuestro país, estaba exento de esta lacra, nos equivocamos medio a medio.

Chile había alcanzado un alto grado de civilidad. Dentro de la sociedad chilena, la Armada con un 90% de su personal profesionalizado, entrenado desde la niñez para cumplir con sus labores, era la organización de la que se habría esperado el comportamiento más correcto en materia de derechos humanos y respeto a sus semejantes. Pero no fue así. Algunos de sus integrantes se vieron también arrastrados hacia la violencia y ocurrieron algunos hechos lamentables como lo han reconocido dos Comandantes en Jefe. En una declaración oficial en diciembre de 2004, se reafirmaba que

... la Institución deja expresa constancia que jamás ha validado y ni siquiera insinuado la aplicación de tortura. La violación de los Derechos Humanos nunca ha sido una política Institucional. No obstante, a la luz de los testimonios recogidos por la Comisión, no podemos sino reconocer que en la cadena jerárquica de quienes estaban encargados de los procesos de interrogación, hubo personas y mandos que cometieron, autorizaron o simplemente permitieron que en los recintos de detención a su cargo ocurrieran tan lamentables hechos. Tales responsabilidades en lo ético y lo penal son estrictamente individuales. En todo caso, la Armada a corto andar enmendó rumbos y eliminó estas prácticas contrarias a su ser íntimo.

Por otra parte es cierto que ha habido exageraciones, distorsiones y falsos testimonios. Un caso patente fue la ya mencionada detención temporal de algunos detenidos a bordo de la *Esmeralda*. Aunque se los alojó en el entrepuente de guardiamarinas y se les alimentó con la ración de la Armada, existen testimonios de interrogatorios violentos e incluso de torturas. La declaración oficial de la Armada así lo reconoce: "Fue desafortunado que ese buque haya sido utilizado como centro de detención, aun cuando hubiese sido sólo por dos semanas. Peor todavía que se hubiese constituido a bordo una unidad especial para interrogar bajo tortura a los detenidos." Pero ninguno de los acusadores reconoce que el cirujano al ver llegar a algunas personas en grave estado de enfermedad, solicitó inmediatamente una ambulancia para trasladarlos al Hospital Naval.

El retiro del personal de la Armada que trabajaba en la DINA no significó que la institución pudiera permanecer al margen de la lucha anti-subversiva. Fueron numerosas las ocasiones en que miembros de la Armada arriesgaron sus vidas para salvar la de civiles. Fue así como el teniente segundo César Chesta perdió la vida cuando un artefacto explosivo que trataba de desactivar explotó en sus manos. En este incidente resultó herido el sargento Armando Cruz Olivares. Días más tarde se descubrió en Carrizal Bajo un enorme depósito de armas que se habían desembarcado clandestinamente desde goletas pesqueras. Ha sido posible comprobar que venían de los excedentes de la Guerra de Vietnam y canalizados a través de Corea del Norte. Debido a la cantidad del material recaudado, se sospecha que habían sido transportadas hasta la costa chilena por un buque de mayor calado y transferidas a las embarcaciones menores, probablemente pesqueros cubanos, para su desembarco. Eran armas suficientes para armar tres o cuatro batallones: 3500 fusiles M-16, 24 lanzacohetes RPG-7, 150 fusiles FAL, ametralladoras, morteros, armas anti-tanques y sus correspondientes municiones. No será necesario especular sobre las serias consecuencias que este armamento habría causado en manos extremistas.

Bajo el mando del Almirante Jorge Martínez Busch se produjeron varias reformas administrativas. El Instituto Hidrográfico de la Armada fue reorganizado como el Servicio Hidrográfico y Oceanográfico de la Armada. Esta organización que originalmente recolectaba los resultados de las comisiones hidrográficas, dio comienzo a fines del siglo XIX, a la publicación de cartas náuticas. Se adquirieron los materiales necesarios en Europa y las cartas se reproducían bajo un sistema litográfico. Las publicaciones del Instituto tanto cartas como instrucciones y anuarios gozan de un reconocido prestigio por su exactitud y claridad. En 1990 el SHOA, como se le reconoce hoy día, inicia la era cartográfica digital a través del sistema Autocarta, entrando así en un ambiente de computación asistida. Este mismo año, se incorpora el Buque Oceanográfico *Vidal Gormaz*, importante apoyo a la investigación de nuestro territorio marítimo-oceánico. El Servicio Hidrográfico y Oceanográfico de la Armada de Chile tiene por misión principal proporcionar los elementos técnicos y las informaciones y asistencias técnica destinada a dar seguridad a la navegación en las vías fluviales y lacustres, dentro de sus aguas interiores, mar territorial chileno y en la alta mar contigua al litoral de Chile. Sus actividades son la hidrografía; levantamiento hidrográfico marítimo, fluvial y lacustre; cartografía náutica, elaboración y publicación de cartas de navegación de aguas nacionales, oceanografía, planificación y coordinación de todas las actividades oceanográficas nacionales relacionadas con investigaciones físico-químicas, mareas, corrientes y maremotos, geografía náutica, navegación, astronomía, señales horarias oficiales, y aerofotogrametría aplicada a la carta náutica. [331]

El Servicio Hidrográfico y Oceanográfico de la Armada, se encontraba en 2003 en una campaña Geodésica en el que también participa el Instituto Geográfico Militar (IGM) y el Servicio Aerofotogramétrico de la Fuerza Aérea (SAF). La meta es actualizar los mapas terrestres y náuticos de Chile y pretende renovar la información cartográfica del país que data desde 1959. El proyecto se inició en 1995 y se esperaba terminarlo en 2003. Con este objeto el rompehielos *Viel*, junto a helicópteros y personal especializado, recorrían el territorio austral desde el Golfo de Penas, en la Undécima Región, hasta el sur del Cabo de Hornos, en la Duodécima Región. La iniciativa permitirá la elaboración de cartas exactas de navegación, así como de mapas terrestres que contribuirán a aumentar la seguridad de las expediciones y de las embarcaciones que recorren el país. La construcción de la cubierta cartográfica será tridimensional y estará almacenada en CD.

Se creó también una Dirección de Programas de Investigación y Desarrollo. También se introdujeron reformas e innovaciones en el sistema de educación de la Armada que desde 1995 había concentrado las diferentes escuelas de armas y servicios bajo la Academia Politécnica. Para consolidar físicamente esta organización se han concentrado las escuelas en la base naval de Las Salinas de Viña de Mar. La Academia de Guerra que funciona bajo la Dirección de Educación, continúa en su antigua sede en Valparaíso, el antiguo

---

[331] Página web del SHOA.

Cuartel Silva Palma aunque se ha planeado transferirla a un nuevo edificio en el fuerte Vergara de Viña del Mar.

La incorporación de los helicópteros Cougar (Puma) hizo necesario modificar las cubiertas de aterrizaje de los buques que llevarían estas potentes unidades de combate aéreo. Ya antes de su llegada se había dado comienzo a modificaciones al *Blanco Encalada*. El hangar original que se abría hacia babor fue reemplazado por un hangar para dos helicópteros Cougar y la cubierta de vuelo incrementada a 617 m^2 de la original de 325 m^2; dos sistemas 55-m Indal Assist se instalaron para permitir el despegue o recuperación de dos helicópteros simultáneamente. Fue necesario retirar los sistemas de mísiles Sea Slug. El *Cochrane* fue igualmente reformado en 1993 y las cubiertas del *Prat, Latorre* y las fragatas Leande igualmente ensanchadas y reforzadas para permitir la operación de un helicóptero Cougar. En todas las unidades se instaló el sistema de recuperación 55-m que facilita los despegues y recuperaciones.

FOTO ARMADA

A fines de 1990 se incorporó a la escuadra la fragata *Zenteno* (ex -*Achilles*) de la clase Leander, muy parecida las fragatas *Condell* y *Lynch*, pero construida para la Real Armada Británica por lo que difería de las anteriores que tenían ciertas características especificadas por la Armada de Chile. Un año después se incorporaba otra fragata, la *Baquedano* (ex -*Ariadne*). En 1995 se incorporó la barcaza *Valdivia* (ex -USS *San Bernardino County*). Este buque para operaciones anfibias construido en 1970 por National Steel SB, San Diego, California, desplaza 4975 toneladas en lastre y 8576 con carga completa. Sus dimensiones son: 159,2 x 21, 18 x 5,3 a popa y 1,8 a proa. Tiene andariveles para facilitar el desembarco de tropas que se extienden 12 metros desde la roda. Está armada con un cañón Gatling Mark 15 Phalanx CIWS y 4 ametralladoras de 12,7 mm y equipada con radares Raytheon SPS-64 y SPS-10F. Sus motores diesel GM, mueven dos hélices a 16.500 bhp. Con una capacidad de combustible de 1750 toneladas su radio de acción es de 14250 millas. Está tripulada por 13 oficiales y 174 hombres. Puede llevar 20 oficiales y 294 soldados como pasajeros. Tiene espacio de emergencia para 72 hombres adicionales. Puede llevar 2 mil toneladas de carga y transportar 29 tanques M-48 o 41 camiones de 2,5 toneladas o su equivalente. La rampa de desembarco puede extenderse hasta 34 metros y soporta 75 toneladas. El buque tiene estanques para almacenar hasta 400 mil litros de combustible para vehículos. La plataforma para helicópteros tiene una superficie de 242 $m^{2.}$ Una rampa a popa permite descargar en ambos extremos del buque. En los costados se trincan cajones flotantes que pueden formar malecones de desembarco. En abril de 1997 este buque se varó en Pisagua y fue reflotado después de estar varado por 52 días. Fue reparado en ASMAR.

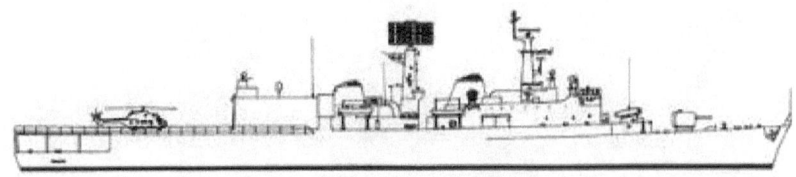

Perfil del Blanco Encalada modificado donde se puede ver la extensión de la cubierta de vuelo.

En 1997 se incorporó un buque que hacía mucha falta, el *Ingeniero Slight*. Buque construido para la mantenimiento de boyas en Holanda para una compañía inglesa y adquirido como buque de auxilios marítimos. Desplaza 816 toneladas. Nombrado en memoria del ingeniero escosés George Slight Marshall que construyó más de 70 faros en las costas de Chile. Ese mismo año se incorporó el *BMS Almirante Merino* ya descrito en relación con el Servicio de Submarinos y a mediados del año dos lanchas misileras tipo SAAR 4 que se bautizaron como *Papudo* (ex-*Tarshish*) y *Angamos* (ex-*Reshsev*) ambas similares a las misileras *Casma* y *Chipana*. La *Papudo* fue pronto retirada del servicio para aprovechar sus partes como repuestos.

Un mes más tarde en agosto de 1997 se incorporaron dos lanchas misileras de menor tamaño. Estas dos unidades, clase alemana 148, se llaman *Riquelme*, (ex -*Wulf*) y *Orella* (ex.- *Elster*.) Otras dos unidades adicionales *Serrano* (ex -*Tiger*) y *Uribe* (ex -*Kranich*) fueron transferidas en 1998. La *Riquelme* fue construida en Cherburgo por CMN en 1974. Las otras tres son de construcción alemana. Desplazan 234 toneladas y sus dimensiones son 47 x 7,1 x 2.66 metros. Tienen una velocidad máxima de 35,8 nudos. Están armadas con 4 mísiles Exocet 38 y un cañón de 76 mm, 62-calibres y un Bofors AA de 40mm. Pueden llevar 8 minas. Tienen cuatro motores diesel de 16 cilindros con una potencia de 14.000 bhp a 1515 rpm que mueven cuatro hélices y su alcance es de 570 millas a 30 nudos y 1.600 millas a 15 nudos. Cargan 39 toneladas de combustible. Su tripulación es de 4 oficiales, 17 suboficiales, 9 marineros.

FOTO ARMADA DE CHILE

Lanchas misileras

En el Cabo Froward, en el extremo austral de América continental, se había levantado en 1913 una cruz en la cima del promontorio. Pero ese monumento religioso y otros que lo siguieron, cayeron por efecto del tiempo y el clima. En 1987, con motivo de la visita del Papa Juan Pablo II a Chile, se inauguró una nueva Cruz de los Mares de 24 metros de altura y especialmente diseñada para soportar los embates del viento. Este proyecto en que la Armada participó con personal, equipo y unidades, fue financiada por contribuciones privadas. Cuatro año más tarde, el 17 de noviembre de 1991 se inauguró el faro monumental del Cabo de Hornos. Esta ayuda a los navegantes se hacía muy necesaria pues las señales luminosas que señalaban este importante promontorio eran muy deficientes y el fanal de baja iluminación que allí existía, permanecía apagado la mayor parte del tiempo, hasta que se estableció un puesto de vigilancia y rescate, levantándose también una capilla en ese agreste lugar.

El 14 de noviembre de 1997 asume como nuevo Comandante en Jefe de la Armada el Almirante Jorge Patricio Arancibia Reyes en reemplazo del Almirante Jorge Martínez Busch que dejó su cargo para acceder a un sillón senatorial como Senador Institucional. Desde esa alta tribuna continuaría defendiendo los intereses de la Armada. Posteriormente el almirante Arancibia solicitó su retiro para postular a un sillón senatorial y fue reemplazado como Comandante en Jefe por el almirante Miguel Angel Vergara.

Desde hace ya mucho años, la Armada participa en los ejercicios anuales conocidos como "Unitas" con unidades de países vecinos y norteamericanos. Desde 1996 este tipo de ejercicio con buques, aviones y tropas de otras naciones, se ha visto incrementado con varios "juegos de guerra", ejercicios de entrenamiento y reuniones a nivel bilateral y multilateral. Los ejercicios RIMPAC, por ejemplo, se han efectuado con unidades de Estados Unidos, Japón, Canadá y Nueva Zelandia. En éste han participado las fragatas *Condell* y *Lynch* y el destructor *Blanco Encalada*. Destacada actuación tuvo en 2000, el submarino *Simpson*. Otros ejercicios se han realizado con las armadas de Argentina, Perú, Brasil, Australia, Corea, Inglaterra y Sudáfrica. Estas participaciones han permitido a los buques de la escuadra visitar puertos extranjeros donde siempre se ha comentado la óptima presentación de los buques y la alta calidad técnica y apariencia de su personal. Otra participación internacional aunque muy limitada, de las fuerzas armadas de Chile en la que se incluye la Armada, ha sido la ayuda prestada a las fuerzas de paz en lugares de conflicto internacional.

Desde 1967 hasta 1992, y a contar del año 2001 la Armada de Chile está participando en la supervisión de la paz en Palestina. La Institución apoyó con oficiales observadores en el área de Medio Oriente. En los años 1992 y 1993 la Armada envió a Camboya con un contingente de 53 hombres integrando una fuerza multinacional de 15.000 hombres como Autoridad de Transición de Naciones Unidas para asegurar la realización de elecciones democráticas en Camboya. En los años 1995/1998 personal naval participó en la Operación de Mantenimiento de Paz en el conflicto de la Cordillera del Cóndor (conflicto Ecuador- Perú). El personal de la Armada actuó como parte de una fuerza compuestas por efectivos de las instituciones de la Defensa Nacional de los países garantes del protocolo de Río de Janeiro de 1942 (Argentina, Brasil, Chile y Estados Unidos). A contar del año 2001 la Institución está participando en Chipre con parte de una sección IM en conjunto con personal del Ejército integrando un batallón con personal Argentino (Fuerza de Tarea N° 23), con lo cual queda de manifiesto la experiencia adquirida en el trabajo coordinado entre distintas fuerzas de diferentes países. El 1° de junio del 2004, la Armada de Chile envió 165 hombres para participar en Operaciones de paz, en Haití.

Un punto alto de las relaciones chileno-argentinas en el siglo pasado, fue el llamado "Abrazo del Estrecho" en que los presidentes Federico Errázuriz y Julio A. Roca se estrecharon en un fraternal abrazo a bordo del crucero *O'Higgins*, el 15 de febrero de 1899. Exactamente cien años después, se repetía la ceremonia en la cubierta del *Blanco Encalada* entre los Presidentes Eduardo Frei Ruiz-Tagle y Carlos S. Menem. Esta reunión de los dos presidentes celebraba el término de una serie de disputas fronterizas entre las dos naciones que habían vivido como se ha visto, horas muy tensas pero que habían zanjado sus disputas sin recurrir al uso de sus armas.

La fuerza de submarinos necesitaba renovar dos de sus unidades que se acercaban al final de su vida útil. Ya hemos visto que dos submarinos tipo Fleet de fabricación norteamericana, *Simpson* y *Thomson*, fueron reemplazados en 1984 por unidades del mismo nombre construidas en Alemania. A fines de siglo se haría necesario reemplazar a los dos submarinos tipo Oberon. Para esto se hizo un profundo y prolongado estudio de las ofertas que hicieron astilleros de nueve países. La decisión final fue la de aceptar la propuesta franco española del consorcio DCN-Bazan para la construcción de dos submarinos tipo Scorpene. Las ventajas sobre los otros modelos eran su mayor profundidad de operación (320 metros), más silencioso, motores más avanzados y poderosos, mayor facilidad de recargar tubos lanza torpederos, un sistema mejor de periscopios y la gran ventaja: capacidad para lanzar misiles sumergidos. Se especificaba originalmente un sistema de propulsión bajo el agua que no requiriera aire pero no se ha mencionado este sistema de propulsión en las especificaciones que se han dado a la publicidad. Se entregaron los submarinos *O'Higgins* en 2005 y *Carrera* en 2007. Los submarinos desplazan 1,668 toneladas en la superficie y 1,908 toneladas sumergidos. Se calcula que su velocidad bajo el agua exceda los 20 nudos. Se especifica que su radio de acción sea de 6500 millas y una permanencia en el mar de 50 días. Su tripulación es de 6 oficiales y 26 marineros. Una gran innovación consiste en que sólo nueve personas mantienen la guardia de mar bajo condiciones normales.

Para reemplazar las unidades de superficie, la Armada propuso el Plan Tridente. Considerando todos los posibles escenarios que nuestro país podría enfrentar, el plan proponía la construcción de un buque de 3 a 4 mil toneladas de desplazamiento con una velocidad económica de 16 nudos, radio de acción de 6500 millas y con capacidad para llevar helicópteros pesados. En agosto de 2000 se llegó a un acuerdo con la firma alemana Blohm & Voss para la producción de fragatas Meko A200 en Chile. Se esperaba colocar la primera quilla a comienzos de 2002. El proyecto contemplaba 4 fragatas iniciales y dos adicionales. Estas unidades reemplazarían a las unidades de superficie de manera que en 2009 la escuadra estaría completamente renovada. El Plan Tridente contemplaba una expansión considerable en la planta de ASMAR, Talcahuano. Los beneficios de empleo, de materiales nacionales y el ahorro de divisas eran considerables. Sin embargo a última hora, el gobierno de la Concertación que presidía Ricardo Lagos, decidió cancelar el plan. Esta cancelación significaba que en 7 u 8 años la Armada reduciría su fuerza operativa a dos o tres submarinos y algunas misileras. Confiada en la realización del Plan Tridente y con el fin de ahorrar recursos, la Armada dio de baja a los destructores *Latorre, Williams* y *Riveros*, a la fragata *Baquedano* y al submarino *Hyatt*. Poco después se retiraba del servicio al submarino *O'Brien*. Volveríamos, por primera vez en 150 años, a la misma situación en que nos encontrábamos en la Guerra con España.

La Armada buscó entonces otras alternativas. La primera era la de adquirir buques usados. Estos tienen la ventaja de ser más baratos, de eficacia probada pero de vida más corta y de correr el riesgo de no poder adquirir repuestos ni municiones, como fue el caso durante le Enmienda Kennedy. A estas desventajas se suman los altos costo de operación. Era el caso de los buques ofrecidos a un costo mínimo por los Estados Unidos, unos magníficos destructores tipo *Spruance* pero que requerirían una tripulación de 350 hombres, tenían un alto consumo de combustible, necesitaban de alteraciones y tenían sistemas de armamentos totalmente diferentes de los que se usaban en Chile. Igual sucedía con las fragatas *Sperry* que ofrecía el mismo país. De Inglaterra se ofrecían fragatas de la clase 22, Batch II, que si bien usaban los mismos sistemas de armas que posee la Armada, tenían iguales o peores desventajas en su alto costo de operación.

La Armada decidió a comienzos de 2003 aceptar la propuesta británica para la venta de la fragata, tipo 22, *Sheffield* de 4250 toneladas y que entró en servicio de la Real Armada en 1988. Llegó a Chile a mediados del mismo año y se le ha dado el nombre de *Almirante Williams,* el tercer buque en llevar el nombre del ilustre marino Juan Williams Rebolledo.

El historiador Carlos Tromben termina uno de sus estudios diciendo: "Esperamos que los historiadores del futuro puedan escribir que, a comienzos del Siglo XXI, no prevalecieron los criterios imprevisores y Chile no se sumió en una decadencia de su Poder

Naval, como lo sucedido en épocas pretéritas, dejando al país enfrentando a graves peligros."[332]

Desgraciadamente, no ha sido necesario esperar a los historiadores del futuro puesto que ya se ha intentado desmantelar el Poder Naval Chileno y los pacifistas creen que la Armada de Chile no tiene razón alguna para existir. Ante este argumento la Armada ha definido claramente cual es su misión:

> *La Constitución Política de la República, en su artículo 90, y la Ley Orgánica de las Fuerzas Armadas, en su artículo 1, consignan "Las Fuerzas Armadas existen para la Defensa de la Patria, son esenciales para la Seguridad Nacional y garantizan el Orden Institucional de la República"*
>
> Con el **propósito** de contribuir a:
> - *Mantener la Seguridad de la Nación.*
> - *Resguardar su Soberanía e Integridad Territorial.*
> - *Promover los Intereses Nacionales de ultramar.*
> - *Impulsar el Desarrollo Nacional.*
> - *Garantizar el Orden Institucional de la República.*
>
> ▸**En situación de Paz:**
> *a) Desarrollar y mantener un Poder Naval eficaz y eficiente en su constitución y empleo.*
> *b) b) Efectuar Presencia Naval en las oportunidades y áreas de conveniencia para el Estado.*
> *c) c) Contribuir al alistamiento conjunto, consecuente con las necesidades estratégicas.*
> *d) d) Fomentar la conciencia marítima y el desarrollo de los Intereses Marítimos Nacionales y contribuir a la seguridad de las actividades que se desarrollan en el territorio marítimo.*
> *e) Apoyar el desarrollo de las zonas aisladas, con énfasis en el territorio austral y territorios alejados*

---

[332] Tromben, obra citada, p. 1662

> del continente, y contribuir a la recuperación de zonas afectadas por catástrofes.
> f) Contribuir al mantenimiento y restauración del orden público, en las ocasiones y formas que la autoridad ejecutiva lo disponga, de acuerdo a la Constitución Política y las leyes.
> g) Participar en el Consejo de Seguridad Nacional y otros organismos del Estado en las ocasiones y formas que establece la Constitución y las leyes.
>
> ▸**En situación de Guerra:**
> h) Realizar las operaciones navales necesarias para obtener la **victoria en el mar** y el logro del Objetivo Estratégico Final de las FF. AA.
> i) Continuar cumpliendo las tareas de paz, en la medida que lo permita el esfuerzo aplicado en la solución del conflicto.[333]

Para cumplir con estos objetivos, la Armada contaba en 2003 con 31 aviones de ala fija de diferentes tipos y 21 helicópteros. Todas las aeronaves están incorporadas en seis escuadrones. La Infantería de Marina está integrada por cuatro destacamentos operativos, un batallón logístico y otras unidades menores.

Las unidades a flote de la Armada en 2007 eran las siguientes:

Submarinos: *Thomson, Simpson, O'Higgins y Carrera.*
Fragatas: *Cochrane, Lynch, Blanco Encalada, Riveros, Latorre, Prat, Condell, Williams*
Petrolero: *Araucano*
Remolcadores de Flota: *Lautaro, Galvarino, Leucotón.*
Lanchas Misileras: *Chipana, Casma, Angamos, Uribe, Orella, Riquelme, Serrano*
Barcaza: *Valdivia*
Transportes: *Chacabuco, Rancagua*

---

[333] Página web "Armada.cl"

Lanchas de Servicio General: *Concepción, Valparaíso, Corral, Caldera, Punta Arenas, Arica, Aysén, Chiloé, Antofagasta, Talcahuano, San Antonio, Iquique, Puerto Montt, Quintero, Alacalufe Coquimbo, Hallef, Puerto Natales.*
Patrulleros de Servicio General: *Micalvi, Sibbald, Ortiz, Isaza*
Patrullero de Servicio Hidrográfico: *Cabrales*
Lanchas patrulleras Costa: *Yellez, Troncoso, Salinas, Bravo, Díaz, Machado, Hudson, Bolados, Johnson, Campos*
Buque madre submarinos: *Merino*
Rompehielos: *Viel*
Transporte: *Aquiles*
Buque de Rescate y Salvataje: *Slight*
Buque Científico: *Vidal Gormaz*
Buque Escuela: *Esmeralda*
Lancha Patrullera: *Yagán, Ona*
Barcazas: *Orompello, Elicura*
Patrullero Médico Dental: *PDM Videla*
Buques de puerto:
1 reliquia histórica: *Huáscar*
1 barcaza auxiliar: *Pisagua*
2 transportes pequeños: *Meteoro, Pérez*
3 remolcadores: *Cortez, Galvez, Reyes*

La Dirección del Territorio Marítimo además de las 16 lanchas clase Danubio y opera una variedad de embarcaciones de diferentes tipos, todas de menos de 30 toneladas de desplazamiento. A mediados de 2007 se lanzó en Talcahuano el *Piloto Pardo,* un patrullero de zona marítima (PZM) el primero de dos unidades que entrará en servicio en 2008. ASMAR opera dos grúas y siete diques flotantes.

El personal de la Armada es de unos 32,000 hombres y unas 3.000 mujeres. El personal femenino fue incorporado en 2003 admitiéndose las primeras cadetes a la Escuela Naval 2007. Esta cifra incluye unos 3.400 infantes de marina; 1600 de Territorio Marítimo y unos 500 en la Aviación Naval. La Armada emplea alrededor de 6.000 civiles en las reparticiones en tierra y en los arsenales.

La Comandancia en Jefe se encuentra en Valparaíso. La Primera Zona Naval con sede en ese mismo puerto, cuenta con arsenales, base aérea y la mayoría de las escuelas. Está disponible un dique flotante propiedad de SOCIBER, empresa española asociada con ASMAR. La Segunda Zona Naval se dirige desde Talcahuano, donde se encuentran los grandes diques, los astilleros de ASMAR y la base y comando de submarinos. La Tercera Zona Naval tiene su base en Punta Arenas, en el Estrecho de Magallanes. Allí se encuentran un astillero que puede efectuar reparaciones menores y una estación aeronaval. La Cuarta Zona Naval cuyo mando reside en Iquique no tiene grandes facilidades para reparaciones y cuenta también con una estación aeronaval. Allí se encuentra el comando de misileras. Hay otras estaciones navales de menor importancia como Puerto Montt y Puerto Williams.

En Junio de 2001 el Almirante Jorge Patricio Arancibia que como Comandante en Jefe de la Armada había dirigido el Plan Tridente renunció a su cargo, como ya se ha visto, para postular al Senado por Valparaíso. El 18 de Junio de 2001 el Supremo Gobierno confirió el ascenso al grado de Almirante al Vicealmirante Miguel Vergara Villalobos quien asumió como Comandante en Jefe de la Armada. El Almirante Arancibia fue elegido al Senado el 16 de diciembre de 2001, incorporándose a la Cámara Alta el 11 de Marzo de 2002.

El Almirante Vergara se ocupó de la difícil tarea de obtener los medios necesarios para que la Armada de Chile continuara sus labores. Para esto se elaboró el **Proyecto Puente,** un plan de renovación de unidades. Consiste en la incorporación a la Escuadra de buques usados en reemplazo de las unidades que han completado su vida útil. En 2005 fue completado el proyecto Puente I que consistió en la incorporación de la Fragata tipo 22 "Almirante Williams" y luego se completó el Proyecto Puente II por el cual se incorporaron a la Escuadra de dos fragatas clase "L" o "Jacob Van Heemskerck" y dos fragatas clase "M" o "Karel Dorman" en reemplazo de las unidades que cumplen su vida útil antes del año 2010.

Poco después de haber tomado el mando de la Armada, el almirante Rodolfo Codina que reemplazó a Vergara como Comandante en Jefe en junio de 2005, anunció la adquisición de tres fragatas inglesas Estas tres unidades que reemplazarán a las fragatas "Leander" son las fragatas *Norfolk, Malborough y Grafton*, clase 23, con lo que se completaba el Proyecto Puente. Con estas ocho fragatas la Armada de Chile espera satisfacer sus necesidades hasta que se materialice la construcción de buques nacionales. Manteniendo así su prestigio de ser "una de las mejores armadas pequeñas del mundo"[334]

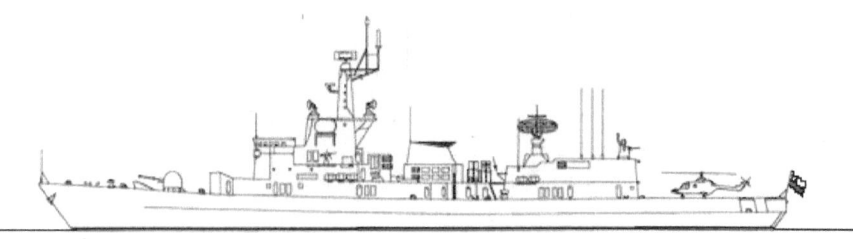

Fragata tipo "L": *Latorre, Prat*

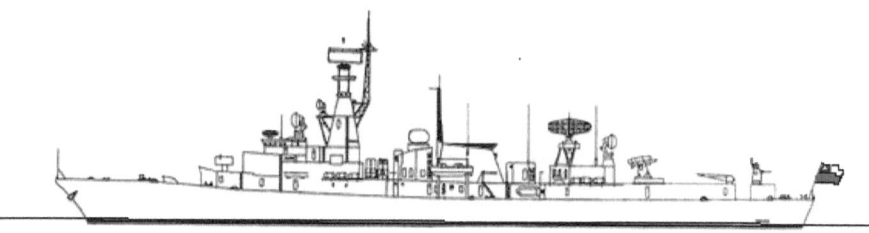

Fragata tipo "M": *Blanco Encalada, Riveros*

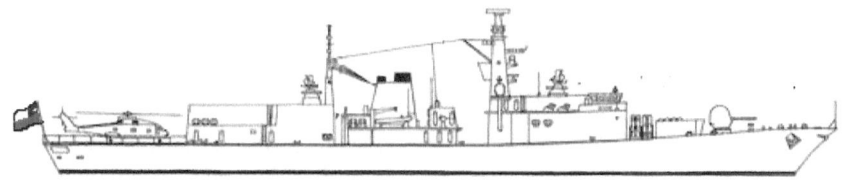

Fragata Tipo "23": *Cochrane, Lynch,* Condell

---

[334] Robert Schiena, "The Chilean Navy" en **United States Naval Institute Proceedings,** March, 1998. p. 32

Almirante Rodolfo Codina Díaz
FOTO ARMADA DE CHILE

Bibliografía

Los siguientes archivos y libros fueron consultados para la preparación de la obra original y la revisada que aquí se publica. No se han incluido en esta bibliografía los artículos de publicaciones periódicas que se citan en el texto. Para una bibliografía exhaustiva se recomienda el excelente estudio del Dr. David Mahan Márchese, *Ensayo de una bibliografía naval de Chile*.

Archivos Consultados

Archivo General de Marina, España
    Expediciones a Indias, Legajos 54-72

Archivo Nacional, Santiago de Chile.
    Fondo Ministerio de Marina
    Fondos Varios.

Archivo de J.N. Martínez, La Paz, Baja California, México.

Public Records Office en Kensington, Inglaterra.
    Admiralty- Ship' Logs ADM 53
    Admiralty- Captain's Logs ADM 50
    Master's Log ADM 52 y ADM 54

Scottish Record Office, Edimburgo.
    "Muniments of the Rt. Hon. Earl of Dundonald" Indice en el volumen GD 233. Los documentos *que conciernen su servicio en Chile suman 2286 y la correspondencia y otros documentos se encuentran en 10 cajas, 22 vols.*
    Referencia: HMC Papers of British politicians 1782-1900, 1989 GD 233 NRA 8150 Cochrane

Documentos publicados

Archivo Histórico Naval, Valparaíso, 1993-98. Siete Tomos. Editados por Jorge Garín y Carlos Tromben. *Publicado por la Armada de Chile en ediciones muy limitadas.*

Archivo de Don Bernardo O'Higgins, Academia Chilena de la Historia, Santiago. 1946 a la fecha, 30 Vols.

Chile y la Independencia del Perú. Documentos Históricos Oficiales, Santiago, 1921

Colección Documental de la Independencia del Perú, Lima, 1971, 60 Vols.

Colección de historiadores y documentos relativos a la Independencia de Chile. Santiago, 43 Vols. hasta la fecha.

Documentos del archivo de San Martín, Buenos Aires, 1910, 12 Vols.

Epistolario de Don Bernardo O'Higgins, Compilado por Ernesto de la Cruz, Santiago, 1916, 2 Vols.

Graham, Gerald S. and Humphreys, R.A. **The Navy and South America**, publicada por el Navy Records Society, Londres, 1957.

Guido Spano, Carlos, **Vindicación histórica. Papeles del Brigadier General Guido, 1817-1820.** Buenos Aires, 1882.

Libros y Panfletos

Ahumada Moreno, Pascual, *Guerra del Pacífico. Recopilación completa de todos los documentos oficiales, correspondencias y demás publicaciones que ha dado a la luz la prensa de Chile, Perú y Bolivia. Conteniendo documentos inéditos de importancia.* 8 volúmenes más un índice. Valparaíso, 1884-1889.

Aguirre Mc Kay, Sergio, *Mares de Chile*, Buenos Aires, 1972

Almagro, Manuel. *Breve descripción de los viajes hechos en América por la comisión científica enviada por el gobierno de Su Majestad durante los años 1862-1866.* Madrid, 1866.

Alsina Calderón, Hugo, *Páginas del Mar*, Valparaíso, 1998

Amunátegui, Miguel L. *El diario de la Covadonga.* Santiago, 1902.

Anguita, Bernabé F. *La Escuela Naval de Chile.* Valparaíso, 1902.

Arancibia Clavel, Patricia; Isabel Jara Hinojosa; Andrea Novoa Mackenna, *La Marina en la historia de Chile,* Santiago, 2005.

Armada de Chile, *75 años Fuerza de Submarinos*, sin fecha, ni pié de imprenta.

Armada de Chile, *Centenario de la Escuela de Armamentos*, Valparaíso, 1992

Armada de Chile, *Realidad actual de la isla de Pascua. Incidencia en el desarrollo nacional*, Valparaíso, 1991

Armada de Chile, Santiago, 1995

Armada de Chile. *Exploraciones y estudios, s.f.*

Balaresque Buchanan, Jorge, *Crónicas Artilleras*, Valparaíso, 1990

Barros Arana, Diego, *Historia de la Guerra del Pacífico*, Santiago, 1882.

Barros Arana, Diego, *Historia General de Chile***,** 16 volúmenes, Santiago, 1884-1902

Barros Arana, Diego, *Historia General de la Independencia de Chile*, 4 volúmenes, Santiago 1856.

Barros Arana, Diego. *Las campañas de Chiloé.* Santiago, 1856.

Barros Arana, *Histoire de la Guerre du Pacifique***,** traducida por Enrique Ballacey. 2 volúmenes, París, 1881.

Bealer, Lewis W. *Los corsarios de Buenos Aires, sus actividades en las guerras hispano-americanas de la independencia, 1815-1821,* Buenos Aires, "Coni", 1937.

Billingsley, Edward B. *In defensa of neutral rights.* North Carolina, 1966.

Bragadin, M.A. *Italian Navy in WWII.* Annapolis, 1957.

Bravo Valdivieso, Germán, *La Sublevación de la Escuadra y el período revolucionario 1924-1932,* Valparaíso, 2000

Bravo Valdivieso. Germán, *El Incidente del "USS Baltimore,"* Valparaíso, sin fecha.

Bravo Valdivieso, Germán, *La Primera Guerra Mundial en la Costa de Chile,* Viña del Mar, 2005

Bravo, Leonidas. *Lo que supo un auditor de guerra.,* Santiago, 1955.

Bulnes, Gonzalo, *Historia de la Campaña del Perú en 1839*, Santiago,1878.

Bulnes, Gonzalo, *Historia de la Expedición Libertadora del Perú. 1817-1822*, 2 volúmenes., Santiago, 1887 y 1888

Caivano, Tomás. *Historia de la Guerra del Pacífico.* Florencia, 1882 e Iquique, 1904.

Caleuche, Barco del recuerdo, editado por el Centro de ex -Cadetas y Oficiales de la Armada, 3 volúmenes, Santiago, 1990-1993

Campos Menéndez, Enrique. *El* motín de *los artilleros.* Buenos Aires, 1942.

Carvajal Prado, Patricio, *Téngase presente*, sin fecha ni pié de imprenta.

Cervera Perey, *Marina y Política en España en el Siglo XIX*, Madrid, 1979

Justo Claro, *Por tres continentes en la Baquedano*, s.f. ni pié de imprenta.

Clowes, W.L. *Four modern naval campaigns,* London, 1902.

Cochrane, Thomas, Earl of Dundonald. *Authobiography of a seaman.* London, 1860.

Cochrane, Thomas, Earl of Dundonald. *Narrative of services in the liberation of Chile, Peru and Brazil from Spanish and Portuguese domination.* 2 vols. London, 1859.

Colección de historiadores i de documentos relativos a la independencia de Chile. 30 vols. Santiago, 1900-1937.

Collado Núñez, Claudio, (editor), *El Poder Naval Chileno*, 2 volúmenes, Valparaíso, 1985

Concas y Palaú. *El combate naval de Papudo.* Madrid, 1896.

Cordovez, Enrique, *Nuestros Hidrógrafos*, Valparaíso, 1937

Cuevas, Arturo. *Estudio estratégico sobre la campaña marítima de la Guerra del Pacífico,* Valparaíso, 1901.
Chandler, Charles Lynn. *Admiral Charles W. Wooster in Chile.* American Historical Association, Annual Report, 1919.
Charlín, Carlos, *Del avión rojo a la República Socialista,* Santiago, 1970
Davis, William Columbus. *The last conquistadores.* Athens, Georgia, 1950
De Avila, Alamiro, *Cochrane y la Independencia del Pacífico,* Santiago, 1976
Délano, Jorge Andrés, Captain *Paul Delano, Founder of the Delano family in Chile,* Tórtola, 2000
Dellpiani. *Historia militar del Perú, Lima 1936.*
Derby, W.I.A. *The tall* ships pass. New York, 1937.
Destruge, Camilo. *Biografía del general Illingworth.* Guayaquil, 1913.
Donoso, Ricardo. *Alessandri, agitador y demoledor.* 2 volúmenes, México, 1954.
Edwards Bello, Joaquín. *El bombardeo de Valparaíso y su época.* Santiago, 1944.
Edwards, Jorge, *Persona non grata,* Barcelona, 1991
Ekdall, William. *Historia militar de la Guerra del* Pacífico. Santiago.
Encina, Francisco Antonio, *Historia de Chile desde la Prehistoria hasta la Revolución de 1891,* 20 volúmenes, Santiago, 1952.
Encina, Francisco y Castedo, Leopoldo. *Resumen de la Historia de Chile.* 3 volúmenes. Santiago, 1962.
Encina, Francisco. *Historia de Chile.* 20 vols., Santiago, 1938-1945.
Espina Ritchie, Pedro, *El Monitor "Huáscar",* Santiago, 1969. Una segunda edición, 1974
Estado Mayor de la Armada. *Monografía de la Armada.*S.f.
Evans, Robley.D. *A sailors log, Recollections of Forty Years of naval Service,* New York, 1901
Fery, A. *Viaje de regreso de la Resolución.* Madrid, 1882.
Fontaine Aldunate, Arturo, *Todos querían la revolución,* Santiago, 1999

Fuenzalida Bade, Rodrigo, *La Armada de Chile desde la alborada al sesquicentenario,* 2 Volúmenes, Santiago, 1969.

Fuenzalida Bade, Rodrigo, Los buques que ha operado la Armada de Chile a través de su historia, suelto de la *Revista de Marina.*

Fuenzalida Bade, Rodrigo, *Marinos ilustres y destacados del pasado,* Concepción, 1985

Fuenzalida Bade, Rodrigo, *Vida de Arturo Prat,* Santiago, 1976

García Castelblanco, Alejandro. *Estudio crítico de las operaciones navales de Chile. Imp.* de la Armada, 1929

García Reyes Antonio, *Memoria sobre la Primera Escuadra Nacional,* Santiago 1846.

Goldberg, Joyce, *The Baltimore Affair,* Nebraska, 1986

Grau, Miguel. *Correspondencia general de la* Comandancia *de la* 1° División *Naval.* Editada por Santiago Prado, Imprenta de la Librería de El Mercurio, Santiago, 1880.

Grez, Vicente. *El combate homérico.* Imprenta La Patria, Valparaíso, 1880.

Grimble, Ian, *The Sea Wolf: The Life of Admiral Cochrane,* London, 1978

Guzmán, Leonardo. *Un episodio olvidado de la historia nacional.* Santiago, 1966.

Hart, Robert, *The Great Whit Fleet.* New York, 1965.

Hernández, Roberto. *Los chilenos* en San *Francisco de California.* Valparaíso, 1930.

Hervey, Maurice H. *Dark days* in *Chile,* London, 1892.

Hough, Richard, *Dreadnought,* New York, 1965.

Huáscar, editado por la Comandancia en Jefe de la Segunda Zona Naval, Talcahuano, 1996

Huerta Díaz, Ismael, *Volvería a ser marino,* 2 volúmenes, Santiago, 1988

Huidobro Justiniano, Sergio, *Decisión Naval,* Valparaíso, 1989

Iriondo, Eduardo. *Impresiones del viaje de circunnavegación en la fragata blindada Numancia.* Madrid, 1867.

Jane, *Fighting* ships. Más de 60 ediciones. Londres

Johnson, Robert Erwin. *Thence round Cape Horn.*U.S. Naval Institute, 1963.

Korner y Boonen Rivera. *Estudios sobre la historia militar.* Santiago, 1887.
La Armada de Chile, Boulogne, s.f. *(1985?)*
Langlois, Luis, *Influencia del Poder Naval en la Historia de Chile,* Valparaíso, 1911
Larenas Quijada, Víctor, *Patricio Lynch-Almirante, general, gobernante y diplomático.* Santiago, 1981
López Urrutia, Carlos, *Allende and the Military,* Washington, 1975
López Urrutia, Carlos, *Breve Historia Naval de Chile,* Buenos Aires,
López Urrutia, Carlos, *Chile: A Brief Naval History,* Valparaíso, s.f.
López Urrutia, Carlos, *La Escuadra Chilena en México,* Buenos Aires, 1972
López Urrutia, Carlos, *La Guerra del Pacífico,* Madrid, 2003
López Urrutia, Carlos, *Más allá de la audacia, vida de Thomas Cochrane, décimo Conde de Dundonald,* Santiago, 2001
López Urrutia, Carlos, *La Guerra contra la Confederación Peruboliviana,* Santiago, 2006
López Urrutia, Carlos y Ortiz Sotelo, Jorge, *El Monitor Huáscar: una historica comparada,* Lima, 2005
Marfán. Alejo, *Viaje al Japón de la fragata Lautaro,* sin fecha ni pié de imprenta.
Maldini, Héctor, *El Príncipe, Vida y Leyenda del Almirante Lynch,* Santiago, 1997.
Markham, Clements, R. *History of the war between Peru and Chile.* Londres, 1880
Martín Fritz, *Carlos, permiso para zarpar,* Valparaíso, 1992
Martínez, Pablo E. *Historia de la Baja California.* México, 1960.
Mason, W.T.B.M. Lieut.U.S.N. *War on the Pacific Coast.* Washington, 1883.
Medina, J.T. *Arturo Pral.* Edición conmemorativa al centenario del polígrafo, editada por el Estado Mayor de la Armada con prólogo y notas de Roberto Hernández C., Imprenta de la Armada, 1952.
Mendivil, Manuel. *Méndez Núñez o el honor.* Madrid, 1930.
Meneses Ciufardi, *El factor naval en las relaciones entre Chile y los Estados Unidos,* Santiago, 1989
Merino, José Toribio, *Bitácora de un almirante,* Santiago, 1998

Merlet Sanhueza, Enrique, *Juan José Latorre, héroe de Angamos*, Santiago, 1996
Merlet Sanhueza, Enrique, *La Escuela Naval de Chile*, Valparaíso, 2000
Mielche, Haaken, *Journey to the world's end*. Traducción del danés por E.D. Michael, London, 1939
Miller, John. *Memoirs of General Miller.* London, 1828.
Ministerio de Defensa, (Chile), *Libro de la Defensa Nacional de Chile*, Santiago, 1992.
Molina, Luis Adán, *Guerra del Pacífico y la Marina Chilena*, Santiago, 1920
Montt, Luis. *Arturo Prat y el combate de Iquique.* Santiago, 1880.
Muñoz Feliú, General Pedro A., *El veintiuno de mayo de 1879. Compilación de artículos, biografías, discursos que con tal motivo escribiera don Benjamín Vicuña Mackenna, tomados de la prensa y revistas ya agotadas*, Santiago, 1930.
Nautilus, *Episodios Navales Chilenos*, Santiago, 1970
Navajas Irigoyen, Fenando, *Chile 90-92*, Santiago, 1992
Novo y Colson, Pedro, *Historia de la guerra de España* en el P*acífico.* Madrid, 1882.
Novoa de la Fuente, Luis y Eduardo Zapata Bahamonde, *Historia naval de Chile con un compendio de la Historia de Chile desde la independencia hasta la revolución de 1891,* Valparaíso, 1944
Orrego, Martina, *Recuerdos de mi vida.* Santiago,.
Ortiz Sotelo, Jorge, *Miguel Grau*, Lima 1995
Parker de Bassi, María Teresa, *El « Herzogin Cecilie » y la barca Tinto*, Santiago, 1991
Parker de Bassi, María Teresa, *En la estela del Dresden*, Santiago, 1989
Pasarelli, Bruno, *El delirio Armado. Chile y Argentina. La guerra que evitó el Papa,* Buenos Aires, 1998
Patillo Barrientos, Juan, *La Fuerza de Submarinos*, Concepción, s.f.
Paz Soldán, Enrique. *Guerra de Chile contra Perú y Bolivia.* Buenos Aires.
Peralta, Juan, *Arturo Prat Chacón.* Santiago, 1948.

Pereira Salas, Eugenio, *La actuación de los oficiales navales norteamericanos en nuestras costas, 1813-1840*. Santiago, 1935.

Pereira Salas, Eugenio, *Buques* norteamericanos *en Chile a fines de la era colonial*. Santiago, 1936.

Pérez Turrado, Gaspar, *Las marinas realistas y patriotas en la Independencia de Chile y Perú,* Madrid, 1996.

Pérez Vial, Loreto; Wood, Gerald L.; Fuenzalida B. Rodrigo, *Monitor Huáscar*, Concepción, 1989

Pezuela, Joaquín de la, *Memorias de Gobierno*, editadas por Vicente Rodríguez Casado y Guillermo Lohman Villena, Sevilla, 1947

Pinochet de la Barra, Oscar, *Base Soberanía*, Buenos Aires, 1977

Polloni, Alberto, *Las Fuerzas Armadas de Chile en la vida nacional*, Santiago, 1972

Prat Gonzalez, Carlos, *Memorias. Testimonio de un soldado*, Santiago, 1985

Quintanilla, Antonio. *Memorias del general Quintanilla*. Santiago, 1960.

Ramírez, J.M. *Apresamiento del Paquete del Maule*. Valparaíso, 1868.

Reyno, Manuel. *Freire*. Santiago, 1952.

Rodríguez González, Agustín, *La Armada Española. La campaña del Pacífico, 1862-1871*, Madrid, s.f.(1999?)

Rodríguez, Emilio. *La estrella sobre los mástiles de Cochrane a Prat.* 1934.

Rodríguez, Juan Agustín. *Crónicas nacionales y navales*. *Imp.* de la Armada, Valparaíso, 1935.

Rojas, Francisco, *Administración Naval de Chile comparada*, Santiago, 1934

Rosales, Justo Abel. *La apoteosis de Arturo Prat y* sus compañeros *del heroísmo* muertos *por la patria el 21 de* mayo de *1879.*

Santa María, Ignacio. *Guerra del Pacífico*. 2 volúmenes, Santiago 1919-1920

Santelices Alberto, *Uno que ha sido marino*, Valparaíso, 1976

Santelices, Alberto, *En la ruta de los parásitos*, Santiago, 1968

Sater, William, *Arturo Prat and the Historical Image in Chile*, Berkeley, 1973

Sayago, José María, *Crónica de la Marina Militar de Chile*. Copiapó, 1864.

Schiena, Robert, *Latin America, A Naval History, 1810-1987*, Anápolis, 1987

Shelford, W.O.,Subsunk; the story of submarine escape. New York, 1960.

Silva Palma, Alberto, *Crónicas de la Marina chilena*. Santiago, sin fecha.

Silva Palma, Alberto, *Reminiscencias de un viaje al Mediterráneo*, Santiago, 1913

Sobraco, Rev.P. Benedicto de. *Chile en la Guerra del Pacífico*. Valparaíso, 1883.

Sotomayor Valdés, Ramón, *Historia de Chile bajo el Gobierno del General D. Joaquín Prieto*, 4 volúmenes, Santiago, 1900 a 1903.

Stevenson, William B. *A historical and descriptiva narrativa of twenty years residence in South America*. 3 vols. London, 1825.

Subercaseaux, Benjamín. *Tierra de océano*. Edición definitiva, Santiago, 1946.

Tapia Jara, Luis Alfonso, *Esta noche la Guerra*, Viña del Mar, 1977.

Téllez, Indalecio. *Historia militar de Chile1520-1883*. Santiago, 1925.

Thomas, Donald, *Cochrane: Britannia's Last Sea-king*, New York, 1978

Topete, Juan Bautista. *Defensa de la goleta* Covadonga. New York, 1868.

Tromben Corvalán, Carlos y Jarpa Gerhard, Sergio, *La Escuadra Nacional*, Valparaíso, 1995

Tromben Corvalán, Carlos, *Ingeniería, una especialidad centenaria*, Valparaíso, 1989

Tromben Corvalán, Carlos, *La Armada de Chile desde la alborada hasta el final del siglo XX,* Santiago, 2001.

Tromben Corvalán, Carlos, *La Aviación Naval de Chile*, Viña del Mar, 1987

Tromben Corvalán, Carlos, *La contribución de la Armada al desarrollo*, Valparaíso,2000

Tromben Corvalán, Carlos, *Base Prat, Cincuenta años de presencia continua de la Armada en la Antártica*, Vaparaíso, 1997

Tromben Corvalán, Carlos, *Sanidad Naval, Pasado y Presente*, Viña del Mar, 1998

Uribe Orrego, Luis, *Las operaciones navales durante la Guerra entre Chile y la Confederación perú-boliviana. 1836-1837 y 1838*, Santiago, 1891

Uribe Orrego, Luis, *Los orígenes de nuestra Marina Militar. Primera parte. 1817-1819.*

Uribe Orrego, Luis, *Operaciones navales después de la batalla de Chacabuco y organización de la Primera Escuadra Nacional.* Santiago, 1891

Uribe Orrego, Luis, *Los combates navales en la Guerra del Pacífico, 1879-1881* Valparaíso.

Uribe Orrego, Luis, *Nuestra Marina Mercante. 1810-1904. Reseña histórica*, Valparaíso, 1904.

Uribe Orrego, Luis, *Nuestra Marina Militar. Su organización y campañas durante la guerra de la Independencia*, Valparaíso, 1910.

Valenzuela Ugarte, Renato, *Bernardo O'Higgins, el Estado de Chile y el poder Naval*, Santiago, 1999

Valenzuela, Ricardo. *Cochrane*. Imp. de la Armada, 1961.

Vega García, M. *Historia de la marina de guerra del Perú, 1821-1924, Lima. 1929, Dos ediciones posteriores, 1942 y 1973.*

Véliz, Claudio *Historia de la Marina Mercante de Chile*, Santiago, 1961.

Vial Correa, Gonzalo, *Arturo Prat*, Santiago, 1995

Vicuña Mackenna, Benjamín *Historia de la Campaña de Tarapacá. Desde la ocupación de Antofagasta hasta la proclamación de la Dictadura en el Perú*, 2 vols., Santiago, 1880.

Vicuña Mackenna, Benjamín, *El Almirante don Manuel Blanco Encalada. Rasgos biográficos,* Santiago, 1878

Vicuña Mackenna, Benjamín, *Episodios Marítimos. Las dos Esmeraldas*, Santiago, 1879

Vicuña Mackenna, Benjamín, *Los pañales de la Marina Nacional. Ensayo sobre el nacimiento de nuestra marina de guerra*, Santiago, 1878

Vicuña Mackenna, Benjamín, *El Album de la Gloria de Chile. Homenaje al Ejército y Armada de Chile en la memoria de sus más ilustres marinos y soldados muertos por la patria en la Guerra del Pacífico, 1879-1883*, 2 vols., Santiago, 1883.

Vicuña Mackenna, Benjamín, *El crucero de la "Rosa de los Andes", o el paso del istmo de Panamá por los chilenos,* Santiago, 1877.

Vicuña Mackenna, Benjamín, *El primer corsario chileno "La muerte o la gloria" y la "Minerva", 1817*; Santiago, 1877.

Vicuña Mackenna, Benjamín, *Historia de la Campaña de Lima*, Santiago, 1881.

Vicuña Mackenna, Benjamín. *Chile, episodios* marítimos. Santiago, 1879.

Vicuña Mackenna, Benjamín. *El almirante Blanco Encalada.* Madrid, 1918.

Vicuña Mackenna, Benjamín. *Historia de la Campaña de Tacna y Arica. 1879-1880*, Santiago, 1881;

Vicuña Mackenna, Benjamín. *Historia de la Guerra con España (de 1863 a 1866). Cuadros y episodios comentados, arreglados y extraídos de la Historia de la Guerra de España en el Pacífico publicada por el Teniente de Navío de la Marina Española don Pedro Novo y Colson,* Santiago, 1883.

Vicuña Mackenna, Benjamín. *Los pililos de la Esmeralda.* Valparaíso, 1880.

Vicuña Mackenna, Bernardo. *Biografía completa de Arturo Pral.* Valparaíso.

Vidal Gormaz, Francisco. *Algunos naufragios ocurridos en las costas chilenas desde su descubrimiento hasta nuestros días.* Santiago, 1901.

Villalobos Lobos, Patricio, *El Buque Escuela Esmeralda*, Valparaíso, s.f. (2000?)

Vío Valdivieso, Horacio, *Viajes de Instrucción de la Corbeta General Baquedano*, 2 volúmenes, Concepción

Vío, Horacio. *El monitor Huáscar.* Talcahuano, 1938.

Vío, Horacio. *Reseña histórica de los nombres de* las unidades *de la Armada.* Santiago, 1938.

Vowell, Richard Longeville, *Campañas y Cruceros en el Océano Pacífico.* Traducción de José Toribio Medina. Corresponde sólo al tercer capítulo de la obra original en inglés. Se publicó originalmente con el seudónimo Mahoney. Santiago, 1924. Ultima edición, Buenos Aires, 1971.

Weyer's. *Warships al the world,* 1968. U.S. Naval Institute, 1968.

Whitaker, Artur P. *The United States and the independence of* Latin *America, 1800.1830.* Baltimore, 1941.

Wilhelmsen, F.D. Omega, *last of the barques.* New York, 1955. Existe una traducción al español, *La Omega, la última barca,* publicada en Lima en 1995.

Wilson, W.H. *Battleships in action.* 2 volúmenes. Boston, 1896.

Williams Rebolledo, Juan. *Guerra del Pacífico.* Imprenta del Progreso, Valparaíso, 1882.

Williams, Héctor, *Guerra del Pacífico, 1879 "Verdad, sepultura de la difamación,"* Santiago, 1955

Williams, Héctor. *El vicealmirante Juan Williams Rebolledo ante la Historia, 1825-1910. Santiago, 1947*

Worcester, Donald, E. *Sea power and Chilean independence.* University of Florida, Monographs NQ 15.

Young Ward, Arturo, *Recuerdos de un almirante,* Talcahuano, 1980

Zavala, Santiago, *Recuerdos del Mar,* Talcahuano, 1954

Zenteno, Ignacio. *Documentos-refutación a las Memorias de Lord Cochrane.* Santiago, 1861.

Fuentes Inéditas

Cubbit, David John, "Lord Cochrane and the Chilean Navy", Tésis doctoral, Departamento de Historia, Universidad de Edinburgo, Escocia

Errázuriz, Enrique, "El hundimiento del H-3" manuscrito inédito en posesión del autor

López, Carlos; Mahan, David y Tromben, Carlos, "Buques de Chile." Manuscrito inédito

Ortiz Sotelo, "Perú and the British Naval Squadron" Tésis doctoral, Universidad de Saint Andrews, Escocia.

Vasquez de Acuña García del Postigo, Isidoro, *Historia Naval del Reino de Chile* 1520-1826. Versión electrónica gentilmente facilitada al autor.

www.ingramcontent.com/pod-product-compliance
Lightning Source LLC
Chambersburg PA
CBHW021712300426
44114CB00009B/109